동명왕릉의 연꽃무늬

조선시대 수군관련 사료집
5
(경종~철종)

공편자 약력

- 김주식(金州植) : 해사 졸업(30기). 고려대학교 사학과를 졸업한 후 문학석사 및 박사학위를 수여. 프랑스 솔본느대학교 및 사회과학고등연구원에서 연수. 현 해사 사학 교수 겸 박물관장. 프랑스혁명 전후 농업 및 농촌사를 전공했으며, 현재는 해양사를 연구하고 있음.
- 이민웅(李敏雄) : 해군사관학교 졸업. 서울대 국사학과에서 학부 및 대학원을 마치고 임진왜란 해전사 연구로 문학박사 학위를 받았음(2002). 현재 해군사관학교 교수 겸 평가과장으로 한국해양사·임진왜란사를 연구하고 있음.
- 정진술(鄭鎭述) : 해군사관학교 및 해군대학을 졸업하고 동아대 대학원 사학과에서 문학석사 학위를 받았음(1991). 문화재 전문위원 역임. 현재 해군사관학교 전임강사 겸 박물관 기획실장.
- 윤태식(尹泰植) : 고려대학교를 졸업한 후, 해군장교로 임관하여(2001), 현재 해군사관학교 한국해양사 편찬위원회 간사로 일하고 있음.

조선시대 수군관련 사료집 5
────────────────────────
2002년 12월 20일 초판1쇄 인쇄 / 2002년 12월 28일 초판1쇄 발행

김주식·이민웅·정진술·윤태식 공편
도서출판 신서원 임성렬
서울특별시 종로구 교남동 47-2(협신209호)
등록번호 제1-1805(1995.11.9)
전화번호 739-0222~3 / 팩스 739-0224

값 40,000원

신서원의 책들은 '대물림'할 수 있는 것들입니다.
잘못된 책은 연락주십시오.

조선시대 수군관련 사료집
5
- 조선왕조실록(경종~철종) -

도서출판 신서원

본 자료집은 'CD-ROM 국역 조선왕조실록'을 기초자료로 해서 씌어진 것입니다. 도서출판 신서원은 본 자료집의 발간과 관련하여 'CD-ROM 국역 조선왕조실록'을 개발한 서울시스템 주식회사의 사전 승인하에 사용한 것이므로 도서출판 신서원이나 서울시스템 주식회사의 동의없이 이 책에 실린 내용을 무단 전제하거나 무단 복제하는 것을 금합니다.

발 간 사

　대한민국 해군은 광복을 맞이한 1945년 11월 11일에 선각자들의 노력으로 창군되었습니다. 당시 먹을 것도 입을 것도 없었을 뿐만 아니라 운영해야 할 함정조차 없었는데, 창군기의 해군장병들은 이러한 역경을 슬기와 인내, 그리고 피와 땀으로 극복했습니다. 또한 장병들이 박봉이지만 일부를 떼어 적립했으며, 심지어 장병 가족들까지 성금을 모아 최초의 전투함인 백두산함을 마련할 수 있었습니다.
　그 후, 우리 해군은 현대사의 전개과정에서 군이 갖추어 국민에게 보여주어야 할 모습을 잊은 적이 없었습니다. 자유와 민주주의의 수호, 경제의 빠른 발전, 정치의 격변, 국제관계의 변화 등 우리 주변에서 일어난 여러 상황 속에서 해군은 충성심과 희생정신 그리고 유연함과 의연함을 잃지 않으면서 성장해 왔습니다. 이런 까닭에 오늘날 해군은 국가와 국민으로부터 신뢰와 사랑을 받는 모범적인 군의 위상을 확보하게 되었으며, 이를 바탕으로 이제 전략기동함대를 보유하여 세계평화에 기여할 수 있는 대양해군으로 도약하기 위해 매진할 수 있게 되었습니다.
　우리는 한국 해군의 역사와 전통이 광복 이전의 시기로 소급되며, 심지어 고대까지 연계된다는 사실을 민족사를 통해 알 수 있습니다. 우리 선조들은 삼국시대부터 주변 해역을 이용하여 중국과 일본을 왕래하면서 문물을 교류하였습니다. 고려시대에도 중국과 일본의 중간 위치를 최대한으로 이용하여 해상활동을 활발하게 했으며, 우리 민족의 이러한 활동은 조선시대에도 계속 되었습니다.
　이처럼 활발한 해양활동은 해상의 안전과 질서유지를 필요로 했으며, 바로 이런 연유로 일찍부터 수군이 있어왔습니다. 우리 수군은 조운선과 바다를 생업의 장으로 삼는 백성을 보호했으며, 연안은 물론 울릉도까지 함대를 파견하여 왜구와 해적을 소탕하였고, 나아가 대마도를 원정하고 몽골군과 함께 일본본토까지 원정하기도 했습니다. 뿐만 아니라 우리 수군은 임진왜란을 통해 알 수 있듯이 국가가 존망의 위기에 놓여 있을 때 외롭게 분투하여 외적을 물리치는데 결정적인 역할을 하기도 했습니다.

그러나 불행하게도 우리는 수군의 중요성을 망각하고 경시하기까지 했습니다. 또한 임진왜란 때 사용되었던 함선과 무기체계를 19세기 말까지 3세기 동안 거의 그대로 사용하거나 방치했습니다. 그리하여 당시 증기추진과 철갑 및 근대식 함포로 무장한 외국함선이 한 척만 출현해도 속수무책으로 당할 수밖에 없었습니다. 그 결과, 우리 민족은 20세기 초에 치욕을 당하고 반세기 동안 시련을 겪게 되었습니다.

이와 같이 볼 때, 16세기 말부터 20세기 전반에 이르는 3세기 반이라는 기간은 수군이 약화된 시기라고 할 수 있습니다. 그러므로 수군사와 해군사를 별개의 것으로 인식하려는 경향이 나타나기도 했습니다. 그러나 이러한 우리의 역사는 수군의 성쇠가 국가의 흥망과 직결된다는 사실을 시사해 주기도 합니다.

해군사관학교는 해양방위의 역사적 연속성이라는 준거의 틀 안에서 수군사와 해군사를 연계시키는 작업을 해왔습니다. 여기에는 해군의 역사를 고대로까지 소급시키고, 선조들의 전통과 문화 그리고 정신을 계승하여 정신전력을 강화하려는 해군의 의지가 담겨져 있습니다.

『조선시대수군관련사료집』은 우리 민족사에서 나타나는 수군의 모습과 정신을 밝히려는 목적 아래 『조선왕조실록』에서 발췌한 기사들로 이루어져 있는데, 이 책은 금년에 다섯번째로 발간되고 있습니다. 지난 한 해 동안 이 책을 발간하기 위해 주야로 노력한 본교 교수들에게 또한 지난 5년 동안 이 사료집이 계속 발간되는데 기여한 모든 교수들에게도 치하를 보냅니다. 나아가 이 작업이 조선시대로 그치지 않고 그 이전과 이후의 시기까지 계속 이어지도록 관련교수들에게 격려를 보냅니다. 마지막으로 이 책이 바다와 해군을 사랑하는 분들과 해양사와 해방사를 연구하는 학자들에게 도움이 되고 또한 해군장병들의 뿌리찾기와 긍지강화에 크게 기여하기를 기대합니다.

2002년 12월 5일

해군사관학교장 중장 서 영 길

목 차

○ 발간사 3
○ 일러두기 7
○ 『조선시대 수군관련 사료집 V』 해제 9
○ 『조선시대 수군관련 사료집 V』 본문기사 21

20. 경종

경종 즉위년(1720) · 25 / 경종 1년(1721) · 27 / 경종 2년(1722) · 33 /
경종 3년(1723) · 40 / 경종 4년(1724) · 46

21. 영조

영조 즉위년(1724) · 51 / 영조 1년(1725) · 52 / 영조 2년(1726) · 60 /
영조 3년(1727) · 64 / 영조 4년(1728) · 70 / 영조 5년(1729) · 71 /
영조 6년(1730) · 76 / 영조 7년(1731) · 78 / 영조 8년(1732) · 85 /
영조 9년(1733) · 90 / 영조10년(1734) · 95 / 영조11년(1735) · 101 /
영조12년(1736) · 104 / 영조13년(1737) · 107 / 영조14년(1738) · 109 /
영조15년(1739) · 112 / 영조16년(1740) · 116 / 영조17년(1741) · 119 /
영조18년(1742) · 121 / 영조19년(1743) · 123 / 영조20년(1744) · 125 /
영조21년(1745) · 128 / 영조22년(1746) · 131 / 영조23년(1747) · 132 /
영조24년(1748) · 139 / 영조25년(1749) · 144 / 영조26년(1750) · 145 /
영조27년(1751) · 156 / 영조28년(1752) · 171 / 영조29년(1753) · 187 /
영조30년(1754) · 192 / 영조31년(1755) · 201 / 영조32년(1756) · 206 /
영조33년(1757) · 208 / 영조34년(1758) · 211 / 영조35년(1759) · 212 /
영조37년(1761) · 214 / 영조38년(1762) · 215 / 영조39년(1763) · 217 /
영조40년(1764) · 225 / 영조41년(1765) · 227 / 영조42년(1766) · 231 /
영조43년(1767) · 234 / 영조44년(1768) · 236 / 영조45년(1769) · 240 /
영조46년(1770) · 246 / 영조47년(1771) · 248 / 영조48년(1772) · 255 /
영조49년(1773) · 257 / 영조50년(1774) · 259 / 영조51년(1775) · 260

22. 정조

정조 즉위년(1776) · 265 / 정조 1년(1777) · 271 / 정조 2년(1778) · 279 /
정조 3년(1779) · 290 / 정조 4년(1780) · 331 / 정조 5년(1781) · 342 /
정조 6년(1782) · 361 / 정조 7년(1783) · 366 / 정조 8년(1784) · 381 /

정조 9년(1785) · 388 / 정조10년(1786) · 398 / 정조11년(1787) · 404 /
정조12년(1788) · 413 / 정조13년(1789) · 418 / 정조14년(1790) · 426 /
정조15년(1791) · 434 / 정조16년(1792) · 446 / 정조17년(1793) · 454 /
정조18년(1794) · 479 / 정조19년(1795) · 495 / 정조20년(1796) · 503 /
정조21년(1797) · 509 / 정조22년(1798) · 515 / 정조23년(1799) · 527 /
정조24년(1800) · 540

23. 순조

순조 즉위년(1800) · 545 / 순조 1년(1801) · 547 / 순조 2년(1802) · 551 /
순조 3년(1803) · 553 / 순조 4년(1804) · 557 / 순조 5년(1805) · 558 /
순조 6년(1806) · 562 / 순조 7년(1807) · 567 / 순조 8년(1808) · 573 /
순조 9년(1809) · 577 / 순조10년(1810) · 590 / 순조11년(1811) · 598 /
순조12년(1812) · 605 / 순조13년(1813) · 607 / 순조14년(1814) · 609 /
순조15년(1815) · 611 / 순조16년(1816) · 613 / 순조17년(1817) · 617 /
순조18년(1818) · 618 / 순조19년(1819) · 619 / 순조20년(1820) · 620 /
순조21년(1821) · 622 / 순조22년(1822) · 623 / 순조23년(1823) · 625 /
순조24년(1824) · 629 / 순조25년(1825) · 633 / 순조26년(1826) · 635 /
순조27년(1827) · 637 / 순조28년(1828) · 639 / 순조29년(1829) · 641 /
순조30년(1830) · 646 / 순조31년(1831) · 648 / 순조32년(1832) · 650 /
순조33년(1833) · 657 / 순조34년(1834) · 659

24. 헌종

헌종 1년(1835) · 665 / 헌종 2년(1836) · 666 / 헌종 3년(1837) · 667 /
헌종 4년(1838) · 669 / 헌종 5년(1839) · 671 / 헌종 6년(1840) · 673 /
헌종 7년(1841) · 675 / 헌종 8년(1842) · 677 / 헌종 9년(1843) · 678 /
헌종10년(1844) · 680 / 헌종11년(1845) · 681 / 헌종12년(1846) · 684 /
헌종13년(1847) · 690 / 헌종14년(1848) · 692 / 헌종15년(1849) · 694

25. 철종

철종 즉위년(1849) · 697 / 철종 1년(1850) · 699 / 철종 2년(1851) · 700 /
철종 3년(1852) · 702 / 철종 4년(1853) · 703 / 철종 5년(1854) · 704 /
철종 6년(1855) · 707 / 철종 7년(1856) · 708 / 철종 8년(1857) · 710 /
철종 9년(1858) · 713 / 철종10년(1859) · 715 / 철종11년(1860) · 717 /
철종12년(1861) · 720 / 철종13년(1862) · 722 / 철종14년(1863) · 724

○ 기사별 색인 725

일러두기

1. 본문의 기사는 아래와 같은 항목에 따라 분류하여 정리하였다.(총 1,330개 기사)
   - 수군 : 수1914~11544 :- 인사·졸기·사법·재판
          : 수2262~2275 :- 군역
          : 수3714~3930 :- 군제·군정·군기·훈련
          : 수4591~4723 :- 사고·병참·수적·기타(계 995개 기사)
   - 왜구 : 왜1960~11073 :- 왜구대책
          : 왜2   :- 왜구교전·피해(계 114개 기사)
   - 조운 : 조1278~1332 :- 조운대책·사실
          : 조2060~2080 :- 조운사고(계 76개 기사)
   - 표류 : 표1142~1530 :- 내국인 국외표류[11중국, 13일본, 15유구·기타]
          : 표2182~2522 :- 외국인 국내표류[21중국, 23일본, 25유구·기타](계 80개 기사)
   - 기타 : 기1147~1163 :- 조선·소나무
          : 기2148~2171 :- 도서·목장
          : 기3086~3109 :- 어염·구황염(계 65개 기사)
2. 본문기사의 일련번호는 『조선시대수군관련자료집 Ⅳ』의 기사일련번호에 이어서 매긴 것이다.
3. 기사의 내용이 두 가지 이상의 분류기준에 따를 수 있는 것들은 편집자의 주관으로 가장 관련이 많은 기사별 분류항목에 두었다.
4. 본문을 읽는 방법
   - 예) (1) 5705 정조 02/12/18(갑술) → [원전] 45집 82면
          (2) [경기 수군절도사 홍수보, 경상좌도 병마절도사 백동준을 잉임시키다]   수11145
          (3) 경기 수군절도사…
   - '5705'는 기사일련번호, '정조 02/12/18(갑술)'은 기사일시와 간지, '[원전] 45집 82면'은 해당기사가 실려 있는 조선왕조실록 원전면을 표시하는 것이다. 일자표시 중 윤달은 '#'으로 표시하였다. 참고로 원전표시는 왕조실록 원문에서 사료집의 편집기사가 나오는 면을 표기하는 것으로 원칙을 삼았다.
   - '[경기 수군절도사 홍수보, 경상좌도 병마절도사 백동준을 잉임시키다]'는 기사의 제목, '수11145'는 기사별 분류번호를 말한다. 여기에서 '수11145'는 수1(인사·졸기·사법·재판)의 1,145번째 기사라는 의미이다.
   - '경기 수군절도사…'는 본문이다.
5. 본문내용 외에 기사와 직·간접적으로 관련이 있는 내용은 중복편집을 피하기 위해 '(관련내용)'으로 표시했다. 관련내용은 제목과 더불어 원전을 표시해 두었으므로 관련내용의 완전한 내용을 원하는 독자들은 참고하길 바란다.
6. 책의 목차는 기사의 연대순 편집에 맞춰 왕의 재위연도별로 만들었다.
7. 사료집의 내용정리와 더불어 해제를 별고로 작성, 본문 앞에 두었다.
8. 끝에 기사별 색인을 두어 독자들의 편의를 도모하였다.
9. 끝으로 본 사료집을 구성하는 각각의 자료는 (주)동방미디어에서 제작한 『국역조선왕조실록』의 CD-ROM에서 발췌한 후, 정리·재편집의 과정을 거쳤다.

◧ 비어 있는 쪽 ◨

『조선시대 수군관련 사료집 V』해제

1. 머리말

　　1997년에 『조선시대 수군관련 사료집 I (태조~세종)』이 발간된 후 5년의 시간이 지났으며, 금번의 다섯번째 사료집을 마지막으로 조선시대 수군관련 사료집은 일단락을 짓게 되었다. 그 동안 『조선왕조실록』으로부터 발췌한 조선시대의 수군관련 기사는 6,500여 개를 헤아렸으며, 그 성과물들을 종합하면 다음 표와 같다.

발간년도	도 서 명	시 대	편 자
1997	조선시대 수군관련사료집 I	태조~세종 (1392~1450)	장학근, 이민웅
1999	조선시대 수군관련사료집 II	세종실록지리지, 문종~중종 (1450~1545)	김주식, 임원빈, 이민웅, 정진술, 정대원
2000	조선시대 수군관련사료집 III	인종~선조 (1545~1608)	김주식, 정진술, 김학수
2001	조선시대 수군관련사료집 IV	광해군~숙종 (1608~1721)	김주식, 정진술, 김학수
2002	조선시대 수군관련사료집 V	경종~철종 (1721~1863)	김주식, 이민웅, 정진술 윤태식

　　한편으로 이 성과물들은 편자들이 매번 시간과 인력의 부족을 핑계삼아 미진한 결과물을 내놓는 것은 아닌가 하는 걱정을 하면서 독자 여러분들에게 양해를 구하는 말로 시작되는 사료집들이었다. 하지만 다른 한편으로는 우리 해양사에 관심이 있는 독자들에게 역사적 단편을 가공되지 않은 있는 그대로 소개함으로써 조선시대 수군의 모습을 차분히 돌아볼 수 있는 기회를 제공하고자 하는 바람으로 여태껏 계

속해 온 편찬작업의 결과물이기도 했다.

　5년여에 걸쳐 조선시대 수군관련 사료집을 엮어나가면서 가장 아쉬웠던 점을 꼽는다면 수군사에 대한 시대구분을 통해 독자들로 하여금 일목요연하게 우리 수군의 변천사를 볼 수 있도록 하지 못했다는 점이다. 책자발간의 편의상 발췌된 사료의 분량에 따라 책을 엮음으로써 독자들이 조선시대 수군사를 이해하는 데 지장을 초래했다는 것은 부인할 수 없는 사실이다. 바로 이 점 때문에 편자도 매번 사료집을 발행할 때마다 해제를 집필하는데 꽤나 애를 먹었으며, 이해를 돕기 위한 해제가 오히려 혼란을 불러일으키지는 않았을지 염려하기도 했다.

　이전에 발간된 사료집과 동일한 체제를 유지하고 있는 본서 역시 조선왕조실록의 내용중 수군과 관련된 기사만 색출하여 정리한 것인데, 경종대부터 철종대에 이르는 6대의 140여 년간에 대한 사료를 담고 있다. 이 시기의 수군이 보여주는 특징을 요약하면, 영·정조 시대가 임란 이후 조선시대의 부흥기였던만큼 수군제도 면에서도 상당히 안정적인 발전이 계속되었다고 말할 수 있다. 반면에, 그 이후로는 왕조 말의 분위기와 더불어 매관매직이 성행했던 시기를 반증하듯 빈번한 인사교체라는 부정적인 면이 강하게 대두되고 그 대신 더 이상 수군제도상의 긍정적인 변화를 찾아볼 수 없게 되었다. 또한 해방(海防)과 관련해서 황당선(荒唐船)과 해적에 대한 방책이, 그리고 18세기 말에 들어서서는 서구열강의 이양선에 대한 대책까지 요구되었지만, 조선의 조정은 그에 대해 적절한 해결책을 제시하지 못하는 무력한 모습만을 보여준 것이 사실이다. 이와 관련된 구체적인 내용은 다음 항목에서부터 언급될 것이다.

　여기에서 한가지 독자들에게 양해를 구하고자 한다. 본 사료집은 철종대에서 끝나고 고종·순종대의 기사는 포함되어 있지 않다. 그렇게 된 이유는 여러 가지가 있겠으나 우리의 발췌작업의 근간이 되었던 CD-ROM의 내용이 철종대에서 끝나 있는 것이 가장 큰 이유이다. 그러나 추후에 사정이 허락되는 대로 그 작업도 추진할 예정이다.

2. 수군

　본서가 다루고 있는 영·정조 시대에는 수군과 관련된 제반 관방제도가 안정적으로 발전했다고 할 수 있는데, 이에 대한 주요논거는 다음과 같다. 이전 사료집 IV집에 이어 본서가 다루는 이 시기도 역시 대일관계가 비교적 원만하였다. 이는 일본과의 관계로부터 직접적으로 영향을 받으며 또한 삼도수군통제사의 관할하에 있었던 남해안의 경우, 방어요충지를 중심으로 효율적인 방어태세를 갖추기 위한 진영의 통폐합이 추진되는 결과를 낳았다. 경상도 일대의 해안을 예로 들자면, 영조 30년(1754)에 감포(월성)·칠포(의창)·풍덕포(진해)·상주포(남해)·곡포(남해)·영등포(거제)와 필요에 따라 여러 번 옮기기를 반복하던 축산포(영해)도 함께 폐지되었다.[1] 왜냐하면 일본의 침략이 없는 상황에서 그렇게 촘촘한 진의 배치는 더 이상 필요가 없다고 보았기 때문이다. 그밖에 효율적인 진의 배치를 위해 삼천포·영등포(거제)·조라포(거제)·율포(거제)·평산포(남해) 등 여러 곳이 그 위치가 많이 변동하였다.

　전라도 일대의 해안과 같은 경우, 1764년 제주도 명월포에 만호진이 신설된 것 외에 특별한 수군진영의 변화가 없었으나, 수영 속읍은 임란 직후 24개에서 이 시기에는 13개 고을로 축소·유지되었다. 이러한 사실들은 일본과 우호적인 관계를 유지하게 됨에 따라 임란 직후 필요 이상으로 확대되었던 수군조직이 정상화되었음을 보여준다.

　한편 여진(후금)과의 관계가 악화되자 도성(都城)의 보장처(保障處)로서 강화도의 체계적인 해양방어를 위하여 경기·충청·황해 3도의 수군을 통일적으로 지휘 통솔하는 삼도통어사가 1633년에 설치된 바 있는데, 영조대에 이르러서는 도성수비체제의 완성을 목표로 강화도 수비체제 강화를 적극적으로 추진했다.[2] 그에 대한 구체적 실현의 일환으로 정조 2년(1778)에는 삼도통어사가 강화도에 나가 있게

---
1) 기사번호 5442 : 고령(高嶺)·혜산(惠山)·아이(阿耳)·다대포(多大浦)로써 변지과(邊地窠)를 만들어 영구히 정식(定式)으로 삼다.
2) 이민웅, 「18세기 江華島 守備體制의 强化」, 서울대석사학위논문, 1995.

되었고.3) 1779년에는 강화유수(진무사)가 삼도통어사를 겸임하게 되었다.4) 그로부터 10년 뒤인 1789년에는 삼도통어사가 다시 독립관직이 되어 교동으로 복귀되었다.5) 이와 더불어 황해도·경기도·충청도 지역에 여러 수군진영이 설치되는 등, 서해연안의 해방체제(海防體制)가 구축되었다.6)

대체로 1800년대 중엽까지 이러한 수군진영의 통폐합과 위치 변동은 전술적 요충지로서 적에 대한 감시가 용이한 곳이나, 적선을 격침하는 데 편리하고 아군 사이에 협동작전을 더 민첩하게 할 수 있도록 만드는 곳, 혹은 적 정세의 변화와 재정적 여건에 따라 증설 혹은 감소시키는 등 적절하게 이루어졌다. 그러나 1800년대 중반 이후에는 이러한 수군진영의 변동이 아무런 실질적 효과가 없는 이동·승격 혹은 증설에 지나지 않게 되었다. 이것은 수군진영의 변동이 관직수의 증대를 위한 방편으로 이용됨으로써 오히려 많은 폐단을 낳게 되었다고 볼 수 있다.

한편 수군훈련은 숙종대 이후 시행이 약화되기 시작해서 정조대에 이르러서는 매우 드물게 시행되었다. 평화가 지속되자 수군군사들이 다른 잡역에 동원되거나 뇌물을 주고 입역을 면제받는 등 많은 폐단이 야기되었다. 수조(水操)는 실제로 입방하여 이루어져야 함에도 불구하고 잘 지켜지지 않았으며, 지극히 형식적으로 시행되거나 그것조차도 여러 구실로 하지 않는 경우가 많았다. 가령 통영 합조(合操)는 1740년 당시에 시행되지 않은 지 46년이나 되었는데.7) 그 후로도 이러한 실정은 나아지지 않았으며, 양남(兩南) 합조와 같은 경우는 1761년 당시에 시행되지 않은지 무려 69년이나 되기도 하였다.8) 결국 1766년에 삼남지방의 수군은 각각 자기 수영 앞바다에서 개별적으로 훈련을 하는 것으로 개선되었다.9) 또한 거듭되는 한재와 각종 사고는 백성들의 부담을 덜어준다는 명목하에 훈련중지라는 정책으로 이

---

3) 기사번호 5693 : 대신들에게 쓸모없는 영(營)을 합치고 혁파하는 일을 의논하게 하다.
4) 기사번호 5711~5714 : 통어영(統禦營)을 강화부(江華府)에 합치는 것에 관한 심염조(沈念祖)의 건의와 대신들의 논의, 구선복(具善復)의 별단(別單) ①~④.
5) 기사번호 5840 : 삼도통어사를 교동부(喬桐府)에 두어 부사를 수군절도사로 삼고, 강화유수의 겸관(兼管)을 파하다.
6) 김주식, 「경기도 지역의 수군유적지에 대한 연구」, 『해양연구논총』 27집, 2001, pp.291~352 : 김주식, 「충청도 지역의 수군유적지에 대한 연구」, 『해양연구논총』 28집, 2002, pp.351~405.
7) 기사번호 5361 : 우의정 유척기(兪拓基)가 통영의 합조(合操) 설행(設行)을 건의하다.
8) 『備邊司謄錄』, 영조 42년 9월 1일 기사 참조.
9) 『備邊司謄錄』, 영조 42년 9월 1일 기사 참조.

어지기도 하였지만, 그 실상을 들여다보면 훈련에 드는 비용을 다른 곳에 전용키 위한 구실이 되어버렸다. 결국 거듭되는 수군훈련의 중지가 조선수군의 전투력 약화를 초래하게 되었음은 두 말할 나위도 없다.

영조 26년에는 종래의 인정단위로 2필씩 징수하던 군포가 여러 폐단을 일으키고, 농민경제를 크게 위협하는 지경에 이르자 2필의 군포를 1필로 감하기로 하는 한편, 균역청을 설치, 감포에 따른 부족재원을 보충하는 대책을 마련하였다. 이를 뒷받침하기 위해 어전세·염세·선세 등을 균역청에서 관장하여 보충한다는 등의 균역법을 제정하여 이듬해 9월에 공포하였다.10) 병조판서였다가 후에 균역청(均役廳) 구관당상으로 제수된 홍계희(洪啓禧)의 균역에 관한 책자가 50만 명이 져야 할 양역을 10만여 명이 부담하는 상태에 이르므로 농촌에서 농민의 유리현상이 불가피할 수밖에 없음을 지적하고 있는 것처럼, 군포납부의 폐단은 극심하였다.11) 당시 수군의 군역 역시 균역법에 따라 군포 1필의 납부로 감해졌다. 그럼에도 불구하고 군포의 근본적인 성격에는 변화가 없었다. 따라서 군역대상자의 도망이 여전히 속출하였고, 도망자·사망자의 군포를 다른 양인에게 2중3중으로 부담시키는 폐단이 지속되었다. 결국 군포의 감필정책은 실효를 거두지 못하였다.12)

인사와 관련된 것 중에서 특기할 만한 것은 임진왜란 전공자에 대한 추증작업이나 그 후손에 대한 서용이 계속되었다는 점이다.13) 정조대에는 임란 때 공이 큰 이여송(李如松)과 정운(鄭運)의 후손을 기용하자는 지중추부사 구선복(具善復)의 상소문을 적극 수용하여 정운의 후손 정계주(鄭繼周)를 사복내승(司僕內乘)으로 삼고, 무예를 익히게 하거나 그의 후손 정혁(鄭爀) 역시 다대포첨사에 임명하였으며, 정운의 시호를 의논하였다. 충무공(忠武公)과 관련한 인사조치로는 정조 17년에 이순신(李舜臣)을 영의정으로 추증하였고,14) 동왕 19년에는 정조의 숙원사업이었던 『충무공이순신전서(忠武公李舜臣全書)』를 발간한 후 잘못된 부분을 지속적으로 수정해 나

---

10) 기사번호 5460 : 균역사목(均役事目)의 내용.
11) 기사번호 5453 : 병조판서 홍계희(洪啓禧)가 왕세자에게 올린 균역에 관한 책자의 내용.
12) 기사번호 5466 : 균역을 실시한 뒤의 폐해에 관해 논의하다.
13) 기사번호 5944 : 이완(李浣)·이순신(李舜臣)·이억기(李億祺) 자손에 대한 관직 의망을 논의하다 외.
14) 기사번호 5900 : 충무공(忠武公) 이순신(李舜臣)을 의정부 영의정으로 추증한다고 전교하다.

간 사실을 들 수 있다.15) 나아가 충무공 이순신의 치제문을 정조가 친히 짓고, 통영의 충렬사에서 제사를 올리게 하였다.16) 이러한 사실들은 충무공 이순신에 대한 정조의 관심과 애정이 그만큼 남달랐음을 시사해 주고 있다. 또한 충무공 이순신의 사손을 서용하는 문제도 정조가 지속적으로 관심을 보인 사항이었다.17)

3. 왜구

임진왜란 이후 강화과정에서 나타난 조선의 대일정책 기조는 두 가지로 볼 수 있다. 하나는 일본 중앙정권에 대해서는 통신사의 파견인데 본 사료집의 대상기간 동안 1748년・1764년・1811년 3회에 걸쳐서 파견되었고, 이것은 일종의 교린차원의 사신교류였다. 다른 하나는 정부의 엄격한 통제 하에서 대마도에 대해 왜관을 중심으로 한 무역거래를 허용하는 것이었다. 본 사료집의 기간 역시 이러한 대일정책의 기조를 유지해 나갔다는 선상에서 파악될 수 있다. 가령 대마도에서 도주 종씨(宗氏)의 승계를 보고할 때 부음보다 경사를 먼저 통고한 것에 대해, 정조가 교린의 예의에 어긋나는 행위라면서 이를 비판하는 모습을 볼 수 있다.18) 또한 이런 교린의 자세는 대일무역 행위를 적극적으로 통제하는 방편으로 이용되기도 했다.

한편 1811년 대마도에 있었던 통신사의 빙례(聘禮)는 특별히 따로 언급할 필요가 있겠다. 순조 11년, 즉 1811년 윤3월 12일에 부산을 출발한 통신사 일행은 그해 7월 2일에 다시 부산에 돌아오기까지 3개월 보름 남짓한 기간 동안 대마도에 머물면서 조선과 일본사이의 선린과 우의를 다졌다. 1811년의 통신사 빙례는 조선과 일본 중앙정권 그리고 대마도 측의 입장 차이에 따라19) 입안에서 실시까지 무려 20년이 넘는 세월이 걸렸고,20) 그 사이에 뇌물수수와 관련하여 조선측 통역관이 사형

---

15) 기사번호 5937 : 『충무공이순신전서(忠武公李舜臣全書)』를 발간하다.
16) 기사번호 5938 : 충무공 이순신의 치제문을 친히 짓고, 통영의 충렬사에 제사를 올리게 하다.
17) 기사번호 5947 : 충무공 이순신의 사손(祀孫)을 서용(敍用)하라고 명하다.
18) 기사번호 5701 : 대마도주가 부음을 고하지 않고 먼저 경사를 고하다.
19) 일본관백(日本關白)의 사망으로 인한 조선 측의 통신사의 파견 준비는 본 사료집의 기사번호 5807의 기사에서와 같이 바로 실시되었으나, 1793년 일본측에서는 대마도에서의 빙례를 요청해 왔다. 이에 조선 측에서는 선례에 없는 일로 간주하고 세차의 접수조차 거부하면서 받아들이지 않았다.
20) 일본관백에 대한 홍문영(洪文泳)의 사망보고가 본 사료집의 기사번호 5806의 기사처럼 정조 10년,

을 당하는 등 여러 사건이 복잡하게 일어났다. 종래 11차까지는 통신사가 일본 중앙정권으로 대표되는 에도까지 왕래하였으나, 1811년의 통신사 빙례는 유일하게 대마도에서 행해졌다.21) 또한 이것은 조선후기 250여 년 동안의 대일외교상에서 최후의 통신사 파견이었다는 점에서 특별하다 할 수 있다.

4. 조운

역대로 왜구의 발호는 연해민의 황폐와 함께 종종 조운불통의 결과를 초래하여 결국 세입감소·국가재정의 궁핍을 야기하였다.

『조선시대 수군관련 사료집 Ⅳ』에서 다룬, 즉 광해군대에서 숙종대까지의 기간과 마찬가지로 본 사료집의 기간, 즉 경종대에서 철종대에 이르는 기간에도 역시 왜구에 관한 기사를 찾아볼 수 없는데, 이것은 당시에 왜구로 인한 조운불통·실패의 경우가 없었다는 점을 의미한다. 다만 조운선의 잦은 침몰로 인한 조운실패는 이전 시기와 마찬가지로 가장 큰 골칫거리로 계속 나타났다. 주목할 만한 점은 영조대와 정조대의 조운 사고처리에 대한 태도가 자못 상이하다는 것이다. 영조는 조운사고에 따른 처벌에서 상당히 관대하였다. 예컨대 영조 39년 4월 갑진의 기사22)의 한 구절인 아래 글을 보면, 영조의 사고에 따른 조운실패에 대한 처리방법이 어떠하였는지 쉽게 알 수 있다.

아! 10여만 석의 곡식을 운반하였는데, 수백 석의 물에 빠진 곡식을 내가 어찌 아까워하랴! 한결같이 모두 탕척(蕩滌)하고 사공과 격군을 즉시 풀어주어 각각 돌아가 그 부모 처자를 만나게 하라.

반면에 정조는 재정에 대한 관심이 높았던만큼, 조운사고에 대한 원인파악과 그 처벌에 매우 적극적인 모습을 보여주었다. 대부분의 사고에 따른 조운실패에 관한

즉 1786년에 있었고, 통신사의 파견이 순조 11년, 즉 1811년에 있었으므로 일본관백의 조문이 25년이라는 세월이 지나서야 이루어졌다고 할 수 있다.
21) 이를 일컬어 역지빙례(易地聘禮)라 한다.
22) 기사번호 5548 : 북도에서 취재(臭載)한 배의 격인(格人) 등을 풀어주라 명하다.

기사에서 관련책임자에게 그 죄를 묻는 모습을 볼 수 있으며, 또한 정조 17년 4월 임오의 기사23)의 한 부분에서 볼 수 있듯이 조운실패의 책임이 해당 징수지에서 다시 징수되는 폐단까지도 근본적으로 해결코자 하는 자세를 엿볼 수 있다.

> 건져낸 쌀은 배가 침몰한 지방의 백성들에게 나누어 주고 다시 상납할 고을에서 다른 곡식으로 바꾸어 징수하기를 청했으니, 어찌 이러한 법조문이 있겠는가. 이 길이 한 번 열리면 백성들이 장차 두 번 세 번 징수당하는 폐단을 받게 될 것이다. … 함사(緘辭)로 종중 추고하라.

정조대의 조운사고 대책이 이처럼 강력해질 수밖에 없었던 것은 선원들이 일부러 조운선을 침몰시키는 경우가 빈발했기 때문이다. 정조의 조운문제에 관한 적극적인 관심과 태도는 전선(戰船)을 조운선으로 사용코자 하는 기사에서도 극명하게 드러난다.24)

5. 표류 및 기타

경종대 이후에도 조선과 청은 양국의 표류민을 상대국에 비교적 안전하게 송환해주었다. 더욱이 조선에서는 표류민의 희망을 그대로 들어주어 송환하는 사례가 빈번했음을 사료를 통해 살펴볼 수 있다. 이는 조선측에서 청과의 불필요한 긴장관계를 원하지 않았기 때문에, 청의 표류민 처리에 관해서 외교마찰 회피차원에서 매우 우호적인 방법으로 접근했던 것으로 파악할 수 있다. 또한 청의 표류민에 대한 심문을 통해 작성된 각종 장계의 내용은 청의 실상을 당시 집권층에게 간접적으로나마 알리는 창구역할도 계속하였다. 일본의 표류민 역시 교린차원에서 우호적인 송환이 관례였으나, 자국민이 고의적으로 일본으로 표류한 경우에는 단호하게 대처했던 모습을 살펴볼 수 있다.

이 시기의 조선(造船)분야를 살펴보면, 1750년 당시 전선 1척에 종사하는 군인

---

23) 기사번호 5890 : 경기관찰사 박우원(朴祐源)이 법성포에 침몰한 조운선의 쌀 문제로 장계하다.
24) 기사번호 5952 : 조운시 전선(戰船)의 이용, 조곡의 운반 등을 정식을 만들어 시행하다 외.

수가 800여 명이었는데[25], 직접 전선에 종사하는 수군 1명에 그 보인이 3명이었다는 사실을 감안하면 전선 1척에 200명 내외가 탑승했을 것이며, 또 거북선의 좌우 포혈은 종전에 6개였던 것이 8개로 증가되었다.[26] 이렇듯 대부분의 전선이 최소한 80명 이상의 노군이 없으면 움직이기 어렵고, 너무 둔중해서 적기에 사용할 수 없다는 의견이 제기되어 좀더 작은 배로 개조하려는 노력이 여러 차례 보인다. 예컨대, 1735년에 윤필은(尹㻫殷)의 제기에 의하여 전선을 개조하게 하였는데, 이유인즉 전선은 갑판 위에 2~3층의 판옥을 만들었으므로 바람을 받는 면적이 넓고 조종하기 어려우니 위층의 방패를 따로 만들어서 눕혔다 세웠다 할 수 있게 하며, 또 뱃머리에는 굽은 나무로 좀더 뾰족하게 곡목을 만들어 붙이면 유선형이 되어 풍랑이 있어도 빨리 뚫고 나아갈 수 있을 뿐만 아니라 암초에 부딪혀도 굽은 나무부터 먼저 파괴되니 매우 편리하면서도 안전하다는 것이었다.[27] 또한 1740년에는 전라좌수영에서 해골선(海鶻船)을 만들었는데 자그마하면서도 매우 빠르고 바람에 뒤집힐 우려가 없다고 하여 통제영과 여러 수영들에서 만들어 사용하게 하였다.[28] 1744년에는 황해수사 박문수(朴文秀)가 황당선(荒唐船)을 쫓기 위한 비선(飛船)을 20척 만들겠다고 제의한 일도 있었다.[29] 물론 이러한 건설적인 견해와 대책들은 해방에 도움이 될 수준으로 실현되지 못했다. 다만, 1791년에 경상좌수사 최동악(崔東岳)은 누선[戰船]이 거북선만큼 빠르지 못한 데다가 좌수영 관하에 거북선이 적으니 누선 10척 중에서 3척을 거북선으로 개조할 것을 제기하여 실현하였는데,[30] 이것은 당시 지배층들의 거북선에 대한 신뢰를 엿볼 수 있게 해준다. 그리하여 18세기 말에서 19세기 초에 걸쳐 각 수영이 보유한 거북선의 척수가 1~2척 늘어나는 등 약간의 성과가 있기도 하였다. 한편 함선의 수명연장은 곧 그만큼 함선을 덜 만들어도 된다는

---

25) 기사번호 5439 : 대신과 균역당상을 인견하여 진보의 혁파 · 어염과 군관의 일 등을 논의하다.
26) 기사번호 5446 : 호남균세사 이후(李珛)가 호남 해도(海島)의 상황을, 영남균세사 박문수(朴文秀)가 전선과 귀선(龜船)의 일을 아뢰다.
27) 기사번호 5325 : 형조판서 장붕익(張鵬翼)이 전선과 거북선 개조에 대한 것을 아뢰다.
28) 기사번호 5367 : 통영과 여러 도의 수영에 해골선(海鶻船)을 만들라고 명하다.
29) 기사번호 5390 : 황해수사 박문수(朴文秀)는 황당선(荒唐船)의 어로와 밀무역을 근절시키기 위한 계책 등을 아뢰다.
30) 기사번호 5864 : 누선(樓船)을 거북선으로 고칠 것을 경상좌도 수군절도사 최동악(崔東岳)이 치계(馳啓)하다.

것을 의미하므로 함선의 수명을 연장하기 위해 많은 노력을 기울였다. 그리하여 오랫동안 『경국대전(經國大典)』의 함선보수 및 수명기한에 관한 규정에 따랐던 것을 18세기 말에 이르면 지방별로 함선의 보수 및 수명기한을 그 실정에 맞게 조정하였다. 즉 대보수(改槊)의 주기와 재건조의 기한을 현실에 맞게 조절하였던 것이다.

한편 함선건조에 가장 적합한 목재가 소나무였기 때문에 일정한 지역을 채벌금지구역으로 설정하고 수군진영이 그것을 감시 관리하는 업무를 관장토록 하는 정책이 계속 견지되었다. 물론 송전(松田)에서의 불법적인 채벌 혹은 관리소홀에 대해서는 엄격한 제재를 가하는 것이 일반적이었지만, 각종 재해로 못 쓰게 된 소나무는 구황(救荒)차원에서 소금을 굽는 데 이용토록 하는 등 제도운영에 있어서의 합리성이나 유연성도 보인다. 보통 도서지역의 기근피해는 내륙지방보다 심각하게 받아들여졌기 때문에 각종 면세·구휼책이 시행되었으며, 이 시기에는 개척되지 않은 도서지역에도 주민을 정책적으로 이주시켜 목장을 개간하는 등 비교적 활발한 도서개척사업이 이루어졌다. 그렇지만 개간된 연해도서가 초기에는 주로 군사운영에 보탬이 되는 긍정적인 목적으로 이용되었지만, 뒤에는 왕실종친들의 사전(私田)으로 변화되어 크고 작은 부작용이 발생하였고, 국정쇄신책이 건의될 때마다 이 문제가 거론되었다.

6. 맺음말

본 사료집이 담고 있는 18세기 초엽부터 19세기 중엽 사이에 해방(海防)의 선결과제는 황당선과 해적, 그리고 이양선의 침범을 막고 이에 적절히 대처하는 것이었다고 할 수 있다. 1710년에는 청으로부터 조선측이 황당선과 해적의 문제를 임의로 처분해도 좋다는 동의가 있었고, 나아가 1720년에는 조선측에서 포격을 가해 격침·처단해도 무방하다는 합의까지 받았으나, 당시 집권층에서는 그들을 단속할 수 있는 실질적인 대책을 세우지 못하였다. 1780년대에 청 해적들은 신도에 상륙하여 그곳을 거점으로 수산자원을 약탈해 가기도 하였는데, 당시 미곶진에 소속된 신도에는 청나라 해적 약 600명이 40여 개의 초막까지 지어놓고 살면서 배를 49척이나

가지고 그 곳에서 배까지 보수해 가면서 수산자원을 약탈하기도 하였다.31) 이에 1785년에 용천부사는 미곶진첨사와 함께 300명의 포수를 데리고 신도로 건너가서 해적들을 쫓아내는 적극적인 방법으로 대항하였으나, 오히려 용천부사는 경솔하게 행동했다는 비판을 받게 된다.32) 이러한 분위기에 편승하여 19세기 중엽까지 황당선의 침범은 계속 증가일로를 밟게 되는 한편, 수영소속의 수군들이 대부분 어민들로 충당됨으로써 해방과 관련하여 수군의 존재는 무력해져만 갔다.

또한 18세기 말부터 조선연안에는 서구열강의 이양선들이 출몰하기 시작하여 19세기 초에는 연해에 침입하기 시작하였고, 19세기 중엽에 이르면 헌종 14년 12월 기사일 기사의 표현과 같이 이양선의 수가 셀 수 없이 많아지게 된다. 구체적으로 살펴보면, 군함·무장선단의 침입횟수는 1801~1847년간에 7차례에 그쳤지만 1848~1860년 사이에는 무려 200여 차례에 이르고, 1855년 한 해만 해도 다섯 차례의 침입이 있었다. 지역적인 범위도 확대되어 서해안에서의 출몰로 한정되었던 것이 점차 남해·동해까지로 확대되었고 그로 인한 물적·인적 손실도 커져만 갔다. 이러한 이양선들의 잦은 출몰은 곧이어 서구열강의 조선의 문호개방 요구를 예고하고 있었다. 이러한 모든 사실들은 시대적 요청에 부응하는 수군의 근대화라는 절실한 문제로 제기되었으나, 아쉽게도 그 희망을 당대 집권층이 아닌 몇몇 개별적 실학자들의 서양의 조선기술과 문물제도의 연구에서만 찾을 수 있을 뿐이었다.

이번에 다섯번째 사료집을 마지막으로 조선관련 수군자료집은 끝맺음을 하게 되었다. 독자들의 우리 수군사에 대한 애정과 군제사·수군사 연구자들의 관심에 조금이라도 보답이 될 것이라는 기대 덕분에 우선 큰 마무리는 지을 수 있었다고 생각한다. 편집과정에서 분류가 불분명했다거나 혹 누락된 기사가 있을 경우 전적으로 본 편집진의 책임이며, 큰 아량으로 이해해 주기를 바란다. 마지막으로 이 사료집들이 우리에게 해양과 해군의 위상을 정립하는 데 있어 한 방안을 제시해 주었으면 하는 바람을 밝혀두면서 맺을까 한다.

---

31) 『備邊司謄錄』, 정조 10년 3월 2일, 13일 기사 참조.
32) 『正祖實錄』 권21 10년 3월 경술 기사 참조.

◪ 비어 있는 쪽 ◪

조선시대 수군자료집 5
조선왕조실록(경종~철종)

◊ 비어 있는 쪽 ◊

20. 경 종

◩ 비어 있는 쪽 ◪

경종 즉위년(1720; 청 강희59년)

5152 경종 00/09/10(갑술) → 【원전】 41집 136면
〔일본 대마도주의 조위차왜가 오다〕   왜1960

일본 대마도주(對馬島主)의 조위차왜(弔慰差倭)가 나오니, 접위관(接慰官)을 차송(差送)하였다. 예로부터 국상(國喪)이 있을 때에는 통부(通訃)하는 규례가 없었고, 다만 역관(譯官)으로 하여금 왜관(倭館)에 전달하였으며, 관수왜(館守倭)가 대마도에 보고하였다. 그러면 도주(島主)는 차왜를 보내어 향과 폐백을 가지고 나와 예조에 서계(書契)를 올렸고, 우리나라에서는 접위관을 보내어 접대하였으며, 차왜는 전패(殿牌)에 향을 올리고 겸하여 부의(賻儀)를 바쳤으니, 이는 예부터 전해 오는 규례였다. 진하차왜(進賀差倭)도 또한 같았다.

5153 경종 00/10/30(계해) → 【원전】 41집 139면
〔대마도에 역관을 보내어 조의와 하례를 겸행하다〕   왜1961

대마도주 평의진(平義眞)이 죽고, 평방성의(平方誠義)가 습작(襲爵)하였다. 역관 2인을 보내어 조의(弔儀)와 하례를 겸행(兼行)하였고, 부의물품을 주었으며, 도서(圖書)를 개조하여 보냈으니, 전례를 따른 것이었다.

5154 경종 00/12/22(갑인) → 【원전】 41집 144면
〔연경에서 궁각을 무역해 오다〕   수4591

호조판서 민진원(閔鎭遠)이 말하기를, "궁각(弓角)은 일본에서 전혀 나오지 아니하여 수용(需用)이 지극히 곤란하므로, 묘당에서 무역해 올 일을 정탈(定奪)하였습니다. 재자관(賷咨官)이 연경(燕京)에 들어간 뒤 고부사(告訃使)가 이르기를, '이 때 이런 일을 번거롭게 요청하는 것은 옳지 않다'고 하여 자문(咨文)을 올리지 않고 돌려보내 왔습니다. 금번 사은사(謝恩使)의 행차에 자문을 보내어 무역해 오는 것이 마땅한

데, 역관 김경문(金慶門)이 일찍이 이런 일을 잘 주선했으니, 만약 이 사람으로 전적으로 맡겨 주선하게 한다면 거의 순조로울 것입니다" 하였다.

임금이 옳게 여겼다.

경종 1년(1721; 청 강희60년)

5155 경종 01/01/10(임신) → 【원전】 41집 147면
〔남태징에게 충청수사를 제수하다〕   수1914

남태징(南泰徵)을 충청수사로 삼았다.

5156 경종 01/01/15(정축) → 【원전】 41집 147면
〔각 도 수군·육군의 조련을 정지하다〕   수3714

임금이 대신해 온 및 비국의 여러 재신(宰臣)을 인견하였다.
　　좌의정 이건명(李健命)이, 수어사 권상유(權尙游)와 전라감사 유명홍(兪命弘)이 봄철 조련을 정지하기를 청한 일로써 진품(陳稟)하고 이어 여러 도의 수조(水操)와 육조(陸操)를 모두 정지하기를 허락하고 영장(營將)과 우후(虞候)를 시켜 순행하여 점고하게 할 것을 청하였다.
　　임금이 허락하였다.

5157 경종 01/04/28(무오) → 【원전】 41집 154면
〔신광하 등에게 관직을 제수하다〕   수1915

신광하(申光夏)를 경기수사로, 박찬신(朴纘新)을 충청수사로 삼았다.

5158 경종 01/05/19(기묘) → 【원전】 41집 157면
〔제주에 표류한 청나라 사람이 서울로 압송되어 오다〕   표2182

이에 앞서 제주(濟州)에서 청(淸)나라 사람 18명이 대정현(大靜縣)에 표박(漂泊)한 사실을 장계로 알리자, 비국에서 본도로 하여금 관례에 따라 차원(差員)을 정해 서울로 압송시키게 할 것을 청하였는데, 이제 비로소 올라왔다.
　　또 청하기를, "남별궁(南別宮)에 받아 두되, 금군(禁軍) 한 사람이 위군(衛軍)을 거

느리고 따로 방비하여 지키며, 공궤(供饋) 및 입는 의복을 만들어 주는 일 등은 해당 조(曹)에 분부하여 관례에 따라 거행하게 하소서. 본사(本司)의 낭청(郎廳) 1원(員)과 말을 아는 역관 몇 사람을 따로 정해 보내어 표류하여 온 실정을 다시 자세히 사문(查問)하고, 북경(北京)으로 들여보낼 때에는 반전은(盤纏銀)을 관서(關西)로 하여금 예에 의해 제급(題給)하게 하며, 의주(義州)에서 미리 봉성(鳳城)에 알리게 하소서"하였다.

임금이 윤허하였다.

5159 경종 01/05/19(기묘) → 【원전】 41집 158면
〔충청수사 박찬신이 탄핵받다〕　　　　　　　　　　　　수1916

임금이 친림하여 형조(刑曹)의 소결(疏決)을 행하였으니 …… 장령(掌令) 송도함(宋道涵)이 전계(前啓)를 거듭 아뢰었다.

또 논핵하기를, "충청수사 박찬신(朴纘新)은 일찍이 군읍(郡邑)을 거치면서 오로지 탐도(貪饕)만을 일삼았는데, 외람되게도 곤임(閫任)에 제수되니, 물정(物情)이 크게 놀라고 있습니다. 청컨대 개차(改差)하소서" 하였다.

임금이 모두 따르지 않았다.

5160 경종 01/06/05(을미) → 【원전】 41집 160면
〔황당선 출몰의 피해를 의논하다〕　　　　　　　　　　　수4592

임금이 대신과 비국(備局)의 여러 재신(宰臣)들을 인견하였다.……

김창집이 또 아뢰기를, "황당선(荒唐船)의 출몰은 해마다 있는 일이지만, 금년처럼 방사(放肆)한 때는 없었을 것입니다. 연달아 올라온 황해수사의 장계를 보면, 쫓아버리려 하면 더러는 칼을 뽑아 사람을 찌르기도 하고 더러는 장막을 치고 솥을 걸어놓고 달아날 뜻이 없다 하며, 또 황해도 수령들의 말을 들으면 촌가에 드나들면서 약탈하는 일까지 있어 해변의 주민들은 농사를 걷어치우는 일까지 있다 하니, 매우 걱정스러운 일입니다. 지금 마땅히 역관 한 사람을 차송(差送)하여 잘 타이르게 하고 또 그들의 자문(咨文)에 이미 총포(銃砲)를 쏘는 것을 일삼는 말이 있었으니, 이런 식으로 아울러 공갈하는 기색을 보이면서 그래도 생각을 움직이지 않는다면

다시 이런 사실을 가지고 그들의 관원에게 통보하여 금지시킴이 어떻겠습니까?" 하였다.

임금이 윤허하였다.

5161 경종 01/06#12(신미) → 【원전】 41집 163면
〔안흥진에 구류되어 있는 황당선의 선원을 경고하여 놓아주게 하다〕 수4593

충청도 수사가 안흥진(安興鎭)에다 황당선(荒唐船)의 선원을 구류하고 있는 일을 장문(狀聞)하였다.

비국에서 복주(覆奏)하기를, "배가 완전하고 또 선패(船牌)의 공문이 있는 것으로 보아 등주(登州)사람임이 명백하여 의심이 없는데, 육로로 압송하는 것은 또한 폐단이 있으니, 다시는 범경(犯境)치 말라는 취지로 엄중하게 이르고 놓아보내야 할 것입니다. 그리고 이후로는 만일 이러한 배가 우리 경내에 접근하면 잡아둘 필요가 없이 많은 병졸을 이끌고 총포를 쏘아 쫓아서 즉시 도망치게 하는 것이 옳을 것 같으니, 청컨대 이런 뜻을 본도의 감사나 수사(水使)에게 분부하게 하소서" 하였다.

임금이 이를 옳게 여겼다.

5162 경종 01/06#16(을해) → 【원전】 41집 164면
〔이하정·이사성 등에게 수사관직을 제수하다〕 수1917

도목정사(都目政事)를 행하여…… 이하정(李夏禎)을 충청수사로, 이사성(李思晟)을 전라우수사로 삼았다.

5163 경종 01/06#19(무인) → 【원전】 41집 164면
〔지평 이정소가 전라우수사 이사성을 파직할 것을 청하다〕 수1918

지평(持平) 이정소(李廷熽)가 상소하여 논하기를, "…… 전라우수사 이사성(李思晟)은 얼마 전에 구성부사(龜城府使)에 임명되었는데도 바로 사조(辭朝)하지 않고 세력이 있는 사람에게 의뢰하기를 도모하더니 과연 본직(本職)에 임명되어 다른 사람의 말이 마침내 맞게 되었으므로, 여론이 크게 놀라워합니다. 청컨대 그의 관직을 파하고 수사(水使)의 선임을 신중히 하소서" 하였다.

임금이 "체직·파직이 모두 마땅치 않다"라고 비답하였다.

〈 관련내용 〉
· 경종 01/06#22(신사)→ 병조판서 최석항이 병으로 사직하고 이사성의 일을 변명하다   41집 164면

5164 경종 01/06#20(기묘) → 【원전】 41집 164면
〔화량·대부 두 곳을 잘 살펴 한 곳에만 진을 설치하게 하다〕   수3715

임금이 상신(相臣)과 비국의 여러 재신들을 인견하였다.
 영의정 김창집(金昌集)이 아뢰기를, "경기감사 이집(李㙫)이 대부(大阜)에 진을 설치할 것을 계청(啓請)한 후 전선(戰船)과 군기집물(軍器什物)을 묘당(廟堂)으로 하여금 좋은 점에 따라 변통해 주라고 하셨습니다. 본진(本鎭)은 해로의 요충지에 자리하고 있어서 이미 첨사(僉使)를 둔 일이 있기는 하지만 그 후로는 줄곧 버려두어서 아직껏 모양을 갖추지 못하고 있습니다. 모두 의논하기를, '화량(花梁)과 대부(大阜)는 거리가 가까운데 첨사를 겹쳐 두어보아야 위급한 경우에 도움이 되지 못하니, 두 곳의 형세를 살펴서 한 진(鎭)에만 설치하면 전선·군기·방비군(防備軍)을 따로 조치 할 일이 없다' 하니, 청컨대 경기수사(京畿水使)에게 명하여 두 진의 형세를 살펴서 버리든지 쓰든지 하도록 함이 어떻겠습니까?" 하였다.
 임금이 옳게 여겼다.

5165 경종 01/07/01(경인) → 【원전】 41집 164면
〔사헌부에서 황해수사 이여적의 파직을 논핵하다〕   수1919

사헌부에서 황해수사 이여적(李汝迪)의 파직을 논핵하기를, "그는 일찍이 안동(安東)의 영장(營將)으로 있으면서 도둑 잡기에 싫증이 생겨 부모의 나이 70세라고 핑계하여 마침내 체직하기에 이르렀으니, 본 수사를 제수함에 있어서 마땅히 법에 따라 사면(辭免)했어야 옳았을 것인데 영화를 탐하여 염치를 무릅쓰고 부임하니 소문이 해괴합니다" 하였다.
 임금이 그대로 따랐다.

〈 관련내용 〉
· 경종 01/07/05(갑오)→ 영의정 등이 황해수사를 잉임시킬 것 등을 아뢰다   41집 165면

· 경종 01/07/05(갑오)→ 영의정 등이 흉년으로 경차관을 파견하지 말 것 등을 아뢰다   41집 165면

5166 경종 01/07/02(신묘) → 【원전】 41집 165면
〔대마도주의 아들에게 아명 도서를 발급해 주다〕　　　　　　　　왜1962

동래부사가 대마도 구도주(舊島主)의 아들 암환(巖丸)의 아명도서(兒名圖書)를 구례에 의하여 발급해 줄 것을 장청(狀請)하였는데, 묘당에서 복주(覆奏)하니 윤허하였다. 대개 대마도주는 구도주의 아우로서 임시 대행한다 칭하고, 암환이 나이가 어려서 사립(嗣立)치 못했으나 도주가 사주(嗣主)로 정했기에 따로 서계(書契)를 올리고 전례를 들어 청해 왔기에 마지못해서 이를 허락하였다. 왜인의 심성은 교활하고 간사하여 모든 그들의 소청을 처음에는 거절하다가도 수년을 끌면서 요구하면 거의 들어주었기에 그러한 습성이 상례가 되어 기어코 이기고야 말았으며, 역관의 무리들도 그들의 돈을 받고 수신(守臣)에게 겁을 주기도 하고 혹은 조정을 설득하기도 하여 번번이 그들에게 꺾이게 되었으니, 식자들이 깊이 걱정하였다.

5167 경종 01/07/12(신축) → 【원전】 41집 165면
〔유성추를 통제사로 삼다〕　　　　　　　　　　　　　　　　　　수1920

유성추(柳星樞)를 통제사로 삼았다.

5168 경종 01/07/20(기유) → 【원전】 41집 166면
〔영의정 김창집이 각 도의 수륙조련의 재개를 건의하다〕　　　　수3716

임금이 상신(相臣)과 비국의 여러 재신(宰臣)들을 인견하였다.
　영의정 김창집(金昌集)이 …… 또 말하기를, "각 도의 수륙조련은 잇따라 흉년을 만난 탓으로 중지한 지가 이미 오래 되었으니, 군정(軍政)이 참으로 소홀해진 듯합니다. 경기(京畿)만은 올 가을 조련을 비록 행할 수 없겠지만. 다른 도(道)에 있어서는 청컨대 병사와 수사로 하여금 조련을 실시케 하고 그 영장(營將)이 순행하면서 점호하던 것은 정지시키소서" 하였다.
　임금이 모두 그대로 따랐다.

5169 경종 01/11/03(경인) → 【원전】 41집 183면
〔익사한 경상도 가덕진의 사람들에게 휼전을 거행하게 하다〕   수4594

경상도 가덕진 해척(加德鎭海尺) 이석벽(李石碧) 등 18명이 익사하였다. 통제사가 장계를 올려 아뢰니, 본도로 하여금 휼전(恤典)을 거행하라고 명하였다.

5170 경종 01/11/23(경술) → 【원전】 41집 184면
〔통제사 이수민과 군장을 벌한 감사 홍우전을 파직하고 추고하게 하다〕   수1921

비변사에서 아뢰기를, "통제사는 삼로(三路)를 통솔하니, 체모가 순찰사(巡察使)와 같아 수사(水使)를 겸했다하여 업신여길 수가 없는 법입니다. 그런데 감사(監司) 홍우전(洪禹傳)이 추노(推奴)하는 사객(私客)을 원문(院門)에 들여보내고 즉시 돌아가는 것을 허락하지 않았다 하여 통제사의 군관을 무거운 곤장으로 쳐서 스스로 체모를 잃었고, 통제사 이수민(李壽民)은 장교(將校)를 시켜 감사가 좌정해 있는 곳으로 돌입하여 갇힌 하인을 빼앗아 돌아오게 하였으니, 지극히 놀라운 일입니다. 청컨대 홍우전은 종중추고(從重推考)하고 이수민은 파직하소서" 하였다.
임금이 그대로 따랐다.

경종 2년(1722; 청 강희61년)

5171 경종 02/01/22(무신) → 【원전】 41집 198면   수1922
〔이봉상을 통제사로 삼다〕

이봉상(李鳳祥)을 통제사로 삼았다.

5172 경종 02/03/13(무술) → 【원전】 41집 199면   수1923
〔다대포첨사 정세흡에 대해 어사와 수사가 공과 죄를 다르게 청하다〕

경상좌도 암행어사 서종섭(徐宗燮)이 서계하기를, "도내 열읍(列邑)의 병기들이 쇠붙이는 무디어지고, 근각(筋角)은 부서지고 좀먹었는데, 그 가운데 동래(東萊)·영해(寧海)·풍기(豊基)·하양(河陽)·울산(蔚山)·인동(仁同)·다대포(多大浦)·서생포(西生浦) 등의 읍진(邑鎭)이 더욱 심하였습니다" 하였다.

그런데 좌수사 김시태(金時泰)가 다대포첨사(多大浦僉使) 정세흡(鄭世潝)이 군기(軍器)를 수치(修治)하였다고 장계를 올려 포상할 것을 청하니, 비변사에서 같은 날 복계(覆啓)하여 읍재(邑宰)와 변장(邊將)을 추고하고, 정세흡에게는 숙마(熟馬)를 상으로 내려 줄 것을 청하였다.

[사신은 논한다. "정세흡은 한 사람인데 어사(御史)는 벌주기를 청하였고, 수사는 상주기를 청하였으니, 공과 죄 가운데 과연 누구의 말이 진실인가? 묘당에서는 같은 날 상과 벌을 모두 시행하였으니, 어리석도다"]

5173 경종 02/03/13(무술) → 【원전】 41집 200면   수3717
〔평안감사 권업의 청에 따라 선천의 수군방영을 육군방영으로 고치다〕

선천(宣川)의 수군방영(水軍防營)을 육군방영(陸軍防營)으로 고치고, 청천강(淸川江) 남북의 아홉 영장(營將)을 혁파하여 다만 다섯 영만 남겨두되 모두 토포사(討捕使)를 겸하게 하였다. 그리고 정주(定州)·귀성(龜城)·영변(寧邊) 등의 읍수(邑守)는 모두 수성장(守城將)을 겸하게 하였다.

처음에 평안감사 권엽(權曄)이 도내 수군의 두 방영(防營)을 혁파할 것을 청하자, 묘당(廟堂)에서 아뢰기를, "삼화영(三和營)은 해서(海西)에 가까워서 접응하는 도리가 없을 수 없으니 경솔하게 혁파하는 것은 마땅하지 못하며, 선천영(宣川營)은 해방(海防)에는 이로울 게 없지만 육로에 있어서는 요해처가 되니, 수군영(水軍營)을 혁파하고 오로지 육로의 수비에만 뜻을 기울여야 마땅할 것입니다. 청컨대 다시 권엽에게 편부(便否)를 물어보소서" 하였다.

이 때에 와서 권엽이 아뢰었다.

"선천(宣川)이 이미 육군방영이 되었으니, 삼화(三和)·함종(咸從)·강서(江西)·용강(龍岡)에 있는 방군(防軍)·요군(遼軍)은 모두 본부로 이속시키는 것이 마땅하고, 본부 산성(山城)의 작대군(作隊軍) 및 수군(水軍)·사수(射手)·포수(砲手)·능로군(能櫓軍)과 비국 소관으로 본부에 있는 별무군관(別武軍官)과 액수(額數) 외의 군관(軍官) 또한 획급(劃給)하되, 장건(壯健)한 자를 뽑아 대오를 만들어 때때로 연습시키는 것이 마땅할 것입니다. 그리고 노약자는 신포(身布)를 거두어 군병(軍兵)의 상사(賞賜)와 약환(藥丸)을 마련하여 갖추는 비용으로 삼을 것입니다.

그리고 대오를 만든 원군(元軍)은 만약 승진하거나 강등하는 보장이 없다면 막혀서 방해가 되는 것이 있을 듯하니, 수포군(收布軍) 가운데에서 절차에 따라 장건한 자를 뽑아 바꾸어 정함으로써 노약자를 구차하게 채우는 폐단이 없게 하는 것이 마땅할 것입니다.

전에 관할하던 안주(安州)·용천(龍川)·정주(定州) 등 12고을의 수군 및 방병선(防兵船)은 일체 이를 삼화방영(三和防營)에 소속시키는 것이 마땅하며, 선사진(宣沙鎭)은 육군첨사(陸軍僉使)를 삼아야 마땅할 것입니다. 청천강 북쪽에 있는 영장(營將)이 넷이고 청천강 남쪽에 있는 영장이 다섯인데, 지금 그 네 영(營)을 혁파한다면 남쪽 북쪽을 통틀어 다섯 영을 만들어야 마땅할 것입니다. 따라서 선천(宣川)으로 용천(龍川)·철산(鐵山)·미곶이[彌串]·청강진(淸江鎭)을 관할하게 하여 전영(前營)으로 삼고, 중화(中和)로 평양(平壤)·삼등(三登)·상원(祥原)·강동(江東)·보산진(保山鎭)을 관할하게 하여 후영(後營)으로 삼으며, 순천(順川)으로 자산(慈山)·은산(殷山)·성천(成川)·양덕(陽德)·맹산(孟山)·덕천(德川)·영원(寧遠)·개천(价川)·

토산진(兎山鎭)을 관할하게 하여 우영(右營)으로 삼고, 가산(嘉山)은 효성로(曉星路)를 마주 대하고 있으니 박천(博川)·곽산(郭山)·태천(泰川)·운산(雲山)·고성진(古城鎭)을 관할하게 하여 좌영(左營)으로 삼으며, 숙천(肅川)은 두 영 사이에 끼어 있으니 영유(永柔)·함종(咸從)·증산(甑山)·용강(龍岡)·강서(江西)·순안(順安)을 관할하게 하여 중영(中營)으로 삼으소서. 정주(定州)에 이르러서는 관서(關西)의 직로(直路)를 마주 대하고 있고, 귀성(龜城)은 창성(昌城)·삭주(朔州)의 요해처가 되는 데 모두 성지(城池)가 있으며, 영변(寧邊)은 중진(重鎭)으로서 약산산성(藥山山城)의 험준함은 서쪽 변방에서 으뜸가니, 희천(熙川)·천수진(天水鎭)을 영변(寧邊)에 소속시키고, 안의(安義)·식송진(植松鎭)을 귀성(龜城)에 소속시키는 것이 마땅하며, 정주(定州)는 독진(獨鎭)을 만들어 모두 수성장(守城將)을 겸하게 하는 것이 마땅할 것입니다. 그리고 서로(西路)에 기근이 거듭 들어 절발(竊發)의 근심이 많으니, 다섯 영으로 하여금 토포(討捕)의 임무를 겸하여 살피게 하는 것 또한 마땅할 것입니다"

묘당에서 복계(覆啓)하니, 허락하였다.

〈 관련내용 〉
· 경종 03/02/08(무오)→ 평안도의 군제를 구식대로 시행하게 하다   41집 279면

5174 경종 02/04/10(갑자) → 【원전】 41집 205면
〔전라도의 선원 9명이 익사하다〕   수4595

전라도의 뱃사람 9명이 물에 빠져 죽었다. 도신(道臣)이 장문(狀聞)하자, 임금이 본도로 하여금 휼전(恤典)을 거행하게 하였다.

5175 경종 02/06/15(무진) → 【원전】 41집 232면
〔이전 통제사 이수민을 변방에 유배시킬 것을 청하는 장령 이기성의 상소〕   수1924

장령 이기성(李基聖)이 아뢰었다.

"이전 통제사 이수민(李壽民)은 성행(性行)이 거칠고 교활한데다 지벌(地閥)과 명망(名望)이 미천한 자인데, 이이명(李頤命)·김창집(金昌集)의 문하에 이처럼 빌붙어 외람되게 곤수(閫帥)의 자리를 더럽혔으며, 그들의 지시를 받아서 심복이 되었으므로, 물정(物情)이 놀라고 통분스럽게 여겨온 지 이미 오래 되었습니다. 그가 통영(統

(營)에 있을 적에 권세를 빙자하여 탐오한 짓을 더욱 방자하게 하였으므로, 당시 어사가 올린 계사(啓辭)에 군무(軍務)를 전폐하고 오직 윗사람의 비위만 맞추는 것을 일삼고 있다고 말했습니다. 같은 사당(私黨)으로서 짐작하여 말감(末減)해 주었는데도 오히려 말이 이러하였으니, 그가 탐오하고 비루한 짓을 하면서 자리만 차지하고 있는 죄를 분명히 알 수가 있습니다. 그런데도 권흉(權凶)들이 주선하여 미봉한 탓으로 끝내 죄를 적용하는 일이 없었으니, 어찌 통분스럽지 않겠습니까?

아! 건단(乾斷)을 한 번 내리자 국운이 다시 편안하여졌으니, 우리 신민(臣民)들이 누군들 환희하면서 서로 경하하지 않겠습니까? 그런데 이수민(李壽民)만은 홀로 원망하는 마음을 품고 흉적(凶賊)이 적소로 달려가는 날에 원문(轅門)에서 나와 영송(迎送)하려고 했습니다. 통제사가 사사로이 원문을 나갈 수 없다는 것은 법례(法例)가 그러한 것입니다. 비록 사람들이 만류하여 계획이 중지되기는 했습니다만, 심기(心氣)가 부합하여 역괴(逆魁)를 위해 편든 정상이 절절이 분명합니다. 두 흉적이 안치(安置)되기에 이르러서는 배로 운반하여 오는 것이 계속 잇따랐으니, 오로지 흉적을 환양(豢養)하기만을 일삼았던 것입니다.

아! 삼척(三尺)은 더없이 엄한 것이고 사람들의 눈은 속이기 어려운 것인데, 그가 어떻게 감히 조금도 돌아보아 꺼리는 마음이 없이 흉역(凶逆)을 돌보기를 이토록 방자하게 할 수 있겠습니까? 지금 국사(鞫事)가 끝나지 않아 인심이 위의(危疑)스럽게 여기고 있으니, 흉적의 여얼(餘孼)을 하루도 연곡(輦轂) 아래에서 편안히 살게 할 수는 없습니다. 원찬(遠竄)시키소서.······"

따르지 않았다.

5176 경종 02/06/19(임신) → 【원전】 41집 233면
〔사헌부에서 군목을 횡령한 이전 통제사 이수민을 나국할 것 등을 청하다〕　　　　　수1925

사헌부에서 전계(前啓)를 거듭 아뢰었다.

또 아뢰기를, "지난날 권흉(權凶)이 국권을 천단(擅斷)하자 채수(債帥)가 낭자하였습니다. 이전 통제사 이수민(李壽民)은 이이명(李頤命)과 김창집(金昌集)의 문(門)에 이(蝨)처럼 붙좇아 외람되게 곤얼(閫臬)의 직임을 차지하였는데, 지난해 국휼(國恤)이 났던 초기에 도감(都監)에 바칠 군목(軍木) 3백 동(同)이라고 핑계대어 그가 친신

(親信)하던 사인(私人)으로 하여금 경중(京中)으로 수송하게 하였으나 간 곳이 분명하지 아니합니다. 아! 흉당(凶黨)이 은밀한 길로 물화(物貨)를 씀이 삼수(三手)와 교통하지 아니함이 없었으니, 끝까지 간 곳을 핵실(覈實)하지 않을 수 없습니다. 청컨대 이수민을 나국(拿鞫)하여 엄하게 신문하게 하소서.……" 하였다.

그러나 모두 따르지 않고, 다만 박필기·이성기의 일만 그대로 따랐다.

5177 경종 02/10/14(병인) → 【원전】 41집 256면
〔간원에서 진·보에 급대하는 포에 대한 부조리를 혁파할 것을 청하다〕 수2262

간원(諫院)[헌납 김시혁(金始焃)이다]에서 전계(前啓)를 거듭 아뢰었으나, 따르지 않았다.
또 아뢰었다.
"호남의 각 진보(鎭堡)의 방군(防軍)에게 급대(給代)하는 포(布)는 다달이 회계(會計)하고, 내려준 실수(實數) 외의 남은 포는 비국에 보고하는 것이 바로 새로 반포한 사목(事目)인데, 성책(成冊)하여 수보(修報)할 즈음에 간위(奸僞)가 날로 늘어나고 있습니다. 달마다 받는 것은 명목을 만들어 전체의 수량을 취용(取用)하니, 보고하여 온 남은 포는 미수(未收)한 유(類)에 지나지 않습니다. 그리고 그 사이에 이문(移文)이 왕복하며 인족(隣族)을 침어(侵漁)한 폐단이 한이 없는데도, 비국에서는 한갓 허부(虛簿)만 가지고 있어 전혀 실효가 없습니다. 심지어 수군대장 이하까지 모두 하기(下記)가 있어서 비국에 보고하게 하는 등 절목이 번쇄하여 사체(事體)를 상손(傷損)함이 이보다 심할 수가 없습니다. 청컨대 비국으로 하여금 다시 상확(商確)을 더하여 수보(修報)의 절목(節目)을 즉시 혁파하게 하소서.
삼남 연해에 있는 생민(生民)이 고달프고 파리한 것은 실로 진보(鎭堡)의 신설(新設)이 많은 데에 연유하고 있습니다. 적로(賊路)의 요해지에 모두 이미 방수(防守)를 설치하였는데, 신설한 곳은 백성이 스스로 둔(屯)을 설치해서 보(堡)를 삼았거나 혹은 감목(監牧)으로 인해서 진(鎭)을 삼았습니다. 그런데 방군을 할급(割給)하여 한 아문을 만들고는 포를 거두어 급대(給代)하기를 한결같이 제진(諸鎭)의 군액(軍額)과 같이 하고 있습니다. 이로 인해 〈역(役)이〉 증가(增加)되어 한 사람이 혹 여러 역을 겸하니, 불쌍한 우리 백성이 어떻게 보존되겠습니까? 신이 일찍이 남군(南郡)에 있으면서 여러 군데에 신설한 진(鎭)을 직접 보았더니, 세도 있는 집안의 문얼(門孼)이

처음에는 별장(別將)·목관(牧官)으로 내려온 다음 인연(夤緣)해서 청촉(請囑)을 꾀하고는 승진하여 첨사가 되면, 난만하게 그 번포(番布)를 사용하고, 외람되이 그 이력(履歷)을 차지하니, 일이 매우 통해(痛駭)합니다. 삼남(三南)이 이와 같으면 다른 도(道)도 알 만하니, 청컨대 묘당으로 하여금 도신(道臣)과 수신(帥臣)에게 순문(詢問)하여 신설한 가운데 긴요하지 않은 곳을 일일이 조사해 내어 혁파하게 하소서.……"
모두 그대로 따랐다.

5178 경종 02/10/23(을해) → 【원전】 41집 259면
〔간원이 각 영에서 무역하는 것을 혁파할 것 등을 청하다〕　　　　　　수4596

간원(諫院)에서 삼남 각 고을의 서원(書員)이 무역하는 폐단을 논하고, 각 도의 감사로 하여금 각 고을에 신칙하여 일체 혁파하게 하기를 청하였다. 또 각 영에서 무역하는 폐단을 논하고, 각 도의 감영(監營)·병영(兵營)·수영(水營)으로 하여금 수용에 관계된 물질을 직접 영문(營門)에서 무역하여 각 고을과 각 진보(鎭堡)에 분정(分定)하는 규례를 일체 혁파하기를 청하니, 모두 그대로 따랐다.

5179 경종 02/12/19(경오) → 【원전】 41집 272면
〔신익하를 통제사로 삼다〕　　　　　　수1926

신익하(申翊夏)를 통제사로 삼았다. 신익하는 본시 장수의 집안사람인데, 어려서부터 사자(士子)의 업(業)을 일삼고 활 잡기를 즐겨하지 않았으나, 숙종(肅宗)이 특별히 명하여 무과(武科)를 권장하니, 힘써 왕명에 응하였다. 그래서 이 직임(職任)을 제수하게 되니, 인망(人望)이 흡족하게 여겼다.

〈 관련내용 〉
· 경종 03/02/05(을묘)→ 통제사 신익하가 훈록을 사양하다　　　　　　41집 279면

5180 경종 02/12/21(임신) → 【원전】 41집 272면
〔헌부에서 잡역하는 폐단을 없앨 것 등을 청하다〕　　　　　　수2263

헌부(憲府)에서 전계(前啓)를 거듭 아뢰고, 또 아뢰기를, "전라도에는 예전에 여수현(麗水縣)이 있었는데, 중간에 수영(水營)을 그 지방에 설치하고, 그 현(縣)을 폐지하

여 순천부(順天府)에 예속시켰습니다. 그런데 수영을 이진(移鎭)한 뒤에 수영은 구진(舊鎭)이라고 하면서 잡역을 전례에 의하여 침독(侵毒)하고, 순천(順天)은 그의 소속이라고 하면서 부렴(賦斂)하는데, 기한을 작정하여 징수합니다. 한 지방의 백성이 두 곳에 끼어서 책응(責應)하게 되어 지탱하여 감당하지 못하니, 순흥(順興)·영양(英陽)·자인(慈仁) 등의 고을 예에 의하여 다시 구현(舊縣)을 회복하고자 합니다. 만일 그것이 그렇지 못하면 좌수영으로 하여금 겸찰(兼察)하게 하여 두 아문에서 침징(侵徵)하는 폐단을 청하고자 합니다. 그 억울함을 하소연하는 것이 진실로 불쌍히 여길 만하니, 청컨대 묘당으로 하여금 민원(民願)에 의하여 장점을 따라 변통하여서 한 지방의 심한 고통의 위급한 처지를 풀어 주소서.……" 하였다.

따르지 않았다.

경종 3년(1723; 청 옹정1년)

5181 경종 03/01/15(을미) → 【원전】 41집 276면
〔전라좌수사 박세정을 파직하고 서소문의 수직부장을 잡아가두게 하다〕   수1927

헌부(憲府)에서 전계(前啓)를 거듭 아뢰었다.

또 논하기를, "전라좌수사 박세정(朴世挺)은 사람됨이 용렬하여 전혀 일을 알지 못하는데다가 또 나이도 쇠모(衰耗)하여 구차하게 자리만 채우고 있습니다. 그럼에도 오로지 가렴 구주만 일삼고 융무(戎務)는 팽개치고 있으니, 청컨대 파직하소서. 어저께 서소문(西小門)에 자물쇠를 내린 뒤에 어떤 놈이 밤을 타서 때려부수고 자물쇠를 뽑아내어 거의 문이 열리기에 이르렀는데, 때마침 발각되어 포청(捕廳)에서 지금 조사하고 있습니다. 청컨대 수직(守直)하던 부장(部將)을 잡아가두고 죄를 다스리게 하소서" 하니, 임금이 따르지 않고 다만 부장의 죄를 다스리는 일만 윤허하였다.

　〈관련내용〉
　　· 경종 03/01/19(기해)→ 헌부에서 전라좌수사 박세정에 대한 계청을 정지하다　　41집 276면

5182 경종 03/01/29(기유) → 【원전】 41집 278면
〔흉년으로 수군·육군의 조련 및 순점 등의 일을 정지할 것을 아뢰다〕   수3718

비국에서 흉년이 들었다 하여 여러 도의 올해 봄에 시행할 수군과 육군의 조련 및 순점(巡點) 등의 일을 정지할 것을 아뢰었다.

　〈관련내용〉
　　· 경종 03/02/08(무오)→ 평안도의 군제를 구식대로 시행하게 하다　　41집 279면

5183 경종 03/02/11(신유) → 【원전】 41집 280면
〔경상도 연일현에 휼전을 내리다〕   수4597

경상도 연일현(延日縣) 임곡강(林谷江) 어구에서 어선이 침몰하여 60명이 동시에 빠져 죽으니, 임금이 본도에 명하여 휼전을 거행하게 하였다.

20. 경 종 41

5184 경종 03/04/17(병인) → 【원전】 41집 289면
〔통제사 신익하의 졸기〕   수1928

　　통제사 신익하(申翊夏)가 졸(卒)했다. 신익하는 훈신(勳臣)집안의 아들로서 젊어서 과거에 올랐고, 조정에서 권면하여 기용(起用)하였다. 사람됨이 단정하였고 관직에 있을 때는 청렴하여 법도를 지켰다. 군심(軍心)을 깊이 얻어 무장(武將) 가운데 비교할 만한 사람이 드물었으며, 많은 사람들이 무겁게 의지하였다. 바야흐로 향용(嚮用)하려는 차에 갑자기 죽었으므로, 모두 애석하게 여겼다. 통영(統營)에 재직한 지 3개월 만에 정적(政績)이 이미 드러났고, 졸함에 이르러 군사와 백성들이 슬퍼하며 사모했다.

5185 경종 03/04/19(무진) → 【원전】 41집 290면
〔남태징을 통제사로 삼다〕   수1929

　　남태징(南泰徵)을 통제사로 삼았다.
　　[사신은 말한다. "남태징(南泰徵)은 벼슬이 병사이면서 조금도 거리낌없이 방백(方伯)을 능욕하였고, 심지어는 '거조(擧措)가 뒤바뀌고 사체(事體)도 알지 못한다'는 등의 말로 제멋대로 치계하기도 하였다. 또 연줄을 타서 청탁을 넣어 이미 파직된 뒤에도 다시 순찰하기 위해 출발하려고 하였으니, 그 광패(狂悖)하고 거칠고 야비한 것이 이 지경에 이르렀다. 그를 탄핵한 글씨의 먹물이 마르기도 전에 이어 초천(超遷)하여 마치 숭장(崇獎)하는 것과 같았으니, 등위(等威)가 날로 무너지고 기강(紀綱)이 땅을 쓴 듯 없어졌다. 진실로 한탄을 어찌 금할 수 있겠는가?"]

5186 경종 03/05/21(기해) → 【원전】 41집 294면
〔이기복을 충청수사로 삼다〕   수1930

　　이기복(李基福)을 충청수사로 삼았다.

5187 경종 03/05/25(계묘) → 【원전】 41집 294면
〔인천 등지의 바다 제방에 대해 의논하다〕   수4598

　　임금이 대신해 온과 비국의 여러 재신을 인견하였다 ······
　　윤회가 이어 전계(前啓)를 거듭 아뢰고, 또 논하기를, "혜청(惠廳)에서 축조한 인

천(仁川)·안산(安山)의 해언(海堰)은 재화만 허비하고 백성들의 전답에 피해만 끼치게 되었습니다. 청컨대 즉시 허물어 버리고 그 일을 맡은 자를 잡아가두어 엄형(嚴刑)하게 하소서" 하였다.

최석항이 말하기를, "백성들의 호소(呼訴)가 사실이 아니니, 다시 적간(摘奸)함이 마땅합니다" 하였다.

그런데, 임금이 단지 그 일을 맡은 자만 가두어 치죄하라고 명하였다.

5188 경종 03/05/25(계묘) → 【원전】 41집 294면
〔충청수사 이기복 등의 처리에 대해 의논하다〕   수1931

"…… 충청수사 이기복(李基福)은 청컨대 영변(寧邊)에 그대로 잉임(仍任)하여 민폐(民弊)를 없애게 하소서"

임금이 윤허하였다.

5189 경종 03/05/25(계묘) → 【원전】 41집 294면
〔관상감에서 서양국의 수총기를 만들 것을 계청하다〕   수4599

관상감(觀象監)에서 서양국(西洋國)의 수총기(水銃器)를 만들 것을 계청(啓請)하니, 임금이 그대로 따랐다. 본감(本監)의 관원인 허원(許遠)이 연중(燕中)에 들어갔다가 가져온 것으로 화재(火災)를 구하는 것이었다. 이어 각 군문에 영을 내려 만들어서 비치하도록 하였는데, 지부(地部)에서 경비가 바닥이 났다며 풍년이 들 때를 기다려 만들자고 청하였다.

임금이 역시 허락하였다.

5190 경종 03/06/01(무신) → 【원전】 41집 294면
〔헌부에서 대부의 첨사를 혁파할 것을 청하다〕   수3719

헌부에서 전계를 거듭 아뢰고, 또 말하기를, "대부(大阜)의 목관(牧官)을 첨사로 바꾼 뒤 불법으로 재물을 착취하여 열 집 중에 아홉 집이 비었습니다. 홍원(洪原)의 목장(牧場)도 한 번 각각 설치한 뒤로 크고 작은 공역(供億)을 터무니없이 판출(辦出)하니, 비단 목졸(牧卒)이 흩어질 뿐 아니라 말들이 민전(民田)을 짓밟습니다. 청컨대

첨사를 혁파하고 전과 같이 목관을 가려서 차임(差任)하며, 홍원 또한 대부에 붙여 폐단을 제거하게 하소서 ……" 하였다.

임금이 모두 따르지 않았다.

〈 관련내용 〉
· 경종 03/06/04(신해)→ 대부첨사를 혁파하는 일 등을 윤허하다　　　　　41집 295면

5191 경종 03/07/01(무인) → 【원전】 41집 297면
〔세 번 잘 운납한 압령 조운 차원은 별도의 상을 주도록 하다〕　　　　조1278

약방(藥房)에서 입진(入診)하였다.

제조 이태좌(李台佐)가 아뢰기를, "양호(兩湖)에 조창(漕倉)을 설치하였으나 운송하는 방법을 오랫동안 폐지하여 가끔 침몰하는 일이 많았으므로, 이광좌(李光佐)가 일찍이 전라감사가 되어 잘 변통을 더해 조복미포(漕復米布)를 설치해서 혹 배〔船〕를 만드는 데 보조하고 혹은 양곡을 운반하는 데도 도와주었습니다. 그런데 근래에 들으니 영문(營門)과 운송 판관(運送判官)이 제 마음대로 빌어써서 허소(虛疎)한 폐단이 많다고 합니다. 청컨대 호조에서 양호에 관문(關文)을 발송하여 차사원(差使員)을 정해 적간(摘奸)하게 하되, 범죄에 따라 엄중히 감률(勘律)하여 앞으로 경계하도록 하소서. 압령 조운차원(押領漕運差員)이 잇따라 세 차례 흠축(欠縮)없이 상납하면 논공 행상하도록 정식(定式)하였는데, 일찍이 거행하지 않았습니다. 청컨대 병조(兵曹)로 하여금 잇따라 세 번 잘 운납(運納)한 자를 상고해 내어 별도로 상을 주게 하소서" 하였다.

임금이 그대로 따랐다.

5192 경종 03/07/03(경진) → 【원전】 41집 297면
〔평안감사 오명항이 병졸로 하여금 조총을 익히게 할 방안을 아뢰다〕　　　　수3720

평안감사 오명항(吳命恒)이 청대(請對)하여 아뢰기를, ……

또 말하기를, "우리나라의 장기(長技)는 오직 조총만이 적을 제압할 수 있는데, 서관(西關)의 포예(砲藝)가 정통하고 능숙하지 못하니, 청컨대 별무사(別武士)의 도시(都試)에서 으뜸을 차지한 이와 각 무예에서 몰기(沒技)한 사람은 직부(直赴)하게 하

소서. 지금 만일 절목중에 조총을 첨입하여 또한 물기를 직부하도록 허락하되 다른 무예에서 으뜸을 차지한 자로서 반드시 조총 2, 3분(分) 이상 입격(入格)한 자를 분수(分數)를 합계하여 거수(居首)로 정하고, 혹 조총에 분수가 없는 자는 거수하지 못하게 한다면, 사람마다 격려되어 반드시 조총을 익힐 것입니다. 또한 묘당으로 하여금 품처하게 하기를 청합니다" 하였다.

임금이 모두 그대로 따랐다.

5193 경종 03/07/18(을미) → 【원전】 41집 298면
〔전라감사 황이장이 각 진의 존속여부에 대한 이해를 열거하다〕   수3721

전라감사 황이장(黃爾章)이 장계로 신설된 각 진을 그대로 두거나 혁파하는 데 대한 이해를 조목조목 열거하였는데, 묘당에서 복주(覆奏)하여 시행하였다. 그 대강에 말하였다.

"나로진(羅老鎭)의 경우 방답(防踏) 서쪽에서 가리포(加里浦)·어란(於蘭) 등의 진(鎭)에 이르기까지 수로 몇 백 리 사이에 섬이 사방에서 빙 둘러 감싸고 있어 곳곳에 배를 감출 수 있으므로, 여러 곳의 요충지에 이미 진을 두었으니, 그 새로 설치한 것은 관방(關防)의 대체(大體)에 도움될 것이 없고, 수비하는 데 힘만 나뉠 것이며, 침어(侵漁)하는 길만 넓어질 것입니다. 이처럼 백성이 궁핍하고 재정이 바닥난 때를 당하여 헛된 기구를 그대로 두어 사력(事力)을 낭비할 수 없으니, 빨리 설치한 진을 도로 혁파하고 그대로 별장을 둘 것입니다.

격포진(格浦鎭)의 경우 비록 관방의 요충지라고는 하지만, 요해처를 통괄할 땅이 아니고 또한 배를 감출 곳도 없습니다. 단지 강화도와 거리가 심히 멀지 않으므로, 당초 혹 강화도에서 이필(移蹕)한다면 이곳이 하륙(下陸)할 장소가 될 것이라는 뜻으로 조치하여 검영(檢營)을 두었다가, 여러 가지 의논으로 인해 도로 파직하였습니다. 50년 전에 한 번 첨사로 승격하였다가 돌아서서 곧 파하였는데, 뒤에 사람들이 그 곡절을 자세히 알지 못하면서 경솔하게 변개하여 다시 첨사로 올렸으나, 이미 방군(防軍)을 나누어 준 일이 없고, 선격(船格)도 또한 익숙하지 못해 먼바다를 건너가 번번이 배가 침몰하여 백 가지 병폐만 있고 한 가지 이익이 없으니, 첨사를 도로 혁파하고 종전대로 별장을 차송해야 할 것입니다.

갈두산(葛頭山)의 경우 이미 목을 거머쥐는 곳이 아니고, 또 배를 숨겨 둘 곳이 없으며, 지형의 한 줄기가 바다로 들어가 거의 1백 리나 되는데다 조적(糶糴)이 큰 폐단이 되고 있으니, 또한 도로 혁파해야 할 것입니다. 임자도(荏子島)의 경우 호남 해로에서 우수영(右水營)이 가장 큰 요해처가 되고, 이곳을 지나 시하(柴河)의 큰 바다를 건너면 임자도가 또 하나의 큰 요해처가 되며, 임자도에서 칠산(七山)의 큰 바다를 건너면 고군산(古群山)이 또 하나의 큰 요해처가 되는데, 대개 임자도와 고군산은 모두 사면이 둘러 안고 있으므로 배를 대기 아주 좋아 남쪽에서 북으로 가는 해선(海船)이 모두 이곳에 정박합니다. 바로 마땅히 중진(重鎭)을 두어 방수(防守)해야 할 것이니, 지금 혁파할 수 없습니다"

5194 경종 03/07/22(기해) → 【원전】 41집 299면
〔경강의 소금배에 세금을 거두지 말게 하다〕 기3086

이조판서 유봉휘(柳鳳輝)가 상소하기를, "…… 또 경강(京江)의 소금배[鹽船]은 원래 세금을 거두는 규정이 없고, 안팎 양전(兩廛)사람들이 가게에서 소매로 생업을 삼은 것은 국초부터 그러하였습니다. 그런데 지금 수어청(守禦廳)의 수신(帥臣)이 조세를 거두어들일 것을 청하였습니다. 이는 선상배(船商輩)들이 군문(軍門)을 빙자하여 매매를 독점하려고 하는 계책에 지나지 않습니다. 양전사람들이 생업을 잃는 일이 형세로 보아 반드시 닥칠 것이니, 바라건대 명하여 시행하지 말게 하소서" 하였다.
임금이 답하기를, "상소한 말이 적합하니, 아뢴 대로 하라" 하였다.

5195 경종 03/08/02(기유) → 【원전】 41집 299면
〔이재항을 경상좌수사로 삼다〕 수1932

이재항(李載恒)을 경상좌수사로 삼았다.

5196 경종 03/08/08(을묘) → 【원전】 41집 299면
〔황해도 수군의 조련을 정지하게 하다〕 수3722

황해도 수군의 조련을 정지하라고 명하였다. 도신(道臣)이 전선(戰船)이 썩었다며 정지를 청하자, 묘당(廟堂)에서 복주(覆奏)하여 허락한 것이다.

경종 4년(1724; 청 옹정2년)

5197 경종 04/01/09(갑신) → 【원전】 41집 309면
〔정도원을 전라좌수사로 삼다〕　　　　　　　　　　　　　　　　　　수1933

정도원(鄭道元)을 전라좌수사로 삼았다.

5198 경종 04/01/16(신묘) → 【원전】 41집 310면
〔경상좌수사 이재항의 관직을 삭탈하다〕　　　　　　　　　　　　　수1934

사헌부[장령 정계장(鄭啓章)이다]에서 논하기를, "경상좌수사 이재항(李載恒)은 이홍술(李弘述)의 지친(至親)으로서 이이명(李頤命)의 친밀한 비장노릇을 하여 그 행적이 비밀스러워서 온 세상이 지목하고 있는데도, 갑자기 곤임(閫任)에 발탁되어 물정(物情)을 크게 거슬리고 있으며, 관직에 임하여 탐욕스럽고 비루한 짓은 단지 그의 여사(餘事)입니다. 청컨대 관작을 삭탈하소서" 하였다.
임금이 그대로 따랐다.

5199 경종 04/01/27(임인) → 【원전】 41집 310면
〔한범석·남익화를 수사로 삼다〕　　　　　　　　　　　　　　　　　수1935

구봉창(具鳳昌)을 충청병사로, 구후익(具後翼)을 경상좌병사로, 한범석(韓範錫)을 좌수사로, 남익화(南益華)를 황해수사로 삼았다.

　〈 관련내용 〉
　· 경종 04/03/07(신사)→ 정수송을 경기수사로 삼다　　　　　　41집 314면
　· 경종 04/03/07(신사)→ 윤오상을 통제사로 삼다　　　　　　　41집 314면

5200 경종 04/04/10(계축) → 【원전】 41집 316면
〔우의정 이광좌 등이 어세의 폐단을 혁파하게 할 것 등을 청하다〕　기3087

대신해 온과 비변사당상이 입시하였다.

우의정 이광좌(李光佐)가 연해의 어세(漁稅)의 번종(煩種)한 폐단을 논하기를, "청컨대 이제부터는 과조(科條)를 엄격히 세워서 한 착어소(捉魚所)에서 수세(收稅)하는 수량과 각 궁방(宮房)·아문(衙門)·영문(營門)·본읍(本邑)에서 거두는 것을 통산(通算)하여 전에 비해 절반을 감해 주고, 각처에서 뇌물로 받아들이는 수세는 어느 아문을 막론하고 본어선이 등록되어 있는 아문에서 한 번 세금을 받고 첩문(帖文)을 발급한 뒤에는 비록 천 리를 다니더라도 다시 징수하지 말게 하고, 염분(鹽盆)과 어전(漁箭)은 다만 등록되어 있는 곳과 본읍(本邑)에서만 징수하도록 확실한 법전을 정한 다음, 관리로서 이를 범하는 자는 모두 파직하고, 차인(差人)으로서 거듭 징수하는 자는 뱃사람이 지방관아에 고발하여 잡아가두고 관찰사에게 보고하여 형추정배(刑推定配)하도록 하며, 뱃사람이 고발하였는데도 지방관이 법을 시행하지 않는 자도 또한 파직하게 하소서. 의정부(議政府)·충훈부(忠勳府)·기로소(耆老所)에서 각기 경강(京江)에 차인(差人)을 보내어, 본사(本司)에서 절수(折受)한 곳이라고 핑계하고 수세(收稅)에 누락된 배들에게 청어(靑魚)·석어(石魚)·잡어(雜魚)의 세 가지 세금을 1년에 9냥씩 징수하고 있으니, 일이 극히 무리합니다. 이제부터는 기로소에서 해벌(海筏)에 수세하던 것을 혁파하고, 차인 등의 영남(嶺南) 해변에서 폐단을 일으키는 자도 모두 형추(刑推)하여 귀양을 보내게 하소서. 그리고 호남의 진소세(眞蘇稅)와 통영의 무낙인세(無烙印稅)도 모두 당장 정파(停罷)토록 하소서.……" 하였다.

임금이 모두 그대로 따랐다.

5201 경종 04/05/20(임술) → 【원전】 41집 320면
〔광양현감 구문영을 파직하고 좌수를 엄형에 처하게 하다〕 수3723

사헌부에서 논하기를, "광양현감(光陽縣監) 구문영(具文泳)은 관사(官舍)를 수리한다 핑계하고 수영(水營)에 보고하여 금송(禁松)을 얻어 낼 획책을 하였는가 하면, 크고 작은 관청의 일과 사송(詞訟)을 일체 이성(李姓)의 좌수(座首)에게 물어서 결정하므로, 그 좌수가 하나같이 뇌물의 많고 적음에 따라 가부를 결정하는 등, 권세에 기대어 농간함이 끝이 없다고 합니다. 청컨대 구문영은 파직하고 좌수는 도신(道臣)으로 하여금 엄형에 처하여 징계토록 하소서.……" 하였다.

그대로 따랐다.

5202 경종 04/07/16(정사) → 【원전】 41집 324면
　　〔이익한, 박동상을 수사로 삼다〕　　　　　　　　　　　　　　　　수1936

　　이익한(李翊漢)을 경기수사로, 박동상(朴東相)을 전라우수사로 삼았다.

5203 경종 04/08/10(경진) → 【원전】 41집 325면
　　〔한성흠을 전라우수사로 삼다〕　　　　　　　　　　　　　　　　수1937

　　한성흠(韓聖欽)을 전라우수사로 삼았다.

21. 영 조

◪ 비어 있는 쪽 ◪

영조 즉위년(1725; 청 옹정3년)

5204 영조 00/10/01(신미) → 【원전】 41집 411면
[대사헌 이명언이 곡식 등을 훔친 통영의 백초규 등을 처벌할 것을 아뢰다]   수1938

대사헌 이명언(李明彦) 등이 아뢰기를, "통영(統營)의 아전 백초규(白楚圭)는 곡식 1백60섬을 훔치고 배 만들 소나무 1천80여 주(株)를 도벌하였으며, 백남형(白南珩)의 아들 백봉령(白鳳齡)은 곡식 1천5백88섬을 훔쳐서 통영의 종[婢]반역자 전인좌(錢仁佐) 및 주수(主帥) 이수민(李壽民)의 아들과 안팎으로 서로 호응하며 혹은 변장(邊將)을 유인하기도 하고 혹은 비국에 허위 보고를 하여 금송(禁松)을 몰래 베었습니다. 수신(帥臣)이 조사하여 아뢰었으나, 본도의 처단이 크게 실형(失刑)한 것이었으니, 청컨대, 토포사(討捕使)로 하여금 가둔 백초규는 결안(結案)하여 효시하게 하고, 백남형과 백봉령은 속전(贖錢)을 되돌려주고 해당되는 율로 다스리게 하소서" 하였다.

또 말하기를, "역신(逆臣) 이우항(李宇恒)이 총수(銃帥)로 있을 적에 염초와 유황을 무역한다 하며 열읍(列邑)에 있는 군영(軍營)의 쌀 1천2백 섬과 조(租) 6백 섬을 동래(東萊)사람 김광조(金光祖)에게 주었는데, 이전 통제사 남태징(南泰徵)이 공문을 보내어 여러 번 재촉하니, 김광조는 성명을 바꾸어 종적을 감추고 온 가족은 서울에 올라와 있습니다. 지난 겨울에 수신(帥臣)이 포도청(捕廳)으로 하여금 기포(譏捕)하게 해야 한다는 뜻으로 장청(狀請)하여 윤허받았으나 포도청에서는 아직까지 근포(跟捕)하지 못하고 있습니다. 청컨대, 좌우포장(捕將)을 종중추고(從重推考)하고, 기한을 정하여 잡다가 국문하여 중률(重律)로 다스리게 하소서" 하였다.

그런데, 임금이 비답하기를, "아뢴 대로 하되, 토포사가 결안정법(結案定法)하는 것은 형벌을 신중하게 하는 도리가 아니니, 도신(道臣)으로 하여금 엄하게 신문해서 아뢰게 하라" 하였다.

영조 1년(1725; 청 옹정3년)

5205 영조 01/03/03(신축) → 【원전】 41집 482면
〔주강에서 무신 신명인이 안흥으로 수영을 옮기기를 청하다〕 수3724

임금이 주강(晝講)에 나아갔다.
　무신 신명인(申命仁)이 안흥(安興)은 수로의 요충(要衝)이 되니 수영(水營)을 옮겨서 설치하는 것이 적합하다고 아뢰니, 묘당(廟堂)에 명하여 확정 처리하게 하였다.

5206 영조 01/03/11(기유) → 【원전】 41집 486면
〔태안유학 김진이 양역 폐단의 유형과 조운, 전세, 잡역의 문제를 아뢰다〕 조1279

태안(泰安)의 유학(幼學) 김진(金禛)이 상소하여 양군(良軍)에게 죽은 사람 몫의 면포를 징수하는 폐단을 논하였는데, 첫째는 호적(戶籍)에 이름을 빠뜨리는 것이고, 둘째는 남자를 여자로 꾸미는 것이고, 셋째는 중의 무리에 몸을 던져 들어가는 것이고, 넷째는 이사하여 피하는 것이고, 다섯째는 아전에게 뇌물을 주고 탈락되기를 도모하는 것이었다. 그리고 중간 부분에서는 삼남의 취재(臭載)하는 폐단을 말하고 연변에서 지토선(地土船)을 만들게 하고 3도에 각각 수운관(水運官)을 배치하여 조운(漕運)해서 수납하도록 청하였다. 그리고 마지막에는 경기의 전세(田稅)가 과중하고, 수령이 세금과 잡역을 강제로 징수하는 폐단을 말하고 엄격한 금지를 가하도록 청하였다.
　임금이 후하게 비답을 내리고 묘당(廟堂)으로 하여금 품지(稟旨)하며 처리하게 하였다.

5207 영조 01/03/13(신해) → 【원전】 41집 487면
〔이전 현감 서행원이 호판과 병판의 구임과 양역폐단 등을 논하다〕 수2264

이전 현감 서행원(徐行遠)이 상소하여 호조판서와 병조판서는 구임(久任)하도록 청

하고, 또 양역(良役)의 폐단을 말하였으며, 남한산성과 북한산성을 제외한 산성의 성가퀴를 지키는 군관 및 감영(監營)·병영(兵營)·수영(水營)에서 새로 정한 군포(軍布)를 징수하는 군사는 모두 혁파하도록 청하고, 또 암행어사가 여러 고을을 두루 검찰함에 있어 폐단이 있다고 말하고 한 고을을 집어내어 발송(發送)하도록 청하였다.

우악하게 비답하였다.

5208 영조 01/03/25(계해) → 【원전】 41집 490면
〔헌납 정택하가 시비의 구별 없는 탕평을 비판하고, 전세 운반 등을 상소하다〕   조1280

헌납 정택하(鄭宅河)가 상소하였는데, 대략 이르기를, …… 하고, 또 말하기를, "능주(綾州) 등 다섯 고을의 전세(田稅)를 포구로 내보내면서 나주(羅州) 영산강(榮山江) 4, 50리 되는 지역을 내버려 두고 멀리 3, 4일 길의 법성포(法聖浦)로 수송하게 하니, 백성들의 폐단을 민망히 여길 만합니다. 원하건대 비국으로 하여금 의논하여 처리하게 하소서" …… 하였다.

5209 영조 01/04/10(정축) → 【원전】 41집 501면
〔유윤흥을 전라좌수사로 삼다〕   수1939

유윤흥(柳胤興)을 전라좌수사로 삼았다.

5210 영조 01/04/28(을미) → 【원전】 41집 509면
〔이재항을 통제사로 삼다〕   수1940

이재항(李載恒)을 통제사로 삼았다.

5211 영조 01/06/01(정묘) → 【원전】 41집 520면
〔은진·강경포에 의궁 궁차들이 세금을 획급하는 폐단을 금억시키다〕   수4600

은진(恩津)과 강경포(江景浦)는 상선(商船)이 집결되어 있는 곳이므로, 본디부터 이굴(利窟)이라고 일컬어 왔다. 본현(本縣)에서도 여기에서 거둬들이는 세금으로 관(官)의 비용을 충족시켰는데, 숙종 기사년에 의궁(義宮)에 획급(劃給)하였으나 궁차(宮

差)들이 백성을 침학하는 폐단이 있어 어사의 논계(論啓)에 따라 곧바로 혁파하였다. 이 때에 와서 의궁(義宮)에 도로 예속시키고 본현(本縣)과 함께 거둬들인 세금을 반분(半分)하도록 하는 판부(判付)가 있자 충청감사가 장계를 올려 도로 중지시킬 것을 청하였는데, 묘당(廟堂)에서는 판부대로 시행하고 본도로 하여금 궁차들의 횡포한 것을 금억(禁抑)하라고 청하였다.

[사신은 말한다. "묘당의 회계(回啓)를 살펴보건대, 비록 어공(御供)에 보충하여 쓰는 것을 소중히 여긴 조처였으나, 주(周)나라 문왕(文王)은 백성이 바치는 정당한 세금만 썼으니, 어찌 산택(山澤)의 이익에 대한 세금을 사적으로 거둘 필요가 있겠는가? 이는 임금을 허물이 없는 지경으로 인도하는 도리가 아니다"]

5212 영조 01/06/01(정묘) → 【원전】 41집 520면
[경기감사 유명홍의 장계로 패선된 곡물가운데 미수된 것을 탕감시키다]   조1281

패선된 곡물 가운데 미수된 것을 탕감시키라고 명하니, 경기감사 유명홍(柳命弘)이 장계를 올려 청한 데에 따른 조처이다.

5213 영조 01/06/21(정해) → 【원전】 41집 529면
[흥양의 나로도를 다시 태복시에 예속시키고 목관을 설치하다]   기2148

흥양(興陽)의 나로도(羅老島)를 다시 태복시(太僕寺)에 예속시키고 목관(牧官)을 설치하였다. 나로도의 목장(牧場)은 폐지된 지 오래 되었다가 기해년에 특별히 제주도(濟州島)의 종마(種馬) 1백80여 필을 사들여 섬에 방목하여 왔는데, 이 때에 이르러 태복시의 계청(啓請)으로 인하여 이 명령이 있게 되었다.

5214 영조 01/07/04(기해) → 【원전】 41집 533면
[왜국에서 동궁을 세운 일을 고하다]   왜1963

왜국(倭國)에서 동궁(東宮)을 세운 일 때문에 와서 고하였다.

5215 영조 01/08/05(경오) → 【원전】 41집 544면
[성학과 조운해 온 쌀 환매의 폐단에 관해 장령 조명신이 상소]   조1282

장령 조명신(趙命臣)이 응지(應旨)하여 상소하였는데, 먼저 성학(聖學)을 힘쓰고 수령

을 선택하며 체옥(滯獄)을 동정해 주는 것을 말하고, 끝으로 또 조운하여 온 쌀을 환매(換買)하는 폐단을 논하기를, "청컨대, 여러 도의 감사에게 신칙(申飭)하여 비록 흉년을 만나더라도 환매하는 것을 허락하지 마시고 정식으로 시행하소서" 하였다.

임금이 우악한 비답(批答)으로 채택(採擇)하여 시행하게 하였다.

5216 영조 01/08/09(갑술) → 【원전】 41집 544면 수1941
〔병사·수사 등 군관의 남잡한 폐단을 금하도록 민진원이 아뢰다〕

좌의정 민진원(閔鎭遠)이 주청하기를, "병사나 수사(水使)의 군관의 남잡(濫雜)한 폐단은 숙종조의 금령에 의하여 다시 거듭 금하게 하소서" 하였다.

임금이 그대로 따랐다.

5217 영조 01/08/19(갑신) → 【원전】 41집 548면 수1942
〔삼사에서 충청수사 이복휴를 파직하도록 아뢰다〕

사헌부에서[장령 박필정(朴弼正)이다] 전일의 계사(啓辭)를 거듭 아뢰었으나, 윤허하지 않았다.

또 아뢰기를, "충청수사 이복휴(李復休)는 권세 있는 간흉(奸凶)을 잘 섬겨서 외람되게 명곤(名閫)에 임명되었는데, 한 가지 하찮은 일로 인하여 충주목사에게 공문(公文)을 보내고는 성을 내며 꾸짖었는데 말한 것이 대부분 헛소리로 도리에 어긋났으니, 급히 군관을 보내어 철색(鐵索)을 주어서 영문(營門)으로 잡아들이는 뜻을 보여야 합니다. 거조(擧措)의 광패(猛悖)함이 이보다 심할 수 없으니, 청컨대 파직하여 서용(敍用)하지 마소서" 하였으나, 윤허하지 않았다.

사간원에서 전일의 계사를 거듭 아뢰었으나, 윤허하지 않았다.

5218 영조 01/09/02(병신) → 【원전】 41집 551면 수1943
〔경기수사 이익한이 양역·옥송의·적체·서리의 폐단을 아뢰다〕

경기수사 이익한(李翊漢)이 응지(應旨)하여 상소하며 양역(良役)이 치우치게 괴로운 것과 옥송(獄訟)이 적체(積滯)된 근심과 이서(吏胥)가 군포(軍布)를 도둑질하는 폐단을 진달(陳達)하고 말미(末尾)에 붕비(朋比)의 습관을 진달하면서 중도(中道)를 세우는 정치를 행할 것을 청하였다.

우악한 비답(批答)을 내렸다.

5219 영조 01/09/09(계묘) → 【원전】 41집 552면

〔동래부사 이중협의 별차왜에 관한 장계를 비변사에서 살펴 아뢰다〕 왜1964

비변사에서 아뢰기를, "이번에 동래부사 이중협(李重協)이 장계한 것을 살펴보건대, '별차왜(別差倭) 귤광찬(橘匡贊)이 서계(書契)를 싸가지고 와서 반드시 연향(宴享) 할 때에 바치려고 하면서 임관(任官)에겐 바치려 하지 않으니, 서계(書啓)의 별폭(別幅)을 마땅히 받아야 할 것인가 않아야 할 것인지와 접대(接待)하는 한 조항을 묘당(廟堂)으로 하여금 품지(禀旨)하여 지휘(指揮)하라'고 하였습니다. 대개 별차왜(別差倭)가 규정 외에 나오는 것은 특히 놀랄 만한 일입니다. 여러 번 꾸짖어 타일렀으나 해가 지나도록 돌아가지 않고 반드시 글을 올리려고 하면서도 대체로 잠상(潛商)을 금단(禁斷)하는 것에 핑계대고 있으니, 일이 변금(邊禁)에 관계된 것이므로 또한 한결같이 물리쳐 쫓을 수만은 없습니다. 때문에 받아서 보내게 하였는데, 별차왜(別差倭)가 반드시 부사(府使)에게 직접 바치려 하므로 또 이와 같이 다투고 힐책하는 것입니다. 지금 만약 그 말에 의하여 부사가 직접 왜관(倭館)에 가서 다례(茶禮)를 베풀고 서계(書契)를 받게 된다면 다음날 규정 외에 사신을 보내어 떳떳한 것으로 볼 것이요, 만약 한갓 꾸짖어 타이르는 것만을 일삼는다면 교활한 왜인이 듣고 따를 이치가 절대로 없을 것이니, 오래도록 끌고만 있는 것은 더욱 폐단만 증가시킬 뿐입니다. 마땅히 부사(府使)로 하여금 접대하게 하고 연례(年例)로 제관(諸館)에 사신을 보낼 때에 별차왜가 가지고 온 서계(書啓)는 받아서 해당 조(曹)로 보내게 하여 해당 조에서 답서(答書)할 때에 '이 뒤로는 약조(約條)외에 별도로 사신을 보내지 말고 반드시 왕래하는 인편을 기다리자' 는 뜻으로써 글을 만들어 꾸짖어 타일러야 하겠습니다. 서계의 별폭은 벌써 이미 받아 올렸으니, 회례사(回禮使)에게 식량과 반찬을 또한 마땅히 헤아려서 주어야겠습니다" 하였다.

임금이 옳게 여겼다.

5220 영조 01/09/24(무오) → 【원전】 41집 553면

〔이전 만호 이태배가 열가지 폐단을 상소〕   수3725

이전 만호(萬戶) 이태배(李泰培)가 상소하여 열 가지 일을 진달(陳達)하였다.
 '1. 기강(紀綱)이 해이하여 없어진 것, 2. 기계(器械)가 쓸모 없이 된 것, 3. 향미(餉米)를 나누어 주는 것, 4. 진졸(鎭卒)이 요역(徭役)을 부담하는 것, 5. 시초(柴草)를 독촉하여 받는 것, 6. 왜인이 곡식을 무역하는 것, 7. 송금(松禁)이 엄격하지 못한 것, 8. 색목(色目)을 바꾸어 정하는 것, 9. 전선(戰船)을 제도(制度)로 하는 것, 10. 좌수영(左水營)을 옮겨 설치하는 것'이었는데, 묘당(廟堂)에 명하여 품처(禀處)하게 하였다.

5221 영조 01/09/26(경신) → 【원전】 41집 554면
〔이숙을 전라우수사로 삼다〕   수1944

이숙(李潚)을 전라우수사로 삼았다.

5222 영조 01/10/03(정묘) → 【원전】 41집 556면
〔민진원이 표류된 왜인을 돌려보내는 것에 관해 아뢰다〕   표2320

임금이 주강(晝講)을 행하였다.
 강독이 끝나자, 좌의정 민진원(閔鎭遠)이 말하기를, "강원도에 표류된 왜인을 지금 막 돌려보내려고 하는데, 감사의 장계를 보건대, '해도(海道)로 해서 보내게 되면 우리나라의 해변방어나 길의 이정(里程)과 험하고 평탄한 것을 왜인이 반드시 알기 때문에 충주(忠州)로 해서 미리 길을 정하여 동래(東萊)로 보내려고 합니다' 하였습니다. 뜻은 비록 주밀(周密)하고 신중하지마는, 왜인이 이미 해도를 모를 이치가 없고 또 반드시 배〔船〕와 서로 떨어져 가려고 하지 않을 것이므로, 묘당의 여러 의논이 서로 다투어 결정이 나지 않았습니다" 하였다.
 임금이 말하기를, "저들이 침구(侵寇)하려고 하면 어찌 해도를 모를 이치가 있겠는가? 또 사람과 배를 각각 보내면 폐단이 있으니, 삼척(三陟)으로 해서 곧바로 보내는 것이 좋겠다" 하였다.

5223 영조 01/10/17(신사) → 【원전】 41집 559면

〔이언상을 충청수사로 삼다〕 수1945

이언상(李彦祥)을 충청수사로 삼았다.

5224 영조 01/11/02(병신) → 【원전】 41집 562면
〔통영의 쌀을 진휼청에 내려 기민을 구제하다〕 수4601

통영(統營)에서 구관(勾管)하는 곡미(穀米) 1만 석과 벼〔租〕 5만 석을 진휼청(賑恤廳)에 갈라주어서 기민(飢民)을 구제하여 살리라고 명하였다. 이 때에 진휼청의 창고에 저축한 것이 탕진(蕩盡)되었기 때문에 이렇게 갈라서 이송하라는 명령이 있었던 것이다.

5225 영조 01/11/04(무술) → 【원전】 41집 564면
〔군포의 폐단에 관한 부사직 권화경이 상소〕 수2265

부사직(副司直) 권화경(權和經)이 상소하기를, "청컨대 주·현의 교생(校生)·원생(院生)·군관의 액수 외의 인원과 8도의 승도(僧徒)를 조사해 내어 각각 신포(身布)를 거두고, 관사(官司)의 정액(定額) 외의 선척(船隻)에는 그 크고 작은 것에 따라 차등을 두고 포(布)를 받아서 그것으로 죽은 사람에게 징포(徵布)하는 폐단을 견감(蠲減)하여 주소서" 하였다.

임금이 묘당으로 하여금 품처(稟處)하게 하였다.

5226 영조 01/11/12(병오) → 【원전】 41집 564면
〔선혜청 경비로 영남 전선 별향미를 내리다〕 수4602

선혜청(宣惠廳)에 명하여 영남(嶺南) 전선의 별향미(別餉米) 1만 석을 가져와 쓰게 하였다. 이 때 선혜청의 경비가 부족하였으므로 선혜청당상 홍치중(洪致中)이 주청했기 때문에 이런 명령이 있게 된 것이다.

5227 영조 01/12/06(기사) → 【원전】 41집 569면
〔해서어사 한덕진이 사옹원의 폐단을 아뢰다〕 기3088

해서어사(海西御史) 한덕전(韓德全)이 돌아와 사옹원(司饔院)에서 연해의 어부에게 해

마다 은(銀) 3냥(兩)씩을 받아들이는 폐단을 아뢰니, 임금이 본원(本院)과 묘당에서 서로 의논하여 변통할 것을 명하였다.

5228 영조 01/12/26(기축) → 【원전】 41집 571면
〔군기시에서 박영준의 천보총을 제작하도록 아뢰다〕   수3726

군기시(軍器寺)에서 아뢰기를, "병기(兵器)는 포(砲)와 총(銃)보다 나은 것이 없는데, 군중(軍中)의 행용(行用)되는 총은 그 힘이 미치는 바가 1백 보를 지나지 못합니다. 숙종조에서 박영준(朴英俊)이란 자가 천보총(千步銃)을 만들어 올린 적이 있다고 하는 까닭으로 박영준의 아들 박지번(朴枝蕃)을 시켜서 시험삼아 총 두 자루를 만들게 하였는데, 행용하는 총에 비하여 조금 길고 조금 무거우나 그 힘은 거의 9백여 보에 이르게 되니, 이는 실로 옛날에도 없었던 기계(器械)입니다. 서북(西北)의 두 도(道)는 이것이 관문방어의 중요한 곳이니, 청컨대 삼남에 분송(分送)하는 전례에 의거하여 무고(武庫)에서 만들어서 나누어 보내는 것이 마땅하겠습니다" 하였다.
임금이 그대로 따랐다.

영조 2년(1726; 청 옹정4년)

5229 영조 02/05/02(계사) → 【원전】 41집 590면
〔사헌부에서 수령을 자주 바꾸는 폐해와 통제사 이재항을 탄핵하다〕　　수1946

　사헌부에서 전계(前啓)를 거듭 아뢰고, …… 하고, 논하기를, "통제사 이재항(李載恒)은 사리에 어긋나는 일을 많이 행하고 오직 탐욕만을 일삼으니, 청컨대 사판(仕版)에서 삭제하게 하소서" 하였다.
　전계 및 이재항(李載恒)의 일은 윤허하지 않고 재읍(災邑)의 수령에 대한 일은 아뢴 대로 하라고 하였다. 사간원에서 전계를 거듭 아뢰니, 번거롭게 하지 말라고 비답하였다.

5230 영조 02/07/05(을미) → 【원전】 41집 596면
〔민진원이 궁가 등에서 백성을 침해하는 일에 관해 아뢰다〕　　기3089

　…… 임금이 이르기를, "민생의 일을 생각하노라면 밤중에도 잠이 오지 않는다. 호남에는 해마다 한재가 드는데, 옛사람의 말이 '한 사람의 지어미가 원통해 하매 5월인데도 서리가 내렸다'고 했었으니, 혹은 도내(道內)에 억울해 하는 기운이 쌓여서 그러는 것이 아니겠는가?" 하였다.
　민진원이 말하기를, "신이 일찍이 호남의 방백(方伯)이 되었을 적에 특별히 탐문해 보았는데도 원통함이 쌓여 있었다는 말을 들어보지 못했습니다. 다만 우리나라의 어염(魚鹽)의 생리(生利)는 호남이 제일인데, 요사이 할박(割剝)하는 길이 여러 가지어서, 감영·병영·수영 및 해당 읍(邑)이 모두 침학(侵虐)하고 있고 서울의 아문 및 여러 궁가(宮家)의 차인(差人)들이 또한 징수하면서 독촉하는 수가 많기 때문에 포구 민생들이 한 해가 다 가도록 애를 써가며 고생을 하여도 호구(糊口)를 이어가지 못했습니다. 해마다 천재를 불러들이게 된 것은 반드시 연해의 민생들이 생업을 잃고서 원통을 호소하여 천지의 화기(和氣)를 감상(感傷)시킨 때문이 아닐 수 없으

니, 이번에 마땅히 일을 잘 아는 어사를 가려서 보내어 한 번 정돈하여 바로잡게 해야 합니다" 하였다.

임금이 각 영문(營門)과 서울의 아문 및 여러 궁가를 엄중하게 신칙하여 다시는 침해하여 징수하지 말도록 명하였다.

5231 영조 02/09/05(갑오) → 【원전】 41집 602면
〔여수 순천의 분계한 폐단을 논의하다〕   수3727

임금이 대신과 비국(備局)의 당상(堂上)을 인견하였다.

좌의정 홍치중(洪致中)이 말하기를, …… 임금이 순천(順天)과 여수(麗水)의 분계(分界)가 편리한지 않은지를 하문하자, 홍치중이 말하기를, "여수는 분읍(分邑)한 뒤에 폐해가 적지 않습니다. 이미 설치했다가 도로 혁파하는 것이 비록 두서가 없는 것같기는 하지만, 사세가 진실로 혁파해야 한다면 없애는 것에 구애받을 것이 없습니다" 하였다.

다시 여러 재신(宰臣)들에게 묻자, 모두들 말하기를, "개혁하는 것이 편리합니다" 하였다.

임금이 말하기를, "저번에 문부(文簿)가 호번(浩煩)하기 때문에 미처 조관(照管)하지 못하고서 분속(分屬)하도록 윤허했던 것인데, 여수부사(麗水府使)에 대한 유서를 지어 입계(入啓)함에 당해서야 비로소 뉘우치게 되었다. 마땅히 결단해야 하는데도 결단하지 못한 것은 우유부단에 가까운 것이니, 여수를 도로 순천에 소속해야 한다" 했다.

…… 장령 이근(李根)이 아뢰기를, "신이 전번에 여수(麗水)의 분현(分縣)에 관한 일로 상소를 진달하여 윤허를 받았었는데, 오늘의 경연(經筵)에서는 분현을 그르게 여기므로 필경에는 처분을 내리시어 드디어 도로 소속(所屬)하게 되었습니다. 신이 당초에 잘 살피지 않은 잘못이 현저해졌으니, 청컨대 신을 체직하도록 명하소서" 하였다.

비답하기를, "사직하지도 말고 또한 퇴대(退待)하지도 말라" 하였다.

5232 영조 02/09/08(정유) → 【원전】 41집 603면
〔대마도주의 아들 아명에게 도서를 주다〕   왜1965

대마도주(對馬島主)의 아들 아명(兒名)에게 도서(圖書)를 주었다.

당초에 대마도주가 그의 아들 미일아명(彌一兒名)의 도서를 그전의 규례대로 허급(許給)하기를 청하므로, 동래부사가 조정에 계문(啓聞)하매, 묘당에서 복주(覆奏)하기를, "도왜(島倭)의 정원(情願)을 당초부터 허락하지 않았다면 말할 것 없지만 한 번 허락한 뒤이라 또한 다시 막는 것은 합당치가 않으니, 주는 것이 편리합니다" 하였다. 임금이 그렇게 하도록 하였다.

5233 영조 02/10/08(병인) → 【원전】 41집 605면
〔무신들의 복색에 관해 신칙하고 공경·사서 모두 청색을 숭상하게 하다〕 수4603

공경(公卿)과 사서(士庶)의 길복(吉服)과 모두 청색(靑色)을 숭상하도록 명하였다.

이 때에 황해병사 원백규(元百揆)가 사폐(辭陛)하매, 임금이 인견하여 융정(戎政)에 힘쓰도록 하고, 전교하기를, "일찍이 선왕조에서 윤대(輪對) 때 무신들은 반드시 융복(戎服) 위에 관포(冠袍)를 입었었는데, 요사이는 그렇지 않아 관포 안에 모두 창의(氅衣)를 입으니 신칙해야 한다" 하였다.

도승지 정형익(鄭亨益)이 아뢰기를, "무신들이 흑천익(黑天翼)을 입고 수화자(水靴子)를 신는 것은 방사(放射)하기에 편리하고 행보에도 편리하기 위한 것입니다. 효종(孝宗)께서 일찍이 이것을 신칙하셨는데도 이제 모두 입기를 싫어하니 자못 해괴한 일입니다" 하였다.

임금이 이르기를, "병조로 하여금 신칙하도록 하겠다. 국가가 생긴 이래로는 각각 숭상하는 복색(服色)이 있었다. 우리나라는 동쪽에 있는 나라이니 마땅히 청색을 숭상해야 할 것인데 사람들이 모두 흰옷을 입으니, 어찌 아름다운 징조이겠는가? 하물며 선왕조의 영갑(令甲)이 있으니 공경(公卿)에서 사서(士庶)까지 길복은 일체로 청색을 숭상하라" 하였다.

5234 영조 02/10/16(갑술) → 【원전】 41집 606면
〔이복연을 통제사로 삼다〕 수1947

이복연(李復淵)을 통제사로 삼았다.

〈 관련내용 〉
· 영조 02/11/27(을묘)→ 이복연을 인견하여 융정을 닦아 군졸들을 안무하다   41집 610면

5235 영조 02/10/20(무인) → 【원전】 41집 607면
〔강원도 유생 이승수가 영동에 수영을 설치하여 방어하는 계책을 상소하다〕 수3728

강원도 유생 이승수(李昇粹)가 상소하여, 영동(嶺東)의 아홉 군(郡) 사이에 특별히 수영(水營)을 설치하여 방어해 가는 계책을 하도록 하고, 또한 울릉도에는 변장(邊將) 1원(員)을 두고서 민간을 모집하여 경작하게 하기를 청하였다.
비답하기를, "그전에 곤수(閫帥)가 없던 데에 새로 두기는 어려울 듯하다" 하였다.

영조 3년(1727; 청 옹정5년)

5236 영조 03/01/09(병신) → 【원전】 41집 616면
〔덕원 원산포의 선세를 상의원에 소속하도록 명하다〕　　　　　　　수4604

　덕원(德源) 원산포(元山浦)의 선세(船稅)를 상의원(尙衣院)에 소속하도록 명하였다. 본원(本院)에서 아뢴 데에 따른 것이다.

5237 영조 03/01/17(갑진) → 【원전】 41집 617면
〔한덕후를 동래부에 보내 왜인들을 접위하게 하다〕　　　　　　　　왜1966

　한덕후(韓德厚)를 동래부(東萊府)에 보내 왜인들을 접위(接慰)하게 하였다.

5238 영조 03/01/18(을사) → 【원전】 41집 617면
〔서천의 파선한 사람들을 놓아보내고 몰미는 원적고을에서 받기를 청하다〕　조2060

　호조(戶曹)에서 아뢰기를, "서천(舒川)의 파선한 사람들을 해당 조(曹)에서 복계(覆啓)한 대로 놓아 보내고 침몰한 쌀은 원적(原籍)의 고을에서 받아내기 바랍니다" 하였다.
　임금이 이르기를, "이미 뱃사람들은 놓아주고서 또 곡식을 받아냄은 신의를 잃어버림에 가까운 일이다" 하고, 따르지 아니하였다.

5239 영조 03/01/20(정미) → 【원전】 41집 617면
〔승지 이정소가 상소하여 융정 등 당시의 폐단에 대해 논하다〕　　수3729

　승지 이정소(李廷熽)가 상소하여 당시의 폐단을 논하였는데, 그 융정(戎政)을 논한데에 이르기를, "지난번에 어떤 이가 상소하여 연노법(連弩法)에 관해 진달한 것을 들으니 그 방법이 매우 좋아 적을 방어하기에 유리한 것인데, 아직까지도 채택하여 시행하도록 하는 영이 내리지 않으므로 신(臣)이 그윽이 탄스럽게 여깁니다. 마땅히

수신(帥臣)으로 하여금 상확(商確)해서 조치하여 불의의 일에 대비하도록 해야 합니다" 하였다.

임금이 우악하게 비답하였다.

5240 영조 03/02/03(경신) → 【원전】 41집 619면
〔유학 안태주가 정발 등의 증직과 그 자손을 임용할 것을 상소하다〕 수1948

경기유학(幼學) 안태주(安泰柱)가 상소하여, 충장공(忠壯公) 정발(鄭撥), 정사공신(靖社功臣) 이기축(李起築), 고 학생 이인민(李仁民), 충청수사 이지효(李止孝)를 포양(襃揚)하여 증직하고, 그의 자손을 수습하여 임용하기를 청하였다.

5241 영조 03/02/16(계유) → 【원전】 41집 620면
〔여러 도의 군사의 습진과 조련의 정지 등에 대한 좌의정 홍치중의 차자〕 수3730

좌의정 홍치중(洪致中)이 차자를 올려 면직하기를 요청하고, 이어 여러 도의 습조(習操)를 지금 우선 정지하며, 지평(持平) 이덕부(李德孚)는 직산현감(稷山縣監)에 잉임(仍任)하기를 청하니, 임금이 위유(慰諭)하고 청한 일을 모두 들어주었다.

5242 영조 03/03/15(임인) → 【원전】 41집 625면
〔예조참의 이병태가 왜서를 회답하는 일로 인해 상소하여 사직하다〕 왜1967

예조참의 이병태(李秉泰)가 상소하여 사직하니, 임금이 윤허하였다.
이 때 예조에서 왜서(倭書)를 회답해야 하는 일이 있어 참의가 으레 그 일을 주관해야 하는데, 이병태의 조부가 임진년의 난리에 죽었기 때문에 이병태가 의리를 들어 인피(引避)하므로 체직한 것이다.

5243 영조 03/03#10(정묘) → 【원전】 41집 628면
〔세미에 물을 섞은 선인들을 귀양보내고 선혜청 낭관 박필진을 도배하다〕 조1283

세미(稅米)에 물을 섞는 짓을 거듭 엄중하게 금단하도록 하였다. 세미에 물을 섞는 죄는 곧 일률(一律)에 해당되는 것인데, 법이 오래 되자 해이해져 범하는 자가 매우 많았다. 이에 이르러 남양(南陽)과 이천(利川)의 선인(船人)들이 물을 섞은 일이 발

각되어 장차 일률을 적용하게 되었는데, 임금이 삼령오신(三令五申)의 뜻을 들어, 그 선인들은 사형을 감하여 섬에 귀양 보내고, 선혜청 낭관 박필진(朴弼震)은 잘 살피지 못했으므로 도배(徒配)하는 율에 처하고, 만일에 다시 범하는 자가 있으면 율대로 효수한다는 뜻으로 행하는 조항에 써내어 중외(中外)에 반시(頒示)하도록 하였다.

〈 관련내용 〉
· 영조 03/03#16(계유)→ 세미에 물을 탄 선인과 부동한 이서·하례를 감죄토록 청하다   41집 629면

5244 영조 03/03#16(계유) → 【원전】 41집 629면
[송수형이 연해 군향의 허술한 폐단 등에 대해 상소하다]   수3731

지평 송수형(宋秀衡)이 상소하여, 호조(戶曹)의 수원(水原)의 언전(堰田)을 궁가(宮家)의 차인(差人)이 멋대로 점유한 폐해를 말하고, 또 연해 고을들의 군향(軍餉)이 허술한 폐단을 말하여, 절반은 창고에 머물러 두는 법을 엄중하게 하기를 청하고, 또 추쇄관(推刷官)의 폐단을 논하였다.
임금이 가납(嘉納)하였다.

5245 영조 03/03#26(계미) → 【원전】 41집 629면
[대정현에 표류해 온 청나라 사람에게 역관을 보내 실정을 물어보다]   표2183

청나라 사람이 대정현(大靜縣)에 표류해 왔는데 역관을 보내 실정을 물어보고 육로(陸路)로 해서 돌아가도록 허락하였다.

5246 영조 03/04/15(신축) → 【원전】 41집 631면
[구성익을 황해수사로 삼다]   수1949

구성익(具聖益)을 황해수사로 삼았다.

5247 영조 03/04/29(을묘) → 【원전】 41집 633면
[이정박이 호서의 공신창 조운, 서천군수의 비리 등에 관해 상소하다]   수3732

지평 이정박(李廷樸)이 상소하여 호서(湖西)의 여섯 가지 일을 논하였다.
첫머리에 아산(牙山) 공진창(貢津創)의 조운(漕運)이 허술하므로 마땅히 본고을 원

으로 하여금 검찰(檢察)하게 해야 함을 논하였다.……

"3. 해방(海防)을 거듭 단속하는 일입니다. 연해 고을들의 선정(船政)이 허술하니, 마땅히 각 고을의 전선(戰船)배치를 삼남의 바닷가 고을들이 하듯이 하게 해야 합니다.

4. 감영과 병영의 제번(除番)하는 군관에 관한 일이니, 마땅히 액수(額數)를 정하여 고질이 된 폐단을 제거해야 합니다.……"

우악한 비답을 내리고, 묘당(廟堂)으로 하여금 품처(稟處)하게 하였다. 이어 이정박이 사본(寫本)을 만든 영액해방도(嶺阨海防圖)를 입계(入啓)하도록 명하였다. 대개 이정박의 상소 내용에 자신이 모사해 왔다고 했기 때문이다.

5248 영조 03/05/05(경신) → 【원전】 41집 633면
〔통제사 이복연의 청으로 직전동 궁가의 절수를 중지하다〕 수4605

직전동(稷田洞) 궁가(宮家)의 절수(折受)를 중지하도록 명하니, 통제사 이복연(李復淵)의 청을 따른 것이다. 일찍이 대신(臺臣)이 발계(發啓)하여 그만두기를 청하였더니, 임금이 궁차(宮差)를 소환하며 타량(打量)하지 말도록 하였다가 이 때에 이르러 중지시킨 것이다.

5249 영조 03/06/13(무술) → 【원전】 41집 638면
〔이수신과 홍호인을 각각 전라우수사, 경기수사로 삼다〕 수1950

이수신(李守身)을 전라우수사로, 홍호인(洪好人)을 경기수사로 삼으니 새로 탁용(擢用)한 것이다.

5250 영조 03/06/13(무술) → 【원전】 41집 638면
〔바다에 표류한 사람들과 자문을 부쳐 청나라로 들여보내다〕 표2184

재자관(賚咨官) 이추(李樞)를 특별히 파견하여 바다에 표류한 사람들을 거느리고 청나라로 들여보내며, 그와 더불어 빚진 은과 국경을 침범한 것에 대한 두 건의 자문(咨文)을 함께 부쳐 보냈다. 이에 앞서 청나라 사람 수백 명이 강도(江島)에 와 주둔하고 있었는데, 모두 국경을 침범한 자들이다. 의주부윤(義州府尹)이 급히 봉황성(鳳凰城)의 장수에게 통보하고 관병을 보내어 쫓아가 체포하게 하면서 의주부에서

배를 출발시켜 접응(接應)하게 하였더니, 국경을 침범한 자들이 관병에게 반격을 가하였으므로 우리나라 뱃사람이 상처를 입고 물에 빠져 죽은 자가 5명이나 되었다.

조정에서야 바야흐로 자문(咨文)을 보내어 변방의 금령을 엄중하게 해 달라고 청하려 하였는데 저들의 장계가 먼저 왔고, 그 뒤 봉황성 장수가 길을 막고 빚진 은을 갚으라는 자문을 보냈는데 조정에서는 조사하고 징수하기가 어려워 장차 사실에 의거하여 회답하는 자문을 보내기로 하였으나, 두 건의 자문을 미처 발송하기도 전에 절강(浙江)의 상인이 표류하여 제주도에 이르렀으므로, 장차 청나라로 돌아가도록 출발시킴에 있어서 이추가 청나라의 사정을 익히 아는 까닭에 특별히 보낸 것이다.

5251 영조 03/08/07(경인) → 【원전】 41집 652면
〔유준을 충청수사로 삼다〕   수1951

도정(都政)을 행하였다. 유준(柳濬)을 충청수사로 삼았다.

5252 영조 03/09/10(계해) → 【원전】 41집 660면
〔최도장을 경기수사로 삼다〕   수1952

최도장(崔道章)을 경기수사로 삼았다.

5253 영조 03/09/19(임신) → 【원전】 41집 666면
〔동래부사에게 명해 약속한 숫자 이외의 왜인 대접은 금년에 한정하게 하다〕   왜1968

동래부사에게 명하여 약조(約條) 이외에 나온 차왜(差倭)는 금년을 기한으로 접대하도록 하고, 그 뒤로는 나오더라도 접대하지 말도록 하였으니, 이는 비국의 아룀을 따른 것이다.

5254 영조 03/12/07(무자) → 【원전】 41집 686면
〔김흡을 통제사로 삼다〕   수1953

김흡(金潝)을 통제사로 삼았다.

5255 영조 03/12/21(임인) → 【원전】 41집 689면
〔헌부에서 경상좌수사 강욱과 전라좌수사 허인을 탄핵하다〕　　　　　　수1954

　양사(兩司)에서 전번의 합계(合啓)를 거듭 아뢰었으나, 윤허하지 않았다. 헌부[장령 주형리(朱炯离)이다]에서 전번의 계사를 거듭 아뢰었으나, 윤허하지 않았다.
　또 아뢰기를, "…… 경상좌수사 강욱(姜頊)은 용렬하고 추잡한 사람인데, 웅대한 곤수(閫帥)에 제수됨에 미쳐 오로지 탐학만을 일삼아 백성의 재물을 박탈하여 사복을 채운 일을 이루 말할 수가 없습니다. 청컨대 파직시키소서"하였다.
　모두 윤허하지 않았다.
　간원(諫院)[헌납 임광필(林光弼)이다]에서 전번의 계사를 거듭 아뢰었으나, 윤허하지 않았다.
　또 아뢰기를, "전라좌수사 허린(許繗)은 윗사람을 잘 섬김으로써 발신(發身)하여 현직에 제수된 후에 물의(物議)가 시끄러움을 저도 또한 아는지라, 움츠리고 나오지 않다가 정치가 바뀜에 미쳐 조정이 거의 비자 그 틈을 타서 조정에 하직하고 서울에 있는 대관들에게도 또한 두루 찾아보지 않은 채 황망히 달려갔으니, 그 거조(擧措)가 해괴합니다. 청컨대 파직시키소서" 하였다.
　아뢴 대로 따랐다.

5256 영조 03/12/28(기유) → 【원전】 41집 690면
〔남태적·조동빈을 수사로 삼다〕　　　　　　　　　　　　　　　　　　수1955

　남태적(南泰績)을 전라좌수사로, 조동빈(趙東彬)을 경상좌수사로 삼았다.

　　〈 관련내용 〉
　　· 영조 04/01/24(을해)→ 통제사 김흡이 사폐하니 면려하고 신칙하다　　　　42집 6면

영조 4년(1728; 청 옹정6년)

5257 영조 04/01/27(무인) → 【원전】 42집 7면
〔심유현이 본부의 화약고에 화재가 발생하였음을 치계하다〕   수4606

담양부사(潭陽府使) 심유현(沈維賢)이 금월 1일 해시(亥時)에 본부(本府)의 화약고에서 화재가 발생하여 고사(庫舍)는 불에 타서 흔적도 없어졌고, 화약 4천2백13근 및 유황 5근, 화전철대(火箭鐵臺) 3개, 화전철정(火箭鐵釘) 5개, 철추(鐵錐) 2개, 화약침구(火藥砧臼) 9개가 모두 불타 타버린 뜻으로 감영과 병영에 보고하니, 감사 정사효(鄭思孝)와 병사 조경(趙儆)이 치계하여 위에 알렸다.

5258 영조 04/03/22(임신) → 【원전】 42집 24면
〔윤취리 등으로 세선을 독운케 하다〕   조1284

도총도사(都摠都事) 윤취리(尹就履)·허빈(許賓) 등을 조운차사원(漕運差使員)으로 삼아 강의 위아래로 나누어 보내어 세선(稅船)을 독운(督運)하게 하라고 명하였다.

영조 5년(1729; 청 옹정7년)

5259 영조 05/02/03(무인) → 【원전】 42집 104면
〔일본에서 세자의 상에 조위할 것을 청한다고 동래부사가 장문하다〕   왜1969

일본에서 사신(使臣)을 파견해 세자(世子)의 상(喪)에 조위(弔慰)할 것을 청한다고 동래부사가 장문(狀聞)하였으나, 임금이 전례(前例)가 없다 하여 허락하지 않았다.

5260 영조 05/02/19(갑오) → 【원전】 42집 105면
〔영남 좌우도의 조운선에 차원을 정해 선후로 거느리고 운반하게 명하다〕   조1285

영남좌우도의 조운선(漕運船)에 각각 차원(差員)을 정해 선후로 거느리고 운반하게 하라고 명하였으니, 혜국(惠局)의 초기(草記)에 따른 것이다.

5261 영조 05/02/25(경자) → 【원전】 42집 106면
〔부안의 변산을 승격시킬 것 등에 대한 병조판서 조문의 상소문〕   기2149

병조판서 조문명(趙文命)이 상소하여 말하기를, "부안(扶安)의 변산(邊山)은 주위가 광활하여 양영(兩營)과 각 진이 모두 며칠 걸리는 거리에 있습니다. 따라서 도적들이 쉽사리 의지하여 숨으니, 지난 봄 역도(逆徒)들이 변산을 빙자하여 소란을 일으킨 일로도 징험할 수 있습니다. 본현(本縣)은 땅이 넓고 백성이 많은데다 또 성지(城池)가 있으니, 좌원장(左援將)이란 칭호를 주어 영원히 당상관의 자리를 만드소서" 하였다.

또 말하기를, "나주(羅州)의 여러 섬은 땅이 비옥하고 백성이 많은데 압해도(押海島)와 장산도(長山島)에는 옛날에 읍(邑)을 설치한 자취가 있다고 합니다. 여러 섬들은 곧 사복시(司僕寺)에서 각 아문(衙門)과 여러 궁가(宮家)와 함께 절수(折受)한 땅인데, 나주의 감목관(監牧官)이 이 땅을 전관(專管)하고 있으니 마땅히 형세의 편의한 섬을 골라서 읍을 설치하고 감목관을 부사로 승격시켜 감목관을 겸임시키되 제주의

세 현(縣)의 예와 같이 하고 독진(獨鎭)을 설치하여 우원장(右援將)이란 칭호를 주어 본도와 타도(他道)사람으로서 여러 섬에 출입하여 행동거지가 황당한 자를 구핵(究覈)하여 과죄(科罪)하게 한다면, 간사한 백성이 달아나 숨는 염려를 덜 수가 있을 것입니다. 그리고 해미현감(海美縣監) 박민웅(朴敏雄)의 말을 들건대, 그의 조부가 상신(相臣) 이완(李浣)의 막속(幕屬)이었다고 하는데, 언제나 말하기를, '이완이 항상 나주의 여러 섬들이 깊이 염려스럽다'고 하였다 하였습니다" 하였다.

비답하기를, "묘당으로 하여금 상확(商確)하여 처리하게 하라" 하였다.

5262 영조 05/03/07(신해) → 【원전】 42집 112면
[장태소·우하영을 전라좌우수사로 삼다]   수1956

장태소(張泰紹)를 전라좌수사로, 우하형(禹夏亨)을 우수사로 삼았다.

⟨ 관련내용 ⟩
· 영조 05/03/17(신유)→ 신명윤을 전라좌수사로 삼다   42집 114면
· 영조 05/04/22(병신)→ 구성임을 경기수사로 삼다   42집 124면
· 영조 05/05/20(갑자)→ 유성추를 충청수사로 삼다   42집 132면

5263 영조 05/04/21(을미) → 【원전】 42집 123면
[특진관 이진삼이 화차수리를 청하다]   수3733

주강(晝講)을 행하였다.

강을 마치자, 특진관 이삼(李森)이 청하기를, "군기시(軍器寺)에 보관되어 있는 고 광성부원군(光城府院君) 김만기(金萬基)가 제조한 화차(火車)를 수리하게 하소서" 하였다.

윤허하였다.

화차는 하나의 화차에 총(銃) 50병(柄)을 실었는데, 한끝에다 불을 붙이면 10총이 함께 발사된다.

5264 영조 05/06/03(병자) → 【원전】 42집 133면
[선척의 수세 등에 대한 공조참의 성환의 소장]   수3734

공조참의 성환(成瓛)이 소장을 올려 청하기를, "낭청(郎廳)을 보내어 강 위에 왕래하

는 선척(船隻)을 적간(摘奸)하여 구법(舊法)대로 수세(收稅)하는 것이 어떠하겠습니까?" 하였다.

또 아뢰기를, "본조(本曹)에서 수철(水鐵)로 주조하는 기구를 능침(陵寢)과 제처(諸處)의 신조(新造)와 수보(修補)에 대해 본디 연월(年月)의 정한(定限)이 없습니다. 청컨대 신조하는 것은 2년으로 정하고 수보는 1년으로 정하되 기면(器面)에다 주공(鑄工)의 이름자를 새기게 하소서" 하였다.

비답하기를, "소장에서 진달한 일은 묘당으로 하여금 품처하게 하겠다. 소장의 말단에 거론한 일은 잗단 데에 관계된다" 하였다.

5265 영조 05/06/25(무술) → 【원전】 42집 135면
〔전라우수사 우하형을 인견하다〕   수1957

전라우수사 우하형(禹夏亨)과 청주목사(淸州牧使) 조준명(趙駿命)을 인견하였다.

5266 영조 05/08/01(계묘) → 【원전】 42집 144면
〔의주에 표류해 온 배의 궁각 사용에 관해 조현명이 아뢰다〕   표2512

상참(常參)을 행하였다.

도승지 조현명(趙顯命)이 아뢰기를, "어영대장 장붕익(張鵬翼)이 의주(義州)에 있는 궁각(弓角)을 가져다 쓰기를 진달했었습니다마는, 당초에 의주에 표류해 온 배에 궁각이 가득 실려 있었는데, 어느 나라의 물건인지 알 수 없었습니다. 이제 세월이 조금 오래 되었으므로, 비록 가져다 쓰자는 청이 있었으나, 이는 곧 명분이 없는 물건이니, 마침내 구차스러운 혐의가 있습니다" 하였다.

임금이 말하기를, "지금 경(卿)의 말을 들어보건대, 명분이 없는 물건을 가져다가 쓰는 것은 마침내 구간(苟簡)한 데에 관계되니, 앞서의 분부를 도로 정지한다" 했다.

5267 영조 05/08/29(신미) → 【원전】 42집 152면
〔나주의 여러 섬에 고을 설치하는 일을 이야기하다〕   수3735

대신과 비국당상(備局堂上)을 인견하였다. 좌의정 이태좌(李台佐)가 나주의 여러 섬 가운데에 고을을 설치하는 일로 우러러 주달(奏達)하니, 임금이 두루 제신(諸臣)에게

하문하였다.

　이조판서 조문명(趙文命)이 아뢰기를, "압해도(押海島)와 장산도(長山島) 두 군데가 가장 크고 옛적의 읍치(邑治) 자리가 아직도 완연한데, 장산도가 중앙에 있어 더욱 좋습니다" 하였다.

　그런데, 임금이 말하기를, "여러 도는 소속된 데가 없어 관할(管轄)하지 않고 있는가?" 하였다.

　그러자, 이태좌가 아뢰기를, "제도 가운데 10에 7,8은 모두 나주에 소속되어 있습니다" 하였다.

　임금이 말하기를, "당초에 소속한 고을에서 잘 관할해 왔으면 좋을 것인데, 소속한 고을에서 이미 잘 관할하지 못했으니, 설령 고을을 설치하여 분속한다 하더라도 또한 어떻게 관할하겠는가? 지도로 보면 비록 서로 가까운 듯하지만, 실제로는 서로 거리가 멀어서 혹시라도 사변이 있으면 다급한 때에 임하여 서로 통하기가 나주에 견주어 더욱 어려울 것이다. 장산도에 수령을 둠은 정배(定配)하는 것과 다름이 없어서 세력이 있는 사람은 부임하려 하지 않을 것이고, 마침내 잔약하여 세력이 없는 사람을 차임(差任)하여 보낼 것이니, 도민(島民)들이 반드시 모두 조소하여 조정의 명령이 도리어 가벼워져서 섬 안에 시행되지 못할 것이다. 또 고을을 설치한 다음에는 반드시 하리(下吏)들과 토호들이 침탈하는 폐단이 있을 것이다" 하였다.

　제신이 고을 설치하는 것이 편리하다고 말하는 자가 많으니, 임금이 말하기를, "근래에 조정에서 기강이 서지 않았는데, 어떻게 외방(外方)에서 시행되겠는가? 이로써 말한다면, 비록 장산도에 고을을 둔다 하더라도 지금 어떻게 수십여 섬에 모두 법령이 시행될 수 있겠는가? 또 고을을 설치한 뒤에도 도민(島民)들이 의당 배를 타고 왔다갔다 할 것인데, 이렇게 되면 여러 섬은 각자 제도 그대로이고, 원이 된 사람은 단지 장산도를 관할하게 될 뿐인 것이다. 또 섬 풍속이 비록 완강하고 사납다고는 하지만 오히려 순박한데, 고을을 설치한다면 반드시 향교(鄕校)를 세워야 하고, 또 군제(軍制)도 있어야 할 것이다. 그래서 섬 백성들이 교생(校生)이 되고 무학(武學)이 되면, 반드시 장차 점점 교사(巧詐)한 데에 이를 것이니, 도신(道臣)이 장청(狀請)한 대로 수영(水營)에 소속시켜서 편비(褊裨)로 하여금 가끔 순시하도록 하는 것이 옳다" 하였다.

5268 영조 05/09/13(갑신) → 【원전】 42집 162면
〔천보총을 만든 윤필은에게 별군직을 제수하다〕 수3736

특별히 호서 한량 윤필은(尹弼殷)에게 별군직(別軍職)을 제수하고, 분부하기를, "윤필은은 외방(外方)의 무사(武士)로서, 선왕조(先王朝) 때부터 지금까지 상소를 12차례나 진달하여 국가에 마음쓰는 정성이 가상하였고, 또한 새로 만든 총을 보건대, 비로소 헌책(獻策)한 것이 거짓되지 않은 것임을 알았다. 12차례나 올린 상소 중에 이제야 비로소 하나의 헌책을 쓰게 되었으니, 비록 윤필은 보다 더한 사람이 있다 하더라도 누가 조정에 헌책하려고 하겠는가? 특별히 장려해 주어 참으로 재질을 가지고 있는 사람들을 불러들이도록 하라" 하였다.

그리고 나서, 이어 윤필은이 만든 총을 훈련도감에 내주어 널리 만들게 하도록 명하였다.

영조 6년(1730; 청 옹정8년)

5269 영조 06/02/13(임자) → 【원전】 42집 187면
〔최명주를 경상좌수사로 삼다〕 수1958

도목정(都目政)을 행하여 …… 장태소(張泰紹)를 전라도 병마절도사로, 구성익(具聖益)을 경상좌도 병마절도사로, 최명주(崔命柱)를 경상좌도 수군절도사로 삼았다. 이조판서 조문명(趙文命)과 병조판서 김재로(金在魯)의 정사(政事)였다.

5270 영조 06/05/16(계미) → 【원전】 42집 204면
〔호조가 빌려간 강화부 양곡을 조운선이 경창에 도착하기 전에 수봉케 하다〕 조1286

임금이 강화유수(江華留守) 유척기(兪拓基)를 인견하였다.
　유척기가 말하기를, "본부(本府)의 군향(軍餉)은 실로 형편이 없습니다. 이전 유수(留守) 박사수(朴師洙)의 장청(狀請)으로 인하여 호조에서 빌려간 양곡중에서 3만 6백 석을 우선 돌려보낼 뜻으로 묘당에서 분부하였습니다. 그런데 이미 달이 지났는데도 아직 보내지 않으니, 만약 세미선(稅米船)이 경창(京倉)에 당도하기를 기다려 배에 실어 도로 내려보낸다면 폐단이 적지 않을 것입니다. 청컨대 삼남의 조선(漕船) 중에서 각 고을의 곡식 수량을 구별하여 마땅히 보내야 할 수량을 합계하여 호조에서 본부에 통첩하여 곧장 수봉(受捧)하게 한다면 이미 수봉하였다가 곧 내려보내는 폐단이 없을 듯합니다" 하였다.
　임금이 그대로 따랐다.

5271 영조 06/08/23(기미) → 【원전】 42집 219면
〔조엄을 전라좌수사로 삼다〕 수1959

조엄(趙曮)을 전라좌수사로 삼았다.

〈 관련내용 〉

- 영조 06/08/30(병인)→ 조호신을 전라좌수사로 삼다　　　　　　42집 221면
- 영조 06/09/01(정묘)→ 이의풍을 경상좌수사로 삼다　　　　　　42집 221면
- 영조 06/10/13(무신)→ 어유기를 전라수사로 삼다　　　　　　　42집 230면
- 영조 06/10/28(계해)→ 이중익을 전라좌수사로 삼다　　　　　　42집 232면

5272 영조 06/09/10(병자) → 【원전】 42집 224면
〔대신과 비국당상을 인견하여 왜관에 보낼 인삼에 관해 논의하다〕　　　왜1970

임금이 대신해 온과 비국당상을 인견하였다.

…… 좌의정 이집(李㙫)은 "상고(商賈)들이 왜관(倭館)에 들여보내는 인삼(人蔘)의 정수(定數)는 본래 7백 근이었는데 요즈음에는 조절하는 일이 없다"고 아뢰었다.

임금이 말하기를, "최초의 정식(定式)에 의하여 7백 근을 들여보내도록 허락하고, 이 수량을 넘거든 잠상(潛商)의 법률로 논죄하라" 하였다.

영조 7년(1731; 청 옹정9년)

5273 영조 07/01/10(갑술) → 【원전】 42집 244면
 〔윤순 등이 가덕도의 어장을 화순옹주에게 절수한 것을 되돌릴 것을 청하다〕   기3090

임금이 대신해 온과 비국당상을 인견하였다.

이보다 앞서 임금이 통영(統營)에 소속된 가덕도(加德島) 안팎 바다의 어전(漁箭)을 화순옹주(和順翁主)의 집에 절수(折授)하였는데, 비국당상 윤순(尹淳)이 복계(覆啓)하여 환침(還寢)하기를 청하였다.

좌의정 이집(李㙫)이 또 통수(統帥)의 장계로 인해 청하기를, "통영에 다시 소속시켜 그 어리(漁利)를 거두어 해방(海防)을 중하게 해야 합니다" 하였다.

임금이 말하기를, "매양 궁방(宮房)에 절수하면 도신(道臣)과 수신(帥臣)이 문득 과장하여 계문하고 비국의 회계(回啓)에 이르러서는 더욱 원래의 계문 이외에 극도로 부연(敷衍)하여 아주 번거롭고 잗달아 도리어 체통을 잃는다. 절수를 비록 환침(還寢)시키지만 내 마음은 아주 편치 못하다" 하고, 인하여 비국의 회계가 군부(君父)를 협박하였다며 책망하는 말이 많았다.

교리 김상성(金尙星)이 나아가 말하기를, "간언을 받아들이시는 덕을 그 누군들 흠앙(欽仰)하지 않겠습니까만, 번거롭고 잗달다는 말씀을 방계(防啓)한 뒤에 내셨습니다. 성상께서 스스로 기약한 바가 과연 어떠하였습니까? 그런데 성기(聲氣) 사이에 이미 절도가 맞지 않았고 하루 사이에 어긋난 점이 백 가지로 나왔습니다. 절수 한 가지 일은 비록 부득이 억지로 환침하셨지만, 이로 인해 촉발되어 사기(辭氣)가 평온함을 잃는다면 성덕에 누가 됨이 어떠하겠습니까? 원하옵건대, 성상께서는 더욱 성찰하는 공부에 뜻을 더하소서" 하였다.

임금이 옳게 여겼다.

5274 영조 07/01/28(임진) → 【원전】 42집 245면

〔황해수사 남덕하가 장신에게 하직인사를 않았다고 하여 파직을 청하다〕 수1960

비변사에서 말하기를, "체통을 엄히 하는 것은 바로 조정을 받드는 것입니다. 무변(武弁)은 무장에 대해 체통이 본디 다른데도 황해수사 남덕하(南德夏)는 시임(時任) 주당(籌堂)의 장신(將臣)과 전에는 혐의를 갖지 않았으나 곤임(閫任)을 제수하면서부터 갑자기 혐의를 가져 끝내 역사(歷辭)하지 않았습니다. 무부(武夫)의 이런 습관을 제멋대로 부리도록 내버려 둘 수 없으니, 마땅히 남덕하를 파직하여 후일의 폐단을 징계해야 합니다" 하였다.

임금이 윤허하여 말하기를, "무변이 시상(時象)을 붙좇는 것은 바로 망국의 징조이다. 어찌하여 감히 구습을 부리려 하는가? 더군다나 구성임(具聖任)을 칙려(飭勵)한 일을 남덕하 역시 반드시 들었을 것이다. 무신년의 역란(逆亂)이 어찌하여 일어났던가? 그 까닭을 따져 보면 시상(時象)에서 말미암은 것이다. 남덕하로 하여금 만약 그 아비의 원수를 생각하게 한다면 어찌 다만 청주(淸州)의 적만 있겠는가? 이제 도리어 아비의 원수의 근본이 당습에서 연유된 것을 생각하지 않고 난을 평정하여 책훈(策勳)이 된 장신(將臣)과 사이가 좋지 못한 것은 무슨 마음인가? 그의 자급(資級)을 낮추어 청주로 정배하여 남덕하로 하여금 통감(痛感)하여 스스로 면려(勉勵)하게 하라. 하지만 그의 아비가 왕년에 순국(殉國)한 것을 내가 어찌 잊겠는가? 본주(本州)로 하여금 보살펴 주게 하여 내가 충신을 생각하는 뜻을 보이도록 하라" 했다.

남덕하는 바로 고 충신 남연년(南延年)의 손자인데, 그 때의 장신(將臣)인 이삼(李森)과 원수진 혐의가 있어 즐겨 역사(歷辭)하지 않음은 인정과 세리(勢理)에 당연한 일이다. 그런데 비국에서 번거로이 임금께 아뢰어 남의 아들을 차마 밟지 못할 땅에 정배(定配)하게 하였으니, 사람들이 모두 애석하게 여겼다.

5275 영조 07/02/09(임인) → 【원전】 42집 246면
〔변세구 등이 고 충신 이봉상을 이순신의 묘에 추배할 것을 상소하다〕 수1961

충청도 아산(牙山)의 유학 변세구(卞世矩) 등이 상소하여 청하기를, "고 충신 이봉상(李鳳祥)을 그의 할아비 충무공(忠武公) 이순신(李舜臣)의 묘에 추배(追配)하여 조정에서 표충(表忠)하는 뜻을 보여 주소서" 하였다.

임금이 해당 조에 명하여 복계(覆啓)하게 하였다.

5276 영조 07/04/26(무오) → 【원전】 42집 254면
〔사복시에서 해주감목을 백성들이 개간하기를 허락할 것을 청하다〕   기1147

사복시(司僕寺)에서 아뢰기를, "해주감목(海州監牧)을 등산첨사(登山僉使)에게 이속시킨 후 첨사가 수사(水使)에게 견제되어 소나무 밭이 무성해지는 반면, 전토(田土)는 점차 줄어들어 세입(稅入)으로 마료(馬料)를 넉넉히 댈 수가 없습니다. 청컨대 낭관(郎官)을 보내 살피어 백성들이 개간하기를 허락하며 굽고 작은 소나무를 베어 목민(牧民)의 이익을 넓히소서" 하였다.
임금이 허락하였다.

5277 영조 07/05/07(기사) → 【원전】 42집 254면
〔수찬 조한위가 강진의 폐단 다섯 가지를 진달하다〕   수4607

수찬 조한위(趙漢緯)가 막 강진현감(康津縣監)으로 부임하였다가 소환(召還)되매, 상소하여 강진의 폐단 다섯 가지를 진달하기를, "첫째는 병영(兵營)에 소속된 군액(軍額)이 너무 많아 백성들이 명을 감당하지 못하는 것이요, 둘째는 제주(濟州)의 공마(貢馬)를 몰아오는 것이 너무 고된 폐단이며, 셋째는 남당포(南塘浦)를 지나가는 선박을 붙잡는 것이 폐단이 되어 선격(船格)들이 지탱하기가 어려운 것이요, 네째는 본읍에 찬배(竄配)된 자가 너무 많아 섬 백성들이 응접할 겨를이 없으며, 다섯째는 수령이 자주 체직되어 영송(迎送)이 이민(吏民)에게 폐를 끼치는 것입니다" 하였다.
임금이 아울러 묘당으로 하여금 품처하게 하였다.

5278 영조 07/06/04(을미) → 【원전】 42집 260면
〔각사·궁방 소속의 어전 및 염분의 세를 진자에 보태게 할 것을 의논하다〕   기3091

충청도 서산(瑞山)·태안(泰安) 등의 고을에 각사(各司) 및 여러 궁방소속의 어전(漁箭) 및 염분(鹽盆)이 있었는데, 비국당상 송인명이 청하기를, "금년에는 비국에서 전담하여 수세(收稅)를 관리하여 진자(賑資)에 보태게 하소서" 하였다.
김재로(金在魯)는 청하기를, "해서(海西)의 어염세(魚鹽稅)도 역시 이 예에 따르게 하소서" 하였다.
박문수(朴文秀)도 역시 청하기를, "각 도에 있는 각 궁방과 제사(諸司)와 감영·통

영·병영·수영 소속의 선세(船稅)와 염세(鹽稅) 두 세는 아울러 명년 봄까지 한정하여 취해 써야 합니다" 하였다.

송인명이 또 청하기를, "상당산성(上黨山城)에 남아 있는 전화(錢貨)를 모두 추이하여 진구(賑救)를 돕게 하고 추후에 갚도록 하소서" 하였다.

임금이 아울러 따랐다. 비국당상 8인에게 명하여 팔도의 진휼하는 일을 구관(句管)하게 하였다. 경기도 조상경(趙尙絅), 호서는 송인명(宋寅明), 호남은 이광덕(李匡德), 영남은 박문수(朴文秀), 해서는 김재로(金在魯), 관서는 윤유(尹游), 관동은 이정제(李廷濟), 관북은 송진명(宋眞明)인데, 모두 대신이 청한 바에 따른 것이다. 비당구관(備堂句管)이란 명칭이 이로부터 시작되었다.

5279 영조 07/07/04(을축) → 【원전】 42집 266면
〔선박이 계속 침몰되니 적재 한도를 넘기는 폐단을 신칙하다〕   수4608

이 때 여러 도에서 파손된 선박으로 인해 사람이 빠져죽고 물건이 가라앉은 상황이 계속해 들려오니, 임금이 그것을 측은하게 여기며 본도로 하여금 특별히 고휼(顧恤)을 더하고 그 존몰(存沒)을 수문(搜問)하여 아뢰게 하였다.

또 하교하기를, "곡물을 건져낼 즈음에 사람을 건지는 데 생각이 미칠 겨를이 없었다 하니, 아! 유정지공(惟正之供)이 비록 중요하다고 하지만 사람의 목숨에 비하면 도리어 경미한 것이다. 아! 선인(船人)들을 장차 물고기 뱃속에 장사지내게 될 터이니, 마치 아픔이 나 자신에게 있는 듯하다. 여러 고을에 각별히 타일러서 표류하는 시체들을 낱낱이 건져내고 그 중에 주인이 없는 것은 소재처의 고을로 하여금 건져내는 대로 시체를 묻어주도록 하라" 하였다.

이어서 배에 물건을 적재함에 있어 한도를 넘기는 폐단을 신칙(申飭)하였다.

5280 영조 07/09/21(신사) → 【원전】 42집 279면
〔훈련도감에서 새로 준비한 동포·홍이포에 대해 아뢰다〕   수3737

훈련도감에서 말하기를, "본국(本局)에서 새로 준비한 동포(銅砲)가 50이고 홍이포(紅夷砲)가 둘인데, 그것을 싣는 수레는 52폭(輻)입니다. 동포의 탄환 도달 거리는 2천여 보(步)가 되고, 홍이포의 탄환 도달 거리는 10여 리가 되니, 이는 실로 위급한

시기에 사용할 만한 것입니다. 홍이포는 바로 우리나라에서 새로 제작한 것으로 예람(睿覽)하시도록 올렸으니, 청컨대 감동(監董)한 사람의 노고를 기록해 주소서" 하였다.
임금이 허락하였다.

5281 영조 07/10/16(병오) → 【원전】 42집 280면
〔동래부사가 대마도주가 차왜를 보냈다는 장계와 서계 노인을 보내다〕　　　　왜1971

동래부사 정언섭(鄭彦燮)이 장계하기를, "새로 임명된 대마도주(對馬島主)가 도서(圖書)를 개청(改請)하여 이미 차왜를 보냈으니, 마땅히 접위관을 보내서 유체(留滯)하지 말게 해야 합니다" 하였다.
그들이 보내온 서계(書契) 및 특송사(特送使)의 노인(路引)도 또한 올려 보냈다. 예조(禮曹)에서 관례에 따라 복계(覆啓)하니, 임금이 윤허하였다. 이 뒤로는 동래부에 왜선(倭船)이 오고갈 적에 봉상(封上)하는 서계와 노인은 이것에 의해서 하였다.

5282 영조 07/10/17(정미) → 【원전】 42집 281면
〔비변사에서 백령도의 말을 대청도로 옮기고 그 땅에 농사를 짓게 하자 하다〕　　기2150

비변사에서 아뢰기를, "당선(唐船)의 왕래가 요즘 더욱 심해졌습니다. 백령도(白翎島) 한 진(鎭)은 해서(海西)에서 으뜸가는 요충지인데, 도민(島民)이 매우 적어서 당선을 몰아내고 제지할 방법이 없습니다. 목장(牧場)은 비옥하여 좋은 밭을 만들 만한데, 대청도(大靑島)는 바로 본도(本島)와 서로 바라보이는 곳입니다. 갑신년에 본진(本鎭)에서 보고한 것으로 인해 태복시(太僕寺)에서 목마(牧馬)를 대청도에 이송했다 합니다. 지금 만약 백령도의 나머지 말을 대청도에 다 옮기고, 백령도에 있는 옛 목장은 백성들에게 농사지어 먹도록 허락해 준다면, 땅은 이미 경작할 수 있고 백성도 또한 많이 들어갈 것이니, 그렇게 되면 비단 당선을 몰아 내는 힘을 얻을 뿐만 아니라, 태복시의 마정(馬政)에도 유익할 듯합니다. 도신(道臣) 서종옥(徐宗玉)의 말도 역시 그렇다고 하니, 청에 따라 시행함이 편리할 것입니다" 하였다.
임금이 윤허하였다.

5283 영조 07/11/17(병자) → 【원전】 42집 287면
   〔안흥을 살피고 온 박문수를 소견하여 보고를 듣다〕   수4609

   영성군(靈城君) 박문수(朴文秀)가 안흥(安興)을 살펴보고 돌아오니, 임금이 소견(召見)하였다.
   박문수가 말하기를, "선박이 파손되는 폐단은 늦게 출발한 데서 연유한 것이며 물길이 불편해서 그런 것이 아닙니다" 하였다.
   이어서 소매 속에서 지도를 꺼내어 낱낱이 가리켜 진달하기를 매우 상세히 하며 말하기를, "연사(年事)가 여러 해 풍년이 들어 배에서 얻어지는 이익은 매우 적기 때문에 취재(臭載)가 여기에 연유된 것입니다. 명년 봄에는 필시 이런 걱정이 없을 것이니, 새로운 법을 만들지 말고 종전대로 그대로 두는 것이 좋겠습니다. 관방(關防)의 중요한 곳을 경솔히 관통하고 막아서 물길을 병들게 하는 것은 부당합니다" 했다.
   또 논하기를, "소금을 굽는 폐해가 반드시 금송(禁松)에 미칠 것입니다" 하였다.

5284 영조 07/11/22(신사) → 【원전】 42집 288면
   〔조문명이 명지도·안면도의 소금굽는 일을 아뢰다〕   기3092

   임금이 감후(感候)가 오래 낫지 아니하여 약원(藥院)에서 진대(診對)를 행하였다.
   우의정 조문명(趙文命)이 질병을 들어 정고(呈告)하자 임금이 돈소(敦召)하기를 부지런히 하니, 비로소 나와 입대(入對)하고 사직하며 말하기를, ……
   조문명이 말하기를, "신이 명지도(鳴止島)의 소금을 굽는 일로 박문수와 이야기를 나눈 바가 있습니다. 그런데 옛적에 제(齊)나라는 한쪽 면이 바다를 접한 곳으로서도 그 이익을 다 거두어 능히 부강을 이룩하였는데, 우리나라는 삼면이 바다를 접해 있는데도 오히려 가난을 면치 못하는 것은 염리(鹽利)를 얻지 못한데 연유하기 때문입니다. 고 상신(相臣) 유성룡(柳成龍)과 고 처사(處士) 이지함(李之菡)도 또한 이 일을 말하였으니, 그 말을 버릴 수가 없습니다. 신의 생각은 안면도(安眠島) 한 섬에 있는데, 박문수는 금송(禁松)을 벨까 두렵다고 염려하니, 이것도 마땅히 생각해야 될 점입니다" 하였다.

5285 영조 07/11/26(을유) → 【원전】 42집 289면

[송징래를 전라우수사로 삼다]   수1962

송징래(宋徵來)를 전라우수사로 삼았다.

5286 영조 07/12/06(을미) → [원전] 42집 289면
[전라도 제주에서 선박이 파손되어 익사자가 60명이나 되니 휼전을 베풀다]   수4610

전라도 제주(濟州)에서 선박이 파손되어 익사한 자가 60명이나 되었다. 목사(牧師)가 이 사실을 장문(狀聞)하니, 휼전을 베풀 것을 명하였다.

5287 영조 07/12/12(신축) → [원전] 42집 290면
[비변사에서 품질이 떨어지는 왜은을 물리쳐야 한다고 아뢰다]   왜1972

비변사에서 아뢰기를, "양국(兩國)의 통화(通貨)는 일이 지극히 중대한 것인데, 왜은(倭銀)이 전후에 걸쳐 변개(變改)되었으니, 또한 교활한 속임수를 볼 수 있는 것으로서 후일에 폐단을 끼칠까 두렵습니다. 그리고 또 교린(交隣)의 도리는 약조(約條)를 굳게 지킨 후에야 조정의 권위가 서고 성신(誠信)이 시행되는 것이니, 마땅히 준례에 따라 물리쳐 팔성(八成)이나 천은(天銀)을 가져오도록 요구해야 합니다" 하였다. 임금이 윤허하였다.

대개 피집(被執) 삼가(蔘價)로 종전에 십성은(十成銀)을 가져오던 것이 바뀌어 팔성은이 되고 또 바뀌어 정은(丁銀)이 되었으므로, 동래부사가 계문(啓聞)하기에 이르렀던 것이다.

영조 8년(1732; 청 옹정10년)

5288 영조 08/01/10(무진) → 【원전】 42집 294면
〔안면도의 잡목을 베어 소금 굽는 일을 의논하다〕 기1148

임금이 대신과 비국당상을 인견하였다.

영의정 홍치중(洪致中)이 아뢰기를, "지난번에 충청 도신의 장문(狀聞)으로 인해서 안면도(安眠島)의 잡목을 베어다 소금을 구워 진휼하는 데 보충하도록 특별히 명하셨는데, 장차 도끼를 들고 난입하여 반드시 생소나무를 베게 될 것입니다. 지금 전선(戰船)의 재료로는 오로지 안면도만을 의뢰하고 있으니, 신은 〈잡목을 베도록〉 허락하는 것이 불가하다고 여깁니다" 하였다.

임금이 여러 신하들에게 두루 물어보고 마침내 지난번의 명을 정지하게 하였다.

5289 영조 08/01/13(신미) → 【원전】 42집 295면
〔안흥진에 방죽 쌓는 의논을 낸 이찬을 특별히 임명하여 별군직으로 삼다〕 수4611

이찬(李禶)을 특별히 임명하여 별군직(別軍職)으로 삼았다. 이찬은 바로 안흥진(安興鎭)에 방죽을 쌓는 의논을 주장한 자인데, 이 때에 이르러 무신으로서 경연에 시강하고 있었다.

임금이 이찬을 불러 앞으로 나오게 하고, 전교하기를, "안흥진(安興鎭)의 일은 박문수가 살펴본 뒤에 진달한 내용이 그대와 다르니, 이해(利害)와 형편을 그대가 상세히 아뢰도록 하라" 하였다.

그러자, 이찬이 아뢰기를, "지도를 살펴보실 것 같으면 거의 환하게 아실 것입니다" 하고, 인하여 소매에서 그 곳의 지도를 올리며 아뢰기를, "이 진(鎭)은 처음에 동양위(東陽尉)가 절수(折受)한 지역으로 해상방어의 요충이 되어 강도(江都)의 요해처를 만들었으므로, 효종조에 나주의 구목장(舊牧場)을 동양위 집에다 바꿔 주고 성을 쌓기 시작하여 진을 설치하였으며, 현재 방죽을 쌓는 것이 실제로 본진(本鎭)의 대

사(大事)가 되었습니다. 대체로 안흥(安興)은 육지와 40리를 연해 있고 바다에 걸쳐 섬을 이루었으며, 성 밖에는 높은 산이 첩첩이 둘러 있습니다. 물은 하루에 두 차례의 밀물이 있는데, 조수가 물러가고 물이 없어지면, 문득 대로(大路)를 이루게 되며, 조수가 밀려와 물이 차면 문득 장강(長江)을 이루게 됩니다. 적이 이 때를 기다렸다가 육지에서는 보병(步兵)과 기병(騎兵)으로 도달하게 하고 물에서는 배로 소통하게 한다면, 방어하는 데 매우 어려울 것입니다. 지금 만약 방죽을 쌓아 조수를 차단하여 영원토록 진창인 수전(水田)을 만들고, 성 안의 백성들이 이것을 의지하여 농사를 지으며 사시(四時)로 항상 머물게 한다면, 혹시 급박함이 있더라도 한번 호령하는 사이에 모을 수 있을 것입니다. 이미 평탄하게 몰아칠 적로(賊路)를 끊어 버렸고, 또 성을 지킬 만한 건장한 군졸을 얻었으니, 이른바 한 가지 일을 하여 두 가지 이익을 얻는 것입니다" 하였다.

임금이 칭찬하고 마침내 특별히 차임하였다.

5290 영조 08/01/16(갑술) → 【원전】 42집 295면
〔양천수군 72명을 해서의 여러 고을에 옮기도록 명하다〕 수3738

양천(陽川)수군의 액수 72명을 해서(海西)의 여러 고을에 옮기도록 명하였는데, 양천 이 고을은 작으면서 군사가 많기 때문이었다.

5291 영조 08/01/24(임오) → 【원전】 42집 296면
〔대마도주 평방희가 차왜 평진봉을 보내 도서를 고쳐달라고 청하니 허락하다〕 왜1973

대마도주 평방희(平方熙)가 차왜 평진봉(平眞峰)을 보내어 도서(圖書)를 고쳐 주도록 청하므로, 새로 주조하여 주게 하고, 동래관(東萊館)에서 평진봉에게 잔치를 베풀어 주도록 명하였다.

5292 영조 08/01/27(을유) → 【원전】 42집 296면
〔주강에 나가니, 궁가와 아문의 선척을 수부에서 관리하지 않는 일을 아뢰다〕 수4612

임금이 주강에 나아갔다.

영의정 홍치중(洪致中)이 아뢰기를, "소금과 돈은 모두 호부(戶府)에 소속시키고

배와 수레는 모두 공조(工曹)에 소속시키는 것은 국체(國體)에 당연한 것인데, 근래에 여러 궁가(宮家)와 각 아문의 선척(船隻)을 '세금을 면제한다'고 말하면서 애당초 수부(水部)에서 관리하지 않으니, 너무나 법의 본의가 아닙니다. 청컨대 궁가와 아문에서 바친 본세(本稅) 중에서 몇 분(分)을 참작해서 감하되, 수부에 옮겨 바쳐서 거듭 징수하는 폐단이 없게 하고 통속(統屬)하는 의의를 보존하게 하소서" 하였다.

임금이 옳게 여겼다.

5293 영조 08/06/25(경진) → 【원전】 42집 310면
〔민사연을 전라좌수사로 삼다〕 수1963

민사연(閔思淵)을 전라좌수사로 삼았다.

〈 관련내용 〉
  · 영조 08/07/08(임진)→ 이명상을 전라좌수사로 삼다   42집 312면

5294 영조 08/09/02(병술) → 【원전】 42집 317면
〔대마도 재해와 청하기도 전에 미리 쌀을 사여하는 일에 관한 조현명의 상소〕 왜1974

경상감사 조현명(趙顯命)이 상소하였는데, 그 대략은 이렇다.

"삼가 비국의 관문(關文)을 살피건대, 대마도 왜인의 가호(家戶)가 잇따라 불탔다 하여 장차 경자년의 전례에 의거해 쌀을 지급하여 위문한다고 하였습니다. 대저 교린(交隣)하는 도리는 단지 약조를 신중히 하고 성신(誠信)을 지키며, 때에 따라 빙문(聘問)하고 예(禮)에 의거해 경조(慶弔)하는 데 있는 것은 물론이고, 또한 반드시 사명(使命)을 서로 고한 뒤에야 시행하는 것입니다. 어찌 반드시 저들의 말을 기다리지도 않고 저들이 생각하기도 전에 지례 극진히 베풀어 준 뒤에야 비로소 환심을 얻고 교호(交好)를 온전히 할 수 있다고 하겠습니까? 내부(萊府)의 『등록(謄錄)』을 가져다 상고하여 본바 그 해에 과연 위문한 일이 있기는 했습니다. 그러나 지급한 미석(米石)을 맡은 역관의 무리가 배가 작다는 핑계로 관중(館中)에 유치했다가 결국 태만하게 방기하여 마구 써버렸기 때문에 단지 바다를 건너가는 역관에게 후한 뇌물을 주어 돌아가게 하였으니, 국가의 수치와 모욕이 이보다 더할 수가 없었습니다. 이제 재차 잘못해서는 안된다는 것이 분명합니다.

비국의 관문이 도착하기 며칠 전에 왜인이 처음으로 전례를 이야기하면서 슬그머니 내부의 의사를 타진해 왔는데, 내부에서 굳게 거절하는 뜻을 보이자 저들은 다시 말하지 않았습니다. 그런데 이제 우리 스스로 발설하여 장차 고칠 수 없는 영원한 법식을 만들려 하고 있으니, 저들이 만일 이익이 됨을 달갑게 여겨 해마다 화재가 났다는 핑계로 3백 석의 쌀을 내어 줄 것을 독책한다면, 장차 무슨 말로 거절하겠습니까?

또한 신이 듣건대 조의(朝議)는 '도중(島中)의 7천 호가 연소되고, 도왜(島倭)가 여러해 기근에 시달렸고, 관시(館市)가 여러 달 정지되어 공미목(公米木)을 이제 일일이 준급(準給)할 수 없다'고 했다는데, 이는 모두 실상과 어긋난 말인 것입니다"

이어 조목별로 그 정상에 대해 진달했는데, 그 내용에 이르기를, "대저 이 네 가지 이야기는 전부가 맹랑한 말입니다. 왜역(倭譯)이 바다를 건너가는 역사에 만약 위문하는 임무도 겸하게 되면 왜인들이 으레 증여하는 것 이외에 더 증여하는 것이 매우 많습니다. 경자년의 위문은 실제로 그 때 왜역을 맡았던 김근행(金謹行)의 무리가 왜인에게 아첨하여 이익을 희구하는 계책에서 나온 것이었습니다. 이번에 증급(贈給)하는 거조도 바다를 건너가는 역관들이 그들의 덕색(德色)을 첨가하여 후한 뇌물을 요구하는 밑천이 되기에 충분하기 때문에 이에 감히 유언비어를 지어내어 조정의 청문(聽聞)을 속여 경동시킨 것인데, 묘당에서는 이러한 곡절을 상세히 모른 채 건백(建白)하기에 이른 것이니, 이는 본시 이상한 일이 아닙니다. 맡은 역관의 무리가 허무한 말을 떠벌리고 나라를 팔아 자신들의 이익을 획책하였으니, 그 정상을 논한다면 만번 죽여도 오히려 가벼울 것입니다. 해당 원(院)에서 조사·적발하여 철저히 추문함으로써 실정을 알아내어 법에 의거해 처치하는 것을 결단코 그만둘 수 없다고 생각합니다" 하였다.

또 아뢰기를, "왜역 양시웅(梁時雄)이 직무에 태만하여 잘 살피지 않은 죄를 형추(刑推)한 다음 정배(定配)시켜야 마땅합니다.……" 하였다.

〈 관련내용 〉
· 영조 08/09/04(무자)→ 대마도 문제에 관한 상소로 인해 혐의하는 박사수의 상소   42집 318면

〔조엄을 황해수사로 삼다〕   수1964

조엄(趙曮)을 황해수사로 삼았다.

5296 영조 08/10/23(정축) → 【원전】 42집 322면
〔관수왜가 평미일이 승습한 경사를 고하려 한다는 동래부사 정언섭이 장계〕   왜1975

동래부사 정언섭(鄭彦燮)이 장계하기를, "관수왜(館守倭)가 와서 말하기를, '경술년에 도주(島主) 평의성(平義城)이 죽은 뒤 그의 아들 평미일(平彌一)이 어려서 승습(承襲)할 수 없었기 때문에 그의 아우 방희(方熙)가 우선 임시로 업무를 보살피고 있었는데, 금년 봄 관백이 평미일에게 4품대부의 직을 하사하고 의여(義如)라고 이름을 고친 다음 이어 승습할 것을 허락했으므로 장차 경사를 고하려고 한다'고 했습니다" 하였다.

5297 영조 08/11/30(계축) → 【원전】 42집 323면
〔표류된 청나라 사람이 제주에 정박했는데 소원에 따라 북경에 환송시키다〕   표2185

바다에 표류되었던 청(淸)나라 사람이 제주(濟州)에 와서 정박하였다. 그들의 소원에 따라 육로로 북경(北京)에 환송(還送)시켰다.

영조 9년(1733; 청 옹정11년)

5298 영조 09/01/10(임진) → 【원전】 42집 326면
〔중국 남경인이 진도군에 표류해 오자, 북경으로 호송하도록 명하다〕   표2186

중국 남경(南京)사람이 전광도(全光道) 진도군(珍島郡)에 표류해 왔다. 자문(咨文)을 갖추어 북경(北京)으로 호송하도록 명하였다.

5299 영조 09/01/14(병신) → 【원전】 42집 327면
〔부산의 왜관에 화재가 발생하다〕   왜1976

부산(釜山)의 왜관(倭館)에 화재가 났다.

5300 영조 09/01/25(정미) → 【원전】 42집 330면
〔흉년을 이유로 여러 도의 봄철의 조련을 정지하라고 명하다〕   수3739

임금이 대신해 온과 비국당상을 인견하고, 흉년이 들었다 하여 여러 도(道)의 봄철의 조련을 정지하라고 명하였다.

5301 영조 09/01/27(기유) → 【원전】 42집 330면
〔영성군 박문수가 상소하여 소금을 구워 흉년을 구제하는 이점을 말하다〕   기3093

영성군(靈城君) 박문수가 상소하여, 소금을 구워 흉년을 구제하는 잇점을 말하였다. 그 대략은 이렇다.
"지금 전국에 흉년이 거듭 들어 많은 백성들이 거의 죽게 되었는데, 저축은 이미 바닥나 구제하여 살릴 대책이 없습니다. 올해는 사람이 서로 잡아먹는 지경인데, 다시 한 해 거듭 흉년이 든다면 백성이 하난들 남아나겠습니까? 온 나라 안에 많은 사람이 다 굶주리고 있으니, 부황이 들어 다 죽게 되면 하수(河水)가 터진 다음에 물고기가 썩는 것과 같을 것이니, 어떻게 수습할 수가 있겠습니까? 그것은 통곡을 해도

시원치가 않을 것입니다. 소금을 굽는 계책은 사실상 천만번 부득이한 형편에서 나온 것인데, 사람들은 대부분 이해관계는 자세히 연구해 보지도 않고 경솔하게 이론(異論)만을 제시하여 소금을 굽지도 않고 폐단만을 닳도록 다툽니다. 소금 굽는 일을 버려두고서 또다시 장차 무슨 계책이 있는지 모르겠습니다.

지금은 다행히 세 분의 정승이 자리를 갖추고 있고 여러 선비들도 모였으며, 심지어는 민간에 있는 대신해 온들까지도 모두 서울에 머물고 있으니, 이러한 때에 어찌하여 정사(政事)하는 묘당(廟堂)에 많이 모여 사당(私黨)의 마음을 싹 끊어버리고 나라를 살릴 대책을 함께 의논하지 않는 것입니까? 이 때 한 가지 일과 한 가지 계획을 조처하여 시행한다면, 다소나마 기울어가는 것을 바로잡고 낭패된 형편을 구제할 수 있는 대책이 될 것입니다.

아! 모두들 당(黨)을 위해 죽는 것은 몸을 아끼는 것보다 더하고 몸을 아끼는 것은 나라를 근심하는 것보다 더하여, 그 당과 몸을 위하는 일에 있어서는 모발(毛髮)을 태우거나 수족(手足)을 적셔가면서 구제하려고 하지 않는 이가 없으나, 나랏일에 이르러서는 마치 월(越)나라 사람이 진(秦)나라 사람의 여윈 것을 보는 것처럼 하면서 예사롭게 세월만 보내고 있으니, 신은 알 수가 없습니다만, 나라가 망한 뒤에는 어느 곳에서 당을 위해 죽을 것이며 어느 곳에서 몸을 아끼게 되겠습니까?

생각이 여기에 이르니, 뼈에 사무치고 마음이 아픔을 깨닫지 못하겠습니다. 전하께서도 마땅히 반성하셔서 이런 때에 스스로 힘써 경비는 수입을 헤아려서 지출하고 백성을 구제하시는 일은 좋은 점을 따라 시책하여 군신(君臣)과 상하(上下)로 하여금 미처 못한 것을 후회하여 눈물을 흘리는 일이 없게 하소서"

비답하기를, "진달한 내용은 진심(眞心)에서 나온 정성이니, 유념(留念)하지 않을 수 있겠는가?" 하였다.

5302 영조 09/02/01(계축) → 【원전】 42집 331면
[박찬신을 삼도통제사로, 정내주를 동래부사로 임명하다] 수1965

박찬신(朴纘新)을 삼도통제사로, 정내주(鄭來周)를 동래부사로 삼았다.

5303 영조 09/02/09(신유) → 【원전】 42집 333면

[자문을 갖추어 표류한 사람을 봉성으로 호송하다]   표2187

자문(咨文)을 갖추어 표류한 사람을 봉성(鳳城)으로 호송했다.

〈 관련내용 〉
 · 영조 09/02/28(경진)→ 청국의 상인 16인이 제주도에 표류하여 압송하였다   42집 335면

5304 영조 09/04/06(정사) → 【원전】 42집 345면
[등산의 소나무를 베어 염리를 넓히는 데 사용할 수 있도록 청하다]   기1149

황해감사 박사수(朴師洙)가 장청(狀請)하기를, "소금을 굽는 한 가지 일은 곡식을 생산하는 방도가 됩니다. 그런데 등산(登山)의 옛 진(鎭)에 금표(禁標)한 소나무가 있으나 토질이 매우 척박하고 소나무가 모두 왜소하여 배를 만드는 재목으로는 적합하지 않으니, 특별히 베어서 쓰도록 허락하여 염리(鹽利)를 넓게 열어 곡식을 생산하고 백성을 구제하는 밑천을 삼도록 하소서" 하였다.

잇따라 고(故) 상신(相臣) 유성룡(柳成龍)의 『염설록(鹽說錄)』을 올렸는데, 비국에서 복계(覆啓)하여 시행하게 할 것을 청하였다.

임금이 그렇게 하라 하였다.

5305 영조 09/04/20(신미) → 【원전】 42집 347면
[김집을 통제사로 삼다]   수1966

김집(金潗)을 통제사로 삼았다.

5306 영조 09/06/15(갑자) → 【원전】 42집 360면
[구칙 · 유동무 등에게 관직을 제수하다]   수1967

구칙(具伕)을 전라우수사로, 유동무(柳東茂)를 경상좌수사로 삼았다.

5307 영조 09/07/15(갑오) → 【원전】 42집 364면
[좌의정 서명균이 여러 도의 수군습진과 조련을 정지하기 청하니 윤허하다]   수3740

좌의정 서명균(徐命均)이 금년 가을에 여러 도의 수군습진(水軍習陣)과 조련을 정지할 것을 청하였다. 윤허하였다.

5308 영조 09/07/18(정유) → 【원전】 42집 366면
〔이의익을 경상좌수사로 삼다〕   수1968

이의익(李義翼)을 경상좌수사로 삼았다.

〈 관련내용 〉
· 영조 09/08/06(갑인)→ 유순장을 경상좌수사로 삼다   42집 371면
· 영조 09/08/19(정묘)→ 이징서를 경상좌수사로 삼다   42집 374면

5309 영조 09/11/04(신사) → 【원전】 42집 386면
〔유최기가 호남 연안의 섬에 읍진을 설치하는 것에 대해 상소하다〕   수4613

임금이 소대(召對)를 행하였다.
   검토관(檢討官) 유최기(兪最基)가 말하기를, "근래 호남연안이 거듭 흉년이 들어 도적이 창궐하고 진도(珍島)와 나주(羅州)의 여러 섬에는 주인을 배반한 악소배(惡少輩)들이 많아 혹은 도주(盜鑄)하는 폐단이 있기도 하고 혹은 황당선(荒唐船)과 왕래하며 서로 통하고 있습니다. 또 역적에 연좌된 자들이 여러 섬에 많이 유배되어 있기 때문에 요언(妖言)을 선동하니, 진실로 변란을 자극시켜 일으킬 걱정이 있습니다. 방금 듣건대, 전라우후(全羅虞候)가 장교(將校) 두 사람을 보내어 섬을 기찰(譏察)하게 했더니, 적괴(賊魁)라고 일컫는 자가 있어 두 명을 잡아다 베었다고 하는지라, 듣기에 지극히 놀랍습니다. 훈장(訓將) 장붕익(張鵬翼)이 바야흐로 형찰(衡察)을 보냈는데 아직 돌아오지 않고 있으니, 이는 보통 걱정거리가 아닙니다. 의논하는 자들 중에 어떤 이는 여러 섬에 읍진(邑鎭)을 설치해야 마땅하다고 합니다만, 이는 오히려 소홀한 것입니다. 명년 봄에 조운(漕運)의 길도 역시 의외의 걱정이 있을 것이니, 마땅히 묘당(廟堂)에 하순(下詢)하시어 빨리 비어(備禦)할 계책을 강구토록 하소서" 하였다.
   임금이 듣고 놀라서 말하기를, "흉년이 들면 양민이 변하여 도둑이 된다 하지만 여기에까지 이른 줄은 알지 못했다" 하였다.
   승지 이광보(李匡輔)가 말하기를, "금성(錦城)의 대양(大洋)에 일흔 두 개의 섬이 있는데, 본읍(本邑)에서는 통찰(統察)할 수가 없습니다. 거주하는 백성들은 태수(太守)가 있는지도 알지 못하는데 어찌 조정이 있는 줄을 알겠습니까? 이들은 곧 화외

(化外)의 백성이니, 만약 유혹하고 협박하는 무리가 있으면 어딘들 따르지 않겠습니까" 하였다.
임금이 옳게 여겼다.

5310 영조 09/12/23(경오) → 【원전】 42집 403면
〔간원에서 경상좌수사 유징서의 관직 제수의 부당함에 대해 건의하다〕　　　　수1969

간원(諫院)[사간 조명택(趙明澤)이다]에서 전계(前啓)를 거듭 아뢰었으나, 윤허하지 않았다.
또 아뢰기를, "경상좌수사 유징서(柳徵瑞)가 지난번에 용천부사(龍川府使)가 되었는데, 적인(賊人) 천재(天載)가 어사를 가칭해 서변(西邊)에서 횡행하자, 유징서가 기세를 보고 빌붙었다가 이에 연좌되어 파직·폐고(廢錮)되었습니다. 그리고 지난번에 변읍(邊邑)에서 또 장오(贓汚)로 논박을 받았는데, 곤임(閫任)에 발탁·제수되었으니 물정이 해괴하게 여기고 있습니다. 청컨대, 파직하고 서용하지 마소서" 하였다.
답하기를, "어찌 오래된 일을 뒤따라 제기할 필요가 있겠는가? 다시 상세히 살피도록 하라" 하였다.

영조 10년(1734; 청 옹정12년)

5311 영조 10/01/05(임오) → 【원전】 42집 407면
〔삼남 어염·선세의 구관을 호남에서부터 먼저 시행해 보도록 하다〕 기3094

호조판서 송인명(宋寅明)이 말하기를, "삼남의 어염선세(魚鹽船稅)는 이미 본조(本曹)에서 구관(句管)하도록 명하였으니, 본조(本曹)와 여러 도의 별장·차인(差人)을 혁파하지 않을 수 없습니다. 그렇다면 각 궁방(宮房)과 각 아문(衙門)의 별장들도 일체 금단시켜야 마땅합니다" 하였다.
임금이 이르기를, "이것은 이광덕(李匡德)이 건의한 정사인데 또한 많은 폐단이 있다. 먼저 호남에서부터 시작하여 편부(便否)를 시험하여 보도록 하라" 하였다.

5312 영조 10/01/05(임오) → 【원전】 42집 408면
〔전라감사 조현명이 치국 방안에 대한 여섯 가지를 상소하다〕 수4614

"전라감사 조현명(趙顯命)이 주자(朱子)가 번수(藩帥)들을 위하여 봉사(封事)를 올렸던 전례에 의거, 전지(傳旨)에 응하여 상소했는데, 그 조목이 여섯 가지였다.…… 매년 왜인이 공납하는 생동(生銅)이 거의 수십 만 근이 넘는데, 이것이 궁각계(弓角契)에 녹아 없어지고 있습니다. 지금 만약 이를 모아 해를 걸려 주조(鑄造)하게 하는 한편, 산과 바다 안에서 생산되는 어염(魚鹽) 가운데 사문(私門)으로 들어가는 것도 모두 탁지(度支)에서 주관하게 한다면, 바다에서 굽고 산에서 주조하는 것의 이익이 흥성될 것입니다. 은(銀)은 우리나라에서 생산되는 것이 아닙니다. 그러나 삼(蔘)을 캐는 잠상(潛商)을 철저히 방지하고 팔포(八包)가 외람되이 가지고 가는 것을 엄중히 금한다면 왜은(倭銀)이 날로 이르게 되고 중국으로 들어가는 수량은 줄어들게 될 것입니다. 그렇게 되면 은화(銀貨)를 이루 쓸 수 없게 될 것입니다"
군제(軍制)를 이정(釐正)하는 방도에 대해 논하기를, "국가에서 훈련도감(訓鍊都監)과 어영청(御營廳)에 대해 중임(重任)을 위임한 것은 균등하게, 제도와 규모는 서로

다른 점이 있는 것을 면치 못하고 있습니다. 이제 만약 훈국(訓局)에 소속된 경병(京兵) 가운데 반을 어영청에 소속시키고, 어영청에 소속된 향군(鄕軍)의 반을 훈국에 소속시켜 고르게 분배하여 이를 남군(南軍)과 북군(北軍)으로 만드소서. 그리고 경리청(經理廳)을 폐지시켜 기영(畿營)에 예속시킴으로써 수어청(守禦廳)·총융청(摠戎廳)과 함께 좌(左)·우(右)·후(後) 삼보(三輔)로 만든 다음, 원근과 내외의 군현에 모두 단독의 진(鎭)을 설치하여 신지(信地)를 정해 둔 뒤 적(賊)이 쳐들어 올 경우 스스로 싸우게 한다면 흉포스런 적을 방어하는 술책이 갖추어지게 될 것입니다. 그리고 전병선(戰兵船)의 제도를 조금 고쳐 윤차로 돌려가면서 조운(漕運)하게 할 것 같으면, 공군(供軍)하는 비용을 감축할 수 있는 반면, 노젓기에 능하여 물에 익숙하게 될 것입니다. 구준(丘濬)의 차(車)에 대한 제도를 증감하여 전진(戰陣)에 사용하게 한다면, 경외(京外)의 군문(軍門)에서 징발하는 복마(卜馬)의 폐단을 제거할 수가 있고 거마창(拒馬槍)의 대용(代用)으로 쓸 수도 있는 것입니다" 하였다.

5313 영조 10/01/12(기축) → 【원전】 42집 411면
〔전라도 장흥의 유학 위세붕이 호남의 큰 폐단에 대해 상소하다〕   수2266

전라도 장흥(長興)의 유학 위세봉(魏世鳳)이 상소하여 호남의 큰 폐단에 대해 논하였다.…… 그 다섯째는 전선(戰船)의 노군(櫓軍)을 산골 백성들로 충정(充定)하는 폐단에 대해 논하면서 앞으로는 해변에서 모군(募軍)할 것으로 환정(換定)하기를 청하였다.

5314 영조 10/01/13(경인) → 【원전】 42집 411면
〔윤필은이 왜적 방비대책에 대해 상소하다〕   왜1977

훈련원 판관 윤필은(尹弼殷)이 상소하여 시폐(時弊)에 대해 말하기를, …… 또 청하기를, "전세(田稅)·대동미(大同米)는 해마다 제때에 수봉(收捧)하여 이른 봄에 포장·운송하게 함으로써 태풍에 전복되는 걱정이 없게 하소서. 부산(釜山)의 여러 섬에다 화포(火砲)와 철릉(鐵菱)을 많이 설치하여 왜적을 막는 대비책으로 삼으소서.……" 하였다.
비답하기를, "묘당(廟堂)으로 하여금 품처하게 하겠다" 하였다.

5315 영조 10/01/20(정유) → 【원전】 42집 414면
〔송가도의 수세를 잘못한 수사를 논핵하다〕   수1970

　　사간원에서…… 또 아뢰기를, "교동(喬桐)의 송가도(松家島)는 처음에 태복시(太僕寺)에서 구관(句管)했었고 중간에는 수영(水營)에 예속되었는데, 지금 호조(戶曹)에서 수세(收稅)하는 것은 1결(結)에 벼 1두(斗)에 불과합니다. 그런데도 수영에서 태복시의 구례라고 핑계하면서 외람되이 1두(斗) 5승(升)을 징수하였습니다. 본도로 하여금 상세히 조사하게 하여 더 징수한 수량은 도로 백성들에게 지급하게 하고 그 때의 수사(水使)는 논죄 파직시키소서.……" 하였다.
　　모두 그대로 따랐다.

5316 영조 10/02/09(을묘) → 【원전】 42집 419면
〔이의익을 충청수사로 삼다〕   수1971

　　이의익(李義翼)을 충청수사로 삼았다.

5317 영조 10/05/06(신사) → 【원전】 42집 435면
〔황당선의 일을 숨긴 죄로 이전 황해병사 민사연을 파직시키다〕   수4615

　　이전 황해병사 민사연(閔思淵)을 파직시켰다.
　　이보다 앞서 계축년 6월에 황당선(荒唐船)이 옹진(甕津)의 경계에 와서 정박하니 민사연이 장교(將校)를 보내어 그들을 쫓아내게 하였는데, 장교가 도리어 중국인(唐人)의 타상(打傷)을 입고 무기도 또한 다 빼앗김을 당하였다. 그런데도 민사연이 이를 숨기고 순영(巡營)에 거짓으로 보고하였다. 이 때에 이르러 관찰사 유척기(兪拓基)가 그 일을 발각하여 아뢰고 민사연을 죄줄 것을 청하였다. 묘당에서 단지 파직만 시킬 것을 청하여 임금이 옳게 여기니, 의논하는 자들은 처벌이 경미하다고 했다.
　　[사신은 말한다. 대개 정축년에 곡식을 운송한 이후로 중국인(唐人)으로 해로(海路)를 익히 알고 있는 자들이 해삼(海蔘)을 채취하기 위하여 매양 여름과 가을의 계절이 바뀔 때에 해서(海西)를 왕래하여 해마다 그렇게 하였는데, 오는 자들이 더욱 많아져서 배가 몇 백 척이나 되는지 알 수 없었다. 지방의 수령과 변장(邊將)들은 비록 축출하려고 하지만 저들은 수효가 많고 우리는 수효가 적으니, 혹 몰래 술과 양식을 주어서 그들을 달래어 떠나가게 하기도 하였으므로, 식자들이 이를 우려하였다]

5318 영조 10/05/26(신축) → 【원전】 42집 439면
〔해상을 방어하는 일과 길상목장 말의 배치 등에 대한 주문도첨사의 상소〕   수3741

주문도첨사(注文島僉使) 윤필은(尹弼殷)이 상소하여 해상을 방어하는 형편을 논하고, 청하기를, "길상목장(吉祥牧場)에 있는 말(馬)들을 무의(無衣)·용류(龍流)·신도(信島) 등의 목장에 나누어 배치하고 길상의 옥토(沃土)는 백성에게 경작해 먹을 것을 허락하며, 보음(甫音)·아차도(牙次島)·서검도(西檢島)의 백성은 주문진(注文鎭)에 소속시키고 무의(無衣)·용류(龍流)·덕적도(德積島)의 백성을 장봉(長峰)에 소속시켜 그들로 하여금 부근을 따라 완취(完聚)하고 힘을 합하여 뜻밖의 변고에 대응하게 하소서. 또 주문진에 입방(入防)한 수군은 풍천(豊川)·장연(長淵)·해주(海州)에 많이 있는데, 이 세 고을에 소속된 수군은 연안(延安)·배천(白川)에 많이 있으니, 마땅히 부근을 따라 서로 바꾸어 군역(軍役)에 응하게 해야 합니다. 이른바 전선(戰船)이란 것은 매우 높고 또 커서 결단코 바람을 제어하고 싸움에 달려갈 수 있는 기구가 못 됩니다. 이제 마땅히 새로 제조해야 하는데, 마땅히 한결같이 어복(魚腹)의 형체(形體)대로 하고 또 좌우의 날개를 첨가하여 시석(矢石)을 피하고 풍우를 막게 해야 합니다. 변장(邊將)이 있는 곳에는 마땅히 각각 높은 곳에서 사방을 살피어 적의 동정을 망보는 일군(一軍)을 배치하여 중국 배(唐船)가 국경을 범하는 것에 따라 연화(煙火)로써 차례차례 서로 응하게 해야 합니다" 하였다.
임금이 비국으로 하여금 품처(稟處)하게 하였다.

5319 영조 10/06/02(병오) → 【원전】 42집 440면
〔최도장을 황해수사로 삼다〕   수1972

최도장(崔道章)을 황해수사로 삼았다.

〈 관련내용 〉
· 영조 10/07/05(무인)→ 송징래를 경기수사로 삼다   42집 445면
· 영조 10/07/20(계사)→ 김성응을 황해수사로 삼다   42집 447면

5320 영조 10/08/09(임자) → 【원전】 42집 449면
〔해서의 창린도를 도로 수영에 소속시키는 일을 품처하라 명하다〕   기2151

해서의 창린도(昌麟島)를 도로 수영(水營)에 소속시키는 일을 사복시(司僕寺)로 하여

금 품처(稟處)하라고 명하였으니, 황해수사 김성응(金聖應)의 청에 따른 것이다. 대개 이 섬은 서해(西海)에 있어서 황당선(荒唐船)이 드나드는 인후(咽喉)가 되는데, 지역이 바로 태복시(太僕寺)의 관할로서 소강(所江)의 방영(防營)에 이차(移借)한 지가 60년에 이르렀는데 그 곳의 거민(居民)들이 요망(瞭望)하여 포을 쏘고 노(櫓)를 잘 젓는 군졸들인 때문이었으나 방영을 폐지하게 되자 태복시에 도로 소속시켰으니, 관방(關防)이 소우(疎虞)한 까닭이었다.

5321 영조 10/09/01(계유) → 【원전】 42집 452면
〔특진관 이삼이 어전의 순령기를 홍색으로 바꿀 것을 아뢰다〕   수3742

임금이 주강(晝講)에 나아갔다.

특진관 이삼(李森)이 아뢰기를, "순령기(巡令旗)는 모두가 청색(靑色)입니다. 신이 일찍이 통영(統營)에서 홍대단 영기(紅大緞令旗)가 있음을 보았는데, 이는 임진년에 명나라 장수가 충무공과 더불어 독전할 때에 사용한 것이라고 하였습니다. 어전의 순령기는 각 군문의 순령기와 빛깔이 같으므로 분별할 수가 없으니, 이제 만약 홍색(紅色)으로 바꾼다면 상하를 분별하는 도리가 될 것입니다" 하였다.

임금이 병판(兵判) 및 다른 장신(將臣)과 더불어 서로 의논하여 다시 품달하라고 명하였는데, 그 후에 어전의 순령기는 마침내 홍색으로 바꾸었다.

5322 영조 10/09/28(경자) → 【원전】 42집 455면
〔선인들의 곡자를 통한 농간과 이전 병사 이의풍의 남형 등에 대한 사간원의 아룀〕   조1287

사간원[헌납 서명형(徐命珩)이다]에서 전계를 거듭 아뢰었으나 윤허하지 않았고, 시관(試官)을 파직하는 일에 대하여는 정계(停啓)하였다.

또 아뢰기를, "영남(嶺南) 세선(稅船)에 속한 선인(船人)들이 선혜청(宣惠廳)의 관문(關文)을 받아 새로 만든 곡자(斛子)를 각 고을에 두루 보내 주었습니다. 양산(梁山)에 당도함에 미쳐 본쉬(本倅)가 옛 곡자와 비교해 보았는데, 거의 1두(斗)의 차이가 있었으므로 본쉬가 곤장을 치며 힐문하니, 선인들이 말하기를, '선혜청에 거짓 호소하여 〈곡자를〉 새로 만들었으나 오히려 크지 않음을 걱정하여 철정(鐵釘)을 더 첨부하였다'고 했습니다. 본도로 하여금 사핵(査覈)하여 화수율(和水律)에 의하여 감단(勘

斷)함이 마땅합니다. 선혜청에서는 〈곡자를〉 개조함에 있어 다만 선인들의 말만 따랐고, 또 선인들에게 맡겨 임의로 농간을 부려 거의 무궁한 폐단을 빚어내게 하였습니다. 양산에서 순영(巡營)에 낱낱이 보고하였는데, 선혜청의 관문이라고 핑계대어 끝내 치죄하지 않았으니, 선혜청 해당 당상(堂上)과 그 때의 도신(道臣)을 엄중하게 추고(推考)함이 마땅합니다.……" 하였다.

선인(船人) 및 선혜청당상과 영백(嶺伯)에 관한 일은 아뢴 대로 하게 하였다.

5323 영조 10/12/18(기미) → 【원전】 42집 462면
〔한범석을 경기수사로 삼다〕   수1973

한범석(韓範錫)을 경기수사로 삼았다.

영조 11년(1735; 청 옹정13년)

5324 영조 11/01/13(갑신) → 【원전】 42집 465면
〔흉년으로 인해 울릉도의 수색 토벌을 정지할 것인지의 여부를 의논〕   기2152

강원도감사 조최수(趙最壽)가 아뢰기를, "울릉도의 수색 토벌을 금년에 마땅히 해야 하지만 흉년에 폐단이 있으니, 청컨대 이를 정지하도록 하소서" 하였다.
그런데 김취로(金取魯) 등이 말하기를, "지난 정축년에 왜인들이 이 섬을 달라고 청하자, 조정에서 엄하게 배척하고 장한상(張漢相)을 보내어 그 섬의 모양을 그려서 왔으며, 3년에 한번씩 가 보기로 정하였으니, 이를 정지할 수가 없습니다" 하였다.
임금이 이를 옳게 여겼다.

5325 영조 11/01/20(신묘) → 【원전】 42집 466면
〔형조판서 장붕익이 전선과 거북선 개조에 대한 것을 아뢰다〕   수3743

임금이 대신과 비국당상을 인견하였다.
형조판서 장붕익(張鵬翼)이 아뢰기를, "지난 겨울에 별군직(別軍職) 윤필은(尹弼殷)이 상소하여 전선(戰船)의 제도를 바친 것으로 인하여 신이 왕명을 받들고 이삼(李森)과 더불어 전선과 거북선(龜船)을 개조하였는데, 전선의 2층 위에 장식이 너무 무거워서 바람을 만나면 제어하기가 어렵겠으므로 위층의 방패(防牌)를 별도로 제도를 만들어서 때에 따라 눕혔다 세웠다가 하고, 선두(船頭)에는 곡목(曲木)을 덧붙여서 그 모양이 마치 오리의 목과 같으나 조금 뾰족하여 비록 풍랑을 따라서 나가더라도 뚫고 지나가는 것이 아주 빠르며, 혹시 암석에 부딪히더라도 곡목이 먼저 파손되기 때문에 매우 편리합니다" 하였다. 그 제도의 모형을 내전으로 가지고 들어오게 한 뒤에 비국에 내려 주라고 명하였다.
장령 김정윤(金廷潤)이 전계를 거듭 아뢰었으나 윤허하지 않았고, 한세유(韓世愈)·장응규(張應奎) 등의 사건은 정계하였다.

또 아뢰기를, "어제 내시사(內試射)에서 합격하지 못한 자에게 특별히 급제를 내려 주라고 명하였는데, 어찌 충신의 후손과 조카라고 하여 함부로 규격(規格) 이외의 은전(恩典)을 베풀 수가 있겠습니까? 청컨대 이한범(李漢範)에게 급제를 내려준 명을 도로 거두도록 하소서" 하였으나, 임금이 윤허하지 않았다.

이한범은 바로 이순신의 후손으로서 이봉상(李鳳祥)의 조카였다. 헌납 서명형(徐命珩)이 전계를 거듭 아뢰었으나, 윤허하지 않았다.

5326 영조 11/01/23(갑오) → 【원전】 42집 467면
〔청나라에서 산동에 표류한 우리나라 사람 백귀득 등 6인을 돌려보내다〕　　　　　　표1142

평양부의 뱃사람 백귀득(白貴得) 등 6인이 중국 산동(山東)의 성산지(成山地)에 표류하여 도착하였는데, 청나라의 관에서 의복과 양식 및 노자〔盤費〕로 은 5냥을 주고 이자(移咨)하여 우리나라로 내보내었다.

5327 영조 11/01/28(기해) → 【원전】 42집 468면
〔구수훈을 통제사로 삼다〕　　　　　　　　　　　　　　　　　　　　　수1974

구수훈(具樹勳)을 통제사로 삼았다.

　〈 관련내용 〉
　　· 영조 11/03/16(병술)→ 유순장을 황해수사로 삼다　　　　　　　　42집 474면

5328 영조 11/05/25(갑자) → 【원전】 42집 479면
〔중국인의 배가 풍천에 와서 저지른 만행에 대해 의논하다〕　　　　　　수4616

임금이 대신과 비국당상을 인견하였다.

그 때 중국사람의 배가 풍천(豊川)에 와서 정박하고 뭍으로 내려와서 제멋대로 행동하다가 심지어 추포장(追捕將) 초도첨사(椒島僉使)를 구타하기까지 하였다. 도신(道臣)이 이 사실을 계문하자, 여러 신하들이 모두 청(淸)나라에 자문(咨文)을 보내자고 청하였다.

임금이 이르기를, "강희(康熙) 때 이미 무기〔干戈〕를 가지고 종사(從事)하도록 허락하였으나, 우리나라에서 그들을 능히 금지하고 방어할 수가 없었다. 만약 다시 우리

나라를 욕먹이는 일이 있다면 장차 이것을 어떻게 할 것인가?" 하고, 특별히 도신(道臣)은 무겁게 추고하고 수사(水使)는 파직할 것이며, 지방의 관원 및 초도첨사는 잡아올려 신문하고 초도(椒島)의 장교로서 첨사를 구하지 못한 자들은 유배형에 처하라고 명하였다.

5329 영조 11/08/08(갑술) → 【원전】 42집 482면
〔복시난입자들을 수군에 충정하여 과거를 정지시키는 법을 명하다〕 수1975

임금이 감시(監試) 복시(覆試)의 시권(試券)에 대하여 시장 안에서 하는 규식과 복시에 난입하는 자들을 수군에 충정하여 과거를 정지시키는 법을 다시 회복하도록 명하였으니, 대개 금년의 복시에서 난입한 자들이 자그마치 10인에 이르렀기 때문이었다.

5330 영조 11/09/12(무신) → 【원전】 42집 484면
〔신사경을 공홍도수사로 삼다〕 수1976

신사경(申思抃)을 공홍도수사(公洪道水使)로 삼았다.

  〈 관련내용 〉
  · 영조 11/09/24(경신)→ 도정을 행하다. 이언상을 충청수사로 삼다   42집 484면
  · 영조 11/10/27(임진)→ 조호신을 공홍도수사로 삼다   42집 486면

영조 12년(1736; 청 건륭1년)

5331 영조 12/01/11(병오) → 【원전】 42집 492면
〔윤택정을 통제사로 삼다〕 수1977

윤택정(尹宅鼎)을 통제사로 삼았다

〈 관련내용 〉
- 영조 12/01/24(기미)→ 박황을 경상좌수사로 삼다 42집 493면
- 영조 12/02/04(무진)→ 이우를 황해수사로 삼다 42집 493면

5332 영조 12/04/05(기사) → 【원전】 42집 499면
〔전광우수사 성은석을 가선대부로 승진시키다〕 수1978

전광우수사(全光右水使) 성은석(成殷錫)을 가선대부(嘉善大夫)로 승진시켰는데, 전임지인 벽동(碧潼)에 있을 때 축성(築城)한 것과 치적 때문이었다.

5333 영조 12/05/02(을미) → 【원전】 42집 503면
〔연해 읍의 패선으로 증렬미를 탕감하다〕 수4617

상참(常參)을 행하였다.
　우의정 송인명(宋寅明)이 아뢰어 연해 읍의 패선(敗船)으로 인한 증렬미(拯劣米)를 연수(年數)를 한정하여 탕감해 주도록 청하니, 임금이 그대로 따랐다.

5334 영조 12/06/01(갑자) → 【원전】 42집 507면
〔조국빈을 공홍도수사로 삼다〕 수1979

조국빈(趙國彬)을 공홍도수사로 삼았다.

〈 관련내용 〉
- 영조 12/06/02(을축)→ 허정·신만 등에게 관직을 제수하다 42집 507면

5335 영조 12/07/25(정사) → 【원전】 42집 513면
〔부산왜관의 왜인이 숯을 날마다 주지 않는다고 관문을 나오다〕 왜1978

임금이 대신과 비국당상을 인견하였다.

 이 때 부산(釜山)의 왜관(倭館)에서 날마다 공급하게 되어 있는 숯을 잇대어 주지 않는다 하여 함부로 관문(館門)을 나왔으므로, 임금이 그 죄가 부산첨사(釜山僉使)에게 있다 하여 좌수사에게 명하여 첨사를 잡아다가 곤장 50대를 치게 하고, 동래의 겸관(兼官)과 훈도(訓導)·별차(別差)·역관들도 모두 나문(拿問)한 다음 정죄(定罪)하게 하였다.

5336 영조 12/08/09(경오) → 【원전】 42집 514면
〔전광도 흥양현에서 상선이 폭풍을 만나 18인이 죽었으므로 휼전을 행하다〕 수4618

전광도(全光道) 흥양현(興陽縣)에서 상선(商船)이 폭풍을 만났는데 18인이 물에 빠져 죽었으므로 휼전을 행하였다.

5337 영조 12/08/11(임신) → 【원전】 42집 514면
〔이경철을 경상우수사로 삼다〕 수1980

이경철(李景喆)을 경상우수사로 삼았다.

〈 관련내용 〉
· 영조 12/08/27(무자)→ 최명주를 공흥수사로 삼다 42집 515면

5338 영조 12/12/02(신유) → 【원전】 42집 527면
〔박사창이 제언을 완축하지 못한 이희보를 처벌할 것을 청하다〕 수4619

지평 박사창(朴師昌)이 상소하여 안흥(安興)에 대한 일을 논하기를, "신이 안흥에 보름 동안 머물러 있으면서 작은 배를 타고 물굽이를 따라 두루 살펴보았는데, 남북이 넓고 길어서 공력(功力)이 몹시 넓고 컸습니다. 따라서 온 도의 백성들의 인력과 거만의 재화가 아니고서는 결코 완축(完築)하기가 어렵습니다. 설령 완축을 한다 하더라도 또한 불편한 점이 있습니다. 제언(堤堰)의 역사(役事)가 완료되면 앞바다가 좁아지고 앞바다가 좁아지면 들락거리는 조수에 또한 진흙과 모래가 밀려와서 막혀

버리게 될 것이니, 모래를 파내는 이로움이 어디에 있겠습니까? 대저 호남의 조운선(漕運船)은 고군산(古群山)에서 곡식을 싣고 첫번째는 원산(元山)에 정박하고 두번째는 안흥에 정박하는데, 바닷길이 멀고도 넓어서 풍파가 간혹 일어남에 따라 가끔 짐을 실은 배가 전복(顚覆)되는 일이 있으나, 이는 진실로 두 섬의 거리가 좀 먼 것에 연유한 것이지 안흥의 뱃길이 얕고도 좁은 것에 연유한 것은 아닙니다. 고 상신 조문명(趙文命)이 당초에 건의한 것은 그것이 나라를 위하여 원대한 앞일을 내다보는 염려에서 나온 것이기는 합니다만, 그로 하여금 오늘날의 이해(利害)를 눈으로 직접 보게 했더라면 반드시 다른 사람들보다 먼저 서둘러 혁파할 것을 청했을 것입니다. 저 이희보(李喜報)의 계책은 한때 요행히 공명(功名)을 희망하는 마음에서 나온 것으로, 역사를 시작한 지 5년이 되었으나 완축(完築)될 기약이 전혀 없습니다. 그런데도 임금을 속이고 아래로 조정을 기만하면서 더욱 광탄(狂誕)한 짓을 멋대로 하고 있으니, 통분스러움을 금할 수 있겠습니까? 국가에 법이 없다면 그만이겠지만, 법이 있다면 한 마디로, '용서 없이 죽여야 한다'고 할 것입니다. 빨리 엄중한 주벌(誅罰)을 가하여 한 진(鎭)의 사람들에게 사과하소서" 하였다.

임금이 의율(擬律)이 지나치다고 비답하였다.

뒤에 이희보는 오언주(吳彦冑)의 계사(啓辭)로 인하여 영남으로 유배되었다.

5339 영조 12/12/02(신유) → 【원전】 42집 528면
[정찬술·이행검 등에게 관직을 제수하다]   수1981

정찬술(鄭纘述)을 경기수사로, 이행검(李行儉)을 공홍수사로 삼았다.

영조 13년(1737; 청 건륭2년)

5340 영조 13/04/04(임술) → 【원전】 42집 545면
〔도정을 행하여 서간세를 전광수사로 삼다〕   수1982

도정(都政)을 행하였다.

    서간세(徐幹世)를 전광수사(全光水使)로 삼았는데, 이판 송진명(宋眞明)과 병판 김취로(金取魯)의 정사(政事)였다.

〈 관련내용 〉
- 영조 13/06/04(신유)→ 허린을 경기수사로 삼다   42집 553면
- 영조 13/09#20(을해)→ 김광을 통제사로 삼다   42집 574면

5341 영조 13/10/04(무자) → 【원전】 42집 575면
〔일본 관백이 손자를 본 경사를 고하니 접대하다〕   왜1979

임금이 대신과 비국당상을 인견하였다.

    이 때 일본 관백(關伯)이 손자를 보았다하여 차왜를 보내어 고경(告慶)하니, 변신(邊臣)이 급히 계문하였다.

    임금이 대신에게 접대해야 옳은지의 여부를 물으니, 영의정 이광좌가 아뢰기를, "우리나라는 문헌이 부족하여 널리 상고할 수 없으나, 『통문관지(通文館志)』를 가지고 상고해 보면 왜국이 고경(告慶)한 예는 관백(關伯)이 아들을 낳거나 후계자를 세울 때에 지나지 않았습니다. 일찍이 아들을 낳았을 때 마땅히 통신사(通信使)를 청하여야 하는데도 저들이 드러내 놓고 말하지 않고 그러한 뜻만 조금 비쳤으므로 인조(仁祖)께서는 위무하는 뜻으로 특별히 통신사를 파견한 바 있었고, 후계자를 세울 때에는 단지 접위관(接慰官)만 보냈으며, 손자를 보았다는 고경은 이미 전례가 없습니다. 변신은 더욱 변경을 엄중히 하여야 하는데 그들이 청하는 대로 쉽게 진달(陳達)하니, 교린(交隣)하는 예로서는 비록 접대하지 아니할 수 없으나, 훈도(訓導)·별

차(別差)의 무리들이 엄중히 이를 막지 못하였으니, 나문(拿問)하여 곤장을 쳐야 하고, 수신(守臣) 역시 추고(推考)해야 마땅합니다" 하였다.
    임금이 말하기를, "한편으로는 접대를 허락하고 한편으로 변신을 죄준다면, 저들은 필시 기뻐하지 않을 것이다. 관백(關伯)이 아들을 낳은 것이 아들의 승습(承襲) 이전에 있었으니, 손자를 보았다는 고경은 이상한 일이 아니다. 또 8대 만에 처음 있는 경사라고 말하니, 이웃 나라를 대접하는 도리로도 허락하지 아니할 수 없다" 하고, 명하여 대차왜(大差倭)가 나온 뒤에는 을사년의 예에 의거하여 접대하게 했다.

5342 영조 13/12/25(무신) → 【원전】 42집 582면
〔이언상·구성익에게 관직을 제수하다〕   수1983
이언상(李彦祥)을 남병사(南兵使)로, 구성익(具聖益)을 통제사로 삼았다.

영조 14년(1738; 청 건륭3년)

5343 영조 14/03/10(임술) → 【원전】 42집 588면
〔홍덕망·이언섭 등에게 관직을 제수하다〕 수1984

홍덕망(洪德望)을 전라도 우수사로, 이언섭(李彦燮)을 경상도 우수사로 삼았다.

5344 영조 14/05/01(임자) → 【원전】 42집 592면
〔동래부사 구택규가 대차왜의 시봉 문제를 상문하다〕 왜1980

임금이 대신과 비국당상을 인견하였다.
　…… 송인명이 아뢰기를, "동래부사의 장계에, '대차왜(大差倭)의 시봉(侍奉)이 2인이다' 하였습니다. 시봉을 1인으로 하는 것은 이미 약조가 되어 있고 거의 50년이나 되었는데, 지금 어떻게 경솔하게 2인으로 허락해 줄 수 있겠습니까? 왜인들은 청나라 사람들과 달라서 혹시라도 과외(科外)의 청을 허락해 주면, 덕으로 여기지 않을 뿐만 아니라 도리어 업신여김을 받게 되고 또한 다시 따르기 어려운 일에 대해 마음을 먹게 되니, 결단코 허락할 수 없습니다. 이번에 변신(邊臣)이 감히 2인으로 하기를 상문(上聞)하였으니 부사 구택규(具宅奎)를 종중 추고하고, 그의 장계는 되돌려보내는 것이 합당합니다" 하였다.
　임금이 그 주달을 옳게 여겼다.

5345 영조 14/06/12(계사) → 【원전】 42집 597면
〔이한범을 공홍수사로 삼다〕 수1985

이한범(李漢範)을 공홍수사(公洪水使)로 삼았다.

5346 영조 14/06/24(을사) → 【원전】 42집 598면
〔김유를 경기수사로 삼다〕 수1986

도목정(都目政)을 행하여 …… 김유(金濰)를 경기수사로 삼았다. 이조판서 조현명(趙顯命)과 병조판서 박문수(朴文秀)의 정사(政事)이었다.

5347 영조 14/07/05(을묘) → 【원전】 42집 600면
〔박사수가 표류인에 관한 자문의 수정을 청하다〕   표2188

공조판서 박사수(朴師洙)가 상소하였는데, 대략 이르기를, "…… 또 평신(平薪)에서 표류해 온 사람이 죽은 것은 우리나라 사람과 서로 박격(搏擊)함으로 말미암아 치사(致死)한 것인데, 병사한 것으로 수표(手標)를 받았으니, 피국(彼國)에 가서 공초(供招)한 말이 이와 상반될 것은 사리로 보아 필연적인 일입니다. 강희(康熙) 임진년에 예부(禮部)에서 주청(奏請)하여 봉지(奉旨)한 내용에, '금법을 어기고 어채(漁採)하는 것은 곧 도적에 관계되니, 그 나라에서 곧장 뒤쫓아 잡아다가 살륙(殺戮)하되, 천조(天朝)의 사람이라 하여 마침내 지체하거나 의심하는 마음을 품지 말도록 하라' 하였고, 또 임인년에 옹정(雍正)이 즉위하였을 때 또, '만일 표문(標文) 없이 국경을 넘어가 사단(事端)을 일으킨 자는 이 율(律)에 비추어 징치하라'는 자문(咨文)이 있었습니다. 이번에 표류해 온 사람은 이미 표문도 없이 육지에 내려와서 소동을 일으켰으므로, 표문이 있는 사람과 동일하게 볼 수가 없으니, 봉황성(鳳凰城)에 교부하면 그만입니다. 초도(椒島)에서 변장(邊將)을 구타하고 장련(長連)에서 부녀를 약탈한 것은 모두 곧바로 체포하여 죽일 수 있는 경우이니, 마땅히 표류인에 관한 자문을 고쳐서 지어야 합니다" 하였다.

비답하기를, "이미 하교하였다" 하였다.

이 날 임금이 여러 신하들에게 물였다.

판의금부사 윤순(尹淳)이 아뢰기를, "표류해 온 사람 44인을 이미 모두 교부했으면, 어찌 한 사람이 죽은 것 때문에 의심하겠습니까? 박사수는 지나치게 염려하는 것입니다" 하였다.

5348 영조 14/07/22(임신) → 【원전】 42집 601면
〔박문수가 상소 사직하고, 당선의 어채에 관한 대비책 강구를 청하니 따르다〕   수4620

병조판서 박문수(朴文秀)가 상소하여 사직하고, 이어 당선(唐船)이 어채(漁採)하는 근

심을 말하며 시급히 묘당(廟堂)으로 하여금 대책을 강구하게 하기를 청하였다. 임금이 그대로 따랐다.

5349 영조 14/09/16(을축) → 【원전】 42집 604면
〔전운상·이희원에게 관직을 제수하다〕   수1987

전운상(田雲祥)을 공홍도 수사로, 이희원(李禧遠)을 황해도 수사로 삼았다.

  〈 관련내용 〉
  · 영조 14/10/24(계묘)→ 정수송을 공홍수사로 삼다   42집 606면
  · 영조 14/12/16(갑오)→ 양빈을 경상좌수사로 삼다   42집 608면

5350 영조 14/10/20(기해) → 【원전】 42집 606면
〔지난해 구득해 온 『무비지』 50권을 평안 병영에서 간행하도록 명하다〕   수4621

『무비지(武備志)』 50권을 평안병영(平安兵營)에서 간행하도록 명하였는데, 지난해 사행(使行) 때 구득해 온 것이었다.

영조 15년(1739; 청 건륭4년)

5351 영조 15/01/08(을묘) → 【원전】 42집 610면
〔변성우를 전라우수사로 삼다〕   수1988

변성우(邊聖佑)를 전라우수사로 삼았다.

5352 영조 15/02/05(임오) → 【원전】 42집 615면
〔대신과 비국당상을 인견하다. 각 도의 수조·육조를 멈추게 하다〕   수3744

임금이 대신해 온과 비국당상을 인견하였다.
    …… 송인명이 이어서 말하기를, "친경에 쓴 것이 이미 1만여 냥이나 되거니와, 군병(軍兵)의 시사(試射)를 한다면 또 1만여 필(匹)의 베와 수백 곡(斛)의 쌀을 써야 할 것입니다. 성상의 뜻은 위로하고 기쁘게 하는 데에 있다고 하지만 경비도 생각하지 않을 수 없습니다" 하였다.
    각 도의 올 봄 수조(水操)·육조(陸操)를 멈추라고 명하였는데, 송인명이 지난해의 재해를 말하였기 때문이었다.

5353 영조 15/02/08(을유) → 【원전】 42집 615면
〔청나라 사람 157명이 제주에 표류해 오였다. 비변사에서 돌려보내기를 청하다〕   표2189

청나라 사람 1백57명이 표류하여 제주(濟州)에 이르렀는데 배가 부서져 돌아갈 수 없으므로, 비변사(備邊司)에서 청하기를, "본주(本州)와 우수영(右水營)의 병선 2척을 주어 바라는 대로 물길을 따라 돌려보내고 또 수영의 베 3동(同)과 쌀 1백 석을 주어 덕의(德意)를 보이고 이어서 자문(咨文)을 갖추어 사행(使行)에 부치는 것이 편하겠습니다" 하였다.
    임금이 그대로 따랐다.

5354 영조 15/05/02(정미) → 【원전】 42집 627면
〔조호신, 김협 등에게 관직을 제수하다〕 수1989

조호신(趙虎臣)을 경기수사로, 구성필(具聖弼)을 황해병사로, 김협(金浹)을 황해수사로 삼았다.

5355 영조 15/05/30(을해) → 【원전】 42집 631면
〔조강을 행하다. 영사 송인명이 덕적도에 진을 설치하는 문제 등을 아뢰다〕 수3745

임금이 조강을 행하였다.
영사(領事) 송인명이 강화유수(江華留守) 권적(權𥛚)과 교동수사(喬桐水使) 김유(金賮)의 장계에 따라 아뢰기를, "덕적도(德積島)는 서울에서 반일정(半日程)이고 중국의 등주(登州)·내주(萊州)와 바로 상대하여 있습니다. 그 옆에 있는 소야도(蘇爺島)라는 작은 섬은 당나라 장수 소정방(蘇定方)이 주사(舟師)를 거느리고 와서 정박하였던 곳인데 이제까지 진을 설치하여 경급(警急)을 알리는 일이 없었다. 서울의 방어가 박약한 것을 생각하면 두렵습니다. 고(故) 판서 이인엽(李寅燁)이 비로소 청하여 진을 설치한 데에는 참으로 의견이 있는데 계묘년에 까닭없이 철폐하였다. 한스럽습니다" 하고, 이어 덕적도의 지도를 바쳤다.
임금이 보고 여러 신하들에게 물었다.
지사(知事) 조현명(趙顯命)이 말하기를, "섬 안에 사는 백성이 이미 많고 땅도 기름지며 서울의 목구멍과 같습니다. 진을 설치하여 방어하는 것이 매우 편리하겠습니다" 하고, 송인명이 두 수신(守臣)을 시켜 형지(形止)를 다시 살피고 논열(論列)하여 아뢰게 하기를 청하였다.
임금이 윤허하였다.

〈 관련내용 〉
· 영조 15/06/09(갑신)→ 덕적도에 진을 설치하는 문제에 대해 권적이 상소하다   42집 632면

5356 영조 15/06/20(을미) → 【원전】 42집 632면
〔구성익을 잡아 국문하고, 기묘년의 명신 김정에게 사제하라고 명하다〕 수1990

임금이 대신과 비국당상을 인견하였다.

통제사 구성익(具聖益)을 잡아서 문초하라고 명하였다. 거제부사(巨濟府使) 김여호(金汝豪)가 죄가 있어 잡아와야 하므로 의금부에서 부례(府隷)를 보내어 김여호를 압송하게 하였다. 이미 떠났는데, 구성익이 말하기를, "거제는 변지(邊地)이므로 교대하기 전에 임지를 떠날 수 없다" 하고, 영전(令箭)을 내어 그가 가는 것을 멈추게 하였으므로 김여호가 곧 고을로 돌아갔다가 이윽고 간로(間路)로 떠났는데, 경상감사(慶尙監司) 이기진(李箕鎭)이 아뢰고 또 교대하기 전에 잡아오는 것이 규례에 어그러진다고 말하였다.

우의정 송인명이 임금에게 말하기를, "왕인(王人)이 이미 떠난 뒤에 영전을 내어 마음대로 멈추게 한 것은 사체(事體)에 크게 관계되니, 구성익은 죄주지 않을 수 없겠습니다" 하였다.

임금이 나문(拿問)하여 죄를 정하라고 명하였다.

〈 관련내용 〉
· 영조 15/06/20(을미)→ 조경을 통제사로 삼다   42집 633면

5357 영조 15/07/13(정사) → 【원전】 42집 634면
〔헌부에서 염민의 요역이 심함을 아뢰다〕   기3095

헌부[장령 유건(柳楗)이다]에서 …… 또 아뢰기를, "김해 명지도(明旨島)에는 염분(鹽盆)을 설치하여 염민(鹽民)의 요역(徭役)이 다른 곳보다 훨씬 더한데, 통영(統營)에서는 구습(舊習)에 따라 금령을 범하여 더 거두어 판매하니, 엄히 금해야 하겠습니다" 하였다.

따르지 않았다.

5358 영조 15/08/15(기축) → 【원전】 42집 639면
〔구선행을 전라좌수사로 삼다〕   수1991

구선행(具善行)을 전라좌수사로 삼았다.

5359 영조 15/12/07(기묘) → 【원전】 42집 649면
〔청나라 사람이 추자도에 표류해 오다〕   표2190

청(淸)나라 사람이 추자도(楸子島)에 표류하여 왔다. 정원(政院)에서 봉황성(鳳凰城)

에 자문(咨文)을 보내기를 청하였다.
그대로 따랐다.

5360 영조 15/12/17(기축) → 【원전】 42집 650면
〔전운상을 전라수사로 삼다〕　　　　　　　　　　　　　수1992

전운상(田雲祥)을 전라수사로 삼았다.

영조 16년(1740; 청 건륭5년)

5361 영조 16/01/18(경신) → 【원전】 42집 652면
〔우의정 유척기가 통영의 합조 설행을 건의하다〕   수3746

우의정 유척기(兪拓基)가 말하기를, "통영(統營)의 합조(合操)를 설행(設行)하지 않은 지 이제 46년이 되었습니다. 군율이 느슨해지고 군정(軍政)이 폐기되니, 설행하게 해야 하겠습니다" 하였다.
　　임금이 말하기를, "오래 폐기한 것은 민망스러울지라도 백성의 폐해도 또한 생각해야 하니, 이제 우선 멈추도록 하라" 하였다.

5362 영조 16/01/20(임술) → 【원전】 42집 652면
〔청나라에서 표류한 우리 백성을 돌려보내오다〕   표1143

임금이 대신해 온과 비국당상을 인견하였다.
　　우의정 유척기(兪拓基)가 말하기를, "표류하여 저 나라에 이르렀던 우리나라 해서의 포민(浦民)을 저 나라에서 자문(咨文)을 보내고 내보냈으니, 청컨대, 괴원(槐院)을 시켜 회자(回咨)를 보내게 하소서" 하니, 임금이 윤허하였다.

5363 영조 16/03/20(신묘) → 【원전】 42집 658면
〔수영을 울산으로 옮기는 문제를 의논하게 하다〕   수3747

유척기가, 경상수사가 장계하여 수영(水營)을 울산(蔚山)으로 옮기고 병영(兵營)으로 옮기기를 청한 일 때문에 말하기를, "수영의 선창(船艙)은 수도(水道)가 불편하여 썰물 때마다 배가 뭍에 걸리나 울산의 선창은 매우 좋으니, 수영을 이곳으로 옮겨야 하겠습니다. 병영이 이미 울산에 있고 보면 두 영을 또한 한 곳에 아울러 둘 수 없으니, 병영은 영천으로 옮기는 것이 온편하겠습니다" 하였다.
　　임금이 신하들에게 물었다.

다들 유척기의 의논과 같이 대답하니, 임금이 경장(更張)에 관계되는 일이라 하여 다시 의논하라고 명하였는데, 곧 그만두고 행하지 않았다.

5364 영조 16/03/21(임술) → 【원전】 42집 658면
〔정양빈을 경상좌수사로 삼다〕 수1993

정양빈(鄭陽賓)을 경상좌수사로 삼았다.

5365 영조 16/03/29(경오) → 【원전】 42집 658면
〔황해도 백령진에 청인이 표류하여 오니, 육로로 봉황성에 압류하다〕 표2191

황해도 백령진(白翎鎭)에 청인(淸人)이 표류하여 왔는데, 비변사에서 자문(咨文)을 지어 육로로 봉황성(鳳凰城)에 압송하기를 청하니, 그대로 따랐다.

5366 영조 16/05/29(무진) → 【원전】 42집 664면
〔각 도 수사를 임명하다〕 수1994

이명상(李命祥)을 공홍수사로 이수신(李守身)을 경상좌수사로, 민창기(閔昌基)를 황해수사로 삼았다.

5367 영조 16/06#18(정사) → 【원전】 42집 671면
〔통영과 여러 도의 수영에 해골선을 만들라고 명하다〕 기1150

통영(統營)과 여러 도의 수영(水營)에 해골선(海鶻船)을 만들라고 명하였다. 이 때 전라좌수사 전운상(田雲祥)이 해골선을 만들었는데, 몸체는 작지만 가볍고 빨라서 바람을 두려워할 걱정이 없었다. 김재로가 통영과 여러 수영으로 하여금 그 제도에 따라 만들게 할 것을 청하였다.
그대로 따랐다.

5368 영조 16/08/02(경자) → 【원전】 42집 676면
〔강화의 덕적도에 진을 설치하고 처음으로 첨사를 두다〕 수3748

강화의 덕적도(德積島)에 진(鎭)을 설치하고 처음으로 첨사를 두었다.

5369 영조 16/10/27(갑자) → 【원전】 42집 685면
　　〔피국의 장주부 사람 20명이 상선을 타고 안흥에 표박하였다〕　　　　　　표2513

　　피국(彼國)의 장주부(使州府) 사람 20여명이 상선(商船)을 타고 안흥(安興)의 앞바다에 표박(漂泊)하였는데, 공홍수사 이명상(李命祥)에게 전례에 따라 장송(裝送)하도록 명하였다.

　　〈 관련내용 〉
　　　· 영조 16/11/05(임신)→ 표류한 중국인을 보낸 데 대해 피국에서 자문을 보내다　　42집 687면

5370 영조 16/12/12(무신) → 【원전】 42집 689면
　　〔이휘항이 황해수사 민창기, 개천현감 손진민 등을 견책하라고 상소하다〕　　수1995

　　장령 이휘항(李彙恒)이 상소하였는데, 대략 이르기를, "…… 그리고 흉년에 노비를 추쇄(推刷)하는 것은 새로 제정된 방금(邦禁)이 있는데도 황해수사 민창기(閔昌基)는 성품이 본디 가혹하고 각박한데다 한정없는 욕심을 이루기 위해 다른 사람의 오래된 노비를 자기가 샀다고 하면서 차인(差人)을 보내어 경계(境界)를 넘어가 억지로 화명(花名)을 봉납(捧納)하게 하고, 집안의 자산(資産)을 수탈하여 배로 영하(營下)에 운반하게 하였습니다. 그리고 도리어 스스로 자신이 횡탈(橫奪)한 자취를 숨기고자 하여 그 노비의 본주(本主)를 추포(追捕)한 무사(武士)의 죄안(罪案)에 억지로 충당시켰습니다. 그가 잔혹한 방법으로 법을 무시한 것에 대해 신이 익히 들어왔으니, 청컨대 민창기를 사판(仕版)에서 삭제하소서.……" 하였다.

　　비답하기를, "민창기·손진민에 대해서 진달한 것은 지나친 데에 관계된다. 조중려는 어떤 사람인지 모르겠으니 마땅히 전최(殿最)를 보도록 하겠다. 김한운과 정관에 대한 일은 대신에게 하교하겠다. 그 나머지 일은 묘당으로 하여금 품처하게 하겠다" 하였다.

영조 17년(1741; 청 건륭6년)

5371 영조 17/02/01(병신) → 【원전】 43집 4면　　　　　　　　　　　　　수1996
〔송징래를 통제사로 삼다〕

송징래(宋徵來)를 통제사로 삼았다.

5372 영조 17/02/14(기유) → 【원전】 43집 5면
〔제주백성 21명이 표류하여 유구국과 복건성에 머물다가 4년만에 돌아오다〕　　표1525

제주(濟州)의 백성 21명이 바다에서 표류하여 유구국(琉球國)에 도착하여 1년 동안 머물다가, 다시 복건성(福建省)으로 옮겨가서 또 1년 동안 머물다가 4년에 비로소 되돌아왔는데, 한 사람만이 죽었다.
　　임금이 듣고서 측은하게 여겨 휼전을 내리도록 명하고, 살아서 돌아온 자에게는 의복과 식량을 지급하게 하였다.

5373 영조 17/04/13(정미) → 【원전】 43집 11면
〔경기감사 이익정과 경기수사 이행검에게 해방과 군민에 대한 일을 묻다〕　　수1997

임금이 주강에 나아갔다.
　　경기감사 이익정(李益炡)과 경기수사 이행검(李行儉)을 소견(召見)하여 해방(海防)과 군민(軍民)에 대한 일을 묻다.

5374 영조 17/09/27(기축) → 【원전】 43집 36면
〔고 통제사들의 작위를 추복하다〕　　　　　　　　　　　　　　　　　　　수1998

고 통제사 이상집(李尙馦), 고 통제사 이수민(李壽民), 고 병사 백시구(白時耈)·김시태(金時泰)·심진(沈搢)의 작위를 추복(追復)하였다.

〈 관련내용 〉

・ 영조 17/10/30(신유)→ 홍계적 등에게 전일의 증직을 회복시키라 명하다   43집 39면

5375 영조 17/11/05(병인) → 【원전】 43집 39면
〔송인명이 표류한 사람을 보내온 피국에 사은하는 표문을 내리도록 아뢰다〕   표1526

임금이 대신해 온과 비국당상을 인견하였다. 좌의정 송인명(宋寅明)이 말하기를, "피국(彼國)에서 또 바다에 표류한 사람을 출송(出送)하는 자문(咨文)이 있으니, 마땅히 사은(謝恩)하는 표문(表文)이 있어야 할 것입니다. 내년의 절사(節使)를 기다릴 필요가 없이 즉시 해당 원(院)으로 하여금 회자와 사은 표문을 찬출(撰出)하게 하여 이번의 사행(使行)에 부송(付送)하는 것이 좋을 것입니다" 하였다.

임금이 그대로 따랐다.

5376 영조 17/12/24(을묘) → 【원전】 43집 43면
〔심해를 경상좌수사로 삼다〕   수1999

심해(沈瑎)을 경상좌수사로, 노계정(盧啓禎)을 전라 우병사로 삼았다.

영조 18년(1742; 청 건륭7년)

5377 영조 18/02/14(갑진) → 【원전】 43집 50면
〔조덕중을 공홍도수사로 삼다〕   수11000

조덕중(趙德中)을 공홍도 수사로 삼았다.

5378 영조 18/06/03(경인) → 【원전】 43집 58면
〔이한필을 공홍수사로 삼다〕   수11001

이한필(李漢弼)을 공홍수사로 삼다.

〈 관련내용 〉
 • 영조 18/07/06(계해)→ 김윤을 전라수사로 삼다   43집 62면
 • 영조 18/08/22(무신)→ 권현을 황해수사로 삼다   43집 67면

5379 영조 18/10/05(경인) → 【원전】 43집 71면
〔황당선·사대부의 여가 침탈과 천경의 궐직하는 폐단에 대해 묻다〕   수4622

임금이 주강(晝講)을 행하였다.
　황해수사 이의익(李義翼)이 사조(辭朝)하니, 임금이 불러보았다. 이의익이 황당선(荒唐船)의 폐단을 진달하기를, "해삼(海蔘)을 채취하는 황당선이 우리 경내(境內)에 표박(漂泊)하는 일이 근래에 자못 잦아 바닷가의 어리석은 백성들이 서로 낯이 익어 혹은 서로 상거래를 하여, 마침내 변금(邊禁)이 점차 해이해지게 만들고 있으니, 이것은 엄격하게 막아야 마땅합니다" 하였다.
　임금이 말하기를, "수령과 변장(邊將)이 병위(兵威)를 많이 베풀고 황당선을 쫓아버렸다고 하는 것은 분명히 임금을 속이는 짓이다. 이후로 황당선이 지경을 범할 경우 수령과 변장은 율(律)에 의거해 엄하게 결곤(決棍)하고 서로 내통하여 상거래를 한 바닷가의 백성은 먼저 참하고 뒤에 아룀이 마땅하다" 하였다.

5380 영조 18/12/27(임자) → 【원전】 43집 78면
〔도목정을 행하여 권적·이천보 등에게 관직을 제수하다〕   ??수11002

도목정(都目政)을 행하였으니, 이조판서 민응수(閔應洙), 참판 원경하(元景夏), 병조판서 김시형(金始炯)이 나아가 참여해 이틀 만에 끝냈다. 이우(李玗)를 통제사로 삼았다. 또 승지 조윤성(曺允成)을 발탁하여 경기수사로 삼고, 영성군(靈城君) 박문수(朴文秀)를 경기관찰사로 삼았다. 조윤성은 이조참의 조명교(曺命敎)의 아들이니, 권무(權武)로서 등과(登科)하여 바야흐로 근밀(近密)에서 모시고 있다가 박문수와 연석(筵席)에서 시끄럽게 싸운 일 때문에 오랫동안 쫓겨나 있었는데, 임금이 다시 쓰고자 하여 마침내 이 직임에 제배(除拜)했던 것이다. 보덕(輔德) 이명곤(李命坤)을 특별히 발탁해 승지로 삼았다.

5381 영조 18/12/30(을묘) → 【원전】 43집 78면
〔함경도 경성의 바다물이 얼어 배가 다니지 못하다〕   수4623

함경도 경성(鏡城)의 바닷물 1백여 리가 얼어붙어 배가 다니지 못한 것이 대엿새나 되었다.

영조 19년(1743; 청 건륭8년)

5382 영조 19/01/22(정축) → 【원전】 43집 81면
〔여러 도의 봄철 수조 육조를 정지케 하다〕   수3749

여러 도의 봄철 수조(水操)·육조(陸操)를 정지하라고 명하였다. 기근과 전염병 때문이었다.

5383 영조 19/04/22(을사) → 【원전】 43집 98면
〔심봉양을 경상좌수사로 삼다〕   수11003

심봉양(沈鳳陽)을 경상좌수사로 삼았다.

〈 관련내용 〉
- 영조 19/05/12(갑오)→ 박태신·정여직 등에게 관직을 제수하다   43집 103면
- 영조 19/07/02(임오)→ 조동정을 공흥도 수사로 삼다   43집 107면

5384 영조 19/08/19(기수) → 【원전】 43집 111면
〔무신을 지낸 자가 전립에 상모를 제거하는 폐단을 신칙하고 같이 달게 하다〕   수3750

임금이 하교하여 무신으로서 일찍이 병사와 수사를 지낸 자가 전립(氈笠)에 상모(象毛)를 제거하는 폐단과 공복(公服) 아래에 군복을 착용하지 않는 버릇을 신칙했다.
또 하교하기를, "옛날 감영(甘寧)이 머리에 거위 깃을 꽂으니, 휘하의 군졸 1백 기(騎)도 함께 꽂았었다. 지금 내삼청(內三廳)의 7번(番)이 깃을 다는 것 또한 이러한 뜻에서 나온 것이다. 그 장수가 된 자도 군졸과 함께 달아야 마땅한데, 다만 수기(手旗)를 빙자하고 있으니, 이는 무슨 뜻인가? 한결같이 달도록 하라" 하였다.

5385 영조 19/10/12(신유) → 【원전】 43집 116면
〔구수훈을 경기수사로 삼다〕   수11004

구수훈(具樹勳)을 경기수사로 삼았다.

5386 영조 19/12/27(병자) → 【원전】 43집 121면
〔탐라에서 진상 물품을 가지고 오던 자가 표류 3개월 만에 오니 옷감을 주다〕 수4624

하교하기를, "탐라(耽羅)에서 진상 물품을 압령(押領)하여 오던 사람들이 바다 가운데에서 표류하다가 3개월 만에 왔으니, 그 돌보아 줌이 마땅하다. 해당 조(曹)로 하여금 옷감을 주어 보내도록 하라" 하였다.

5387 영조 19/12/28(정축) → 【원전】 43집 121면
〔이경기를 공홍도수사로 삼다〕 수11005

이경기(李景琦)를 공홍도 수사로 삼았다.

영조 20년(1744; 청 건륭9년)

5388 영조 20/01/26(갑진) → 【원전】 43집 125면
〔홍계희의 무함을 받은 박문수를 황해도 수군절도사에 특별히 제수하다〕　　　　수11006

영성군(靈城君) 박문수(朴文秀)를 황해도 수군절도사에 특별히 제수하였다. 박문수는 홍계희(洪啓禧)의 무함을 받고서부터 교외에 나아가 살면서 도성으로 들어가지 않았다. 지난 겨울 임금이 정신(廷臣)들을 인접하지 않았을 적에 박문수가 교외에서 도성으로 들어와 청대(請對)했으나 허락을 받지 못하자 드디어 하루에 세번 소장을 올려 간하였다. 일이 안정되자 다시 소장을 올리고 도로 돌아갔다.
　　임금이 하교를 내려 분의(分義)에 의거하여 질책하고 내쳐 외직에 보임시켰다.

　　〈 관련내용 〉
　　・영조 21/05/20(신묘)→ 박문수의 보고로 황해도 감영 등에 은자를 획급하게 하다　　43집 182면

5389 영조 20/02/21(기사) → 【원전】 43집 127면
〔무신 이의익은 황당선이 연해 백성들과 교통하는 폐단을 진달하다〕　　　　수4625

임금이 주강을 행하였다.
　　또 무신(武臣) 이의익(李義翼)에게 해서의 황당선(荒唐船)에 대한 일을 하문하니, 이의익이 황당선이 육지에 내려와 연해의 백성들과 교통하는 폐단을 성대히 진달하고 말하기를, "지난번 유귀석(劉貴石)의 일로 말하면 저들의 대포(大布) 5필을 받고 한강(漢江)의 노정기(路程記)를 써주었으므로 저들이 우리나라에 강도(江都)가 있다는 것을 잘 알고 있다고 하니, 진실로 적은 걱정이 아닙니다" 하였다.

5390 영조 20/02/27(을해) → 【원전】 43집 128면
〔박문수가 황당선의 어로와 밀무역을 근절시키기 위한 계책 등을 아뢰다〕　　　　수4626

황해수사 박문수가 아뢰기를, "당선(唐船)이 어채(漁採)하는 것을 이롭게 여겨 여름

이 되면 오지 않는 해가 없는데 이를 인하여 연해의 백성들과 물건을 교역하는 등 그들이 법을 무시하고 멋대로 하는 습관이 더욱 조장되고 있습니다. 그들을 추포(追捕)하기 위해 온갖 계책을 다 썼지만 힘을 얻을 길이 없습니다. 지금에 있어 최상의 계책은 비선(飛船)을 많이 만들어 밤낮으로 바다 위에 띄워 놓고 당선의 어채의 이익을 빼앗는 것이 제일이기 때문에 먼저 비선 20척을 만들려 하고 있습니다만 본영(本營)의 재력으로는 실로 착수하기가 어렵습니다. 감영의 유고전(留庫錢)과 병영의 별비전(別備錢) 각 2백 민(緡), 상정미(詳定米) 50곡(斛)을 특별히 획급해 주도록 허락하면 제때에 배를 만들어 쓸 수 있겠습니다" 하였다.

좌의정 송인명이 그 말을 따를 것을 청하였다.

임금이 말하기를, "충무공 이순신(李舜臣)은 간과(干戈)가 극렬한 가운데에서도 능히 전선(戰船)을 만들었었는데 옹진(瓮津)이 아무리 피폐되었다고 해도 돈 4백 냥을 마련하지 못하여 이런 청을 한단 말인가? 수신(帥臣)은 추고하고 스스로 마련하여 배를 만들게 하라" 하였다.

형조참판 이주진(李周鎭)이 말하기를, "황해수사가 새로 부임했기 때문에 이런 요청이 있는 것입니다만 1년에 거두어들이는 어리(漁利)가 4,5천 냥에 가까워서 그 재력이 호곤(湖閫)에 견줄 바가 아닙니다" 하였다.

임금이 말하기를, "임금에게 어떻게 영곤(營閫)에 있는 물력의 풍박(豊薄)에 대해 비교하여 진달할 수 있는가?" 하고, 이주진을 추고하라고 명하였다.

〈 관련내용 〉
・영조 20/03/28(병오)→ 황해도 수사 박문수가 당선축출과 관련 비선을 만들 것을 청하다 43집 133면

5391 영조 20/05/18(을미) → 【원전】 43집 136면
〔안종대 등에게 관직을 제수하다〕 수11007

안종대(安宗大)를 전라좌수사로, 신덕하(申德夏)를 황해수사로, 윤광신(尹光莘)을 공홍수사로 삼았다.

5392 영조 20/08/05(기유) → 【원전】 43집 144면
〔내수사에서 행하던 경강 염선에 대한 수세권을 의빈부에 이속시키다〕 기3096

의빈부(儀賓府)에서 경강(京江)의 염선(鹽船)에 세금을 거두어들이는 것을 본부에 속

하게 해서 공용(公用)에 충당하자고 청하니, 임금이 이를 윤허하였다. 이보다 앞서 염선은 내사(內司)에서 세금을 거두어 들였는데, 대신이 혁파할 것을 아뢰었었다. 이 때에 이르러 다시 의빈부에 속하게 하였다.

5393 영조 20/08/19(계해) → 【원전】 43집 146면
〔조동제를 전라좌수사로 삼다〕   수11008

조동제(趙東濟)를 전라좌수사로 삼았는데, 이조판서 민응수(閔應洙)와 병조판서 정석오(鄭錫五)의 인사 행정이었다.

영조 21년(1745; 청 건륭10년)

5394 영조 21/01/28(경자) → 【원전】 43집 171면
　〔이언상을 공홍수사로 삼다〕　　　　　　　　　　　　　　수11009

도목정사(都目政事)를 행하였다.…… 조동하(趙東夏)를 경상좌병사로, 이언상(李彦祥)을 공홍수사로 삼았는데, 이조판서 이주진(李周鎭)과 병조판서 김약로(金若魯)의 정사(政事)였다.

5395 영조 21/02/05(정미) → 【원전】 43집 171면
　〔한몽필을 경상좌수사로 삼다〕　　　　　　　　　　　　　수11010

한몽필(韓夢弼)을 경상좌수사로 삼았다.

　〈 관련내용 〉
　・영조 21/02/09(신해)→ 경상좌수사 한몽필 등을 탄핵한 지평 이광직의 상소　　43집 171면

5396 영조 21/04/21(계해) → 【원전】 43집 180면
　〔금부도사 박명양 공홍수사 윤광신의 나포 불응에 대해 아뢰다〕　　수11011

금부도사 박명양(朴鳴陽)이 공홍수사 윤광신(尹光莘)이 나포(拿捕)에 응하지 않았음을 급히 아뢰니 임금이 진노하여 장차 군율(軍律)을 쓰려고 대신해 온과 옥당(玉堂)에게 물었다.
　우의정 조현명(趙顯命)이 상소하기를, "윤광신이 미친 것이 아니고 일부러 했으면 이는 반신(叛臣)이니, 선전관(宣傳官)을 보내어 그 목을 베어오는 것이 마땅합니다. 만약 그렇지 않다면 미친 자는 비록 사죄(死罪)를 범하더라도 율(律)에 죽음을 용서하는 조문이 있으니 별도로 처리함이 있어야 할 듯합니다" 하였다.
　영의정 김재로(金在魯)는 상소하기를, 처음에 만약 선전관을 보내어 목을 베어 왔으면 그만이겠지만 그러지 않았으니 반드시 잡아오기를 기다려 왕명(王命)이 행해지

도록 한 후에 천천히 의논해서 처리해야 합니다." 하였다.

그런데, 부제학 원경하(元景夏)는 상소하기를, "옛날 〈송나라 사람〉 장영(張詠)이 성도(成都)를 진무(鎭撫)할 때 어린아이가 그의 아비를 때리는 것을 보고서 장영이 군중을 모아놓고 죽이면서 말하기를, '어려서 이와 같으니, 더군다나 장성해서는 어찌 윤리를 어지럽히지 않겠는가?'라고 하였습니다. 이제 윤광신은 시례(詩禮)의 가문에서 생장하여 어려서부터 익혔으니 성도의 어린아이와는 다릅니다" 하였다.

임금이 잡아올려 엄중히 국문하라고 명하였다.

〈 관련내용 〉
- 영조 21/05/02(계유)→ 나포에 불응한 윤광신과 선전관, 새 수사 이언상을 탄핵하다　43집 180면
- 영조 21/05/03(갑술)→ 윤광신의 처형을 명하다　43집 180면
- 영조 21/05/06(정축)→ 나포에 불응한 죄인 윤광신이 장을 맞다 죽다　43집 180면

5397 영조 21/09/24(계사) → 【원전】 43집 192면
[이언상을 통제사로 삼다]　　　　　　　　　　　　　　　　　　수11012

이언상(李彦祥)을 통제사로 삼았다.

〈 관련내용 〉
- 영조 21/10/05(계묘)→ 유형을 공홍수사로 삼다　43집 193면
- 영조 21/11/24(신묘)→ 이달을 전라좌수사로 삼다　43집 198면

5398 영조 21/09/26(을미) → 【원전】 43집 193면
[조현명이 창린도 목장을 수영으로 이속하도록 청하다]　　　　　기2153

임금이 대신해 온과 비국당상을 인견하였다.……

조현명이 황해수사의 계본(啓本)에 의하여 사복시(司僕寺)에 소속된 옹진부(瓮津府)의 창린도(昌麟島) 목장을 수영(水營)으로 이속시키는 것을 허락하여 달라고 청하였다.

임금이 그대로 따랐다

5399 영조 21/11/29(병신) → 【원전】 43집 198면
[예조에서 일본 관백의 퇴휴를 알리는 대차왜에 대한 접대 의례를 아뢰다]　　　왜1981

예조에서 아뢰기를, "일본의 관백(關白)이 퇴휴(退休)하고 그 아들을 세웠는데, 퇴휴를 알리는 대차왜(大差倭)가 머지않아 나온다고 합니다. 차왜가 가져오는 서계에 대한 회례단(回禮單)이나 서울의 접위관(接慰官)이 가져가야 될 예단(禮單) 및 차왜를 접대하는 등의 절차는 근거할 만한 문헌이 없습니다. 청컨대 관백의 고부(告訃)나 고경(告慶) 및 도주(島主)의 퇴휴를 고할 때의 예에 따라 약간 가감하여 마련하게 하소서" 하였다.

윤허하였다.

5400 영조 21/12/25(임술) → 【원전】 43집 201면
〔조동점을 경기수사로 삼다〕 수11013

조동점(趙東漸)을 경기수사로 삼았다.

〈 관련내용 〉
· 영조 22/02/08(갑진)→ 조동점을 경기수사로 삼다   43집 204면

영조 22년(1746; 청 건륭11년)

5401 영조 22/02/15(신해) → 【원전】 43집 204면
〔큰 흉년이 든 해가 아니면 조련의 정지를 허락하지 않도록 신칙하다〕 수3751

임금이 해마다 여러 도에서 조련을 정지하는 폐단을 걱정하여 신칙하도록 하교하였다. 이어 이 뒤로는 크게 흉년이 든 해가 아니면 조련의 정지를 허락하지 않음으로써 군정(軍政)이 방홀(放忽)한 지경에 이르지 않게 하라고 명하였다.

5402 영조 22/08/30(계사) → 【원전】 43집 221면
〔선무사와 충민사에 치제하게 하다〕 수11014

선무사(宣武祠)와 충민사(忠愍祠)에 치제(致祭)하라고 명하였다.

5403 영조 22/08/30(계사) → 【원전】 43집 221면
〔길주의 방영을 성진으로 이설하게 하다〕 수3752

길주(吉州)의 방영(防營)을 성진(城津)으로 이설하였으니, 성진은 해방(海防)의 요충지였다. 이곳에 방영을 혹은 설치하였다가 혹은 옮겼다가 한 것이 대개 이미 오래되었는데, 작년에 심리사(審理使) 윤용(尹容)이 성진으로 도로 이설할 것을 계청하니 임금이 윤허했다가, 뒤에 함경도어사 엄우(嚴瑀)의 말로 인하여 일이 문득 정지되더니, 이 때에 이르러 다시 성진으로 도로 이설할 것을 명한 것이었다. 방어사의 인신(印信)을 주조하여 보내고, 첨사는 혁파하지 않았기 때문에 인신을 그전대로 두게 하였다.

5404 영조 22/12/11(임신) → 【원전】 43집 231면
〔남익령을 경상좌수사로 삼다〕 수11015

남익령(南益齡)을 경상좌수사로 삼았다.

영조 23년(1747; 청 건륭12년)

5405 영조 23/02/19(기묘) → 【원전】 43집 241면
〔김형로·이장오에게 관직을 제수하다〕   수11016

　김형로(金亨魯)를 경상좌수사로, 이장오(李章吾)를 전라좌수사로 삼았다.

5406 영조 23/03/14(갑진) → 【원전】 43집 243면
〔나주목사 서명형이 장항포를 굴착하는 폐단과 전선의 계류에 관해 청하다〕 수3753

　나주목사 서명형(徐命珩)이 상소하여 장항포(獐項浦)를 굴착하는 폐단을 성대하게 진달하고, 성명(成命)을 정지하되, 전선(戰船)은 그전대로 죽포(竹浦)의 옛 항구에 매어 두게 하여 한 고을의 고달픈 민정(民情)을 위로해 줄 것을 청하였다.
　　비답하기를, "진달한 바는 묘당(廟堂)으로 하여금 품처(稟處)하도록 하겠다" 하였다.
　　이보다 앞서 본주(本州) 세 마을의 백성들이 수영(水營)에 거짓으로 호소하자, 장문(狀聞)하여 장항포(獐項浦)를 굴착하도록 청하는 데 이르렀으며, 옮겨다 설치하라는 명이 있었기 때문이었다.

5407 영조 23/04/09(무진) → 【원전】 43집 245면
〔대신과 통신사를 인견하여 통신사가 가지고 가는 예단에 관해 말하다〕   왜1982

　임금이 대신과 비국당상 그리고 세 통신사(通信使)를 인견하였다.
　　임금이 말하기를, "통신사가 사용하는 예단(禮單) 중의 문단(紋緞)과 금선(金線)은 우리나라에서 이미 금지하고 있으니, 예단을 다른 주단(紬緞)으로 바꾸어 봉(封)하는 것이 마땅하겠다" 하였다.
　　그러자, 영돈녕부사 조현명(趙顯命)이 말하기를, "성상께서는 혹시라도 금법(禁法)이 해이해질까 염려하시어 문단과 금선을 사용하지 못하게 하려고 하시는데, 다만 왜인은 교활하여 아마도 사단을 일으킬 염려가 있을 듯합니다" 하고, 우의정 민응수

(閔應洙)는 말하기를, "왜인들은 마음이 교활하고 사악하므로, 틀림없이 약조(約條)를 가지고 다투며 고집할 것이니 어찌 민망하게 여기지 않을 수 있겠습니까? 보내는 원수(元數)가 많지 않으니, 이번에는 전례대로 지급하게 하고, 이 뒤로는 중국에 무역한 숫자를 계산해서 참작하여 정한다면, 지나친 무역과 금법이 해이해질 염려는 없을 듯합니다" 하였다.

그리고, 원경하(元景夏)는 말하기를, "지금 예단 때문에 다시 무역해 온다는 것은 너무나 구차스러운 데 관계됩니다" 하고, 홍계희(洪啓禧)는 말하기를, "왜인에게는 신의(信義)로 책망할 수 없습니다" 하였다.

임금이 말하기를, "옛날에 신의가 돼지와 물고기에 미쳤다는 말이 있다. 왜인이 비록 교활하기는 하지만 돼지와 물고기와는 다를 듯하다" 하였다.

〈 관련내용 〉
- 영조 23/05/12(신축)→ 홍계희 등이 청대하고 충주 등의 전별연을 정지하게 하다   43집 247면
- 영조 23/06/14(계유)→ 통신사가 가지고 갈 예단은 기해년 예에 의거하도록 하다   43집 250면
- 영조 23/11/09(을미)→ 주강을 행하니 통신 삼사가 함께 들어오다   43집 269면

5408 영조 23/05/20(기유) → 【원전】 43집 247면
[이태상·구선행·김몽규에게 관직을 제수하다]   수11017

이태상(李泰祥)을 전라좌수사로, 구선행(具善行)을 충청수사로, 김몽규(金夢奎)를 경상좌수사로 삼았다.

5409 영조 23/05/29(무오) → 【원전】 43집 248면
[도목정사를 행하여 전일상·최명중 등에게 관직을 제수하다]   수11018

도목정사를 행하여 전일상(田日祥)을 전라우수사로, 최명주(崔命柱)를 경기수사로 삼았는데, 이조판서 서종급(徐宗伋)과 병조판서 이주진(李周鎭)의 정사(政事)이었다.

5410 영조 23/05/29(무오) → 【원전】 43집 248면
[헌납 정언유가 일본 구 관백의 예단에 대한 일을 진소하다]   왜1983

헌납 정언유(鄭彦儒)가 구 관백(關白)의 예단(禮單)에 대한 일을 가지고 진소하기를, "관백의 전통은 대대로 일정하게 있는 일이 아니며, 국가 간에 사신을 서로 보내는

것은 해마다 파견하는 것이 아닙니다. 저들이 벌써 청하였는데 우리가 만약 굳게 거절한다면, 청이 꺾여서 저지당한 것을 부끄럽게 여겨 유감을 쌓고 시비의 단서를 불러 일으키는 일이 반드시 없으리라고 보장하기 어렵습니다" 하였다.

그리고, 또 말하기를, "한(漢)·송(宋) 두 임금이 원호(元昊)에게 뜻을 굽힌 것과 송나라 신하 부필(富弼)이 사명을 받들어 세폐(歲幣)를 늘리도록 한 것은 국가를 보호하고 백성을 편안히 하는 계책에서 나온 것이었습니다" 하였다.

비답하기를, "이것은 차왜의 말에 불과하다. 관백을 위해서 주도록 청하는 것은 대신(臺臣)의 체모가 아니니 한심스럽다고 말할 만하다" 하였다.

〈 관련내용 〉
· 영조 23/07/05(계사)→ 영의정 김재로가 구 관백의 예폐 인상의 근수에 관해 말하다   43집 252면

5411 영조 23/07/19(정미) → 【원전】 43집 253면
〔군기수보를 과장하여 계문한 통제사 이언상을 파직하다〕   수11019

통제사 이언상(李彦祥)을 파직하고 하교하기를, "일찍이 군기(軍器)를 새로 갖추었다 하여 신금(申禁)에게 상을 주도록 청하였는데, 이언상의 계문 가운데 군관이 군기를 수보(修補)한 것을 성대하게 칭찬하였다. 그런데 이른바 수보했다는 것은 4건의 풍석(風席)에 불과하였으니, 아마도 그 상을 준 것이 알맞지 못한 듯하다. 삼도(三道)의 통제사가 되어 이와 같이 구차스러우니, 어떻게 수륙(水陸)의 군민(軍民)을 통솔하겠는가?" 하고, 마침내 이런 명이 있었다.

〈 관련내용 〉
· 영조 23/08/12(경오)→ 장태소를 통제사로 삼다   43집 256면

5412 영조 23/08/02(경신) → 【원전】 43집 255면
〔구성익을 경기수사로 삼다〕   수11020

구성익(具聖益)을 경기수사로 삼았다.

5413 영조 23/08/11(기사) → 【원전】 43집 256면
〔도해역관 현태익을 불러 다녀온 사정을 하문하다〕   왜1984

임금이 도해역관(渡海譯官) 현태익(玄泰翼)을 불러 다녀온 사정을 하문하였다.

현태익이 대답하기를, "예폐(禮幣) 가운데 문단(紋緞)이 있었는데, 신이 우리 임금께서는 검덕(儉德)을 숭상하여 나라안에서 쓰지 않으므로 교린(交隣)에 사용할 수 없다는 뜻으로 효유(曉諭)하였더니, 도주(島主)가 처음에는 매우 지난해 하였으나, 마침내 이에 감동하여 허락하였습니다" 하였다.

5414 영조 23/10/02(기미) → 【원전】 43집 263면
〔호남 양전사 원경하가 호남의 해방형편에 대하여 상소하다〕 수4627

호남양전사 원경하(元景夏)가 상소하였는데, 대략 이렇다.
"신이 호남의 형편에 대하여 그윽이 우견(愚見)이 있어 감히 이를 덧붙여 진달합니다. 부안(扶安)의 격포(格浦)는 곧 삼남 해로의 인후이며 심도(沁都)를 막아 지키는 땅입니다. 옛날 인묘조(仁廟朝)에 검영(檢營)을 특별히 설치하고 또 행궁(行宮)을 세웠는데, 곡식을 쌓아 놓고 배를 감추어 두었으니, 이는 먼 훗날을 헤아린 깊은 계책에서 나온 것이었습니다. 그러나 시설의 규모가 중간에 여러 번 바뀌어 검영을 이미 파하고 다만 별장 한 사람만 있을 뿐입니다.
신이 변산(邊山)에 들어와 바다를 따라 60리를 가면서 형세를 두루 살펴보았더니, 고군산(古群山)·위도(蝟島)가 아득한 대양(大洋)의 중간에 나란히 우뚝 솟아 있는데, 양도(兩島)에 대해 바람을 타고 돛을 달면 3, 4일 지나지 않아 배를 댈 수 있습니다. 연미(燕尾)의 아래 격포는 양도와 함께 서로 기각(掎角)이 되고, 산이 항구 깊숙이 둘러져 있어 거센 바람과 심한 비를 피할 수 있습니다. 조선(漕船)·상박(商舶)은 항구에 들어오기 전에 무서운 파도와 큰 물결에 의해 표탕(漂蕩)되어 가끔 침몰하기도 하는데, 얼마 전에도 있었습니다. 이 때문에 칠산(七山)의 위험을 지나서 격포에 정박하면 뱃사공들은 술을 부어 그 살아난 것을 서로 축하합니다.
그리고 격포를 떠나 칠산으로 향하면, 비록 장년 삼로(長年三老)라도 그 죽음을 근심하지 않는 이가 없습니다. 따라서 위도·군산(群山)·금모포(黔毛浦) 등 4진이 수영(水營)에 이속(移屬)된 이후로 해마다 수군을 조련할 때 전함(戰艦)이 패몰(敗沒)하거나 방졸(防卒)이 익사하는 일을 더러 요행히 면하지 못합니다. 금년 가을에는 군산에서 조련하러 갔던 병졸 중에 물에 빠져 죽은 자가 3, 40명이나 되어 과처(寡妻)·고아(孤兒)가 물가에서 슬피 울부짖었습니다.

신은 비로소 4진은 평소 검영에 소속시켜야지 수영에 소속시키지 않아야 한다는 것을 알았습니다. 다만 심도(沁都)의 응원이 될 뿐만 아니라 또 4진에서 수영에 가려면 바람을 기다렸다가 험지를 건너야 하므로 자칫 열흘이나 보름을 넘기게 되니, 설령 뜻밖의 경보(警報)가 있을 때에는 어떻게 기간 내에 도달할 수 있겠습니까? 미처 적을 방어하기도 전에 먼저 풍이(馮夷)·해약(海若)의 노여움을 만나게 될 것이니, 이 때문에 도신·어사가 전후의 소장에서 구제를 회복해 달라고 청했던 것입니다. 지금 4진을 검영에 다시 소속시키고, 경진년(庚辰年)의 유제(遺制)를 본받아 검영의 중군(中軍)에게 첨사를 겸임시켜 격포에 유진(留鎭)하게 하고, 감사로 하여금 봄·가을에 순력(巡歷)하여 4진의 전함·방졸(防卒)을 기회(期會)하여 항구의 앞 바다에서 조련하게 하면, 칠산에서 패선되고 익사하는 위험이 없을 것입니다. 그리고 격포로 다시 해산(海山)의 관방(關防)을 삼으면, 훗날 국가가 위급할 때 반드시 힘을 얻게 될 것입니다.……"

비답하기를, "부진(附陳)한 것에서 경의 소장을 머물러 두고서 경을 보고 하교할 것을 기다리고 있으니, 즉시 올라와서 복명(復命)하라" 하였다.

5415 영조 23/10/09(병인) → 【원전】 43집 266면
[전 경상좌수사 신만을 김해부로 유배하다]   수11021

이전 경상좌수사 신만(申漫)을 김해부(金海府)로 유배하였다. 어사 한광조(韓光肇)의 서계(書啓)에서 탐묵(貪墨)하다고 한 것으로 인하여 이런 명이 있었다.

5416 영조 23/11/17(계묘) → 【원전】 43집 270면
[석강을 행하다. 통신사 군관들을 불러 임무를 말해 주다]   왜1985

석강(夕講)을 행하였다.

신사군관(信使軍官) 조동진(趙東晉)·김주악(金柱岳)·이길유(李吉儒)·전광국(田光國)·이적(李樀)·이주국(李柱國)·조명걸(曹命傑)·이일제(李逸濟) 등을 불러 하교하기를, "막중(幕中)의 임무가 유별하므로 그들로 하여금 가려 보내는 것이다. 이처럼 불러서 면유(面諭)하는 것은 뜻이 우연한 것이 아니다. 저들의 사정(事情), 도로의 원근, 산천의 험이(險易), 무예(武藝)의 장단(長短), 인심·습속을 잘 엿보고 오라" 하

였다.

〈 관련내용 〉
• 영조 23/11/18(갑진)→ 통신사행의 국서·예단·연호 등에 관해 말하다   43집 270면

5417 영조 23/11/25(신해) → 【원전】 43집 271면
〔대신이 비국당상을 이끌고 청대하니 변방방비와 교린에 관해 말하다〕   왜1986

대신해 온이 비국당상을 이끌고 청대(請對)하니, 임금이 인견하였다.……
　조현명이 말하기를, "신행(信行)의 수역(首譯) 현태익(玄泰翼)이 올려 보낸 절목은 지극히 해괴하고, 내백(萊伯)이 전례에 따라 올려 보낸 것도 또한 잘못 되었습니다" 하였다.
　승지 김상적(金尙迪)이 그 장계와 절목을 읽으니, 임금이 말하기를, "동무(東武)는 무엇을 말하는 것인가?" 하였다.
　그러자, 이주진(李周鎭)이 말하기를, "관백(關白)이 머무는 곳입니다" 하였다.
　임금이 말하기를, "경도(京都)에 유숙(留宿)한다'고 한 것은 무엇인가?" 하였다.
　이주진이 말하기를, "경도는 왜황(倭皇)이 있는 대판성(大板城)입니다. 기해년에는 사신이 잠시 경과(經過)했는데, 지금 신행은 유숙한다는 절목입니다" 하였다.
　임금이 말하기를, "절목 가운데 관백을 전하(殿下)라고 칭했으니 이미 지극히 외람되고, 도주태수(島主太守)를 칭전(稱殿)함은 모양이 매우 해괴한데, 내백(萊伯)이 엄한 말로 물리치지 못한 것이 심히 해괴하다" 하였다.
　그러자, 조현명이 말하기를, "현태익이 들어갈 때 태대군(太大君) 및 저군(儲君)에게 응자(鷹子) 10련(連)을 허락한 일은 보달(報達)이 없었던 일인데, 5련에서 10련으로 정식(定式)을 한 것은 알 수 없는 일입니다" 하였다.
　임금이 말하기를, "태수는 예단(禮單) 중에 본래 없던 것인데, 저들이 어찌 감히 방자하게 써서 올리는가? 내백의 일은 더욱 해괴하다. 현태익이 어찌 이 절목에 사체(事體)를 손상함이 있음을 몰랐단 말인가? 감히 성명(姓名)을 쓰라고 말한 것은 존경의 뜻이 없다. 저들이 비록 자존(自尊)하더라도 나는 드러내 놓고 휘(諱)를 써야 하는가? 조정의 기강을 멀리 있는 오랑캐에게 보여 주어야 마땅하다. 수역 현태익을 관문(館門) 밖에서 효시하고 내백 역시 마땅히 엄중히 처리하도록 하라" 하였다.

김재로가 말하기를, "왜노(倭奴)가 우리나라로 하여금 '성명을 쓰라'고 한 것은 곧 어휘(御諱)를 쓰라는 뜻이었는데, 역관이 된 자가 이를 보고서도 엄히 물리치지 못하고 방자하게 올려 보낸 것은 이미 지극히 해괴한 것이고, 내백 역시 어찌 감히 관례대로 치계한단 말입니까?" 하였다.

이조참판 김상로(金尙魯)는 말하기를, "거의 오만한 글과 같으니 일률(一律)을 아끼지 마소서" 하니, 임금이 말하기를, "우리나라에 만약 기강이 있다면 어찌 여기에 이르렀겠는가? 그러나 죽이는 형벌은 매우 중하다. 내가 마땅히 넓히고 좁힐 것이니 수역·내백을 아울러 나국(拿鞫)하여 엄문(嚴問)하도록 하라" 하였다.

이어서 하교하기를, "교린(交隣)은 예(禮)·신(信)일 뿐이다. 예는 곧 경(敬)이고, 신은 곧 성(誠)이다. 만약 두 가지 것이 없으면 어떻게 교린하겠는가? 지금 동래부(東萊府)에서 올려 보낸 절목에 불경(不敬)하고 외설(猥褻)한 것이 있는데, 부사(府使)와 역관이 된 자가 능히 엄준하게 배척하지 못하고 감히 전달하였으니 일의 해괴함이 이보다 심한 것이 없다. 나라의 기강을 세우고 교린을 중히 여기는 도리에 있어 각별히 엄하게 처리하지 않을 수 없다. 부사(府使) 김상중(金尙重)과 역관 현태익을 도사(都事)를 파견하여 곧 잡아오고, 이전 정(正) 민백상(閔百祥)을 동래부사에 제수하니, 오늘부로 사조(辭朝)하라" 하였다.

5418 영조 23/11/28(갑인) → 【원전】 43집 272면
〔통신삼사를 보내어 일본에 사신가게 하다〕   왜1987

통신상사(通信上使) 홍계희(洪啓禧), 부사 남태기(南泰耆), 종사관 조명채(曺命采)를 보내어 일본(日本)에 사신으로 가게 했다.

〈 관련내용 〉
- 영조 23/11/28(갑인)→ 통신 삼사가 함께 입시하다   43집 272면
- 영조 23/11/28(갑인)→ 오만한 글을 받은 왜역을 왜관에서 효시할 것을 청하다   43집 272면
- 영조 24/01/03(무자)→ 왜인의 동정을 살피도록 명하다   43집 276면
- 영조 24/01/22(정미)→ 조현명이 왜인집정 5원의 예단을 시행하게 해줄 것을 아뢰다 43집 278면

영조 24년(1748; 청 건륭13년)

5419 영조 24/01/14(기해) → 【원전】 43집 278면
〔영의정 김재로 등이 장도(獐島)의 목관이 저지르는 일에 관해 아뢰다〕   기2154

임금이 대신해 온과 비국당상을 인견하였다.

영녕전(永寧殿)의 유증(鍮甑) 각 1좌(坐), 구정(具鼎)을 더 만들 것을 명하였는데 영의정 김재로(金在魯)가 건의한 것이었다.

김재로가 말하기를, "장도(獐島)에서 기르는 말은 4필에 불과합니다. 임술년부터 얼마 안되는 마필(馬匹)을 방목한 것은 한 섬을 독점하려는 계획에서 나온 것 같았습니다" 하였다.

그리고, 좌의정 조현명은 말하기를, "목관(牧官)의 소행이 무상(無狀)하기 그지없습니다. 이런 목장을 어디다 쓰겠습니까? 마필은 다른 목장으로 옮겨 방목하게 함으로써 민폐를 없애는 것이 좋겠습니다" 하였다.

그대로 윤허하였다.

5420 영조 24/02/14(무진) → 【원전】 43집 280면
〔원중회를 황해수사로 삼다〕   수11022

원중회(元重會)를 황해수사로 삼았다.

5421 영조 24/03/01(기유) → 【원전】 43집 283면
〔통신부사 남태기가 탄 배가 악포에서 불타다〕   왜1988

통신부사 남태기(南泰耆)가 탄 배가 악포(鱷浦)에서 불에 탔다. 가지고 가던 예물인 인삼 72근, 흰 무명 20필, 부용향(芙蓉香) 3백10매 및 그 나머지 양미(糧米)·노자(路資)·의과(衣袴)·장복(章服) 등 일행의 제반 수용품이 아울러 불에 탔는데, 죽은 사람은 2인이고 덴 사람은 10여 인이나 되었다.

〈 관련내용 〉
· 영조 24/03/01(기유)→ 불에 탄 통신사의 예물인 인삼 70근을 수문하도록 명하다　　43집 283면
· 영조 24/03/02(병술)→ 불에 탄 통신사의 예물을 구득해서 보내도록 명하다　　43집 283면

5422 영조 24/04/20(계유) → 【원전】 43집 289면
〔영의정 김재로 등이 호중의 왜구침입에 관한 유언을 아뢰다〕　　　　　　　왜1989

영의정 김재로(金在魯)가 말하기를, "호중(湖中)에 한 괴인이 있어 요망스런 말을 창도하기를, '왜구가 곧 쳐들어온다' 하여, 인심이 소동되는 것은 물론 가족을 이끌고 피하여 달아나는 사람까지 있다고 합니다" 하였다.

좌윤 홍상한(洪象漢)은 말하기를, "들리는 바에 의하면 상하의 인원들이 모두 짐을 꾸려 메고서 서 있는가 하면, 산골짝으로 숨는 자도 있다고 합니다. 호중만 그럴 뿐이 아니라 기내(畿內)가 더욱 극심하다고 하니, 마땅히 기포(譏捕)해야 될 것입니다" 하였다.

임금이 말하기를, "이는 익명서와 마찬가지이니, 엄히 방지하는 방도가 없을 수 없다. 기포하도록 하라" 하였다.

5423 영조 24/07#30(임오) → 【원전】 43집 304면
〔통신사 일행이 돌아왔는데 일행이 지나간 고을마다 민폐가 극심하였다〕　　왜1990

통신사 홍계희(洪啓禧), 부사 남태기(南泰耆), 서장관 조명채(曹命采)가 돌아왔다. 홍계희 등이 지난해 겨울 11월에 사폐(辭陛)하고 3월에 배를 타고 출발하였으며 5월에 왜도(倭都)에 도착하여 예폐(禮幣)를 전하였는데, 이 때에 이르러 복명하였다. 통신사의 일행이 모두 5백여 인이었고 대동한 편비(褊裨)들은 모두 문벌이 있는 이름난 무관들을 선발하였으며 기예를 지닌 백공(百工)들이 다 따라갔는데, 홍계희가 강력하게 제지하지 않았고 또 만리 먼 길을 수행한다 하여 차마 법으로 다스리지 않았기 때문에 무관들이 교만방자하여 멋대로 행동하였고 또 주장(主將)이 관대하게 대하는 것을 믿고서 도착하는 곳마다 횡포를 부림에 있어 돌아보아 꺼리는 것이 없었다.

홍계희 등이 부산(釜山)에서 4개월 동안 머물고 있었는데, 70고을에서 돌려가며

이들을 지공(支供)하느라 온 도내(道內)가 말할 수 없이 피폐되었고 열읍(列邑)이 거의 몇 해 동안 소복(蘇復)되지 못하였다. 대마도에 이르러 세 사신이 육지에 올랐으나 예폐와 반전(盤纏)은 모두 배에 있었는데, 부선(副船)에서 실화(失火)하여 모두 다 타버렸고 죽은 사람도 3인이나 되었다. 이런 사실이 보고되자 좌의정 조현명(趙顯命)이 건의하여 삼폐(蔘幣)와 희자(餼資)를 다시 준비하여 보냈는데, 이 때문에 국가의 저축이 탕진되었으니, 어떤 사람은 말하기를, '배에서 화재가 발생한 것은 이에 일부러 불을 지른 것인데 조정을 속인 것이다' 했다.

[사신은 말한다. 나라에 기강이 없어지고 인심이 옛날과 같지 않다. 이 때를 당하여 왕명을 받고 국경을 나감에 있어 수백 인을 대동하고서 교활한 나라로 깊숙히 들어가게 되었으니, 비록 군법(軍法)으로 한결같이 제재하여도 오히려 난잡하게 될까 두려워했어야 할 것인데, 홍계희 등은 태연히 느긋한 마음으로 길에 올라 스스로 '대체로 벌써 조치하였는데 내가 무엇을 말할 것이 있겠는가?'라고 여겼으므로, 유폐(流弊)가 이런 지경에 이르렀어도 어떻게 함이 없었으니 개탄스러움을 이루 다 말할 수 있겠는가?]

5424 영조 24/07#30(임오) → 【원전】 43집 304면
[통신사 일행의 일본 강호에서의 견문] 왜1991

사행(使行)이 바다를 건너 모두 세 번 육지에 오르고 수천 리를 가서야 비로소 강호(江戶)에 도착했는데, 이곳은 곧 관백(關白)이 거처하는 곳으로 지리(地理)가 매우 험하였고 경유한 곳의 성호(城濠)는 견고하고 완벽하여 포석(砲石)으로 분쇄할 수 있는 정도가 아니었다. 호에는 모두 물이 가득 차 있었는데 깊이가 두어 길이나 되었으며, 성문에는 조교(弔橋)가 설치되어 있었다. 길가에는 전사(廛肆)가 벌려 있었고 여리(閭里)는 모두 조리 있게 구획되어 문란하지 않았다. 3보(步)가 1칸(間)이고 60간이 정(町)이 되는데, 정에는 중문(重門)을 설치하여 가는 데마다 모두 이와 같았다.

문호(門戶)에 자리를 깐 척도까지도 모두 같아서 조금도 일정하지 않은 것이 없었고 여염(閭閻)의 성대함은 중국(中國)보다 더 나았다. 대체로 모두 군법(軍法)에 의거하여 나라를 세워 법도를 수명(修明)하였으므로 의복(衣服)과 포설(鋪設)에도 모두 법제가 있고 민졸(民卒)의 장물(章物)에도 아울러 표지(標識)가 있어서 향리(鄕里)의 문지기에게 묻지 않더라도 무슨 고을인지 알 수가 있게 되어 있었다. 사행이 도착하는 곳마다 시끄럽게 떠드는 일이 없었고 희궤(餼饋)를 빠뜨리는 일이 없어 우리나라

와 견주어 보면 규모와 법령이 정칙(整勅)되었을 뿐만이 아니었으며, 이 나라에는 과거(科擧)로 인재를 선발하는 일이 없고 모두 세습하고 있었다.

나라에는 모두 70개의 주(州)가 있는데, 주에는 모두 태수가 있고 태수에게는 모두 부수(副守)가 있다. 태수의 가속(家屬)은 모두 강호에 유치(留置)되어 있는데, 각 주(各州)의 태수들은 한 해에 반년은 강제로 강호에 머물게 하며 그 부수로 하여금 머물러서 주(州)의 일을 다스리게 하고 있다. 백성들은 사송(詞訟)이 없고 문학(文學)을 숭상하지 않는데, 대개 글을 쓸 데가 없기 때문이고 오직 승도(僧徒)들은 간간이 문자를 아는 사람이 있었다. 우리 사신(使臣)이 오면 반드시 국(局)을 설치하고 개인(開印)하는데, 대저 수창(酬唱)한 것은 빠짐없이 수집하여 화한수창록(和韓酬唱錄)이라고 호칭하였으니, 이는 왜인이 스스로를 화림(和林)이라 일컫고 우리나라는 삼한(三韓)이라는 호칭이 있기 때문인 것이다. 그들의 이름이 수창록에 오르게 되면 그 영광이 등영(登瀛)에 비견될 정도이다.

관백(關白)이 새로 서면 반드시 우리나라에다 사신을 보내 줄 것을 청하는데, 사신이 그 나라에 도착하게 되면 여러 도(諸島)에 호령하는 패문(牌文)에 '조선(朝鮮)에서 조공을 바치러 들어온다'고 하기에까지 이르러 국가의 수욕(羞辱)이 막심하였다. 그러나 사명을 받들고 간 사람은 매양 일이 생길까 두려워서 그대로 두고 못들은 체하기 일쑤였다. 홍계희 등이 강호에서 7일 동안 머물고 돌아왔는데, 왕복한 노정(路程)에 소요된 날수가 모두 5개월이었고 사폐(辭陛)한 때부터는 모두 9개월이 되었다. 그런데 이들의 기강이 해이한 탓으로 데리고 간 임역(任譯)들이 재화(財貨)를 탐하여 사생(死生)을 잊고 설치느라고 저들의 사정은 전혀 탐지하지 못한 채 우리나라에 대한 말은 이미 여지없이 죄다 누설하였으니, 저들 가운데 만일 인물이 있었다면 반드시 우리나라에 인물이 없다고 여겼을 것이다.

[사신은 말한다. 이적(夷狄)의 나라에 임금이 있는 것이 중화(中華)의 나라에 임금이 없는 경우만도 못하다고 하였다. 우리나라의 제도(制度)는 번번이 중화를 본받고 있는데도 이제 정형(政刑)과 법령(法令)이 도리어 오랑캐만도 못하였다. 그리하여 신사(信使)가 가서 오랑캐들에게 위엄을 보이지 못한 것은 물론, 사적으로 뇌물을 받으면서도 사양할 줄을 몰랐으니, 수모를 받는 것이 그칠 기한이 없게 되었다. 저들 가운데 우리나라의 사정을 엿보는 사람이 있다면 장차 어떻게 여겼겠는가? 임진년에 귤강광(橘康廣)이 부기(府妓)가 향물(香物)을 움켜쥔 것을 보고서 '너희 나라가 장차 망하게 될 것이다'라고 했는데, 지금의

국세(國勢)를 임진년에 견주어 보면 그 때에 어림도 없는 상황이다.]

〈 관련내용 〉
· 영조 24/08/05(정해)→ 홍계희 등을 소견하고 왜국의 사정에 대해 상세히 하문하다   43집 305면
· 영조 24/08/17(기해)→ 일본에서 가져온 답례품을 불태우라 명했다가 정지시키다   43집 305면

5425 영조 24/08/05(정해) → 【원전】 43집 304면
〔조동진을 충청수사로 삼다〕   수11023

조동진(趙東晉)을 충청수사로 삼았다.

5426 영조 24/09/03(갑인) → 【원전】 43집 306면
〔구선복을 황해수사로 삼다〕   수11024

구선복(具善復)을 황해수사로 삼았다.

〈 관련내용 〉
· 영조 24/10/11(임진)→ 신명상을 전라우수사로 삼다   43집 310면
· 영조 24/11/24(갑술)→ 이만유를 경상좌수사로 삼다   43집 316면

영조 25년(1749; 청 건륭14년)

5427 영조 25/05/12(기미) → 【원전】 43집 341면 수11025
〔이경철을 경기수사로 삼다〕   수11025

이경철(李景喆)을 경기수사로 삼았다.

5428 영조 25/07/24(경오) → 【원전】 43집 345면
〔정찬술을 통제사로 삼다〕   수11026

정찬술(鄭纘述)을 통제사로 삼았다.

5429 영조 25/07/28(갑술) → 【원전】 43집 346면
〔군기시에 명하여 썩고 상한 각궁을 모두 대나무로 대신토록 하다〕   수4628

군기시(軍器寺)에 명하여 썩고 상한 각궁(角弓)을 모두 대나무로 대신토록 하였다. 대개 각궁이 비록 평시(平時)에는 좋으나 완급(緩急)할 즈음에는 화피(樺皮)가 떨어져 나가고 아교가 풀리어 비를 이기기에는 마땅하지 못하였다. 임금이 깊이 그 폐단을 알고 대나무로 바꿀 것을 명한 것인데, 이는 호조판서 박문수의 주청에 의한 것이었다.

5430 영조 25/08/20(병신) → 【원전】 43집 349면
〔강화유수 원경하가 해안을 따라 나무를 심을 것을 상서하니 그대로 따르다〕   수4629

강화유수 원경하(元景夏)가 상서하여 예전에 왕식(王式)이 안남도호부(安南都護府)를 위하여 나무를 설책(設柵)했던 법에 의거하여 해안을 따라 나무를 심을 것을 청하니, 그대로 따랐다.

영조 26년(1750; 청 건륭15년)

5431 영조 26/03/02(을사) → 【원전】 43집 364면
〔대신과 비국당상을 인견하여 길주 등 군제의 개편을 논의하다〕 수3754

임금이 대신과 비국당상을 인견하였다.
　좌의정 김약로(金若魯)가 말하기를, "구성필이 장계로 청하기를, '길주(吉州)를 독립된 진(鎭)으로 만들어 병영의 친기위(親騎衛)를 소속시키고 길주 병영은 감영의 예대로 증설하며, 병영 이외의 군관은 모두 출신(出身)의 전함(前銜)을 가진 자로 하면 난리가 있을 때에 힘이 됨은 친기위에 못지 않을 것이고, 변장(邊將)의 자리에 무예가 월등한 자를 가려서 임용하면 반드시 모든 도(道)를 고무시킬 수 있을 것입니다. 또 마천령(摩天嶺) 이북 10개 고을에서 유독 명천(明川)만이 내지(內地)로 되어 있는데, 청컨대 명천까지 아울러 변방의 자리로 만들고, 관북의 배 2백여 척도 길주에서 관할하게 하소서.' 하였는데, 그 청한 바가 모두 적당하니 아울러 그대로 시행하되, 명천을 변방의 자리로 만드는 일은 뒷날의 폐단과 관계가 있는 일이니 시행치 않음이 옳을 듯합니다" 하였다.
　임금이 그대로 따랐다.

5432 영조 26/03/11(갑인) → 【원전】 43집 364면
〔전일상을 경상좌수사로 삼다〕 수11027

전일상(田日祥)을 경상좌수사로 삼았다.

5433 영조 26/05/17(무오) → 【원전】 43집 386면
〔대신과 비국당상을 인견하여 양역에 관한 일을 묻다〕 수2267

임금이 대신과 비국당상을 인견하였다.
　임금이 양역(良役)의 일을 널리 여러 신하에게 물어보면서 말하기를, "내가 임어

(臨御)한 지 몇 해가 되었으나 하나도 이룬 것이 없으니, 나도 몰래 겸연쩍어진다. 지난번 호조판서가 입시하였을 때에 이미 하교한 바가 있었고, 홍계희(洪啓禧)도 아뢴 바가 있어 참으로 가상하였으나, 영부사 김재로(金在魯)는 매양 법을 새로 만들어 내는 것으로 난색을 표하였다" 하였다.

조현명(趙顯命)이 말하기를, "지금의 양역은 실로 망국의 병폐가 되어 있으니, 변통하지 않을 수 없습니다. 네 가지 대책 중에서 결포(結布)가 나을 듯합니다" 하였다.

임금이 말하기를, "나는 호포(戶布)가 낫다고 여긴다. 이종성(李宗城)은 고려가 호포로 망하였다고 말하였으나, 나는 주(周)나라는 갑자(甲子)에 흥하지 않았느냐고 말하였다. 호전(戶錢)은 명분이라도 바르지만 구전(口錢)·유포(儒布)·결포(結布)는 시행할 수 없다. 영성(靈城)은 분등하여 돈으로 걷자고 말하고 있으나, 나는 5전을 원정(元定)으로 하는 것이 좋다고 하였다. 그러나 이렇게 하면 호구는 점점 줄어들 것이고, 또 우리나라 백성은 매우 가난하고 특히 양반은 더욱 가난하니, 5전도 어려울 것이다. 앉아서나 누워서나 생각해 보아도 결국 좋은 방책이 없으나, 진실로 백성에게 이롭기만 하다면 어찌 마음을 다하지 않을 수 있겠는가? 한 무제(漢武帝)가 선술(仙術)을 구하니 동방삭(東方朔) 등이 오직 한마음의 정성에 달렸다고 말하였는데, 나도 문밖에 나가 부로(父老)들을 불러서 편부를 물어 보고 돌아와서 시임·원임 대신과 함께 의정하겠다" 하였다.

조현명이 말하기를, "성상께서 이미 묵묵히 모색하고 계시니, 신민의 복입니다. 국초에 오위(五衛)를 설립하여 사대부나 상인(常人)을 막론하고 남정(男丁)이라면 모두 소속시켰습니다. 임진 병란 뒤에 유성룡(柳成龍)이 5군문(五軍門)을 설치하였으나 하민(下民)만이 치우치게 그 역을 담당하였는데, 어찌 순환의 이치가 없겠습니까?" 하였다.

임금이 말하기를, "하호(下戶)나 잔맹(殘氓)은 5전도 어렵다" 하였다.

조현명이 말하기를, "결포(結布)는 신의 의향인데, 호포·구전·결포 중에서 간편한 것을 취택하여 행하는 것이 좋겠습니다" 하고, 좌의정 김약로는 말하기를, "비유하자면 큰 신이나 작은 신이나 값이 같은 것처럼 대소를 막론하고 모두 5전으로 규정하면 역시 고르지 못할 듯하니, 무엇보다도 기강이 세워진 뒤라야 법령이 행해질 수 있습니다. 전하께서 의지를 분발하여 좋은 규정을 굳게 지키실 수 있다면 내일이라도 시행할 수 있습니다" 하였다.

임금이 말하기를, "좌경(坐更)의 법은 먼저 대군(大君)과 대신해 온으로부터 비롯하였기 때문에 지금까지 행해지고 있는 것이다" 하였다.

김약로가 말하기를, "민가를 빼앗아 입주하는 것을 금하는 법령처럼 한다면, 어찌 행해지지 않겠습니까? 유포(儒布)와 구전은 시행할 수 없으니, 결포와 호포 중에서 정해야 할 것입니다" 하였다.

훈련대장 김성응(金聖應)이 말하기를, "신이 들으니, 외방에서는 혹 4, 5부자(父子)가 군역에 응역하고 있어 원호(元戶)는 1천 호인데 군역은 2천여 명이나 되어 많다고 하니, 호전(戶錢)이 나을 듯합니다" 하고, 예조판서 신만(申晩)은 말하기를, "결포는 본래 부역이 너무 무거워 더 징수할 수 없으니, 구전(口錢)이 나을 듯합니다" 하고, 이조판서 김상로(金尙魯)는 말하기를, "호전은 명분이 바른 것이 참으로 하교하신 바와 같으나 다만 합호(合戶)할 염려가 있으니, 이는 우선 기강을 세우기에 달렸습니다. 분등(分等)에 있어서는 아니할 수 없는데, 대호(大戶)를 1냥으로 한다면 중호(中戶)는 8, 9전이 합당합니다" 하였다.

임금이 말하기를, "호조판서가 어염세(漁鹽稅)를 받아서 보태어 쓰자고 한 것은 의의가 있는 말이다" 하였다.

이조참판 김상성(金尙星)이 말하기를, "몇 백 년 동안의 고질적인 폐단을 갑자기 손을 댈 수 없을 듯하니, 천하를 경영함에는 백성의 적음을 걱정하지 말고 고르지 못함을 걱정하여야 하는 것입니다. 호포와 결포는 비록 명색(名色)의 차이는 있지만 백성에게서 나오는 것은 같습니다. 백성의 호수(戶數)로써 군정(軍丁)의 수효를 헤아리는 것은 합당하지 않음이 많으니, 충분히 상의하여 확정한 후에 결정해야 합니다" 하였다.

그러자, 조현명이 말하기를, "결포는 서북에는 시행할 수 없고 삼남의 전결(田結)은 70여 만 결이 되며 내외 군정(軍丁)의 수효가 거의 97만 명에 이르니, 이 역시 시행할 수 없습니다. 호포가 가장 나을 듯하지만 그러나 사물이 고르지 아니한 것은 사물의 본성인 것입니다. 때문에 안 할 도리가 없어 마땅히 분등을 하여야 하겠는데, 가난한 양반으로 한 치의 땅도 없는 사람한테는 족징(族徵)의 폐단이 없지 않을 듯합니다" 하고, 예조참판 홍봉한(洪鳳漢)은 말하기를, "성상의 뜻이 이미 호전에 뜻을 두고 계시니, 비록 이론이 있더라도 강구해 보아야 마땅할 일입니다. 다만 오로지 돈으로만 걷는다면 돈은 귀하고 무명은 천하게 되니, 역시 폐단이 있겠습니다" 하였다.

〈 관련내용 〉
- 영조 26/03/11(갑인)→ 충청감사의 장계와 양역 변통의 책자를 올리라 명하다   43집 364면
- 영조 26/05/19(경신)→ 홍화문에 나아가 사서인을 불러 양역에 대하여 묻다   43집 368면
- 영조 26/05/19(경신)→ 비국당상을 인견하고 균역에 관한 일을 논의하다   43집 369면
- 영조 26/05/20(신유)→ 왕세자가 대신 등을 인접하고 양역에 대하여 논의하다   43집 369면
- 영조 26/05/22(계해)→ 영의정이 차자를 올려 양역의 경장을 미룰 것을 청하다   43집 369면
- 영조 26/05/23(갑자)→ 비국당상을 소견하여 양역에 대하여 논의하다   43집 369면
- 영조 26/05/29(경오)→ 양역에 대하여 강구하다   43집 369면
- 영조 26/06/05(병자)→ 원경하가 결전의 폐해 등 양역에 대하여 논하다   43집 370면
- 영조 26/06/05(병자)→ 임상로가 민정을 수렴하여 양역을 개혁할 것을 청하다   43집 370면
- 영조 26/06/05(병자)→ 경기감사 유복명이 양역의 폐단에 대하여 논하다   43집 370면
- 영조 26/06/05(병자)→ 원경하·유복명의 소에 대하여 하교하다   43집 370면
- 영조 26/06/19(경인)→ 한림의 회권을 행하고, 양역의 감필에 대하여 논의하다   43집 371면
- 영조 26/06/19(경인)→ 좌참찬 권적이 상서하여 양역의 대책에 대하여 아뢰다   43집 371면
- 영조 26/06/22(계사)→ 우참찬 원경하가 상서하여 호포의 폐단을 아뢰다   43집 371면
- 영조 26/06/22(계사)→ 지돈녕 이종성이 상서하여 호전·결포의 폐단을 아뢰다   43집 371면
- 영조 26/06/22(계사)→ 김양택이 양역절목을 새해를 기다려 반포할 것을 청하다   43집 373면
- 영조 26/07/02(임인)→ 양역의 변통에 대하여 논의하다   43집 373면

5434 영조 26/06/25(병신) → 【원전】 43집 373면
〔정여직을 경기수사로 삼다〕   수11028

정여직(鄭汝稷)을 경기수사로 삼았다.

5435 영조 26/07/02(임인) → 【원전】 43집 373면
〔양역절목을 가져다 보다. 10가지 양역절목의 내용〕   수2268

이날 임금이 양역절목을 가져다 보았다.
절목에는 10개 조목이 있었는데, 첫째, 설청(設廳)[옛 수어청을 균역청(均役廳)으로 이름을 바꾸어 비축하고 충급(充給)하는 장소로 삼는다] 둘째, 결미(結米)[서북 양도 이외의 6도 전결에 대하여

매 결에 쌀 2두 혹은 돈 5전씩을 걷기로 정한다] 셋째, 여결(餘結)[관북 이외의 7도에서 보고된 여결의 숫자는 총 2만여 결이 되는데, 경오조(庚午條)부터 본청에 납세하여 양포(良布)의 반절을 감한 수량에 충당한다] 넷째, 해세(海稅)[제도의 어염세(漁鹽稅)로 균세사(均稅使) 및 감사에게 분정(分定)한다] 다섯째, 군관(軍官)[양민으로 교생(校生)이나 관(官)에 투입한 자를 따로 군관으로 만들어 베를 받아 감축된 베의 수량에 충당한다] 여섯째, 이획(移劃)[군포를 감축한 뒤에 선혜청의 저치미(儲置米)와 해서의 상정미(詳定米) 합 1만 석을 잘라 저치하고 본청에 이획하여 감축된 베의 대상으로 보태어 준다] 일곱째, 감혁(減革)[군문과 제사(諸司)의 구제(舊制)에 약간의 변통을 가하고 외방의 영읍진(營邑鎭)의 각종 명목에 형편대로 재감을 더 하여 감축된 베의 수량에 대신한다] 여덟째, 급대(給代)[대신해 줄 수량을 죽 나열하여 기록하고 정식(定式)하여 해마다 예를 살려서 거행하게 한다] 아홉째, 수용(需用)[본청의 쌀과 무명은 대신 줄 것 이외에는 조금도 다른 곳에 쓸 수 없기 때문에 낭관은 실직(實職)이 있는 사람으로 겸하게 하고 이예(吏隸)도 본료(本料)로 낮추어서 이차(移差)한다] 열째, 회록(會錄)[1년 동안 대신 주고 남은 수량은 각 도로 하여금 받아 두게 하고 연말에 개록(開錄)하여 본청에 보고하여 흉년에 진휼의 양자(糧資)로 비축한다] 등이었다.

하교하기를, "이번 일은 오로지 나라를 위하고 백성을 위한 일이다. 이제는 성책(成冊)이 모두 도착하였고 두서(頭緖)도 잡혔으나, 절목에 대하여 대신과 여러 신하들의 뜻이 서로 다른 바가 없지 않고 나의 뜻이 같지 않은 바가 없지 않다. 아! 이 일에 대하여 나는 긍정도 부정도 하지 않겠다. 지난번 연중(筵中)에서 '백성에게 만일 혜택이 있게 된다면, 그 공을 경 등과 함께 나누고, 백성에게 원망이 있게 된다면 그 원망은 나 혼자 듣겠노라'고 하교한 바가 있다. 아! 이 마음은 하늘을 두고 맹세할 수 있다. 백성을 위해서 강구하는 일을 어찌 대충할 수 있겠는가? 내일은 궐문에 임할 것이니, 우리 백료(百僚)와 서사(庶士)는 임금이 더위를 무릅쓰고 문에 임하는 뜻을 본받아 편부(便否)에 상관없이 헌의(獻議)할 사람은 모두 궐문 앞으로 나오너라" 하였다.

〈 관련내용 〉
· 영조 26/07/03(계묘)→ 홍화문에 나아가 양역에 대해 하유하다   43집 373면
· 영조 26/07/03(계묘)→ 양역의 변통에 대한 하교   43집 374면

5436 영조 26/07/03(계묘) → 【원전】 43집 374면
[박문수가 상서하여, 용관을 줄이고 주현을 합치는 등의 변통론을 아뢰다]   수2269

호조판서 박문수가 상서하였는데, 대략 이렇다.

"지금 양역(良役)의 폐단은 하늘에 사무쳤으니, 어찌 소소한 경장(更張)과 추이(推移)로 구제할 수 있는 일이겠습니까? 당초에 신이 양역의 혁파를 제안한 것은 전부를 제감하자는 것이었지 1필만 감하자는 것이 아니었으며, 크게 변통하자는 것이었지 조금만 추이하자는 것은 아니었습니다. 반드시 용관(冗官)을 줄이고 주현(州縣)을 합치며, 진보(鎭堡)를 감하고 불급한 군병을 도태시키며, 그 위에 어염세를 더 증설하여 부족한 양만을 헤아려서 아주 가볍게 호구마다 거두고 2필의 양역은 혁파하자는 것이었습니다.

용관을 줄인다는 것은 무엇을 말함이겠습니까? 관원이 잡다하면 정사만 방대하여집니다. 지금의 각사(各司)로 말하더라도 전혀 맡은 바 직무가 없는 곳이 있으니, 이는 전부를 없애야 하는 것입니다. 같은 직사를 나누어 맡은 곳이 있으니, 이것은 합쳐야 하는 것입니다. 인원은 많고 일은 없는 곳이 있으니, 이것은 줄여야 하는 것입니다.

주현을 합친다 함은 무엇을 말함이겠습니까? 고을이 적으면 부역은 많아져서 백성이 감당하지 못합니다. 전에도 묘당에 호소하여 고을을 혁파해 달라고 청하기까지 한 일이 있으니, 그 정상이 참으로 불쌍합니다. 6도 내에서 작은 고을 5, 60곳을 큰 고을과 합치면 백성의 힘도 풀리고 나라의 비용도 크게 줄어들 것입니다. 옛날 한나라 광무제(光武帝)는 유사(有司)에게 조칙을 내리기를, '관청을 늘려 관리를 둔 것은 백성을 위하려는 것인데 지금은 호구는 줄어들고 관리가 오히려 많으니, 관리를 감축하고 주현을 줄여라' 하였습니다. 이에 모두 4백여 고을을 줄이고 관리도 감축하여 열에 하나만 두었습니다. 이는 한 번 호령함에 불과하였지만 조치의 정당함이 이와 같았으니, 중흥(中興)의 영주(令主)임에 손색이 없다고 하겠습니다.

진보를 감하자는 것은 무엇을 말함이겠습니까? 우리나라의 진보는 매우 많아서 삼남으로 말하더라도 5리, 10리, 20리에 소소한 진보가 겹겹이 잇대어 있으나 있고 없고가 완급에는 별 상관도 없이 앉아서 호령하고 병졸만 못살게 굴며 제 욕심만 채워 백성에게 폐만 끼치는 것이 모두 그러합니다. 설치한 본의를 생각해 보면 임진년에 병란을 겪은 땅이라 하여 대비하려고 함이 어찌 아니겠습니까? 그러나 적의 출몰은 본래 정해진 형적이 없어 신라와 고려 때에는 왜구의 침략이 관동에 많이 있었는데 지금은 관동 9군(郡)에 다만 월송(越松)의 쇠잔한 진보 하나만이 있으니, 대비하는 도리에 있어서 한 곳에는 듬성듬성하고 한 곳에는 빽빽한 것은 화살을 따라다니며 과녁을 세우는 것과 비슷하지 않겠습니까? 또 적을 막는 길은 오로지 장수다운 사람을 얻고 못 얻고에 달려 있는 것입니다. 하나의 통영인데도 원균(元均)이 장수가 되니, 군대 전체가 패망하고, 이순신이 장수가 되니 가는 곳마다 겨룰 만한 상대가 없었습니다. 통영도 이러한데 소소한 진보는 말할 것이나 있겠습니까? 하물며 이순신 당시에도 이렇듯 허다한 진보가 있어서 힘이 되어 주었습니까? 이제는 그 중 긴요치 않은 진보 4, 50곳을 혁파하고 가장 요해처에 대진(大鎭)을 두어 방수할 수 있도록 하는 것이 옳습니다.

용병을 도태한다는 것은 무엇을 이름이겠습니까? 국고를 탕갈시킴은 쓸데없는 군병보다 더함이 없습니다. 지금 서울에 있는 군문으로 말하더라도 군영의 이름이 너무 많고 쓸데없는 비용도 심히 많아 식자의 깊은 걱정거리가 되어 왔습니다. 금위영의 설치는 다른 영문보다 가장 늦어서 전후로 여러 신하들이 혁파를 청한 것만도 한두 번에 걸쳐 그친 것이 아니므로 공의를 알 수 있겠습니다. 지금 양역에 폐가 생겨 장차 나라가 망하게 되는 데에 이르게 될 관국이니, 군문을 그대로 두고 나라를 병들게 하는 것과 군문을 혁파하고 나라를 이롭게 하는 것과는 어느 쪽이 낫겠습니까? 그러나 오위(五衛)에서 번을 세우던 제도를 지금 갑자기 회복하기도 어렵고, 사직을 보위하고 적을 방어하는 도리를 조금도 늦출 수는 없으니, 오래 된 훈련도감과 어영청은 파할 수 없다고 하더라도 나중에 실시한 금위영마저 파하지 못할 까닭이 무엇이 있겠습니까? 금위영를 파하면 두 군영만이 남는데 서울[輦下]의 친병(親兵)을 온전히 훈련도감에 소속시키면 그 권한이 무거워지고, 어영청은 평상시에 거느릴 칠색 표하병(七色標下兵)과 오초(五哨)의 향군(鄕軍)뿐이니 그 권한이 가벼워집니다. 그러나 일국 내에 다만 이 두 군문만이 있게 되어 병권(兵權)을 편파적으로 중하고 경하게 할 수는 없으므로. 훈련도감의 친병을 반으로 나눠 어영청에 이속시키고 어영청의 향군을 1만 명으로 감하여 그 절반을 훈련도감에 이속시켜 위세가 고르고 힘이 대등하기를 한나라 남북군의 제도와 같이 한다면 실로 장수도 어거하고 군병도 절제하는 도리에 합당할 것입니다.

이밖에 수군으로 말하자면 전선(戰船)은 따로 연해에 두고 수군은 산군(山郡)에 흩어져 있으므로 산군의 무명을 거두어다가 토병(土兵)을 대신 세운 값으로 주니, 육번(六番)은 기왕 고용(雇傭)에서 나오는데 번포(番布)는 달마다 진영에 실어 보내지고 있습니다. 또 바다에 일이 없은 지가 1백여 년이 되었으니, 변장(邊將)이 된 자가 한 달에 받은 것을 삭감하지 않고 제대로 대립자(代立者)에게 줄 리가 있겠습니까? 연해의 전선에는 병졸 하나 없이 허다한 번포(番布)는 모두 변장에게 돌아가고 맙니다. 당초에 조정에서 설치한 의도만은 참으로 좋았지만 이제는 유명 무실하기가 이 지경에 이르렀으니 비록 변통하는 때가 아니더라도 의당 빨리 고쳤어야 했는데, 하물며 이렇듯 크게 경장(更張)하는 때에 있어서이겠습니까? 이제는 마땅히 베만 내는 수군은 혁파하여 연해의 각 고을을 전선이 있는 진영에 전속시켜 모두 수군을 만들고 봄가을로 조련을 시켜, 만에 하나 불의의 사태가 발생하여 아침에 영을 내리면 아침에 모이고 저녁에 영을 내리면 저녁에 모이도록 하여야 할 것입니다. 어떻게 바람이 잔잔한 6개월간만 실시한다고 하겠습니까? 하물며 지금의 이른바 육번(六番)은 병졸 하나의 입번자(立番者)도 없지를 않습니까? 비록 전선이 있는 각 고을로 말하더라도 베를 내는 수군도 없이 다만 조련에 나가는 속오군(束伍軍)만 있으니, 이번에 전속시키면 어찌 전보다는 크게 낫지 않겠습니까?

 양역을 혁파하면 각 진영, 각 고을에서 사사로이 모집하던 것도 파하라고 하지 않아도 저절로 파해질 것입니다. 그러면 일국의 양정(良丁)이 모두 국가의 소유가 될 것이므로 양정마다 쌀 몇 말씩을 받아 정미(丁米)라고 이름하면 2필, 1필의 고역은 쌀 몇 말로 내려져서 백성의 힘이 펴질 것이며, 칠반 군보(七般軍保)라는 천한 이름도 바뀌어 정(丁)이 되니, 민심이 즐거워할 것입니다. 감축된 것을 말하자면 용관이 줄고, 주현이 합쳐지며, 진보가 감소되고, 금위영이 혁파되며, 수군이 폐지되고 양역이 없어지는 것입니다. 얻어지는 것으로 말하면 용관이 줄어지니 소득이 있고, 주현이 합쳐지니 소득이 있으며, 진보가 감소하니 소득이 있고, 금위영이 혁파되니 소득이 있으며, 수군이 혁파되니 소득이 있고, 양역이 없어지니 소득이 있으며, 어염세가 생기니 소득이 있다고 할 수 있습니다. 이러한 소득을 가지고 아주 가볍게 호구마다 고루 부과하는 것이 신의 본뜻이었습니다"

 박문수는 또 소에서 스스로 그만두겠다는 뜻으로 아뢰었는데, 조재호(趙載浩)와 조당(朝堂)에서 다툰 일이 있었기 때문이었다. 소가 들어가자 임금이 재촉하여 나와서 기다리라고 하였으나 끝내 명에 응하지 않자, 정리(廷吏)에게 내렸다가 이어 폄(貶)하여 충주목사(忠州牧使)를 삼고 삼남의 어염(漁鹽)에 관한 일을 맡아보게 했다.

〈 관련내용 〉
· 영조 26/07/04(갑진)→ 양역의 변통 등에 대해 논의하다　　　　　　43집 375면
· 영조 26/07/05(을사)→ 양역에 관한 일로 대신 비국당상을 인견하다　43집 375면
· 영조 26/07/09(기유)→ 양역의 절반을 감하라고 명하다　　　　　　43집 375면
· 영조 26/08/05(을해)→ 삼정승이 양역의 절목 및 별단 등을 바치다　43집 377면
· 영조 27/01/05(계묘)→ 균역당상 등과 별군관 등 양역변통 대책에 대해 논의하다　43집 393면

5437 영조 26/08/10(경진) → 【원전】 43집 377면
〔도목정을 행하여 윤구연을 전라우수사로 삼다〕　　　　　　　　수11029

도정(都政)을 행하였다. 윤구연(尹九淵)을 전라우수사로 삼았다.

〈 관련내용 〉
· 영조 26/09/20(기미)→ 권경을 경상좌수사로 삼다　　　　　　　　43집 382면
· 영조 26/09/21(경신)→ 손진민을 충청수사로 삼다　　　　　　　　43집 382면

5438 영조 26/09/26(을축) → 【원전】 43집 382면
〔독성산성에 올라 임진왜란 때의 일을 상고하다〕　　　　　　　수4630

임금이 수원을 지나면서 독성산성(禿城山城)에 올라 해문(海門)을 바라보면서 승지 황경원(黃景源)을 돌아보며 말하기를, "해문에서 등주(登州)까지의 거리는 몇 리나 되는가?" 하였다.

황경원이 대답하기를, "동강(東江)에서 등주까지는 3천9백58리입니다" 하였다.

임금이 탄식하기를, "수길(秀吉)의 난리에 도독 진인(陳璘)이 광서·광동의 수군을 거느리고 행장(行長)과 노량(露梁)에서 싸워 크게 격파해 행장이 도망하였다. 남한산성(南漢山城)이 포위당하자 총병관 김일관(金日觀)이 산동 여러 진의 수군을 거느리고 가서 구원하려 했는데, 군사가 이르기 전에 성이 이미 함락되어 비록 성공하지는 못했으나 내가 어찌 차마 황제의 은혜를 잊겠는가?" 하였다.

그러자, 황경원이 말하기를, "신은 듣건대, 김일관이 여러 장수인 초계공(楚繼功) 등과 장산(長山)에 이르러 오랑캐와 서로 7일간 밤낮으로 버티다가 힘이 지탱할 수

가 없어 마침내 죽었는데, 의종(毅宗)이 조서를 내려 특진 광록 대부 태자 태사(特進光祿大夫太子太師)를 추증하고 바닷가에 사당을 세웠으며, 초계공 등에게는 차등있게 휼전을 내렸다고 하니, 매우 불쌍합니다" 하였다.

이 때 산 위에 상수리가 떨어지자 좌의정 김약로가 손으로 그것을 어루만지니, 임금이 웃으면서 말하기를, "대신은 어찌하여 상수리를 좋아하는가? 나는 시물(時物)을 보고 명나라가 한참 강성할 때를 생각하니, 그 때는 사신(使臣)들이 조천(朝天)하였지만 지금은 할 수 없게 되어 천자에게 조회(朝會)도 영원히 바랄 수 없게 되었으니, 어찌 서글프고 슬프지 않겠는가?" 하고, 인하여 울먹이며 눈물을 흘렸다.

황경원에게 명하여 독성(禿城)의 군기(軍器)를 살펴보게 하였는데, 돌아와 말하기를, "궁시(弓矢)와 검극(劍戟)·기고(旗鼓)가 모두 낡아서 성을 지킬 수가 없습니다" 하였다.

임금이 엄하게 하교하여 개수하도록 하였다.

5439 영조 26/11/23(임술) → 【원전】 43집 388면
〔진보의 혁파·어염과 군관의 일 등을 논의하다〕 수3755

임금이 대신과 균역당상(均役堂上)을 인견하였다.

균역당상 홍계희(洪啓禧)가 아뢰기를, "지난번 경상감사 민백상(閔百祥)의 장계를 보건대 말하기를, '수군에게 줄 양미(糧米)를 마련해 낼 곳이 없으니, 긴요하지 않은 진보(鎭堡) 서너 곳을 혁파하고, 다대포(多大浦)의 전선(戰船) 2척 가운데 한 척을 줄여야 하니, 전선 한 척을 줄이면 수군이 거의 1천 명에 이르러 크게 도움이 되겠습니다' 하였습니다. 다대포는 선항(船港)이 아주 좋아 다른 진에 비교할 바가 아니어서 당초 세 척을 마련해 둔 것은 깊은 뜻이 있었으니, 지금 줄여서는 안 됩니다. 진보에 이르러서는 임진년 후에 징창(懲創)하여 설치한 것이 매우 많아서 두모포(豆毛浦)나 개운포(開雲浦) 등은 모두 한곳에 있어 매우 긴요하지 않습니다. 신이 해행(海行)할 때에 자세히 보고는 마땅히 감해야 한다고 여겼으며 입시한 승지(承旨)도 그 때 신과 함께 보았습니다" 하였다.

승지 남태기(南泰耆)가 말하기를, "동래(東萊)의 여러 진(鎭)은 거의 바둑알처럼 설치되어 있어 과연 긴요하지 않아서 비록 한두 곳을 감하더라도 무방할 것입니다" 하

고, 이조판서 김상로(金尙魯)는 말하기를, "다대포는 형편이 가장 좋아서 부산(釜山)에 비할 바가 아닙니다. 앞에 큰 바다가 있고, 산맥(山脈) 한 줄기가 바다로 들어가 둘러싸 하나의 큰 호수와 같아서 전선(戰船)을 더 설치해야지 어찌 줄이겠습니까?" 하였다.

그러자, 남태기가 말하기를, "다대포는 배를 대어 두기에 가장 편리하여 사람들 모두가 좌수영(左水營)을 마땅히 이곳으로 옮겨 설치해야 한다고 말합니다. 대개 좌수영 앞의 항구(港口)는 모래가 메워져 선박을 대기가 편리하지 못하기 때문입니다" 하였다.

임금이 말하기를, "후에 그림으로 그려 들이라" 하였다.

홍계희가 말하기를, "다대포의 전선(戰船)은 참으로 감해서는 안되나 긴요하지 않은 진보(鎭堡)는 줄이더라도 조금도 방해될 게 없습니다" 하니, 김상로가 말하기를, "진보의 있고 없음을 관계할 것 없이 혁파하여 수군을 줄이는 것이 매우 좋습니다" 하였다.

이조참판 조국영(趙國榮)이 말하기를, "진보를 혁파하면 전선(戰船) 역시 줄여야 합니다. 전선 하나에 딸린 군병(軍兵)이 8백여 명이니, 긴요하지 않은 자를 줄이면 균청(均廳)의 일에 도움이 됩니다. 포항(浦項)·산산(蒜山) 등속과 감목(監牧) 몇 자리를 오래 근무하는 자리로 만들어 두면 비록 4, 5개 진보를 감하더라도 장사(將士)들이 실망할 염려는 없을 듯합니다" 하였다.

5440 영조 26/11/25(갑자) → 【원전】 43집 388면
[정양빈을 경기수사로 삼다] 수11030

정양빈(鄭暘賓)을 경기수사로 삼았다.

〈 관련내용 〉
· 영조 26/11/28(정묘)→ 이진철을 전라우수사로 삼다 43집 388면
· 영조 26/12/19(무자)→ 원필규·조동정을 각각 수사로 삼다 43집 390면

영조 27년(1751; 청 건륭16년)

5441 영조 27/01/03(신축) → 【원전】 43집 392면
[각 진의 혁파 대책에 대한 경상감사 민백상의 상소]   수3756

경상감사 민백상(閔百祥)이 상소하였는데, 대략 이렇다.
"신이 지난번에 긴요하지 않은 각 진을 혁파하여 다른 진에 옮겨 보충하자는 뜻으로써 사유(事由)를 갖추어 장달(狀達)하였습니다. 그리하여 마침내 단참(單驂)으로써 순찰(巡察)을 떠나 연해의 각 진을 두루 살펴보았고 해방(海防)의 고로(故老)들을 불러서 그 해로(海路)의 험란하고 평탄한 것과 연혁(沿革)의 고사(故事)에 대해 물어 보았습니다. 또 좌우(左右)의 수신(帥臣)들과 난만(爛漫)하게 상의하였더니, 그들은 말하기를, '동래(東萊)의 다대포(多大浦)·개운포(開雲浦)·두모포(豆毛浦)·서평포4(西平浦)·부산포(釜山浦) 5진과 웅천(熊川)의 가덕(加德)·천성(天城)·안골(安骨)·청천(晴川)·신문(新門)·제포(薺浦) 6진과 거제(巨濟)의 장목(長木)·조라(助羅)·옥포(玉浦)·지세(知世)·율포(栗浦)·소비포(所非浦)·가배량(加背梁) 7진은 모두 한 조그마한 고을 안에 처하여 실로 중첩되고 긴요하지 않은 개탄스러운 점이 있으나, 이 곳은 왜선이 왕래하거나 표박(漂泊)하는 곳으로 진장(鎭長)이 얼마가 되고 선척(船隻)이 몇 개쯤 된다는 것을 저들이 모두 익히 보아서 잘 알고 있으니, 애당초에 창설(創設)을 하지 않았다면 그만이겠지만 이미 창설을 하였다가 다시 철거를 한다는 것은 결국 변방의 위엄을 견고하게 하는 도리가 아니니, 아직은 경솔하게 혁파를 의논할 수가 없습니다' 하였습니다. 이것도 또한 의견이 있으니, 이것은 그대로 두고 거론하지 마소서.
고성의 사량포(蛇梁浦)와 진주의 적량포(赤梁浦)는 모두가 절도(絶島)의 단진(單鎭)이고, 고성의 구소비(舊所非)는 우수영의 구기(舊基)를 위해서 설치한 것이고, 남해의 미조항(彌助項)·평산포(平山浦)는 혹은 깊고 먼 바다에 들어가 있어 보경(報警)에 긴요하기도 하고 혹은 호남(湖南)의 좌수영과 마주 대하여 성세(聲勢)가 서로 원조되

기도 하니, 이 다섯 진은 비록 왜선이 오고 가는 곳은 아니지만 또한 혁파할 수가 없습니다. 그 나머지의 각 진들은 그 형편의 경중에 따라서 혹은 혁파하기도 하고 혹은 보존하기도 하여 조금도 방해가 없을 것입니다. 대개 좌도(左道) 연해는 동래(東萊)·기장(機張) 이북은 애초에 밀물이나 썰물이 나가고 들어오는 일이 없는데 파도(波濤)가 스스로 서로 부딪쳐 언덕 위를 때립니다. 그리고 또 언덕의 돌이 높고 날카로워 우리나라의 선척은 비록 혹시 간간이 정박할 수 있는 곳이 있지만 경박(輕薄)한 왜선 같은 것은 애당초 무리를 지어 일제히 정박할 장소가 없기 때문에 왜선이 가장 두려워하는 곳이 좌도 연해 같은 데가 없습니다. 그러므로 경주(慶州)의 감포(甘浦), 영해(寧海)의 축산포(丑山浦), 흥해(興海)의 칠포(漆浦), 장기(長鬐)의 포이포(包伊浦)는 임진년 이후로 그곳이 쓸모가 없다는 것을 알게 되었던 것입니다.

그러므로 본도의 감영(監營)으로부터 장문(狀聞)하여 동래 수영성(水營城) 밑으로 이전시킨 것인데, 이것은 대개 수영(水營)의 책응(策應)하는 장소이며 이전(移轉)하는 지역으로써 관액(關阨)의 요해지를 삼아서 그런 것은 아닙니다. 수영에 이미 4척의 전선(戰船)이 있고 또 그 수십 리의 안에 부산(釜山) 등 7척의 전선이 있고 또 그 동쪽으로 1백 리의 안에 서생포(西生浦) 등에 3척의 전선이 있으니, 이것으로 충분히 위급한 시기의 우익(羽翼)이 될 수가 있습니다.

그렇다면 수영 아래 새로 옮긴 4진의 잘못 배치하고 중첩으로 설치한 것이 어찌 매우 무의미하지 않겠습니까? 좌도에서 폐지할 수 있는 곳이 이 4진 같은 데가 없는데, 지금 만일 모조리 혁파해 버린다면 수영이 조잔(凋殘)하게 될 우려가 없지 않을 것입니다. 그 가운데서 포이진(包伊鎭)의 포구에 있는 것은 그대로 두고 축산(丑山)·감포(甘浦)·칠포(漆浦)의 성(城) 좌우에 있는 것은 폐지하는 것이 결단코 의아스럽게 여길 만한 점이 없습니다.

우도(右道) 연해는 칠원(漆原)의 귀산포(龜山浦)와 웅천의 풍덕포(豊德浦)는 내양(內洋)의 산이 둘러싼 지역에 처하여 있어서 외양(外洋)과는 멀리 떨어져서 피란(避亂)의 장소라고 말할 수는 있지만 외적을 방어하기에는 맞지 않습니다. 그리고 또 귀산포는 과거 갑인년에 비로소 별장을 배치하였다가 그 뒤 을유년에 그것을 폐지하고 그 전선을 옮겨다가 가덕(加德)의 제2선(船)으로 삼았으며, 그 뒤 계축년에 본도의 장문으로 인하여 다시 도로 설치하여 별도로 전선 하나를 배치하였습니다. 혹은 혁파하기도 하고 혹은 설치하기도 하여 이와 같이 누차에 걸쳐서 변경하였으니, 애당초 긴요하지 않았다는 대강을 알 수가 있는 것입니다. 풍덕포는 본래 병영(兵營)으로서 별장을 주둔시켰는데, 임진년 이후에 통제사의 장계로 인하여 전선을 설치하고 방포(防布)를 지급하다가 칠원의 경계로 이전했는데, 이는 새로 소모(召募)한 것이지만 처한 바가 또한 요충지는 아닙니다. 남해(南海)의 상주포(尙州浦)는 금산(錦山)의 아래에 위치하여 전쟁과 수비에 있어 모두 불리합니다. 만일 단지 보경(報警)만을 위한 것이라면 금산의 망봉(望烽)으로도 충분할 것입니다. 곡포(曲浦)는 다만 선창(船艙)이 좋지 않을 뿐만 아니라 하나의 섬 안에 많은 진을 배치하는 것은 진실로 거듭 겹쳐지게 되는 것입니다. 거제(巨濟)의 영등포(永登浦)와 고성의 남촌포(南村浦)·삼천포(三千浦)·당포(唐浦)는 통영(統營) 여덟 전선의 아래에 있는데, 모두가 내양(內洋)의 한만(閑漫)한 지역입니다. 오직 이 귀산포 이하의 여러 진은 신은 혁파할 수 있다고 생각하기 때문에 이런 뜻으로써 통제사 정찬술(鄭纘述)에게 의논하였더니, 그가 말하기를, '귀산포는 바로 창원(昌原)의 해로(海路)로 인후(咽喉)이며 남촌포·삼천포·당포는 모두가 바로 해구(海口)의 방수(防戍)이니, 폐지할 수 없다'하고, 그 나머지에 대해서는 가타부타하는 말이 없었습니다.

그런데 귀산포가 이미 창원의 인후(咽喉)라면 그 전선은 진실로 폐지할 수가 없으나 우도 연해의 각 고을에는 각각 한 척의 전선이나 혹은 두 척의 전선이 있는데 오직 칠원만 없으니, 이제 만일 귀산포의 첨사를 폐지하고 그 배[船]를 칠원에 옮겨서 준다면 전기(戰器)는 예전 그대로이고 방포(防布)도 줄일 수가 있을 것입니다. 남촌포(南村浦) 등 3진의 수신(帥臣)은 이미 방수(防守)를 한다고 하고 선척을 또 전선이 있는 지방관에게 거듭 줄 수가 없으니, 그대로 두어도 아마 무방할 듯합니다.

대개 좌도에서 폐지할 수 있는 곳은 축산포·감포·칠포이고 우도에서 폐지할 수 있는 곳은 풍덕포·상주포·곡포·영등포인데, 칠원의 귀산포를 또 이속(移屬)을 허락한다면 급미(給米)로 줄일 수 있는 것이 2천3백40석쯤 되고 방포로 얻어지는 것이 2백15동(同) 6필(疋)이 됩니다. 매필마다 미(米) 6두를 만들면 4천3백2석쯤 되니, 줄일 수 있고 얻을 수 있는 수량을 통계하면 도합 6천6백40석쯤 됩니다. 이 수량으로써 분정미(分定米) 8천4백여 석에 계산하여 제하면 부족한 바가 1천8백 석쯤 됩니다. 이것은 각 고을의 월름(月廩) 가운데 나아가 짐작(斟酌)하여 손감(損減)해서 그 수량을 기준한다면 다만 뜻이 바르고 말이 이치에 맞을 뿐만 아니라 공사(公私)간에 모두 그 편리함을 얻게 될 것입니다. 불필요한 관원을 제거하고 쓸데없는 비용을 줄이는 것은 실로 또한 나라를 경영하는 장구(長久)한 계책(計策)이 될 수 있습니다"

비답하기를, "비국으로 하여금 소상하게 품의(稟議)하게 하라" 하였다.

〈 관련내용 〉
- 영조 27/01/04(임인)→ 대신 등을 인견하여 영남진보의 혁파 등을 논의하다   43집 393면
- 영조 27/01/17(을묘)→ 대신 등을 인견하여 선무군관·영남진보 등의 일을 논의하다   43집 393면

5442 영조 27/01/17(을묘) → 【원전】 43집 393면
〔고령·혜산·아이·다대포로써 변지과를 만들어 영구히 정식으로 삼다〕   수3757

고령(高嶺)·혜산(惠山)·아이(阿耳)·다대포(多大浦)로써 변지과(邊地窠)를 만들어 영구히 정식(定式)으로 삼았으니, 좌의정 김약로(金若魯)의 청을 따른 것이었다.

5443 영조 27/02/05(계유) → 【원전】 43집 394면
〔대신과 비국당상을 인견하여 어염세의 변통에 대해 논의하다〕   기3097

임금이 대신과 비국당상을 인견하였다.
  임금이 말하기를, "어염세(漁鹽稅)를 정한 것에 대해 이현중(李顯重)은 말하기를, '해부(海夫)에게 이익이 없다'고 한다" 하였다.
  우참찬 원경하(元景夏)가 말하기를, "지금의 이 변통(變通)이 해민(海民)에게 혜택이 되는 것 같지만 호남균세사(湖南均稅使)가 성책(成冊)한 것을 보니 어망(漁網)과 어전(漁箭)에 대해 낱낱이 세를 정하였으니, 뒤에 비록 감파(減罷)하는 일이 있다 하더라도 해마다 장부를 살펴서 세금을 징수한다면 그 폐단이 백골(白骨)의 징수와 차이가 없을 것입니다. 성상의 생각은 특별히 해민(海民)을 걱정하여 중첩된 세를 덜고자 한 것이지만, 도리어 폐해가 있습니다" 하였다.
  임금이 말하기를, "1, 2년 동안 시험해 보면 알 수 있을 것이다" 하였다.

5444 영조 27/02/09(정축) → 【원전】 43집 395면
〔균세사 박문수와 선세·군관포 등에 대해 논의하다〕   수4631

약방(藥房)에서 입진(入診)하였다.

균세사 박문수가 말하기를, "영남(嶺南)의 선세(船稅)는 종전의 정식(定式)이 대선(大船)은 4냥, 중선(中船)은 3냥, 소선(小船)은 2냥이었는데, 중년(中年)에 각각 1냥씩을 감하여 3분(分)에서 1분의 수량을 감해 주었습니다. 그런데 입법(立法)하는 초기에 헐하게 정할 수가 없기 때문에 신이 종전의 정식을 취하여 작정(酌定)하였습니다" 하였다.

임금이 말하기를, "영성(靈城)이 이미 왔으니, 여러 당상(堂上)과 더불어 강정(講定)하는 것이 마땅할 것이다" 하였다.

박문수가 말하기를, "호남의 상선(商船)은 그 이익이 매우 많으나 영남은 도내(道內)의 행상(行商)에 지나지 않고, 좌도(左道) 연해는 단지 동해의 소산뿐이므로 이익이 호남만 같지 못합니다. 그러므로 상선은 20냥으로써 작정하였는데, 이것은 남거나 모자랄 우려가 없을 것입니다" 하였다.

그러자, 임금이 말하기를, "관동(關東)의 상선은 그 세(稅)가 얼마인가?" 하였다.

박문수가 말하기를, "모두 합한 숫자가 4천7백여 냥입니다" 하였다.

임금이 말하기를, "별군관(別軍官)의 일은 어떠한가?" 하였다.

박문수가 말하기를, "조가(朝家)에서 일을 할 적에는 마땅히 뜻이 바르고 말이 이치에 맞아야 합니다. 필(疋)을 감한 대신에 군관포(軍官布)로 충당한다는 뜻으로써 곧바로 선포(宣布)하는 것이 옳을 것입니다. 어찌 군관과거(軍官科擧)로써 칭하여 약점을 보일 수가 있겠습니까?" 하였다.

그러므로, 임금이 말하기를, "나의 생각도 또한 그러하다" 하였다.

5445 영조 27/02/21(기축) → 【원전】 43집 395면

〔균역청당상 및 균세사를 소견하여 어염선세와 북도의 진휼 등을 논의하다〕 기3098

임금이 군역청당상 및 균세사(均稅使)를 소견(召見)하였다.

영남균세사 박문수가 말하기를, "신이 명을 받고 내려갔는데, 어염세(漁鹽稅)를 오직 백성의 이익만 따져보면 국가의 용도(用途)에는 부족하고 만일 국가의 용도를 위한다면 혜택이 다 미치지 못하기 때문에 경중(輕重)을 참작하여 결정하였습니다" 하였다.

임금이 말하기를, "곽전(藿田)도 또한 어염(漁鹽) 가운데 들어갔는가?" 하였다.

박문수가 말하기를, "명칭은 비록 곽전이지만 물속에서 캐기 때문에 함께 포함시켰습니다. 영남(嶺南)의 행상선(行商船)은 5만 냥을 얻을 수가 있기 때문에 3만 냥으로써 결정하였고 관동(關東)의 곽전 어조(藿田漁條)는 4천8백 냥으로써 결정하였는데, 이 수량은 더할 수도 없고 감할 수도 없습니다" 하였다.

그리고, 호남균세사 이후(李㻩)가 말하기를, "무릇 어선(漁船)은 다 그물이 있는데, 선박이 있는 자는 반드시 스스로 그물을 갖추지 못하고 그물이 있는 자도 스스로 선박을 갖추지 못하였기 때문에 선박과 그물에 대해 다같이 세금을 정하였습니다. 그런데 이제 영남의 절목(節目)을 보니, 망세(網稅)가 없습니다. 박문수가 말하기를, '이미 선세(船稅)를 거두고 또 그물세를 받는다면 왕정(王政)의 할 수 있는 것이 아니다' 하였으니, 그 말이 옳습니다. 그리고 또 신이 정세(定稅)한 것은 4분의 1을 감하였는데 영남은 5분의 1로써 세금을 정한 것은 의도가 적게 거두려는 데 있으니, 한 나라의 안에서 다름이 있을 수가 없습니다. 영남세에 의하여 작정(酌定)하는 것이 좋겠습니다" 하였다.

임금이 말하기를, "경의 마음이 귀중하다" 하였다.

박문수가 말하기를, "호조에 진어(眞魚) 한 마리의 세(稅)가 있으니, 고인(古人)의 일이 옳습니다. 벌구리(筏仇里)의 소소한 곳들을 만일 작은 곳이라고 해서 감한다면 백성들이 모두 그 큰 곳을 헐어버리고 다투어 작은 곳으로 만들어 세금을 면제받는 계획을 할 것입니다. 그러므로 신은 구별하지 않고 모두 똑같이 세금을 정하였는데, 통영(統營)의 3분의 1과 기장(機張)의 5분의 1과 동래(東萊)의 8분의 1은 대개 말엽(末葉)의 열에 그 하나를 취하는 의미가 됩니다" 하였다.

균역당상 홍계희(洪啓禧)가 말하기를, "해서는 어장세(漁場稅)가 없습니다" 하니, 해서 균세사 황정(黃晸)은 말하기를, "어장세를 거두면 중첩으로 세금을 거둔다는 원한이 있을 것 같습니다" 하였다.

홍계희는 말하기를, "어찌 한나라 안에 두 가지 법이 있게 할 수가 있겠습니까? 도백(道伯)으로 하여금 세금을 정하게 하는 것이 마땅할 것입니다" 하였다.

임금이 말하기를, "대신과 더불어 다시 소상히 하라" 하고, 또 말하기를, "진상선(進上船)은 어떻게 구별하였는가?" 하였다.

홍계희가 말하기를, "진상선을 감세(減稅)하는 일은 마땅히 대신과 의정(議定)해야 합니다" 하였다.

또 말하기를, "북도(北道)의 민사(民事)가 매우 시급하여 사람들이 서로 잡아먹는 지경에까지 이르고 있습니다. 도백(道伯)이 상서하여 영남의 곡물을 추가로 청하고 평사(評事) 이이장(李彝章)도 또한 장청(狀請)을 하였는데, 들건대, 교제창(交濟倉)에 비축된 곡식이 없다고 합니다. 영남의 곡식 3만 석(石)을 먼저 지급하지 않을 수가 없으니, 절반은 북관(北關)으로 하여금 운반해 가게 하고 절반은 영남에서 운송하되 관동의 피곡(皮穀) 1만 석을 먼저 입송(入送)한 뒤에 영남의 곡식 5천 석으로써 관동에 대신 지급하는 것이 좋겠습니다" 하

임금이 말하기를, "영남에서는 정곡(正穀)으로 구획(區劃)해서 입송하여 우리 북방의 백성을 구제하라" 하였다.

5446 영조 27/02/21(기축) → 【원전】 43집 396면
〔이후가 호남 해도의 상황을, 박문수가 전선과 귀선의 일을 아뢰다〕　　　　기1151

호남균세사 이후(李㷞)가 호남의 해도도(海島圖)를 올리고 아뢰기를, "섬 가운데에 거주하는 백성들이 번성하고 생활이 풍족하여 육지(陸地)의 백성들보다 나았습니다. 차차 깊이 들어갔더니 등주(登州)·내주(萊州)와 서로 마주 바라본 곳이 있었는데, 대개 섬의 백성들이 모두가 죄를 범하고 도피했거나 혹은 사노(私奴)로 몰래 피신한 자들이었습니다" 하였다.

임금이 말하기를, "섬의 백성들이 주현에 통속(統屬)되지 않았는가?" 하였다.

이후가 말하기를, "해도는 부근의 고을에 소속되어 약간의 세금을 거두는 일이 있기는 하지만 섬사람들이 생전 관장(官長)을 보지 못하였습니다. 신이 별성(別星)으로서 위의를 갖추고 들어가니, 남녀노소가 크게 놀라고 조금은 괴이하게 여기며 모두 다 산으로 올라갔습니다. 그러므로 신이 불러서 안심시키고 모았습니다. 풍원군(豊原君)이 본도의 감사(監司)가 되었을 때 고을을 설치하자는 논의가 있었으나 결국 실행에 옮기지 못하였습니다. 조가(朝家)에서 마땅히 가어(駕御)를 기미(羈縻)하는 방도를 생각해야 합니다" 하였다.

임금이 말하기를, "도축(圖軸)을 유중(留中)하라" 하였다.

영남균세사 박문수(朴文秀)가 아뢰기를, "신이 전선(戰船)과 귀선(龜船)의 제도를 상세히 보았더니, 전선은 매양 개조할 때마다 그 몸뚱이가 점차 길어져 결코 운용(運用)하기가 어렵고 귀선에 있어서는 당초 체제(體制)는 몽충(蒙衝)과 같이 위에 두꺼운 판자를 덮어 시석(矢石)을 피했습니다. 그리고 신이 충무공(忠武公) 이순신(李舜臣)이 기록한 바를 보았더니, 귀선의 좌우에 각각 여섯 개의 총(銃) 쏘는 구멍을 내었는데 지금은 각각 여덟 개의 구멍을 내었으니, 거북선이 종전에 비해 지나치게 커진 것을 또한 알 수가 있으므로 개조하지 않을 수가 없습니다" 하였다.

임금이 말하기를, "새로 제수된 도백(道伯)으로 하여금 순행하여 살펴서 장문(狀聞)하게 하라" 하였다.

5447 영조 27/03/12(기유) → 【원전】 43집 399면
〔최상형을 전라우수사로 삼다〕 수11031

최상형(崔尙衡)을 전라우수사로 삼았다.

5448 영조 27/04/26(계사) → 【원전】 43집 400면
〔지평 박기채가 상소하여 어염세의 폐단 등을 아뢰다〕 기3099

지평 박기채(朴起采)가 상소하였는데, 대략 이렇다.

"양역(良役)의 1필로 이미 감면한 수량을 완전하게 보충하지 않을 수가 없으니, 이것은 나라의 큰 일입니다. 지금의 이리저리 모아서 수량을 채우는 것은 명색(名色)이 많아서 다방면으로 거둬들이게 되니, 그 폐단을 구하려다가 도리어 원망을 일으킵니다. 어염세(漁鹽稅)에 이르러서는 그 해가 더욱 심합니다. 대저 바닷가의 백성들이 살아갈 수가 없어서 노분(鹵盆)을 깨뜨려버리고 강 둑을 헐어버리며 선박을 묶어두고 이리저리 떠돌아다니니, 바닷가나 강가의 백성들도 오히려 어염(魚鹽)을 먹지 못하는 자가 보통 10명에 8, 9명이나 되는데, 더구나 도성의 백성과 산골 백성의 가난한 자들이 어떻게 소금 없이 밥먹는 근심을 면하겠습니까? 더러는 콩깍지를 물에 삶기도 하고 혹은 나무껍질을 물에 담그기도 해서 간장 대신으로 마시기도 한다고 합니다. 생민(生民)이 폐해를 받음이 이처럼 혹독하니, 위로는 비국당상으로부터 삼사(三司)의 신하에 이르기까지 사실(私室)에서 서로 대면할 때는 탄식

하지 않는 이가 없으나, 등연(登筵)함에 이르러서는 한 사람도 국가를 위해서 남김 없이 진달하는 이가 없으니, 신은 삼가 개탄스럽게 여기는 바입니다. 신이 전대(前代)를 낱낱이 살펴보건대, 새로운 법을 만들어 낸 자들이 상홍양(桑弘洋)의 각염세주(榷鹽稅舟)와 왕안석(王安石)의 균수청묘(均輸靑苗)가 있는데, 모두 '취렴(聚斂)하는 신하'가 됨을 면하지 못하였습니다. 오늘날의 일을 맡은 여러 신하들도 또한 어찌 나라를 병들게 하고 백성을 시달리게 하는 정치를 하고자 한 것이겠습니까? 단지 억측하여 결정하고 거기에 창화(唱和)하여 혼미하게 스스로 깨닫지 못하고 비록 나라의 여론이 떼지어 일어나더라도 오히려 또한 우기며 고집하고 있으니, 신은 삼가 민망하게 여깁니다"

회보(回報)하지 않았다.

〈 관련내용 〉
- 영조 27/04/28 (을미)→ 충청도 관찰사가 어염선세·선무군관의 폐단을 아뢰다　　43집 400면
- 영조 27/05/05 (신축)→ 박첨이 어염세의 폐단에 대한 대책을 아뢰다　　　　43집 402면
- 영조 27/05/19 (을묘)→ 병조판서가 상소하여 어염·은여결 등의 일을 아뢰다　43집 403면

5449 영조 27/05#07(임신) → 【원전】 43집 403면
〔경기 암행어사 정홍순이 복명하니, 소견하여 어·염·선에 관한 일을 묻다〕　　기3100

경기 암행어사 정홍순(鄭弘淳)이 복명(復命)하니, 임금이 소견하고 어·염·선(漁鹽船)에 대한 세 가지 일을 물었다.

정홍순이 말하기를, "신이 해도(海島)에 출몰(出沒)하면서 상세히 탐문해보니, 이른바 백성의 원성이라고 한 말은 보통과 반대되는 부분이 많았습니다. 뱃사람들은 말하기를, '옛날에는 납부하는 것이 비록 많았지만 오히려 침탈의 염려가 있었는데, 지금은 한번 납부한 뒤에는 다시 다른 염려가 없다' 하고, 어부(漁夫)와 염호(鹽戶)들도 모두 말하기를, '여러 곳에 세금 내기가 번거로웠던 것이 지금은 일시에 가볍게 납부하기 때문에 편리하다' 하였습니다. 대저 민정(民情)이 비록 새 법을 불편하게 여기는 것은 아니지만, 조정의 의논이 분분하기 때문에 백성들이 법이 오래 가리라고 믿는 마음이 없었습니다" 하였다.

임금이 아뢴 것을 자세히 기록해서 들여보내라고 명하였다.

〈 관련내용 〉
· 영조 27/05#11(병자)→ 대신과 균역당상을 소견하여 어염선세 등을 논의하다   43집 404면

5450 영조 27/05#18(계미) → 【원전】 43집 406면
[장령 강필신이 상서하여 어염선세·별군관·진보의 폐지 등에 대해 아뢰다]   수3758

장령 강필신(姜必愼)이 상서하기를, "양남(兩南)의 어·염·선(漁鹽船) 세 가지 세(稅)와, 각 도의 별군관(別軍官)의 폐단 및 거제(巨濟)의 7진(鎭)은 폐지할 수 없고, 진장(鎭將)의 삭포(朔布)도 줄일 수 없는 형편입니다" 하였다.
동궁(東宮)이 예사 비답을 내렸다.

5451 영조 27/06/02(정유) → 【원전】 43집 407면
[병조판서 홍계희가 상소하여 균역절목의 변통 사의를 아뢰다①]   수2270

병조판서 홍계희(洪啓禧)가 상소하였다.
"…… 그 균역절목의 변통 사의는 이러합니다. '신의 소견과 좌상(左相)의 논한 바를 가지고서 참호(參互) 상량(商量)하여 수삼조(數三條)의 변통책(變通策)을 만들었는데, 제1조는 결전(結錢)을 매결(每結)마다 돈 5전(錢)씩을 거두는 것입니다. 생각건대, 신의 전일의 결포(結布)의 논의가 시행됨을 보지 못하였던 것은 추가로 세금을 부과하는 혐의가 있었기 때문입니다. 만일 추가로 세금을 부과하는 혐의가 있다고 한다면 많으면 1필(疋)에 그치고 적으면 5전에 이르는데, 모두 추가로 세금을 부과하는 것이 됩니다. 추가로 세금을 부과한다는 의혹이 깨뜨려지지 않는다면 이 설(說)의 시행될 수 없음이 전과 같으니, 신은 청컨대 대략 진달하겠습니다.
당(唐)나라에서 백성에게 세금을 거둔 것이 세 가지가 있으니, 조(租)·용(庸)·조(調)입니다. 지금 이 신역(身役)은 용(庸)의 종류입니다. 이미 전지에서 조(租)를 수세(收稅)하고 또 전지에서 용(庸)을 수세하니 진실로 추가로 세금을 부과하는 것 같지만, 이것은 그렇지 않은 것이 있습니다. 옛적의 조·용·조를 수세함은 백성의 재산을 마련함이 법도가 있었기에 각각 전지를 받음이 있었습니다. 전지 1경(頃)을 받은 이후에 조를 납부하고 용을 납부하고 조를 납부함은 진실로 전지에서 나온 소득을 근거로 하였으며, 용과 조도 또한 일찍이 전지가 없는 백성에게 수세하지 않았

습니다.

　우리나라 양역(良役)의 폐단은 단지 전지가 없는 자가 많은 수효를 차지한다는 데 있습니다. 전지가 없이 고용되어 일을 하는 무리로써 양군(良軍) 2필의 역(役)에 응(應)하게 되니, 폐단이 어찌 자생(滋生)하지 않겠으며 백성이 어찌 곤궁하지 않을 수 있겠습니까? 지금 그 폐단을 바로잡고자 한다면 전지를 위주로 하는 것만 함이 없습니다. 신이 호번(湖藩)으로 있을 때 장청(狀請)하여, 2필을 전부 감면하여 전결(田結)로 돌리고 장정(壯丁)들을 뽑아 군오(軍伍)에 편입시켜 일이 없을 때는 조련을 시키고 일이 있으면 정벌(征伐)에 종사(從事)시키고자 하였던 것이 이것입니다.

　신의 추가로 세금을 부과하는 것에 의문을 제기하는 자가 비록 근거가 없는 것은 아니지만, 자세히 이 이치를 생각해 본다면 또한 반드시 분명하게 마음에 깨달음이 있을 것입니다. 추가로 세금을 부과한다는 의혹이 이미 깨뜨려지면 1필을 거두는 것도 오히려 꼭 많은 것이 되는 것은 아닙니다. 더구나 4분의 1의 5전이겠습니까? 혹자가 신의 이 의논을 듣고 곤란하게 여기며 말하기를,「전결에 돈을 거두는 것은 바로 일용(一捕)의 대사(大事)이니, 만일 이런 논의를 한다면 각처(各處)의 분정(分定)한 미목(米木)을 본시 파하여야 옳고 은여결(隱餘結)·어염세(漁鹽稅)·선무군관(選武軍官) 등의 일도 또한 다 혁파해야 한다. 그런데 그대가 지난번 연중(筵中)에서, 이 법으로써 시행한다면 분정한 미목은 다 파해야 하지만 은여결·어염세·선무군관은 단지 정돈(整頓)만 하는 것이 옳고 혁파하는 것은 부당하다고 진달하였다 하니, 이 세 조항을 그대로 두고서 또 결전(結錢)을 시행한다면 조항이 몹시 많으니 또한 민망한 일이 아니겠는가?」하였습니다. 이 말이 진실로 옳습니다.

　하지만 신도 또한 요량(料量)이 없는 것은 아닙니다. 은여결의 사출(査出)은 대체로 본래 스스로 엄정(嚴正)합니다. 이제 만일 그것을 되돌려 준다면 도리어 나라의 체모를 손상시킬 것이니, 만일 균역의 일에 사용하고자 하지 않는다면 차라리 지부(地部)에 주어야 하며 종전대로 되돌려 줄 수는 없습니다. 어염(漁鹽)의 일은 성상께서 절수(折受)를 급여하라고 명하신 것은 실로 천재(千載)의 성덕(盛德)의 일입니다. 또 전배(前輩)들도 어염이 공가(公家)에 귀속되지 않고 사문(私門)에 귀속된 것으로써 개연(慨然)하게 생각한 경우가 많으니, 그 장주(章奏)에 발론한 것을 다 살필 수가 있습니다. 이제 이미 사자(使者)를 발견(發遣)하여 핵출(覈出)하여 정세(定稅)한 뒤에 결코 그대로 버려 둘 수가 없습니다.

선무군관은 근래에 양역의 폐단이 날로 심하기 때문에 간민(奸民)의 계책도 날로 심각해져 갑니다. 진실로 조금의 저축만 있으면 반드시 온갖 계책으로 면하기를 도모하여 혹은 교생(校生)이나 원생(院生)이 되기도 하고 혹은 장관(將官)이나 군관이 되기도 하며, 아울러 그 자손들까지 면하게 합니다. 이 무리들이 양역에 응(應)하는 자에 비해 볼 때 좌지(坐地)도 서로 같고 신수(身手)도 서로 같습니다.

또 더러는 도리어 미치지 못하는 경우도 있는데, 단지 가자(家資)가 조금 낫다는 이유 때문에 유독 양역을 면하게 되니 지금은 비록 한꺼번에 모조리 사괄(査括)하여 첨정(簽丁)을 한다 하더라도 지나친 일이 아닙니다. 그런데 면하기를 도모한 것이 조금 오랜 경우는 수십 년을 지난 경우도 있고, 1, 2대(代)를 지난 자도 있으니, 하루아침에 첨정을 한다면 원망과 비난이 반드시 많을 것입니다. 이제 이 한 길을 마련하여 이 무리들을 구처(區處)한다면 저들에게 있어서는 군오(軍伍)의 천역(賤役)이 되는 것을 면하게 되고 공가(公家)에 있어서는 한 필의 포(布)를 균등하게 거두게 되니, 피차간에 유감이 없고 상하(上下)가 둘 다 편리합니다. 또 매결마다 5전씩을 거두어서 또한 용도에 지급할 수가 있으니, 어찌 이 한 가지 일을 버리기에 인색히 하여 반복해서 추계(推計)하여 부족함이 없지 않도록 할 것이 있겠습니까? 끝내 부족한 데로 돌아가 결전(結錢)을 추가로 정하는 것보다는 차라리 이미 완성된 것을 보존하여 파기하지 않는 편이 낫습니다.

혹자는 이르기를, 「1결에 5전이 만일 부족할 것이 염려된다면 1냥(兩)으로 첨가하여도 또한 무방할 것이다. 이것이 종래의 의논한 바 1필과 비교해 볼 때 오히려 그 절반을 감소시킨 것이며, 5전과 1냥은 겨우 오십보 백보의 차이일 뿐이다. 만일 1결로써 돈 1냥을 거두는 것으로써 결정할 경우는 〈은여결·어염세·선무군관〉 세 가지 일을 모두 파하는 것이 옳다.」고 합니다. 신은 생각하건대, 만일 1냥을 거둔다면 용도에는 지급할 수 있지만 세 가지 일 가운데서 은여결과 어염세는 결단코 파할 수가 없습니다. 은여결은 지부(地部)에 귀속시킬 수 있고, 어염세는 결국 해마다 믿을 수 있는 물건이 아니니 균역청(均役廳)에 귀속시켜서 수재(水災)나 한재(旱災)의 뜻밖에 발생하는 용도에 대비해야 하고, 선무군관은 파할 수 있습니다.

혹자는 이르기를, 「결전(結錢)의 5전과 1냥은 많고 적은 것은 비록 다르지만 군관의 원통함을 호소하기는 의당 다름이 없을 터인데, 5전의 경우에 있어서는 군관을 존속시킬 수 있고 1냥의 경우에 있어서는 군관을 할 수 있다고 하는 것은 또한 반박(斑駁)되지 않은가?」 합니다.

신은 생각건대, 1결에 5전이란 지극히 적은 것입니다. 매양 1부(負)의 거두는 바는 마땅히 절반을 나누어야 합니다. 이 무리들이 경작하는 바는 1결을 지나는 자가 드문데, 1결을 경작하는 자가 겨우 5전, 1필포(疋布)를 납부하는 이외에 이런 정도의 약간의 거두는 바가 있다면 필시 대단히 원통함을 호소하지는 않을 것입니다. 그러나 1결에 1냥의 경우에 있어서는 1필포의 절반이 되니 마땅히 원통함을 호소함이 있을 것이고, 1냥을 거두어 가지고서 족히 충대(充代)할 수가 있으니 다른 조항을 필요로 할 것이 없기 때문에 제거하고자 하는 것입니다.

혹자는 이르기를, 「군보(軍保)와 군관(軍官)이 1필을 납부하기는 마찬가지인데 군관은 이미 결전(結錢)이 있는 것을 혁파하여 주었으니, 군보가 홀로 원통함을 호소하지 않겠는가?」 합니다. 신은 생각건대, 지금 이 균역을 시행하는 것은 오로지 군보를 위하여 출발된 것입니다. 이미 종전에 납부하던 1필을 감면하였으니, 이제 결(結)의 납부하는 바로써 비록 1냥을 지난다 하더라도 마땅히 원통함을 호소하지도 않을 것입니다. 가령 전지가 많아서 납부하는 바가 많다면, 이것은 부유한 백성입니다. 군포(軍布)는 비록 조금 풍년이 들었다고 해서 그들로 하여금 추가로 납부하게 할 수는 없지만, 전지로써 돈을 거두어 빈졸(貧卒)로 하여금 공통으로 혜택을 입도록 하는 것이 바로 균역을 하는 까닭이니, 무엇이 불가할 것이 있겠습니까? 그러므로 신이 결전(結錢) 1냥의 의논에 대해서도 또한 취한 바가 없지 않아 별도로 마련(磨鍊)을 하였던 것이니, 이것이 바로 제2조의 결전을 매결마다 돈 1냥씩을 거둔다는 것입니다' 지금 신이 의논한 바 두 조항은 현재의 균역청 절목(均役廳節目)에 견주어 자못 변경이 있는데, 좌상(左相)이 진달한 책자(冊子)는 현재의 절목(節目) 가운데 나아가서 약간의 증손(增損)한 바가 있습니다.

대개 좌상의 뜻에는 생각하기를, 책자 가운데의 여러 조항들이 이미 시행된다면 경외(京外) 각처의 분정(分定)한 수량은 저절로 견감(蠲減)될 수 있다고 여기는 것입니다. 신은 경외 각처의 분정한 것이 오래 시행되기 어려운 것으로써 염려를 하여 어염세 등 몇 가지 일 이외에는 모조리 탕척(蕩滌)을 하고 따로 다른 제도를 시행하고자 하는 것으로서, 그 입론(立論)은 비록 다르지만 그 각처의 분정을 견감시키는 데로 돌아가게 하고자 하는 것은 본시 같지 않은 것이 아닙니다.

　신은 책자에 논한 바에 대해서도 또한 일찍이 은괄(檃括)하였습니다. 그 별도로 변통(變通)을 하고자 하는 것은 금위영(禁衛營)·어영청(御營廳) 두 영의 군제를 변통하는 것과 호남(湖南)과 해서(海西)의 진보(鎭堡)를 감생(減省)하는 것과 제도의 전곡(錢穀)을 모조리 회록(會錄)하는 것과 진영(鎭營)을 혁파할 수 있다는 것과 주현(州縣)을 합병할 수 있다는 것입니다. 신이 일찍이 이러한 일로써 누차 진백(陳白)한 바가 있으니, 진실로 어찌 일찍이 시행할 수 없다고 여겼겠습니까만, 조건(條件)이 많으면 시행되기가 더욱 어려우니 이 점이 신이 우려하는 바입니다. 그리고 또 신이 이 점에 대해서도 또한 의견의 참차(參差)된 것이 없지 않습니다. 진보를 파할 수 있다는 설은 신이 과연 극력 주장하였으나, 한번 영남의 7보(七堡)가 혁파된 뒤로부터 심하게 공격하는 의논이 없지 않았습니다. 신은 진실로 7보가 긴요하지 않다는 것을 알지만, 국가가 적(敵)으로부터 침략을 받는 것은 마치 사람의 몸이 질병에 걸리는 것과 같으니 수족(手足)과 복배(腹背) 어느 곳에 우려가 생길지 알 수 없는 일입니다. 그렇다면 앞서의 화살[矢]을 받고서 과녁을 세운 자도 진실도 가소로운 것이 되지만, 지금의 긴요하지 않다고 생각하여 혁파하는 것도 어찌 다른 날의 후회스러운 일이 되지 않을 줄을 어찌 알겠습니까? 그러므로 신은 이미 감소시킨 진보에 대해서는 진실로 추회(追悔)가 없지만, 현재의 진보에 대해서는 감히 다시 감소·혁파를 주장할 수가 없습니다. 여러 도의 전곡(錢穀)을 회록(會錄)하는 것은 나라의 체모에 있어서는 정대(正大)하지 않은 것이 아니지만, 이미 한 도(道)의 교화와 병형(兵刑)의 책임을 모조리 도신(道臣)에게 부여해 놓고서 오직 이 재용(財用)만은 마음대로 못하게 하고 한결같이 묘당(廟堂)의 재제(裁制)를 듣도록 한다면, 도신이 열읍(列邑)의 위에 객(客)처럼 기식(寄食)하면서 평상시 완급(緩急)을 물론하고 반드시 손을 쓸 방도가 없을 것이니, 도리어 단지 구제(舊制)에 따르고 약간의 분정(分定)이 있는 것만 같지 못할 것입니다.

　진영(鎭營)의 유해무익한 것은 전배(前輩)가 진실로 말한 바가 있으나 설치한 뜻은 본래 우연한 것이 아닙니다. 한꺼번에 모조리 겸설(兼設)한다면 또 설치하는 뜻이 없게 됩니다. 더구나 앞서 이미 겸설한 곳과 순천(順天)·삼척(三陟) 이외에 전주

(全州)·공주(公州)·대구(大邱)·나주(羅州)·충주(忠州)·청주(淸州)·홍주(洪州)·상주(尙州)·안동(安東)·경주(慶州)·진주(晉州) 등의 고을은 모두가 무신(武臣)으로써 차송(差送)할 수가 없으니, 겸설하는 것이 구애되는 점이 없지 않고 진(鎭)을 옮긴다는 것도 또한 불편한 점이 있습니다. 다만 혁파하는 한 가지 일만이 있을 뿐인데, 이것도 또한 몹시 어려운 일이며, 설사 혁파를 한다고 하더라도 그 소득은 그다지 많지 않을 것이니, 족히 논의할 것이 없습니다. 오직 금위영·어영청 양영(兩營)을 변통하는 것과 주현(州縣)을 합병하는 논의에 대해서는 신은 시행될 수 있다고 여깁니다.

신이 일찍이 금위영을 혁파하자는 뜻으로써 연중(筵中)에서 진백(陳白)하였는데 의논하는 신하가 말하기를, '숙위(宿衛)가 단약(單弱)하니 염려하지 않을 수 없다'고 하여, 신이 진실로 거듭 힐문(詰問)하기가 어려웠습니다. 대료(大僚)의 이 논의는 숙위가 단약할 폐단이 없고 경용(經用)이 크게 절약되는 이로움이 있습니다. 그러므로 신은 생각하기를 시행할 수 있다고 여기는 것인데, 오히려 절목(節目) 사이의 일에 있어서는 의논할 만한 점이 없지 않으니, 그 수효를 증손(增損)하고 그 제도를 변통하지 않을 수가 없습니다. 주현을 합병하는 것에 이르러서는 바로 선정신(先正臣) 문성공(文成公) 이이(李珥)의 건의(建議)한 바이고 선조(宣廟)께서도 반드시 실행하고자 하다가 못했던 것입니다.

신이 아울러 조열(條列)하여 제3조로 삼아 여러 대신해 온들에게 의논하고 이어서 성상의 재결을 청합니다. 만일 성명(聖明)께서 굽어 자세히 보신다면 취사(取舍)하는 즈음에 의혹이 없을 것 같으며, 감필(減疋)하는 일과 급대(給代)하는 일이 아마 난충(難充)의 우려가 없을 것입니다. 오직 성명께서는 재찰(裁察)하소서."

〈 관련내용 〉
· 영조 27/06/21(병진)→ 대신과 비국·균역청당상을 인견하여 결전을 의정하다   43집 412면

5452 영조 27/08/14(정미) → 【원전】 43집 415면
[정익량을 전라좌수사로 삼다]   수11032
정익량(鄭益良)을 전라좌도 수군절도사로 삼았다.

영조 28년(1752; 청 건륭17년)

5453 영조 28/01/13(을해) → 【원전】 43집 426면
[병조판서 홍계희가 왕세자에게 올린 균역에 관한 책자의 내용]   수2271

　병조판서 홍계희(洪啓禧)가 균역(均役)의 사실을 기록한 책자를 왕세자에게 올렸는데, 그 글은 이렇다.
　"은(殷)나라와 주(周)나라 때에는 전지(田地)에 의하여 군병을 동원했기 때문에 군병이 농정(農政)에 붙여져 있었습니다. 후세에 이르러서는 군정과 농정이 한 번 나뉘어져서 선왕(先王)의 정치가 실추되었습니다.
　아조(我朝)의 오위법(五衛法)은 실로 부병(府兵)의 제도를 모방한 것으로 번(番)을 나누어 돌려가면서 교대로 쉬게 하였기 때문에 병정(兵政)이 농정(農政)을 해치지 않았습니다. 간혹 성(城)을 쌓거나 변방에 수자리 사는 역사(役事)가 있기는 하였지만 조정에서 기병·보병들이 식량을 싸가지고 멀리 달려가는 폐단을 진념(軫念)하여 포목(布木)을 바치고 고립시키는 것을 허락하여 왔는데, 이것이 징포법(徵布法)이 생겨나게 된 이유인 것입니다.
　임진왜란 이후 오위법을 혁파하고 훈국(訓局)을 설치했는데, 군병을 배양하는 데 드는 수요를 오로지 양보(良保)에게 책임지웠기 때문에 징포하는 길이 차츰 넓어졌습니다. 그러다가 어영청(御營廳)·수어청(守禦廳)·총융청(摠戎廳)·금위영(禁衛營)이 서로 잇따라 만들어지기에 이르러서는 징포법이 이미 처음보다 외람스럽게 되고 말았습니다. 그리하여 이밖에 교묘한 명색(名色)을 만들고 일을 빙자하여 징렴(徵斂)하는 것이 달마다 보태지고 날마다 가중되게 되었습니다. 양군(良軍)이라고 일컫고 포(布) 2필씩을 거두는 것이 숙묘(肅廟) 초년에는 그래도 30만이었었는데, 지금은 50만이 되고 있습니다.
　국초에는 신역법(身役法)이 매우 엄하여 위로 공경(公卿)의 아들에서부터 아래로 편맹(編氓)에 이르기까지 각각 소속되어 있지 않은 이가 없었습니다. 음덕(蔭德)이

있는 사람은 충순위(忠順衛)나 충찬위(忠贊衛)에 예속되고, 음덕이 없는 사람은 정병(正兵)이나 갑사(甲士)가 되었으므로 민지(民志)가 안정되고 민역(民役)이 고르게 되었었습니다. 근래에는 세도(世道)가 점점 변하고 법망(法網)이 점점 해이하여져서 사대부의 자제들은 이미 다시는 그 이름을 제위(諸衛)에 예속시키지 않았고, 향품(鄕品)의 냉족(冷族)들 또한 양반이라고 일컬으면서 신역을 면하기를 도모하게 되었으므로 이에 군역(軍役)이 모두 피폐하고 의지할 데 없는 가난한 백성들에게로 돌아가게 된 것입니다.

피폐하고 의지할 데 없는 가난한 백성으로 날로 불어나고 달로 가중되는 군역을 충당시켰으니, 이 백성들이 어찌 날로 더욱 곤고하여져 지탱할 수 없는 지경에 이르지 않을 수 있겠습니까? 지금 백성들 가운데 양역(良役)에 응하는 사람들은 모두 기내(畿內)·삼남(三南)·해서(海西)·관동(關東)에 있는데, 이 여섯 도(道)의 민호(民戶)가 모두 1백34만인데 그 가운데서 잔호(殘戶)·독호(獨戶) 72만을 제하고 나면 실호(實戶)는 겨우 62만입니다. 그런데 사부(士夫)·향품(鄕品)·부사(府史)·서도(胥徒)·역자(驛子)·치곤(緇髡) 등 양역에 의의(擬議)할 수 없는 사람들이 또 5분의 4나 되기 때문에 양역에 응하는 사람은 단지 10여 만 뿐입니다. 10여 만의 민호로 50만의 양역을 충당해야 하니, 한 집에 비록 4,5인이 있다고 해도 모두 면할 수가 없습니다. 그리고 한 사람의 신포(身布)에 드는 비용이 4,5냥의 돈인데, 한 집에 있는 4,5인이 모두 들어 있을 경우 거기에 해당되는 비용은 20여 냥이 됩니다.

이들은 세업(世業)도 없고 전토(田土)도 없어 모두 남의 전토를 경작하고 있기 때문에 1년에 수확하는 것이 대부분 10석을 넘지 못하는데, 그 가운데 반을 전토의 주인에게 주고나면 남는 것이 얼마나 되겠습니까? 그것을 가지고 20여 냥의 돈을 판출할 수 있겠습니까? 비록 날마다 매질을 가하더라도 판출하여 바칠 수 있는 계책이 없기 때문에 결국에는 죽지 않으면 도망가게 되는 것입니다. 도망한 자와 죽은 자들을 또 그 대신으로 충당시킬 방법이 없기 때문에 이에 백골징포(白骨徵布)와 황구첨정(黃口簽丁)의 폐단이 있게 되었으며, 따라서 징족(徵族)·징린(徵隣)하게 되어 죄수들이 감옥에 가득하게 되고 원통하여 울부짖는 것이 갈수록 심하여져 화기(和氣)를 손상시키게 되었습니다. 이것이 양역을 변통시키자는 의논이 있게 된 이유인 것입니다. 변통시키자는 이야기가 네 가지가 있는데 호포(戶布)·결포(結布)·구전

(口錢)·유포(遊布)입니다만, 각기 자기의 의견만을 주장하고 있어 귀일시킬 수 없는 상황에 있습니다.
　우리 숙묘(肅廟)께서 한번 이혁(釐革)시킬 마음을 먹고 누차 윤음(綸音)을 내렸는데, 일찍이 하교하기를, '적자(赤子)가 물불 속에 들어있는데 부모가 된 사람이 어떻게 구할 수 있는 방법이 없다고 핑계대면서 태연한 마음으로 편히 앉아서 구제해낼 방책을 생각하지 않을 수 있겠는가? 여러 신하들은 마음을 다해 강구(講究)하라. 만일 10에 7,8이 좋다면 비록 2,3분은 구애되는 것이 있더라도 내가 마땅히 따르겠다. 일이 어찌 10분 완전하고 좋은 것이 있겠는가?' 했습니다. 임금의 말씀이 위대하여 분명하고도 간절하였으므로 지금까지도 신민(臣民)들은 누구든지 감격하여 눈물을 흘리지 않는 이가 없습니다.
　고(故) 상신(相臣) 김석주(金錫胄)가 정사년에 호포를 시행하려 했었고, 고 상신 이건명(李健命)은 신축년에 결포를 시행하려 했었습니다만, 조정의 의논이 일치되지 않아서 결국은 행하지 못하고 말았습니다.
　우리 대조(大朝)께서는 선조(先朝)의 덕의(德意)를 본받아 만백성이 곤궁에 시달리는 것을 진념하였으므로 항상 변통시키려는 뜻을 지니시고 누차 딱하게 여기는 하교를 내리셨습니다. 경오년 3월에 신 홍계희가 충청감사로 있으면서 책자(冊子)를 올려 결포(結布)를 시행할 것을 청하였고 5월에는 호조판서 박문수가 호전(戶錢)을 행하기를 청하였습니다만, 조정의 신하들이 혹은 호전을 주장하기도 하고 혹은 결포를 주장하기도 했으며 더러는 변혁시켜야 된다고 하기도 하고 더러는 변혁시켜서는 안된다고 하기도 하여 여러 의논이 분분했던 탓으로 끝내 확정하지 못했습니다.
　이달 19일 대조(大朝)께서 홍화문(弘化門)에 친림(親臨)하여 조정에 있는 여러 신하들과 오부(五部)의 방민(坊民)들에게 굽어 순문(詢問)하시기를, '오늘의 이 신민은 나의 신민이 아니라 곧 열조(列祖)와 성고(聖考)께서 사랑하고 돌보신 신민이다. 대저 부형이 항상 아끼던 집물(什物)을 자제에게 맡겨 주면 자제된 사람은 이를 아끼고 보호하여 혹시라도 손상시킬까 걱정해야 하는 것인데, 더구나 나의 억조 사서(億兆士庶)들을 어찌 한때 아끼고 보호하는 집물에 견줄 수 있겠는가? 그리고 바야흐로 도탄에 빠져 허덕이는데 잘 구제하여 살리지 못한다면, 뒷날 무슨 낯으로 돌아가 열조와 성고를 배알할 수 있겠는가? 말이 여기에 이르니 오열이 나오는 것을 깨닫지 못하겠다. 그런 까닭에 더운 계절 정섭(靜攝)하는 때를 당하여 병(病)을 억지로 견디면서 임문(臨門)하여 사서(士庶)들을 불러 하문하는 것이다. 예로부터 폐단을 구제하는 데 대해 이야기하여 온 것은 호포와 결포와 유포와 구전이었었지만, 구전과 유포는 나의 생각에는 결단코 시행할 수 없다고 여긴다. 이제 하문하노니 호포·결포와 이밖에 폐단을 구제할 수 있는 방도에 대해 각기 면대하여 진달함으로써 모쪼록 추후 후회하는 일이 없도록 하라' 하니, 사서와 군병들이 각기 진달한 내용이 있었는데, 호포가 편하다고 말한 사람이 많았고 결포가 편하다고 말한 사람은 열에 두세 명뿐이었습니다. 대조(大朝)께서 여러 신하들에게 명하여 비국에 직숙(直宿)하면서 호전에 관한 법안을 마련하라고 명하였는데, 의논하는 사람들이 처음에는 '호(戶)마다 4, 5전씩을 거두면 양역(良役)에 의거 바치는 숫자를 충당시킬 수 있습니다'고 했다가, 상세히 계산하기에 이르러서는 '대호(大戶)에게는 2, 3냥을 거두고 소호(小戶)에는 6, 7전을 거두어도 오히려 부족합니다' 하였습니다.

7월 초3일 임문(臨門)하여 다시 백관(百官)·유생(儒生)과 서민(庶民)에 순문하고 나서 특별히 윤음을 내리기를, '호포·결포 가운데 호전법(戶錢法)을 시행하려 하는데, 적법(籍法)이 다 없어져 버려 계산하여 보아도 충당시킬 수가 없다. 그리고 감포(減布)시킨 끝에 징포(徵布)하는 것을 내가 매우 탐탁치 않게 여기고 있다. 호(戶)를 수괄(搜括)하는 정사에는 백성들이 모두 동요하는 마음이 있게 될 것이다. 임어(臨御)한 지 여러 해가 되었는데도 은택이 백성들에게 미쳐가게 하지 못하였는데, 흰머리 늙은 나이에 도리어 백성들의 마음을 동요시키는 정사를 행한다면 이는 나라 백성의 반 때문에 도리어 온 나라의 사민(士民)에게 폐단을 끼치는 것이 되기 때문에 특별히 그 명을 정지시킨다' 했습니다.

그달 초9일 명정전(明政殿)에 나아가 비국의 여러 재상들과 육조(六曹)·삼사(三司)의 여러 신하들을 인접하고 특별히 양역에 대해 1필씩을 영구히 감면시키라고 명하였습니다. 눈물을 흘리면서 신하들에게 하유(下諭)하기를, '호포·결포는 비록 시행할 수 없지만 감포(減布)하는 조처는 하지 않을 수 없다. 경 등은 급대(給代)할 방책을 구획(區劃)하여 가지고 오라. 그렇게 하지 않으면 나를 만날 생각을 말라' 하였습니다. 그래서 먼저 저치미(儲置米) 1만 3천 석(石)을 획급(劃給)하고 여타의 재곡(財穀)도 또한 이를 모방하여 마련하였으며, 여러 도의 감사가 자기의 가솔(家率)을 데리고 가는 것을 파기시키고 그 영수(營需)를 감하였으며, 수어사(守禦使)에게 남한 유수(南漢留守)를 겸하게 하여 광주(廣州)로 나가 있게 하였으며, 총융사(摠戎使)에게 경기병사를 겸하게 하여 탕춘대(蕩春臺)에 영(營)을 설치한 다음 그 군미(軍米)를 감하여 아울러 급대하는 수요에로 귀결시켰습니다.

또 윤음을 내리기를, '호포·결포는 모두 구애되는 단서가 있어 이제는 모두 1필씩을 감면시키는 정사로 귀결시켰는데, 이는 대동(大同)과 다름이 없다. 흰머리 늙은 나이에 한더위를 무릅쓰고 전(殿)에 임어하였으니, 아! 구관(句管)하는 신하와 교목 세신(喬木世臣)은 내가 주야로 백성을 위하는 뜻을 알고 있을 것이다. 어떻게 차마 소홀히 할 수 있겠는가? 도신(道臣)·수재(守宰)가 다시 전처럼 인색한 마음을 가지고 필수(疋數)를 감한 정사를 젖혀두고 시행하지 않는다면, 어찌 임금만 저버릴 뿐이겠는가? 뒷날 무슨 낯으로 자신의 할아비와 아비를 만나볼 수 있겠는가? 말이 여기에 언급되니, 내 마음이 척연(慽然)하다. 식견이 있는 조신(朝臣)과 글을 읽은 사부(士夫)들이 어찌 차마 이런 짓을 할 수 있겠는가? 오늘부터 양역(良役)에 관한 절목을 정하되 구관당상(句管堂上)과 삼공(三公)이 총찰(摠察)하라. 아! 오늘의 이 거조는 푸른 하늘이 이 마음을 조감(照鑑)하고 오르내리는 영령(英靈)이 굽어 임하였으니, 이 마음을 반드시 알아줄 것이다. 나이 먹은 나로 하여금 조금이나마 숙식(宿食)하기 편하게 해주기 바란다' 하고, 이어 여러 도에 이 하유를 선포하고 여러 신하들로 하여금 감면한 숫자를 계산하여 급대할 방책을 강구하도록 명하였습니다. 이리하여 영의정 조현명(趙顯命), 좌의정 김약로(金若魯), 우의정 정우량(鄭羽良)이 청(廳)을 설치하고 균역(均役)으로 이름할 것과 삼공(三公)에게 구관(句管)하게 할 것을 청하였습니다.

그리하여 신만(申晚)·김상로(金尙魯)·김상성(金尙星)·조영국(趙榮國)·신 홍계희를 당상에 차임하여 한자리에 모여 강확(講確)하게 하였습니다만, 여러 신하들이 말하기를, '지금 호포·결포를 범하지 않으려 하지만 없는 데서 판출(辦出)한다 해도 감면한 숫자의 반도 다 채우기 어려울 것이다' 했습니다. 경외(京外) 아문 가운데 응당 급대해야 될 것은 그 숫자를 헤아려 혹은 그 액수를 감하여 여보(餘保)를 만들기도 하였으며, 병조의 기병·보병에 대해 전에는 8번(番)으로 만들어 16개월마다 한번에 2필씩 바치게 하던 것을 고쳐서 6번으로 만들어 12개월마다 한번에 1필씩 바치게 하였으며, 여러 도의 수군에 대해 전수(全數)를 급대할 수 없을 경우에는 1인마다 4두(斗)의 쌀을 지급하게 하였습니다.

그리고 미·목·전(米木錢)을 내는 곳의 경우는 다섯 조항이 있는데, 이획(移劃)이라고 하는 것은 곧 저치미(儲置米)·세작목(稅作木)·상진모(常賑耗)·군향모(軍餉耗) 등을 획급하는 것입니다.

어염선세(漁鹽船稅)라고 하는 것은, 우리나라는 삼면(三面)이 바다로 싸여 있는데 어염의 이익이 모두 사문(私門)으로 돌아가 버렸기 때문에 숙묘조(肅廟朝)에서 별도로 하나의 관사(官司)를 설치하여 오로지 수습하는 것을 관장하게 하려 하였으나 하지 못하다가 이 때에 이르러 대신해 온의 건백(建白)으로 인하여 박문수(朴文秀)·김상적(金尙迪)·이후(李㙫) 등을 영남(嶺南)·관동(關東)·해서(海西)·기내(畿內)·호서(湖西)·호남(湖南) 등 여러 도에 나누어 보내어 살펴보고 나서 세금을 정하게 하였습니다.

그런데 김상적이 해서에서 병으로 졸(卒)하였으므로 황정(黃晸)이 명을 받들어 해서의 여러 고을을 살폈으며, 기내·관서·관북은 도신(道臣)을 시켜서 행하게 하였습니다. 이어 여러 궁가(宮家)에서 절수(折受)한 어전(漁箭)과 소속된 선척(船隻)을 혁파하여 일체로 세금을 징수하게 하였으며, '진실로 백성을 위하여 폐단을 제거할 수 있는 것이면 내가 몸과 터럭인들 어찌 아끼겠는가?'라는 하교가 있기에 이르렀으니, 이는 실로 천고에 있지 않던 성대한 일인 것입니다.

은여결(隱餘結)이라고 하는 것은 각 고을의 기경전답(起耕田畓) 가운데 거짓 진탈(陳頉)이라고 일컬으면서 공부(公賦)의 납입에서 누락된 것으로 수령의 사용으로 들어가는 것이 많기 때문에 사실대로 자수(自首)하게 한 것입니다.

군관포(軍官布)라고 하는 것은, 양민(良民) 가운데 가계(家計)가 조금 넉넉한 사람이 공교하게 군역을 피하고 한유(閑遊)가 된 지 이미 오래어서 이제 와서 정역(定役)하게 되면 반드시 소요를 일으키기 때문에 그들을 선무군관(選武軍官)으로 만들어 각각 그 도(道)로 하여금 도시(都試)를 설행하게 하여 수석에 있는 자는 급제를 주고 그 다음 1인은 직부회시(直赴會試)하게 하고 그 다음 5인은 당년의 포(布)를 면제시키고 그 나머지에게는 포 1필씩을 징수하여 급대의 수용(需用)에 보충하게 한 것입니다.

분정(分定)이라고 하는 것은 여러 도의 감영(監營)·병영(兵營)에서 각각 돈 몇 냥(兩), 포목 몇 동(同)씩을 돌려가면서 바치게 하는 것입니다. 또 각 고을로 하여금 모양(某樣)에 의거 거두어들이게 하여 수군의 양미(糧米)에 충급(充給)하게 한 것도 그것입니다. 이를 시행한 지 반년 만에 원망과 비방이 사방에서 일어나 상서하여 불편함을 말한 것이 날마다 공거(公車)로 모여들게 되었습니다. 대저 군관은 여러 해 동안 한유(閑遊)하던 나머지 갑자기 징포당하기 때문에 원망하게 된 것이며, 수령은 은결(隱結)을 자수(自首)한 뒤 사용이 궁핍하기 때문에 원망하는 것이며, 해민(海民)은 정해진 세금이 조금 가벼워져 혜택이 진실로 큽니다만 중간에서 이익을 얻던 자들은 모두 거개 그 이익을 잃었기 때문에 원망하게 된 것이니, 원망과 비방이 사방에서 일어나는 것은 이세(理勢)에 있어 당연한 것입니다. 전곡(錢穀)을 분정한 것에 이르러서는 사체(事體)가 구간(苟簡)스럽고 외방이 조잔(凋殘)되어 지탱하기 어려운 실정이니, 의논하는 사람들의 말이 또한 지나친 것이 되지 않습니다.

신미년 5월 영의정 김재로(金在魯)가 상소하기를, '각처에 분정한 것은 혁파하지 않을 수 없고 어염과 군관에 관한 것은 이정(釐正)하지 않을 수 없습니다' 하였고, 또 연석(筵席)에서 아뢰기를, '고친 법에서 도리어 한없는 폐단이 속출되고 있으니 도로 구법(舊法)을 보존시키는 것이 나은 것이 되는 것만 못합니다' 하니, 대조(大朝)께서는 '나라가 비록 망한다고 하더라도 결코 백만의 군민(軍民)에게 신의를 잃을 수 없다'고 하교하였습니다.

좌의정 조현명이 『균역혹문(均役或問)』이란 책자를 올리고 나서 두 군문을 변통시키고 진보(鎭堡)를 감하고 영장(營將)을 파하고 주현(州縣)을 합병시키고 회록법(會錄法)을 시행할 것을 청하니, 여러 의논이 대부분 분분하게 변경시킨다는 것으로 어렵게 여겼습니다. 신 홍계희도 상소하여 변통시키는 데 대한 사의(事宜)를 진달하고 나서 육도(六道)의 전결(田結)에 대해 1결마다 돈 5전씩을 거두고 은여결(隱餘結)과 어염세(漁鹽稅)·선무군관(選武軍官)에 이르러서도 대략 정돈(整頓)을 하는 것은 물론 분정한 여러 조항은 일체 모두 파기할 것을 청하였습니다.

6월 초3일 대조께서 명정전(明政殿)에 임어하여 문신(文臣)에게 제술(製述) 시험을 보였는데, 양역(良役)을 변통시키는 것으로 직접 책제(策題)를 내어 물었습니다. 다음날 또 명정전에 나아가 음·무(蔭武)를 불러서 하문하고 나서 특별히 월령진상(月

슈進上)을 감면시키고 그 가미(價米)로 급대의 수용에 보태게 했습니다. 17일에는 명정문(明政門)에 나아가 결전(結錢)의 편부(便否)에 대해 유생(儒生)·서민(庶民)과 향군(鄕軍)·향리(鄕吏)에게 굽어 하문하니, 편하다고 말하는 사람이 많고 불편하다고 말하는 사람은 적었습니다. 대조께서 하교하기를, '두 번 임문(臨門)하고 한번 임전(臨殿)하여 포(布)를 감면시키는 정사를 비록 시행하기는 했으나 균역(均役)에 있어서는 아직도 합당하게 되지 않았으니, 이것이 어찌 과거에 백성을 위하여 필수를 감면시킨 뜻을 본받는 것이겠는가? 이제 또 두 번 임전하고 한번 임문하여 개연(慨然)스럽게 여기는 뜻에 대해 대신해 온과 여러 신하들이 이미 하교를 받들었는데도 근래에는 더욱 해이하여 오직 임금으로 하여금 마음이 안정되지 못하게 하였음은 물론 임금 한 사람에게만 미루어 버린 채 소매에 손을 넣고 곁에서 구경만 하고 있으니, 이것이 나의 정성이 부족한 것에 연유된 것이기는 하지만 여러 신하들에게 또한 경칙(警飭)시키는 일이 없을 수 있겠는가? 병판(兵判) 이외의 균당(均堂)은 아울러 월봉(越俸) 1등을 시키라. 그리고 오늘부터 낭청(郞廳)과 함께 비국에 숙직(宿直)하면서 그에 대한 일을 강구하여 등대(登對)할 때 아뢰라' 하니, 영의정 김재로가 균역청당상 신만(申晩)·김상성(金尙星)·신 홍계희(洪啓禧)·홍봉한(洪鳳漢)·조영국(趙榮國)과 낭청 한광조(韓光肇)·김치인(金致仁)으로 더불어 상의하여 절목을 기초하여 만들어 연석(筵席)에서 품재(稟裁)한 다음 조항에 따라 산정(刪正)을 가하였습니다. 또 관문(關文)을 보내어 팔도(八道)의 도신(道臣)들에게 순문하니, 도신들의 장문(狀聞) 내용이 모두 이의(異議)가 없었습니다.

 9월에 결미(結米)에 관한 절목이 비로소 완성되어 계하(啓下)하여 반포했는데, 대략 이르기를, '양포(良布)를 반을 감면시킨 것은 오로지 성상께서 만백성을 위해 진념하는 지극한 정성과 딱하게 여기는 뜻에서 나온 것이다. 감면한 것을 계산하여 보면 모두 50여 만 필에 이르는데, 돈으로 계산하면 1백여 만 냥이다. 안으로 각 아문(衙門)과 밖으로 각 영진(營鎭)의 수용 가운데 강확(講確)하여 비용을 줄인 것이 50여 만 냥인데, 군수(軍需)의 경비(經費)로서 급대하지 않을 수 없는 것이 아직도 40여 만 냥이나 되기 때문에 작년에 절목을 계하할 적에 요량(料量)한 것은 어염선세와 선무군관에게 받는 것, 은여결에서 받아들이는 것을 모두 합하면 십수 만 냥인데, 이것으로 충당시켰다. 그래도 부족한 것이 있었으므로 또 각 영읍(營邑)에 분정하여 충당시켰었다.

그러나 뒤이어 이의를 제기하는 여러 의논으로 인하여 정파(停罷)하였다. 분정한 전목(錢木)은 모을 데가 없어 국계(國計)를 조처할 길이 없었으므로 성상께서 주야로 걱정하시던 끝에 또다시 임문(臨門)하여 굽어 순문하시었다. 결포(結布)에 관한 논의는 그 유래가 오래였는데, 대략 거두어들인 의논은 중외(中外)가 귀일되었으므로 부득이 서북(西北)의 양도(兩道) 이외에 육도(六道)의 전결(田結)에 대해 1결마다 쌀 두 되씩이나 혹은 돈 5전씩을 거두기도 하였다. 이제 상년(常年)의 전결(田結)로 계산한다면 미전(米錢)을 논할 것 없이 절계(折計)하면 30여 만 냥이 되는데, 이는 부족한 급대의 숫자와 대략 서로 같다.

또 회록(會錄)에 대한 한 조항이 있는데 여러 도의 전곡에 대한 회록을 양정(量定)하고, 군작미(軍作米) 10만 석을 또한 이속시켜 반을 나누어 조적(糶糴)함으로써 수한(水旱)과 풍상(風霜)의 진자(賑資)로 대비하여 둔다. 양호(兩湖)의 어염(漁鹽)은 호남의 도신 이성중(李成中), 호서의 도신 이익보(李益輔)로 하여금 이정(釐正)하여 개안(改案)하게 하고 균역청을 전의 수어청 자리에 설치한 다음 당상(堂上) 2원(員)을 차임한다. 또 1원은 호판(戶判)이 으레 겸하게 하고 또 2원은 우선 그대로 임무를 수행하게 하며 문랑청(文郞廳)은 감하(減下)한다. 무랑청(武郞廳)은 3원으로 하는데 그 가운데 1원은 비국의 낭청이 겸하여 맡게 한다. 서리·사령은 요포(料布)를 주는 아문의 원역(員役)을 이차(移差)한다'고 되어 있었습니다.

12월에 신 홍계희가 대조(大朝)께 아뢰기를, '이 일은 백성과 국가에 크게 관계되는 것이니, 이제 소조(小朝)께서 대리(代理)하는 때를 당하여 이 일의 사의에 대해 한 번 그 전말을 진달해야 합니다' 하니, 대조께서 윤허하셨습니다. 그리하여 삼가 1통을 기록하여 이명(离明)께 진달하는 것입니다. 매우 초솔(草率)하기는 합니다만 또한 대략 대체를 알 수 있기에는 충분하며, 우리 대조께서 지극한 정성으로 가엾게 여겨 불을 끄고 물에서 건져내듯이 하는 성대한 덕업(德業)을 한두 가지는 볼 수가 있으실 것이니, 저하(邸下)께서는 굽어살피소서.

팔로(八路)의 수륙조습(水陸操習)을 정지시키라고 명했는데, 대신해 온의 청을 따른 것이었다.

5455 영조 28/03/02(계해) → 【원전】 43집 437면
〔북관으로 곡물을 운송하던 배가 파손되니 그 경위를 조사해 아뢰게 하다〕 수4632

경상수사가, 북관으로 곡물을 운송하던 배가 파손되어 익사자가 6인이고 손실된 곡물은 9백 곡(斛)이라고 아뢰었다.
　임금이 하교하기를, "아! 우리 북도 백성은 굶주림을 참아가며 곡식 도착하기만을 기다리는데 남도 백성은 이 일 때문에 고기밥이 되었구나. 생각이 이에 미치니, 슬픔이 내 몸에 있는 것 같다. 익사자의 부모와 처자를 후히 구휼한 뒤에 계문(啓聞)하고 운송한 형편과 배가 통과한 소식과 곡물의 도착 여부를 즉시 계문하라는 뜻으로 3도의 감사에게 하유하라" 하였다.

5456 영조 28/03/03(갑자) → 【원전】 43집 437면
〔삼도통제사 구선행이 올린 진영의 군민의 생활고에 대한 상서〕 수3760

삼도통제사 구선행(具善行)이 상서하였다.
　"신의 진영이 있는 곳은 3면이 바다로 둘러싸이고 사방이 솔밭이어서 본래부터 곡물이 생산되는 땅이 없었으니, 참으로 백성이 살 만한 곳이 못됩니다. 또 한산도(閑山島)는 끝없는 바다를 가리우고 견내량(見乃梁)은 그의 인후(咽喉)를 이루었으며 파도는 하늘에 닿을 듯하고 험한 돌섬은 바둑처럼 널려 있어 본시 배를 달릴 만한 곳이 못됩니다. 그 지세를 보자면 적이 들어오는 첫 길목이고 그 형세를 논하자면 삼도의 요충지(要衝地)이니, 그대로 큰 관방(關防)을 여기에 설치하고 널리 살아갈 길을 열어 어염(漁鹽)의 이권을 전속시키고 상선(商船)을 관장하며 백성을 초래(招來)하여 큰 진보(鎭堡)를 만든 것은 오로지 넉넉한 이웃 고을과 연계하여 목숨을 바쳐서라도 버리지 말라는 뜻에서 나온 것입니다.
　그러나 나라가 오래도록 평화롭자 인심이 안일에 익숙하여져 삼남의 바다 이득〔海利〕이 삭감하지 않아도 자연히 축소되니 진영의 모양이 파탄되고 군민(軍民)의 실업자가 10에 7,8을 차지하였으므로, 식자들의 걱정과 탄식을 자아낸지 이미 오래입

니다. 가만히 삼가 생각하건대, 군포(軍布)를 감면해 준 뒤로 전국의 군민은 너나없이 은혜를 입어 봄 기운과 단비와도 같은 혜택이 사망자와 유아에게까지 미치고 있건만, 유독 신의 진영만은 치우치게 삭감을 당하여 4천 호(戶)의 군민이 먹고 살 길이 끊기고 살고 싶은 마음마저 잃어 거개가 확고한 의지가 없는 것이 마치 물이 스며드는 배 안에 있는 것과 같습니다. 작년 겨울 이후로는 도망자가 잇달아 이보(里報)가 날마다 쌓이는데, 신이 시험삼아 계산해 보게 하였더니, 몇 달 사이에 이미 3백여 호를 잃었고 남아 있는 사람도 거의 짐을 꾸려 짊어지고 섰다시피 하고 있으니, 이로 미루어 보건대, 형편이 장차 1년이 채 못되어 모두 비어 버리겠습니다.

　신이 놀라움과 걱정스러움을 이기지 못하여 만반으로 개유하니 장교와 군민이 울면서 고통스럽고 각박한 실상을 호소했는데, 그들의 말에 의하면 '허다한 군민이 이미 경작하거나 누에를 칠 땅이 없어 평생의 입고 먹는 것을 전부 바다의 이득에만 맡겼었는데 일체를 삭파하여 명맥이 모두 끊겼으니, 비록 일시의 안위(安慰)하는 정사가 있다손 치더라도 결코 보존할 형세가 없다'고 하였습니다.

　아! 견사(繭絲)와 보장(保障)은 예부터 나라의 급선무로서 한 가지도 폐할 수 없는 것입니다. 견사를 꼭 해야 하지마는 보장도 생각지 않을 수 없으니, 번진(藩鎭)을 이미 폐할 수 없다 한다면 군민을 안집하지 않을 수 없습니다. 신의 진영 사졸들은 손바닥만한 해변에서 달리는 살아갈 길이 없어 집에 돌아가면 고기를 잡아 생필품과 교역하고 나오면 창을 메고 경비를 서니, 비록 군병을 바다에 맡겼다고 해도 과언이 아닐진대, 이 어찌 성세(聖世)의 훌륭한 계책이라 아니하겠습니까? 어염은 조세(租稅)와는 다르고 군정(軍政)은 민생고보다 급한 것이니만큼 나라에서는 의당 참작하여 구별하는 도리가 있어야 하는데도 침탈을 임의로 하게 하여 바다 관방의 중진(重鎭)을 수습할 수 없을 지경에 이르게 하니, 국방을 튼튼히 하는 도리에서도 이럴 수는 없을 듯합니다.

　이밖에도 신은 또 한마디 드릴 말씀이 있습니다. 접때 7진(鎭)을 혁파한 것은 비록 부득이한 조치에서 나왔다 하더라도 당초의 설치는 국가에서 지난 일을 되새기고 뒷일을 염려하는 계책에서 나온 것이니, 그 의도가 참으로 예사로운 것이 아니었습니다. 기병(奇兵)과 복병(伏兵)을 배치한다고 해서 낱낱이 힘이 된다고는 말할 수 없으나, 적이 많으면 이쪽의 힘이 분산된다는 것은 전부터 전략가들이 원리로 여겨

온 바이니, 지금 비록 이에서 더하여 설치한다 해도 불가할 것이 없는데, 하루아침에 혁파하기를 갑자기 이토록 하였으니 그 걱정되고 한탄스러움이 어찌 오늘에만 그치겠습니까? 옛날 명(明)나라의 명장 척계광(戚繼光)이 계진(薊鎭)에 총독으로 있을 때에 날마다 장병을 접촉하여 집안 살림살이를 묻고 이야기가 질병과 고초에 미치면 몇 줄기 눈물을 흘리며 이어서 고개를 숙이고 탄식을 하였다 하는데, 지금 신이 처한 이 곳이 계진과 다름이 없습니다. 목숨을 내걸고 나라의 은혜에 보답하려고 하는 정성은 일찍이 군민이 굶주리고 배부른 데에 따라서 조금도 해이하게 해서는 안되겠습니다마는, 눈앞에 보이는 것은 슬프고 애처로운 것 아님이 없으니 아픈 마음이 어찌 고개를 숙이고 탄식하는 정도뿐이겠습니까? 신이 삼가 옛사람이 경원(涇原)의 산천을 그려 낸 뜻을 본따서 도본(圖本)을 써서 만들어 책자를 첨부하여 백배하며 재계 목욕하고 우러러 예감(睿鑑)을 더럽히오니, 삼가 원하건대, 저하께서는 조종조에서 웅번(雄藩)을 설치하고 군민을 자식처럼 보살핀 지극한 뜻을 생각하시어 빨리 처분을 내리소서."

답하기를, "상서의 내용을 비국으로 하여금 대조(大朝)께 여쭙게 하겠다" 하였다.

5457 영조 28/04/29(경신) → 【원전】 43집 446면
〔김중만을 충청수사로 삼다〕   수11033

김중만(金重萬)을 충청수사로 삼았다.

5458 영조 28/06/03(임진) → 【원전】 43집 450면
〔균역청당상 조영국·어영대장 홍봉한과 함께 균역절목을 의논하다〕   수2272

임금이 균역청당상 조영국(趙榮國)과 어영대장 홍봉한(洪鳳漢)을 소견(召見)하여 균역절목(均役節目)을 읽으라고 명하였다.

'결(結)마다 5전(錢) 1분(分)으로 한다'는 조목에 이르러 조영국이 말하기를, "이 1전은 인정으로 쓰는 관민(貫緡)의 값에 지나지 않는데, 절목에 실려 있으니, 아마도 호수(戶首)가 빙자하여 함부로 받는 폐단이 있을 듯합니다" 하고, 홍봉한이 말하기를, "잡비(雜費) 때문에 1전을 더 바치게 함은 또한 자질구레한 데 관계되니, 원수(元數) 가운데서 덜어내는 것이 마땅하겠습니다" 하였다.

임금이 말하기를, "덜어내는 것은 어렵지 아니하나, 그 말폐(末弊)가 대동법(大同法)과 같지 않을 수 있겠는가? 대동법을 창설했을 때 16두(斗)로 정했다가 14두로 감하였고, 12두에까지 이르렀다" 하였다.

조영국이 말하기를, "이 경우는 대동법과는 다릅니다. 본청(本廳)에서 1년간 쓰고 남은 수는 그래도 7천 민(緡)이 되며, 또 통영(統營)의 급대전(給代錢)으로 1만 냥을 갈라주는 것 또한 지나칩니다" 하자, 제조(提調) 홍상한(洪象漢)이 말하기를, "신의 생각으로는, 마땅히 수세(收稅)하는 곳으로서 1만 민을 얻을 수 있는 곳은 마땅히 통영은 주어야 한다고 생각합니다. 통영이 이미 선세(船稅)를 잃은 뒤에 이교(吏校)들이 살아갈 길이 없어졌고, 또 해선(海船)을 관장하지 않으니 완급(緩急)에 믿기가 어렵습니다" 하였다.

조영국이 말하기를, "이순신이 방어할 때에 어찌 일찍이 팔도의 어선(漁船)을 기다렸겠습니까?" 하자, 홍봉한이 급히 앞서 했던 말을 고쳐 말하기를, "1전을 덜어주는 것은 그 은혜가 작고, 또 이미 시행하고 있는 절목 또한 가벼이 고치기 어렵습니다" 하였다.

도승지 이철보(李喆輔)가 말하기를, "법칙(法飭)을 엄히 세워 수령이 함부로 거두지 못하게 함이 나을 것입니다" 하였다.

임금이 말하기를, "마땅히 어떤 벌을 베풀어야 하겠는가?" 하므로, 홍봉한이 말하기를, "수령이 두려워하는 것으로는 금고(禁錮)만한 것이 없습니다" 하니, 조영국과 홍상한이 그 율을 끌어댐이 적합하지 아니함을 말하였다.

임금이 말하기를, "호수(戶首)의 소위는 몽매하여 알지 못하고서 죄를 입는 것이니, 어찌 슬프지 아니하겠는가?" 하였다.

홍봉한이 말하기를, "이미 몽매하여 알지 못한다면 또한 애석할 것이 없습니다" 하였다.

조영국이 절목을 읽다가 북도(北道)의 청차 어곽조(淸差漁藿條)에 이르러 말하기를, "육진(六鎭)의 어염선세(漁鹽船稅)를 만약 청차(淸差) 때문에 덜어준다면 길주(吉州) 이북의 아홉 고을 또한 궁절(窮絶)한 고을로서 거둘 것이 또 적으니 마땅히 모두 수봉하지 않도록 해야 하겠습니다" 하니, 홍봉한이 말하기를, "이는 축말(逐末)하는 부류에게 징수하는 데 지나지 아니하고 또 수봉하지 아니하면 수령의 사사로운 주머니를 채우기에 꼭 알맞을 뿐입니다" 하였다.

이철보가 말하기를, "북로(北路)는 민호(民戶)가 드물어 전세(田稅)를 이미 상납하지 아니하는데, 이제 별역(別役)을 더하니, 또한 심히 딱합니다. 또 북병영(北兵營)의 경우 그 많은 선세(船稅)를 빼앗고 있으니 균역청에서 3백 민을 떼어 주는 것은 실로 이익됨이 없습니다" 하고, 홍봉한이 말하기를, "육진의 경우는 마땅히 본읍(本邑)에 보류해 두어서 수재(水災)·한재(旱災)에 대비해야 할 것입니다" 하였다.

임금이 말하기를, "그렇다" 하였다.

임금이 말하기를, "주전(鑄錢)에 관한 일은 지금 어떤 지경에 이르렀는가?" 하니, 홍봉한이 말하기를, "장차 주전을 거의 끝마치게 되는데 원수를 모두 계산해 보면 장리(長利)에 여유가 있을 것입니다" 하였다.

임금이 말하기를, "동자(董子)는 말하기를, '그 의(義)를 바르게 하고 이(利)를 도모하지 않는다'라고 하였고, 맹자는 말하기를, '어찌 반드시 이(利)를 말하는가?'라고 하였으니, 이제 이의 많고 적음을 말할 필요는 없다. 백성들이 전화(錢貨)의 폐단에 곤란을 겪고 있으니, 조금이나마 효과가 있겠는가?" 하였다.

홍봉한이 말하기를, "자연히 전보다는 나을 것입니다" 하였다.

5459 영조 28/06/10(기해) → 【원전】 43집 451면
〔선천방어사에 겸수군이라는 석자를 첨서하라고 명하다〕 수3761

선천방어사(宣川防禦使)에다 '겸수군(兼水軍)' 석 자를 첨서하여 『속전(續典)』에 신도록 명하였다.

5460 영조 28/06/29(무오) → 【원전】 43집 453면
〔균역사목의 내용〕 수2273

균역사목(均役事目)은 서북 양도(兩道) 이외에 6도(道)의 전결(田結)에 대해서는 결(結)마다 쌀 2두나 혹은 돈 5냥을 받는 것을 정식으로 한다. 각 읍의 시기(時起) 전결(田結)로서 수조(收租)에 누락된 것을 여결(餘結)·은결(隱結)이라 하는데, 관북(關北) 이외에 7도의 총계가 2만여 결이 된다. 그 중 진전(陳田)은 속전(贖田)에 의거해 반을 감하여 수세(收稅)하는 것을 정식으로 한다. 해세(海稅)는 여러 궁가(宮家)의 절

수(折受)를 혁파하고, 한결같이 각 도의 균세사(均稅使) 및 도신(道臣)이 정한 바를 따른다. 각 도 선척(船隻)의 대·중·소는 모두 줌수(把數)를 헤아려 정하고 세금을 받는다. 지토선(地土船)에 행상(行商) 장표(掌標)가 있는 경우 당년(當年) 안에 8도를 두루 돌아다니더라도, 다시 침어(侵漁)하지 못한다. 각 도의 염분(鹽盆)은 대·중·소 및 염전의 고척(膏瘠)·등수(等數)를 분정(分定)하여 세금을 받는다. 연해에서 고기잡이를 하는 경우 어전(漁箭)·어조(漁條)·어장(漁場)·어기(漁基)가 있는데, 그 입선(立船)의 많고 적음과 이득의 후하고 박함에 따라 정식하여 세금을 정한다. 선무군관(選武軍官)의 명호는 사족(士族)이 아니고 음직(蔭職)이 있지 아니한 한산인(閑散人)의 부류로 뽑아서 정하되, 그 액수(額數)는 경기·관동에 각각 2천 명, 해서(海西)에 3천5백 명, 호서에 4천 명, 호남에 6천 명, 영남에 7천 명이다. 포(布) 1필을 거두고, 1년에 한 차례 재예(才藝)를 시험하여 장문(狀聞)하는데, 수석을 한 자는 직부전시(直赴殿試)토록 하고, 그 다음 1명은 직부 회시(直赴會試)하게 하며 당년의 포를 면제시켜 준다. 그리고 그 다음 5명은 단지 당년의 포만 면제시켜 주는 것을 정식으로 한다. 해마다 새 저치미(儲置米) 1만 석을 내어 균역청으로 이획(移劃)하되, 여러 도 감영의 권솔(眷率)문제로서 영수미(營需米) 1천 석을 제거하고 균역청에 이획하는데 경상도에 1백 석, 전라도에 4백 석, 충청도에 5백 석이다. 그리고 선혜청의 세작목(稅作木) 1동(同)을 균역청으로 획송(劃送)하고 선혜청의 월령(月令)을 균역청에 감부(減付)하는 것을 정식으로 한다. 각 군문(軍門)·각 해당 사(司)의 경우 약간 변통(變通)을 더하고, 외방 각 영·읍·진의 각양각색의 것은 형편에 따라 감한다. 경상도 7진은 영원히 혁파하되, 7진의 수군 도합 9천2백69명은 반으로 나누어 금위영·어영청 두 청(廳)에 이속시키고, 양여보미(良餘保米)를 받아 급대(給代)에 보충하는 것을 정식으로 한다.

5461 영조 28/07/28(병술) → 【원전】 43집 459면
〔오혁을 충청수사로 삼다〕   수11034

오혁(吳赫)을 충청수사로 삼았다.

5462 영조 28/09/08(을축) → 【원전】 43집 462면

〔장태소를 경기수사로 삼다〕   수11035

장태소(張泰紹)를 경기수사로 삼았다.

5463 영조 28/09/19(병자) → 【원전】 43집 463면
〔병조판서 김상성 등이 무변의 직책의 불편한 점을 아뢰다〕   수3762

병조판서 김상성(金尙星)이 말하기를, "무변(武弁) 중에서 병사(兵使)·수사(水使)의 우후(虞候)가 가장 딱합니다. 이 무리들이 오랫동안 근무하여 한번 이 직임에 보직(補職)되면 곧 까닭없이 산직(散職)이 되는 것과 같게 되니, 한번 변통하지 않을 수 없습니다. 만약 실직(實職)을 가진 사람으로 차출하여 수령의 예로 시행한다면 이력이 될 수 있을 것입니다" 하고, 판돈녕 신만(申晩)이 말하기를, "무변이 수령을 거친 뒤에 승자(陞資)하도록 정식하는 것은 의도가 있습니다. 우후는 일개 좌막(佐幕)에 불과하니, 신의 생각으로는 변통하기 어려울 듯합니다" 하였다.

임금이 말하기를, "뒷날 대신이 입시했을 때 의논하여 처리하는 것이 옳겠다" 하였다.

영조 29년(1753; 청 건륭18년)

5464 영조 29/01/21(정축) → 【원전】 43집 477면
〔신사언을 황해수사로 삼다〕   수11036

신사언(申思彦)을 황해수사로 삼았다.

5465 영조 29/01/23(기묘) → 【원전】 43집 477면
〔추조를 치렀으니 수륙의 조습을 정지시킬 것을 청하다〕   수3763

비변사에서 아뢰기를, "이미 가을철 조련(秋操)를 치렀으면 봄철 조련은 정지한 근례(近例)가 있으니, 양도(兩都)와 통제사, 경상 좌우병사, 전라병사, 충청병사, 황해병사, 경기수사, 남북병사(南北兵使)에게 수륙(水陸)의 조습(操習)을 모두 정지하게 하소서" 하였다.
윤허하였다.

5466 영조 29/02/22(무신) → 【원전】 43집 480면
〔균역을 실시한 뒤의 폐해에 관해 의논하다〕   수2274

이정청(釐正廳)의 여러 당상(堂上)들을 입시하게 하라고 명하였다.
이정당상 박문수가 말하기를,……"통제사 구선행(具善行)이 균역(均役)을 실시한 뒤 본영이 잔폐(殘弊)된 이유에 대해 장문(狀聞)하였습니다. 이에 대해 김재로(金在魯)가 영상으로 있을 때 1만 냥을 획급(劃給)할 것으로 복계(覆啓)했습니다만, 신은 삼가 의아스런 점이 있습니다. 균역을 시행하기 전에 우연(右沿)의 어세(漁稅)를 모두 통영(統營)에 예속시켰을 때에도 매년 받아들이는 것이 4, 5천 냥에 불과하였고 만약 어리(漁利)를 잃을 경우에는 단지 2, 3천 냥일 뿐이었습니다. 만일 우영에서 나오는 어세전(漁稅錢)이 부족할 경우에는 타도의 세전(稅錢)을 옮겨다가 1만 냥의 수효를 충당시켜야 합니까? 그리고 통영에다 이미 1만 냥을 지급한다면 영남의 좌

수영(左水營)과 호남의 좌수영·우수영에도 나누어 지급하지 않을 수 없습니다. 그런 연후에야 조정의 처분이 비로소 치우치지 않게 되고 인심도 복종시킬 수 있게 됩니다. 이제 다른 수영에 대해서는 논하지 않은 채 유독 통영에만 1만 냥을 지급한다면 어찌 치우친 조처가 아니겠습니까? 구선행이 비록 오래된 장수(將帥)로서 변방을 공고하게 하기 위한 계책에서 조목에 따라 증언하였습니다만, 지금은 그렇지 않습니다. 이한초(李漢招)·이강(李綱) 등이 담당하고 있었을 적에는 전쟁이 바야흐로 급박했었지만 지금 남방(南方)에 그런 걱정이 있습니까? 민폐가 가장 극심한 것으로 말한다면 통영에서 낙인(烙印)한다고 칭탁하고서 수천의 선척(船隻)들을 독촉하여 바다를 건너 들어오게 하고서는 또 즉시 낙인하지 않은 채 여러 날을 지체시켰는데 그 사이 영속배(營屬輩)들이 조종하여 농간을 부린 것이 이루 말할 수 없는 정도였습니다. 원균(元均)이 장수가 되어서는 폐전하였고 이순신(李舜臣)이 장수가 되어서는 승전(勝戰)했으니, 장수의 잘하고 잘못하는 데에 달려 있는 것이지 어찌 선척의 낙인 여부에 달려 있는 것이겠습니까?" 하였다.

그리고 예조판서 홍봉한은 말하기를, "이미 1만 냥을 주기로 허락해 놓고 전연 지급하지 않는다면 통영의 형세가 또한 절박할 것 같습니다" 하였다.

임금이 말하기를, "균역청으로 하여금 대신과 상의한 뒤에 품처(稟處)하게 하라" 하였다.

〈관련내용〉
· 영조 29/07/09(임술)→ 은여결·타락죽·통영의 일을 하문하다   43집 491면

5467 영조 29/03/05(신유) → 【원전】 43집 482면
〔제주군병의 습조를 물려서 행하게 할 것을 청하다〕   수3764

왕세자가 대신·비국당상을 소접하였다.
좌의정 이천보(李天輔)가 청하기를, "제주군병들의 습조(習操)는 목사(牧使)의 장달(狀達)에 의거 물려서 행하게 하소서" 하니, 그대로 따랐다.

5468 영조 29/03/27(계미) → 【원전】 43집 484면
〔왜역의 처벌을 좌수사에게 맡기다〕   왜1992

임금이 춘당대에 나아가 관무재(觀武才)의 시재(試才)를 설행하였는데,…… 하였다.

임금이 말하기를, "듣건대 호조에서 삼(蔘) 1근, 미삼(尾蔘) 5냥을 지급하여 조삼(造蔘)하게 했다고 하는데, 이는 호조에서 조삼하게 한 것이니 계인(契人)들의 죄가 아닌 것이다. 왜역(倭譯)에게 곤장을 치는 것을 통제사에게 거행하게 했었는데 이제 유신(儒臣)이 상서하여 진달한 내용을 들어보니, 좌수사(左水使)로 하여금 거행케 해야겠다" 하였다.

5469 영조 29/04/13(무술) → 【원전】 43집 485면
〔조동점을 통제사로 삼다〕 수11037

조동점(趙東漸)을 통제사로 삼았다.

5470 영조 29/04/21(병오) → 【원전】 43집 485면
〔이전 통제사 정찬술을 직산현으로 정배시키다〕 수11038

이전 통제사 정찬술(鄭纘述)을 직산현(稷山縣)으로 정배하라고 명하였는데, 통영에서 올라올 적에 교자(轎子)를 탔기 때문이었다.

5471 영조 29/06/09(계사) → 【원전】 43집 489면
〔박재하를 전라좌수로 삼다〕 수11039

박재하(朴載河)를 전라좌수사로 삼았다.

5472 영조 29/07/25(무인) → 【원전】 43집 493면수4633
〔황해수사가 황당선의 일에 관해 올린 장달〕 수4633

승지가 입대하였을 때에 우승지 황경원(黃景源)이 황해수사의 장달(狀達)을 읽기를, "신이 황당선(荒唐船)의 일로 아뢸 것이 있습니다. 우리나라 연해의 각 진에서 왜선(倭船)과 당선(唐船)이 지나가는 것을 보면 반드시 전례에 의하여 정상을 묻고 쫓아 보냈는데, 근래 간사하고 거짓된 일이 갖가지로 나와서 정상을 묻고 쫓아보낸다는 핑계로 바다 가운데나 섬 같은 사람이 없는 곳으로 끌어가서 금지하는 물건을 팔고 사는 우려가 없지 않으니, 청컨대 비국으로 하여금 연해의 읍진(邑鎭)에 신칙(申飭)

하게 하소서" 하였다.
하령(下令)하기를, "그리하라" 하였다.

5473 영조 29/09/23(을해) → 【원전】 43집 497면
〔영의정 김재로가 거행조건 네 건을 아뢰다〕 수3765

내국(內局)에서 입시(入侍)하였는데, 명하여 대신과 비국당상도 같이 들어오고 왕세자도 시좌(侍坐)하게 하였다.……

김재로가 말하기를, "그 둘째는 일찍이 병조판서 김상성(金尙星)의 아뢴 바로 인하여 무변(武弁) 가운데에서 비록 수령을 지내지 않았더라도 만약 우후(虞候)를 지냈으면 마땅히 전례에 의하여 시행하게 해야 한다는 일인데, 의논하여 처치하라는 명이 있었습니다. 근래 무변이 적체된 것은 비록 매우 민망스럽기는 하나, 한 번 우후를 지낸 것을 곧 이력으로 삼는다면 관제(官制)의 변통에 관계되는 것이고, 또 우후 가운데에서 수령 한두 자리를 조용(調用)하라는 일로 이제 막 특별히 하교하여 신칙(申飭)하셨으니, 청컨대 버려두소서" 하였다.

임금이 말하기를, "이 일은 과연 어떠한가?" 하였다.

김재로가 말하기를, "예전에는 무변은 본디 수령을 지내고 당상(堂上)에 오르는 법이 없었으므로 명무(名武)라고 칭하는 자는 수년이 못되어 당상에 올랐으니 그 갑자기 승진하는 것이 제한이 없었거니와, 중간에 변통하여 반드시 수령을 지내야 승자(陞資)하게 한 것은 대개 조급히 벼슬을 다투는 것을 누르려는 뜻에서 나왔습니다. 신의 생각으로는 수령과 우후는 같은 외임(外任)이므로 전에 아뢴 바에 의하여 정식(定式)하여도 안될 것이 없을 듯합니다" 하였다.

임금이 말하기를, "그리하라" 하였다.

5474 영조 29/12/11(신묘) → 【원전】 43집 505면
〔이언섭을 경기수사로 삼다〕 수11040

이언섭(李彦燮)을 경기수사로 삼았다.

5475 영조 29/12/17(정유) → 【원전】 43집 505면

〔삼상과 왜역의 사체를 살펴 아뢰게 하다〕 왜1993

내국(內局)에서 입시(入侍)하였다.

임금이 도제조 이천보(李天輔)에게 말하기를, "이이장(李彛章)에게 영백(嶺伯)을 제수할 때에 경이 아뢴 것이 있거니와, 삼상(蔘商)에게는 일률(一律)을 쓰고서야 나라가 나라다울 수 있을 것이다. 이이장이 관직을 옮긴 뒤에 동래(東萊)의 삼 값이 도로 올랐다 한다" 하였다.

이어서 하교하기를, "이이장이 내백(萊伯)에서 갈린 뒤에 삼 값이 곧 올랐다 한다. 이것으로 미루어 보면 앞으로 있을 폐단을 알 만하다. 삼상이 이러하니, 왜역(倭譯)도 알 만하다. 하치않은 삼상이 기강을 업신여기고 한 내백이 갈림으로 인하여 제 마음대로 조종하니, 징려(懲勵)하는 도리로서는 마땅히 엄히 살펴서 정상을 알아내어 내부(萊府)로 압송하여 경상(境上)에서 처형하여 저들로 하여금 나라에 기강이 있다는 것을 알게 해야 할 것인데, 대사(大事)가 앞으로 있을 것이므로 지금은 비록 십분 참작할지라도, 이 뒤에 다시 예전 버릇대로 하면 삼상과 왜역에게 빨리 일률을 시행하고 결코 용서하지 않을 것이다. 이로써 미리 분부하여 법을 범하지 말게 하고 또한 도신(道臣)과 내백으로 하여금 엄히 살펴서 아뢰게 하라" 하였다.

5476 영조 29/12/19(기해) → 〖원전〗 43집 505면
〔홍문제학 서종급을 충청수사에 보임하고 조재호로 갈음하다〕 수11041

특지(特旨)로 홍문제학(弘文提學) 서종급(徐宗伋)을 충청수사에 보임하고 조재호(趙載浩)로 갈음하였다. 이날 대신해 온 이하가 회권(會圈)하기 위하여 비국에 와서 모였는데, 서종급이 패초(牌招)를 어겼기 때문이다.

영조 30년(1754; 청 건륭19년)

5477 영조 30/02/03(계미) → 【원전】 43집 514면
〔이전 통제사 정찬술·구선행의 고신을 삭탈하다〕   수11042

이전 통제사 정찬술(鄭纘述)·구선행(具善行)을 모두 고신(告身)을 삭탈하였다. 영남이정사(嶺南釐正使) 민백상(閔百祥)이 그 막비(幕裨)를 검칙(檢飭)하지 못한 잘못을 논하였기 때문이었다.

5478 영조 30/03/02(임자) → 【원전】 43집 516면
〔김윤을 통제사로 삼다〕   수11043

김윤(金潤)을 통제사로 삼았다.

5479 영조 30/04/26(을사) → 【원전】 43집 521면
〔등주의 어채선 3척이 조니진 앞으로 표류해오다〕   표2192

등주(登州)의 어채선(漁採船) 3척이 표류하여 황해도 조니진(助泥鎭) 앞바다에 이르렀는데, 그들의 소원대로 수로로 돌려보냈다.

5480 영조 30/04/29(무신) → 【원전】 43집 521면
〔호남이정사 이성중이 환곡의 폐단을 아뢰다〕   수4634

호남이정사 이성중(李成中)이 복명하고 서계(書啓)하였는데, 대략 이렇다.
"각 고을의 환곡(還穀)에 대한 폐단은 여러 도가 다 그러합니다마는, 본도처럼 심한 데가 없습니다. 대개 남토(南土)는 곡식이 많으므로 해마다 잇달아 풍년이 들면 각 영문(營門)의 별비(別備)와 경각사(京各司)의 환록(換錄)이 해마다 점점 더하여 모곡(耗穀)에 모곡을 더 붙여서 곡식의 수량이 백성의 수보다 많아지게 됩니다. 동복(同福)·옥과(玉果) 등 고을로 말하면 민호(民戶)가 겨우 1, 2천인데 환곡은 다 2만

석이 넘으므로 한 집에서 받은 것이 거의 수십 석이나 되니, 이 때문에 시름하고 원망하여 고향을 떠나 흩어집니다.

환곡을 설치한 것은 백성을 위한 것인데 이제는 백성을 괴롭혀 일이 궁극한 지경에 이르렀으니, 변통이 있어야 하겠습니다. 묘당에서 연품(筵稟)하여 관문(關文)을 보냈으나, 그 뒤에 대신해 온이 오히려 재결하지 못하였고, 올 가을에 받아들이기 전에는 곧 구획(區劃)하여 옮겨야 하겠습니다마는, 그 중에서 가장 백성이 원망하는 것은 통영(統營)의 곡식입니다. 통제사는 삼도의 상관(上官)이므로 위권(威權)이 본디 중하고 또 도신(道臣)에게 관제(管制)를 받지 않기 때문에 열읍(列邑)이 두려워하는 것이 감영·병영보다 훨씬 더한데, 본도의 서쪽 연해에서 통영까지의 수로는 수천 리가 되어 배로 운반하여 가서 바칠 즈음에 축나고 비용이 드는 것을 이루 헤아릴 수 없으므로 각 고을에서는 혹 백성에게서 다시 거두는 것을 면하지 못합니다.

영남이정사의 별단(別單)에는 고성(固城)에 많이 있는 통영의 곡식을 다른 고을로 옮기자고 하였으나, 신은 생각건대, 이제부터 정식(定式)하여 통영에서 쓰는 곡식은 반드시 고성 등 가까운 고을에서 가져가고 본도 각 고을 가운데에서 통영의 곡식이 가장 많은 곳은 가을에 받아들일 때 돈으로 환작(換作)해 버리어 해당 영(營)에서 회록(會錄)하며 그 나머지 각 고을의 통영 곡식은 원수(元數) 이외의 새 모곡을 돈으로 환작하게 하면, 영남·호남 두 도의 통영 곡식의 폐단을 한꺼번에 둘 다 없앨 수 있을 것이라고 여깁니다.

본도의 사노비(寺奴婢)의 액수(額數)는 영남처럼 많지 않으나, 그 괴로움을 원망하는 정상은 피차가 다를 것이 없습니다. 더구나 양역(良役)에 대하여 감포(減布)한 뒤부터는 똑같은 은택을 입기를 바라니, 영남과 아울러 마찬가지로 변통하여 적당히 감면하는 것은 그만둘 수 없겠습니다.……"

임금이 많이 채용하고, 연신(筵臣)에게 이르기를, "다른 도도 다 바로잡아야 하겠으나, 민백상(閔百祥)·이성중만한 자를 어찌 얻기 쉽겠는가?" 하고, 이성중을 소견하였다.

이성중이 말하기를, "전하께서 해민(海民)을 도탄(塗炭)에서 빼어 임석(袵席)에 놓으시니 이것은 큰 혜택입니다마는, 농민이 근본이고 해민은 말단이니, 더욱이 크게 염려하셔야 하겠습니다" 하였다.

임금이 말하기를, "이제는 육민(陸民)이 더욱 곤궁한가?" 하였다.

이성중이 말하기를, "세(稅)가 점점 무거워지므로 육민이 더욱 곤궁합니다. 또 해민은 다 기뻐하나 오직 포변(浦邊)에 사는 향화인(向化人)만은 원망합니다. 신이 이후(李㷞)의 세안(稅案)을 살펴보았더니, 과연 전보다 무거웠습니다" 하였다.

임금이 말하기를, "짚·그물까지도 살펴서 독세(督稅)한다는 것이 사책(史冊)에 쓰여지면 어떻게 여기겠는가? 그러나 법이 이미 세워졌는데, 백성이 다 균역(均役)을 믿는가?" 하였다.

이성중이 말하기를, "오히려 중지될까 염려합니다" 하였다.

임금이 말하기를, "오직 나에게 달려 있다. 어찌 그럴 염려가 있겠는가?" 하였다.

이성중이 또 선척(船隻)에 대하여 장표(掌標)를 발급하는 법을 엄하게 하여 간위(奸僞)를 막고 망기(網基)가 세안(稅案)에서 빠진 것에 대한 세를 정하여 요행을 막으며, 각 고을의 제향(祭享)에 어염(魚鹽)을 바치는 것은 저미(儲米)로 획급(劃給)하고 호역(戶役)을 향회(鄕會)에서 더 거두는 폐단은 매우 중벌로 다스리기를 청하였다.

또 말하기를, "본도는 선세(船稅)가 치우치게 무거우니, 대선 1등(大船一等)은 구세(舊稅)가 40냥인 것을 고쳐서 30냥으로 정하고 대선 2등은 구세가 35냥인 것을 고쳐서 26냥으로 정하고 대선 3등은 구세가 30냥인 것을 고쳐서 23냥으로 정하며, 중선 1등(中船一等)은 구세가 25냥인 것을 고쳐서 20냥으로 정하고 중선 중등은 구세가 22냥인 것을 고쳐서 17냥으로 정하고 중선 3등은 구세가 17냥인 것을 고쳐서 14냥으로 정하며, 소선 1등(小船一等)은 구세가 14냥인 것을 고쳐서 11냥으로 정하소서" 하였다.

임금이 다 그대로 따랐다.

이 때 처음으로 균역법(均役法)을 행하였는데, 간사(幹事)하는 신하들이 다 빠진 것을 찾아내고 가혹하게 거두는 것을 능사로 여겼으나, 민백상·이성중이 서로 이어서 이정사가 되어 민백상은 대체를 지키기를 힘쓰고 이성중은 사정을 지적하여 절실히 논하였으므로 여론이 칭찬하였다.

5481 영조 30/04/29(무신) → 【원전】43집 522면
〔이성중의 논계를 듣고 전라좌수사 박재하를 파면하다〕 수11044

전라좌수사 박재하(朴載河)·이전 수사 정익량(鄭益良)·이전 흥양현감(興陽縣監) 백사문(白師文)·장흥부사(長興府使) 이광운(李光運)은 모두 나처(拿處)하고 우수사 홍태두(洪泰斗)는 파직하며 강진현감(康津縣監) 여선응(呂善應)·무안현감(務安縣監) 이극록(李克祿)은 모두 영문(營門)에서 결장(決杖)하고 일찍이 시종(侍從)을 지낸 자를 나처하니, 이정사(釐正使) 이성중(李成中)이 어세(漁稅)를 함부로 받아들인 것을 논계(論啓)하였기 때문이었다.

5482 영조 30/04#03(임자) → 【원전】 43집 522면
〔김주악·최진해·이주국 등에게 관직을 제수하다〕 수11045

김주악(金柱岳)을 전라우수사로, 최진해(崔鎭海)를 전라좌수사로, 이주국(李柱國)을 충청수사로 삼았다.

5483 영조 30/04#03(임자) → 【원전】 43집 522면
〔충청수사 서종급을 내직으로 옮기다〕 수11046

충청수사 서종급을 내직(內職)으로 옮기라고 명하였다. 지난 겨울에 서종급이 홍문제학으로서 인의(引義)하였으므로 특지(特旨)로 외직(外職)에 보임하였는데, 이 때에 이르러 대신해 온이 그 아우 서종협이 죽어서 정리(情理)가 가엾다고 말하였으므로 이 명이 있었다.

5484 영조 30/05/06(갑신) → 【원전】 43집 524면
〔허급에게 관직을 제수하다〕 수11047

허급(許汲)을 전라우수사로 삼았다.

5485 영조 30/05/14(임진) → 【원전】 43집 526면
〔무기도적의 처벌을 논하다〕 수3766

임금이 대신과 비국당상을 인견하여 ……
　병조판서 이창의(李昌誼)가 말하기를, "서산(瑞山)의 관노(官奴) 성진(聖眞)이 본군(本郡)의 화약(火藥) 2백80괴(塊)를 훔쳐 팔았으므로 본도의 장계가 있었습니다. 『속

대전(續大典)』에, '군기(軍器)를 훔쳐낸 자는 계품(啓稟)하여 효시(梟示)한다' 하고, 소주(小註)에, '활 30장(張), 조총(鳥銃) 3병(柄) 이하는 사형을 감면하여 정배(定配)한다' 하였으나, 화약·연환(鉛丸)은 거론한 것이 없으니, 위에서 재결하시기에 달려 있습니다" 하였다.

임금이 말하기를, "특별히 사형을 감면하는 율(律)을 시행하라" 하였다.

예조판서 홍상한(洪象漢)이 말하기를, "이번 사행 때에 시민(市民)이 으레 왜장검(倭長劍) 2병(柄)을 사서 바쳐야 하는데 1병은 겨우 4백 냥으로 샀으나 1병은 살 길이 없었고, 또 시민은 말하기를, '호조에 이미 통검계(通劍契)가 있는데 어찌하여 시민으로 하여금 사서 바치게 하는가?' 합니다" 하였다.

임금이 말하기를, "하나의 검 값이 그렇게 많은가? 이 때문에 시민에게 폐해를 끼칠 수 없으니, 특별히 내장(內藏)의 왜장검 2병을 주고 시민이 비싼 값으로 사서 바친 것은 도로 주도록 하라" 하였다.

5486 영조 30/05/24(임인) → 【원전】 43집 527면
〔호남 구관당상 원경하와 호남의 일을 논하다〕 수4635

임금이 호남 구관당상(湖南句管堂上) 원경하(元景夏)를 소견하고 말하기를,……

원경하가 말하기를, "호남은 곧 국가의 근본입니다. 쌀과 무명이 오로지 여기에서 나오니, 참으로 이른바 근본인 곳이라는 것입니다. 지리(地理)로 말한다면 강도(江都)에서 한 번 순풍에 돛을 달아 안흥(安興)에 이르고 안흥에서 한 번 순풍에 돛을 달아 격포(格浦)에 이릅니다. 신의 선조(先祖)가 안번(按藩)할 때에 격포에 행궁(行宮)을 창건하였고, 검영(檢營)을 인묘(仁廟) 때에 설치하였는데, 그 때 묘당(廟堂)의 신하들이 반드시 소견이 있어서 그랬을 것입니다. 신이 일찍이 고 상신 송인명(宋寅明)에게 군작미(軍作米) 1만 석을 옮겨서 검영미(檢營米)를 만들고 그 대신 비국에서 구관하는 순영(巡營)의 별비전(別備錢)을 가져다 경용(京用)으로 하기를 권하였습니다. 이전 도신 서명구(徐命九)가 격포 행궁을 중수하고 신에게 글을 보내어 행궁 중수기(行宮重修記)를 청하였으므로, 신이 양전의 일로 말미암아 한 번 가서 보고 싶었습니다마는, 개량으로 말하면 사체에 장애되는 것이 있어서 먼저 도신에게 맡겼으니, 전대로 거행하는 것이 마땅하겠습니다" 하였다.

임금이 옳게 여겼다.

5487 영조 30/05/30(무신) → 【원전】 43집 528면
〔금부도사 윤광과 황해수사 신사언을 몸소 결곤하다〕 수4636

평명(平明)에 임금이 몸소 갑주(甲胄)를 입고 보여(步輿)를 타고 명정문(明政門)에 나아가 삼영(三營)의 대장(大將)의 군례(軍禮)를 받고 나서 융복(戎服)으로 갈아 입고 나아가 금부도사 윤광(尹珖)과 이전 황해수사 신사언(申思彦)을 결곤(決棍)하였다. 이에 앞서 황당선(荒唐船)이 백령진(白翎鎭)에 정박하여 호인(胡人) 18명이 뭍에 내렸으므로, 수사 신사언이 육로로 돌려보내기를 장청(狀請)하니, 표류하여 온 호인이 이를 듣고 크게 두려워하여 다른 당선(唐船) 10여 척을 결속하여 끌고 왔는데 그 수가 5, 6백 명이었다. 백령진을 에워싸고 18명을 내어 주기를 청하였으나 첨사 이백령(李栢齡)이 먼저 이미 7명을 장연(長淵)에 보냈는데, 호인이 그 나머지 11명을 빼앗아 가고 장연의 장교(將校) 한 사람도 함께 그 배에 잡아두었다.

신사언이 또 이 때문에 장계하니, 임금이 말하기를, "호선(胡船)이 많기는 하나 짧은 병기(兵器)도 없고 백령진이 잔약하기는 하나 군사와 기계(器械)가 있으니, 뜻대로 죽일 수는 없더라도 어찌 막을 수 없겠는가? 수사도 군사를 징발하여 쫓아가 그 잃은 것을 빼앗아 와야 할 것인데 이런 생각을 내지 않고 도리어 두려워서 장문(狀聞)하였으니, 일이 매우 놀랍다. 특별히 이진숭(李鎭嵩)을 수사로 삼고 조위진(趙威鎭)을 백령첨사로 삼아 길을 갑절로 하여 임소(任所)로 가게 하고, 이전 첨사 이백령은 이진숭으로 하여금 50도(度)를 결곤하고 그 곳에서 충군(充軍)하여 물간 사전(勿揀赦前)하며, 선전관(宣傳官) 전광훈(田光勳)과 금부도사 윤광을 보내어 길을 갑절로 하여가서 신사언을 잡아오게 하라" 하였다.

이 때에 이르러 잡아왔으나 날짜가 오래 걸렸으므로, 임금이 노하여 무신년의 전례에 따라 갑주를 갖추고 명정문에 나아가 승장포(升帳砲)를 쏘고 숙정패(肅靜牌)를 세우며 소개문(小開門)하고 대취타(大吹打)한 다음, 훈련대장 김성응(金聖應)·어영대장 홍봉한(洪鳳漢)·금위대장 이창의(李昌誼)를 먼저 군례로 참견하고 나서 명하여 전광훈을 잡아들이게 하여 묻기를, "너는 며칠에 올라왔는가?" 하였다.

그러자, 대답하기를, "새 수사가 교귀(交龜)한 뒤에 부신(符信)을 빼앗았으므로 절

로 지체되었습니다마는, 신이 가고 돌아올 때에는 모두 길을 갑절로 하였습니다" 하였다.
임금이 말하기를, "이 일의 전말을 물으려 하였으므로 잡아들였는데, 이미 죄주지 않는다면 상이 있어야 할 것이다" 하고, 특별히 현궁(弦弓) 1장(張)을 내렸다.
윤광을 결곤하고 신사언을 잡아들여 양손을 뒤로 묶고 낯에 회를 칠하여 삼군(三軍)에 돌려보인 뒤에 15도를 결곤하였는데, 임금이 전석(全釋)하려 하자, 좌의정 김상로(金尙魯)가 말하기를, "이미 이 큰 거조(擧措)를 하셨으니, 결곤만 하고 말 수 없겠습니다" 하니, 남해현(南海縣)에 충군하라고 명하고, 이진숭의 도임(到任)이 지체되었다 하여 또한 먼저 갈고 나서 잡아오라고 명하였다. 대개 호인이 육로로 돌아가려 하지 않는 것은 앞서 저 나라에서 표선(漂船)이 바람을 만났다고 거짓말하며 우리나라에 폐해를 끼친다 하여 전쟁에 종사하게 하기까지 하였으므로, 육로로 연경(燕京)에 돌아가면 정상이 드러나 저 나라에서 죄받을까 두려워하기 때문이었다.

5488 영조 30/07/18 (을미) → 【원전】 43집 537면
〔장령 이하술이 수군의 조련정지와 통제사 김윤의 탄핵에 관해 상서하다〕   수3767

장령 이하술(李河述)이 상서하였는데, 대략 이렇다.
"…… 기근이 거듭되어 백성이 지탱할 수 없는 형세이니, 국가에서 진구(賑救)할 밑천을 특별히 내려주고 안주할 방책을 특별히 강구해야 마땅합니다. 올해 수영(水營)의 조련은 모두 정지하고, 묵은 환곡(還穀)과 쌓인 포흠(逋欠)도 헤아려 처치하도록 명하여 굶주린 백성이 안도할 수 있게 하셔야 하겠습니다. 통제사 김윤(金潤)은 외람되게 곤수(閫帥)의 직임을 받았으나 이미 청렴하다는 소문이 없었는데, 관서백(關西伯)의 서본(書本)을 보더라도 강계(江界)에서 10건의 돈고(獤袴)를 함께 나누어 썼으니, 탐욕을 부리며 삼가지 않은 것을 이것에 의거하여 알 수 있습니다. 그 때의 부사는 도배(島配)당하기에 이르렀는데, 그는 편안히 앉아서 자처(自處)할 것을 생각하지 않으니, 삭직(削職)하는 벌을 결단코 그만둘 수 없습니다.……"
왕세자가 답하기를, "유신(儒臣)이 강연에 참여하는 일과 세 가지 명기(名器)에 관한 일과 수군의 조련을 정지하는 일은 묘당으로 하여금 품처(稟處)하게 하겠다. 수령의 일은 모두 나처(拿處)하도록 하라" 하였다.

5489 영조 30/07/26(계묘) → 【원전】 43집 537면
〔여러 도의 추조를 멈추게 하다〕 수3768

흉년이 들었기 때문에 여러 도의 가을철 조련을 멈추라고 명하였다.

5490 영조 30/12/12(병진) → 【원전】 43집 551면
〔도둑이 충정도 목천현의 화약 2백 근을 훔치다〕 수4637

도둑이 충정도 목천현(木川縣)의 화약 2백 근을 훔쳐갔다.

5491 영조 30/12/23(정묘) → 【원전】 43집 551면
〔등산도의 옛 목장을 절수하라는 명을 도로 거두기를 청하니 윤허하다〕 기2155

사복시에서 아뢰기를, "본시(本寺)에 속한 강령현(康翎縣) 옛 등산도(登山島)의 묵은 논밭과 일군 논밭을 귀인방(貴人房)에서 절수(折受)하여 올해부터 세(稅)를 거둔다는 것을 내수사(內需司)에서 이첩하였습니다. 강령목장(康翎牧場)은 본디 본시의 목장 가운데에서 가장 요긴한 곳인데, 두 번 지난 갑자년에 도신의 치계로 인하여 목장을 순위도(巡威島)에 옮겨 설치하였었습니다. 대개 이 섬은 해로의 요충지가 되므로, 첨사를 두어 관방(關防)의 중지(重地)로 삼고, 인하여 감목관을 겸하게 하여 본목(本牧)이 관장하는 기린도(麒麟島)·연평도(延坪島) 등을 방목(放牧)하는 곳으로 삼았었는데, 순위·기린·연평 세 섬은 본디 경작해서 세를 거두는 땅이 없으므로, 여러 섬의 목자(牧子)의 위전(位田)과 목관(牧官)의 양료(糧料)와 여러 가지 책응(策應)은 오로지 등산도의 옛 목장에 의지하였으니, 이 목장을 없앤다면 등산도의 한 목장은 곧 헛되이 설치한 것이 되고 첨사 또한 장차 폐지해야 할 것입니다. 이 때문에 두 번 지난 계유년에 궁방(宮房)에서 절수하였을 때 본시에서 초기(草記)하여 본목에 도로 붙였었습니다. 이제 이것을 궁방에 붙인다면 궁방에서 얻는 것은 매우 적은데, 본시에 있어서는 목자의 위전과 목관의 양료를 달리 내도록 요구할 곳이 없어서 세 섬에서 방목하는 정사(政事)는 장차 철파하는 것을 면하지 못하게 될 것입니다. 청컨대, 계유년의 고사(故事)에 의거하여 궁방에서 절수하게 하신 명을 도로 거두소서" 하였다.

임금이 윤허하였다.

5492 영조 30/12/30(갑술) → 【원전】 43집 553면
〔사대부가 사사로이 염분이나 어전을 사는 폐단을 엄히 금하다〕 기3101

하교하기를, "팔도의 어전(漁箭)·염분(鹽盆)을 다 균청(均廳)에 붙인 것은 대개 백성을 위하는 뜻에서 나온 것인데, 이제 듣건대, 여러 궁가(宮家)와 각 아문(衙門)과 사대부의 집에서 다시 사사로이 어전·염분을 사는 폐단이 있다고 한다. 이와 같이 하여 그치지 않으면 해부(海夫)가 어떻게 견디겠는가? 모두 엄중히 금하도록 하라" 하였다.

영조 31년(1755; 청 건륭20년)

5493 영조 31/01/09(계미) → 【원전】 43집 554면
〔이태상에게 관직을 제수하다〕   수11048

이태상(李泰祥)을 경기수사로 삼았다.

〈 관련내용 〉
· 영조 31/02/14(무오)→ 경기수사·황해수사·충청수사에게 관직을 제수하다   43집 559면
· 영조 31/03/12(을유)→ 조위진에게 황해수사를 제수하다   43집 565면

5494 영조 31/03/14(정해) → 【원전】 43집 566면
〔이장오를 통제사로 삼다〕   수11049

이장오(李章吾)를 특별히 임명하여 통제사로 삼았다.

5495 영조 31/03/14(정해) → 【원전】 43집 566면
〔통제사가 바다 고기를 먹고 죽은 자가 18명이라고 보고하다〕   수4638

통제사가 아뢰기를, "바닷물의 색깔이 피와 같이 붉고, 사람들 가운데 바닷고기를 먹고 중독되어 죽은 자가 18인 입니다" 하였다.

5496 영조 31/03/25(무술) → 【원전】 43집 568면
〔원중회에게 관직을 제수하다〕   수11050

원중회(元重會)를 경기수사로 삼았다.

5497 영조 31/05/02(을해) → 【원전】 43집 575면
〔이은춘을 전라우수사로 삼다〕   수11051

이은춘(李殷春)을 전라우수사로 삼았다.

〈 관련내용 〉
- 영조 31/05/09(임오)→ 이방수에게 관직을 제수하다   43집 576면
- 영조 31/05/14(정해)→ 임시척·이경철 등에게 관직을 제수하다   43집 578면

5498 영조 31/06/18(경신) → 【원전】 43집 587면
[황해감사 김양택이 역적들을 백령도·초도에 이배치 말도록 상서하다]   기2156

황해감사 김양택(金陽澤)이 상서하기를, "예로부터 흉추(凶醜)를 절도(絶島)로 편배(編配)한 것은 대개 나라 안에서 함께 살지 못하게 하려는 뜻에서 나온 것입니다. 그러니 저들처럼 감률(減律)하여 노예를 삼은 역얼(逆孼)들은 으레 모두 거친 섬으로 보내 엄히 수금(囚禁)했던 것입니다. 다만 본도의 백령도(白翎島)와 초도(椒島) 등지는 다른 도와 다름이 있어서 빙둘러서 등주(登州)와 내주(萊州)가 바라보여 한 번의 항해로 통할 수가 있으며, 매년 봄·여름 고기를 잡을 때면 황당선(荒唐船)이 출몰하지 않은 날이 없어서 섬사람들이 항상 보아 괴이하게 여겨 놀라지 않아 습속처럼 서로 익숙해 물정(物情)이 생소하게 여기지 않습니다. 거기다가 도망한 도적이나 주인을 배반한 노예가 모여 드는 숲이 되어 복용(服用)과 언모(言貌)가 교화(敎化) 밖이 되었습니다. 이번에 뭇 역얼을 성교(聲敎)를 드물게 입은 땅에 내쳐서 머리와 꼬리가 서로 이어져 한 촌락을 이루었습니다. 저들 나라를 원망하고 불령(不逞)한 무리들이 이미 세상에 끼이지 못할 것을 알고서 효경(梟獍) 같은 성품과 살무사 같은 독을 몰래 품고 있으니 어찌 뜻밖의 근심이 없을 줄을 알겠습니까? 더군다나 이 두 섬에 백성을 모아서 진(鎭)을 설치한 것은 오로지 황당선을 막아 내쫓을 터전을 삼기 위해서였습니다. 농기구와 창자루를 잡고 오랫동안 추격하여 쫓는 역을 하느라 생산하는 일을 할 겨를이 없어 자신의 호구(糊口)도 오히려 곤궁함을 걱정해야 합니다. 이제 수십명의 역적 종자를 이들에게 주어 접대하고 지키게 한다면 그 형세가 반드시 아침 저녁 사이게 지탱하지 못하고 서로 잇달아서 흩어지게 될 터이니, 이는 해방(海防)을 중히 여기고 섬 백성을 돌보는 도리에 있어서도 작은 일이 아닙니다. 대조(大朝)께 우러러 품하여 유사(有司)에게 하령하여 금년 두 섬에 편배(編配)한 자를 한결같이 다른 도의 절도(絶島)로 이배하고, 이후에는 마땅히 편배해야 할 무리를 다시는 초도(椒島)와 백령도(白翎島) 두 도에 보내지 말아서 변방의 근심을 끊고

민폐를 없애게 하소서" 하였다.

답하기를, "묘당으로 하여금 품처하게 하라" 하였다.

5499 영조 31/08/16(정사) → 【원전】 43집 591면
〔흉년으로 함경도와 황해도의 가을 습조를 정지시키다〕　　　　　　　　수3769

함경도와 황해도 두 도의 올 가을 습조(習操)를 정지하고 명하였는데, 흉년 때문이었다.

5500 영조 31/08/21(임술) → 【원전】 43집 592면
〔이희원·남정오·이양중 등에게 관직을 제수하다〕　　　　　　　　　　수11052

이희원(李禧遠)을 황해병사로, 남정오(南正吾)를 경상수사로, 이양중(李陽重)을 전라좌수사로 삼고, 남병사 이윤성(李潤成)과 충청병사 최진해(崔鎭海)를 서로 바꾸도록 명하였다.

5501 영조 31/09/14(을유) → 【원전】 43집 594면
〔함부로 전최를 행한 전라우수사 허급을 잡아오도록 하다〕　　　　　　수11053

전라우수사 허급(許汲)을 잡아오라고 명하였다. 구례(舊例)에 도신(道臣)이 수령의 전최(殿最)를 행하고 그런 연후에 수신(帥臣)이 비로소 변장(邊將)의 전최를 시행했었다. 이 때 호남의 도신 조운규(趙雲逵)가, 그의 아비 조영국(趙榮國)이 역수(逆囚)의 고(告)한 바 되었다는 말을 듣고는 상소하고 명을 기다리면서 전최를 행하지 않자 허급이 홀로 행하였었다.

조운규가 일을 보기에 미쳐서 그 일을 장문(狀聞)하니, 조재호가 말하기를, "허급이 조운규가 역적 쪽으로 몰아 넣으려고 거만하게 영(令)을 따르지 않았으니, 그 정상이 매우 악합니다. 엄히 다스리기를 바랍니다" 하였다.

임금이 그대로 따랐다.

5502 영조 31/11/07(병자) → 【원전】 43집 600면
〔병조판서 홍봉한이 선박의 장표·어장의 세금 등에 대해 이야기하다〕　　수4639

병조판서 홍봉한(洪鳳漢)이 임금에게 아뢰기를, "나라 안의 크고 작은 선척(船隻)은 납세(納稅)와 면세(免稅)를 막론하고 모두 균역청의 장표(掌標)를 받고 있는데, 조선(漕船)만은 유독 장표가 없어 일이 매우 허술하니, 일체로 장표를 지급하는 것이 좋겠습니다" 하였다.

임금이 옳게 여겼다.

또 아뢰기를, "나라 안의 어장(漁場)과 어전(漁箭)은 면세 여부를 막론하고 모두 균역청에 매여 있습니다. 유독 사옹원(司饔院)의 두 착어소(捉魚所)는 진상(進上)의 체통이 소중함으로 인하여 주원(廚院)에 속해 있습니다. 그러나 기지(基址)만은 어디에서부터 어디에까지라고 균역청의 장부에 기재된 뒤에라야만 균역청을 설치하고 해세(海稅)를 총관(總管)하는 뜻에 어긋나지 않을 것입니다" 하였다.

임금이 옳게 여겼다.

5503 영조 31/11/28(정유) → 【원전】 43집 601면
〔홍약수를 전라우수사로 삼다〕 수11054

홍약수(洪若水)를 전라우수사로 삼았다.

5504 영조 31/12/22(신유) → 【원전】 43집 605면
〔전라감사가 이국인 8명이 함평에 표류한 것을 장달하다〕 표2514

전라감사가 장달(狀達)하기를, "이국인 8명이 함평(咸平) 땅에 표류하여 도착하였는데, 3명은 익사(溺死)하고 탔던 배는 파손되었으니, 육로를 통하여 송환해야 하겠습니다" 하였다.

그대로 따랐다.

5505 영조 31/12/22(신유) → 【원전】 43집 605면
〔전 경상감사 이이장 등을 불러 왜인을 제어하는 방도를 논의하다〕 왜1994

임금이 이전 감사 이이장(李彛章) 등을 불러 여러 도(道)의 일을 물었다.

이이장이 말하기를, "왜정(倭情)은 매우 교활하여 늘 관문(館門)을 함부로 나와서 동래부사에게 공갈(恐喝)하므로 그 청을 모두 들어줍니다. 당초의 약조는 관왜(館倭)

로서 함부로 나오는 자는 참(斬)하는 것으로 되어 있습니다. 지금부터 조정에서 함부로 나온 사유를 조사하여 허물이 동래부사에게 있으면 동래부사를 죄주고, 관왜가 고의로 범한 경우에는 관왜를 참해야만 뒤에 따를 폐단을 막을 수 있습니다. 또 대마도는 매우 작아 기장현(機張縣) 한 고을과 비슷합니다. 늘 우리나라를 일컬어 대조정(大朝廷)이라 하니, 이 뒤로는 위에서 윤음(綸音)을 번거롭게 내리지 마시고 묘당(廟堂)에서 품지(稟旨)한 뒤에 동래부사로 하여금 효유(曉諭)하게 하여 국위(國威)를 펴게 할 것이며, 또 이 섬은 두 나라 사이에 있으므로 늘 7푼의 은혜와 3푼의 위엄으로 제어하여 그들이 감히 조정을 가벼이 여기는 마음을 내지 못하게 하소서" 하였다.

임금이 말하기를, "좋다. 나는 왜인을 제어하는 요도(要道)를 얻었다" 하고, 이어 비국으로 하여금 잘 알게 하라고 하였다. 이이장이 동래(東萊)에 부임하였을 때에 능히 위엄과 명찰(明察)로써 관왜(館倭)를 제어하여 그 교활한 습성을 징즙(懲戢)시켰으니, 임금이 가상히 여겨 경상감사로 발탁하였는데, 방금 교체되어 돌아왔으므로 아뢴 바가 이와 같았다.

영조 32년(1756; 청 건륭21년)

5506 영조 32/01/13(신사) → 【원전】 43집 607면
〔흉년으로 인해 수군·육군의 조련을 정지토록 하다〕   수3770

금년 봄의 수군·육군의 조련을 정지토록 명하였으니, 흉년인 때문이었다.

5507 영조 32/01/26(갑오) → 【원전】 43집 608면
〔청나라가 표류한 자국사람 40인을 돌려보내자 사례하는 자문을 보내다〕   표2193

청나라 사람이 표해인(漂海人) 40명을 돌려보내니, 자문(咨文)을 보내어 사례하였다.

5508 영조 32/01/28(병신) → 【원전】 43집 608면
〔청의 복건성 상인 24명이 영광 등지에 표류하자 자문과 함께 송환하다〕   표2194

청나라 복건성 상인 24명이 영광(靈光) 등지에 표박(漂泊)하니, 자문(咨文)을 보내고 돌려보냈다.

5509 영조 32/03/18(병술) → 【원전】 43집 617면
〔영남에서 북도로 운반하던 곡식이 가라앉자 선원 가족을 진휼케 하다〕   조2061

좌윤(左尹) 신회(申晦)가 영남에서 북쪽으로 운반하는 곡식 수천 석이 물에 가라앉았다고 아뢰었다.
　　임금이 말하기를, "참혹하고 참혹하다" 하고, 본도로 하여금 뱃사람의 아내와 자식들을 고휼(顧恤)하게 하였다.

5510 영조 32/12/01(갑자) → 【원전】 43집 636면
〔통영 소속의 소비포진 권관을 영등포로 옮겨 만호로 승격시키다〕   수3771

통영(統營) 소속의 소비포진(所非浦鎭)의 권관(權管)을 영등진(永登鎭)에 옮겨 설치하

고 만호(萬戶)로 승격하라고 명하였다. 대개 통제사 이경철(李景喆)이 영등진이 옛터에 진장(鎭將)이 없을 수 없다며 율포(栗浦)·가배량(加背梁)·소비포 세 진 가운데 진 하나를 옮겨 설치함이 마땅하다고 장청(狀請)했기 때문이었다.

영조 33년(1757; 청 건륭22년)

5511 영조 33/03/12(계묘) → 【원전】 43집 642면
〔허유를 황해수사로 삼다〕   수11055
허유(許坖)를 황해수사로 삼았다.

5512 영조 33/04/28(기축) → 【원전】 43집 646면
〔장령 이수덕이 영남의 주사·사군·격군 요포 폐단에 대해 상서하다〕   수3772
장령 이수덕(李壽德)이 상서하였는데, 대략 이렇다.
　"신이 영남의 연변에서 귀양살이하면서 주사군(舟師軍)이 원통하다고 하소연하는 것을 익히 들었습니다. 그것은 대체로 임진년과 계사년의 왜란을 겪고 부흥한 뒤로부터 조정에서 이들 무리에게 매우 두텁게 진휼하였는데, 중간에 암행어사의 계사(啓辭)로 인해 요포(料布)를 많이 줄였으므로, 후박(厚薄)이 고르지 않고 경중이 적합함을 잃어서 장차 흩어질 염려가 있으니, 왜적을 방어하는 중지(重地)인데도 급박할 때에 믿기가 어렵습니다. 청컨대, 묘당으로 하여금 영남의 주사(舟師)·사군(射軍)·격군(格軍)의 요포를 양호(兩湖)와 해서(海西) 여러 도의 사례에 의거하여 준급(準給)함으로써 옛날의 규례를 회복하게 하고 면포를 바치며 겹쳐지는 구실 또한 조사하여 면제하게 하소서."
　왕세자가 품처(稟處)하겠다고 답하였다.

5513 영조 33/05/13(계묘) → 【원전】 43집 648면
〔이태상을 통제사로 삼다〕   수11056
이태상(李泰祥)을 통제사로 삼았다.

5514 영조 33/07/28(무오) → 【원전】 43집 658면

〔전라도 무장현에서 배가 침몰하여 익사한 사람이 많자 휼전케 하다〕 수4640

전라도 무장현(茂長縣)에 배가 침몰하고 강물 주변에는 빠져 죽은 사람이 많았는데, 휼전을 거행하라고 명하고 빠진 사람을 건져서 살린 자는 또한 시상하도록 하였다.

5515 영조 33/09/07(병신) → 【원전】 43집 661면
〔부제학 서지수가 관록을 사피했다고 교동수사에 보외하다〕 수11057

부제학 서지수(徐志修)가 관록(館錄)을 사피(辭避)하였다고 하여 특별히 교동수사(喬桐水使)에 보외(補外)하였다.

5516 영조 33/10/05(갑자) → 【원전】 43집 663면
〔좌의정 김상로의 건의로 경기 이전 수사 유주기·이태상을 잡아오도록 하다〕 수11058

왕세자가 시민당(時敏堂)에 앉아서 차대(次對)를 행하였다.
　　좌의정 김상로(金尙魯)가 군향(軍餉)을 유용(流用)한 일로써 경기 이전 수사(水使) 유주기(兪冑基)·이태상(李泰祥)을 잡아다 처리하기를 청하고, 또 통영의 별회모곡(別會耗穀)을 해를 걸러 강도(江都)에 이송할 것을 청하니, 모두 그대로 따랐다. 사간 남덕로(南德老)가 전달을 거듭 상달하였으나, 따르지 않았다.

5517 영조 33/10/23(임자) → 【원전】 43집 666면
〔오혁을 통제사로 삼다〕 수11059

오혁(吳瑒)을 통제사로 삼았다.

5518 영조 33/10/28(정해) → 【원전】 43집 666면
〔도정에 친림하여 이명준·구병훈·한덕필 등에게 관직을 제수하다〕 수11060

임금이 여차(廬次)에 나아가서 도정(都政)에 친림(親臨)하여…… 이명준(李命峻)을 전라우수사로, 김성우(金聖遇)를 전라병사로, 구병훈(具秉勳)을 충청수사로, 한덕필(韓德弼)을 경기수사로 삼았다. 한덕필은 음관(蔭官)으로서 별천(別薦)하였는데, 역시 곤임(閫任)을 제수하였다.

5519 영조 33/10/29(무자) → 【원전】 43집 666면
〔동래부사의 장달에 따라 부족한 차왜의 요미를 반감토록 하다〕　　　　　왜1995

　　세자가 시민당(時敏堂)에 앉아서 차대를 행하였다.
　　　동래부사의 장달(狀達)에 따라 차왜의 요미(料米) 중에 해마다 부족한 수량을 절반만 획급(劃給)하라고 하령하였다.

5520 영조 33/11/09(정유) → 【원전】 43집 667면
〔왕세자가 차대하여 강도의 대변선 등의 일을 처리하다〕　　　　　　　　기1152

　　왕세자가 시민당(時敏堂)에 앉아서 차대(次對)를 행하였다.……
　　　좌의정 김상로(金尙魯)가 말하기를, "훈국(訓局)에서 강도(江都)에 대변선(待變船)이 있어야 된다고 하며 늘 양남(兩南)의 퇴전선(退戰船)을 얻기를 청하였고, 또 그것을 고쳐야 하는 재목과 집물(什物)을 청하였는데, 봉산(封山)의 금송(禁松)을 베어서 쓰도록 허락함으로 인하여 지나치게 잃을 것이고 여러 진영의 백성과 병졸들은 가혹한 수탈 때문에 지탱하기 어려울 것이니, 그 폐단이 매우 클 것입니다. 청컨대 지금부터 엄하게 막으소서" 하였다.
　　　그러자, 우의정 신만(申晩)이 말하기를, "이미 대변선이라고 일컫고 묘당에 얻기를 청하였으니 아주 모른 체하는 것은 마땅치 않습니다. 지금부터 강도와 훈국에서 개조(改造)하는 선척(船隻)에 대하여 길이와 넓이의 척도(尺度)를 책(冊)으로 만들어 비국에 보고하게 하는 것이 마땅하겠습니다" 하였다.
　　　그대로 따랐다.

영조 34년(1758; 청 건륭23년)

5521 영조 34/02/02(무오) → 【원전】 43집 678면
〔수원의 초하루 조련을 농한기 6개월에 실시토록 하다〕 수3773

임금이 숭문당(崇文堂)에 나아가서 대신해 온과 비국당상을 인견하였다. 좌의정 김상로(金尙魯)가 수원부사 김효대(金孝大)의 아뢴 바로 인하여, 본부(本府)의 초하루 조련(朔操)을 평안도 각 읍의 예에 의하여 매년 농사를 쉬는 여섯 달에 돌려가며 관문(官門)에서 조련을 행하라고 청하니, 임금이 그대로 따랐다.

5522 영조 34/02/06(임술) → 【원전】 43집 678면
〔청안 안집어사 홍경해의 복명에 따라 삼남 수륙조련을 정지토록 하다〕 수3774

청안 안집어사(淸安安集御史) 홍경해(洪景海)가 복명하였다. 삼남의 수륙조련을 정지하라고 명하니, 어사의 요청에 의한 것이다.

5523 영조 34/02/13(기사) → 【원전】 43집 678면
〔일본 대마주 태수 평의번이 사자를 보내어 향을 올리다〕 왜1996

일본 대마주 태수 평의번(平義蕃)이 사자(使者)를 보내어 향(香)을 올렸다. 대마도는 언제나 국휼(國恤)에 조차(弔差)를 보내어 향을 올리고 해를 넘긴 적이 없었는데, 이때에 이르러 그 올리는 침향(沈香)이 대마도 안에서 나는 것이 아니라 강호(江戶)에서 구하였으나, 또한 품절되어 멀리 중국에까지 가서 산 때문에 지난 가을에 비로소 준비하여 출발하였는데, 차사의 배가 또 풍파에 표류하여 해를 지난 뒤에야 비로소 부산에 닿았다고 하였다.

5524 영조 34/09/19(임인) → 【원전】 43집 699면
〔이윤덕 등에게 관직을 제수하다〕 수11061

이윤덕(李潤德)을 전라좌수사로 삼았다.

영조 35년(1759; 청 건륭24년)

5525 영조 35/01/07(기축) → 【원전】 44집 1면수11062
〔남정오를 경기수사로 삼다〕   수11062

남정오(南正五)를 경기수사로 삼았다.

5526 영조 35/04/23(계유) → 【원전】 44집 9면수11063
〔이윤덕을 전라수사로 삼다〕   수11063

이윤덕(李潤德)을 전라수사로 삼았다.

5527 영조 35/05/14(계사) → 【원전】 44집 10면
〔장지항을 전라좌수사, 이창운을 경상좌수사로 삼다〕   수11064

장지항(張志恒)을 전라좌수사로, 이창운(李昌運)을 경상좌수사로 삼았다.

5528 영조 35/09/25(임신) → 【원전】 44집 21면
〔심봉징에게 관직을 제수하다〕   수11065

심봉징(沈鳳徵)을 전라우수사로 삼았다.

5529 영조 35/10/07(갑신) → 【원전】 44집 22면
〔경기 수군절도사를 소견하고 해빙 전에 해서 상정미를 운반토록 하다〕   수4641

임금이 희정당(熙政堂)에 나아가 경기 수군절도사 권일형(權一衡)을 소견하고 해서(海西)의 상정미(詳定米)와 관향곡(管餉穀) 중에서 쌀 1천 석과 잡곡 2천 석을 바닷가로 운반하기 쉬운 고을에서 성엣장〔流氷〕이 흐르기 전에 차원(差員)을 정하여 교동(喬桐)으로 운송하라고 명하였으니, 진휼하는 자료를 삼기 위한 것이었다.

5530 영조 35/11/08(갑인) → 【원전】 44집 24면
　　〔박재하 등에게 관직을 제수하다〕　　　　　　　　　　　　　　　　수11066

　　박재하(朴載河)를 충청수사로 삼았다.

　　　〈 관련내용 〉
　　　・ 영조 35/11/22(무진)→ 사간원에서 충청수사 박재하의 개차를 상달하다　　44집 25면

5531 영조 35/11/08(갑인) → 【원전】 44집 24면
　　〔이윤성을 통제사로 삼다〕　　　　　　　　　　　　　　　　　　　수11067

　　이윤성(李潤成)을 통제사로 삼았다.

　　　〈 관련내용 〉
　　　・ 영조 36/06/15(정해)→ 양심합에 나가 경외의 전최개탁에 임하고 통제사를 파직시키다　44집 39면

5532 영조 35/12/20(병신) → 【원전】 44집 27면
　　〔김범로를 충청수사로 삼다〕　　　　　　　　　　　　　　　　　　수11068

　　김범로(金範魯)를 충청수사로 삼았다.

영조 37년(1761; 청 건륭26년)

5533 영조 37/05/03(신축) → 【원전】 44집 64면
〔우의정 홍봉한이 수군과 육군의 영부에 관하여 아뢰다〕 수3775

임금이 경현당(景賢堂)에 나아가 대신과 비국당상을 인견하였다.
　　우의정 홍봉한(洪鳳漢)이 경상좌수사의 장본(狀本)을 가지고 앙청하기를, "수군과 육군의 영부(領付)는, 평상시의 경우는 그 조용(調用)한 것을 따라 수령(守令)이 영부하며, 함께 조련하는 시기와 같은 경우엔 수군의 경우는 수령이 영부하고, 육군의 경우는 좌수(座首)가 영부하도록 하며, 전선(戰船)은 3년에 한 번 고치도록 규칙을 정하여 시행하게 하소서" 하였다.
　　임금이 그대로 따랐다.

5534 영조 37/06/02(기사) → 【원전】 44집 67면
〔홍봉한이 전례없는 차왜를 쫓지 않은 동래부사 홍명한 등의 처벌을 청하다〕 왜1997

임금이 대신과 비국당상을 인견하였다.
　　우의정 홍봉한(洪鳳漢)이 전례(前例)가 없는 차왜를 아직도 사리에 의거하여 쫓아 보내지 아니한 동래부사 홍명한(洪名漢)은 중추(重推)하고, 통역관[任譯]은 동래부사로 하여금 곤장을 집행하게 하여 징계하도록 청하니, 임금이 그대로 따랐다.

5535 영조 37/12/02(병인) → 【원전】 44집 87면
〔조제태 등에게 관직을 제수하다〕 수11069

조제태(趙濟泰)를 경기수사로 삼았다.

영조 38년(1762; 청 건륭27년)

5536 영조 38/02/03(정묘) → 【원전】 44집 92면
〔고성의 선창을 도선 앞 바다로 옮기도록 명하다〕 수4642

고성(固城)의 선창(船倉)을 도선(道善) 앞 바다로 옮기라고 명하였는데, 영남 도신과 수신(帥臣)의 말을 따른 것이다.

5537 영조 38/04/16(기묘) → 【원전】 44집 96면
〔장령 조태명이 과장을 엄히 할 것과 교동수사 조제태의 중추를 청하다〕 수11070

장령 조태명(趙台命)이 상서하여, 함부로 거느리는 것을 금하여 과장(科場)을 엄히 하기를 청하였고, 또 말하기를, "교동수사(喬桐水使) 조제태(趙濟泰)는 성품이 광패(狂悖)하고 탐욕을 부려 서쪽 요새와 경기 고을에 추악한 비난이 낭자하고, 전후 탄핵하는 글이 한두 번이 아니었습니다. 그런데 얼마 되지 않아서 또 이처럼 초승(招陞)하였으니 물정이 오랫동안 놀라고 있습니다. 청컨대 삭직의 율을 시행하고 해당 전관(銓官) 역시 중추(重推)하소서" 하였다.
왕세자가 가납(嘉納)하고, 조제태의 일은 너무 지나치다고 답하였다.

5538 영조 38/04/19(임오) → 【원전】 44집 96면
〔이한응을 경기수사로 삼다〕 수11071

이한응(李漢膺)을 경기수사로 삼았다.

5539 영조 38/06/05(병신) → 【원전】 44집 103면
〔고하도에 별장 설치를 장청한 통제사 이태상을 파직하다〕 수3776

임금이 숭현당에 나아가 대신과 비국당상을 인견하였다. 통제사 이태상(李泰祥)을 파직하라고 명하였으니, 그가 고하도(高下島)에 별장을 설치해야 한다고 장청(狀請)

한 때문이었다.

5540 영조 38/07/01(신유) → 【원전】 44집 106면
〔평안감사가 선사진에 벼락이 쳐서 화약고에 불이 났음을 장문하다〕 수4643

평안감사가 장문하기를, "이달 초9일 선사진(宣沙鎭)에 우뢰하고 비가 내리며 벼락이 내리쳐 진의 동쪽 야차동(夜叉洞)에 불이 옮겨 붙어 화약고까지 번져 화약과 유황(硫黃)을 모두 태웠습니다" 하였다.

5541 영조 38/07/04(갑자) → 【원전】 44집 106면
〔헌부에서 통제사 김성우의 파직을 청하다〕 수11072

헌부[지평 이적보(李迪輔)이다]에서 전계를 거듭 아뢰었으나, 윤허하지 않았다.
　또 아뢰기를, "통제사 김성우(金聖遇)는 평소에 탐학하다는 소문이 나있고 윗사람에게 아첨함으로써 발신(發身)하여 견책받아 유배된 지 얼마 되지도 않았습니다. 그런데 갑자기 외람되게 이 직책을 받았습니다. 청컨대 파직하소서" 하였다.
　임금이 말하기를, "단지 체차만 하도록 하라" 하였다.

5542 영조 38/07/18(무인) → 【원전】 44집 107면
〔이은춘을 통제사로 삼다〕 수11073

이은춘(李殷春)을 통제사로 삼았다.

영조 39년(1763; 청 건륭28년)

5543 영조 39/01/18(병자) → 【원전】 44집 122면
〔헌부에서 전라좌수사 이경무을 벌줄 것을 청하다〕   수11074

헌부[장령 정언섬(鄭彦暹)이다]에서 전계를 거듭 아뢰었으나, 윤허하지 않았다.
　또 아뢰기를, "전라좌수사 이경무(李敬懋)는 일찍이 삼화현감(三和縣監)을 지냈는데, 남장(濫杖)으로 죽게 한 사람이 많았으며, 본영에 부임해서는 자질구레한 일로 영속(營屬)을 박살(撲殺)하였습니다. 또 송금(松禁)을 핑계대어 세살 난 아이의 무덤을 파헤치고는 생소나무를 몰래 베었다고 하여 그 아비를 장살(杖殺)하였습니다. 이처럼 잔혹한 부류는 곤임(閫任)에 둘 수 없으니, 청컨대 잡아다 신문하여 엄중하게 처분하게 하소서" 하였다.
　임금이 그대로 따랐다.

5544 영조 39/01/20(무인) → 【원전】 44집 122면
〔김광백 등에게 관직을 제수하다〕   수11075

김광백(金光白)을 전라좌수사로 삼았다.

5545 영조 39/03/03(경신) → 【원전】 44집 128면
〔신만이 북로의 배들의 세를 감해 줄 것을 청하다〕   수4644

관북(關北)의 올해 봄 선세(船稅)를 감해 주라 명하였다. 이 때 삼남의 기황(饑荒) 때문에 선운(船運)으로 곡식을 옮기는 역사(役事)가 있었다.
　영의정 신만(申晩)이 아뢰기를, "북로(北路)의 배들이 지난 겨울부터 지금까지 곡식을 운반하느라 어채(漁採)의 생업을 완전히 잃었으니, 그 세를 감해 줌이 마땅합니다" 하였다.
　임금이 그대로 따랐다.

5546 영조 39/03/03(경신) → 【원전】 44집 128면
〔이달해 등에게 관직을 제수하다〕   수11076
이달해(李達海)를 전라우수사로 삼았다.

5547 영조 39/04/16(계묘) → 【원전】 44집 133면
〔곡식을 운반하느라 수고한 사공·격군·백성들에게 신역을 견감하게 하다〕   조1288

기전(畿甸)·삼남(三南)·관동(關東)·관북(關北) 등의 여러 도에 하유하였다.
"아! 삼남의 적자(赤子)를 위해 비록 5도(道)에다 돌아가며 운반하라고 명하였다만, 허다한 사공(沙工)과 격군(格軍)도 또한 나의 적자이니, 10만여 석의 곡식을 운반할 즈음에 비록 한 사람이라도 바다에 빠져 죽는다면 어찌 다만 이윤(伊尹)이 '내가 밀어서 도랑 속으로 넣는 것 같다'고 한 것뿐이겠는가? 그래서 특별히 바다의 그림을 그려 항상 좌우에 두고 보매 5도의 선운(船運)이 마치 손안에 있는 것 같았는데, 이제 운반을 마쳤다는 장문(狀聞)을 보게 되었다.
아! 하늘에서 척강(陟降)하시는 조종(祖宗)께서는 이처럼 돌보아 주시는데, 보잘 것없는 나의 비덕(否德)으로 어떻게 우러러 보답할 것인가? 아! 그대들 삼남의 도신(道臣)들은 나의 이 뜻을 깊이 유념하여 진정(賑政)에 각별히 뜻을 더 기울일 것이며, 사공과 격군이 모두 그 집으로 돌아간 뒤에 지방관은 비국에 보고하여 전주(轉奏)하도록 하라. 그리고 비단 사공과 격군 뿐만이 아니라, 포구로 운반할 즈음에 동쪽·남쪽·북쪽의 백성들이 또한 노고(勞苦)하였을 것이니, 여러 도(道)로 하여금 특별히 신역(身役)을 견감(蠲減)하는 정사를 베풀게 하라. 감운어사(監運御史)의 장계는 유중(留中)하여 스스로 면려(勉勵)토록 하겠노라.
아! 이번에 곡식을 운반한 것은 전적으로 경외(京外)의 모갈(耗竭)에서 비롯되어 그런 것이니, 이것이 내가 앞의 일을 징계하여 뒷날을 삼가는 까닭인 것이다. 아! 유사(有司)의 신하들과 여러 도의 방백(方伯)들은 또한 이 뜻을 깊이 유념하여 비용을 줄이고 아끼는 데 조석(朝夕)으로 힘쓰도록 하라."
이에 앞서 임금이 조선(漕船)이 바다에서 운반하는 모양을 그림으로 그리라 명하여 그것을 보았었는데, 이 때에 와서 또 이렇게 하유한 것이다.

5548 영조 39/04/17(갑진) → 【원전】 44집 133면
〔북도의 취재한 배의 격인 등을 풀어 주라 명하다〕   조2062

　　북도의 취재(臭載)한 배의 격인(格人) 등을 풀어 주라 명하였다.
　　하교하기를, "아! 마음을 오로지하여 곡식를 운반하느라 다른 일은 생각할 겨를이 없었는데, 혹시 약간 취재한 것이 있으면 곧 본처(本處)로 하여금 곡식을 대신 보충하게 하였으니, 이는 선격(船格)에게서 징수하지 않으려는 뜻이었던 것이다. 그런데 지금 어사가 아뢴 바를 들건대, 그것을 건져내지 못하였다는 이유로 갇혀 있는 자가 많이 있다고 한다. 아! 몇 달 동안 마음을 썼던 것이 하나는 기민(饑民)이었고, 하나는 선격이었으니, 기민이 혹 한 사람이라도 굶어 죽을세라 두려워하였고 선격이 혹 한 사람이라도 물에 빠질세라 두려워하였는데, 5도(道)에서 곡식을 운반하면서 한 사람도 물에 빠지지 않았다. 어제 삼남 감운어사(三南監運御史)의 장문(狀聞)을 듣고 마치 스스로 면한듯 하여 들으면서 눈물을 흘렸었다. 사공과 격군이 물에 빠짐을 면한 것은 진실로 애초부터 헤아리지 않았던 일인데, 겨우 살아난 백성이 비록 곡식을 훔치려고 한들 어찌 될 수가 있었겠는가? 곡식을 운반한 뒤 선격이 무사히 집에 돌아갔는가의 여부를 어제 지방관에게 보고하라 명하였는데, 아! 이 바다 가운데서 겨우 살아난 사공과 격군이 아직도 갇혀 있으니, 들건대 매우 측은하다. 아! 10여 만 석의 곡식을 운반하였는데, 수백 석의 물에 빠진 곡식을 내가 어찌 아까와 하랴! 한결같이 모두 탕척(蕩滌)하고 사공과 격군은 즉시 풀어 주어 각각 돌아가 그 부모 처자를 만나게 하라" 하였다.

5549 영조 39/05/10(병인) → 【원전】 44집 135면
〔관동에서 물에 빠져 건지지 못한 1천2백여 석을 탕감하다〕   수4645

　　관동(關東)에서 이전(移轉)한 각종 곡식으로서 물에 빠져 채 건져내지 못한 1천2백여 석을 탕감하였다. 감운어사 김종정(金鍾正)의 장문(狀聞)으로 인해 영의정 신만(申晩)이 아뢰었기 때문이었다.
　　신만이 또 아뢰기를, "호서 감운어사 정창순(鄭昌順)이 '감색(監色)과 사격(沙格)의 양식으로 처음에 환곡(還穀)을 가져다 썼는데, 이제 와서 도로 징수하니, 딱하다'고 하였습니다. 청컨대 모두 탕감해 주소서. 곡식을 운반한 선가(船價)는 매 백 석(石)

에 13석을 주는데, 영남·호남에서 15석으로 하는 규정에 견주어 볼 때 약간 가볍고, 병조의 대변선(待變船)은 본시 선가를 주지 않았으니, 모두 백성들이지만 또한 전혀 주는 것이 없어서는 안될 것입니다. 청컨대 선가를 양남(兩南)의 예에 의거하여 더 지급하고, 대변선도 또한 수를 나누어 그 값을 계산해 주소서" 하였다.
임금이 허락하였다.

〈 관련내용 〉
· 영조 39/05/13(기사)→ 감운어사가 바다에 빠진 곡식 2백50석을 탕감할 것을 청하다   44집 135면

5550 영조 39/05/25(신사) → 【원전】 44집 136면
〔평안감사가 국경에 지체하고 있는 청나라 배를 잡아가게 할 것을 청하다〕   수4646

평안감사 정홍순(鄭弘淳)이 장계를 올려 '봉황성(鳳凰城)에 빨리 통보하여 우리나라 국경에 지체하며 머무르고 있는 청나라 배를 잡아가게 할 것'을 청하였다. 이에 앞서 청나라 사람이 범월(犯越)한 사람을 추포(追捕)한다는 이유로 우리나라 국경에 나왔었는데, 이미 일을 끝내자 장령(將領)은 이미 돌아갔으나, 그 양식을 실은 배는 삼(蔘)을 채취한다는 핑계로 강 연안에 지체하며 머무르고 있었으므로, 변진(邊鎭)의 장졸들이 강을 사이에 두고 책유(責諭)했지만 끝내 돌아가지 않고 있었다. 그래서 정홍순이 계해년의 전례를 끌어대며 만윤(灣尹)으로 하여금 빨리 봉황성에 통보하여 심양(瀋陽)에 전통(轉通)해 갑군(甲軍)을 보내어 수포(搜捕)케 할 것을 청하였다.
임금이 윤허하였다.

5551 영조 39/05/27(계미) → 【원전】 44집 136면
〔부산진첨사 이응혁을 파직하여 호남 바닷가에 충군하라 명했다가 정지하다〕   수3777

부산진첨사 이응혁(李應爀)을 파직하여 호남 바닷가에 충군(充軍)하라 명했다가 곧 정지하였다. 처음에 통신사 서명응(徐命膺)이 이응혁을 군관으로 삼아 일본에 데려 가려 하자, 이응혁이 수행하려 하지 않았으므로, 서명응이 이를 아뢰니, 임금이 그가 꾀를 써서 피하려고 하는 것을 미워하여 죄주었던 것이다.
그러나 조금 있다가 하교하기를, "듣건대 왜인들은 항상 부산첨사를 부성대장(釜城大將)으로 여긴다고 한다. 그러니 만약 군관으로 들어간다면 아마도 왜인이 첨사

를 업신여기는 단서를 열 듯하다" 하고, 특별히 충군하라는 명을 정지하고, 일찍이 부산첨사를 지낸 사람은 군관에 차정(差定)하지 말아서 변방을 중시하는 뜻을 보이게 하였다.

5552 영조 39/07/14(기사) → 【원전】 44집 141면
〔조엄이 왜인에게 예단을 지급하는 문제에 대해 아뢰다〕　　　　　　　　왜1998

임금이 대신과 비국당상을 인견하였다.

　통신정사 조엄(趙曮)이 아뢰기를, "교린(交隣)하는 도리는 의당 성신(誠信)을 주로 해야 하는 것입니다. 무진년의 통신사가 떠날 때 집정(執政)의 액수에 대한 가감 때문에 사행(使行)이 오랫동안 부산에 머물러 있었는데, 강호(江戶)에 도착하게 되자 여섯 명의 집정이 상좌(上座)에 나와 앉았으므로 마지못해서 예단(禮單)을 지급하려 하였는데, 왜인들이 서계(書契)에 그런 내용이 없다는 것으로 고집하여 말하였으므로 가까스로 미봉하였다고 합니다. 이번에도 집정(執政)과 종실(宗室) 등에 관한 일로 다시 역관을 보내어 강정(講定)하게 하였으나, 끝내 그쪽에서 나오지 않고 있습니다. 한 명의 종실을 증가하는 것이 뒷폐단이 있는 것이기는 합니다만 집정은 곧 그들의 대신해 온이고 종실은 곧 관백(關白)의 친아우입니다. 그들이 비록 교활하기는 합니다만 어떻게 사소한 예단(禮單) 때문에 없는 것을 있다고 할 수 있겠습니까? 신의 의견은, 집정 한 명의 서계와 예단을 예조로 하여금 전례에 의거하여 지급하게 하소서. 종실에게 지급하는 것은 이것이 사신(使臣)의 사사로이 하는 예단이니, 이에 대해서는 신이 마땅히 그 사세를 살펴 처리하도록 하겠습니다" 하였다.

　임금이 그대로 따랐다.

5553 영조 39/07/24(기묘) → 【원전】 44집 142면
〔통신사 조엄·이인배·김상익 등을 소견하다〕　　　　　　　　　　　　왜1999

임금이 통신사 조엄(趙曮)·이인배(李仁培)·김상익(金相翊) 등을 소견하였다.

　하유하기를, "교린(交隣)은 중대한 일이다" 하고, 칙교(飭敎)를 써서 내리기를, "약조를 어기고 조정에 수치를 끼치는 자, 기이하고 교묘한 물건을 사서 은밀히 많은 이익을 노리는 자, 저들과 술을 마시어 감히 나라의 법금(法禁)을 어기는 자는 모두

사신(使臣)으로 하여금 먼저 목을 베고 나서 아뢰게 하라" 하였다.

〈 관련내용 〉
· 영조 39/08/03(정해)→ 통신정사 조엄, 부사 이인배 등이 인사드리니 소견하다   44집 143면
· 영조 40/07/08(무오)→ 돌아온 통신사 조엄·이인배·김상익을 소견하고 가지하다   44집 172면
· 영조 40/07/22(임신)→ 통신사가 가지고 온 은자를 호조에 하달하다   44집 173면

5554 영조 39/07/28(계미) → 【원전】 44집 142면
〔조제태 등에게 관직을 제수하다〕   수11077

조제태(趙濟泰)를 경기수사로 삼았다.

5555 영조 39/08/10(갑오) → 【원전】 44집 143면
〔조계태에게 관직을 제수하다〕   수11078

조계태(趙啓泰)를 경기수사로 삼았다.

5556 영조 39/09/12(병인) → 【원전】 44집 146면
〔강화유수가 남호를 승격시켜 목장을 겸하여 관장하게 할 것을 청하다〕   기2157

강화유수 정실(鄭實)이 아뢰기를, "초지진(草地鎭)은 실로 해로의 요충지에 해당되는데 진졸(鎭卒)이 단약(單弱)하고 수비가 허술합니다. 이는 대개 목관(牧官)이 나뉘어 거처하고 있어 목자(牧子)로 들어간 진졸이 많기 때문입니다. 청컨대 만호(萬戶)를 승격시켜 첨사로 삼아서 목장(牧場)을 겸하여 관장하게 하소서. 그리하여 사변이 없을 적에는 말을 먹이게 하고 사변이 있을 적에는 방수(防守)하게 하소서" 하였다. 여러 신하들에게 의논하라고 명하였다. 여러 신하들이 그렇게 하는 것이 온편하겠다고 하니, 드디어 허락하였다.
영의정 홍봉한(洪鳳漢)이 아뢰기를, "변장(邊將)이 감목관을 겸하게 되면 태복시(太僕寺)의 수세(收稅)가 매우 허술하게 되니, 태복시로 하여금 자벽(自辟)하여 택의(擇擬)하게 하소서" 하였다.
임금이 옳다고 하였다.
그리고 다른 도의 변장으로서 감목관을 겸하는 경우에도 모두 자벽하게 하고 이어서 기록하여 정식(定式)으로 삼았다.

5557 영조 39/11/01(갑인) → 【원전】 44집 150면
〔황해도에 표류한 중국 배를 사행에게 맡겨 데려가게 하라고 명하다〕　　　표2195

황해도 감사가 중국 배(唐船)가 표류되어 왔다고 계문(啓聞)하니, 사행에게 맡겨 데리고 가게 하라고 명하였다.

5558 영조 39/11/06(기미) → 【원전】 44집 151면
〔홍봉한이 이전 통제사와 감조관을 잡아 처리할 것을 청하다〕　　　수11079

주강(晝講)을 행하였다.
　　영의정 홍봉한(洪鳳漢)이 아뢰기를, "통신사가 타는 배의 치목(鴟木)이 부러져서 위험한 지경을 고루 겪었다고 하니, 배를 만드는 것을 구관(句管)한 자를 죄주지 않을 수 없습니다. 이전 통제사와 감조관(監造官)은 의당 잡아다 처리해야 합니다" 하였다.
　　임금이 그대로 따랐다.

5559 영조 39/11/29(임오) → 【원전】 44집 152면
〔약방에서 입진하고, 김한구가 강화 방수의 편의에 대한 계책을 진달하다〕　　　수3778

약방(藥房)에서 입진하였다. 어영대장 김한구(金漢耈)를 소견하였다.
　　김한구가 강화방수(防守)의 편의에 대한 계책을 진달하면서 아뢰기를, "영종도(永宗島)는 이 곳이 삼남 수도의 요충지이고 교동(喬桐)은 곧 양서(兩西) 수로의 인후(咽喉)에 해당되는 곳입니다. 지금 수사(水使)가 교동에 있기 때문에 영종도에서 그 절제(節制)를 받고 있는데 거리가 너무 멀어서 긴급한 일이 발생했을 적에 품령(稟令)하기가 곤란합니다. 교동과 영종도를 나누어 좌·우 방어사로 삼고 진보(鎭堡) 가운데 교동에 가까운 것은 교동에 예속시키고 영종도에 가까운 것은 영종도에 예속시켜 강화를 호위하게 하소서. 그리고 나서 유수(留守)를 삼도통어사로 삼아 관할하게 한다면 실로 편의하겠습니다" 하였다.
　　그러자, 영의정 홍봉한(洪鳳漢)이 말하기를, "이는 바로 고 판서 김진규(金鎭圭)의 계책입니다" 하였다.
　　임금이 그곳의 지형을 그려서 올리라고 명하였으나, 일이 결국은 정지되고 말았다.

5560 영조 39/12/20(임인) → 【원전】 44집 154면
〔도정을 행하다. 황채 등에게 관직을 제수하다〕 수11080

임금이 친히 도정(都政)을 행하였다.…… 황채(黃寀)를 경상좌수사로 삼았는데, 이조판서 윤급(尹汲), 병조판서 이창수(李昌壽)의 정사(政事)였다.

영조 40년(1764; 청 건륭29년)

5561 영조 40/02/06(무자) → 【원전】 44집 157면
[태풍을 만나 중국까지 표류하다 온 영광의 조졸을 소견하다]   표1144

임금이 흥태문(興泰門)에 나아가 태풍을 만나 중국까지 표류하였다가 돌아온 영광(靈光)의 조졸(漕卒)을 소견(召見)하고, 저고리와 돌아갈 식량을 주어서 보냈다.

5562 영조 40/07/05(을묘) → 【원전】 44집 171면
[통영이 피폐해지고 있다는 이유로 연초에 궤유를 금지하라고 청하다]   수4647

이 때에 연이어 빈대(賓對)를 행하였는데, 부서기회(簿書期會)가 아니면 대신이 건의한 경우가 없었다. 영의정 홍봉한(洪鳳漢)은 통영(統營)이 피폐해지고 있다는 이유로 세수(歲首)에 궤유(饋遺)를 금지할 것을 청하고, 우의정 김상복(金相福)은 독서당(讀書堂)이 기울어지고 허물어졌으므로 수리하기를 청하였다. 대체로 영곤(營閫)이 용도를 절약하는 방법이 어찌 세수 궤유의 유무(有無)에 달려 있겠으며, 성조(聖朝)에서 문학을 숭상하는 정치가 독서당의 수리 여부에 무슨 관계가 있기에 근본을 버리고 말단에서만 구제하려고 한단 말인가?
　　묘당의 모유(謨猷)가 이처럼 잗달았다.

5563 영조 40/07/24(갑술) → 【원전】 44집 173면
[전세를 과도하게 징수한 교동수사 조계태를 잡아 죄를 정하게 하다]   수11081

임금이 어사 정반(鄭槃)을 교동(喬桐)에 보내었다. 이는 교동수사 조계태(趙啓泰)가 전세를 과도하게 징수하여 불법을 저지른 일이 많았기 때문에 잡아다 신문하여 죄를 정하라고 명한 것이었다.

5564 영조 40/09/01(경술) → 【원전】 44집 178면

〔왜인의 배가 표류해 동래에 도착하니, 잘 대우하라고 명하다〕 표2321

왜인의 배가 표류하다가 동래에 도착하였는데, 동래부사가 장문(狀聞)하였다.

임금이 말하기를, "우리나라 사람이 표류하여 왜국에 도착하면 왜인들도 잘 대우해 주었다. 더구나 통신사가 이제 막 돌아와서 이웃 나라와 관계를 맺은 도리가 있는데 말할 것이 있겠는가? 그들에게 돌아갈 때 먹을 양식을 주어 보내도록 하라" 했다.

영조 41년(1765; 청 건륭30년)

5565 영조 41/01/13(기미) → 【원전】 44집 190면   수11082
〔윤태연을 통제사로 삼다〕

윤태연(尹泰淵)을 통제사로 삼았다.

5566 영조 41/01/18(갑자) → 【원전】 44집 190면
〔고경차왜의 귀순으로 인해 송문재 등의 귀양을 풀어주게 하다〕   왜11000

임금이 주강과 석강을 행하였다. 이어서 대신해 온과 비국당상을 인견하였다.

고경차왜(告慶差倭)의 귀순으로 인하여 동래(東萊)의 이전 부사 송문재(宋文載)와 접위관 윤홍렬(尹弘烈)의 귀양을 풀어주라고 명하였는데, 영의정 홍봉한(洪鳳漢)의 말을 따른 것이다. 김화진(金華鎭)과 정상순(鄭尙淳)을 승지로 삼았다.

5567 영조 41/01/20(병인) → 【원전】 44집 190면
〔경상도 암행어사 이휘중을 파직하고 전라좌수사 김광백을 귀양보내다〕 수11083

경상도 암행어사 이휘중(李徽中)을 파직하라고 명하였다.…… 또 전라좌수사 김광백(金光白)과 남해현감(南海縣監) 정택수(鄭宅洙) 등의 죄를 논계(論啓)하여 중형으로 다스릴 것을 청하였다.

영의정 홍봉한(洪鳳漢)이 아뢰기를, "어사는 복명서계(復命書啓)하는 것이 예인데 복명도 하지 않아서 먼저 수령의 죄를 논핵하였으니, 이미 봉고(封庫)할 죄가 아니라면 후폐(後弊)와 관계가 있습니다. 또한 김 광백은 이미 병곤(兵閫)으로 있으면서 해마다 조정의 권귀(權貴)에 궤유(饋遺)한 것은 깊이 책망할 필요는 없습니다. 더구나 장물(贓物)도 많지 않은데 앞질러 논계(論啓)하였으니, 견책하여 처벌하는 것이 마땅합니다" 하였다.

임금이 그 아룀을 옳게 여겨 그를 파직시키라고 명하였는데, 곧 이어 함부로 법

을 무시하고 가마를 탔다고 하여 다시 북새(北塞)로 귀양보냈다.

5568 영조 41/02/10(병술) → 【원전】 44집 191면
〔홍봉한이 남해 지역에 부임하는 관리 선정 등에 관해 복주하다〕 수3779

임금이 석강을 행하였는데, 이날 『시전(詩傳)』의 강독을 끝마쳤다. 대신과 비국당상을 인견하였다.

영의정 홍봉한(洪鳳漢)이 남해 안핵어사(按覈御史) 이휘중(李徽中)의 별단을 가지고 복주(覆奏)하기를, "어사가 청한 바는 3조목인데, '첫째는 남해(南海)는 지역이 멀고 고을이 잔폐하여 사람들이 부임하는 것을 좋아하지 않고 부임한 사람도 대부분 병에 잘 걸립니다. 문·음·무를 막론하고 잘 선택하여 보내게 하소서. 둘째는 진주목관(晉州牧官)은 해마다 배를 만드는데 그 폐단이 적지 않으니, 다른 곳의 조운선과 같이 연한을 정하게 하소서. 셋째는 미조항(彌助項)·평산포(平山浦)·사량진(蛇梁鎭)의 방군포(防軍布)는 각각 편리하고 가까운 데를 취하여 본읍군(本邑軍)과 바꾸어 정하게 하는 일입니다' 하였는데, 첫째와 둘째 조목은 청한 바가 매우 좋으니, 청한 대로 시행하시고, 셋째 조목은 한 도(道)의 방안(防案)이 어린(魚鱗)을 편성하고 있으니, 쉽게 고치는 것은 마땅하지 못합니다" 하였다.

임금이 옳다고 하였다.

5569 영조 41/03/05(경진) → 【원전】 44집 194면
〔진도군의 송전을 태웠다는 거민을 효시하게 하다〕 기1153

전라도 진도군(珍島郡)에 송전(松田)이 있는데, 거민(居民)이 잘못 방화하여 태웠다고 수사 이홍(李泓)이 치계하여 아뢰었다.

임금이 수범(首犯) 오광일(吳匡一) 등 3인을 본도로 하여금 효시하여 백성에게 경각심을 주도록 하라고 명하니, 교리 이성원(李性源)이 말하기를, "사람의 목숨은 지중한 것인데, 수신(帥臣)으로 하여금 결안(結案)하게 한다면, 후폐(後弊)가 있을까 두렵습니다. 마땅히 도신(道臣)으로 하여금 자세히 조사하여 법을 적용하게 하는 것이 신중하게 처리하는 도리일 것입니다" 하였다.

임금이 옳게 여겼다.

대개 송전은 불에 탄 일이 없는데 해당 수사가 잘못 듣고 취계(驟啓)한 것으로서, 자칫하면 인명을 억울하게 죽일 뻔하였다는 것이다.

5570 영조 41/04/03(무신) → 【원전】 44집 196면
〔양남에서 올라온 세선이 취재되는 경우가 많아 사실을 조사하게 하다〕　　　　조2063

　이보다 앞서 양남(兩南)에서 올라온 세선(稅船)이 취재(臭載)되는 경우가 많았는데, 조정에서 여러 번 신칙하였으나 일부러 치패(致敗)시킨 자가 꼬리를 이었다. 서천(舒川)의 곡식 수천 곡(斛)이 또 통진(通津)지방에서 치패되었는데, 영의정 홍봉한(洪鳳漢)이 선격(船格)을 일률로 다스려서 대중들을 깨우치게 하자고 청하였다. 임금이 짐을 마구 실었다는 것으로써 먼저 해당 군수를 귀양보내고, 어사 박사해(朴師海)를 보내어 가서 사실을 조사하게 하였다.

　〈 관련내용 〉
　・영조 41/04/05(경술)→ 세선을 고의로 치패시키는 것을 일률로 다스리기를 청하다　　44집 196면
　・영조 41/04/12(정사)→ 호남에 조선을 설치하는데 영남의 예와 같이 하라고 명하다　　44집 196면

5571 영조 41/07/14(정해) → 【원전】 44집 202면
〔영의정이 왜역이 일을 마친 후 머물러 있는 습속을 금하도록 청하다〕　　　　왜11001

　임금이 주강을 행하고, 대신과 비국당상을 인견하였다.
　영의정 홍봉한이, 왜역(倭譯)이 일을 다 마친 후에 돌아가지 않고 머물러 있는 습속을 금하도록 청하였고, 호조판서 정홍순(鄭弘淳)은 향청(餉廳)세곡의 기한을 어기고 바치지 않는 폐단을 막도록 청하였다.
　임금이 모두 엄히 신칙하라 명하였다.

5572 영조 41/08/30(계유) → 【원전】 44집 205면
〔우후를 포상토록 계를 올린 전라우수사 이홍을 나처하게 하다〕　　　　수11084

　전라도 암행어사 김재순(金載順)이 복명하였다.
　임금이 전라우수사 이홍(李泓)이 우후(虞候)를 포상토록 계(啓)를 올린 것이 사(私)를 따른 불공의 죄가 있다 하여 나처(拿處)하도록 명하였다.

5573 영조 41/10/24(병인) → 【원전】 44집 209면
〔영의정 홍봉한이 금산에서 소나무 기르는 법을 밝히는 것 등을 청하다〕　　　　기1154

　임금이 대신과 비국당상을 인견하였다.
　　영의정 홍봉한이 금산(禁山)에서 소나무 기르는 법을 밝히고 해읍(海邑)에서 배 만드는 일을 빙자하는 폐단을 엄히 금단하기를 청하니, 임금이 모두 옳게 여겼다.

5574 영조 41/11/12(계미) → 【원전】 44집 211면
〔교동수영에 5천 곡을 획급하여 군수 비용에 보태게 하다〕　　　　수4648

　영의정 홍봉한의 복주(覆奏)로 인하여, 교동수영(喬桐水營)에 5천 곡(斛)을 획급하여 군수비용에 보태도록 하고, 경상도 김해 산산창(蒜山倉)이 본부(本府)에 속해 있어 소금을 무역하여 폐단을 끼치는 것을 감영에 이속시켜 주관하게 하였다.

영조 42년(1766; 청 건륭31년)

5575 영조 42/05/21(기축) → 【원전】 44집 221면
〔이주국 등에게 관직을 제수하다〕   수11085

이주국(李柱國)을 통제사로 삼았다.

5576 영조 42/06/18(병진) → 【원전】 44집 223면
〔이방일 등에게 관직을 제수하다〕   수11086

임금이 도정(都政)을 친히 행하였는데. …… 이방일(李邦一)을 경상좌수사로 삼았다.

5577 영조 42/08/05(임인) → 【원전】 44집 227면
〔바다를 건너던 배가 치패하자 휼전을 거행하게 하고 친히 제문을 짓다〕   수4649

내국에서 입진하였다.
　대신해 온과 비국 유사당상(有司堂上)이 같이 입시하였다. 동래부사 강필리(姜必履)의 장계에 '바다를 건너던 배가 치패(致敗)함으로 인하여 감조 차사원(監造差使員)과 감색(監色)·공장(工匠) 등을 묘당으로 하여금 품처하게 하라'고 청하였는데, 우의정 김치인(金致仁)이 감조 차사원을 먼저 파면한 뒤에 나문(拿問)하고, 감색·공장 등은 본도로 하여금 엄형(嚴刑)하게 하며, 그 때 통제사를 파직할 것을 청하였다.
　임금이 말하였다.
　"아! 임금의 명을 받들고 바다를 건너던 한 배가 모두 침몰하여 겨우 살아난 자가 10인뿐이며 저쪽 사람의 익사(溺死)도 6인이라 하니, 듣기에 몹시 참혹하다. 아! 임금은 인명을 중하게 여기는데, 그 가운데 세 역관은 나라를 위해 수고를 하였으며, 혹은 높은 품계에 이른 자도 있는데, 이제 듣건대 현태익(玄泰翼)·현태형(玄泰衡)은 바로 종형제라고 하니, 더욱 참혹하다. 근 백 사람 중에 이보다 심한 자가 또한 몇 사람이겠는가? 의관을 한 사람이 나랏일로써 이에 이르렀으니 휼전을 거행하고, 혹

시 어버이가 있는 자에게는 특별히 음식물을 주어 마음을 위로하게 하며, 그 아들은 해당 원(院)으로 하여금 복제(服制) 마치기를 기다려서 조용(調用)하게 하고, 그 나머지 같이 탄 사람은 경외(京外)로 하여금 휼전을 거행하게 하며, 그 처자(妻子)도 고휼(顧恤)하게 하고, 살아난 10인도 본도로 하여금 음식물을 주게 하라.

아! 저들과 우리가 이웃을 사귀는 도리가 은혜와 신의(信義)로 함이 마땅한데, 호송(護送)하는 6인이 공무로 인하여 어복(魚服)에 장사하였으니, 듣기에 더욱 측연(惻然)하다. 특별히 수왜처(守倭處)에 휼전을 주어서 나의 뜻을 보이고, 그 처자(妻子)에게 전해 주게 하라. 아! 이번 동래의 이 보고는 40년 만에 처음 듣는다. 40년을 임어(臨御)하여 백여 명의 저들과 우리나라 인명을 바다 가운데 장사할 것을 어찌 뜻하였겠는가? 어찌 자기가 떠밀어서 도랑 속에 넣은 것과 같을 뿐이겠는가? 이른바 '거제(巨濟)를 향해 표류한다'는 것은 비록 이치 밖이라 하더라도 혹시 건질 수 있겠는가? 도신(道臣)으로 하여금 곧 장문(狀聞)하게 하라.

아! 한 지아비가 의탁할 바를 얻지 못하여도 이윤(伊尹)은 이를 부끄러워하였는데, 하물며 백여 명의 저들과 우리나라 사람이겠는가? 아! 먼저 성황(城隍)에 고유하고 여러 영혼(靈魂)에 치제(致祭)하는 것은 항상 거룩한 덕을 공경함이다. 동래부로 하여금 해변에 단을 설치하고 특별히 사제(賜祭)하여 외로운 넋을 위로하게 하라. 조선 차원(造船差員)은 바로 그 땅에 정배(定配)하고, 그 때의 통제사도 호남 연변에 귀양 보내는 율을 시행하여 백여 인의 외로운 넋을 위로하게 하라"

친히 제문을 지어서 내렸다.

심이지(沈頤之)를 정배한 거제가 육지에 연하였는지의 여부를 알아서 들이라고 명하였는데, 바다섬이라고 대답하니, 고성(固城)으로 옮겨 정배하라고 명하였다.

5578 영조 42/09/01(무진) → 【원전】 44집 230면
〔모화관에 나아가 방포를 시험하다〕 수4650
임금이 모화관(慕華館)에 나아가 방포(放砲)를 시험하였다.

5579 영조 42/10/14(경술) → 【원전】 44집 232면
〔좌의정 김치인이 차왜의 접대 등에 관해 아뢰다〕 왜11002

임금이 태묘(太廟)의 망제(望祭)에 쓸 향(香)을 숭정전(崇政殿) 뜰에서 지영하였다. 어전에 돌아와서 대신해 온과 비국당상을 인견하였다.

좌의정 김치인(金致仁)이 말하기를, "동래부사 강필리(姜必履)의 장계에 의하면, '대마도주가 이번에 바다를 건너던 역관이 익사한 일로써 부물(賻物)을 보내고 겸하여 위령제를 지내려 하며, 살아서 돌아온 각 사람에게도 증급(贈給)하는 물품이 있어 차왜를 정하여 영송(領送)하였습니다. 그러므로 전례를 가져다 상고하니, 계미년에 바다를 건너던 배가 치패(致敗)하여 차왜가 나올 때에 조정에서 특별히 향접위관(鄕接慰官)을 정하여 접대하였습니다. 지금 이 차왜의 허접(許接)과 부의(賻儀)·증급 등 물품을 나누어주는 것이 마땅한지의 여부와 치제(致祭) 일체를 허락할 것인지의 여부를 아울러 묘당으로 하여금 품지(稟旨)하여 분부하기를 청합니다'라고 하였습니다. 지금 이 차왜가 부의와 증급 등 물품을 가지고 온 것은 이미 이웃 나라와 우호하는 뜻에서 나왔으며, 또 계미년의 전례가 있으니, 향접위관(鄕接慰官)이 접대하는 것과 부의·증급 등 물품을 나누어 주는 것은 마땅히 전례에 따라 거행할 것이나, 치제의 일체에 이르러서는 전례에 없는 바일 뿐만 아니라, 사체에 있어서도 심히 미안한 바가 있으니, 이는 결단코 아울러 행하기를 허락할 수 없습니다. 청컨대 이로써 분부하소서" 하였다.

이를 윤허하였다.

〈 관련내용 〉
· 영조 42/11/20(병술)→ 좌의정 김치인이 이전 동래부사 강필리의 삭직을 청하다　　44집 234면

영조 43년(1767; 청 건륭32년)

5580 영조 43/05/16(기묘) → 【원전】 44집 251면
〔이동백을 적량첨사로 삼다〕 수11087

임금이 모화관(慕華館)에 행행하여 금군(禁軍)·훈국(訓局)·금위영(禁衛營)·어영청(御營廳) 기사(騎士)에게 편곤(鞭棍)을 시예(試藝)하였는데, 왕세손이 시좌(侍坐)하였다. 편곤에서 여섯 번을 맞힌 홍기창(洪起昌)·최중태(崔重泰)에게 가자하기를 명하였다. 이동백(李東白)에게 적량첨사(赤梁僉使)를 제수하였다.

5581 영조 43/05/20(계미) → 【원전】 44집 252면
〔영의정 김치인이 법성창의 조선 파선에 대해 엄히 조사할 것을 청하다〕 조1289

임금이 대신과 비국당상을 인견하였다.
　영의정 김치인이, 법성창(法聖倉)의 조선(漕船) 20척이 파선되었는데, 고의로 파선시켰을 염려가 없지 않다면서 엄히 조사하여 후일의 폐단을 막을 것을 청하니, 해당 첨사를 〈조선(漕船)을〉 영솔해 운반하기를 기다려 나문하라고 명하였다.

5582 영조 43/06/18(경술) → 【원전】 44집 255면
〔세미수송선에 잡물을 실은 영광군수 이흥종의 문초를 명하다〕 조2064

승지가 입시하였다.
　호남어사 서명선(徐命善)을 불러보고 서계(書啓)를 읽으라고 명하였다. 영광군수 이흥종(李興宗)을 잡아다 문초하라고 명하였는데, 세미(稅米)를 수송하는 배에 잡물(雜物)을 실었기 때문이었다.

5583 영조 43/06/19(신해) → 【원전】 44집 255면
〔호남의 곡물 수송선 침몰 사건·법성진의 일 등에 대해 의논하다〕 조1290

원임대신 및 비국 유사당상이 입시하였다.

호남의 곡물 수송선이 침몰한 사건에 대하여 묻고 나서, 하교하기를, "근 2만 석이 침몰되었다는 얘기는 처음 들어보았다. 곡식 때문이 아니라 나라의 체모를 엄히 하고자 특별히 어사를 파견한 것이었다. 만약 그렇게 하지 않았다면 무고한 격군(格軍)만 효시될 뻔했다. 어사의 서계를 보니 모든 광경을 직접 보는 듯하다. 아!『주서(周書)』에 '매서운 바람과 거센 파도가 없다'고 말하지 않았던가? 한 귀퉁이 치우친 나라에 부덕한 사람이 임금 자리에 있으니, 우순 풍조(雨順風調)는 감히 바랄 수는 없지만 어찌 지난번과 같은 바람이 있을 수 있단 말인가? 일전에 치죄한 격군은 수십 명에 불과했었는데, 지금은 근 4백 명의 격군들을 다른 군에다 두루 가두었다. 그들이 비록 무상(無狀)하다 하더라도 몇 백 명이나 되는 사람을 어찌 다 치죄할 수 있겠는가? 격군이라고 말하지 말라. 그 역시 나의 백성이며 나의 자식들이다. 범죄를 저질러 처벌된 자도 불쌍한데, 더구나 그들이야 말해 뭐하겠는가? 어사가 아뢴 바를 들어보니 수천 명의 가족들이 북쪽을 바라보고 울부짖으면서 호소한다고 하니, 마치 직접 듣는 것 같다. 어사가 이미 세 차례의 형벌을 시행했다 하기에 특별히 대신들을 불렀다. 내 마음이 이처럼 근심스러운데, 아침밥이 어찌 차마 목에 넘어가겠는가? 상례(常例)대로 처리할 수 없다. 각배의 도사공(都沙工)은 당초에 머뭇거리고 지체했던 죄로 각 도신들로 하여금 한 차례 형벌을 주고 나서 편배(編配)하고, 그 나머지 사공과 격군은 모두 풀어주라고 분부하라" 하였다.

법성진(法聖鎭)을 경력자의 벼슬자리로 삼으라고 명하였는데, '지체가 낮은 사람은 위엄과 중망이 없어 대뜸 일을 그르친다'고 어사 서명선(徐命善)이 품계와 경력이 있는 사람으로 차출할 것을 청했기 때문이었다. 영광 이전 군수 이흥종(李興宗)을 위도(蝟島)로 귀양보냈다.

5584 영조 43/07/15(정축) → 【원전】 44집 258면
〔유세복 등에게 관직을 제수하다〕　　　　　　　　　　　　　　수11088

　유세복(柳世復)을 전라좌수사로 삼았다.

　〈 관련내용 〉
　・영조 43/07/16(무인)→ 윤희동을 전라좌수사로 삼다　　　　44집 258면
　・영조 43/08/04(을축)→ 이인강을 경기수사로 삼다　　　　　44집 262면

영조 44년(1768; 청 건륭33년)

5585 영조 44/01/09(무술) → 【원전】 44집 272면
〔강화 교동과 경상도 좌병영 등의 봄 조련의 중지를 윤허하다〕 수3780

대신과 비국당상을 인견하였다. 영의정 김치인이 강화·교동과 경상도 좌병영과 황해의 수영에 봄철 조련을 중지할 것을 청하니, 윤허하였다.

5586 영조 44/01/17(병오) → 【원전】 44집 273면
〔김치인이 봄 조련, 치사 후의 자급, 허물진 성지 등을 아뢰니 윤허하다〕 수3781

임금이 자정전(資政殿)에 나아가 상참(常參)을 거행하였다.……
　　영의정 김치인(金致仁)이 통영(統營)·전라 병영·경상 우병영의 봄철 조련을 정지할 것을 청하니, 그대로 윤허하였다.

5587 영조 44/02/04(임술) → 【원전】 44집 275면
〔전라관찰사 홍낙인이 조운선을 편대로 만든 폐단에 대해서 아뢰다〕 조1291

전라도 관찰사 홍낙인(洪樂仁)이 상소하여 조운선을 편대(編隊)로 만든 폐단에 대해 아뢰고 구례(舊例)에 따를 것을 청하였는데, 임금이 대신에게 물었다.
　　영의정 김치인이 말하기를, "도신이 이와 같이 폐단에 대해 아뢰었으니, 혜당(惠堂)에게 하문하신 다음 처리하시는 것이 좋겠습니다" 하고, 좌의정 한익모가 말하기를, "신법(新法)의 폐단이 과연 상소에 말한 대로라면 어찌 혁파하지 않을 수 있겠습니까? 다만 생각건대, 자주 혁파를 하면 폐단이 더욱 심해지리라고 여깁니다" 했다.
　　그러자, 임금이 말하기를, "편대를 만드는 법은 누가 주관하고 있는가?" 하였다.
　　김치인이 말하기를, "이익보(李益輔)가 주관하고 있습니다" 하였다.
　　비답하기를, "지금 경의 상소를 보니, 그 상황을 그림으로 그린 것 같다. 그러나 한나라 고조(高祖)가 새겼던 인(印)을 녹여 버린 것과 장양(張良)이 앞에서 젓가락을

빌린 것은 상황이 뚜렷한 것이다. 그러나 한나라 고조가 한번 듣고 깨달았으니 그의 도량이 깊고 원대하다는 것을 알 수 있다. 지금 나는 날마다 더욱 쇠약해지고 있으니, 군국(軍國)의 중대한 일을 어떻게 경솔하게 의논할 수 있겠는가? 비록 이러하지만 나는 민자건(閔子騫)의 말처럼 옛날의 제도대로 하는 것이 깊은 도량이라고 본다. 해당 청(廳)으로 하여금 자세히 여쭈게 하라" 하였다.

5588 영조 44/03/18(병오) → 【원전】 44집 279면
〔신대현 등에게 관직을 제수하다〕 수11089

신대현(申大顯)을 황해수사로 삼았다.

5589 영조 44/04/04(신유) → 【원전】 44집 281면
〔이한응 등에게 관직을 제수하다〕 수11090

이한응(李漢膺)을 통제사로, 조제태(趙濟泰)를 충청병사로 삼았다.

5590 영조 44/05/05(임진) → 【원전】 44집 285면
〔3년 동안 조운을 잘한 아산현감 이운철의 승진을 윤허하다〕 조1292

대신과 비국당상을 인견하였다.
　　좌의정 한익모가 조운차원(漕運差員) 아산현감(牙山縣監) 이운철(李運喆)이 3년 동안 납부하면서 한번도 취재(臭載)하지 않았다고 하여 승진하여 서용할 것을 청했다. 윤허하였다.

5591 영조 44/07/03(무자) → 【원전】 44집 292면
〔호남과 탐라의 곡식을 운송하는 일에 대해 하교하다〕 조1293

하교하기를, "이제 호남도신(湖南道臣)의 장문(狀聞)을 보건대, 2천 석의 쌀을 다섯 척의 배에 실어서 운반해 들여보냈다고 하니, 그것이 도착해 정박했다는 것을 들은 뒤에야 옥식(玉食)을 대하여 숟가락을 내릴 수 있다. 비국으로 하여금 도신에게 장문하도록 분부하게 하라" 하였다.
　　탐라(眈羅)에 곡식을 운송하라는 성명(成命)이 이미 있었으므로 도신이 장문한 것

이었다.

5592 영조 44/07/03(무자) → 【원전】 44집 292면
〔영종·해서·경기의 수조를 전례대로 행할 것을 명하다〕 수3782

영종(永宗)·경기(京畿)·해서(海西)의 수조(水操)를 전례에 의하여 거행하도록 명하였다. 대신해 온의 아뢴 바로 인한 것이었다.

5593 영조 44/07/24(기유) → 【원전】 44집 295면
〔충재로 수조와 육조의 정지를 윤허하다〕 수3783

임금이 대신과 비국당상을 인견하였다.
　　영의정 김치인(金致仁)이 …… 여러 도가 충재(蟲災)로 흉년을 입었으므로 수조·육조를 모두 정지하기를 청하였다.
　　윤허하였다.

5594 영조 44/08/29(갑신) → 【원전】 44집 299면
〔서유대를 충청수사로 삼다〕 수11091

서유대(徐有大)를 충청수사로 삼았다.

5595 영조 44/09/06(신묘) → 【원전】 44집 300면
〔봉진한 전복이 상한 일로 통제사 이한응을 국문하게 하다〕 수11092

통제사 이한응(李漢膺)을 잡아다 국문하여 처치하도록 명하였다. 봉진(封進)한 전복(全鰒)의 맛이 상했기 때문이었다.

5596 영조 44/09/16(신축) → 【원전】 44집 301면
〔이인배·남현로·이정오 등에게 관직을 제수하다〕 수11093

대사헌 이인배(李仁培)를 훈융첨사(訓戎僉使)로, 사간 남현로(南玄老)를 줄온만호(乽溫萬戶)로, 집의 이정오(李正吾)를 문산만호(文山萬戶)로, 교리 심관지(沈觀之)를 옥강만호(玉江萬戶)로, 교리 박취원(朴取源)을 두모포만호(豆毛浦萬戶)로, 수찬 민홍렬(閔弘

烈)을 월송만호(越松萬戶)로, 사서 이현영(李顯永)을 삼례찰방(參禮察訪)으로 특보(特補)하였다. 모두 패초(牌招)를 어겼기 때문이었다. 곧 이정오를 봉상판관(奉常判官)으로, 박취원을 은계찰방(銀溪察訪)으로, 민홍렬을 황산찰방(黃山察訪)으로 바꾸었다.

5597 영조 44/10/23(정축) → 【원전】 44집 304면
〔전라도의 황당선, 균역청의 공미의 폐단 등에 대해 의논하다〕 수11094

임금이 대신과 비국당상을 인견하고 …… 전라우수사 양세현(梁世絢)을 파직하라고 명하니, 황당선(荒唐船)이 와서 정박한 뒤에 변정장계(邊情狀啓)가 늦게 도착하였기 때문이었다.

5598 영조 44/11/03(정해) → 【원전】 44집 305면
〔표류민에 대한 보고를 늦게 한 일로 부안현감 이득일의 파직 등을 명하다〕 수11095

전라우수사 양세현(梁世絢)의 장계로 부안현감(扶安縣監) 이득일(李得一)을 파면하였다. 그가 보고한 바 표류한 사람의 일이 자세하지 아니하며, 또 더디고 늦었기 때문이었다. 관찰사 김상익(金相翊)이 파면하지 말 것을 장계로 청하니, 임금이, '양세현은 체면을 유지했고 김상익은 〈이득일을〉 마음을 써서 돌보아 주었다'고 하여 김상익을 추고(推考)하고 이득일을 파면하라고 명하였다.

영조 45년(1769; 청 건륭34년)

5599 영조 45/01/04(무자) → 【원전】 44집 315면
〔홍봉한 등이 춘조의 정지와 선혜청의 군작미에 대한 일 등에 대해 의논하다〕 수3784

　강원도의 올해 봄철 조련을 정지하되, 울릉도(鬱陵島)에 수토(搜討)하러 가는 일과 세 진의 권무도시(勸武都試)는 전례에 의거하여 설행(設行)하도록 명하였으니, 도신 송형중(宋瑩中)이 장청(狀請)한 때문이었다. 양도(兩都)의 유수도 또한 봄철 조련을 정지하기를 장청하니 윤허하고, 인하여 여러 도에 일체 봄철 조련을 정지하라고 명하였다. 선혜청당상 정홍순(鄭弘淳)이 선혜청에서 구관(句管)하는 군작미(軍作米)로 삼남에 있는 것은 여러 도로 하여금 연해의 각 고을에 산군(山郡)에 있는 쌀을 전이(轉移)해서 고루 수송하는 데 편하게 할 것을 청하였는데, 임금이 대신해 온들에게 하순(下詢)하고 윤허하였다.

　영의정 홍봉한(洪鳳漢)이 말하기를, "삼남의 제민창(濟民倉)에 있어서 호서와 영남에는 모두 실곡(實穀)을 저축하고 있으나, 오로지 호남만은 밀과 보리가 대부분인데, 3년 동안 10분의 1은 썩어서 상하고 있으니, 청컨대 도신으로 하여금 쌀과 벼〔租〕로 헤아려 환작(換作)하게 하소서" 하였다.

　그리고, 또 아뢰기를, "조적(糶糴)이 고르지 못하여 산군(山郡)에서는 곡식이 많아서 도리어 백성들에게 병폐가 되고, 연해에서는 곡식이 적어서 백성들을 이롭게 하는 것이 없습니다. 대개 이는 안으로 호조와 진청에서, 밖으로는 여러 도의 영문(營門)에서 무릇 발매(發賣)할 때에는 비싼 값을 취하여 반드시 해읍(海邑)에서만 이러한 폐단이 있게 된 것입니다. 청컨대 경외(京外)에 특별히 신칙(申飭)하여 만약 묘당에서 허락한 것이 아니면, 연해에서는 적곡(糴穀)을 흩어 쓸 수 없게 하고 차례차례 전이(轉移)해서 편한 데 따라 남는 것은 덜어내고 모자란 것은 보태게 하소서" 하였다.

　아울러 윤허하였다.

5600 영조 45/03/16(기해) → 【원전】 44집 322면
〔수령을 통제사와 상피하는 일이 없도록 할 것을 법령을 삼을 것을 명하다〕   수11096

임금이 수령은 통제사와 상피(相避)하는 일이 없도록 할 것을 드러나게 법령으로 삼으라고 명하였다. 이 때 수령이 통수(統帥)와 친혐(親嫌)이 있는 자가 있었는데, 의거할 만한 법례(法例)가 없다는 것으로써 영의정 홍봉한(洪鳳漢)이 아뢰니, 임금이 절도사는 마땅히 통제사와 상피해야 하겠지만 수령은 상피할 것이 없다 하여 이 명이 있었던 것이다.

5601 영조 45/05/05(병술) → 【원전】 44집 325면
〔서명응을 충청수사로 삼다〕   수11097

임금이 대신과 비국당상을 인견하였다. 특별히 형조참판 서명응(徐命膺)에게 충청수사를 제수하였는데, 서명응이 강교(江郊)에 있으면서 명을 받들지 않은 까닭에 이 명이 있었던 것이다. 그리고 서명응으로 하여금 당일에 사조(辭朝)하고 삼배도(三倍道)하여 부임하게 하였다.

5602 영조 45/05/12(계사) → 【원전】 44집 325면
〔장지풍・김상옥・이방일, 이한풍 등에게 관직을 제수하다〕   수11098

장지풍(張志豊)을 경기수사로, 김상옥(金相玉)을 전라좌수사로, 이방일(李邦一)을 경상우병사로, 이한풍(李漢豊)을 경상좌수사로 삼았다.

〈 관련내용 〉
・영조 45/05/13(갑오)→ 조완을 경기수사로, 이관하를 경상좌수사로 삼다   44집 325면

5603 영조 45/06/25(을해) → 【원전】 44집 327면
〔충청수사 서명응을 동지 정사로 삼고, 영보정 등을 그려 바치게 하다〕   수4651

충청수사 서명응(徐命膺)을 승진시켜 동지정사(冬至正使)로 삼도록 명하였다. 이 때에 정사 한광회(韓光會)가 탄핵을 받아 기꺼이 가려고 하지 않았다.
그런데, 영상 홍봉한(洪鳳漢)이 말하기를, "당품(當品) 가운데 갈 만한 사람이 없습니다" 하였다.

임금이 서명응을 특별히 정사로 삼도록 명하였다. 대개 서명응이 평소 문형(文衡)과 전조(銓曹) 때문에 다른 사람들에게 탄핵을 입었으므로, 상소하여 휴치(休致)하기를 원하여 오랫동안 출사하지 않았었다. 그래서 임금이 노하여 비록 외임에 보직하였으나, 그를 임용하고자 하는 뜻이 있었으므로, 이런 명이 있었던 것이다.

인하여 하교하기를, "옛사람이 유민(流民)을 그려서 바친 자가 있었다. 일찍이 탐라어사 심성희(沈聖希)가 전복[鰒] 캐는 모양을 그려서 바친 것을 보고 그 캐기 어려운 것을 알았다. 지난번에 들건대 내국에서 바친 것도 또한 이 정자 앞에서 캤다고 하니. 이전 충청수사로 하여금 영보정(永保亭)을 그리고, 겸하여 전복을 캐는 모양을 그려서 바치게 하라" 하였다.

5604 영조 45/06/25(을해) → 【원전】 44집 327면
〔전광훈을 충청수사로 제수하다〕   수11099

전광훈(田光勳)을 충청수사로 삼았다.

5605 영조 45/07/05(을유) → 【원전】 44집 328면
〔여러 도의 가을 조련을 정지케 하고, 도사의 해운겸대를 감하하게 하다〕   수3785

약방에서 입진하였다. 임금이 대신해 온과 비국당상을 인견하였다. 영의정 홍봉한(洪鳳漢)이 여러 도(道)에서 조련하기를 청한 정상을 아뢰었다.

임금이 말하기를, "힐융(詰戎)이 비록 중요하다 하지만, 민사(民事)가 어찌 가볍겠는가? 진휼을 베푼 나머지 겨우 소생한 백성들이 어느 겨를에 조련에 나아가고 어느 겨를에 가을 수확을 하겠는가? 가을 조련을 특별히 정지하도록 하라" 하였다.

홍봉한이 말하기를, "전라도 법성창(法聖倉)은 이미 명무(名武)의 이력으로서 첨사를 차송(差送)하여 그로 하여금 조선(漕船)에 타고 운송하게 하였으니, 규모는 아산창(牙山倉)의 예에 의거하였습니다. 도사(都事)가 해운을 겸대하는 것은 지금 우선 감하(減下)함이 마땅합니다" 하였다.

윤허하였다.

5606 영조 45/09/07(병술) → 【원전】 44집 332면

〔제주에서 풍랑으로 표류한 일에 대해 묻다〕 표1527

내국(內局)에서 입시하였다.

임금이 말하기를, "제주(濟州)에서 풍랑에 표류한 것에 대해 장계하였는데, 풍랑에 표류한 사람들이 몇 사람인가?" 하였다.

그러자, 제조 채제공(蔡濟恭)이 말하기를, "비장(裨將)의 배가 풍랑에 표류하였는데, 배 가운데 35인은 모두 간 곳을 모른다고 합니다" 하였다.

임금이 말하기를, "어사는 겨우 추자도(楸子島)에 도착하였다고 하는데, 돌아온 후에야 내가 마음을 놓을 수 있겠다" 하였다.

〈 관련내용 〉
· 영조 45/09/12(신묘)→ 제주에서 표몰한 자들에 대해 경외에서 휼전을 베풀 것을 명하다 44집 332면

5607 영조 45/10/14(임술) → 【원전】 44집 334면
〔홍봉한이 울릉도의 일을 널리 고증하여 책자를 만들 것 등을 아뢰다〕 기2158

영의정 홍봉한(洪鳳漢)이 아뢰기를, "듣건대 울릉도에서 나는 인삼을 상고(商賈)들이 몰래 들어가서 채취한다고 하니, 왜인들이 만약 이를 안다면, 아마도 쟁상(爭桑)의 근심이 있을까 두렵습니다" 하고, 이어서 청하기를, "우리나라의 문헌이 부족하여 지금 울릉도의 일에 있어 고증할 바가 없습니다. 이제부터 전후의 문적(文蹟)을 널리 채택하여 한 책자를 만들어서 사대(事大)·교린(交隣)의 문자를 삼는 것이 좋겠습니다" 하였다.

임금이 윤허하였다.

홍봉한이 또 아뢰기를, "제주(濟州)에서 배가 뒤집혔을 때 군관 구협(具硤)이 어사(御史)를 안고 한 길[丈]쯤 되는 급수선에 뛰어내려 6, 7인이 이를 힘입어 살았는데 모두 구협의 공(功)이니, 거두어 서용하는 것이 좋을 듯합니다" 하였다.

임금이 말하기를, "지나간 해에는 민제장(閔濟章)이 통신사의 군관으로서 많은 사람들을 살린 까닭에 승자(陞資)하였었다. 또 구협이 일찍이 참군(參軍)으로서 출륙(出六)되지 않았다고 하니, 특별히 가자하여 오위장(五衛將)을 삼아 한 사람을 권장하여 백 사람을 면려(勉勵)시키도록 하라" 하였다.

〈 관련내용 〉

・영조 45/10/16(갑자)→원인손에게 울릉도의 봉만・형승・물산을 그려 올 것을 명하다 44집 335면

5608 영조 45/11/13(신묘) → 【원전】 44집 337면
[장흥의 세선이 고의 파손된 일로 부사 이동태 등을 치죄하다] 수11100

임금이 연화문(延和門)에 나아가 대신과 형조당상을 소견하고, 사수(死囚)를 친히 처결(處決)하였다. 당초에 장흥(長興)의 세선(稅船)이 취재(臭載)하였는데, 선혜청당상 정홍순(鄭弘淳)이 고의로 파선시킨 것이라고 하여 엄중히 다스려 뒷사람을 징계할 것을 계청(啓請)하였다.

임금이 섭이중(聶夷中)의 시의 '곡식 한 알마다 모두 백성들의 고생이 담겨 있다 [粒粒皆辛苦]'는 것을 외우며 말하기를, "도둑질하는 것은 그래도 할 말이 있겠지만, 고의로 파선시킨 것은 용서할 수 없는 것이다" 하고, 금부(禁府)로 하여금 조사하게 하여 부사 이동태(李東泰)를 찬배하였다.

또 형조로 하여금 선리(船吏)와 뱃사공(梢工)을 조사하게 하였는데, 모두 도둑질하였다고 죄상을 자백했고, 법이 참형에 해당되었다. 이에 임금이 마침내 연화문에 임어하여 본율(本律)을 적용하는 것이 마땅한지의 여부를 여러 신하들에게 물었다.

그런데, 모두 말하기를, "이미 실토하였으니, 용서할 수 없습니다" 하였다.

임금이 말하기를, "도둑질한 물건은 오히려 백성들이 먹을 수 있지만, 고의로 파선시킨 것은 비록 혹시 건져낸다 하더라도 물에 잠겼던 쌀을 백성에게 주었다가, 다시 〈정곡(精穀)을〉 징수하는 것은 어찌 잔인하지 않겠는가?" 하고, 세 죄인은 특별히 죽음을 면해 주되, 단지 군문으로 하여금 무겁게 곤장을 쳐서 흑산도(黑山島)의 종으로 삼도록 명하였다.

5609 영조 45/12/09(정사) → 【원전】 44집 341면
[울릉도에 인삼을 캐는 잠상의 일로 강원감사 홍명한의 체차를 명하다] 기2159

강원감사 홍명한(洪名漢)을 체차(遞差)하도록 명하였다.

당초에 울릉도에 인삼을 캐는 잠상(潛商)을 삼척영장(三陟營將) 홍우보(洪雨輔)가 염탐하여 붙잡았는데, 추잡한 비방이 많이 있었다. 일이 발각되어 홍우보가 죄를 받아 폄출(貶黜)되었는데, 이 때에 이르러 홍명한이 서신(書信)을 왕래하여 참섭하였다

는 것으로써 장령 원계영(元啓英)이 상소하여 논핵(論劾)하기를, "울릉도에 대한 금령(禁令)이 얼마나 엄중한 것인데, 강원감사 홍명한은 그 집안의 무신인 삼척 영장 홍우보와 몰래 서신을 왕래하여 사람들을 모아 몰래 들어가서 인삼을 채취한 것이 자그마치 수십 근에 이르렀습니다. 지방관에게 현발(現發)되기에 이르러서는 금령을 범한 백성은 도내(道內)에 형배(刑配)하고 속공(屬公)한 인삼은 돌려주어 사사로이 팔았으며, 인하여 또 다른 일을 끌어대어 본관(本官)을 장파(狀罷)함으로써 미봉(彌縫)할 계책을 삼았으니, 이것은 이미 용서하기 어려운 죄입니다. 그 죄범(罪犯)을 논하면 진실로 영장보다 더한데, 가벼운 견벌(譴罰)이 단지 영장에게만 그치고, 주벌(誅罰)이 홍명한에게는 미치지 않았습니다. 국법이 행해지지 않는 것은 진실로 작은 일이 아니며, 훗날의 폐단도 또한 염려하지 않을 수 없습니다. 신의 생각에는 강원 감사 홍명한에게 빨리 삭직(削職)의 율을 시행하는 것이 옳다고 여깁니다" 하였였다.

소장이 들어가자 임금이 협잡(挾雜)이라고 책유(責諭)하고 허락하지 않았다.

다시 대신에게 물었는데, 영의정 홍봉한(洪鳳漢)이 말하기를, "홍명한이 반드시 인혐(引嫌)할 것입니다" 하자, 임금이 체차하도록 명한 것이었다.

임금이 대신할 만한 자가 누구인지를 묻자, 홍봉한이 서명선(徐命善)을 추천하였는데, 임금이 말하기를, "나의 순상(巡相)이 정하여졌다" 하였다.

영조 46년(1770; 청 건륭35년)

5610 영조 46/01/03(신사) → 【원전】 44집 343면
〔표류하여 임자도에 도착한 청인을 본토로 호송하게 하다〕   표2196

청나라 사람 왕덕순(王德順) 등 16명이 전라도 임자도(荏子島)에 표류되어 도착하니, 도신(道臣)에게 명하여 양식을 지급하고, 주즙(舟楫)을 수선하여 본토로 호송하게 하였다.

5611 영조 46/03/27(갑진) → 【원전】 44집 351면
〔거제의 고현면에서 여인들이 해독을 마시고 죽으니 휼전을 베풀게 하다〕   수4652

거제의 고현면(古縣面) 여인 37명이 해독(海毒)을 마시고 죽게 되었는데, 본도에 명하여 휼전을 거행하게 하였다. 이 때에 해독이 여러 곳에서 발생하여 물고기·게·전복·조개를 먹은 백성은 번번이 절반쯤 죽어서, 통제사 이국현(李國賢)이 반쯤 말린 전복을 봉진할 수 없다는 뜻으로 장계하였기 때문이었다.

5612 영조 46/06/22(병신) → 【원전】 44집 358면
〔제주의 부차길이 중국 국경까지 표류하였다가 심양에서 돌아오다〕   표1145

임금이 연화문(延和門)에 나아가 제주도의 표류민 8명을 불러다 쌀과 베를 내려주었다. 이보다 앞서 제주도 뱃사람 부차길(夫次吉) 등이 중국 국경까지 표류하여 갔다가, 심양(瀋陽)에서 이제 비로소 되돌아 왔기 때문이다.

5613 영조 46/09/26(기사) → 【원전】 44집 362면
〔우홍규 등에게 관직을 제수하다〕   수11101

우홍규(禹弘圭)를 전라수사로 삼았다.

5614 영조 46/11/02(갑진) → 【원전】 44집 364면수11102
〔장지항을 통제사로 삼다〕 수11102

장지항(張志恒)을 통제사로 삼았다.

영조 47년(1771; 청 건륭36년)

5615 영조 47/01/26(무진) → 【원전】 44집 370면
〔좌의정 한익모가 해서의 습조를 청하나 불윤하다〕   수3786

좌의정 한익모(韓翼謨)가 해서(海西)의 습조(習操)를 정지하도록 청하였으나, 임금이 허락하지 아니하였다.

5616 영조 47/03/05(병오) → 【원전】 44집 374면
〔습진과 조련에 수령이 영부하지 않는 일에 대해 신칙하다〕   수3787

임금이 여러 도 병사(兵使)의 습진(習陣)과 조련에 대한 장계를 열람하였는데, 그 가운데 수령이 직접 통솔하거나 영부(領付)하지 않음이 많으므로 하교하여 엄중히 신칙하고 이내 잡아다 조처하도록 명하였다.

5617 영조 47/03/07(무신) → 【원전】 44집 374면
〔장연에 병영을 설치하여 해로를 중히 여길 것을 윤허하다〕   수3788

임금이 대신해 온과 비국당상을 인견하였다. 영의정 김치인(金致仁)이 이전 장연부사(長淵府使) 홍화보(洪和輔)가 보고한 것으로써 장연에다 방어사를 둔 병영을 설치하여 해로를 중하게 여기기를 청하니, 임금이 도신(道臣)과 수신(帥臣)에게 명하여 논열(論列)해서 장문(狀聞)하도록 한 뒤에 다시 품처하게 하였다. 당초에 홍화보가 장연에서 체임되어 돌아와 김치인에게 말하기를 "장산곶(長山串)은 바닷길이 아주 험악하므로 황해도에 조련하러 나가는 군사가 매번 이곳에서 뒤집어지거나 빠지며, 황당선(荒唐船)이 출몰하는 첫길이 바로 장연 앞 바다이니, 진실로 깊은 우려가 있습니다. 그러므로 만약 장산곶의 북쪽에다 별도로 한 군영을 설치하여 더러는 수사(水使)로 하여금 나누어 조련하게 하고, 더러는 해당 병영으로 하여금 전적으로 관장하게 하여 그 조련을 주관하도록 한다면 군사들이 빠져 죽는 근심은 없어질 것이며,

황당선 또한 감히 멋대로 다니지 못할 것입니다"고 하였으므로 김치인이 이를 아뢰었는데, 임금이 여러 신하들에게 물어보고 이런 명령이 있었으며 뒤에 다시 남북에서 나누어 조련하도록 명하였다.

〈 관련내용 〉
· 영조 47/05/04(갑진)→ 채제공이 장연에 대해 변통할 절목에 관한 일로 아뢰다   44집 380면

5618 영조 47/03/10(신해) → 【원전】 44집 374면
〔남경의 표류한 사람에게 쇠못을 만들어 주어 돌려보내다〕   표2197

임금이 남경(南京)의 표류한 사람이 장차 되돌아간다는 사실을 듣고 쇠못[鐵釘]을 만들어 주도록 명하였다.

5619 영조 47/04/03(계유) → 【원전】 44집 376면
〔민범수·김영수·이성묵 등에게 관직을 제수하다〕   수11103

민범수(閔範洙)를 전라도 좌수사로, 김영수(金永綏)를 전라도 우수사로, 이성묵(李性默)을 황해수사로 삼았다.

5620 영조 47/04/09(기묘) → 【원전】 44집 377면
〔선전관을 용산에 보내 세선의 정박여부를 살피게 하다〕   조1294

선전관을 용산(龍山)에 보내어 세선(稅船)이 도착하여 정박했는지의 여부를 알아서 아뢰게 하였다.

5621 영조 47/04/10(경진) → 【원전】 44집 377면
〔최동악 등에게 관직을 제수하다〕   수11104

최동악(崔東岳)을 경상 수군절도사로 삼았다.

5622 영조 47/04/12(임오) → 【원전】 44집 377면
〔본부 주민의 조련에 관한 일로 하교하다〕   수3789

하교하기를, "요즈음 도신(道臣)과 수신(帥臣)에게 순문(詢問)하는 하교가 어찌 특별히 〈위급한 사태를 대비하기 위하여〉 무더기로 날 뽕나무 뿌리에 잡아매는 뜻일 뿐

이겠는가? 실제로는 백성을 위해서이다. 지금 도신의 장계를 듣건대 홍화보(洪和輔)의 뜻이 모두 조리가 있어서, 본부(本府)의 주민들이 조련에 나아갔을 때의 상황이 마치 눈 앞에 보이는 듯하였다. 늘그막에 이런 사실을 듣고 구습에 따라 방치한다면 이는 백성을 잊어버리는 것이니, 우리 백성이 물에 빠져 죽는 것을 앉아서 구경만 하는 것과 무엇이 다르겠는가? 모레 지영(祗迎)한 뒤에는 마땅히 숭정전(崇政殿)에서 조강하고 차대하면서, 먼저 소상하게 한 다음 입시하여 아뢰도록 해서 비국으로 하여금 내가 우리 백성을 위하는 간절한 뜻과 이것이 다섯 고을 세 진영(鎭營)의 많은 백성들이 살아가는 큰 기틀임을 알도록 하라" 하였다.

5623 영조 47/04/17(정해) → 【원전】 44집 378면
[함부로 자리를 비운 경상좌수사 등에 대해 함사 추고를 명하다] 수11105

하교하기를, "왜선이 오고 가는데 대한 장계가 얼마나 중대한 일인데도 하리(下吏)를 시켜 대신 보고하게 하고서 마음대로 임지(任地)를 비워 두게 한 자를 신칙하지 못한 경상좌수사 및 도신(道臣)은 함사추고(緘辭推考)하도록 하고, 해당자인 기장현감(機張縣監)은 만약 감영에 있으면 도신으로 하여금 결장(決杖)하게 하고, 만약 본현(本縣)에 도착하였으면 좌수사로 하여금 결곤(決棍)하게 하라" 하였다.

5624 영조 47/05/03(계묘) → 【원전】 44집 380면
[영의정과 둔전·조운·기우제에 관한일에 대해 의논하다] 조1295

임금이 대신해 온과 비국당상을 인견하였다.……
 우의정 김상철(金尙喆)이 말하기를, "아산창(牙山倉)의 조운은 내양(內洋)에 불과한데도 두 차례 조운을 하면 번번이 모두 승천(陞遷)하였습니다. 그러나 법성창(法聖倉)의 경우는 칠산(七山)의 험난한 바닷길을 출몰해야 하니, 바닷길의 멀고 가까움과 수고롭고 편안함은 현격하게 다를 뿐만이 아닙니다. 그런데도 변통하는 때를 당하여 세 차례 조운한 뒤에야 변경(邊地)에다 조용(調用)하라는 영(令)이 있었으니 아마도 경중을 잃은 듯합니다. 이 뒤로는 법성창의 조운도 역시 두 차례에 준하게 하고 해당 조(曹)에서 전례에 의거하여 변경에 이의(移擬)하게 하는 것이 적합할 듯합니다" 하였다.

임금이 허락하였다.

5625 영조 47/05/06(병오) → 【원전】 44집 381면
〔어세의 폐단·선비의 풍습을 바로 잡는 일에 대해 의논하다〕   기3102

　임금이 건명문(建明門)에 나아가 하교하기를, "지난해에는 가뭄으로 번민하면서 사단(社壇)에 상언(上言)을 바치라는 전교가 있었고, 또한 대가(大駕) 앞에서 억울함을 호소하라는 어시(御詩)가 있었다. 오늘 건명문에 나온 것은 옛날 일을 준수하려는 의미에서이다. 그러니 지방의 백성으로 서울에 온 자는 그들에게 와서 기다리도록 하라" 하였다.
　비인(庇仁)의 백성으로 어전(魚箭)을 세력이 있는 집안에게 빼앗겼다는 것으로 비국에 정소(呈訴)하려고 올라온 사람이 있었는데, 임금이 승지에게 명하여 그 글을 가지고 들어오도록 하여 독주(讀奏)하게 하였으며, 인하여 추조(秋曹)로 하여금 세력 있는 집안에 대하여 엄중히 신문하여 공초(供招)를 받아서 아뢰도록 하였다.
　또 하교하기를, "대체로 어세(魚稅)는 처음에는 각기 주관하는 곳이 있어 민간의 폐해가 여러 갈래로 많았는데, 균역청(均役廳)에 전속(專屬)된 이후로 그 폐단이 조금 제거되었다고 여겼었다. 그런데 오늘 이 사건을 들건대 옛날 주인이 아직도 남아 있다고 하니, 이것이 어찌 크게 처분한 뜻이겠는가? 아! 경오년 뒤에 결전(結箭)한 것은 비록 큰 군영이나 세력이 있는 집안이라 하더라도 감히 손을 쓸 수가 없도록 하였는데, 지금 조진겸(趙鎭謙)의 문서(文書)는 〈피부가 없는데〉 털이 장차 어디에 붙겠느냐고 말할 만하다. 본관(本官)으로 하여금 문서를 효주(爻周)하게 하라. 그리고 선비의 풍습을 바로잡는 도리에 있어서 근신하지 않았다는 것으로 처분하는 것이 적당하다. 태학(太學)의 관원으로 하여금 조 진겸은 청금안(靑衿案)에서 이름을 지워버리도록 하라" 하였다.
　그런데, 뒤에 헌신(憲臣)이 마음에 품은 바를 진달한 것으로 인하여 정배(定配)하도록 명하였다.

5626 영조 47/05/07(정미) → 【원전】 44집 381면
〔장산 이북의 백성들의 폐단에 대해 하교하다〕   수3790

임금이 대신해 온과 비국당상을 인견(引見)하였다.

　임금이 교동(喬桐)의 수영에서 합조(合操)할 때에 바닷길로 왕래하던 군사가 더러는 물에 빠져 죽는 폐단이 있다는 것으로, 대신과 여러 신하들에게 하문(下詢)하였으나 의논이 귀일되지 않았다. 특별히 장산(長山) 이북의 백성들에게 교동에서의 합조에 나아가지 말게 할 것을 명하였다.

　인하여 하교하기를, "외롭고 약한 혼백(魂魄)이 만약 물 속에서 부르짖기를, '어찌하여 나로 하여금 이 지경에 이르도록 하는가?'라고 한다면 이는 바로 추성(鄒聖)이 이른 바, 백성들에게 차마 하지 못할 행정이다. 어떻게 늘그막에 장산 이북의 백성들에게 이런 폐단을 남겨 두겠는가?" 하였다.

5627 영조 47/05/12(임자) → 【원전】 44집 381면
〔조규진 등에게 관직을 제수하다〕　　　　　　　　　　　　　　　　　수11106

　조규진(趙圭鎭)을 전라우수사로 삼았다.

5628 영조 47/06/04(계유) → 【원전】 44집 385면
〔순천의 세선이 서호에서 변을 당한 일에 대해 의논하다〕　　　　　　조1296

　충청감사 권도(權噵)가 순천(順天)의 세선이 호서의 경계에 도착하면 선인(船人)들이 곡물을 도둑질하기 때문에 대양에서 패몰한다는 것으로 모두 엄중히 조사하여 자백하게 하는 뜻을 장문(狀聞)하니, 임금이 대신해 온·비국당상·삼사의 관원에게 하문하자, 모두 선주(船主)·감색(監色)·사격(沙格)에게 차등을 두어 처벌하되 주모자는 일률을 용서하기 어렵다는 것으로 대답하니, 도신(道臣)에게 도사공 김태이(金太伊), 색리(色吏) 김시량(金時良)을 모두 효시하도록 명하였다.

5629 영조 47/07/02(경자) → 【원전】 44집 388면
〔표류하여 동래에 도착한 왜인이 교역하게 해줄 것을 청하다〕　　　　표2322

　왜인이 표류하여 동래(東萊)에 도착하였는데, 실정을 물어 보니 말하기를 "대마도는 살아갈 계책이 없어서 관백(關白)에게 가서 하소연하였더니, 관백이 조선인과 서로 교역해서 살아갈 계책을 얻도록 하라고 하였습니다" 하였다. 그러므로 부사 이보관

(李普觀)이 사유를 갖추어 치문(馳聞)하였다.

임금이 말하기를, "우리나라의 글을 받아서 관백에게 증좌(證左)를 만들고자 한 것은 교린한 후 처음 듣는 일인데, 이것을 엄중히 막지 않으면 국체(國體)가 존중되겠는가? 부사 이보관(李普觀)은 잡아다 추문하여 엄중하게 처분하도록 하라" 하였다.

박사눌(朴師訥)을 동래부사로 삼아 입시하도록 명하고 하교하기를, "이번의 처분은 부득이한 것이었다. 저 사람들은 지극히 교사(巧詐)하므로 먼저 엄중히 바로잡은 다음에 이어서 효유(曉諭)하는 것이 좋을 것이다" 하였다.

5630 영조 47/08/11 (기묘) → 【원전】 44집 392면
〔동래부사의 장계를 보고 왜관이 손상된 일에 대해 하교하다〕 왜11003

임금이 동래부사의 장계를 보고 하교하기를, "교린의 도리는 성신(誠信)이었어야 마땅한 것인데, 지금 듣건대 왜관(倭館)이 몹시 손상되어 무너진 곳은 그냥두고 심하지 않은 곳을 보수하였다 하는데, '작은 것으로 큰 것을 이룬다'는 것은 옛말이다. 이미 분정관(分定官)이 있고 또한 훈도(訓導)가 있으면 어찌하여 그 작은 것부터 좇아서 보수하여 큰 데에 이르지 않았단 말인가? 만약 관수왜(館守倭)로 하여금 무너져 깔리는 근심이 있게 하였다면, 어찌 교린하는 뜻이겠는가? 특별히 심한 곳은 거듭 순심(巡審)하고 나누어 정한 각 관원으로 하여금 즉시 공사를 감독하게 한 후 장문(狀聞)하도록 하라. 만약 도신과 동래부사가 삼가지 않을 경우에는 중률(重律)로 감단(勘斷)하고, 훈차(訓差)는 각 영으로 하여금 곤장을 때려 충군하게 하고, 해당 각 관원은 감영으로 하여금 곤장을 때리게 하되 곤장을 때리지 않은 자는 마땅히 금고(禁錮)할 것이니, 일체를 지위(知委)하도록 하라" 하였다.

5631 영조 47/11/18 (갑인) → 【원전】 44집 402면
〔유진하 등에게 관직을 제수하다〕 수11107

유진하(柳鎭夏)를 경기수사로 삼았다.

5632 영조 47/12/22 (무자) → 【원전】 44집 404면 수11108
〔도정에 친림하다·이응혁 등에게 관직을 제수하다〕 수11108

임금이 도정(都政)에 친림하였다.

김화진(金華鎭)을 좌윤으로, 최동악(崔東岳)을 경상 좌병사로, 이응혁(李應爀)을 경상좌수사로 삼았는데, 이조판서 조엄(趙曮), 병조판서 윤동섬(尹東暹)의 정사(政事)였다.

영조 48년(1772; 청 건륭37년)

5633 영조 48/01/02(무술) → 【원전】 44집 405면
〔경상수사의 정문에 따라 표류한 해민을 찾도록 명하다〕   표1528

임금이 말하기를, "지금 경상수사의 장문(狀聞)을 들건대, 해민(海民) 9인이 표류하여 간 곳을 모른다고 한다. 이들도 또한 나의 백성이니 그들이 살아 있다는 것을 들은 후에야 이 마음이 조금 풀릴 것이다. 연해의 여러 고을에 신칙(申飭)해서 만약 표류하여 머물고 있는 곳이 있으면 곧 장문(狀聞)하게 하라" 하였다.

5634 영조 48/04/12(정축) → 【원전】 44집 418면
〔정여증에게 관직을 제수하다〕   수11109

정여증(鄭汝曾)을 황해수사로 삼았다.

5635 영조 48/06/23(정해) → 【원전】 44집 422면
〔표류하여 서울에 도착한 제주의 공과인을 위유하여 보내다〕   표1529

제주의 공과인(貢果人)이 바다에서 표류하다가 8개월 만에 비로소 서울에 도착하니 임금이 불러들여 쌀과 베를 주고 고기를 먹인 다음 위유(慰諭)하여 내려보냈다.

5636 영조 48/07/14(정미) → 【원전】 44집 425면
〔정언 남주관이 전라좌수사 조혜진의 탐학에 대해 아뢰다〕   수11110

정언 남주관(南冑寬)이 상소하였는데, 대략 이르기를, "전라좌수사 조혜진(趙惠鎭)은 천성이 경솔하여 본디 곤임(閫任)에 적합하지 않은데, 잘 섬겨서 발신(發身)하여 북쪽 고을의 더러운 비방이 아직껏 그치지 않고 있습니다. 본곤(本閫)에 재직하기에 미쳐서는 오직 부극(掊克)을 일삼아서 예급(例給)하는 방포(防布)를 풍파가 높다고 칭탁하여 태반을 감삭(減削)해 마침내 자기 주머니를 채우고 말았습니다. 제멋대로

장(杖)을 지나치게 쳐서 한갓 위엄 세우기를 일삼으니, 이처럼 탐욕스럽고 불법한 사람은 마땅히 삭파(削罷)하는 법을 써야 합니다" 하였다.

답하기를, "풍문을 어찌 다 믿겠는가? 다시 더 자세히 살펴보도록 하겠다" 했다.

5637 영조 48/08/09(신미) → 【원전】 44집 431면
〔조태제 등에게 관직을 제수하다〕   수11111

조제태(趙濟泰)를 통제사로, 이인강(李仁康)을 평안병사로 삼았다.

5638 영조 48/11/05(병신) → 【원전】 44집 439면
〔바다에 표류하여 온 사람에게 유의 등을 주다〕   수4653

바다에 표류하여 온 사람에게 유의(襦衣)를 만들어 주고, 지나가는 곳에서는 양찬(糧饌)을 넉넉히 지급하라고 명하였다.

5639 영조 48/12/28(무자) → 【원전】 44집 443면
〔이전 전라수사 이보영이 허록한 일에 대해 논의하다〕   수11112

전라수사 조규진(趙奎鎭)이, 이전 수사 이영보(李永輔)가 허록(虛錄)한 일을 장문(狀聞)하였다. 이에 임금이 대신에게 빈청(賓廳)에서 회의하라 명하고 여러 해 전에 허록한 것을 지금에 이르러 징수하는 것은 민폐가 있다 하여 아울러 탕감하게 했다.

영조 49년(1773; 청 건륭38년)

5640 영조 49/03/20(기유) → 【원전】 44집 449면
〔영의정 김상복이 북청 적진포에 창고 하나를 더 설치할 것을 청하다〕   수4654

영의정 김상복(金相福)이 함경감사의 장문(狀聞)으로 인하여 북청(北靑)의 적진포(赤津浦)에 창고 하나를 더 설치하기를 청하니, 임금이 그대로 따랐다.

5641 영조 49/04/07(을미) → 【원전】 44집 451면
〔무명 22필을 영남 우조창의 선인들에게 나누어 주게 하다〕   조1297

호조의 낭관에게 명하여 무명 22필을 가지고 강가에 달려가서, 어제 참석하지 못한 영남 우조창(右漕倉)의 선인(船人)들에게 나누어 주게 하였다.

5642 영조 49/04/08(병신) → 【원전】 44집 452면
〔서강의 선인·격군들에게 쌀을 나누어 줄 것 등을 명하다〕   조1298

하교하기를, "허다한 선인(船人)들이 모두 양덕(凉德)을 만나고 돌아가면 그 처자(妻子)가 필시 임금을 만나니 무엇을 주더냐고 물을 것인데, 모두 말을 못할 것이다. 이번 걸음은 전에 없었던 일이니 만약 전에 없던 은혜가 없다면 선인들은 비록 원망하지 않는다 하더라도 어찌 서강(西江)에 대하여 부끄럽지 않겠느냐? 선인과 격군에게는 선혜청의 낭관이 달려가서 각각 쌀 1두씩을 나누어 주고, 색리(色吏)로서 혹 역(役)을 겸하는 자가 있으면 금년에만 특별히 역을 면제 해 주며, 격군은 모두 금년에 한하여 특별히 역을 면제해 주도록 해당 차사원(差使員)과 첨사에게 전하게 하라" 하였다.

5643 영조 49/04/20(무신) → 【원전】 44집 453면
〔세선의 치패로 해당현감 등을 처벌하다〕   조2065

임금이 해미(海美)의 세선(稅船)이 짐을 많이 실어 치패(致敗)하였다 하여 해당 현감은 진도군(珍島郡)에 정배하고, 좌수(座首)는 수사로 하여금 종중결곤(從重決棍)하게 하였으며, 선주(船主)는 정배하라고 명하였다.

5644 영조 49/04/30(무오) → 【원전】 44집 453면
〔호당학사 홍상간을 월곶첨사로 차하하도록 명하다〕   수11113

임금이 말하기를, "홍상간(洪相簡)이 내가 내린 술을 마시고도 내가 명한 글제에 응하지 않은 것은 무슨 뜻이더냐? 그를 호당으로 대접하니 내가 스스로 부끄러울 뿐이다. 어떻게 그 태만함을 방치할 수 있겠느냐? 호당 학사 홍상간을 월곶첨사(月串僉使)로 차하(差下)하여 오늘로 부임하게 하라" 하였다.
　　임금이 말하기를, "입시하였을 때에 만약 하교가 혹 잘 들리지 않았다면, 승지가 사관(史官)에게 묻는 것이 옳은데 중관(中官)에게 물었으니, 엄히 신칙하라" 하였다.

5645 영조 49/06/12(경자) → 【원전】 44집 457면
〔낙안 세선치패의 일로, 군수 유이주를 삼수에 정배하라고 명하다〕   조1299

낙안(樂安)의 세선이 치패(致敗)되니, 임금이 그 고을 군수 유이주(柳爾胄)가 때 늦게 실으면서 세미(稅米) 이외에 지나치게 많이 실어 그런 것이라 하여 삼수부(三水府)에 햇수를 한정하지 말고 정배하라고 명하였다.

5646 영조 49/12/29(계축) → 【원전】 44집 468면
〔서유대를 경기수사로 삼다〕   수11114

서유대(徐有大)를 경기수사로 삼았다.

영조 50년(1774; 청 건륭39년)

5647 영조 50/04/16(무술) → 【원전】 44집 473면
　　〔구명겸을 충청수사로 삼다〕　　　　　　　　　　　　　　　　수11115

　　구명겸(具明謙)을 충청도 수사로 삼았다.

5648 영조 50/04/25(정미) → 【원전】 44집 473면
　　〔안흥첨사 서필수의 관직을 삭제하도록 명하다〕　　　　　　　　수11116

　　안흥첨사(安興僉使) 서필수(徐必修)의 관직을 삭제하도록 명하였는데, 세선(稅船)의 길 인도를 태만히 하고 소홀히 하였기 때문이었다.

5649 영조 50/06/10(임진) → 【원전】 44집 476면
　　〔구현겸 등에게 관직을 제수하다〕　　　　　　　　　　　　　　수11117

　　구현겸(具顯謙)을 통제사로 삼았다.

　　　〈 관련내용 〉
　　　　· 영조 50/07/14(을축)→ 윤이복을 황해수사로 삼다　　　　44집 478면

5650 영조 50/10/02(임오) → 【원전】 44집 481면
　　〔이응혁을 충청수사로 삼다〕　　　　　　　　　　　　　　　　수11118

　　이응혁(李應爀)을 충청수사로 삼았다.

　　　〈 관련내용 〉
　　　　· 영조 50/12/23(임인)→ 이장혁을 충청수사로 삼다　　　　44집 484면

영조 51년(1775; 청 건륭40년)

5651 영조 51/01/05(계축) → 【원전】 44집 485면
〔김인서에게 충청수사를 제수하다〕   수11119

　김인서(金麟瑞)에게 특별히 충청수사를 제수하도록 명하였는데, 김인서는 곧 무신년의 공신 김중만(金重萬)의 아들이었다.

5652 영조 51/03/10(정사) → 【원전】 44집 490면
〔조완을 통제사로 삼다〕   수11120

　조완(趙𬀩)을 통제사로 삼았다.

5653 영조 51/03/30(정축) → 【원전】 44집 491면
〔어산의 귀함을 듣고 균역처의 폐해 여부를 묻다〕   수4655

　임금이 집경당(集慶堂)에 나아가 대신과 비국당상을 인견하였다.
　　임금이 어산(魚產)의 귀함을 듣고, 비로소 균역청의 폐해가 있는지 의심하여 연석(筵席)에 나아가 여러번 여러 신하들에게 물었으나, 여러 신하들이 명백하게 우러러 진달하지 못하였다. 통영(統營)에서 배를 점열(點閱)하는 것을 명하여 허락하였다.

5654 영조 51/11/07(경진) → 【원전】 44집 502면
〔신대현을 경기수사로 삼다〕   수11121

　임희교(任希敎)를 대사헌으로, 신대현(申大顯)을 경기수사로 삼았다.

5655 영조 51/11/07(경진) → 【원전】 44집 502면
〔이조판서 조엄을 안흥첨사로 삼으라고 명하다〕   수11122

　이조판서 조엄(趙曮)을 안흥첨사(安興僉使)로 삼으라고 명하였다. 이 때 조엄은 상소

하여 사면을 청하였으나, 임금이 비답을 내려 따르지 않았다. 개정(開政)하라는 명령이 있었는데도 조엄이 여러번 불러들이는 패초를 어기니, 임금은 그가 포만(逋慢)하다는 이유로써 외직에 보임하는 명을 내리게 된 것이다.

〈 관련내용 〉
 · 영조 51/11/16(기축)→ 조엄을 예조판서로 삼고, 조진관을 가자하다   44집 502면

▧ 비어 있는 쪽 ▨

22. 정 조

◩ 비어 있는 쪽 ◪

정조 즉위년(1776; 청 건륭41년)

5656 정조 00/05/16(병술) → 【원전】 44집 580면
〔삼도 수군통제사 조완을 파직하다〕　　　　　　　　　　　수11123

　삼도 수군통제사 조완(趙𬀪)을 파직하였다.
　　당초에 대신이 조완을 잉임시키기를 청하였는데, 이 때에 이르러 하교하기를,
"삼도를 통제하는 것은 비록 조완이 아니더라도 어찌 그만한 사람이 없어서 세 차례
나 잉임시키겠는가? 나는 조정의 기강이 땅을 쓸어버린 듯이 없어졌다고 여긴다"
하고, 이러한 명이 있었다.

5657 정조 00/05/16(병술) → 【원전】 44집 580면
〔홍낙명을 체직하고 이미로 대신하고 이방수를 삼도 수군통제사로 삼다〕　수11124

　강화부 유수 홍낙명(洪樂命)을 체직하고 이미(李瀰)로 대신하였고, 이방수(李邦綏)를
삼도 수군통제사로 삼았다.

5658 정조 00/06/16(을묘) → 【원전】 44집 590면
〔홍낙인이 소명을 받지 않으니 장봉만호에 보임하다〕　　　　　수11125

　특별히 홍낙인(洪樂仁)을 장봉만호(長峰萬戶)에 보임하였는데, 홍낙인이 소명(召命)을
받지 않았기 때문이었다.
　　하교하기를, "합계(合啓)가 바야흐로 펼쳐지는 것을 정세로 삼더니, 그의 정세에
따라 갑자기 합계를 정지한 것인가? 이런 것을 가지고 의리로 처리해 가는 단서로
삼는다면, 자궁(慈宮)께서 사적(私覿)과 사친(私親)할 시기가 없게 되지 않겠는가?"
하고, 이런 명이 있은 것이었다.

5659 정조 00/06/24(계해) → 【원전】 44집 596면

〔이문덕·이정병에게 관직을 제수하다〕 수11126

이문덕(李文德)을 전라좌도 수군절도사로, 이정병(李鼎炳)을 전라우도 수군절도사로 삼았다.

〈 관련내용 〉
· 정조 00/06/25(갑자)→ 경상좌도 수군절도사 윤경연을 개차하다   44집 596면
· 정조 00/06/27(병인)→ 백동의를 경상좌도 수군절도사로 삼다   44집 596면

5660 정조 00/08/04(계묘) → 【원전】 44집 609면
〔대신의 청에 따라 여러 도의 봄철 조련을 정지하다〕 수3791

여러 도의 봄철 조련을 정지하였다. 삼남에 가을농사가 풍년이 들었으므로 으레 조련을 행하여야 하나 대신의 청을 따른 것이다.

5661 정조 00/09/10(무인) → 【원전】 44집 623면
〔민혜수에게 전라우도 수군절도사를 제수하다〕 수11127

민혜수(閔惠洙)에게 전라우도 수군절도사를 제수하였다.

5662 정조 00/09/21(기축) → 【원전】 44집 626면
〔이경무를 경기 수군절도사로, 민혜수를 전라우도 수군절도사로 삼다〕 수11128

이경무(李敬懋)를 경기 수군절도사로, 민혜수(閔惠洙)를 전라우도 수군절도사로 삼았다.

5663 정조 00/09/22(경인) → 【원전】 44집 629면
〔동래부사 유당이 동래부의 네 가지 걱정에 대해 상소하다〕 왜11004

동래부사 유당(柳戆)이 상소하였다.

"본부에 네 가지 걱정이 있으니, 첫째는 입본(立本)으로 백성을 해치는 것이요, 둘째는 수표(手標)로써 왜인과 무역하여 흔단(釁端)을 일으키게 하는 것이며, 셋째는 군병(軍兵)의 거듭된 신역(身役)이요, 넷째는 관방(關防)의 마땅함을 잃은 것입니다.

이른바 '입본으로 백성을 해친다'고 한 것은 공작미(公作米)가 1만 6천 석이고, 요

미(料米)·어가미(魚價米)는 5천1백 석이며, 요황두(料黃豆)는 8백 석이요, 대동미(大同米)의 저치(儲置)는 증감이 비록 다르나 세 가지 곡식이 항상 유치되어 거의 3만 석에 가까운데 문득 봄이 된 뒤에 발매하며, 가을이나 겨울에 사용할 것은 매 석마다 2냥 5전씩 계산하여 민간에 나누어 주었다가 추수 후에 쌀로 바치게 하고 남은 돈은 모두 별도의 용도로 돌리니 본부의 각 진영에서도 서로 잇달아 이를 본받게 되며, 사소한 향곡(餉穀)은 대부분 곡식도 없이 빈 장부만 남아 있습니다.

이른바 '수표로서 왜인과 무역하여 흔단을 일으키게 한다'는 것은 공작미·요미·어가미로서 왜인이 혹 긴급히 사용할 데가 있게 되면 상인이나 통역배들이 기한 전이라 하여 값을 감하고 어떤 물건으로서 본 값을 주어 미리 수표를 받았다가 기한을 기다려 쌀이 나오면 이를 발매하여 이익을 취하는데, 문득 본관(本官)에 침범한 바가 되어 해마다 2천여 석이 되니 도리어 상인이나 통역배들이 이익을 잃고 억울함을 호소하는 폐단이 있습니다.

이른바 '거듭된 신역'이란 것은 갑오 식년의 인구에서 남정(男丁)이 1만 2천5백94구(口)인데 노약과 유생(儒生)·교생(校生)으로 면역된 자가 5천7백13구이니, 응역(應役)할 사람은 겨우 6천8백81구입니다. 그런데 수포(收布)할 원방수군(元防戍軍)이 3천3백22명이요, 속오군(束伍軍)·아병군(牙兵軍)·봉군(烽軍)·발군(撥軍)·목자(牧子)가 2천4백26명이며, 충익위(忠翊衛)·무격(巫覡)·시노(寺奴)가 66명이며, 수영과 각 진영의 주사(舟師)가 3천3백91명이며 진상공물(進上貢物)에 응하는 해한(海漢)과 각색(各色) 보인(保人)과 장인(匠人)·악공(樂工)이 9백19명이요, 역리(驛吏)·교원(校院)·아문(衙門)에 소속된 자가 6백49명이며, 왜관·연향(宴享)에 소속된 자가 1백60명이요, 본부(本府) 각청(各廳)의 무사와 군졸이 1천1백97인이며, 삼반관속(三班官屬)이 2백20명이 되어 도합 1만 2천4백50명으로 인원이 부족하여 거듭 신역을 하는 자가 5천5백69명이 됩니다. 신의 부(府)는 왜국과 서로 이웃하여 아침저녁으로 변란을 기다리고 있어야 하니 의주(義州)와는 조금도 경중의 차이가 없습니다. 그런데 유독 신포(身布)를 낼 군사 3천3백22인이 있으니, 신이 어찌 감히 의주에 견주기를 바랄 수 있겠습니까? 바라건대 신포를 내는 군사를 감제(減除)하고 특히 도신(道臣)으로 하여금 각 읍에 이정(移定)하도록 하며, 그 나머지 충익위·무격 등 일체 정액(丁額)은 모두 신의 부에 군총(軍總)으로 삼도록 허락하소서.

이른바 '관방의 마땅함을 잃었다'는 것은 본부에서 처음에 금정산성(金井山城)을 설치하고 그 뒤에 본부에 성을 쌓았는데 금정은 본부와 거리가 10리이고, 동으로 대로를 임한 데다 남으로 해문(海門)을 제압(制壓)하고 있어서 적(敵)이 수륙(水陸)을 경유하여 오는 자가 성 밖 5리의 안을 경유하지 않을 수 없으니, 비록 본부가 만에 하나 방수(防守)를 잃는다 하더라도 적은 감히 금정을 놓아 두고 지나가지 못할 것입니다. 중간에 활대(闊大)한 탓으로 폐기되었는데 촉한(蜀漢)의 상용(上庸)을 버리는 것이나 명나라의 광녕(廣寧)에서 철수한 것과 한결같이 어찌 그리 비슷하더란 말입니까? 성 아래 각 읍은 50리를 한계로 조적(糶糴)하는 것을 모두 성 안에 창고를 설치하게 하고 양산의 감동창(甘同倉)과 김해의 산산창(蒜山倉)에 저치미(儲置米)가 만 석에 가까운데 성에서 떨어진 거리가 모두 10리이니, 신의 생각에는 이 두 창고를 성안으로 옮기고 본관으로 하여금 전례에 의하여 주관하게 해야 할 것입니다. 그리고 양산·기장(機張)·언양(彦陽)·밀양(密陽) 등 읍에서 3천의 속오군을 한정하여 신의 부에 붙여주고 성 내외의 승군과 창고 밑에 인민을 합치게 되면 그 능히 수어(守禦)하지 못할 것이라고 염려하지 않아도 되겠습니다."

묘당에 명하여 품처하게 하였다. 대신이 공작미를 발매하는 것은 엄하게 과조(科條)를 세워 드러나는 데에 따라 엄중히 감죄하고, 왜인과 무역하는 폐단은 일체『속전(續典)』에 의하여 신칙하게 하였으며, 방군포(防軍布)와 금정산성의 일은 모두 도신(道臣)으로 하여금 이치를 논하여 장문(狀聞)하게 하고, 복주(覆奏)하였다.

윤허하였다.

5664 정조 00/10/09(정미) → 【원전】 44집 631면
〔조왜가 장차 나오게 되어 있어서 충청도 관찰사 및 접위관으로 임명하다〕　　왜11005

서유린(徐有隣)을 충청도 관찰사로, 심유진(沈有鎭)을 접위관(接慰官)으로 삼았는데, 조왜(弔倭)가 장차 나오게 되어 있었기 때문이었다.

5665 정조 00/10/14(임자) → 【원전】 44집 633면
〔오랑캐들을 잘 다스리지 못한 이전 다대포첨사를 무겁게 감처하게 하다〕　　왜11006

하교하기를, "우리나라의 변방에 대한 정사가 허술하다고는 하지만 이런 초정(初政)

의 때를 당하여 진기 면려시키기를 생각하고 있는데, 다대포(多大浦)의 섬 오랑캐에 이르러서는 심지어 조선(朝鮮)의 대장이라고 일컫고 있다. 변문(邊門)의 군정(軍政)은 이 진(鎭)보다 더 중한 것이 없는데 근래에 이를 하나의 거치는 자리로만 여기고 있으니, 전조(銓曹)의 신하들이 과연 지략(智略)을 앞세우고 지벌(地閥)을 뒤로 했다고 할 수 있겠는가? 근래 변신(邊臣)의 계문(啓聞)에서 왜선들이 왕래하는 것과 왜정(倭情)을 정탐하는 데 대한 보고가 겉치레에다 또 겉치레를 한 것 정도일 뿐만이 아니라 심지어는 어제 나타났던 배에 대한 자초지종을 다음날 치보(馳報)하기 일쑤이다. 그리고 수사(水使)와 내백(萊伯)이 장계를 치보함에 있어 그 내용이 또한 같지 않은 것이 많다. 이런 등등의 상례에 따른 문보(文報)도 이렇게 상세히 살피지 못하고 있으니 그들이 일을 일답게 잘하지 못한다는 것을 이를 미루어 알 수 있다. 이 뒤로는 엄히 신칙하게 하라. 이전 다대포첨사 이윤희(李潤禧)는 무겁게 감처(勘處)하여 새 첨사의 징계가 되도록 하라" 하였다.

5666 정조 00/10/22(경신) → 【원전】 44집 633면
〔영남 독운도사의 청에 따라 포항창의 곡식이전에 병선을 가져다 쓰게 하다〕　　　수4656

대신과 호조판서를 소견하였다.
　　좌의정 김상철(金尙喆)이 아뢰기를, "영남의 독운도사 김재인(金載人)의 보장(報狀)에 의거하여 포항창(浦項倉)의 곡식을 이전하는 데 병선을 가져다 쓰게 하소서" 했다. 그대로 따랐다.

5667 정조 00/11/05(계유) → 【원전】 44집 636면
〔원후진을 충청도 수군절도사로 삼다〕　　　수11129

원후진(元厚鎭)을 충청도 수군절도사로 삼았다.

5668 정조 00/11/13(신사) → 【원전】 44집 638면
〔쓸모가 없는 군물을 진헌한 감사·병사에게 함사로 종중 추고하게 하다〕　　　수4657

하교하기를, "절일(節日)의 각 도 방물(方物)은 곧 토산물을 진공하는 것이니 본디 점퇴(點退)할 것이 없거니와 군물(軍物)에 이르러서는 관계되는 바가 작지 않으니 또한

한결같이 살피지 않아서는 안된다. 근래 각 도의 각 영에서 진상하는 통개(筒箇)·궁시(弓矢)·조총(鳥銃) 등의 물건이 전혀 모양을 이루지 못하고 있어 활은 화살을 쏠 수가 없고, 총은 탄환을 발사할 수 없으며, 통전(筒箭)도 또한 그러한데도 중관(中官)이 감히 상전(賞典)을 청하고 있다. 공헌(貢獻)하는 물품을 삼가지 않고 뜻밖의 일이 발생했을 때 쓸 것을 생각하지 않았는데 상전을 어떻게 논할 수 있겠는가? 실상은 죄가 있는 것이니, 방물을 진헌한 여러 도의 감사·병사에게는 함사(緘辭)로 종중 추고하도록 하라" 하였다.

5669 정조 00/11/20(무자) → 【원전】 44집 639면
〔이방일을 경기수군절도사로 삼다〕 수11130

이방일(李邦一)을 경기 수군절도사로 삼았다.

5670 정조 00/12/20(정사) → 【원전】 44집 643면
〔유혁 등에게 관직을 제수하다〕 수11131

유혁(柳爀)을 전라좌도 수군절도사로 삼았다.

정조 1년(1777; 청 건륭42년)

5671 정조 01/01/06(계유) → 【원전】 44집 646면
〔갑옷을 입은 장수는 절하지 않는다는 하교를 어긴 이한응을 추고하게 하다〕   수4658

어가가 유진(留陣)한 곳을 지나가니, 유진대장(留陣大將)이 부복하여 지영(祗迎)하자, 하교하기를, "갑옷을 입은 장수는 절하지 않는다는 뜻을 이미 하교한 적이 있었다. 행진은 이미 반열과는 다름이 있는 것인데 금영(禁營) 진중의 대장은 예의를 잃었으니, 해당 대장 이한응(李漢膺)을 추고하라" 하였다.

5672 정조 01/01/13(경진) → 【원전】 44집 647면
〔황채를 황해도 수군절도사로 삼다〕   수11132

황채(黃案)를 황해도 수군절도사로 삼았다.

5673 정조 01/01/15(임오) → 【원전】 44집 647면
〔여러 도의 봄 조련을 정지하게 하다〕   수3792

여러 도의 봄 조련을 정지하게 하였다.

5674 정조 01/02/05(신축) → 【원전】 44집 652면
〔권식을 경상좌도 수군절도사로 삼다〕   수11133

권식(權栻)을 경상좌도 수군절도사로 삼았다.

5675 정조 01/02/26(임술) → 【원전】 44집 654면
〔사마광의 문집을 상고하여 새로 과녁판을 만들어 준비하게 하다〕   수3793

훈련대장 장지항(張志恒)과 어영대장 구선복(具善復)을 소견하였다.
임금이 말하기를, "송나라의 신하 사마광(司馬光)의 문집에 구후법(九帿法)이 있는

데 그 방위에 따라 물고기·기러기·곰·호랑이 따위를 그려놓고 획정(獲旌)도 또한 오색(五色)으로 나누어 화살을 쏘아서 아무 방위를 맞추면 각기 방색(方色)의 깃발을 들었으니 후제(帿制)의 대략이 이와 같다. 두 장신(將臣)은 원서(原書)를 상고하여 보고 새로 후포(帿布)를 만들어 내원(內苑)에서의 시사(試射) 때 쓰도록 준비하라. 이는 또한 내가 옛날의 것을 상고하는 뜻이기도 하다" 하였다.

5676 정조 01/02/29(을축) → 【원전】 44집 654면
〔유진항을 경상좌도 수군절도사로 삼다〕 수11134

유진항(柳鎭恒)을 경상좌도 수군절도사로 삼았다.

5677 정조 01/03/08(갑술) → 【원전】 44집 655면
〔영운곡을 실은 배가 침몰한 것에 대해 독운도사 등을 처벌하게 하다〕 조2066

강원도 관찰사 김이소(金履素)가 영운곡(嶺運穀)을 실은 배가 침몰된 것 때문에 아뢰었다.

하교하기를, "남쪽의 곡식을 북쪽으로 운송한 것은 나의 북쪽 백성들을 살리려는 뜻에서 나온 것인데 물에 빠져 죽은 인명이 수천 명에 이르고 침몰된 곡물도 수천 포(包)가 넘는다. 근래에 이것 때문에 올리는 장보(狀報)가 잇따랐는데 이는 북쪽 백성을 구하려다 도리어 남쪽 백성을 해롭게 한 것이니, 내가 딱하고 마음이 아파 차라리 죽어 몰랐으면 싶다. 전후 패선(敗船)된 것이 모두 배가 완전하지 못한 탓이라고 말을 하니, 자신이 독운(督運)하는 임무를 맡은 사람은 잘 점검하여 살피지 못한 죄를 면할 수 없다. 독운도사 김재인(金載人)은 일을 끝마친 뒤 나문(拿問)하여 엄히 조처하라. 경상감사 이연상(李衍祥)과 강원감사 김이소(金履素)는 모두 종중추고(從重推考)하고, 지방관은 함사추고(緘辭推考)하라" 하였다.

〈 관련내용 〉
· 정조 01/03/17(계사)→ 세곡을 영운선이 침몰하게 되면 해당 수령을 엄히 감죄하게 하다 44집 656면
· 정조 01/03/21(정해)→ 독운을 잘 하지 못한 까닭으로 김재인을 백천군에 정배시키다 44집 657면

5678 정조 01/03/20(병술) → 【원전】 44집 656면
〔통영의 어전이 해민들의 고질적인 폐단이 되고 있다는 것에 대해서 논의하다〕 기3103

조강(朝講)과 차대(次對)를 겸하여 행하였다.

　임금이 말하기를, "근래 듣건대 통영(統營)의 어전(漁箭)이 해민(海民)들의 고질적인 폐단이 되고 있다고 하는데 변통시킬 방책이 있는가?" 하였다.

　좌의정 김상철(金尙喆)이 말하기를, "연전에 묘당에서 연품(筵稟)하여 해당 영(營)의 절목을 변통시켜 거행하게 한 것은 이것이 잔폐된 통영을 소생시키기 위한 방법이었습니다만. 만일 해민들이 이 때문에 폐단을 받는다면 균역청(均役廳)에서 법을 세운 의의에 어긋나는 것입니다. 따라서 조가(朝家)에서 한번 상세히 살펴본 연후에 조처하지 않을 수 없는 것입니다" 하였다.

　그리고, 병조판서 채제공(蔡濟恭)은 말하기를, "균역청의 절목은 30년 동안이나 시행하여 오면서 감히 고친 적이 없었습니다. 신이 재작년 관서에서 돌아와서 처음으로 영남 연해의 어전(漁箭)을 도로 통영에 예속시켰다는 말을 듣고 사사로이 탄식하면서 생각하기를, '해민들이 놀라 소요가 일게 되면 뒤 폐단이 말하기 어렵게 될 것이다' 하였는데, 영남의 도신(道臣)이 비국에 논보(論報)한 것을 보니, 불행하게도 신이 예측했던 것과 합치되었습니다. 대저 통영의 수천 호가 근래 조잔(凋殘)된 것은 오로지 균역법(均役法)을 행한 이후 이익을 얻지 못한 것에서 연유된 것입니다. 조가에서 별도로 돌보아 구휼하는 조처를 내리는 것은 혹 가하겠습니다만 어전(漁箭)을 환급하는 것에 이르러서는 이는 균역청의 사목(事目)을 허물어뜨리는 데에 관계되는 것이며, 설령 폐단이 없다고 하더라도 그런 길을 열어서는 안 됩니다. 더구나 그렇게 하는 것이 폐단이 없을 리가 만무한 데야 어찌하겠습니까? 사목을 굳게 지키는 것은 소각(銷刻)과는 차이가 있으니 신의 의견은 즉시 도로 파하라고 명하여도 불가할 것이 없을 것 같습니다" 하였다.

　행사직(行司直) 정홍순(鄭弘淳)은 말하기를, "균세(均稅)의 사목은 가장 엄중한 것이어서 금석(金石) 같은 법전일 뿐만이 아니며 30년 동안이나 행하여 왔어도 폐단이 없었습니다. 일찍이 8, 9년 전에 어떤 통수(統帥)가 앞바다에 왕래하는 선척(船隻)을 관검(管檢)하는 일 때문에 청한 적이 있었습니다만, 조가에서 허락하지 않았을 뿐만이 아니라 국법을 경시한 것이라고 하여 죄주었었습니다. 진실로 한번 정해진 법제를 허물어뜨리면 뒤 폐단이 끝이 없게 될 것이니, 은미할 때 방지하는 도리에 있어 이렇게 하지 않을 수 없습니다" 하였다.

임금이 말하였다.

"진실로 백성에게 이롭다면 어찌 폐단을 고칠 방도를 생각하지 않을 수 있겠는가? 대저 국용(國用)에 저축이 있다면 1필씩 바치는 균역법을 아울러 폐기시켜 윗사람의 것을 덜어내어 아랫사람을 도와주는 방도를 삼더라도 불가할 것이 없겠다. 생각건대 선대왕(先大王)의 성덕(聖德)이 어떠했었으며, 당시의 조정에 인재가 많았었으나 오히려 변통시키지 않았는데, 더구나 지금 과인(寡人)은 부덕한 몸이고 조정에는 인재가 부족한 때인 데야 말할 것이 있겠는가?

한나라의 문제(文帝)·경제(景帝) 때에는 재화(財貨)가 축적되어 여유가 있었는데 무제(武帝)가 이를 다 써 버리자 상홍양(桑弘羊)이 다시 모아들였으며 송(宋)나라 때에는 청묘법(靑苗法)을 잠시 폐기했다가 금방 다시 시행하였다가 마침내 아울러 재화를 모아들이는 하나의 단서가 되었기 때문에 함께 국맥(國脈)을 병들게 하고 말았다. 단지 재화를 아낄 줄만 알고 백성을 사랑할 줄을 모르게 되면 나라를 병들게 하지 않는 경우가 드물다. 이전 호판(戶判)과 병판(兵判)이 진달한 내용이 모두 좋다. 삼가 성헌(成憲)을 지켜 어기지 않는 것이 옳다. 어전(漁箭)에 이르러서는 혁파하는 것을 주로 하되 절목 사이의 일은 생각하여 보는 것이 좋겠다. 그러나 이제 갑자기 혁파한다면 또한 해민(海民)들이 이익을 잃는 데 대한 탄식이 없지 않을 것이다" 하였다.

균역청당상 홍국영(洪國榮)이 말하기를, "균역청의 사목을 변경해서는 안 됩니다만 통영의 사세도 진념(軫念)하기에 합당한 일입니다. 어장(漁場) 가운데 백성의 힘이 미치지 못하여 폐기된 것과 물고기나 해채(海菜)가 옛날에는 없다가 지금은 있는 것으로 안부(案付)되어 있어 염전(簾箭)을 설치할 만한 곳은 통제사로 하여금 조사하여 묘당에 보고하게 한 다음 상량(詳量)하여 결급(決給)함으로써 군·민 양쪽에 모두 편리하게 하는 방도를 마련하는 것이 편리하겠습니다" 하였는데, 여러 신하들의 의논도 같았으므로 그대로 따랐다.

5679 정조 01/04/05(경자) → 【원전】 44집 659면

〔이문덕이 강진 경내의 네 진을 전라좌영에 이속하게 해달라고 건의하다〕　　　　수3794

전라좌도 수군절도사 이문덕(李文德)이 장계하기를, "신이 작년 가을 준례대로 조련

을 했는데 영·읍·진의 선척이 단지 19수(䉲)뿐이었고 초대(哨隊)도 삼사가 못되어 행진(行陣)이 모양을 이루지 못했습니다. 그래서 삼가 전례를 상고하여 보니 두 번 지난 병인년에 수군절도사 신유(申鍒)의 장청(狀請)으로 인하여 본도가 이미 좌·우계(左右界)로 나누어졌으니 장흥(長興)의 전선(戰船)과 기타 변장(邊將) 및 강진(康津)의 경내에 있는 네 진은 아울러 본영에 예속시키게 하였고, 경오년에 어사 심계량(沈季良)의 별단(別單)에 왕래하는데 폐단이 있다는 것으로써 도로 우영(右營)에 예속시켰습니다. 그뒤 또 어사 권상유(權尙游)의 서계(書啓)를 인하여 장흥의 전선과 회령포(會寧浦)의 전선 1척을 본영에 예속시키게 했는데 당초 네 진을 금방 예속시켰다가 곧 도로 옮기게 한 것은 육로로 왕래하는 원근으로써 구실을 삼았습니다. 그러나 선척을 운행할 즈음에 본영으로 향할 경우에는 험한 파도가 없는 반면 우영으로 향할 경우에는 험한 파도가 있습니다. 주사(舟師)의 편부는 의당 수로의 험이(險夷)를 논해야 하는 것이니, 강진(康津) 경내의 마도(馬島)·신지도(薪智島)와 고금도(古今島)·가리포(加里浦) 등 네 진은 일체 좌우로 경계를 나눈 것에 의거하여, 청컨대 본영에 이속시키게 하소서" 하였다.

그리고, 영의정 김상철(金尙喆)이 아뢰기를, "이 일에 대해 금방 예속시켰다가 곧 이어 옮기는 등 누차 변통시킨 것은 수로와 육로의 원근이 같지 않기 때문이었습니다. 그런데 이제 와서 또 소각(銷刻)하는 것은 한갓 사체만 손상시킬 뿐이니, 도신(道臣)으로 하여금 통제사에게 왕복하며 의논해서 장문(狀聞)하게 한 다음 품처(稟處)하는 것이 의당하겠습니다" 하였다.

그대로 따랐다.

5680 정조 01/05/16(경진) → 【원전】 44집 670면
[모든 신료에게 항상 각지를 끼는 등 옛 복제를 준수하라 하교하다] 수4659

하교하기를, "옛날 우리 효묘(孝廟)께서 여러 장신(將臣)들을 경계시키기를 '내가 조대수(祖大壽)를 보니 항상 엄지 손가락에 고리〔環〕를 끼고 있었으므로 고리와 살이 서로 합쳐져 흔적이 없었다' 하고, 이어서 '주야로 항상 끼고 있을 것이니 감히 빼놓는 일이 없도록 하라'고 명하였다. 숙묘조(肅廟朝)께서도 이 하교를 송독(誦讀)하시면서 거듭 여러 장신들을 경계시켰는데, 이는 『보감(寶鑑)』과 『비고(備考)』 등 여러 책

에 밝게 기재되어 있다. 열조(列祖) 때부터 무사(武士)들을 시열(試閱)할 때 차고 있던 패결(貝決)을 신명(申明)하여 병판(兵判)에서부터 문무장신에 이르기까지 반드시 모두 항상 각지(角指)를 낌으로써 솔선 수범하는 방도로 삼으라. 이렇게 한다면 품계가 낮은 무변(武弁)들이 어떻게 감히 끼지 않을 수 있겠는가? 군복을 순색(純色)으로 하고 소매 끝을 청색(靑色)으로 하는 것은 길복(吉服)할 때를 기다려 신금(申禁)하도록 하겠으며, 제도와 모양에 이르러서는 또한 수교(受敎)가 있다. 효묘 때에는 군복이 너무 헐렁하여 돌진하는데 합당하지 못하다는 것으로 이를 고쳐 소매를 좁게 하는 제도로 만들었으며 선조(先朝) 때에도 군복의 길이는 땅에서 1척쯤 떨어지게 하였고 단추(團樞)의 제도 또한 임금의 옷부터 그렇게 하였으니, 하물며 군하(郡下)들의 옷이야 말할 것이 있겠는가? 이렇게 복구하는 때를 당하여 더욱 성헌(成憲)을 준수해야 한다. 병판과 여러 신하들은 각기 모쪼록 척념(惄念)하라" 하였다.

5681 정조 01/06/10(갑진) → 【원전】 44집 673면
〔한여름과 한겨울의 각 영의 습진에 대한 항식을 명하다〕 수3795

여름의 6월, 7월과 겨울의 11월, 12월에는 각 영의 습진(習陣)에 대해 계품(啓稟)하여 정행(停行)할 것을 드러내어 항식(恒式)으로 삼으라 명하였다. 특별히 금위영·어영청의 당월의 합동조련을 정지하게 한 것은 군병들이 한더위에 치달리는 것을 진념(軫念)해서인 것이다.

5682 정조 01/07/11(갑술) → 【원전】 44집 677면
〔여러 도의 가을 조련을 정지시키다〕 수3796

여러 도의 가을 조련을 정지하였다.

5683 정조 01/08/03(병신) → 【원전】 44집 684면
〔홍수보를 경기 수군절도사로 삼다〕 수11135

홍수보(洪秀輔)를 경기 수군절도사로 삼았다.

5684 정조 01/09/19(신사) → 【원전】 44집 694면
〔거제부사 이장한을 파직하다〕 왜11007

거제부사 이장한(李章漢)을 파직하였다. 대마도의 이전 도주 평의번(平義蕃)이 신사(身死)하였음을 고하고 돌아가는 차왜가 장목포(長木浦)로 표류했는데, 거제부에서 바로 양미(糧米)를 대주지 않은 것 때문에 본진의 진례(鎭隷)가 차왜의 배에 묶이어 있음을, 도신(道臣)이 치계했었다.

영의정 김상철(金尙喆)이 아뢰기를, "이런 길이 한 번 열리고 나면 뒷날의 폐단을 말하기 어렵게 될 것입니다. 동래부사를 시켜 왜관을 수직하는 왜인에게 효유(曉諭)하기를, '크게 징창(懲創)하는 방도를 강구하겠다'고 하도록 하고, 해당부사(府使)는 파출(罷黜)하고 해당 진장(鎭將)은 법대로 엄중하게 다스리고, 가덕도(加德島)와 다대포(多大浦) 진장은 모두 파직하고 잡아들이게 하기를 청합니다" 하였다.

그대로 따랐다.

5685 정조 01/10/04(병신) → 【원전】 44집 697면
〔오재희에게 관직을 제수하다〕　　　　　　　　　　　　　　　　수11136

오재희(吳載熙)를 공충도 수군절도사로 삼았다.

5686 정조 01/10/19(신해) → 【원전】 44집 698면
〔복건성 상인 28인이 표류해 왔는데 옷과 식량을 주어 돌려보내다〕　　표2198

복건성 장주부(使州府) 용계현(龍溪縣) 상인 28인이 장연(長淵) 오차포(吾叉浦)에 표류해 왔는데, 수로로 해서 돌아가기를 원하므로, 옷과 식량을 넉넉하게 주도록 명하였다.

5687 정조 01/10/20(임자) → 【원전】 44집 698면
〔표류한 왜인을 육로로 보낸 강원도 관찰사 김이소를 파직하다〕　　왜11008

차대(次對)하였다.

영의정 김상철(金尙喆)이 아뢰기를, "삼척(三陟)에 표류한 왜인을 수로로 해서 돌려보내기로 품지(稟旨)하여 지위(知委)했었는데, 한 보름이 지난 뒤에야 도신(道臣)이 육로로 치송할 것을 비국에 신보(申報)했습니다. 이미 그 왜인이 자원하는 말도 없는 것인데, 본도에서 전례가 없는 이런 것을 창시(誠始)하기를 청하였음은 지극히

의아스러운 일이니, 청컨대 강원도 관찰사 김이소(金履素)를 파직하소서" 하였다.
　하교하기를, "동백(東伯)은 진실로 망령되고 경솔한 짓을 한 것이니, 마땅히 영송(迎送)에 따른 폐단을 생각했어야 한다. 우선 함사(緘辭)로 종중추고(從重推考)하라" 하였다.

5688 정조 01/12/04(병신) → 【원전】 44집 705면
〔청인들이 표류해 왔는데 그들의 소원에 따라 돌려보내다〕　　　　　　　　표2199
　성경(盛京) 봉천부(奉天府) 남쪽 금주(錦州)사람 9명, 광동성 조주부(潮州府) 징해현(澄海縣)사람 14명, 복건사람 1명이 백령진(白翎鎭) 대청도(大靑島)에 표류해 왔는데, 그들의 소원에 따라 육로로 돌려보내되, 영광(靈光)과 진도(珍島)에 있는 두 표류인을 데리고 가는 자관(咨官)의 길에 딸려보냈다.

정조 2년(1778; 청 건륭43년)

5689 정조 02/01/10(신미) → 【원전】 45집 2면
〔관서·관북을 제외하고 여러 도의 봄 조련을 정지하다〕   수3797

여러 도의 봄 조련을 정지하였다. 관서(關西)와 관북(關北)은 준례대로 조련을 시행하도록 명하였다.

5690 정조 02/03/10(경오) → 【원전】 45집 16면
〔유집을 전라좌도 수군절도사로 삼다〕   수11137

유집(柳煤)을 전라좌도 수군절도사로 삼았다.

5691 정조 02/04/03(임진) → 【원전】 45집 19면
〔이방오를 황해도 수군절도사로 삼다〕   수11138

이방오(李邦五)를 황해도 수군절도사로 삼았다.

5692 정조 02/06/11(기해) → 【원전】 45집 29면
〔장지항 등에게 관직을 제수하다〕   수11139

장지항(張志恒)을 삼도 수군통제사로 삼다.

5693 정조 02/06#13(신미) → 【원전】 45집 31면
〔대신들에게 쓸모 없는 영을 합치고 혁파하는 일을 의논하게 하다〕   수3798

비변사에서 아뢰기를, "강화부 번고 심찰어사(反庫審察御史) 심염조(沈念祖)가 서계(書啓)한 별단에,

　1. 첨향전(添餉錢)으로 밭(田)을 사는 일은, 해당 부(府)로 하여금 상확(商確)해서 하나하나 신보(申報)하도록 하여, 좋을대로 구별하여 처리해 가도록 해야 합니다.

1. 성 쌓는 역사 때에 먼저 긴급한 곳부터 쌓아 가는 일은, 본부(本府)로 하여금 지제의 긴요 여부에 따라 사역(使役)의 선후를 정하도록 해야 합니다.

1. 통어사를 이설하는 일은, 크게 변통하는 일에 관계되므로 지금은 아직 그대로 두어야 합니다.

1. 구근(久勤)의 과(窠)를 복구하고, 관무재(觀武才)를 신설(新設)하여 시행하는 일은, 이처럼 과가 비좁고 재정이 딸리는 때에 당해서는 일례(一例)로 복구하기가 어려우니 또한 아직은 그대로 두어야 합니다.

1. 호남고(戶南庫)의 무명을 환용(換用)하는 일은, 균역청(均役廳)과 해당 부(府)가 참작하고 헤아려서 계품(啓稟)하여 시행하게 해야 합니다.

1. 충신의 후손을 녹용(錄用)하는 일은, 전조(銓曹)에 신칙(申飭)하여 각별히 수용(收用)하도록 해야 합니다.

1. 별고(別庫)의 포진(鋪陳)을 수개(修改)하는 일은, 해당 부(府)로 하여금 격식을 정하여 거행하게 해야 합니다.

1. 어고(御庫)의 장(醬)을 개색(改色)하는 일은, 해부에 신칙하여 착실하게 준행하도록 해야 합니다. 이외의 취정미(取正米)를 따로 액수 이외로 두는 일, 환상(還上)을 다시 요량하여 징수(徵收)를 줄이는 일, 군기(軍器)를 수리하는 일, 화포의 발사를 시험하는 일, 회계(會計) 이외의 곡식을 따로 두는 일, 호서미(湖西米)를 올 가을에는 환납하는 일은, 아울러 계청(啓請)한 대로 시행하게 하는 뜻으로 해당 부(府)에 분부해야 하나, 본부의 갖가지 곡식을 개량하여 흠축(欠縮)이 난 것과, 어영(御營)의 전포(錢布)를 추후에야 입고한 것은 모두 잘 검칙(檢飭)하지 못한 잘못이 있어서 그리 된 것이니, 해부의 당상과 낭관 및 어영대장을 추고하기를 청합니다" 하였다.

윤허하였다.

또한 통어영 이설의 편리 여부를 여러 신하들에게 헌의(獻議)하도록 명하였다.

또 하교하였다.

"지난번의 조참(朝參) 때에 네 가지 조목의 것을 닦아서 거행하게 하는 뜻으로 포고하는 바가 있었던 것은 문식(文飾)을 갖추기 위한 것이 아니었다. 대저 네 가지 조목 중에도 또한 완급과 난이의 구별이 있거니와, 민생들의 항산(恒產)을 마련해 주는 것과 인재를 양성하는 것에 있어서는 과연 당면한 지금의 급무(急務)인데, 이미 옛적과의 거리가 이미 멀게 되어 세속의 풍습을 고치기가 어렵게 되었으니, 진실로 마땅히 차차로 성취하도록 만들어 기어코 실효가 나게 해야 한다. 또 융정(戎政)을 잘 다스려가고 재용(財用)이 여유가 있게 하는 방도에 있어서도 또한 이와 다를 것이 없다. 그러나 그 중에는 혹시 한두 가지의 일은 바로잡기도 쉽고 시행해 가기가 어렵지 않은 것이 없지 않을 것이다.

내 생각에는 쓸모없는 병사를 도태(淘汰)하여 군제(軍制)를 씩씩해지게 하고 쓸모없는 군량을 줄이어 경상적으로 쓰는 비용에 보충하는 것이 이것이다. 그 득실(得失)과 같은 것은 그다지 긴요한 관계가 없는 것이거나 존혁(存革)이 그다지 이해관계가 없는 것이라면, 돌아보건대 무엇하러 반드시 근간하게 고찰하는 일과 자문하는 일을 하며 그전대로 따라야 하는 뜻을 생각하지 않겠는가? 내가 사복(嗣服)하는 처음부터 이런 일들을 가지고 연중(筵中)에서 말을 해 온 지 여러 차례이었고, 연신(筵臣)들도 또한 우활(迂闊)하게 여기지 않는 사람이 많았었다. 아! 당면한 지금에 군사들은 피잔하고 재정은 고갈된 것이 가장 고질적인 폐단인데, 진실로 그 근원을 찾아보면 '쓸모없다[冗]'란 글자 하나에 벗어나지 않는다. 이러므로 그날의 전교(傳敎) 내용에, 삼군을 5영에다 나누어 소속시키고 5영에서는 각각 단일의 군사를 전관(專管)하면서 폐단이 가병(家兵)과 같게 되어 근심거리가 생기는 길이 많아지고, 재정은 소모하고 민생에게 해를 끼쳐 관계되는 바가 적지 않음을 들어 말을 했던 것이다. 만일에 더욱 쓸모없는 군사를 도태하기로 한다면 어찌 일찍이 수어청과 총융청 양영의 것과 같은 것이 있겠느냐? 이들의 제치(制置)는 더욱 모양을 이루지 못한 것인데, 어떻게 해서 외곤(外閫)이 되어질 수 있고 어떻게 해서 경영(京營)이 되어질 수 있겠느냐? 한 번 창설된 뒤부터 지금까지 수백 년 동안에 잠깐 내(內)가 되었다가 잠깐 외(外)가 되었다 하여 연혁이 일정한 규정이 없었는데, 전후에 이렇게 된 것이 몇 차례인지를 알 수 없다.

명색이 군제(軍制)란 것이 어찌 이러한 체제가 있겠느냐? 어찌 옛사람이 '천하의 일이란 조금이라도 변경하면 조금은 유익한 것이다'라고 이르지 않았던가? 당면한 지금 온갖 일들을 이루어진 풍습 그대로 인순(因循)하고 있는 때이기에 삼군(三軍)과 오위(五衛)의 제도에 있어서도 비록 의논할 수 없기는 하지마는, 만일에 혹시라도 너무나 긴요하지 않은 명색의 것에 나아가 크게 도움이 될 수 있는 지획(指劃)을 해

간다면, 국가의 일을 도모해 가는 양책(良策)이 이보다 큰 것이 없게 될 것이다. 종전에 의논하는 사람들이 또한 양영을 합설하자고 말을 하는 이가 많았었다. 그러나 오히려 이제까지 어렵게 여겨 온 것은 대개 무장(武將)의 과 하나로 구별하여 처리하기 어려웠기 때문이었는데, 마침 요사이에 통어영(統禦營)을 진무영(鎭撫營)에 합치는 일로 수의한 것이 있으니, 이 때에 있어서 함께 폐단을 바로잡아 간다면 매우 편리하고 합당하게 될 듯하다.

통어영과 진무영을 이미 합쳐 하나로 만들고 나면 한갓 문신으로만 차임(差任)하여 보낼 것 없이 일찍이 무장(武將)으로 임용했던 사람으로도 그전의 준례대로 간혹 교체해 간다면, 또한 무장의 과 하나를 구별하여 처리해 가기 어려운 폐단이 없게 될 것이다. 또한 의논하는 사람들이 더러는, 수어청과 총융청의 군사는 모두가 곧 기보(畿輔)의 군사이므로 경영(京營)에 소속시킴이 사체에 있어서 불가하다고 할 것이나, 이는 또한 그렇지 않은 데가 있다. 한(漢)나라 역사를 고찰해 보건대, 북군(北軍)의 병졸을 좌우의 경보(京輔)에 조발(調發)했는데, 좌경보(左京輔)는 부풍(扶風)이고 우경보(右京輔)는 풍익(馮翊)이었으니, 우리나라의 좌우 기보(畿輔)가 어찌 이와 다른 것이겠느냐?

또 한나라 역사를 고찰해 보건대, 군국(郡國)에 재관(材官)을 배치하여 태수(太守)가 무사(武事)를 겸임하였고, 병졸은 군수(郡守)에 소속시키지 않고 특별히 북군(北軍)에 소속시켰으니, 우리나라의 수령들이 영장(營將)을 겸임한 것이 또한 무엇이 이에 다르겠느냐? 그렇다면 이른바 사체에 있어 불가 여부는 논할 수 있는 것이 아니다. 대저 법은 반드시 옛것을 모방하면 상고할 수 없는 혐의를 면하게 되는 것이지마는, 만일에 혹시라도 옛것에는 합당하나 지금에는 합당하지 않은 데가 있어도 단지 효빈(效嚬)하려고만 하여 억지로 해 가게 된다면 시조(時措)의 의의(意義)가 아니게 되는 것이다. 오직 이런 일에 있어서는 옛것을 참조하고 지금의 형편을 참작하여, 두 가지가 다 어그러짐 없이 행해지게 해야 하니, 이는 유독 나만이 하는 말이 아닌 것이다.

영(營)을 합치는 의논이나 경영(京營)에 대한 의논은 그전부터 명인석사(名人碩士)들이 일찍이 분명하게 말해 온 바였다. 고 판서 이식(李植)이 논한 말에 '방기(邦畿) 1백 리 이내에 이미 총융청이 있고 또한 수원(水原)의 방어, 남한산성의 수어(守禦),

강도(江都)의 유영수군(留營水軍)이 있어 통어를 각기 잡고 있으므로 병권(兵權)이 서로 통속(統屬)되지 않으니, 우매한 나의 소견에 경기 안의 모든 진을 총융청에 합병하면, 호령(號令)이 전일하게 되고 체통이 문란하지 않게 될 것이라 여긴다'고 하였다. 처사 유형원(柳馨遠)의 논에도 '지금 경기(京畿)에 병사(兵使)를 따로 두지 않는 것은 또한 옛날의 제도이니, 대개 그 사리가 이러해서이다'라고 하였다. 대저 이 두 가지의 말들이 어찌 오늘의 주모(籌謨)에 좌계(左契)가 되는 것이 아니겠느냐? 내 생각에는 수어청과 총융청 두 영문을 합치어 하나의 영으로 만들어 경기좌우도 병마를 전관하도록 하여, 그 대부분 쓸모없는 군사와 쓸모없는 군량을 감하게 된다면 곧 계획에 맞아들듯 싶으니, 그 병조로 하여금 이를 가지고 시임대신 및 원임대신과 묘당(廟堂)·육조(六曹)·삼사(三司)의 신하들에게 수의하여 계문(啓聞)하게 하라."

5694 정조 02/06#23(신사) → 【원전】 45집 35면
〔전라우수사 민혜수가 새 배를 치패시킴으로 잡아들이도록 명하다〕　　　수11140

전라우수사 민혜수(閔惠洙)를 먼저 파직한 다음 잡아오도록 명하였는데, 새로 만든 배를 치패(致敗)시켰기 때문이었다.

　〈 관련내용 〉
　・정조 02/06#26(갑신)→ 이동엽을 전라우도 수군절도사로 삼다　　　45집 40면
　・정조 02/07/13(경자)→ 전라우도 수군절도사에 이동엽 대신 유집을 임명하다　　45집 41면

5695 정조 02/07/12(기해) → 【원전】 45집 41면
〔서유린을 사헌부 대사헌으로, 이경무를 삼도 수군통제사로 삼다〕　　　수11141

서유린(徐有隣)을 사헌부 대사헌으로, 이경무(李敬懋)를 삼도 수군통제사로 삼았다.

5696 정조 02/08/05(임술) → 【원전】 45집 53면
〔북경에서 돌아온 난파선 46인에게 음식과 역말을 지급하게 하다〕　　　표1146

전라도 제주사람 고수만(高守萬) 등 41인, 낙안(樂安) 진광춘(秦光春), 경성(京城) 이진웅(李辰雄) 등 3인, 홍충도 직산(稷山)사람 최창기(崔昌起), 공산(公山) 김득생(金得生) 등 46인이 바다에서 표류되었다가 북경(北京)에서 돌아왔는데, 연로에서 음식을 주고 역말을 지급하여 내려보내도록 명하였다.

5697 정조 02/08/13(경오) → 【원전】 45집 54면
　〔흉년으로 여러 도의 수군·육군의 가을훈련을 정지하다〕　　　　　　　수3799

　여러 도의 수군·육군의 가을 습조(習操)를 정지하게 하였는데, 연곡(年穀)이 흉년이 들었기 때문이었다.

5698 정조 02/08/13(경오) → 【원전】 45집 54면
　〔병조에 명하여 열무하는 옛 의식을 고치게 하다〕　　　　　　　　　　수3800

　병조에 명하여 열무(閱武)하는 의절을 이정(釐正)하게 하였다.
　하교하였다.
　"정치를 함에 있어 옛날을 본받지 않으면 모두 구차스런 방법인 것이다. 치병(治兵)과 치례(治禮)가 무슨 다를 것이 있겠는가? 대저 오위법(五衛法)을 회복시키지 않고 오영(五營)의 제도를 개혁하지 않으면, 비록 힘써 뜻을 따르고 좋은 법규를 얻었다 하더라도 이미 근본을 바룰 수 없을 것이니, 또한 말단을 다스린 것으로 귀결됨에 불과한 것이 된다. 더구나 지금 열성조의 성전(成典)을 우러러 계술(繼述)하여 장차 열무하는 예를 행하려 하는데 우선 의절을 가지고 말하겠다.
　병조판서를 대중군(大中軍)이라고 부르는데 대중군 위에 다시 대장군(大將軍)이라는 호칭이 없고, 또 오영(五營)의 대장을 각각 영장(營將)이라고 하는데 각 영장 이외에는 또한 삼군을 통솔하는 사람이 없으니, 교습(敎習)하는 것은 그 마당에서 조습(操習)하는 법식이고 친림(親臨)하는 것은 스스로 거느린다는 뜻이 된다. 어찌 당당한 천승(千乘)의 지존(至尊)으로서 몸소 갑옷을 입고 직접 주장(主將)의 일을 행하겠는가? 그리고 조습하지 않을 적에는 본영(本營)으로 하여금 오영(五營)을 통제하게 하지 않다가, 친림하여 조습할 때에 이르러서야 오영으로 하여금 본병(本兵)의 명령을 따르게 하니, 이는 매우 적합하지 못한 것이다. 훈국(訓局)의 열무하는 홀기(笏記)를 살펴보건대 옳지 않은 곳이 많이 있다.
　내가 군려(軍旅)에 대해서는 듣지 못하였지만, 조두(俎豆)의 예에 대해서는 일찍이 들었다. 이것에 의거하여 추구해 보면 대소가 서로 연계되어 존비의 차서가 있게 한 뜻이 결단코 이와 같지는 않을 것이다. 그러나 교습하지 않은 군졸들에게 옛 제도를 얼마 안되는 기간 안에 예습(隸習)시킬 수 없으니, 훈국의 홀기는 우선 시행하

지 말라. 무릇 상고할 바 없는 예법의 하행(下行)절목에 관계된 것은 일체 혁파하되 진루(陣壘)에 임어하여 군대를 위로하는 의의는 우선 그대로 보존하도록 하라. 다시 의절을 결정한다면 고례(古禮)를 다 회복시키지는 못하더라도 지금보다는 낫게 될 것이다. 병조에 알려서 품지(稟旨)하게 하라."

5699 정조 02/09/07(계사) → 【원전】 45집 60면
〔군문의 기예 명칭을 통일시키다〕   수3801

임금이 기예(技藝)를 시취(試取)한 여러 군문에서 각기 그 명칭을 달리한 것 때문에 병관과 여러 장신(將臣)들에게 하유기를, "글은 문자와 함께 하고 수레는 바퀴와 함께 하는 것인데 더구나 임금에게 아뢰는 문자에 어찌 법도가 다를 수 있겠는가?" 하고, 상의하여 이정(釐正)하라고 명하였다.

여러 장신들이 의논하여 고쳐서 올린 단자의 내용에 '검(劍)은 용검(用劍)이라 하고 단창(短槍)은 기창(旗槍)이라 하고 낭선(筤筅)은 낭선(狼筅)이라 하고 장창(長槍)은 죽장창(竹長槍)이라 하고 협도곤(挾刀棍)은 협도(挾刀)라 하고 편곤(便棍)은 보편곤(步鞭棍)이라 한다. 모검(牟劍)의 구법(俱法)에 이르러서는 처음에 왜검 용세(倭劍用勢)라고 했다가 뒤에 피검교전(皮劍交戰)이라고 했는데, 피검은 곧 모검으로 명칭은 같은 기예이나, 곧 왜검으로 교전하는 자세를 취한다. 모검은 마땅히 왜검·교전 두 가지 이름으로 고쳐야 하지만, 군문의 기예는 이미 명목이 정해져 있으니, 이제 하나를 나누어 둘로 만들 수는 없다. 따라서 모검은 교전이라고 해야 한다' 했는데, 임금이 옳게 여겼다.

5700 정조 02/09/21(정미) → 【원전】 45집 64면
〔전라좌도 수군절도사 권식을 파직하다〕   수11142

전라좌도 수군절도사 권식(權栻)을 파직하였다. 이어 잡아다가 추문하여 정죄하라고 명했는데, 전선(戰船)을 불태웠기 때문이었다.

〈 관련내용 〉
· 정조 02/09/21(정미)→ 이문혁을 전라좌도 수군절도사로 삼다   45집 64면

5701 정조 02/10/05(신유) → 【원전】 45집 66면
〔대마도주가 부음을 고하지 않고 먼저 경사를 고하다〕   왜11009

　대마도주가 죽었다. 새 도주가 승습(承襲)하고서 부음(訃音)을 고하지 않고 먼저 경사를 고하였다.
　　하교하기를, "우리나라는 본래 예의(禮義)의 나라로 일컬어지고 있는데, 더구나 이웃 나라와 교제함에 있어서는 더욱 예의로써 서로 수작하는 것이 마땅하다. 근래에 접위관의 일을 가지고 말하여 보건대, 옛 도주가 죽고 새 도주가 승습하였으면 예의를 헤아려 마땅히 부고를 먼저 고하고 경사는 그 다음에 고해야 할 것인데, 지금은 이와 반대로 부고를 먼저 고하지 않고 경사를 먼저 고하였으니, 이는 매우 잘못된 예이다. 해당 조(曹)에 하문해 보았더니, 한두 번 근례(近例)가 있었으나, 지난 무술년 이전에는 과연 이런 전례가 없었다고 한다. 예의를 돈독히 숭상하는 도리에 있어 접위관을 헛되게 차견할 수는 없으니, 이런 뜻으로 동래부에 분부하여 훈역(訓譯)을 엄히 신칙하고, 관수왜(館守倭)에게도 책유(責諭)할 것이며, 그 곡절을 상세히 탐문하여 장문하게 하라" 하였다.

5702 정조 02/10/05(신유) → 【원전】 45집 66면
〔홍충도 수군절도사를 유진열로 교체하다〕   수11143

　홍충도 수군절도사 오재희(吳載熙)를 체차하고 유진열(柳鎭說)로 대신하게 하였다.

5703 정조 02/11/20(병오) → 【원전】 45집 71면
〔통영 전환금지와 각 영문의 수입지출 문서조사, 공인 대급금지를 명함〕   수4660

　차대하였다. 임금이 통영(統營)의 전환(錢還)을 방색(防塞)하는 것에 대한 편부(便否)를 대신에게 하문하였다.
　　영의정 김상철(金尙喆)이 말하기를, "통영에서 곡식을 사들이더라도 헐값으로 사들여 강제로 나누어주지 않는다면 공사(公私) 양쪽 모두 어찌 편하지 않겠습니까마는, 입본(立本)하는 즈음에 폐단이 없을 줄 어찌 알겠습니까? 이 점이 난처하게 여기는 이유인 것입니다" 하였다.
　　좌의정 서명선(徐命善)은 말하기를, "전환(錢還)하여 입본(立本)하는 것은 이것이

통영에서 전해 내려오던 규례이지만, 이미 민폐가 있으니, 조정에서 시행하라고 허락하기는 곤란합니다" 하였다.

그리고, 우의정 정홍순(鄭弘淳)은 말하기를, "통영에서 그러할 뿐만 아니라, 다른 도에도 또한 이런 폐단이 있습니다. 풍년에는 백성들이 혹 받기를 원하지만, 금년 같은 흉년에는 폐단이 반드시 클 것입니다" 하였다.

여러 비국당상들에게 하문하니, 구선복(具善復)·구윤옥(具允鈺)·홍낙성(洪樂性)이 말하기를, "통영에서는 지방(支放)을 오로지 여기에 의지하고 있으니, 방색하는 것은 옳지 않습니다" 하고, 이중호(李重祜)·홍낙순(洪樂純)·권도(權導)는 말하기를, "금하는 것이 온편합니다" 하고, 정호인(鄭好仁)·유언호(兪彦鎬)·이연상(李衍祥)·정민시(鄭民始)·이보행(李普行)은 말하기를, "전환은 마땅히 금지해야 하는데 금지하면 반드시 다른 폐단이 생길 것이니, 합당한 조처가 있어야 합니다" 하였다.

그리고, 김화진(金華鎭)은 말하기를, "영남은 쌀값이 매양 호남보다 높은데, 호남에서 발매(發賣)한 미곡을 억지로 영남의 연변에 나누어 주고 있으므로, 백성들이 억울함을 하소연하는 것은 진실로 여기에 연유한 것이니, 통수(統帥)에게 신칙하여 받기를 원하는 사람을 가려서 주게 하는 것이 온편하겠습니다" 하고, 장신 이국현(李國賢)은 말하기를, "통영의 미곡 가운데 각 고을에 산재해 있는 것을 매양 기준에 맞추어 받아들이지 못하는 근심이 있는데, 장사(將士)들의 지방(支放)이 이를 연유하여 부족하니, 먼저 영남의 곡식을 사용하고 나서 호남의 곡식을 사서 충당하게 하지 않을 수 없습니다. 폐단의 원인을 규명해 보면 진실로 향곡(餉穀)·적곡(糴穀)을 기준대로 받아들이지 못한 데에서 연유한 것입니다" 하였다.

그리고, 서호수(徐浩修)는 말하기를, "이국현의 말대로 엄히 방지하여 기준대로 받아들이게 하소서" 하고, 홍국영(洪國榮)은 말하기를, "전환(錢還)해서 입본(立本)하는 것은 법에 있어서 마땅히 방색해야 하니, 호남의 곡식을 전과 같이 배로 운송하여 상당(相當)하게 함이 마땅합니다" 하였다.

임금이 말하기를, "작년에 통영에서 입본(立本)한 곡식이 몇 석이었는가?" 했다.

김상철이 말하기를, "영남은 2만 4천5백 석이고, 호남은 1만 2천8백 석입니다" 하였다.

임금이 말하기를, "호남의 곡식을 작전(作錢)해서 가져다 쓰게 된 규례는 언제부터 생겼는가?" 하였다.

그러자, 김상철이 말하기를, "선조(先朝) 갑술년에 호남이정사(湖南釐正使) 이성중(李成中)이 연석에서 배로 운반하는 것은 폐단이 있으니 작전해서 가져다 쓰게 할 것을 아뢴 것으로 인하여 정식을 삼았다고 합니다" 하였다.

임금이 말하기를, "통영의 장사들에 대한 지방(支放)이 부족한 것은 매우 민망스러운 일이지만, 전환은 조정에서 결단코 시행을 허락할 수 없다" 하였다.

그리고 이국현에게 하문하기를, "통영의 미곡 숫자가 전일에 견주어 감손된 것은 없는가?" 하였다.

이국현이 말하기를, "기축년의 회계 장부에 의하면 24만 석이었는데, 지금은 겨우 18만 5천 석입니다" 하였다.

임금이 말하기를, "매년 받아들이지 아니하여 이렇게 감축된 것이다. 거말(居末)인 수령에게 금고(禁錮)와 결장(決杖)의 율을 시행한다면 어찌 받아들이기 어려울 리 있겠는가? 수령이 된 자들이 감영에는 신중하게 하지만 통영의 일에 대해서는 신중하게 하지 않는 까닭이다" 하였다.

그러자, 김상철이 말하기를, "통영에서 3도 가운데 거말(居末)인 수령을 매양 세말(歲末)에 보고하여 오고 있습니다만, 정봉(停捧)하라는 영(令)이 있게 되면 거말인 수령들은 저절로 벌을 시행하지 말아야 하는 데 들게 됩니다" 하였다.

임금이 말하기를, "영남백성들을 위하려 하면 장사들의 원망이 반드시 있고, 장사들을 위하려 하면 반드시 영남백성들이 억울함을 하소연할 것인데, 이 두 가지 경우에 대해 달리 좋은 계책이 없겠는가?" 하였다.

정홍순이 말하기를, "지금 통영에서 스스로 좇던 구습을 변혁한다면 옳겠지만, 전환의 한 조항은 조정에서 그 시행을 허락할 수 없습니다" 하였다.

임금이 말하기를, "전환에 관한 것은 우선 버려두도록 하라. 폐단을 바로잡는 방도는 적곡(糶穀)을 기준대로 받아들이는 것이 근본이다" 하니, 모두 말하기를, "그렇습니다" 하였다.

5704 정조 02/12/15(신미) → 【원전】 45집 78면
 〔백동준을 경기수사로 삼다〕 수11144

백동준(白東俊)을 경기 수군절도사로 잉임(仍任)하다.

5705 정조 02/12/18(갑술) → 【원전】 45집 82면
〔경기 수군절도사 홍수보, 경상좌도 병마절도사 백동준을 잉임시키다〕   수11145

경기 수군절도사 홍수보(洪秀輔), 경상좌도 병마절도사 백동준(白東俊)을 잉임(仍任)시켰는데, 자주 체직하는 것은 백성들에게 폐단을 끼치기 때문이었다.

정조 3년(1779; 청 건륭44년)

5706 정조 03/01/09(갑오) → 【원전】 45집 86면
〔모든 도의 춘조를 정지시키다〕   수3802

여러 도의 봄철 조련을 정지하였다.

5707 정조 03/01/14(기해) → 【원전】 45집 86면
〔전라도 이전 수군절도사 권식을 정배하다〕   수11146

전라도 이전 수군절도사 권식(權栻)을 정배하였는데 휴번전(休番錢)을 흩어서 대여(貸與)했기 때문이었다.

5708 정조 03/02/11(병인) → 【원전】 45집 91면
〔서유대를 삼도 수군통제사로 삼다〕   수11147

서유대(徐有大)를 삼도 수군통제사로 삼았다.

〈 관련내용 〉
· 정조 03/02/22(정축)→ 통제사 서유대를 만나다   45집 94면

5709 정조 03/02/25(경진) → 【원전】 45집 95면
〔호남 속오군의 아동초와 수어청의 자질군을 폐지〕   수3803

호남 속오군(束伍軍)의 아동초(兒童哨)를 폐지시켰다.
　　임금이 전라병영의 장령(將領) 폄목(貶目)에 아동초관(兒童哨官)이 있는 것을 보고서 하교하기를, "명색이 아동인데 어떻게 군초가 있을 수 있겠는가? 이것이 황구(黃口)를 군적(軍籍)에 넣은 것과 무엇이 다르겠는가?" 하고, 해당 병영에게 조사하여 아뢰게 하라고 명하였다.
　　전라도 병마절도사 김해주(金海柱)가, 습조할 적의 가왜군(假倭軍)을 10세에서부

터 14세에 이르기까지를 군적에 충당시키는데 반드시 머리를 딴 사람을 구하여 초(哨)를 만들고 이름하여 아동초라고 하는데 과연 잘못된 습관을 답습한 데서 연유된 것이라고 아뢰니, 이에 그 법을 폐지하라고 명하였다. 또 수어청의 자질군(子姪軍)을 폐지시켰는데 이는 원군(元軍)의 자질(子姪)들이 나이가 차기를 기다려 실군(實軍)으로 승격시킨 것이었다.

5710 정조 03/03/01(을유) → 【원전】 45집 95면
〔대마도 도주가 승습하고 고경하는 차왜가 오다〕   왜11010

대마도 도주가 승습(承襲)하고 고경(告慶)하는 차왜가 왔다.
　동래부사 이치중(李致中)이 치계하기를, "고경(告慶)은 고부(告訃)보다 나중에 해야 하는데 선후가 전도되었으니 전례에 따라 허접(許接)할 수는 없습니다" 하였는데, 비변사에서 말하기를, "일찍이 이미 행한 전례가 있으니 계속 버티는 것은 마땅하지 않습니다" 하였다.
　이에 심환지(沈煥之)를 접위관으로 삼았다.

5711 정조 03/03/08(임진) → 【원전】 45집 95면
〔통어영을 강화부에 합치는 것에 관한 심염조의 건의 등, 구선복의 별단 ①〕   수3804

통어영을 강화부에 합쳤다. 이보다 앞서 무술년에 번고어사(反庫御史) 심염조(沈念祖)가 별단을 올렸다.
　"신이 12진을 두루 돌아다니면서 관방(關防)의 요해지를 살펴보았는데 전후 설치하여 경영한 것이 너무도 주밀하였습니다. 차라리 진보(鎭堡)가 너무 많은 것이 걱정이 될지언정 방액(防阨)이 혹시 빠진 것은 거의 없었습니다. 다만 설치한 규모가 들어가서 지키는 산성의 경우에 있어서는 지극하지 않은 것이 아니었습니다만 수국(水國)에 물자를 공급하는 방도에 있어서는 또한 너무 허술했습니다. 대개 그곳의 형편이 바다가 둘러싸고 있고 또 강을 두르고 있어 사면이 물로 막혀 있는 데다 서남은 수도(水道)의 요충에 위치하고 있고 지척의 거리에 있는 서울의 병한(屛翰)이 되고 있습니다. 그 운용하여 변화를 도출해내는 방법은 오로지 물에 달려 있는데 지경(地境)의 둘레가 2백 리이고 그 연안에 13진(鎭)이 있지만 거기에는 당초 한 척의

전선(戰船)과 한 명의 수군도 없습니다. 이미 건너편 연안에 있는 적병을 건너오지 못하게 할 수도 없고 또 요진(要津)에서 적병을 막아 가까이 오지 못하게도 할 수 없다면 비록 시설이 주밀하다고 하더라도 또다시 정축년 때처럼 적병이 피선(皮船)을 타고 건너와서 강을 뒤덮고 올라온다면 금성탕지(金城湯池) 같은 공고함과 예리한 무기가 있다한들 장차 어떻게 믿을 수 있겠습니까? 정축년의 변고에 문신은 절개를 지켜 죽었고 무신은 패배하여 죽은 탓으로 12신(臣)의 충렬사(忠烈祠) 같은 사람이 있습니다만, 한 대의 화살이라도 쏘아 적병을 물리칠 계책은 도모하지 못하고 단지 한 번 죽는 것으로 결판을 낸 것은 다름이 아니라 단지 물에 대한 방비가 없었던 탓입니다.

　오직 이것뿐만이 아닙니다. 본부(本府)에 공과 사의 배가 없는 것이 아닙니다만 행상선(行商船)·어채선(漁採船)은 얼음이 풀리면 나갔다가 얼음이 얼 무렵에 들어오기 때문에 단지 배가 다닐 수 없는 계절에만 비로소 성(城) 아래에 매어두게 됩니다. 따라서 만일 뜻밖의 변고가 발생했을 적에 준비를 하고 강에 대기시키게 할 수 있는 배는 어선 1척과 진선(津船) 두서너 척에 불과하니 비록 갑자기 성으로 들어가려 해도 어떻게 잘 건널 수가 있겠습니까? 하루도 물에 대한 방비가 없어서는 안된다는 것이 분명합니다.

　이런 까닭에 고금의 수신(守臣)들 가운데 형편에 대해 논진(論陳)하는 사람들이 이를 우선으로 삼지 않은 이가 없었습니다. 고 판서 신 김진규(金鎭圭), 고 판서 신 이인엽(李寅燁)의 상소내용이 가장 상세하고도 절실하였습니다. 김진규의 상소에 이르기를, '교동(喬桐)·영종도(永宗島)는 위치하고 있는 곳이 서울과 멀리 떨어져 막혀 있기 때문에 서로 조응(照應)이 되지 않아서 변란에 임하여서는 또한 반드시 기회를 잃는 걱정이 있게 됩니다. 돌아보건대 이 본부는 가까이는 기전(畿甸)을 방위할 수 있고 멀리는 오로(五路)와 통할 수 있으며 오른쪽으로는 교동과 호응할 수 있고 왼쪽으로는 영종도와 연결할 수 있는가 하면 장봉(長峰)·주문(注文) 등의 섬들이 빙둘러싸고 서로 연결되어 있어서 충분히 서로 응접(應接)할 수 있습니다. 대저 기보(畿輔)라고 해서 수군의 장수를 두지 않는다면 그만이겠지만 만일 둔다면 이곳을 버리고 다른 곳에 두는 것은 마땅하지 않습니다. 만약 통어사(統禦使)를 옮겨 본부에 예속시키고 아울러 진무사(鎭撫使)도 겸하게 함으로써 교동, 영종도와 관할하고 있는 통진(通津) 등 여러 고을이 모두 절제를 받아 수륙(水陸)이 서로 호응하여 함께 방수(防守)에 힘을 다할 수 있게 된다면 소루한 잘못을 없게 할 수 있습니다' 했는데, 그 내용이 참으로 상세히 헤아린 점이 있었습니다. 이인엽의 상소에도 또한 본부에 전선과 수군이 없는 것 때문에 논진(論陳)한 것이 있었는데 대의(大意)는 이 상소와 대략 같았습니다.

신이 인화진(寅火鎭)에 이르렀을 적에 교동을 바라보니 탄환만한 작은 섬이 깊은 바다 가운데 위치하고 있어서 실로 삼도를 통어(統禦)할 수 있는 형세가 없었습니다. 그리고 많은 전선(戰船)을 숨겨 둘 만한 항만(港灣)이 없어서 본부의 개펄이 있는 굽이마다 배를 숨길 수 있는 것만 못하니, 여기에서 더욱 전인(前人)들의 논설이 확실한 소견이었던 것임을 알 수 있습니다. 이렇게 한 뒤에야 강도(江都) 한 부가 비로소 쓸모 있는 곳이 되게 할 수 있습니다.

일이 크게 변통시키는 데 관계되기 때문에 진실로 감히 경솔하게 함부로 말을 할 수 없습니다만, 삼가 전인(前人)들이 논한 것을 채록(採錄)하여 예재(睿裁)에 대비하고자 합니다. 비변사에서 복주(覆奏)하면서 일이 크게 변통시키는 데 관계된다는 것으로 정지할 것을 청하였는데도 판하(判下)하기를, '특별히 어사를 보내어 그 형편을 상세히 살펴보고 그곳의 저축을 번열(反閱)하게 하라' 하였는데, 이는 그 뜻이 보장(保障)을 진작하고 쇄신시키는 정사를 하려는 데 있는 것입니다. 따라서 어사(御史)가 조정으로 돌아온 뒤에는 반드시 특별히 잘못된 것을 바로잡는 거조가 있는 후에야 실효를 요구할 수 있는 것입니다. 그렇게 하지 않는다면 어찌 두루 조사하게 한 뜻이라고 하겠습니까? 그 가운데 통어사를 옮겨서 설치하자는 일은 이것이 어사의 말이 근거가 없는 데에서 나온 것이 아니라 원래 옛사람의 의논에 본디 상세히 갖추어져 있는 것입니다.

이 강화도 한 구역(區域)을 둘러보면 하늘이 만들어낸 참호(塹壕)로 자못 사람의 힘으로는 만들 수 없는 것이었습니다. 기내(畿內)의 성지(城池) 가운데 위급한 시기에 힘이 될 수 있는 곳에 이곳보다 나은 데가 어디 있습니까? 대저 이 부(府)는 적군이 경유하는 길의 인후(咽喉)에 해당되는 요충지인데도 부 아래의 13개 진의 주사(舟師)와 전함(戰艦)을 통행하지 못하게 하였으며 본부의 주위가 수백 리나 되는데 그 가운데 있는 축로(舳艫) 몇 척과 대갑(帶甲) 몇 초(哨)도 일찍이 영섭(領攝)하지 못하게 되어 있어 마치 별세계의 물건인 것처럼 여기게 되었으니, 이 부에다 보장(保障)을 설치하지 않았다면 그만이겠지만 이미 설치해 놓고 나서 어찌 이처럼 제치(制置)를 허술하게 할 수가 있겠습니까? 지금 의논하는 사람들은 혹 말하기를, '만일 본부를 통어영으로 만든다면 교동(喬桐)이 하나의 열진(列鎭)이 되어 버리니, 설사 항해하는 일이 있더라도 기각(掎角)의 형세를 이룰 수 없다. 이것이 곤란한 단서가 된다'고 합니다만, 이는 그렇지 않은 점이 있습니다. 대개 의논하는 사람들의 말은 항해할 때를 가리켜 말하는 것입니다만 변고가 이미 이 지경에 이르게 되면 국세의 위급함이 송(宋)나라 때 애산(崖山)의 경우와 다를 것이 없습니다. 비록 교동과 같은 곤영(閫營)이 백 개가 있어도 사세가 어떻게 할 수 없는 것입니다. 의논하는 사람들의 견해가 혹 두루 생각하는 데 미진한 점이 있다 하겠습니까?

더구나 이제 보장(保障)이라고 명칭하고 있으면서도 일찍이 보장에 대한 도구가 하나도 없으니, 이는 도구가 없는데도 그 이름에 맞는 실효(實效)를 요구하는 것입니다. 이것이 어찌 장님에게 보기를 요구하고 귀머거리에게 듣기를 요구하는 것과 다를 것이 있겠습니까? 만일 도적의 경보(警報)가 있을 경우 비록 본부(本府)로 피난하려 하여도 어가(御駕)가 장차 무슨 배를 타고 건널 수 있겠으며 관민(官民)과 군병(軍兵)이 또 장차 무슨 배를 타고 건널 수 있겠습니까? 변란을 당하여 나루를 건널 경우 적병이 뒤따라오는 것은 필연의 형세인 것입니다.

이런 때를 당하여 나루 앞에는 배가 없고 나루 뒤에는 적병이 있는 상황에서 항해(航海)를 할 수 없다면 위망(危亡)을 서서 기다리게 됩니다. 다행히 한두 척의 배가 있어 어가가 잘 건널 수 있고 설혹 약간인이 건너갔다고 하더라도 피난할 허다한 사민(士民)을 무슨 배로 죄다 나루를 건너게 할 수 있겠습니까? 혹은 물에 빠져 죽기도 하고 혹은 적병에게 죽기도 하는 것은 다만 병가(兵家)에서 적군을 헤아려 보는 방책에서만 그럴 뿐이 아니라 또한 병자년·정축년에 이미 당한 일이어서 또한 넉넉히 감계(鑑戒)가 될 만하니 이것이 어찌 생각하여 보면 두려운 일이 아니겠습니까? 또 도적이 호남의 바닷가를 따라 물살을 타고 내려와서 바람을 따라 돛을 올리고 바다를 뒤덮어 거침없이 들어온다면 오직 저 교동은 한쪽 모퉁이에 외따로 있기 때문에 사세가 탐지하여 살필 수가 없습니다. 본부(本府)에 이르러서는 비록 이를 눈으로 직접 볼 수가 있습니다만 이미 정비하여 대기시켜 놓은 전선(戰船)이 없고 또 단속해 놓은 군졸이 없는데 어떻게 적병을 막을 수 있겠습니까?
　또 듣건대 본부는 비록 평상시에도 경내(境內)를 지나가는 선척에 대해 오르내리는 것을 그대로 맡겨둔 채 애당초 검찰(檢察)하지 않는다고 합니다. 현존해 있는 얼마 안되는 사선(私船)은 모두가 이 도민(都民)들이 생활하기 위한 상선(商船)들로서 봄에 나갔다가 겨울에 돌아오기 때문에 애당초 준비하여 대기시켜 놓은 배가 없습니다. 지세에 의거하여 논하고 군무(軍務)에 의거하여 참작하여 보건대 물은 있는데도 배가 없고, 배는 있는데도 군졸이 없고, 군졸은 있는데도 무기가 없다고 할 적에 이 가운데 하나가 있다 하더라도 패망하지 않을 수가 없는 것인데 더구나 이런 허다한 폐단을 다 겸하고 있는 것이겠습니까? 또 근일 통어사(統禦使)의 장계에 의거해 살펴보건대, 본영에 저축되어 있는 전곡이 없어서 심지어 강화(江華)에 있는 곡물을 옮겨 획급(劃給)해 줄 것을 청하였으니, 이것이 또 눈앞에서 이루지 못할 사리(事理)의 한 단서입니다. 전후의 사세를 통하여 상세히 헤아려 보건대 통어영을 본부에 설치하지 않은 것은 매우 잘못된 계책인 것입니다. 처음 설치할 때부터 혹 화량(花梁)에다 하기도 하고 혹은 교동(喬桐)에다 하기도 하여 이미 정해진 법제가 없었으니, 이제 와서 바꿀 수 없는 법규를 확정하는 것이 불가하지는 않습니다.
　그러나 옮겨 설치하는 즈음에 만약 소모되는 비용이 매우 많이 든다면 돌아보건대, 지금의 경저(經儲)로는 실로 시국은 곤궁한데도 경비는 지나치게 든다는 탄식이 있겠습니다만, 비유하건대 이것을 가지고 저것을 바꾸는 것에 불과한 것이어서 드는 비용이 많지 않다고 합니다. 그렇다면 조가(朝家)에는 해가 되는 것이 없으면서 위급한 시기에는 힘이 될 수 있으며, 보장(保障)에도 크게 이익됨이 있으면서 수륙이 서로 상의할 수 있게 될 것입니다. 이해와 편부가 이렇게 분명한데도 그전대로 따라 행하여 포기하고 있으니, 실로 개탄스러운 일입니다. 그러나 일이 경장(更張)에 관계된 것이니 충분히 상의하여 가장 온편한 방도를 얻도록 힘쓰는 것이 처음 모의를 완벽하게 한다는 체통에 합치될 것 같습니다. 묘당(廟堂)의 신하들에게 각각 가부에 대한 의논을 진달하게 하소서."

5712 정조 03/03/08(임진) → 【원전】 45집 95면
〔통어영을 강화부에 합치는 것에 관한 심염조의 건의등, 구선복의 별단②〕　　　　　수3805

영의정 김상철(金尙喆)이 의논하였다.
 "강도와 남한산성은 좌우에서 기각(掎角)의 형세를 이루면서 서로 보장(保障)이 되고 있으니 비록 우리나라의 금성탕지(金城湯池) 같은 중요한 곳입니다만, 만약 전수(戰守)하는 형세로 말한다면 진양(晉陽)처럼 지킬 수 있는 곳은 될 수 있으나 유수(濡須)처럼 반드시 싸울 수 있는 곳과는 다릅니다. 지금 이 수륙을 겸하여 총괄하게 하자는 의논은 다만 이제 수의(繡衣)가 말했을 뿐만이 아니라 또한 종전의 수신(守臣)들의 의논도 많이 있었습니다. 그런데도 1백여 년 동안 지금에 이르기까지 그전대로 그냥 지내오고 있는 이유는 진실로 이해를 따짐에 있어 열에 하나도 의심스러운 것이 없이 완전 무결하게 하는 데 관계되었기 때문이었습니다. 어찌 다만 한때 경장(更張)하는 것을 어렵게 여겨 나라의 대계(大計)를 모의함에 있어 주저하는 것이 있을 수 있겠습니까?
 요컨대 강도는 산과 바다가 빙둘러 싸고 있어 위치한 곳이 깊숙하지만 삼남으로 통하는 해로의 문호가 되며, 교동(喬桐)은 조금도 가려진 것이 없어 위치한 곳이 환히 드러나 있지만 양서(兩西)로 통하는 해로의 요충지입니다. 비록 위급한 변고가 발생했을 때를 당하여 만일 동북쪽의 육지에 있는 적군을 만났을 경우에는 강도로 돌아갈 수 있지만. 서남쪽의 바다의 적군을 만났을 경우에는 강도로 돌아갈 수 없으니, 비록 수군을 겸한다고 하더라도 장차 어떻게 쓸 수 있겠습니까? 교동과 영종도에는 모두 수군을 배치하였는데 유독 강도에만 수군을 배치하지 않은 것은 당초 제치(制置)할 적에 어찌 까닭이 없이 그렇게 했겠습니까? 가령 강도에서 교동의 수군을 총괄하게 한다고 하더라도 저 갑진(甲津)·월곶(月串)의 바닷물은 큰 전선(戰船)이 용납될 수 있는 곳이 아니니. 사세상 그대로 서남쪽의 여러 섬에 두어야 합니다.
 그런데 이른바 여러 섬이라고 하는 것이 혹은 강도보다 먼 곳도 있고 혹은 교동보다 가까운 곳도 있으니. 그 만약 바다 물결이 뒤집히면서 갑자기 위급한 일이 발생할 경우 다급한 변란에 대응함에 있어 손아래에 있는 교동에 책임지우지 않고 이에 도리어 등뒤에 있는 강화에 책임지우겠습니까? 이제 바다에 임하여 있는 통어영을 폐지하는 것은 또한 무엇을 위해서입니까? 더구나 옹진(瓮津)·교동은 서쪽 바다에서 광대뼈와 잇몸[輔車]처럼 서로 의지하고 있습니다. 교동의 영(營)의 상황이 비록 잔약하여 믿을 만한 것이 없기는 합니다만 거기에는 성곽도 있고 수군도 있습니다. 우리나라의 수사(水使)를 피인(彼人)들은 번번이 장군이라고 일컫기 때문에 서해의 당선(唐船)이 바닷가에 출몰하지 않는 날이 없지만 유독 옹진에는 가까이 가지 못하는 것은 그 영아문(營衙門)이 있기 때문인 것입니다. 교동의 수영(水營)을 해서(海西)에 있는 수영과 똑같이 일컫다가 이제 갑자기 혁파한다면 한쪽 팔을 제거하는 것과 무엇이 다르겠습니까? 비록 관제(官制)에 의거하여 말하더라도 여러 도의 수군은 원래 문재(文宰)가 관령(管領)하는 법규는 없습니다. 이제 만약 유수(留守)를 삼도통어사로 삼는다면 바다에서 출몰해야 하는 봄과 가을의 조련은 경직(耕織)하는 것과는 사의(事宜)가 달라서 허술한 점이 반드시 많게 될 것입니다. 그렇다고 무신에게 거류(居留)의 직임을 맡긴다면 이는 또 사세(事勢)의 구애되는 점이 있게 되는 하나의 단서인 것입니다.

이제 신이 진달하는 것은 단지 이속(移屬)시키는 것의 당부(當否)를 논했을 뿐입니다. 만약 그 이속시킨 뒤에 조치하는 방도에 피차 서로 방해되는 단서가 있다고 하더라도 이는 절목을 만드는 사이에 달려 있는 것이므로 상세히 살펴볼 겨를이 없었습니다. 관방(關防)을 변통시키는 일은 살펴서 신중히 하는 것이 귀한 것인데 신의 좁은 소견으로 어떻게 감히 잘라 말할 수 있겠습니까? 『금성방략(金城方略)』에도 백 번 듣는 것이 한 번 보는 것만 못하다고 했습니다. 만약 변방의 일을 잘 아는 신하로 하여금 두 곳의 형편을 두루 살펴보게 하여 과연 처치(處置)를 사의에 맞게 할 수 있는 방책이 있다면 그가 돌아와서 아뢰기를 기다려 처분을 내리는 것도 늦지 않을 듯합니다."

영중추부사 이은(李溵)은 의논하기를, "신이 일찍이 강도에 대죄(待罪)하고 있으면서 대략 그 형편을 살펴본 적이 있었습니다. 강도는 보장(保障)이 되는 중요한 곳으로 진실로 교동(喬桐)을 관할하는 것이 당연합니다만, 교동이 또 강도의 울타리가 되고 있으니 또한 가볍게 볼 수 없습니다. 관방(關防)은 비록 피차의 구별이 있습니다만 조처함에 있어서는 의당 이해의 구분을 상세히 살펴야 합니다. 만일 통어영의 호칭을 강도로 이속시킨다면 강도는 통령(統領)하는 권한이 있게 되는데, 경기수사를 그대로 교동에 둔다면 해방(海防)이 허술하게 되는 걱정이 없을 것입니다" 했다.

그리고, 영돈녕부사 정존겸(鄭存謙)은 의논하였다.

"교동영(喬桐營)의 통어사를 마땅히 강도로 이속시켜야 한다는 것에 대해 의논하는 사람들은 모두가 말하기를, '교동은 위치가 한쪽으로 치우쳐 있어 양서(兩西)와의 선로(船路)는 비록 가깝지만 삼남과의 선로는 아득하여 서로 관계되는 것이 없으며, 강도는 위치가 중추가 되는 요지에 있으므로 양서와 삼남의 선로가 이를 버리고 다른 데로는 갈 길이 없다'고 하고, 또 말하기를, '교동은 전선(戰船)이 육지에 걸치게 되어 있어 곧 쓸모 없는 물건이 되고 말지만 강도는 개펄 구비구비가 움푹 패여 있어 전선을 숨겨둘 만한 장소가 많이 있으니, 여기에서 이해와 편부가 흑백(黑白)이 나뉘듯 분명하여진다' 하는데, 그 말들이 참으로 옳습니다.

병자년과 정축년에 이미 겪은 일로 말하여 보건대, 그 창졸간 적병을 피할 처음을 당하여 진선(津船)들이 죄다 흩어져 수 척의 배도 구하기가 어려웠는데 다투어 건널 즈음 손으로 뱃전을 움켜쥐고 매달리다가 물에 빠져 죽는 참혹한 정상은 차마 말할 수 없었습니다. 무릇 성(城)으로 들어간 뒤에, 갑진(甲津)은 하늘이 만들어 준 요해처인데도, 적군의 배가 강을 뒤덮어 올라올 때를 당하여 당초 그 사이에서 차단하려고 나서는 전선과 수졸이 하나도 없었습니다. 그리하여 적군이 건너와서 정박(渟泊)하도록 내버려두었으므로 물을 등지고 언덕을 올라와 육박전으로 개미떼처럼 달려들어 온 뒤에 이르러서야 우리가 비로소 방어할 계책을 세우려 하였습니다. 예로부터 지금까지 사면(四面)이 물에 막혀 있고 명색이 보장(保障)인 곳에 대해 이렇게 조치한 경우가 있었습니까?

전후 수신(守臣)들이 형편을 눈으로 직접 보고 마음속으로 지난일을 슬퍼하면서 관방의 허술함을 걱정하고 시설에 결함이 있는 데 대해 개연(慨然)스러움을 느껴 기필코 급급히 서둘러 해진 옷에 대한 준비를 하는 것처럼 하려는 것이 어찌 새로운 것을 좋아하고 기이한 것을 힘쓰는 그런 뜻이겠습니까? 이는 예전의 일을 징계하여 뒷일을 조심하기 위한 계책에서 나온 것입니다. 고 상신 유척기(兪拓基)는 항상 구규(舊規)를 준행하였습니다만 이 일에 대해서는 극력 이개(釐改)할 것을 주장하면서 통어사를 강화로 이속시키자는 뜻으로 선조께 진달하여 성심(聖心)도 허락하였고 여러 사람들의 의논도 또한 동의되었습니다. 그러나 곧이어 해직(解職)된 탓으로 일이 이루어지지 못하고 말았습니다. 이제 삼가 판부(判付)한 내용을 살펴보건대 그 광원(宏遠)한 방략과 치밀한 모유(謀猷)는 경위(經緯)를 총람(總攬)하여 남김없이 다 포괄하고 있으니, 비록 이름난 석학(碩學)이 평소 익히 강론한 계책과 경신년에 이미 정한 의논도 모두 성려(聖慮)의 범주를 안에서 벗어나지 못하고 있습니다. 신처럼 우매한 자질로서는 이루어 놓은 것을 우러러 찬송(贊頌)하기에도 겨를이 없는데 무릇 어찌 좁은 소견에 〈천 번 생각하면〉 한 번 얻는 것으로 도와줄 수 있겠습니까?"

좌의정 서명선(徐命善)은 의논하였다.

"수규(首揆)가 이미 의견을 달리하는 의논을 제시했는데 신이 그 말에 따라 반복(反復)해서 말해도 되겠습니까? 대저 강도는 지킬 수는 있지만 싸울 수는 없는 곳이라는 말은 참으로 옳습니다. 그런데 지키는 방도는 반드시 제군(諸軍)을 통령(統領)하고 열진(列鎭)을 관할한 연후에야 비로소 정장(亭障)의 형세를 이룰 수 있고 적군을 막는 도구를 준비할 수 있어 적군이 감히 가까이 오지 못하게 되는 것은 물론 그 수비가 공고하게 되는 것입니다. 만일 지킬 수 있는 곳이어서 전구(戰具)가 쓸데없다고 한다면 설사 성을 공격하여 오는 걱정이 있어도 손을 묶고 앉아서 적군에게 당하겠습니까? 계람(繫纜)하는 거리가 멀고 가까운 것과 호칭을 혁파하는 것에 이르러서는, 성교(聖敎)의 내용이 또한 교동의 선함(船艦)을 다 빼앗고 교동의 진보(鎭堡)를 영구히 폐지하여 그 섬을 텅 비우게 하고야 말겠다고 한 것은 아니었습니다.

배포(排布)하고 제치(制置)하는 것을 오직 마땅히 구관(舊貫)을 따르게 하고 단지 통어사의 명칭만 강도로 이속시켜 삼도의 수군을 총람(摠攬)하게 한 다음 교동은 영종도와 함께 수군이 방어하는 곳으로 만들어 강도의 좌·우익이 되게 하며, 무릇 위급한 일이 발생했을 적에 강도의 통어사에게 절제(節制)를 받게 한다면 군제(軍制)가 통섭(統攝)되는 효험이 있고 보장(保障)이 허술하다는 탄식이 없게 된다는 것이었습니다. 신은 이에 대해 불편한 점을 볼 수 없습니다. 무릇 문재(文宰)가 수군을 통령할 수 없고 무신이 거류가 될 수 없다는 데 대해서는, 예로부터 사람을 인용함에 있어서는 다만 그의 재기(才器)가 어떠한지만 살피면 되는 것이요 반드시 문신·무신이라는 것에 구애된 적은 없었습니다. 더구나 지금 교동의 수사(水使)는 유독 문재가 아닙니까? 비록 그렇기는 하지만 일이 변통시키는 데 관계된 것이므로 신이 감히 잘라 말할 수는 없습니다."

우의정 정홍순(鄭弘淳)은 의논하기를, "경륜(經綸)과 조치(措置)에 관해서는 매양 뒷사람이 전인(前人)만 못한 것을 걱정하여 왔는데, 세급(世級)이 낮아짐에 따라 사리가 으레 그런 것입니다. 지금 계책을 세운다면 오직 마땅히 이루어진 법규를 삼가 지키고 변경하는 것을 경계해야 합니다. 혹 법이 오래 되어 폐단이 생긴 탓으로 시의(時宜)에 따라 손익시키지 않을 수 없는 것이 있다면 다만 마땅히 드러나는 대로 보완하여 진실로 완전하게 하기를 힘써서 옛사람이 시설(施設)하여 놓은 본의(本意)를 어기지 않는 것이 절로 원대한 앞날을 위하여 경영하는 모유(謀猷)에 해가 되지 않는 것입니다. 반드시 부득이한 점이 있다면 단지 통어사의 호칭을 강도에 이속시켜 사변이 발생할 때에 관할할 수 있게 하되 절도사의 영(營)은 전대로 두고 고치지 말아서 해서의 영진(營鎭)과 함께 표리(表裏)의 형세를 이루게 한다면 보장(保障)에는 통령(統領)하는 권한이 있게 되고 해방(海防)에는 허술해지는 걱정이 없게 될 것입니다" 하였다.

지중추부사 구선복(具善復)은 의논하였다.

"신이 무진년에 영종도(永宗島)에 대죄(待罪)하고 있을 적에 교동에 나아가 조련했었는데 그 때 강도의 동남쪽을 두루 살펴보니, 삼남의 선로(船路)가 모두 강도의 월곶진(月串鎭) 연미정(燕尾亭) 앞바다에 이르러 경강(京江)으로 들어갔었습니다. 곧이어 해서수사(海西水使)의 직임을 받았으므로 수로의 형편을 두루 살펴보느라고 강도의 뒷바다에까지 이르렀었는데, 양서(兩西)의 왕래하는 선박들이 모두 이 길을 따라 교동을 지나 연미정에 이르러 경강으로 들어가고 있었습니다. 이는 실로 남쪽과 서쪽의 수로가 옷깃처럼 합쳐진 곳입니다. 그렇다면 강화(江華)가 해로(海路)의 인후(咽喉)가 된다는 것이 분명합니다.

신이 또 을유년 훈국(訓局)에 대죄하고 있을 적에 왕명을 받들고 가서 길상(吉祥)의 목장(牧場)을 살펴본 다음 다시 마니산(摩尼山)의 참성단(參星壇)에 올라가서 두루 사면을 바라보니, 바둑알처럼 널려 있는 섬들이 오로지 강화 한 부(府)를 위하여 설치된 것 같았습니다. 이는 실로 해로의 관문이고 서울의 한폐(捍弊)인 것입니다. 만일 해방(海防)에 경보(警報)가 있을 경우 강도를 지키지 못하게 되면 삼남의 조운선(漕運船)과 양서의 운량선(運糧船)이 경강으로 들어오는 길이 끊기게 될 것이니, 그것이 경강의 걱정이 되는 것을 어찌 말로 다할 수 있겠습니까?

통어영을 옮겨서 설치하는 것은 결단코 그만둘 수 없습니다. 교동(喬桐)과 영종도(永宗島)에 이르러서는 강도의 좌·우익이 되는 것에 불과합니다. 더구나 교동은 곧 하나의 탄환만한 섬으로 성첩(城堞)도 높지 않고 민호(民戶)도 많지 않으며 또 배가 정박하는 데도 불편하여 허다한 전선(戰船)을 육지에 걸쳐놓게 되어 있기 때문에 현일(弦日)에 조수가 많이 들어오는 때가 아니고서는 배를 띄워 바다로 내보낼 수 있는 형세가 전혀 없습니다. 이런 형편으로 어떻게 삼도를 통어할 수 있겠습니까? 그런데다가 선로(船路)가 정해져 있지 않아서 다만 바람이 부는대로 따를 뿐입니다. 하지만 교동·영종도의 설치(設置)는 또한 적군에게 대응하는 요지가 되기에 충분하고 강도의 보거(輔車)가 되니, 그것을 등한히 여겨 포기할 수 없다는 것이 분명합니다. 방영(防營)을 좌우에 나누어 설치하고 먼저 경보를 알리고 뒤이어 후원하게 함으로써 기각(掎角)의 형세를 이루게 하는 것이 실로 만전의 계책인 것입니다. 신의 어리석은 천견(淺見)에는 온편하다고 여겨집니다."

우참찬 김종수(金鍾秀)는 의논하였다.

"통어영을 강도로 옮기자고 하는 의논에 대해 신이 그곳 유수(留守)에 대죄(待罪)하고 있을 적에 대략 거론한 것이 전석(前席)에서 아뢴 것과 같은 내용이었으니, 이제 어찌 다른 의견이 있겠습니까? 강도에다 한 척의 전선과 한 명의 수졸(水卒)도 배치하지 않고서 다만 오로지 들어가서 보전할 계책만 했을 뿐 애당초 적군을 방어할 생각을 하지 않은 것은 그 모책이 매우 졸렬하여 만전을 기하는 데 흠결됨이 있습니다. 막는 것과 지키는 것은 서로 돕는 것이 되기 때문에 지키는 것이 막는 것에 의해 더욱 공고하게 된다는 것은 병가(兵家)의 통상적인 계책인 것입니다. 그런데 강도에는 지키는 것은 있지만 막는 것이 없습니다. 이른바 막는다고 하는 것은 또한 적군이 이미 언덕에 올라온 뒤에 막으려 하는 것이요 적군이 언덕에 올라오기 전에 막으려 하는 것이 아니니, 또한 잘못된 것이 아닙니까?

또 강도는 앞은 한강의 입구를 대하고 있고 왼쪽은 교동을 끼고 오른쪽에는 영종도를 두르고 있으므로 위치는 서남을 통괄하고 있고 형세는 피차 호응하기 편리하게 되어 있습니다. 가령 적선(賊船)이 남쪽에서 올 경우 영종도를 지나 한강 입구의 교동으로 닿을 줄을 모르고, 서쪽에서 오는 경우 교동을 지나 한강 입구의 영종도로 닿을 줄을 모르는 것이, 모두 우리의 안중에 들어오게 됩니다. 그러나 유독 절제(節制)가 제진(諸鎭)에 통해지지 않고 전선과 수졸이 수하(手下)에 있지 않을 경우에는 앉아서 바라만 보고 있는 이외에 어디에 물을 길이 없으니, 이것이 어찌 잘된 계책이라고 할 수 있겠습니까?

신은 그렇기 때문에 강화부 유수로 하여금 삼도통어사를 겸하게 하고 전선과 수졸을 두는 것이 편하다고 여깁니다. 대저 이런 등등의 일에 대해서는 매양 멀리서 헤아리기 어려운 걱정이 있기 때문에 눈으로 직접 보는 방법 이외에는 그림으로 그린 지도로 그 지형을 대략 파악하여 사정을 짐작할 수 있는 것입니다. 그런 때문에 신이 강도에 있을 적에 지도를 모사해 만들어 한 번 올려 을람(乙覽)할 수 있게 하려 했었으나 못하고 말았습니다. 그러나 이런 해방(海防)에 관계된 큰 계책에 대해서는 신 같은 변변치 못한 지혜로는 감히 억측하여 대답할 수 있는 것이 아닙니다."

강화유수 이복원(李福源)은 의논하기를, "해도(海島) 가운데 이것은 중하고 저것은 가볍다는 것은 여러 사람이 다같이 눈으로 본 것이고 병세(兵勢)는 합치는 것을 귀히 여기고 나뉘는 것을 꺼리는 것은 전인(前人)이 이미 진달한 것입니다. 강도(江都)의 수군에 이르러서는 예전에는 있다가 지금은 없는데 더욱 이해할 수 없는 궐전(闕典)입니다. 지금의 이 판부(判付)는 이미 이해(利害)를 통촉하신 것이어서 신은 감히 외람되이 한 마디 말도 덧붙일 수 없습니다" 하였다.

그리고, 부사직(副司直) 이보행(李普行)은 의논하기를, "강도는 바로 삼남과 양서(兩西)의 해로가 따라서 출입하는 관애(關隘)요 인후(咽喉)이므로 나라의 문호(門戶)가 되는 것입니다. 그 형편을 말하여 본다면 교동과 영종도는 각기 한 모퉁이 위치하고 있어 전혀 관섭(管攝)이 없는 것에 견주어 그 차이가 엄청납니다. 따라서 방어하고 수비하는 방도에 대해 참으로 조금도 소홀히 함을 허용할 수 없습니다. 통어영(統禦營)을 옮겨서 설치하는 것에 대한 편부(便否)와 이해는 흑백이 나뉘는 것처럼 분명하여 예로부터의 의논이 진실로 이와 같았습니다. 다만 한때 경장(更張)하는 것을 꺼려하여 지금까지도 전대로 답습하면서 결단을 내리지 않고 있었던 것인데, 이제 다행히 성감(聖鑑)이 남김없이 통촉하시어 이미 구중 궁궐에서 상세히 재탁(裁度)하시고 이에 십행(十行)의 윤음(綸音)을 내려 지획(指畫)하였으니, 이는 참으로 해방(海防)에 대한 굉원한 모유(謀猷)이고 변새(邊塞)를 공고히 하는 원대한 계책인 것입니다. 어리석은 신의 천견(淺見)으로도 흠탄(欽歎)을 금할 수 없습니다. 굽어 하문하신 데 대해서는 다시 의논드릴 것이 없습니다" 하였다.

대사성 유당(柳戇)은 의논하였다.

"심도(沁都)에 자리한 진영(鎭營)은 삼변(三邊)이 수로의 요충이고, 명색이 거류이

면서도 수하에는 한 척의 전함과 한 명의 수졸도 없어서 적선이 바다로 침범하여
올 경우에도 감히 차단하고 저지할 수 있는 계책을 세우지 못한 채 다만 험준한 것
을 이용하여 적군을 피하는 것만 장책(長策)으로 삼고 있을 뿐입니다. 임금은 나라
의 사경(四境)을 지켜야 하는 것인데 어떻게 팔로(八路)의 인민들을 버리고 깊숙하고
먼 데로 도망하는 것을 한결같이 고려(高麗) 말기의 복철(覆轍)을 따라야겠습니까?
잘되면 〈조(趙)〉나라 양자(襄子)가 진양(晉陽)으로 도망했던 것처럼 되고, 못되면 공
손술(公孫述)이 성벽을 축조한 것을 면하지 못하는 것이니 생각이 여기에 이르면 써
늘하여 마음이 떨립니다.

 교동은 명색은 비록 통어영이지만 하나의 탄환만한 작은 섬에 불과하고 기계도
예리하지 못하고 재력도 모두 고갈되었습니다. 해마다 곡식을 심도(沁都)로 옮기는
것은 이미 계속할 수 있는 방도가 아닌데 더구나 배를 물이 얕은 곳에 숨기기 때문
에 매양 조수가 빠질 때를 당하면 배가 흙위에 있게 되니, 해구(海寇)가 쳐들어오는
것이 반드시 조수가 가득 찼을 때 있을 것이라는 것을 어떻게 보증할 수 있겠습니
까? 그런데도 삼도 생민(生民)들의 고혈을 모두 긁어내어 이 절반은 위험하고 절반
은 안전한 외진 데 떨어져 있는 곳을 지키면서 만분의 일인 요행을 바라서야 되겠
습니까? 가령 교동의 형편이 사의(事宜)에 맞는 것이 심도(沁都)와 비등(比等)하다고
하더라도 그 양쪽에 설치하여 세력이 나뉘어지는 것보다는 차라리 한 곳에다 힘을
모으는 것이 낫지 않겠습니까?

 하지만 더구나 전혀 심도만 못한데야 말할 것이 뭐 있겠습니까? 만일 심도로 하
여금 통어사의 직책을 겸하여 관할하게 하고 따로 작은 진(鎭)을 교동에 설치하여
병선(兵船)·방선(防船) 등 작은 배를 거느리고 서쪽에서 오는 해구를 멀리서 바라보
고 막으면서 심영(沁營)을 돕게 한다면 배가 작아서 물이 얕아 뜨지 못하는 걱정이
없게 되고 형세가 합쳐져 전제(專制)의 중요함이 있게 됩니다. 그리하여 심도의 통
어영을 은연중 해로의 거방(巨防)으로 만든다면 비록 적선 수만 척이 바다를 뒤덮어
온다고 하더라도 이곳을 비켜 멋대로 지나갈 계획을 할 수 없게 되는데 이런 계책
에 대해 전후 말한 사람이 하나가 아니었습니다만, 단지 눈앞에 별 걱정거리가 없고
또 경장(更張)한다는 명칭을 꺼려하여 예전의 일을 답습한 채 지금에 이르게 된 것
입니다.

지금 우리 성상께서 편의를 깊이 살펴 만세토록 이롭게 할 관방(關防)을 만들려 하십니다. 신은 우매하여 별다른 의견이 없으므로 삼가 전배(前輩)들이 의논한 것에 의거하여 성상의 아름다운 명을 대하여 선양하겠습니다."

예조판서 이경호(李景祜), 이조판서 이중호(李重祜), 병조판서 이휘지(李徽之), 호조판서 구윤옥(具允鈺), 형조판서 정광한(鄭光漢), 부사직 이연상(李衍祥), 도승지 홍국영(洪國榮), 부사직 정민시(鄭民始)는 모두 감히 억측하여 대답할 수 없다고 의논드렸다.

비답하였다.

"이에 대한 의논을 살펴보건대 옳다고 헌의(獻議)하고 옳지 않다고 헌의한 것이 각각 의견이 있는 것이었으니, 종당에는 충분히 상의하여 완전하고 편의하게 하는 데로 귀결시키도록 힘써야 한다. 그 가운데 영상(領相)의 헌의에 그렇게 해서는 안 된다는 뜻으로 근거가 있는 의견을 진달한 것이므로 내가 매우 가상하게 여기고 있다. 그러나 한두 가지 이해되지 않는 점이 있다. 헌의한 내용에 '강도와 남한산성은 좌우에서 기각(掎角)의 형세를 이루면서 서로 보장(保障)이 되고 있다'고 한 말은 참으로 정확한 의논이다. 하단(下端)에 강화는 수군을 겸할 수 없다고 논한 부분에서는 곧 '진실로 동북쪽의 육지의 적군을 만났을 경우에는 강도로 돌아갈 수 있지만 만약 서남쪽의 바다의 수적(水賊)을 만났을 경우에는 강도로 돌아갈 수 없으니, 비록 수군을 겸하고 있더라도 장차 어디에 쓰겠는가?' 하였는데, 만일 육지의 적군이므로 돌아갈 수 있다고 한다면 나를 뒤쫓아오는 적군이 반드시 나루에까지 오게 될 것인데 그런 뒤에 적군이 '우리는 육군(陸軍)인데 저들이 이미 바다로 들어갔으니 물을 건너가서 성(城)을 공격하는 일을 할 필요가 뭐 있겠는가?' 하고 군사를 돌려 떠나가겠는가? 진실로 그렇게 하지 않는다면 적군은 반드시 기계를 갖추고 전선을 정비하여 언덕에 닿아 올라온 뒤에야 그만둘 것이다.

이런 때를 당하여 멀뚱히 앉아서 바라보기만 하면서 아무런 대책도 없이 곧 도리어 등뒤에 있는 교동에다 적군을 막아 물리치라고 요구할 수가 있겠는가? 또 바다의 적군을 만나서 돌아갈 수 없다면 서남 수로의 인후(咽喉)가 과연 교동이라고 하더라도 적군이 쟁취하려는 것과 우리가 지키려는 것이 단지 교동에 있을 뿐이라면 그만이겠지만 만일 여기에만 있지 않을 경우에는 반드시 물살을 따라 내려가 연미정(燕尾亭)으로 가서 혹은 송도(松都)로 들어가기도 하고 혹은 경성(京城)으로 들어가기도 할 것이다. 여기에 이르러서는 교동의 방수(防守)를 진실로 소홀히 할 수가 없는데, 세 갈래의 수로가 합쳐 흐르는 지점은 곧 월곶(月串)의 연미정이니, 더더욱 지키지 않을 수 있겠는가? 바야흐로 지키려 한다면 수하(手下)에 있는 강화를 버리고서야 또한 어떻게 할 수 있겠는가?

돌아갈 수 있고 지킬 수 있다는 것은 곧 백관들과 만성(萬姓)들이 대가(大駕)를 호위하여 간 후에야 돌아갔다고 하고 지켰다고 할 수 있는 것이 아니라, 미리 적군을 막을 계책을 생각하여 적군으로 하여금 경성을 향하여 나아갈 수 없게 하는 것이 모두가 돌아갔다고 하고 지켰다고 하는 것이 된다. 어떻게 교동은 유독 지킬 수 있는데 강호만 지킬 수 없게 되겠는가? 지리는 서로 이해(利害)가 있는 것이고 병기(兵機)에 대해서도 장단점이 없지 않을 것이다. 그러나 나는 강도 한 구역은 동북쪽이나 서남쪽의 적군을 막론하고 돌아갈 수 있고 지킬 수 있다는 것이 분명하여 의심의 여지가 없다고 여긴다. 이 점이 내가 이해할 수 없는 이유이다.

헌의의 내용에 또 '강도는 지킬 수 있는 곳이고 교동은 싸울 수 있는 곳이다'고 한 말은 정확한 의논이긴 한데 지금의 형편은 이와 반대되는 점이 있다. 강도는 지키려 해도 지킬 수 있는 군졸이 없고, 교동은 싸우려 해도 싸울 수 있는 형세가 없다. 성(城)을 뒤덮어 오는 적군을 군졸이 없는 빈 성첩(城堞)으로 지킬 수 있겠으며 바다를 뒤덮어 쳐들어오는 해구(海寇)를 물이 얕아서 땅에 걸려 있는 배로 싸울 수 있겠는가? 이것이 또 이해할 수 없는 점이다. 또 헌의에 '우리나라의 수사(水使)를 저들이 번번이 장군(將軍)이라고 일컫는다'는 것은 혹시 어채(漁採)하는 무리들이 위로하기 위해 한 말이 아닌가?' 진실로 이빨을 검게 물들이고 머리를 깎은[왜적을 이름] 무리들이 창칼을 휘두르면서 곧바로 달려들어 마구 유린할 경우 알 수 없지마는 이런 때 과연 수사를 어떻게 보겠는가? 마른 나무를 꺾고 썩은 가지를 부러뜨리듯 하여 아마도 그 토붕와해(土崩瓦解)라는 비유로는 부족할 듯하다. 또 여러 도의 수군은 원래 문재(文宰)가 관령(管領)하는 법규가 없다고 한 데 이르러서는 또한 그렇지 않은 점이 있다.

옛날에도 본부(本府)의 유수(留守)를 임명할 적에 오히려 무신으로 차임하여 보낸 전례가 많이 있는데 더구나 지금 제치(制置)를 경장(更張)하는 시기이겠는가? 간혹 무장을 차임하여 융정(戎政)을 수거(修擧)하게 하되 경직(耕織)의 마땅한 시기를 잃어 허술하다는 탄식을 초래시키는 일이 없게 하는 것이 옳을 것이다. 이는 또한 이미 헤아렸던 것인데 바야흐로 수의(收議)하여 의논이 귀일(歸一)된 것에 비길 만한 것이 있은 뒤에 다시 순문(詢問)하려고 한 일이다. 때문에 일전의 관부(判付)한 가운데는 미처 제기하여 언급하지 않았었던 것이다. 그런데 대신해 온의 말이 과연 내가 말하기에 앞서 발론한 것이다. 대체로 이런 것들은 모두가 부질없는 이야기이다.

지금 강화의 제일의 폐단은 곧 전함이 없고 수졸이 없는 그것이다. 만일 대신이 연석(筵席)에서 아뢴 내용과 같이 비록 강화를 지키지 못하여 항해하려는 때를 당하였다 하더라도 성 밖의 사면에 한 척의 배도 없다면 가령 교동이 금성탕지(金城湯池)처럼 공고하고 전수(戰守)에 대한 도구가 완비되어 있다고 하더라도 어디로부터 그곳으로 갈 수 있겠는가? 이제 또 보장(保障)의 형편으로 영상(領相)의 의견에 대해 반복해서 말해도 되겠는가? 강도와 남한산성은 모두가 보장(保障)인 것이니, 강도에는 삼도의 수군을 통괄할 수 있는 통어사를 두고 남한산성에는 이보(二輔)의 육군을 영솔하는 수어부(守禦府)를 개설하는 것이 어찌 사리에 있어 떳떳한 것이 아니겠는가? 마침 이런 의논이 도착했기 때문에 다시 또 거듭 언급하는 것이다. 바라건대 깊이 생각하고 헤아려 충분히 논의하여 의견을 귀일시키기에 달려 있다.

헌의(獻議) 가운데 변방의 일에 대해 잘 아는 신하로 하여금 두 곳을 두루 살펴보게 한 다음 그가 돌아와서 아뢰기를 기다린 뒤에 처분을 내리라고 한 것은 매우 좋은 의견이다. 즉시 무장(武將)을 차견하여 제치(制置)에 관한 형지(形止)와 설시(設始)에 소요되는 재력(財力)을 그로 하여금 일일이 살펴가지고 오게 하려 한다."

5713 정조 03/03/08(임진) → 【원전】 45집 95면
〔통어영을 강화부에 합치는 것에 관한 심염조의 건의 등, 구선복의 별단③〕   수3806

다음해에 구선복(具善復)을 순심사(巡審使)로 삼아 형편을 상세히 살펴보게 하였는데, 구선복이 복명하고 나서 별단을 올렸다.

"신이 먼저 통진(通津)의 문수산성(文殊山城)에 도착하여 강화유수 신 이진형(李鎭衡)과 함께 내외의 형편을 같이 살피기 위해 갑곶(甲串)을 거쳐 조수를 타고 올라가면서 두루 각 포를 살펴보았습니다. 이어 월곶진의 연미정(燕尾亭)에 올라가 수로와

형승(形勝)을 두루 살펴보았는데 남쪽과 서쪽의 해로(海路)가 연미정 앞바다에서 합쳐져 동쪽의 한수(漢水)로 통하게 되어 있으니 요충지가 되기로는 이보다 나은 곳이 없었습니다. 다음날 신이 혼자서 인화보(寅火堡)로 가서 조수를 타고 바다를 건너서 교동(喬桐)의 해방(海防)을 상세히 살펴보니, 앞으로는 삼남을 제어하고 뒤로는 양서(兩西)와 통하게 되어 있었으며 그 서쪽은 끝없는 망망 대해로 외양(外洋)의 방알(防遏)은 단지 한 곳의 교동뿐이어서 실로 강도(江都)의 울타리가 되고 있었습니다. 따라서 그 통관(統管)하고 있는 수로가 영종도(永宗島)에 견주어 더욱 중한 것이 있었습니다. 조정에서 가부를 토론한 것은 진실로 이것 때문이었는데 그대로 수사(水使)의 호칭을 두어 강도를 호위하게 하는 것이 매우 온편 타당하게 여겨졌습니다.

다시 유수 신 이진형(李鎭衡)과 함께 북쪽의 철곶(鐵串)에서부터 남쪽의 초지(草芝)에 이르기까지 낱낱이 상세히 살펴보았는데, 연변의 개펄에 움푹 패인 곳에 당도하여 보니 이는 곧 하늘이 해문(海門)에다 만들어 준 장성(長城)이었습니다. 그런데 근래 제언(堤堰)을 쌓아 논을 만드는 것으로 인하여 개펄이 점점 굳어짐에 따라 간간이 선척의 정박이 많아지고 있으니, 참으로 개탄스러웠습니다. 대체로 논한다면 바다 가운데 여러 섬들이 사면에서 빙 둘러싼 중앙에 강도가 위치하고 있으니, 참으로 수신(帥臣)이 거처할 만한 곳이었습니다. 통어영을 옮겨 설치하고 수륙을 겸하여 관령(管領)하게 하는 것이 실로 사의에 합당한 것입니다. 경영(經營)의 긴헐(緊歇)에 대해서는 감히 천견(淺見)을 가지고 뒤에 조목별로 나열하였고 또 지도를 올려 을람(乙覽)에 대비하게 하였으니, 널리 묘당에 순문(詢問)하여 재처(裁處)하소서.

1. 강도 연변의 12진보(鎭堡) 가운데 인화보(寅火堡)가 본부(本府)의 서쪽 30리 지점에 위치하고 있는데 교동과는 물을 사이에 두고 마주 바라보고 있습니다. 험준한 작은 섬들이 앞에 있고 무성한 풀이 뒤에 있어 본디 험준 험난한 바다로 일컬어지고 있으며 또 서쪽에서 오는 적군은 먼저 교동을 경유한 연후에야 다음으로 인화보에 이르게 되어 있습니다. 따라서 교동에 방비가 있으면 인화보는 걱정이 없게 됩니다.

1. 철곶보(鐵串堡)는 인화보 북쪽 10리쯤에 위치하고 있는데 수세(水勢)가 매우 빠르고 급하며 작은 섬들과 우거진 풀이 중첩되어 있어서 보통 왕래하는 선척들도 매양 그 험난한 것을 꺼려 반드시 조수가 차고 바람이 순할 때를 기다린 뒤에야 지나가니, 험준한 곳에 웅거하여 적군을 방어하는 것은 다른 곳에 견주어 조금 나은

점이 있습니다.

1. 승천보(昇天堡)는 철곶보의 동쪽과 교동의 상류에 위치하고 있으니, 곧 강도의 아주 긴요한 요해지입니다. 대개 그 위치한 형세가 서쪽으로는 황해(黃海)의 외양(外洋)과 접해 있고 남쪽으로는 삼남의 조운로(漕運路)와 통해 있으며 동쪽은 경강(京江)의 하류이고 조금 북쪽은 송도(松都)로 가는 대로(大路)이므로 동서 남북이 모두 해문(海門)의 인후(咽喉)입니다. 그 이해에 대해 논한다면 전후 좌우가 모두 적군이 침입하는 길에 해당되는 요충지여서 만일 위급한 일이 발생하면 교동과 함께 각각 수군을 통솔하여 안팎에서 서로 호응함으로써 기각(掎角)의 형세를 이루면 강도를 지키는 데 만전을 기할 수 있습니다. 신의 의견에는 해당 보(堡)의 별장을 승격시켜 첨사로 만들어 겸하여 중군을 통솔하고 전함을 비치하여 변란에 대응할 방도로 삼는다면 싸우는 것과 지키는 것이 모두 공고하게 될 것으로 여겨집니다. 이는 변통시키지 않을 수 없는 것인데 해당 보(堡)의 별장은 곧 강도에서 자벽(自辟)하는 자리입니다. 이를 첨사로 승격시켜 중군을 겸하여 통솔하게 하려면 병조에서 이력(履歷)이 있는 사람을 가려서 차임해야 하는데, 그 대임(代任)으로는 덕진만호(德津萬戶)를 서로 바꾸어 별장으로 삼으면 일이 매우 온당하게 될 것 같습니다.

1. 승천보의 동쪽에 송정포(松亭浦)가 있는데 본래부터 배가 정박하는 곳으로 일컬어졌기 때문에 가서 형지(形止)를 살펴보니, 뒤는 산이고 앞은 바다로 지세(地勢)가 감돌아 안고 있는 형국이며 거처하고 있는 백성이 4백 호쯤 되고 선창(船艙)에 매여 있는 민선(民船)이 또한 수십 척이 넘었습니다. 배를 정박하는 장소는 다만 강도에서 제일이 될 뿐만이 아니라 타도에서 찾아보아도 또한 찾기 드문 것이었습니다. 만일 중영(中營)을 승천보(昇天堡)에 설치하고 전함을 이곳에다 감추어 둔다면 비록 경보(警報)가 있을 때를 당했더라도 다수의 사선(私船)들이 모두 방어에 대비하는 도구가 될 수 있습니다.

1. 월곶진(月串鎭)은 승천보 동쪽 20리쯤에 있는데 곧 신경(神京)의 해문(海門)이요 삼남과 양서의 수로가 합쳐지는 곳이니, 그 긴요함이 여기보다 더한 데가 없습니다. 또 그 윗쪽에는 연미정이 있어 삼로(三路)의 수로를 굽어보고 있고 앞에는 문수산성(文殊山城)을 마주 대하고 있어 곧 기각의 형세를 이루어 서로 응원할 수 있으니, 이는 하늘이 만들어 준 참호(塹壕)인 것으로 위급한 일이 발생했을 때 믿을 수

있는 것이 더욱 자별합니다.

1. 제물진(濟物鎭)은 월곶 남쪽 10리쯤 되는 곳에 위치하고 있는데 이 진은 다만 서울로 통하는 직로(直路)일 뿐만이 아니라 이미 전일의 징계(懲戒)가 있으니, 모든 설치에 대해 더욱 유의해야 합니다. 현재 있는 어가선(御駕船) 1척, 진선(津船) 6척 이외에 진선 수척에다 더 많은 수효를 비치하여 문수산성과 통섭(通涉)하기 편리하게 해야 할 것은 물론 방수(防守)에 관한 계책을 극진히 하도록 힘써 입술과 이가 서로 보존되는 형세를 만들어야 합니다.

1. 용진진(龍津鎭)은 제물진 남쪽 10리쯤에 있는데 제물진과는 서로 바라다 보이는 곳입니다. 갑진(甲津)에 방비가 갖추어져 있으면 위급할 때 서로 도울 수 있습니다.

1. 광성보(廣城堡)는 용진(龍津) 남쪽 15리쯤에 위치하고 있는데 오두돈(鰲頭墩) 아래에 우거진 풀이 몇 리를 가로질러 있고 광성돈(廣城墩) 앞에는 험한 작은 섬들이 우뚝우뚝 솟아 있으며 강심(江心)의 수세(水勢)가 가장 위험합니다. 따라서 배를 정박시키기가 불편하니 곧 일당백의 요해지입니다.

1. 덕진진(德津鎭)은 광성보의 남쪽 10리쯤 되는 곳에 위치하고 있는데 섬들이 험하고 물이 휘돌아 가장 위험하다고 일컬어지고 있습니다. 이곳이 이른바 손돌목[孫石項]인데 강면(江面)이 매우 좁아서 수세(水勢)가 방아 찧듯이 부딪치기 때문에 왕래하는 선척들이 모두 두려워 꺼리고 있으니, 형승(形勝)이 믿을 만하고 외구(外寇)가 침범하기 어렵습니다.

1. 초지진(草芝鎭)은 곧 남쪽으로 가는 초입경인데 이 진(鎭)에서부터 남쪽으로는 연변에 축조한 제방이 이미 끊어졌고 돈대(墩臺)의 설치도 허술합니다. 한 번 개펄을 바라보면 텅 비어 있어 사람이 살고 있지 않으니, 그 큰 걱정이 다른 진(鎭)에 견줄 수 있는 정도가 아닙니다. 갑신년 무렵에 유수 신 정실(鄭實)의 장청(狀請)에 의거하여 해당 진을 첨사로 승격시켜 목관(牧官)을 겸하게 한 것은 대개 진(鎭)이 모양새를 이루고 방수(防守)를 엄중히 하려는 뜻에서 나온 것입니다. 그런데 근래에 듣건대 한 번 목관을 겸임하게 한 이후 당해 진의 첨사가 바다의 장기(瘴氣)를 싫어하여 피하면서 목장(牧場)을 살핀다고 핑계하고 항상 깊숙한 벽처(僻處)에 거처하고 있으므로 진에 있는 날은 전혀 없다는 것입니다. 이제 만약 목아(牧衙)를 철훼(撤毁)하

여 진사(鎭舍)를 더 건립하고서 첨사로 하여금 항상 본진에 거처하면서 겸하여 목관(牧官)의 일도 살피게 한다면 애당초 원근의 구별이 없이 양쪽 다 폐기되지 않고 제대로 행하여질 것입니다.

  1. 선두보(船頭堡)는 제방을 축조한 안쪽 외진 곳에 위치하고 있는데 태산(泰山)이 가로질러 눌러 있고 해구(海口)와의 거리가 멀리 가로막혀 있기 때문에 밖의 성식(聲息)이 까마득하여 서로 알릴 수 없으니, 만일 창졸간에 해구(海寇)의 변고를 당함이 있게 되면 언덕에 정박하여 육지에 내려온 뒤에야 바야흐로 알 수 있습니다. 비록 기계와 군졸이 있다고 한들 어떻게 제때에 배포하여 나가서 막을 수 있겠습니까? 대개 이 보(堡)는 당초 화도별장(花島別將)으로서 저 지난 병술년에 제언(堤堰)을 축조할 때에 이곳으로 옮겨 설치하여 제언의 역사(役事)를 구관(句管)하고 개간(開墾)하는 것을 감동(監董)하게 하던 곳입니다. 이제는 곡식을 생산할 만한 땅은 이미 다 개간하였고 제언도 또 견고하여 변장(邊將)이 별로 간칙(看飭)할 만한 일이 없습니다. 본보(本堡)와 5리쯤 되는 거리에 후애돈(後崖墩)이 있는데 뒤는 산이고 앞은 바다이어서 진을 설치하기에 적합하니, 이제 본보를 이곳으로 옮겨 설치하여 해방(海防)을 진수(鎭守)하고 제언에 관한 일을 겸하여 살피게 한다면 한 가지 일을 하여 두 가지 편리함을 얻게 되는 것이라고 할 수 있습니다.

  1. 장곶보(長串堡)는 마니산(摩尼山) 서쪽 기슭 아래에 위치하고 있는데 뒤에는 태산(泰山)이 절벽처럼 우뚝 서서 가로 10여 리를 뻗어나가 있고 앞에는 풀과 작은 섬들이 물속에 숨겨져 있어 선로(船路)를 방해하고 있는 데다 겸하여 사람의 허리에까지 푹푹 빠지는 질퍽한 개펄이 있기 때문에 비록 토박이 사람들이 작은 배를 타고 왕래하는 데도 매우 어려움을 겪고 있으므로 애당초 해구(海寇)가 와서 정박할 걱정은 없습니다.

  1. 정포보(井浦堡)는 장곶(長串)의 북쪽 매음도(煤音島) 안에 위치하고 있습니다. 위치한 곳이 이미 깊숙한데다 수세가 급한 것과 도서(島嶼)들이 험한 것은 덕진(德津)·광성(廣城) 등처와 다를 것이 없으니, 험고한 곳에 의지하여 방수(防守)하면 그 지리(地理)가 믿을 만합니다.

  1. 이미 통어영을 옮기고 전선(戰船)을 설치한다면 수군들을 교련(敎鍊)시킬 장소를 가려서 정하지 않을 수 없습니다. 갑진(甲津)과 용진(龍津) 사이는 강면(江面)이

조금 넓고 수세도 평온하고 완만한 편이어서 전선들을 벌여놓고 진퇴(進退)하고 주선(周旋)하는 데 여유가 있으니, 조련시키는 장소는 이곳으로 완정(完定)하소서. 장대(將臺)는 양진 사이의 가리돈(加里墩)이 교련장의 중앙에 위치하고 있기 때문에 굽어 내려다보면서 지휘할 수 있으니. 장대는 이곳으로 정하소서. 그리고 이곳의 포항(浦港)은 빙 둘러 감싸고 바람을 피하고 있기 때문에 전선 몇 척을 둘 수가 있습니다.

1. 통진 문수산성(文殊山城) 밖의 남쪽 산기슭 한 줄기가 활을 잡아당긴 것 같은 모양으로 뻗어 내려가 강에 닿아서 끝났으며, 나머지 산기슭들도 이리 저리 빙빙 감돌아 곁에 저애(阻隘)를 이룬 곳이 많습니다. 길이 그 위로 나있는데, 이것이 이른바 수유현(水踰峴)입니다. 통진부(通津府)와의 거리는 겨우 3리쯤 되고 갑진(甲津)과의 거리도 또한 몇 리가 못되니, 실로 강도(江都)로 들어가는 인후(咽喉)가 되는 곳입니다. 한 번 그 길로 올라서면 강도의 허실을 역력히 지적할 수 있으니 견고하게 지켜야 할 곳이요 등한하게 버려서는 안된다는 것이 분명합니다. 그 지세(地勢)를 논하면 산성은 마땅히 이 산기슭에 축조해야 되고 통진은 이 산기슭 안으로 옮겨야 하는데 둘레가 조금 넓어서 옮기는 데 폐단이 있을 것 같으므로 이제 경솔히 의논하기는 어렵습니다. 신의 의견은 수유현 한 산기슭에 그 길을 막아서 단절시키고 나무를 심어 금양(禁養)케 함으로써 목책(木柵)이 이루어져 은연중 방수(防守)의 형세가 되게 해야 하며, 서울로 통하는 큰 길은 통진읍(通津邑) 뒷산 산골짝 사이에 있는 낮고 평평한 옛길을 고쳐 전대로 개통(開通)시킨 다음 문수(文殊)의 진두(津頭)에 도착한 연후에야 비로소 외성(外城)을 바라볼 수 있게 해야 된다고 여깁니다. 도리(道里)로써 논하여 보더라도 또한 우회하는 일이 없고 관방(關防)을 설치하여 변방을 공고하게 하는 방도에 있어도 전보다는 더욱 튼튼하게 될 것입니다.

1. 문수산성이 강도를 내려 굽어보고 있으니 그 요해가 되는 것이 또한 조(趙)나라의 북산(北山)이나 남한(南漢)의 한봉(汗峯)과 다를 것이 없습니다. 그런데 단지 산성만 설치하였을 뿐 수군이 없습니다. 이는 비록 군정(軍丁)을 얻기 어려운 데 연유된 것이기는 합니다만 매우 허술한 조처인 것입니다. 신의 의견에는 통진부사(通津府使)가 이미 강도의 좌영장(左營將)을 겸하고 있는데, 거느리고 있는 원군(元軍)이 또한 팔초(八哨)입니다. 매양 습조(習操)할 때를 당하면 그전에 해온 대로 강도로 와

서 거처하면서 늘 정칙(整飭)시키는 곳으로 삼고, 사변이 있을 경우에는 강도로 오지 말고 산성을 신지(信地)로 삼아서 들어가 수유현을 지키게 해야 합니다. 목책(木柵)이 이미 완성된 뒤에는 통진부사로 하여금 군병을 거느리고 먼저 수유현을 지키게 하여 적병이 달려와 돌격하는 형세를 막게 하되 적병의 형세를 살펴가면서 물러가 산성을 지키게 한다면 적병의 예봉(銳鋒)을 늦출 수가 있고 산성도 보존할 수 있습니다. 그리고 군민(軍民)들이 바다를 건널 즈음에 창황하여 바다에 빠지는 탄식도 면할 수 있게 됩니다.

1. 대저 심도(沁都)는 서울의 수구(水口)에 있고 사면이 바다로 둘러싸여 진흙이 구덩이를 이루어 저절로 장성(長城)을 이루고 있으니, 참으로 이른바 하늘이 만들어 준 험준한 곳입니다. 또 삼남과 양서를 통행하는 선박이 서울의 문호(門戶)를 방위하여 주고 있으니, 보장(保障)으로 논한다면 당연히 제일이 됩니다. 고(故) 상신(相臣) 이완(李浣)이 이른바 '만일 위급한 일이 발생할 경우 군병과 백성들을 나누어 요해처를 지키게 하고 수군을 진도(津渡)에 배치시켜 놓는다면 기치(旗幟)가 서로 바라보이고 화고(火鼓)가 서로 호응되어 적군이 감히 나아오지 못할 것이니, 이는 싸우지 않고도 적병을 굴복시킬 수 있는 방법이다'라고 했는데, 참으로 바꿀 수 없는 의논입니다. 만일 불행하게 외구(外寇)가 갑자기 들이닥쳤는데도 해방(海防)의 도구가 갖추어지지 않았다면 그들이 언덕으로 올라오는 것은 손바닥을 뒤집는 것보다 더 쉬울 것이니 언덕으로 올라온 다음에는 언덕에서 내성(內城)과의 거리가 가까운 데는 5리 내지 10리이고 먼 데는 20리 내지 30리나 되기 때문에 지혜가 있는 사람이 있다 해도 그 사이에서 제때 주선(周旋)할 수가 없는 것입니다. 그리고 삼남의 세선(稅船)이 모두 이곳을 경유하여 지나가므로 전쟁이 발생했을 즈음에는 이 해로가 또한 막힐 우려가 있게 됩니다. 이렇게 보나 저렇게 보나 특별히 수군을 설치하여 접응하는 방도를 마련하는 것이 편의할 것 같습니다.

1. 교동(喬桐)은 비록 탄환만한 작은 섬이지만 서해의 요충에 위치하고 있으니 양서 해로의 관건(管鍵)이 되고 있습니다. 그리고 삼남이 되고 있습니다. 그리고 삼남의 배들도 바람에 밀리게 되면 또한 이 섬을 지나가게 되는데 화량(花梁)의 수영을 이리로 옮겨 설치한 것은 진실로 이 때문인 것입니다. 그곳 앞바다의 수세(水勢)는 공전(攻戰)에는 유리하지만 방수(防守)에는 불리하여 곧 강도의 광대뼈와 잇몸[輔車]

이 되는 형세를 이루고 있으니, 둘 다 보존해야지 한쪽만 폐기시켜서는 안된다는 것이 분명합니다. 그러나 결국은 강도가 중앙에 위치하여 좌우로 교동·영종도의 열진(列鎭)을 호령하고 삼도(三道)를 관할하면서 서로 접응하는 것이 편리한 것만 못합니다. 따라서 통어(統禦)의 호칭을 강도로 이속시키는 데 대해서는 다시 의논할 것이 없습니다만, 교동의 수군에 이르러서는 통어영을 옮겨 설치하는 것 때문에 결단코 그 수효를 지나치게 감하여서는 안되고 또한 격을 낮추어 방영(防營)으로 만드는 것도 곤란합니다. 해서수영의 예에 의거하여 경기수사에게 교동현감(喬桐縣監)을 겸하게 하는 것이 온편하고 합당할 것 같습니다. 다만 안타까운 것은 선창(船艙)이 불편한 것인데 사세가 장차 물력(物力)을 좀 들여서 해마다 점차적으로 강바닥의 모래를 파내면 될 것입니다. 가까운 송가(松家)에서 돌을 운반하기가 어렵지 않으니 좌우에 제언(堤堰)을 축조하고 동쪽으로 배가 정박하는 곳으로 개도(開導)한다면 아침저녁 밀물과 썰물이 항상 선창을 씻어내는 효과가 있게 되어 굴착한 선창이 결단코 메워지는 걱정이 없게 될 것입니다.

1. 교동의 전선(戰船)을 이제 마땅히 강도로 옮겨 설치해야 하는데, 강도에는 이미 관안(官案)에 올라 있는 공선(公船)이 많은데다가 또 어가선(御駕船) 2척이 있습니다만 교동에는 전선(戰船)·병선(兵船)·사후선(伺候船)이 모두 19척이고 그밖에는 달리 공선이 없습니다. 그리고 해문(海門)의 초입로에 위치해 있으니, 수군을 지나치게 감하여서는 안됩니다. 그런데 이제 전선 1척, 병선 2척, 사후선 1척 모두 합쳐 4척을 강도로 이송하게 하였습니다만, 강도는 이미 내양(內洋)에 위치해 있고 간혹 물이 얕아 작은 섬들이 물위로 노출되어 있기도 하므로 배치하는 배의 제도를 지나치게 크게 할 필요가 없습니다. 이 뒤로 새로 만들거나 혹은 개조하는 배는 그 제도를 조금 작게 한다면 운용하기에 편리하고 재력의 사용도 많이 줄일 수 있습니다. 능로군(能櫓軍)은 각 진의 토졸(土卒)들 가운데 물길을 잘 알고 신체가 건장한 자들을 가려서 통어사가 구관(句管)하고 있는 모곡(耗穀)과 응당 받아들여야 하는 방포(防布)로 급대(給代)하고 사역(使役)시킨다면 싫어하고 기피하여 충당하기 어려운 걱정은 없게 될 것입니다. 사수(射手)·포수(砲手)는 연례로 행하는 수조(水操) 때에는 해당 선박에 원래 정해진 수군을 불러서 참여하게 하면 되고, 만일 위급한 일을 당했을 경우에는 강도에 장려(壯旅) 18초, 의려(義旅) 18초, 무학(武學) 12초, 속오(束

伍) 12초 등의 정군(正軍)이 있으니, 임시하여 분배(分排)하면 됩니다. 물에 있을 경우에는 수군으로 만들고 육지에 올랐을 경우에는 육군으로 만들어 추이(推移)하여 양쪽으로 쓰는 것이 사의(事宜)에 합당할 것 같습니다.

1. 이제 이 통어영을 옮겨서 설치하는 것은 강도를 크게 변통시키는 것에 관계가 되는데 그에 따른 수군·중군의 영사(營舍)를 새로 건립하고 변란에 대비한 정(亭)과 장대(將臺), 군물(軍物)과 기계(器械)를 보관해 두는 고사(庫舍)의 역사(役事) 및 선창을 새로 파는 일 등에 드는 재력을 확실히 헤아려 보지는 않았습니다만 요컨대 1만 금(金)의 돈과 4, 5백 석의 곡식이 들 것 같습니다. 이런 재력을 특별히 구획한 연후에야 설치를 시작하여 뒷폐단이 없게 할 수 있겠습니다. 그리고 따로 군수고(軍需庫)를 설치하여 각 선(船)의 기계와 기치, 장교와 나졸들의 요포(料布)도 또한 대략 마련하여 영구히 준행할 수 있는 방도를 강구하소서."

임금이 구선복(具善復)을 소견하였다.

구선복이 아뢰기를, "강도는 곧 하늘이 만들어 준 곳이고 교동은 서울의 울타리가 되어 있으니, 통어영을 강도에 설치하고 겸하여 수륙을 영유(領有)하게 하면 이는 실로 해문(海門)에 장성(長城)을 만드는 것이 됩니다. 교동에는 그대로 수사(水使)를 두어 강도를 호위하게 한다면 또한 기각의 형세를 이룰 수 있겠습니다" 하였다.

그러자, 도승지 홍국영(洪國榮)이 말하기를, "강도에 통어영을 설치하는 것은 대개 수륙의 군대를 겸하여 통솔하려고 하는 것인데 교동에다 또 수영을 설치하는 것은 변통시키는 본뜻이 아닙니다. 비록 방어사를 둔다고 하더라도 수사를 두는 것만 못할 것이 뭐 있겠습니까?" 하였다.

5714 정조 03/03/08(임진) → 【원전】 45집 95면
〔통어영을 강화부에 합치는 것에 관한 심염조의 건의 등, 구선복의 별단④〕   수3807

이 때에 이르러 강화유수에게 경기수사와 삼도통어사를 겸임시켜 수군·육군을 통령하게 하고 교동현감을 부사(府使)로 승격시켜 방어사를 겸하게 한 다음 안흥진(安興鎭)을 수사의 행영(行營)으로 삼았다. 강화유수 이진형(李鎭衡)을 개성유수로 이배(移拜)하고 홍낙순(洪樂純)을 강화유수로 삼았다.

홍낙순이 부임하고 나서 상소하였다.

"교동(喬桐)과 심도(沁都)를 하나로 합치자는 의논은 바로 해방(海防)을 더욱 중하게 하여 신경(神京)을 호위하자는 것이니, 참으로 국가를 위한 만세의 이익인 것입니다. 예로부터 명사(名士)·석유(碩儒)들 사이에 이런 이야기가 있어 왔습니다만 일이 중대하고 의논이 귀일되지 않아 백 년토록 이룩하지 못하고 있었습니다. 이제 우리 성상께서 성스러운 주모(籌謨)로 득실을 통찰하였으므로 동요되거나 의심하는 일이 없이 결단을 내려 시행하셨으니, 이로부터 수군의 통할이 귀착될 데가 있게 되었고 수로의 비어(備禦)에 제치(制置)가 있게 되었습니다. 진실로 적임자를 얻어서 맡긴다면 해역(海域)에 아무런 걱정이 없게 되어 경도(京都)에서 편안히 베개를 베고 누워 잘 수 있게 될 것입니다.

돌아보건대 신은 우활하여 진부한 선비로서 국가의 후한 은혜를 받아 안으로는 중한 임무와 밖으로는 대번(大藩)을 간혹 일찍이 돌려가면서 두루 역임하였습니다만 몽매하고 어리석은 탓으로 아는 것이 없어 보탬이 되게 한 것이 없으니, 후한 녹봉을 훔쳐 자신의 집만 살찌운 것에 불과했습니다. 따라서 죄를 피할 수가 없어 몸이 깊은 연못으로 떨어지는 것만 같았습니다. 그런데 갑자기 지난번 연석(筵席)에서 삼가 유도(留都)에 차임하는 명을 받았습니다. 이제 옮겨 설치하는 처음을 당하였으므로 경획(經劃)하는 사무와 조처하는 절제(節制)에 있어 반드시 기의(機宜)에 합치되게 하고 사정(事情)에 흡족하게 된 연후에야 뒷폐단이 없이 영구히 전해 가게 할 수 있는 것인데, 이것이 어찌 신처럼 어리석어 아무것도 아는 것이 없는 사람으로서 감당할 수 있는 것이겠습니까? 신이 잠자코 명을 받든 지가 이제 10여 일에 이르렀습니다만 두렵고 황송스러워 몸둘 바를 모르겠습니다. 형편을 두루 살펴보고 장사(將士)들에게 순방(詢訪)하는 한편 주야로 생각하고 헤아려 정성과 힘을 다할 것을 기약합니다. 삼가 아둔한 견해를 아래에 나열하여 진달합니다.

1. 교동에 소속된 전선(戰船)이 2척, 귀선(龜船)이 1척, 병선(兵船)이 4척, 방선(防船)이 1척 인데 각 선(船)에 모두 사후선(伺候船)이 있으므로 도합 16척입니다. 통어영을 이제 심도(沁都)로 귀속시키면 전선과 병선도 사리상 3분의 1은 심도로 옮겨 배치해야 합니다. 다만 생각건대 교동은 심도의 문호가 되고 심도는 교동의 당오(堂奧)가 되는데 경외(境外)에 걱정스러운 일이 생기면 당오에서 문호를 지휘하고 문호가 당오를 가리워 막는 것은 이것이 이해에 관계되는 것일 뿐만이 아니라 또한 사

리에 있어서도 당연한 것입니다. 가령 해구(海寇)가 장차 교동을 침범하려 할 경우 교동의 전구(戰具)가 단약(單弱)하여 내양(內洋)으로 들어가게 방치한다면 이에 심도가 위태롭게 됩니다. 그렇다면 당오에서 방비하는 것이 문호에서 막는 것보다 못하게 됩니다. 그리고 각 선(船)의 능로군(能櫓軍)과 제색 수군이 모두 교동(喬桐) 한 섬에 있으니 지금 갑자기 심도로 이정(移定)할 수가 없습니다. 때문에 단지 전선 1척, 병선 1척과 사후선 각각 1척씩만을 이전시키고 그 나머지는 전대로 교동에 유치시켜 놓음으로써 급한 일이 생겨 방어해야 할 즈음에 거의 오로지 그 일에만 힘을 써서 공적을 거둘 수 있는 방도로 삼아야 합니다.

1. 심도가 이미 통어영이 되었는데도 단지 두 척의 전선과 병선이 있을 뿐이라면 수군이 수효가 적고 힘이 약한 것 같습니다. 그러나 통어영에 소속되어 있는 5진(鎭)의 주함(舟艦)이 거의 40척이나 되는데 그 가운데 덕포(德浦)·장봉(長峯)·주문(注文) 세 진이 다만 돛대 하나의 사이에 격해 있는 편이어서 만일 사변이 발생하면, 아침에 명령을 내리면 구름같은 돛대가 저녁에 진의 해루(海樓) 앞에 닿을 수 있습니다. 그렇다면 심도의 수군은 그 수효가 적은 것을 걱정할 필요가 없습니다.

1. 전함을 이미 옮겼으면 전함을 정박시킬 곳을 가리지 않을 수 없는데 포서(浦嶼)가 널려 있는 상하 수 30리 사이에 오직 송정(松亭)만이 가장 편리합니다. 좌우에 사록(砂麓)이 가로막아 호위하고 있어 바람을 피할 수 있으므로, 바위에 부딪쳐 부서지는 걱정을 면할 수 있는 것이 첫째 조건입니다. 포(浦) 위에 3, 4백 호가 거처하고 있으므로, 교대로 서로 간호할 수 있는 것이 둘째 조건입니다. 뒤로는 높은 언덕을 의지하고 있고 앞으로는 큰 강을 굽어보고 있는데 조수가 언덕에까지 넘치게 되면 비록 천 곡(斛)을 실은 누선(樓船)이라도 하나의 갈댓잎처럼 뜨게 되니, 전함이 아침 저녁으로 두 번 뜰 수 있어 경보(警報)를 들으면 즉시 출발하는 이점이 있는 것이 세번째 조건입니다. 월곶(月串)과 승천(昇天) 사이에 위치하고 있어 여러 돈대(墩臺)와 마주 바라보고 있고 포성이 서로 들리기 때문에 대변정(待變亭)을 건립하지 않아도 충분히 경보를 들을 수 있는 것이 네번째 조건입니다. 선장(船將) 이하 능로군·격군(格軍)·사수(射手)·포수(砲手)·제색졸오(諸色卒伍) 수백 인이 모두 포민(浦民)으로 충정되어 있으므로, 조련할 때를 당하여는 징발하여 왕래하는 폐단이 없는 것이 다섯번째 조건입니다. 이런 다섯 가지 이점이 있으니 선창(船艙)은 이 곳을

버리고서는 적합한 곳이 없으며, 대변정을 설치할 필요도 없습니다. 선상의 집물(什物)과 군기(軍器)를 저장하는 고사(庫舍)는 수십 칸을 밑돌지 말아야 합니다만 이는 본부(本府)의 고사(庫舍) 가운데 오래도록 비어 무너져 있는 것이 많으니, 이를 헐어서 옮겨다가 다시 지으면 됩니다. 이는 쓸데없는 것을 유용하게 쓰는 것이 될 뿐만이 아니라 또한 일과 힘을 더는 것은 물론 부비(浮費)를 절약하게 할 수 있습니다.

1. 월곶(月串)의 앞바다는 수면이 넓어서 조련장으로 쓸 수 있습니다만 두 개의 물줄기가 횡분(橫分)되는 곳이어서 물결의 형세가 치솟아 오를 것이니 용진(龍津)의 물이 평온한 것만 못합니다. 용진은 갑진(甲津) 아래에 있는데 약간 감싸 안은 형세이지만 배들이 왕래하면서 분돌(奔突)하는 데 있어 그 형세가 편리하고 쉬우니, 조련장은 이곳으로 정하소서.

1. 선상의 장졸들은 마땅히 통어영의 구례를 따라야 합니다만 약간의 증산(增刪)을 가하여야 합니다. 전선의 선장(船將) 1인, 병선의 감관(監官) 1인, 상장 초관(上粧哨官) 1인, 하장 초관(下粧哨官) 1인, 병선 초관(兵船哨官) 1인, 포도관(捕盜官) 3인, 타공(舵工) 5명, 능로군(能櫓軍) 28명, 격군 96명, 사수 48명, 포수 41명, 육물 고자(六物庫子) 1명, 각색장인(各色匠人) 9명, 각 초(哨)의 서기(書記)·인기수(認旗手)·사후(伺候) 등 군(軍) 13명, 도합 2백49명은 송정포(松亭浦) 마을에서 충정하며, 교련관(敎鍊官) 2인, 기패관(旗牌官) 12인, 군수감관(軍需監官) 1인, 영리(營吏) 2인, 군기색(軍器色) 2인과 고자(庫子) 2명, 군량색(軍粮色) 3인과 고자(庫子) 3명, 군뢰(軍牢) 4명과 순령수(巡令手) 6명, 등롱수(燈籠手) 8명, 사령(使令) 2명, 나장(羅將) 4명, 중영군뢰(中營軍牢) 2명과 순령수(巡令手) 4명, 도훈도(都訓導) 2인, 교사(敎師) 1인, 별파진(別破陣) 1인, 쟁수(錚手)·고수(鼓手)·열발수(鏺鈸手)·호총수(號銃手) 등 4명, 도합 65명은 부내(府內)에 소속된 사람들로 충정시키는데, 능로군·격군·사수·포수 이외에는 모두 월료(月料)와 삭전(朔錢)을 신축성 있게 많게도 주고 적게도 주어야 합니다. 능로군·격군은 그 신역(身役)을 감하여 주고 사수·포수는 시상(施賞)하는 과(窠)를 설치하여 매달 초하룻날 기예(技藝)를 비교하여 3등으로 나누어 부료(付料)함으로써 권장하고 면려하여 흥기시키는 기본을 삼아야 합니다.

1. 군정(軍政)에 있어 가장 얻기 어려운 것은 능로군·격군과 사수·포수인데 전선(戰船)을 옮겨서 정박시킨다는 의논이 있으면서부터 포민(浦民)들이 선동되어 불

안스럽게 여기고 있으므로 신이 그 곳의 노소들을 불러모아 놓고 그들의 질고(疾苦)를 묻고 이해에 대해 효유(曉諭)하였습니다. 대개 이름이 포인(浦人)에 매인 사람은 해마다 돈 두 냥씩을 바치게 되어 있고 또 관리들에게 침탈당하는 고통이 있었는데 이제 그 돈을 감면하고 그 고통을 면제시키고. 다만 능로군·격군의 군안(軍案)에 매이고 매년 가을 조련할 때 참여하게 하면 이틀의 노고를 허비하는 데 불과하게 됩니다. 그 나머지 날들은 조수를 타고 왕래하면서 어채(漁採)에 종사하게 되면 스스로 이익은 있고 손해는 없기 때문에 사람들이 모두 기꺼이 나오게 됩니다. 포민(浦民) 가운데 산업(産業)이 조금 넉넉한 사람은 배를 몰고 바다로 들어가지 않고 혹은 농사를 짓기도 하고 혹은 궁시(弓矢)를 만들기도 하고 혹은 육군(陸軍)에 예속되기도 한 사람이 간간이 많이 있습니다. 달마다 기예(技藝)를 비교하여 시상하게 되면 이것도 또한 이익은 있고 손해는 없기 때문에 모두 응모하기를 원하게 될 것입니다. 원래 정해진 삭료(朔料)가 있는 과(窠)는 포인(浦人)·읍인(邑人)을 막론하고 행여 뒤질세라 응하고 있으니, 이것이 이른바 군제(軍制)를 대략이나마 확립해야 한다고 하는 것입니다. 어떤 사람은 말하기를, '국가에서 수군을 설치하는 것은 장차 갑작스러운 일에 대비하고 경급(警急)한 변고를 막기 위해서인 것이다. 그런데 이제 송정(松亭)의 능로군(能櫓軍)·격군(格軍)은 봄과 여름은 해상에 떠서 바다를 집으로 삼고 있어 이리저리 돌아다니기 때문에 별안간 소식을 알 수 없는데, 만일 이런 때에 불행히 사변이 있게 되면 장차 그 누구를 시켜 키를 잡고 배를 운행하여 적군을 막게 할 수 있겠는가?' 하는데, 이 말도 참으로 옳습니다만 오히려 그렇지 않은 점이 있습니다. 송정은 비록 어촌으로 이름이 나 있지만 장정(壯丁)인 남자는 4, 5백 인입니다. 늙은이, 어린이, 농사짓는 사람, 활쏘기를 배우는 사람, 직업이 없어 놀고 있는 사람을 계산하면 삼분의 일이 넘기 때문에 배를 타고 바다로 나가는 사람은 겨우 그 절반이 넘을 뿐입니다. 만일 적군이 침범하여 오는 경보(警報)를 당했을 경우에는 온 마을의 유정(遊丁)이 모두 능로군·격군이 될 수 있으니, 사람이 부족한 것을 어찌 걱정하겠습니까?

  1. 고수(鼓手)와 기수(旗手) 40여 명은 따로 명색을 정할 필요가 없습니다. 진무영(鎭撫營)과 통어영(統禦營)을 합쳐서 한 영으로 만들어 습조할 때를 당하여 스스로가 피차 돌려가면서 쓰면 허비되는 비용도 줄일 수 있고 또한 사의(事宜)에도 합치됩니

니다.

　1. 통어영의 1년 동안 구관(句管)하는 전곡은 〈다음과 같습니다.〉 경기 수군이 2백16명인데 매인당 방번전(防番錢)이 2냥씩이니 모두 합쳐 4백32냥이며, 해서수군이 6백69명인데 매인당 방번전이 2냥씩이니 모두 합쳐 1천3백38냥이며, 교동수군(喬桐水軍)이 7백76명인데 매인당 방번전이 2냥씩이니 모두 합쳐 1천5백52냥이며, 삼도수군이 1천6백61명인데 급량전(給粮錢)을 균역청(均役廳)에서 획송(劃送)해 오는 것이 매인당 1냥씩이니 모두 합쳐 1천6백61냥입니다. 돈을 계산하면 도합 4천9백81냥이고 곡식을 계산하면 삼도의 모조(耗租) 4백 석뿐입니다. 교동이 이미 방영(防營)이 되었으니 교동 수군의 번전(番錢)과 양전(粮錢)이 모두 합쳐 2천3백28냥인데 이것은 그대로 교동에 유치시켜야 합니다. 그 나머지 2천6백52냥과 모조(耗租) 4백석은 통어영으로 이속시켜야 합니다. 위에서 열거한 군졸(軍卒)·이례(吏隷)의 월료(月料)·삭전(朔錢)과 포인(浦人)의 신역(身役)에 대치시킬 것과, 사수·포수에게 상을 주어 권면할 비용을 모두 구별하여 지용(支用)하여도 또한 남는 것이 적지 않을 것입니다. 선상의 집물(什物)·군기(軍器)·기치(旗幟)와 염장(鹽醬)·촉자(燭子)·호궤(犒饋)하는 데 드는 제반 물건에 이르러서는 모두 여기에서 나오니, 낭비하는 일이 없게 해야 합니다. 1년이 끝나면 본영에서 문부(文簿)를 정리하여 묘당으로 올리면 묘당에서도 또한 유의하여 조찰(照察)함으로써 거의 부당하게 낭비되는 걱정이 없게 해야 합니다. 그리고 삼가 두 건의 절목을 만들어 하나는 본부에 유치시켜 두고 하나는 비국으로 보내어 전곡의 용도를 밝히지 않을 수 없습니다.

　1. 진무사(鎭撫使)가 이미 통어사(統禦使)를 겸하였으니 진무중군(鎭撫中軍)도 또한 마땅히 통어중군(統禦中軍)을 겸해야 합니다. 그리하여 사변이 있을 때는 왕래하면서 응접(應接)하게 하고 그렇지 않을 경우에는 임시(臨時)하여 따로 한 명의 가장(假將)을 내는 것도 또한 가하겠습니다.

　1. 영종도(永宗島)가 처음에는 통어영에 소속되어 절제(節制)를 받았었는데 수십 년 전에 무슨 까닭인 줄 모르겠습니다만 따로 독진(獨鎭)이 되어 스스로 호령(號令)을 주관하게 되었습니다. 이제 통어영을 옮겨 설치하는 때를 당하여 교동과 영종도가 모두 보거(輔車)가 되는 지점에 위치하고 있으면서 똑같이 기각(犄角)의 형세를 이루고 있으니, 만약 영종도를 통어영에 예속시키지 않는다면 이는 심도가 오른 팔

이 없는 것이 되는 것은 물론 사리에 의거하여 따져 보아도 전혀 그렇게 할 수는 없는 것입니다. 지금부터 시작하여 독진(獨鎭)의 권한을 폐지시키고 다시 통어영으로 예속시키는 것이 마땅하겠습니다.

  1. 통어영에 대한 일은 이제 이미 대강 정하여졌습니다만 본부(本府)의 일에 이르러서는 신이 부임한 지 얼마 안되어 미처 상세히 알지 못하고 있습니다. 그러나 그래도 눈으로 보고 귀로 들은 것이 있는데 걱정스럽고 개탄스러움을 견딜 수 없는 것은 하나는 군정(軍政)이 제대로 정비되지 않은 걱정이고 하나는 군향(軍餉)이 부족한 걱정입니다. 이 두 가지 걱정을 제거하지 않으면 비록 금성탕지(金城湯池)라 할지라도 유익함이 될 수 없습니다. 신이 본부에 도착한 이틀째 되는 날에 배를 타고 갑진(甲津)에서부터 북쪽으로 월곶(月串)에 이르렀고 또 서쪽으로 승천보(昇天堡)에 이르렀다가 철곶(鐵串)·인화보(寅火堡)에까지 이르렀습니다. 인화보는 곧 교동의 앞바다입니다. 한강물이 조강(祖江)의 입구에 이르러 서남의 조수를 받아 더욱 크고 넓어지는데 월곶(月串)에 이르러서는 양애(兩涯) 사이가 넓어서 소와 말을 분변할 수 없을 정도입니다. 한 줄기는 가로로 흘러 남쪽으로 가서 갑곶(甲串)으로 들어가고 한 줄기는 곧바로 서쪽으로 흘러가 승천보로 달려갑니다. 승천보 밖은 더욱 아득하게 넓은데 그런 가운데 이른바 청주여(靑州礖)라는 것이 있습니다. 배가 이곳에서 오르내리다가 한 번 형세를 잃게 되면 곧바로 전복되어 빠져 버리는데 대개 바다 가운데서 가장 험한 곳이기 때문입니다.

  또 갑진(甲津)에서 제물진(濟物鎭)으로 내려와서 남쪽으로 초지(草芝)에 이르러 손석기(孫石磯)를 보았으며, 남쪽으로 영종도의 해구(海口)를 바라보고 서쪽으로 마니산(摩尼山)의 밖을 살펴보았습니다. 대개 갑곶(甲串)에서 남쪽으로 흘러 덕진(德津)에 이르기까지는 좌우의 산자락이 서로 교차되는 탓으로 물 속의 돌이 더욱 거칠고 물살도 매우 사나워 허옇게 파도치며 급하게 흐르는데 그 아래에는 왕왕 헤아릴 수 없이 깊은 연못이 있어 물살이 수레바퀴 돌듯이 빙빙 돌고 있었습니다. 이것이 이른바 손석기(孫石磯)입니다. 신이 언덕 위에 서 있을 때 만조가 되어 있고 바람이 잔잔하였는데 해선(海船)들이 고기비늘처럼 죽 늘어서 오고 있었습니다. 배들이 이곳에 도착하여서는 기세를 가다듬어 키를 잡고 가운데를 따라 나아가다가 곧이어 또 키를 옆으로 꺾어 꾸불꾸불 돌면서 급류와 바위를 피하고 나서는 또 키를 똑바로 잡고 가운데를 따라 나아갔습니다.

　이렇게 하기를 여러 차례 되풀이해야 하니, 또한 어려운 일입니다. 만일 역풍(逆風)을 만나면 감히 지나가지 못합니다. 처음에는 순풍을 탔다가도 바람이 갑자기 변하면 반드시 바위에 부딪쳐 부서져서 물에 빠지기 일쑤입니다. 물에 익숙한 주자(舟子)들도 오히려 이와 같은데 더구나 객선(客船)이야 말할 것이 뭐 있겠습니까? 마니산 밖에 대해서는 토인(土人)의 말을 들건대, 바닷가의 개펄이 질퍽하여 허리까지 푹푹 빠지는데 넓이가 혹 몇 리가 되는 곳도 있고 혹은 4, 5리가 되는 곳도 있어 혹시 배를 정박한다고 해도 언덕으로 오를 수가 없다고 하니, 이것이 이른바 육해(陸海)인 것입니다. 장자평(丈者坪)에서 황청포(黃靑浦)에 이르기까지의 3, 40리 사이는 모두 이러하였으니, 옛사람이 토성을 쌓을 적에 월곶(月串)에서 시작하여 올라가 초지(草芝)에서 중지한 것은 고견(高見)이라고 일컬을 만합니다. 이곳의 험고(險固)함이 이와 같습니다.

　섬에 사는 인민은 남녀 모두 3만 3천여 구(口)이고 이들이 해마다 내는 곡식이 10여 만 석이나 되니 또한 백성이 많고 재물이 넉넉하지 않다고 할 수 없습니다. 만일 위급한 일이 발생할 경우에는 내려가 배를 타고 싸우기도 하고 언덕에 올라가 지키기도 하며 농사지어 식량을 충당하니, 충분히 스스로 공고하게 할 수 있습니다. 고려(高麗)의 임금이 이곳에 들어와 40년 동안 거처하면서 능히 종사(宗社)를 보존할 수 있었던 것은 지세가 험고하기 때문이었습니다. 그렇다면 강도부(江都府)는 참으로 국가의 중요한 땅인데 어떻게 외진 남한산성(南漢山城)과 똑같이 일컬을 수가 있겠습니까? 신은 이제야 더욱 성려(聖慮)가 보통에서 아주 뛰어난 것에 탄복했습니다. 비록 그렇기는 하지만 군병이 있은 연후에야 적군을 막을 수 있고 식량이 있은 연후에야 군병을 양성할 수 있는 것입니다.

　본부(本府)의 군향(軍餉)은 16만 5천여 석인데 기호(畿湖) 각 고을에서 거두어 들이지 못한 것이 1만 5백여 석입니다. 본부에서 각년에 거두어들이지 못한 것과 현재 창고에 유치되어 있는 것이 3만 7천6백여 석인데 적곡(糶穀)으로 나누어 준 것은 1만 석뿐입니다. 돌아보건대 지금 하늘이 덕있는 이를 도와주어 나라의 역수(曆數)가 장구하여질 것이므로 만세토록 태평을 누릴 것을 앉아서 기대할 수가 있으니 어찌 다른 염려가 있겠습니까마는 편안해도 위태로움을 잊지 않고 대비하는 것은 국가를 보유하는 상도(常道)인 것입니다. 만에 하나 왕사(王師)가 이곳으로 들어오게 된다면 삼군(三軍)·백관(百官)·만민(萬民)의 식량을 며칠이나 지탱할 수 있겠습니까? 강한 구적(寇賊)이 밖에서 공격하고 군사의 식량이 안에서 고갈되면 결국은 반드시 패배하게 될 것이니, 어찌 크게 한심스러운 일이 아닐 수 있겠습니까? 이제 비록 곡식을 생산하려고 해도 장차 어디서 만들어 내겠습니까? 태창(太倉)에서 가져오자니 태창이 고갈되었고 외고(外庫)에서 옮겨오자니 외고도 바닥이 났습니다. 비록 유안(劉晏)과 같은 재능을 가졌다고 해도 또한 어떻게 할 방도가 없을 것입니다. 곡식을 모으는 것이 이토록 어렵기 때문에 비록 동서로 분주히 뛰어다니며 주선하면서 어렵게 거두어 모으더라도 10년 사이에 겨우 1, 2만 석을 더 보탤 수 있습니다.

조곡(糶穀)을 나누어주는 것은 곡식을 모으는 것보다 더 어렵습니다. 본도(本島)의 민호(民戶)가 9천7백여 호이니, 이제 1만 곡(斛)의 쌀로 충분히 나누어 줄 수 있습니다. 흉년의 경우에는 3, 4천 석을 더 지급하는 데 불과하지만 풍년인 경우에는 받지 않으려는 사람이 많아 1만 석은 항상 남아돌고 있습니다. 이런 까닭에 옛날 향곡(餉穀)이 묵어 쌓여 있을 때에는 백성들이 받아가려 하지 않을 경우 관청에서 협박하여 주었으므로 도민(島民)들의 큰 고통거리가 되어왔습니다. 지금 1만 석의 수량은 알맞다고 할 수 있습니다만 이를 초과하는 것은 결단코 불가합니다. 그렇다면 군향(軍餉)은 끝내 넉넉하게 할 수 없지 않겠느냐고 하겠지만, 신의 어리석은 계책으로는 군량을 더 첨가하지 않고 둔전(屯田)도 하지 않고서도 군량을 넉넉하게 할 방도가 있습니다.

대개 본도(本島)에는 한전(旱田)·수전(水田)이 3천4백여 결이 있는데 거기서 생산되는 곡식이 대략 8, 9만 석이 됩니다. 그 가운데 2, 3만 석은 추적(秋糴)으로 들여놓고 4, 5만 석은 민식(民食)으로 돌리며, 또 2, 3만 석은 혹 부민(富民)들에게 전판(轉販)하기도 하고 혹 육지사람을 위해 실어내어 가게 하기도 하면 됩니다. 앞서는 도중(島中)에 흉년이 들면 곡식을 내어가지 못하도록 금했었는데 근래에는 이 법이 해이해졌습니다. 이 뒤로는 엄중한 법을 설치하여 경인(京人)이나 읍인(邑人)을 막론하고 도중(島中)의 곡식을 10석 이상 내어가는 자는 도형(徒刑)에, 50석 이상은 유형(流刑)에 처하며, 제물·월곶·승천 등 각 진의 진장(鎭將)이 사정(私情)에 따라 이를 방과(放過)하는 경우에는 그 죄가 곡식을 내어가는 자와 똑같게 하고 유수(留

守)가 잘 살피지 못한 경우에는 또한 이 법에 의거 좌죄(坐罪)시키게 하소서.

1. 도중(島中)에서 돌고 있는 곡식으로 항상 유치되어 있는 것이 수만 곡(斛)인데 1, 2년만 더 쌓이게 되면 형세가 장차 곡식이 천하게 될 형편에 있습니다. 3년째 여름과 가을을 넘기고 나서 연곡(年穀)의 풍흉(豊凶)을 살펴보아 가면서 비로소 방출을 허락해야 하는데 이렇게 하면 둔전을 하지 않고 군량을 더 첨가시키지 않아도 병졸과 백성들의 식량을 충족시킬 수 있습니다. 전주(佃主)로 말하더라도 국가에서 도중(島中)의 곡식을 빌려다가 돌려가면서 운반해 가게 되고 벼[租]는 쌀과는 달라서 비록 1, 2년을 묵힌다고 해도 또한 부패될 걱정이 없는데, 이것이 무슨 인정에 거슬려 행하기 어려울 것이 있겠습니까? 혹자는 논하기를, '사곡(私穀)을 차류(借留)하는 것은 국가의 체모에 있어 구간(苟艱)스럽고 구량(口粮)을 금지하여 막는 것은 인정상 하기 어려우니, 이 법은 행할 수 없다'고 합니다만 신은 그렇지 않다고 여깁니다. 도중(島中)에다 곡식을 저축하는 것은 바로 국가의 대계(大計)인 것입니다. 대계를 모의하는 사람은 작은 일은 돌보지 않는 것인데 더구나 흉년이 든 해에 배로 운반해 가는 것을 금하는 것은 대개 도민(島民)을 처지를 위한 것입니다. 만일 혹자의 말과 같이 한다면 국가에서 무엇 때문에 법을 설립하여 금할 것이 있겠습니까? 전에 이미 금했는데 지금 금하지 않을 필요가 뭐 있으며 흉년에 이미 금했는데 풍년에 금하지 않아야 할 이유가 어디 있습니까? 보장(保障)도 폐기할 수 없고 병식(兵食)도 부족하게 할 수는 없는데 곡식을 생산해 낼 방도는 이보다 더 좋은 방법이 없으니, 다만 결단을 내려 시행하기에 달려 있을 뿐입니다. 1곡(斛)의 벼가 반곡(半斛)의 쌀을 당할 수 없으니, 설사 2, 3만 곡을 유치한다고 하더라도 오히려 적은 것을 한스럽게 여기게 됩니다.

삼남의 대동미(大同米)는 유독 호남이 조금 넉넉하니, 만일 나누어서 1만 석을 갑진창(甲津倉)에 유치시켜 두었다가 다음해 3, 4월에 공인(貢人)으로 하여금 외방에서 받게 하고 또 햅쌀 1만 석을 나누어 유치시켰다가 전처럼 외방에서 받아가게 하되 해마다 이런 방법으로 하면 1만 곡(斛)의 쌀은 장구히 도중(島中)에 유치되어 있게 됩니다. 공인들도 비록 경창(京倉)에서 받는 것만은 못하더라도 남한산성에 가서 받는 것보다는 또한 매우 편리하고 쉽습니다. 그리고 심도(沁道)가 해로의 요충지에 위치하고 있지만 판매할 만한 물산이 없기 때문에 남쪽의 선박(船舶)들이 곧바로 경강(京江)으로 달려가므로 연해포구 민호들의 생리(生理)가 삭막하여 사람들이 모여 들지 않고 있습니다. 이제 만약 외방에서 받게 하는 법을 시행한다면 배들이 꼬리를 물게 되어 시사(市肆)가 줄지어 서게 될 것이니, 포민(浦民)들이 힘입어 살아갈 수 있는 생업이 마련될 수 있을 것입니다. 이미 곡식이 저축되는 이로움이 있고 또 백성을 모집하는 이로움도 곁들이고 있으니, 신은 이 법을 반드시 시행해야 된다고 여깁니다.

1. 초지(草芝)는 삼남 해로의 액구(阨口)인데 옛사람이 이곳에 진(鎭)을 설치한 것은 의도가 있는 것이었습니다. 한 번 목장을 겸하여 관리하게 됨으로부터 이른바 첨사란 자가 겸하고 있는 목아(牧衙)로 들어가 거처하고 있으므로 진사(鎭舍)는 폐기된 지 이미 오래되었습니다. 단지 두서너 명의 토병(土兵)들만이 황량한 보(堡)에 흩어져 거처하고 있으니, 조가(朝家)에서 진장(鎭將)을 설치한 의의가 어디에 있습니까? 신의 우견으로는 속히 목아를 파기시키고 진사를 더 지어 첨사로 하여금 신지(信地)에 와서 거처하면서 진졸(鎭卒)들을 수습하고 전구(戰具)에 마음을 전일하게 하되, 만일 명령을 따르지 않을 경우에는 곧 죄를 논해야 된다고 여겨집니다.

1. 군제는 전부(前部)인 무학군(武學軍)이 1천3백32명이고 후부(後部)인 속오군(束伍軍)이 1천3백32명인데, 이는 원군(原軍)입니다. 장려(壯旅)의 좌열군관(左列軍官)이 9백99명이고 우열군관(右列軍官)이 9백99명이며, 의려(義旅)의 좌열군관이 9백99인이고 우열군관이 9백99인인데, 이는 고 유수 신 이선(李選)이 신유년에 설치한 것입니다. 또 대년군(待年軍) 2백22명, 아병(牙兵) 1백11명, 이노 작대(吏奴作隊)인 난후친병(攔後親兵)의 좌·우 초군 2백22명, 잡색군 4천6백55명이 있는데, 모두 1만 1천8백70명이니, 또한 많다고 할 수 있습니다. 그러나 대년군·아병·이노 작대·잡색군은 진실로 승패를 가름하는 수효에는 아무런 이익이 없고 속오군·무학군이 바로 몽둥이를 들고 앞으로 공격하여 나갈 수 있는 군대입니다.

그런데 근래 인심이 교묘한 수단으로 남을 속여서 편호(編戶)의 천민들도 모두 입자(笠子)를 쓰고 도포(道袍)를 길게 끌고 다니는 것으로 스스로 다르다는 것을 표시하고 있습니다. 이런 때문에 속오와 무학에 편입된 자들이 거개 양려(兩旅)의 무리들 속으로 몸을 숨기는 탓으로 원군(原軍)이 날로 줄어들어 궐오(闕伍)된 것이 거의 절반이나 되는데도 수십 년 이래 대신 충당시키지 못하고 있습니다. 따라서 남아 있는 자들은 모두 지쳐 병들거나 늙어서 쓸데없는 사람뿐입니다만, 이제 수괄(搜括)한다면 도피하느라고 분분하여 저지시킬 수 없게 됩니다.

이른바 원군(原軍)은 참으로 유명무실 그대로이니, 오직 마땅히 천천히 무마하고 천천히 불러모아 세월을 두고 연마하여 가면서 잔약한 자들을 건장(健壯)한 자들로 바꾸고 궐루(闕漏)된 것을 충실하게 충당시켜야 합니다. 그러나 이는 일조일석에 책성(責成)하게 하기는 어렵습니다.

양려(兩旅)의 군관들도 또한 편호(編戶)의 어리석음으로 속오군들과 그다지 다를 것이 없는데 단지 입자(笠子)를 쓰고 도포를 길게 끌면서 당(堂)에 올라가서 절할 뿐입니다. 그 가운데는 무력(武力)을 지닌 용건(勇健)한 자들이 많이 있는데 이들은 비록 군관이라고는 하지만 실은 군졸을 만들 수 있습니다. 그렇기는 하지만 이것도 또한 그 형세를 이용하여 이롭게 인도해야 됩니다.

신의 어리석은 의견으로 양려(兩旅) 가운데 신수가 좋고 여력이 있는 자를 각각 3백 명씩 뽑아서 매달 초하루마다 전립(戰笠)에 소매가 좁은 옷을 입고 활쏘기도 시험해보고 포 쏘기도 시험해보는 등 법으로 단속하고 상으로 격려하여 기예(技藝)를 힘써 연마하게 해야 합니다. 무학군에 이르러서는 또한 농사지어 먹고 사는 양민(良民)이니 버려둘 수 없습니다. 이것도 또한 특별히 3백 인을 뽑아서 시험에 응시하게 하여 상을 준다면 몇 년 뒤에는 모두 정병(精兵)이 될 수 있습니다. 그리하여 육지에 있을 경우에는 육군으로 만들고 바다에 있을 경우에는 수군으로 만든다면 9백 명의 날랜 군사가 충분히 일면(一面)을 담당할 수 있을 것이니, 이것을 어찌 하찮게 여길 수 있겠습니까? 초하루에 상을 주는 비용은 또한 따로 구획(區劃)할 필요가 없습니다.

본부의 별회록(別會錄)에 들어 있는 쌀은 대개 수신(守臣)이 늠료(廩料)를 주고 남은 것을 추이(推移)하여 놓은 것으로 외읍(外邑)에서 스스로 준비하는 것과 비슷한 것인데, 그 수량의 다과는 거관(居官)의 구속(久速)에 따라 다릅니다. 만약 임기가 차서 돌아가는 사람의 경우는 적어도 2백여 석에 밑돌지 않을 것입니다. 신의 생각에는 지금부터 시작하여 신이 매달 초하루에 10여 곡의 쌀을 덜어내어 무예를 권면하는 상의 비용으로 쓰게 되면 조가(朝家)에서는 허비되는 경비가 없으면서 융무(戎務)는 마땅히 일신(一新)될 것입니다.

1. 강도(江都)에는 또 지탱하기 어려운 폐단과 발거(拔去)할 수 없는 걱정이 있으니, 그것은 곧 성을 보수하는 역사(役事)입니다. 신이 그 폐해를 분명히 알고 있습니다만 돌아보고 꺼리면서 말하지 못하는 것은 마음에 차마 하지 못하는 점이 있어서인 것입니다. 대저 강도에 토성(土城)이 생긴 것이 어느 때부터인지 모르겠습니다만 그 유래는 오래되었습니다. 그 뒤 고 판서 신 신정(申晸)이 여첩(女堞)을 그 위에다 축조했는데 신이 그 유지(遺址)를 살펴본 바 너비와 두께가 8, 9보가 되었으니, 높이는 미루어 알 수 있었습니다. 그 뒤 고 판서 신 김시혁(金始㷜)이 토성의 반을 잘라내고 벽돌로 쌓았는데, 그 의도는 중국의 장성(長城)의 제도를 모방하여 요컨대 변어(邊禦)를 공고히 하는 기반을 만들려고 한 것이니, 어찌 훌륭한 일이 아니겠습니까? 그리고 저 연새(燕塞)의 수림(樹林) 사이에 있는 흙은 그 성질이 견조(堅燥)하여 벽돌과 비슷한데 더구나 또 유회(油灰)로 밑바닥을 축조하였으므로 단단하기가 금석(金石)과 같아서 비바람에 무너지지 않는 것은 형세가 진실로 그렇게 되어 있는 것입니다.

도상(島上)의 경우는 그렇지 못하여 해조(海潮)가 밖에서 침식하고 산의 물이 안에서 감돌아 차면서 나가기 때문에 여름에 장마가 들 적에는 물이 범람하여 거세게 씻어내려 가는데, 성이 산 위에 있고 물이 성의 틈새로 흘러나오니, 그것이 잘 무너지는 것은 또한 형세가 그렇게 되어 있는 것입니다. 다만 바다의 진흙과 모래·자갈을 섞어서 쌓는 것이 가장 알맞는 방법입니다. 대저 바다의 진흙은 아교처럼 잘 들어붙는데다가 물을 만나면 빨아들이고 햇볕을 보면 건조하여 단단해집니다. 이것으로 튼튼하게 축조하고 그 위에다 사초(莎草)를 입힌다면 비록 조수가 침식하고 물이 불어난다고 해도 무너지지 않게 할 수 있으니, 이 또한 사리에 있어 반드시 그렇게 되는 것입니다.

해택(海澤)의 제언(堤堰)에 모두 진흙을 쓰는 이유는 이 때문인 것입니다. 무릇 이른바 벽돌로 쌓은 성은 축조한 지 얼마 안되어 곧바로 무너지게 되니 갑진(甲津)이 상하 몇 리 밖에는 모두 남아 있는 것이 없습니다. 부득이하여 벽돌을 돌로 바꾸었습니다만 1년에 축조하는 것이 3백 보로 한정이 되어 있습니다. 그리하여 금년에 이만큼 축조하고 내년에 이만큼 축조하고 10년을 이렇게 하고 20년을 또 이렇게 하여 갑자년에서 지금에 이르기까지 36년 동안 해마다 이렇게 축조하지 않은 해가 없었습니다만 50리 사이에 겨우 그 절반을 축조했을 뿐이므로 앞으로 축조해야 할 것이 또한 수십여 리가 됩니다. 이를 다 축조할 기간을 계산하여 보면 또한 30년이 허비되는데 옥포(玉浦)의 석성(石城)은 이제 또 무너졌습니다. 성을 보수하는 데 드는 전곡을 헛되이 물 속에다 던져넣는 격이 되니, 이것은 너무도 아까운 일입니다. 거기다가 어호(漁戶)는 돌을 운반하도록 독촉하기 때문에 배를 임대하는 데 드는 비용이 장차 10냥에 이르게 되고, 남정(男丁)들은 역역(力役)을 하도록 독촉하기 때문에 돌을 나르느라 외치는 호야(呼耶)의 고통이 번번이 여러 날을 겪게 되어 있습니다. 그리하여 마니산(摩尼山)의 나무는 매탄(埋炭)으로 다 없어지게 되었고 해서(海西)의 강철(強鐵)은 연장을 만드느라 다 녹여 없어지게 되었습니다.

대저 천하의 일은 시작이 있으면 끝맺음이 있는 것이고 괴로울 때가 있으면 편안할 때가 있는 법인데, 지금의 이 성역(城役)은 빙빙도는 고리와 같아서 이유도 없이 민력(民力)이 항상 수고롭기만 할 뿐 편할 날이 없습니다. 이런 때문에 심도(沁都) 백성들의 속담에 '아! 이놈의 성을 쌓는 것이 장강(長江)과 같아서 끝이 없구나! 저 장강물이 끊어져야만 이 역사(役事)가 끝나리' 하는 말이 있으니, 그들의 원망하고 애통해 하는 정상을 미루어 알 수 있습니다.

신의 의견으로는 내년부터 속히 성을 수축하는 역사를 폐지하고 광성(廣城)에서 초지(草芝)에 이르기까지 20여 리를 진흙으로 축조하되 힘써 완고(完固)하게 만들고 그 위에 여장(女墻)을 설치하며 강가의 상하에 나열되어 있는 돈대(墩臺) 사이에 각각 1백 보씩을 한계로 하여 따로 초루(譙樓)를 축조해야 한다고 여깁니다. 그리하여 사변이 발생할 경우에는 각 진의 토병(土兵)들로 하여금 좌우에서 서로 바라보면서 양쪽에서 시석(矢石)을 날려 적군이 감히 접근하지 못하게 해야 합니다. 이렇게 하면 민력을 쉬게 할 수 있고 재용(財用)을 축적할 수 있고 또한 적군도 막을 수 있는데, 또 어찌 석성(石城)을 축조할 필요가 있겠습니까? 신이 비록 어리석고 미혹하기는 합니다만 또한 충분히 헤아려 보았으니, 삼가 예재(睿裁)를 바랍니다."

묘당에 명하여 품처하게 하였다.

영의정 김상철(金尙喆)이 아뢰기를, "수신(守臣)이 15조항으로 상소하여 논열한 것은 매우 상세하고도 주밀하며 조가(朝家)의 처지에서도 이미 따르기 어려운 일이 아니므로 참으로 변통시키는 사의(事宜)에 맞게 되어 있어 단락에 따라 복주(覆奏)할 필요가 없으니, 일체 청한 그대로 모두 시행할 것을 허락하소서. 그 가운데 호남(湖南)의 대동미(大同米) 1만 석을 매년 강도(江都)에 윤치(輪置)시키고 공인(貢人)으로 하여금 외방에서 받아가게 하자는 의논은 구애되어 곤란한 점이 생길 우려가 없지 않으니, 이는 다시 상세히 살펴서 합당하게 하도록 힘쓰는 것이 마땅하겠습니다" 하였다.

그대로 따랐다.

5715 정조 03/03/19(계묘) → 【원전】 45집 103면
[통영이 조잔된 근원을 듣다]   수3808

차대(次對)하였다.

임금이, 통영이 조잔(凋殘)된 근원에 대해 전에 통수(統帥)를 역임한 장신(將臣)들에게 순문하니, 이창운(李昌運)이 대답하기를, "균역법을 행하기 전에는 어염(魚鹽)·곽전(藿田)의 일로서 왕래하는 선박을 모두 본영에서 구관(句管)했기 때문에 원문(轅門) 안의 3천 가호의 생리(生理)가 풍족하였고 민물(民物)이 번성하였습니다. 지금은 바다에서 나오는 이익을 모두 잃었기 때문에 날로 조잔되어 가는 것을 면할 수 없습니다" 하였다.

그리고, 이경무(李敬懋)는 말하기를, "균역법을 시행한 뒤 비록 1만 냥을 획급(劃給)하여 주었습니다만 이는 단지 본영(本營)의 수용(需用)에 쓰일 뿐이고 군민(軍民)들의 이해에는 관계가 없는 것입니다. 지금 만약 어장(漁場) 등의 이익을 전대로 환급한다면 군민들이 저절로 의뢰하여 도움받는 이익이 있게 될 것입니다" 하였다.

임금이 말하기를, "지난 을미년 수신(帥臣)의 장청(狀請)에 따라 오른쪽 연변의 어장(漁場)을 전부 환급하였으니, 통영에서 마땅히 주관(主管)하고 있을 것이다. 그런데 이제 또 얻기를 청하는 것은 무슨 까닭인가?" 하였다.

그러자, 이창운이 말하기를, "비록 환급했다고는 하지만 어채(漁採)의 이익은 아직도 해민(海民)들에게 소속되어 있어 원문(轅門)의 교졸(校卒)들은 애당초 간섭하지 않고 있습니다. 다만 어염(魚鹽)뿐만이 아니라 점선(點船)도 낙인(烙印)이 없기 때문에 지나다니는 선척이 한 척도 와서 정박하지를 않습니다" 하였다.

5716 정조 03/05/03(병술) → 【원전】 45집 106면
〔고부군수에게 폐단을 이정케 하고 군산첨사에게 조운을 관장케 함〕   수3809

차대하였다.
　고부군수(古阜郡守)를 진주(晋州)・울산(蔚山)의 예에 따라 음과(蔭窠)로 만들어 고을의 폐단을 이정(釐正)하게 하였다. 군산첨사(群山僉使)는 법성진(法聖鎭)의 예에 따라 무신(武臣)의 이력과(履歷窠)로 만들어 전적으로 조운을 관장하게 하였다. 위봉(威鳳)・금성(金城)・입암(笠巖) 이 세 산성의 조적은 군향(軍餉)의 예에 의거하여 수성장으로 하여금 조관(照管)하게 하였다. 영의정 김상철(金尙喆)이 이전 전라도 관찰사 정원시(鄭元始)의 장청(狀請)에 의거 시행할 것을 복주(覆奏)한 것이다.

5717 정조 03/06/12(갑자) → 【원전】 45집 107면
〔대사간 임득호가 추자도 별장 설치를 건의하다〕   수3810

대사간 임득호(林得浩)가 상소하여 역적을 토죄(討罪)하였는데 끝에 말하기를, "흉역(凶逆)의 여얼(餘孼)들을 절도(絶島)에 정배하게 한 것은 법의(法意)가 매우 중한 것입니다. 신이 남쪽 고을에 대죄(待罪)하고 있을 적에 추자도(楸子島)의 한 지형을 상세히 살펴보았는데, 이 섬은 서쪽으로는 진도(珍島)와 통해 있고 동쪽으로는 강진(康津)과 접해 있고 남쪽은 제주(濟州)로 갈 수 있으며 북쪽은 곧 영암군(靈巖郡)으로 통하는 곳이었습니다. 따라서 상선과 어선이 본도(本島)로 왕래하는 것이 사통오달이라고 할 수 있습니다. 그곳을 관령(管領)하는 책임은 오로지 영암 고을에 소속되어 있습니다만, 수령이 된 사람이 비록 동정을 사찰하려 해도 위령(威令)이 미치는 곳은 단지 북쪽 한 곳일 뿐입니다. 동쪽・서쪽・남쪽 이 세 곳에 대해서는 규찰할 방책이 전혀 없으니, 그 허술하기가 이보다 더 심한 것이 어디 있겠습니까? 이 섬에도 나주의 흑산도(黑山島)와 강진(康津)의 신지도(薪智島)의 예에 의거하여 별장을 설치하는 것을 결단코 그만둘 수 없습니다" 하였다.
　비답하기를, "진달한 내용은 마땅히 유의하도록 하겠다. 말단의 일은 아뢴 대로 시행하라" 하였다.

5718 정조 03/08/24(을해) → 【원전】 45집 118면

〔왜인에게 주는 예단삼 5근을 관북으로 옮겨 배정하다〕　　　　　　　왜11011

평안도 관찰사 김종수(金鍾秀)가 장계하여 강계(江界)의 삼폐(蔘弊)를 아뢰고 왜인에게 주는 예단삼(禮單蔘) 5근을 관북으로 옮겨 배정하기를 청하였는데, 대신해 온이 복주(覆奏)하였다.
　　시행을 윤허하였다.

5719 정조 03/11/18(무술) → 【원전】 45집 136면
〔호조판서 김화진이 세곡의 미납이 잦자 수운 판관의 폐지를 상소하다〕　　　조1300

호조판서 김화진(金華鎭)이 상소하기를, "양향청(糧餉廳)의 사례를 바로잡으라는 하교를 받았습니다. 본청(本廳)에서 세를 받아들이는 규례를 한결같이 균청(均廳)에서 은여결(隱餘結)의 세를 거두어들이는 법대로 하면 세를 받아들이는 것이 넉넉하지 않거나 지급하는 것이 모자랄 걱정이 없을 것입니다. 수운관관은 대개 세곡을 날라다 바치기 위하여 둔 것인데, 해마다 거두어들이지 못하여 점점 적체되어 미납이 된 것은 참으로 수운 판관인 자가 흔히 연한이 이미 찼고 또 해유(解由)가 없기 때문에 폐단이 이 지경에 이른 것입니다. 만약 본도의 수령을 번갈아 차원(差員)으로 정하여 한결같이 아산(牙山)의 방법과 같이 하고 수운 판관을 폐지하는 것이 옳겠습니다. 바라건대, 하문하여 재처(裁處)하소서" 하였다.
　　묘당에서 품청(稟請)하니, 그대로 시행하게 하였다.

정조 4년(1780; 청 건륭45년)

5720 정조 04/01/18(정유) → 【원전】 45집 148면
〔신응주를 경상좌도 수군절도사로 삼다〕   수11148

신응주(申應周)를 경상좌도 수군절도사로 삼았다.

5721 정조 04/02/03(임자) → 【원전】 45집 149면
〔김상태에게 관직을 제수하다〕   수11149

김상태(金相台)를 황해도 수군절도사로 삼았다.

5722 정조 04/02/21(경오) → 【원전】 45집 152면
〔훈련대장 구선복이 군정의 폐단과 군비의 폐단을 지적하다〕   수4661

훈련대장 구선복(具善復)이 상소하였다.
 "…… 우리나라의 군제(軍制)에 예전에 없던 것은 베를 바쳐 신역(身役)에 충당하는 것으로 평소에도 이미 그 환심을 잃었으니, 창을 메고 화살을 무릅써 난(亂)에 임하면 어찌 그들이 죽을힘을 다하기를 바라겠습니까? 예전에 이른바 '천일 동안 군사를 길러 하루 동안 군사를 쓴다'는 뜻이 과연 어디에 있습니까? 속오군(束伍軍)·아병(牙兵)은 곧 싸움에 나아가는 군졸인데, 모두 양·천으로 충정(充定)하다가 중세 이래로 고쳐서 사노(私奴)로 단속하였습니다. 균역(均役)한 뒤부터 양군(良軍)은 단지 1필의 베를 바칠 뿐인데, 사노는 한 해 동안 내내 그 주인에게 사역되고도 쌀을 바치고 조련에 나아가며 허다한 잡역에서도 도리어 양역(良役)보다 심한 것이 있습니다. 조련을 당하면 사람을 쓰거나 사람을 빌려서 눈앞에 닥친 것을 미봉하는 계책으로 삼으려 하니, 만일 급한 때를 당하면 어디에서 쓰거나 빌리겠습니까?
 마병(馬兵)으로 말하면 더욱이 매우 허술하여 1대(隊) 가운데에서 말이 있는 자가 아주 적으므로 점고를 받거나 습조할 때에는 세내기도 하고 빌리기도 하니, 그 폐단

이 속오군보다 열 배나 더하고 군장(軍裝)·마식(馬飾)이 전혀 모양을 이루지 못합니다. 이런 군용(軍容)으로 적을 위압하려 한들 어찌 될 수 있겠습니까?
　전선(戰船)은 장차 수사(水師)에서 쓰는 데에 갖추기 위한 것인데, 배를 감추는 곳은 땅을 가리지 않은 것은 아니나 세월이 이미 오래 되어 포항(浦港)이 점점 막혀 가니, 급한 일이 있으면 어떻게 출항하겠습니까? 한꺼번에 파내어 개통시킬 수는 없더라도 제도를 정용(軍容)으로 적을 위압하려 한들 어찌 될 수 있겠습니까? 전선(戰船)은 장차 수사(水師)에서 쓰는 데에 갖추기 위한 것인데, 배를 감추는 곳은 땅을 가리지 않은 것은 아니나 세월이 이미 오래 되어 포항(浦港)이 점점 막혀 가니, 급한 일이 있으면 어떻게 출항하겠습니까? 한꺼번에 파서 틀 수는 없더라도 제도를 정하고 기한을 세워 점차로 포(浦)를 파내게 하되 잘하지 못하는 자는 죄주어야 수년 사이에 배를 댈 곳이 복구될 수 있을 것입니다.
　예전에는 군병에게 나누어 주는 공마(貢馬)가 다 좋은 말이었는데 이제는 세공(歲貢)이 거의 다 둔한 말이니, 이것이 어찌 말이 예전만 못하여 그런 것이겠습니까? 참으로 먹여 기르는 것이 마땅한 방법을 얻지 못한 것이니, 각별히 신칙(申飭)해야 하겠습니다. 강화목장(江華牧場)은 수초(水草)가 풍족하고 땅도 편리하고 가까우니, 급한 일이 있으면 여러날이 걸리지 않아서 몰아 올 수 있을 것입니다. 신은 제주(濟州)에서 봉진(封進)하는 것 가운데에 암말도 봉진할 수 있게 하여 북시(北市)에서 얻은 종마(種馬)와 함께 1백 필로 수를 한정하여 먹여 길러 새끼를 치면 10년 안으로 반드시 번식하는 보람이 있을 것이라고 생각합니다. 병지(兵志)에 '군(軍)에 재물이 없으면 군사가 명을 받들지 않는다' 하였습니다. 군문(軍門)의 재물은 경비와 다를 것이 없으니, 각 군문에 엄히 신칙하여 절약해서 재물을 저축하여 시급한 수용(需用)에 대비하게 하소서. 군향(軍餉)을 돈으로 바꾸어 대납(代納)하는 것은 본디 조정의 금령(禁令)이 있는데, 근래 수령의 사사로운 친분에 얽매어 그 대납을 허용하여 쌀의 저축이 구차하고 어렵게 만드니, 이것은 일체 엄히 막아야 하겠습니다.
　육도(六道)에서 승호(陞戶)하는 법은 그 규례가 매우 아름다운 것입니다마는, 근래 근착(根着)이 있고 부실(富實)한 자는 온갖 계책으로 꾀하여 면하고, 가난하고 의지할 데 없는 무리로 구차하게 채워서 올려보내므로 미처 두어 해가 못되어 도망하는 자가 잇달으니, 육도에 신칙하여 특별히 가려서 올려보내게 하여 군오(軍伍)를 씩씩하게 하소서. 훈국(訓局)에서 화약을 구워 만드는 데에 쓰는 나무와 군기(軍器)를 주조하는 데에 쓰는 숯은 다 양근(楊根)·춘천(春川)·홍천(洪川) 같은 고을의 절수(折受)한 땅에서 나오는데, 사대부와 토호가 그 가운데를 범하여 무덤을 쓰고 손을 대지 못하게 하므로 나무와 숯이 점점 귀하여지니, 그 고을에 신칙하여 보수(步數)를 정하여 푯말을 세우게 해야 하겠습니다.

무고(武庫)의 양근시장(楊根柴場)은 진상하는 물건을 주조하는 데에 쓰는 것에 관계되니, 또한 훈국에서 낭청(郞廳)을 보내어 그 고을 수령과 함께 살펴서 경계를 정하고 범하여 무덤을 쓰고 넓게 차지하는 폐단을 일체 금단하게 하소서."

비답을 내려 묘당(廟堂)으로 하여금 복주(覆奏)하여 시행하게 하고, 하교하기를, "요즈음 백관이 게으르고 서무가 좀스러워도 장관이 서로 규계(規戒)하는 일이 없고 백관이 제 직무에 따라 규간(規諫)하는 것이 없거니와, 문신에 있어서도 그러한데 어찌 무신이 그렇지 않기를 바랐으랴마는, 이 소(疏)에 조목조목 아뢴 것을 보고 내가 매우 가상히 여긴다. 포미(襃美)의 은전을 보여 간언(諫言)이 오게 하는 뜻을 비추어야겠으니, 훈련대장 구선복에게 특별히 대록피(大鹿皮) 1영(令)을 내리라" 했다.

5723 정조 04/04/10(무오) → 【원전】 45집 161면
〔선혜청의 당상 정민시가 본청의 장표없이 배를 왕래한 죄를 논하기를 청하다〕   수4662

차대(次對)하였다.

좌의정 이은(李溵)이 아뢰기를, "동래부사가 장계하기를, '관백(關白)의 저사(儲嗣)의 죽음을 치위(致慰)하는 역관 당상·당하 각 1원(員)과, 옛 도주(島主)의 죽음을 조위(弔慰)하고 새 도주의 승습을 치경(致慶)하는 역관당상 1원을 을유년 규례에 따라 겸무토록 하되, 반드시 각 장(張)으로 된 서계를 가지고 재판왜(裁判倭)가 나오기를 기다려서 곧 도해(渡海)해야 하겠습니다' 하였습니다. 청컨대 이에 의거하여 윤허하소서" 하였다.

그대로 따랐다.

선혜청당상 정민시(鄭民始)가 아뢰기를, "경외(京外)의 배를 이미 균청(均廳)에 소속시킨 뒤에는 세(稅)를 면제한 것에는 세를 면제한 장표(掌標)가 있고 세를 내는 자에게는 세를 내는 장표가 있으므로 모든 배는 본청(本廳)의 장표가 없으면 왕래하지

못하는 것이 본디 규례인데, 이번 적간(摘奸) 때에 공조의 재옹선(載甕船) · 황해 수영(黃海水營)의 추포선(追浦船) · 안흥(安興)의 대변선(待變船) · 태안(泰安)의 채복선(採鰒船)이라는 것은 본청의 장표를 기다리지 않고 해당 조(曹)와 해당 영(營) · 해당 읍(邑)의 체문(帖文)을 가졌을 뿐이었습니다. 각사(各司) · 각 영 · 각 읍에서 체문을 만들어 주어 마음대로 배를 부리게 하면 구관(句管)하는 본청에서 장표를 박아 주는 뜻이 과연 어디에 있겠습니까? 일이 매우 놀라우므로 논죄해야 할 것입니다마는, 경외를 물론하고 이러한 잘못된 예가 또한 많이 있을 것인데 현착(現捉)된 자만을 죄주는 것은 또한 고르지 못하니, 이 뒤로는 경중(京中)의 각사와 외방의 각 영 · 각 읍에서 감히 사사로이 체문을 주지 못한다는 뜻으로 청컨대, 엄명(嚴明)히 신칙하소서" 하였다.

그대로 따랐다.

5724 정조 04/06/05(임자) → 【원전】 45집 168면
〔신하들과 유학을 수군에 충당시키는 문제를 논의하다〕   수11150

조강과 아울러 차대를 겸하여 행하였다.

예조판서 김익(金熤)이 아뢰기를, "과장(科場)에서 죄를 범한 사람이 수군에 충정된 뒤에 초시에 입격하면 면역시키는 것을 허가합니다. 신의 조(曹)의 등록(謄錄)에서 살펴보니, 숙묘조(肅廟朝) 정축년에 고 상신 신완(申琓)이 예조판서로서 빈대(賓對)에 입시하였을 때 '과장에서 금령을 범한 자는 유학(幼學)은 영원히 정거(停擧)하고 수군에 충정하며, 생원(生員) · 진사(進士)와 조사(朝士)는 변방 먼 곳에 충군하되 사령(赦令)이 있을 때라도 용서하지 말도록 일찍이 정식(定式)한 것이 있는데, 이제 유학으로서 수군에 충정된 자에게 부거(赴擧) · 참방(參榜) · 면역할 수 있도록 허가한다면 조사와 생원 · 진사에게 사령이 있을 때에도 용서하지 말게 하는 것은 고르지 못할 듯하다'는 뜻으로 앙품(仰稟)하였더니, 사령이 있을 때에도 용서하지 말라는 조건을 없애라고 하교하셨습니다. 이것으로 논하면 수군에 충정된 자의 참방 · 면역에는 종래의 정식이 있기는 합니다마는 법전에 실린 것이 없으니, 한 번 품정(稟定)하지 않을 수 없습니다" 하였다.

임금이 말하기를, "예전 오위법(五衛法)이 있을 때에는 다 군적(軍籍)이라는 명목

이 있었으나 요즈음에는 없어졌으니, 유학·조사를 물론하고 충군은 같은 듯하다" 하였다.

좌의정 서명선(徐命善)이 말하기를, "죄가 과장에 관계되는 것은 마찬가지인데, 당초 정식할 때에 생원·진사와 조사는 변방 먼 곳에 충군하여 사령이 있을 때에도 용서하지 말도록 마련하고, 유학은 낮추어 수군에 충정하여 영원히 부거하지 못하도록 마련한 것은 입제(立制)한 뜻에 매우 구별이 있습니다.『속대전(續大典)』에 이것을 실었으나 중간에 변통할 때에 생원·진사와 조사는 사유(赦宥)에 넣는 것만을 허가하고 부거를 허가하지 않은 것은, 대개 변방 먼 곳에 충군하는 것은 귀양보내는 것과 같으므로 부거에 대하여 논할 수 없기 때문이며, 유학은 부거만을 허가하고 사유에 넣는 것을 허가하지 않은 것도 낮추어 수군에 충정하는 것은 귀양보내는 것과 다르므로 사유에 넣지 말아야 하기 때문입니다. 근래 법의(法意)가 점점 잘못 바뀌어 생원·진사와 조사가 혹 수군에 충정되고 유학으로서 수군이 된 자도 사유에 들어가니, 이것은 법관(法官)이 잘 거행하지 못한 탓이고 당초에 구별하여 정직한 본의에 매우 어그러집니다. 이제 바로잡으려면 다만 구전(舊典)을 거듭 밝히게 하여, 생원·진사와 조사는 변방 먼 곳에 충군하고 사유에 넣는 것을 허가하되 해당 조(曹)에서 복계(覆啓)할 때에 그 죄의 경중에 따라 혹 그대로 두기도 하고 석방하기도 하고, 유학은 낮추어 수군에 충정하였다가 부거할 수 있도록 허락해서 초시에 입격하면 면역하여 스스로 새로워지게 하고, 무릇 사전(赦典)에 대해서는 거론하지 말면 지금의 폐단을 바로잡고 옛 법을 따를 수 있을 것입니다" 하였다.

임금이 말하기를, "대신해 온의 말대로 하라" 하였다.

병조판서 김화진(金華鎭)이 말하기를, "문시(文試)를 이렇게 정식하였으면 무시(武試)도 차이가 없어야 하겠습니다" 하였다.

임금이 말하기를, "그렇다" 하였다.

호조판서 채제공(蔡濟恭)이 말하기를, "근래 과장의 일 때문에 충군된 자 중에 정리(情理)가 아주 통탄스러운 것이 많이 있는데, 그가 생원·진사나 조사이기 때문에 사유(赦宥)에 넣는다면, 가령 이달에 충군되어 다음 달에 사유를 만났더라도 넣을 수 있겠습니까? 이렇게 한다면 참으로 악을 징계하는 뜻에 어그러질 것입니다. 신의 생각으로는 충군한 지 3년 안에는 사유를 만났더라도 거론하지 말고 반드시 3년이 차기를 기다린 뒤에 혹 사령이 있으면 비로소 석방·미석방의 계문(啓聞)에 넣는 것을 허락하는 것이 마땅할 듯합니다" 하였다.

그러자, 임금이 대신에게 물으매, 서명선이 말하기를, "도형(徒刑)에는 연한이 있을지라도 사유를 만나면 다 석방·미석방의 계문에 넣는데, 더구나 본디 연한이 없는 충군이겠습니까? 정리가 아주 통탄스러운 것이 있거나 배소(配所)에 도착한 지 오래지 않아서 문득 석방할 수 없는 자라면 계문에 넣되 해당 조(曹)에서 복주(覆奏)할 때에 잉질(仍秩)에 두는 것이 옳겠습니다. 반드시 이 법에 없던 법을 새로 만들 것은 없을 듯합니다" 하였다.

5725 정조 04/07/14(경인) → 【원전】 45집 173면
〔조련의 시행에 폐단이 없도록 하유하다〕   수3811

조련의 시행에 대해 여러 도에 하유하였다.

"금년 가을에는 작년에 조련을 시행했던 곳에서 조련을 연습한다. 관서(關西) 이외에는 조련을 하지 말라고 명하였으나, 이밖의 여러 도들도 많이 설행(設行)하고 있다. 여러 해 동안 흉년이 든 끝에 다행히 조금 풍년이 들 희망이 있는데, 이 시기에 백성들이 또 고달픈 어깨를 쉬며 편안히 있지 못하고 양식을 싸 가지고 진(陣)으로 달려가게 되었으니, 노고와 비용이 작지 않을 터이므로 이를 생각하면 몹시 가련하고 민망스럽다. 그러나 군병(軍兵)을 다스리는 중요한 정사를 폐기한 지 여러 해가 되어 백성들은 군대를 모르고 장수는 병졸을 모르니 어찌 매우 한심한 일이 아니겠는가? 저것을 이것과 비교해 볼 때 경중이 있기 때문에 시행을 허락하지 않을 수 없었지만 또한 어찌 전혀 신칙하지 않아 폐단을 끼치고 고통을 받도록 그냥 놔둘 수 있겠는가?

일찍이 들건대, 조련을 시행할 때 소비되는 것이 식량과 군장(軍裝)뿐만이 아니라, 뇌물을 갈취하는 폐단도 많다고 한다. 그 지탱하기 어려운 폐단을 따져 볼 때, 오로지 수령이 금지하지 않고 수신(帥臣)이 엄하게 단속하지 않은 데서 연유한 것이다. 이번의 하교는 기어코 범법하는 자가 없게 하려고 하는 것이므로 조련을 시행하는 여러 도에 염탐(廉探)을 하여 근면과 태만을 알아볼 것이다. 호궤하고 기예를 시험하는 등의 일에 있어서는 관청에서는 재물을 허비하는데 병사들은 포상을 받지

못한다고 하니, 이것도 마땅히 고찰하는 가운데 넣어야 할 것이다. 비록 점호를 하는 영진(營鎭)의 관문(官門)이라도 반드시 백성들을 침해하는 폐단이 있으니, 이것은 조련을 하지 않는 여러 도에도 일체 엄중하게 신칙하여야 할 것이다."

5726 정조 04/07/19(을미) → 【원전】 45집 174면
〔임률을 홍충도 수군절도사로 삼다〕   수11151

임률(任嵂)을 홍충도 수군절도사로 삼았다.

5727 정조 04/07/20(병신) → 【원전】 45집 174면
〔세곡의 폐선이 빈번하자 호송한 지방의 수령과 변장을 문책하다〕   조2067

이 해에 영남의 후조창(後漕倉)의 배 한 척이 영암(靈巖)에서 파손되고, 호남 능주(綾州)의 조세를 실은 배는 부안(扶安)에서 파손되고, 또 무안(務安)의 조세를 실은 배 한 척은 만경(萬頃)에서 파손되고, 호서의 홍주(洪州)·은진(恩津)의 조세를 실은 배는 고양(高陽)에서 파손되고, 공주(公州)의 조세를 실은 배는 통진(通津)에서 파손되었다.

하교하기를, "선왕조 갑오년에 칙교(飭敎)를 내린 이후로 세곡(稅穀)을 실은 배가 침몰하는 일이 없었으며, 제때에 실어 보내어 호송도 근실히 하였다. 그런데 몇 년 이래로 이 법이 점차로 해이해져서 지난해는 그 전해보다 더 심하고 올해는 지난해보다 더 심한데, 올해는 파손된 배가 얼마나 되는지 알 수 없을 정도였다. 그래서 이미 신칙하고자 하였으나 우선 관대히 봐 주었다. 옛날 우리 선왕조에서 자상하게 신칙하셨던 것은 미곡(米斛)을 위해서 그런 것이 아니라 진실로 한 톨의 쌀이 백성들의 피나는 고생 속에서 나오기 때문이었다. 내가 감히 그 법을 닦아 밝히지 않을 수 있겠는가? 경기 도백의 장계를 살펴 보건대, 고의로 배를 침몰시킨 실정이 불을 보듯 명백하다. 침몰된 1천 포대는 한결같이 건져내기만을 바라고 있으나 곡식이 어디로 간 지 모르고, 배도 어디로 간 지 모르는데, 향리의 교활한 이졸은 편안히 다른 배를 타고서 범연히 알지 못한다고 말하고 있으니 이런 법이 어디에 있단 말인가? 만일 법대로 징계하여 다스리지 않는다면 앞으로 간교한 폐단을 방지할 수 없을 것이다. 침몰된 배의 감관·색리·사공·결군 등을 도백으로 하여금 여느 일

을 제쳐놓고 친히 신문하여, 간계를 꾸민 우두머리를 곧바로 적발해서 규식에 따라 형률을 정함으로써, 다른 사람을 징계하고 후일을 단속하는 본보기로 삼도록 하라. 만일 일찍이 애써 실어서 보냈더라면 어찌 간교한 꾀를 쓸 수 있겠으며, 또 신중히 호송을 하였더라면 어찌 간교한 심보를 부릴 수 있었겠는가? 배에 실어 보내고 호송한 그 지방의 수령과 변장(邊將)을 모조리 관직을 삭제하고 의금부로 하여금 붙잡아다가 문초하여 죄를 정하게 하라. 대체로 지방 고을은 경사(京司)를 본받는 것이니 법령을 금석(金石)과 같이 지켰다면 몇 년 안되어서 법이 어찌 이처럼 해이해 졌겠는가? 올해에 들어 조세의 배가 침몰된 여러 도의 감사는 모조리 종중 추고하도록 하라. 이것은 바로 세 번 명령하고 다섯 번 거듭 주의시키는 의미이니, 다시 이러한 폐단을 아뢸 경우에는 결코 그 즉시 엄중하게 다스리지 않을 수 없다" 하였다.

5728 정조 04/08/15(신유) → 【원전】 45집 181면
〔김우진을 규장각 직각으로, 전문현을 황해도 수군절도사로 삼다〕　　　　수11152

　　김우진(金宇鎭)을 규장각 직각으로, 전문현(田文顯)을 황해도 수군절도사로 삼았다.

　　〈 관련내용 〉
　　・정조 04/08/20(병인)→김해주에게 관직을 제수하다　　　　45집 181면

5729 정조 04/09/05(경진) → 【원전】 45집 182면
〔호남에서 익사한 장병들을 위로하고 구호케하다〕　　　　수4663

　　호남에서 조련에 나아갔다가 물에 빠져 죽은 장수와 병사들을 위로하고 구호할 것을 명하였다.

　　하교하기를, "이 전라감사의 장계를 보니 조련에 나간 배가 침몰되어 장수와 병사들이 이처럼 많이 물에 빠져 죽었으니, 처참하고 애긍하다는 말 가지고는 제대로 표현할 수 없다. 여러 진(鎭)에 군졸의 생존과 사망을 미처 상세히 탐지하지 못한 곳도 많으니, 우선 도백으로 하여금 속히 탐문하여 계속 보고하게 하라. 그러면 마땅히 별도로 구호할 정책이 있을 것이니, 우선 이 뜻을 가지고 지방관으로 하여금 착실히 위로하고 구호하게끔 하라. 그 중에 검모진장(黔毛鎭將)을 구제하지 못한 것은 더욱 몹시 서글프다. 그가 필시 경영문(京營門)에 오랫동안 근무하였을 것이니,

또한 해당 부서로 하여금 후하게 구호해 주도록 하라" 하였다.

〈 관련내용 〉
- 정조 04/09/06(신사)→ 호남의 익사한 군졸들의 신·구 환곡을 탕감하다　　45집 182면
- 정조 04/09/16(신묘)→ 전라수영의 익사한 환란에 대해 통제사로 하여금 조사케 하다　45집 183면

5730 정조 04/09/29(갑진) → 【원전】 45집 185면
〔이동엽을 전라좌도 수군절도사로 삼다〕　　　　　　　　　　　　　　수11153

이동엽(李東曄)을 전라좌도 수군절도사로 삼았다.

5731 정조 04/12/07(신해) → 【원전】 45집 197면
〔나주의 대흑산도에 외국 선박이 표류하다〕　　　　　　　　　　　　수4664

나주의 대흑산도(大黑山島)에 표류해 온 이국(異國)의 선박이 있었는데, 길이는 1백 81척이고 허리의 넓이는 30척이었다. 네 개의 돛대가 있었는데, 큰 것은 길이가 14장(丈)이고 둘레는 12척이었다. 선상에는 층루(層樓)를 만들고 금색으로 '덕의게범(德意揭帆)'이란 네 글자를 썼다. 중간에는 26폭의 그림 불상(佛像)을 내걸었는데, 이것은 천후낭낭(天后娘娘)으로서 선박을 편안하게 하는 불상이라고 하였다. 배 바깥 양쪽 옆에는 옻칠로 '소주원자 칠십삼호 양원리 상선(蘇州元字漆拾參號楊元利商船)'이라는 15자를 썼고, 선박 꼬리에는 금색으로 '온족분여비(穩足奔如飛)'라는 5자를 썼다. 또 다섯 가지 채색으로 사람, 동물, 화초(花草) 등의 사기(邪氣)를 물리치는 여러 가지 형상을 그려놓았다. 선박 안에는 모두 17명이 있었는데, 모두 원화현 조표(元和縣照票)·점련소표(粘連小票)·해관징초패(海關徵崇牌) 한 개씩을 가지고 있었다. 조표에는 머리에 본 선박의 호칭을 게시하고 다음에 타공(舵工)의 성명을 죽 나열하였으며, 소표(小票)에는 어느 달 어느 날에 개방(開放)하여 출향하였다는 것을 썼고, 두조(豆照)도 그러하였다. 주현(州縣) 및 선박호칭 등의 글자는 절반이 쪼개져 있었는데, 절반은 본 아문에 보관하고 절반은 선호(船戶)에 주었다가 돌아갈 때를 기다려 두 개를 대조해 보고 나서 없애버린다고 하였다. 징초패에는 단지 선호(船戶) 양원리(楊元利)만을 기록하였고, 명표패(名票牌) 두조(豆照)의 글자 획과 도장은 뭉개진 부분이 많았다. 모두 준(遵) 자 혹은 행(行)자·실(實)자·순(順)자를 붉은 색으로 썼

으며, 혹은 붓으로 고리처럼 둥글게 갈구리를 치기도 하였는데, 이것은 관야청(官爺淸)의 필적이라고 하였다. 원화현표(元和縣票)에는 '보결 서원량(保結徐元亮)'이라는 다섯 글자가 있었다.

서원량이 어떤 사람인지 물어보았더니 같은 마을의 보결(保結)주인이라고 하였다. 콩 몇 말을 한 섬으로 치고 한 섬의 값은 얼마나 되는지 물어보았는데, 열 말이 한 섬이고 값은 3천 문(文)이라고 하였다. 가격이 어째서 그렇게 매우 비싸냐고 물으니, 관동의 말로 된 것을 강남에 와서 되어보면 한 섬이 넉넉히 두 섬 닷 말이 되고, 또 관동에 흉년이 들어 곡식의 가격이 매우 폭등했기 때문이라고 하였다. 그들의 희망에 따라 수로로 돌아가도록 허락해 주고 자문(咨文)을 지어서 북경의 예부(禮部)로 보냈다.

5732 정조 04/12/25(기사) → 【원전】 45집 201면
〔영의정 김상철이 고군산을 해군조련지로 삼도록 청하자 따르다〕 수3812

영의정 김상철이 아뢰기를, "지난번에 호남의 수군조련 때 군졸이 익사한 일로 인하여 호남 도신에게 분부하여 해서에서 나누어 조련하는 사례에 따라 사리로 논하여 보고하도록 하였습니다. 그런데 지금 관찰사 서유린(徐有隣)의 장계를 보니, '군민(軍民)이 원하는 바를 살펴보고 수사가 보고한 바를 참고해 보건대, 만경(萬頃)의 고군산(古群山)은 여러 섬들이 둘러싸 있고 가운데 큰 호수가 펼쳐져 있어서 수백 척의 전함을 수용할 수가 있는데다가 양호(兩湖)의 수영(水營)이 위아래로 세력을 버티고 있으니, 이는 실로 하늘이 만든 하나의 방어지입니다. 이제 고군산으로 조련하는 장소를 정하고 그 진(鎭)의 첨사는 품계가 높고 명망이 있는 사람을 임명하여 영장(營將)을 겸임시키고 또 방어를 관할하게 한다면 전함·군량·군기(軍器)를 새로 배치할 것이 별로 없을 것입니다. 묘당으로 하여금 품지(稟旨)하소서' 하였습니다. 나누어 조련하도록 변통하는 일은 다섯 읍진(邑鎭)의 군민(軍民)들이 이미 이와 같이 기꺼이 따르고 있으며 고군산이 조련하기에 적합하고 해상 방어의 형편이 또 이와 같으니, 도신이 요청한 바가 진실로 근거가 있습니다. 도신과 수신(帥臣)에게 분부하여 이에 따라 거행하도록 하소서. 고군산첨사는 이미 영장을 겸임하고 있으며 또 조련의 책임을 맡고 있습니다. 이는 바로 창설의 초기이니만큼 별도로 선택하지 않

을 수 없습니다. 병조로 하여금 이력(履歷)과 명망이 있는 사람을 차출하게 하는 것이 타당할 것입니다" 하였다.

그대로 따랐다.

5733 정조 04/12/26(경오) → 【원전】 45집 201면
〔왜관이 불타자 비변사에서 휼전할 것을 건의하자 허락하다〕 왜11012

비변사에서 아뢰기를, "지금 예조의 점목(粘目)을 보니, 왜관 동대청(東大廳)·서행랑(西行廊) 56칸이 모두 불타버렸습니다. 휼전은 강희(康熙) 무자년의 사례에 따라 공작 면포(公作綿布) 3동과 쌀 50석을 지급하고 위문할 필요는 없습니다. 그러나 변방에 관한 일이니, 청컨대 묘당으로 하여금 품처하게 하소서. 무자년의 전례를 취하여 상고해 본다면 역관을 보내 위문한 일은 없고 쌀과 베만 지급한 사례가 있으니, 지금에도 이에 따라 거행하는 것이 타당할 것입니다" 하였다.

그대로 따랐다.

정조 5년(1781; 청 건륭46년)

5734 정조 05/01/28(신축) → 【원전】 45집 207면
〔구이겸을 수군통제사로 삼다〕   수11154

구이겸(具以謙)을 삼도 수군통제사로 삼았다.

〈 관련내용 〉
· 정조 05/02/09(임자)→ 신대겸을 삼도 수군통제사로 삼다   45집 209면
· 정조 05/02/28(신미)→ 구명겸을 삼도 수군통제사로 삼다   45집 214면

5735 정조 05/02/24(정묘) → 【원전】 45집 214면
〔서명선이 수사의 춘조는 본영에서, 추조는 행영에서 행하도록 아뢰다〕   수3813

차대하였다.
 영의정 서명선(徐命善)이 아뢰기를, "청컨대. 충청감사의 장계에 의거하여 수사의 봄철 조련은 본영에서 행하고 가을철 조련은 행영에서 행하게 하소서" 하였다.
 그대로 따랐다.

5736 정조 05/04/05(무신) → 【원전】 45집 231면
〔관서병영이 변방의 정세를 등문케 하도록 비변사에 신칙하다〕   수4665

하교하기를, "해서에 황당선(荒唐船)이 출몰하고, 관서에 대국인(大國人)이 왕래하는 것은 모두 변방의 정세에 속하는 것이다. 그런데 근년 이래로 황해도 병영에서는 등문(登聞)하는 경우가 매우 드물고, 평안도 병영에서는 소루하기가 막심하니, 이는 대개 평안한 데 타성이 되어 그런 것이다. 비변사에서 신칙하여 이 뒤로는 보는 대로 장문(狀聞)하게 하라" 하였다.

5737 정조 05/05/03(을해) → 【원전】 45집 237면
〔호조참판 서유린이 고군산첨사를 변방의 이력과로 만들 것 등을 청하다〕 수3814

차대(次對)하였다.……

　호조참관 서유린(徐有隣)이 아뢰기를, "고군산첨사(古群山僉使)를 이미 수군의 영장(營將)에게 주관하여 거행하게 하였는데, 이는 사면(事面)이 보통과 다를 뿐만이 아니라, 본영(本營)이 호서의 남쪽 요충지에 위치하고 있기 때문인 것입니다. 그곳은 해문(海門)의 관방(關防)이 되는 곳으로 경기의 영종진(永宗鎭)과 영남의 다대포(多大浦)에 견줄 만합니다. 변방에서 방어하는 곳은 그간 영종진과 다대포의 예에 의거하여 이력과(履歷窠)로 만드는 것이 사의에 합당할 것 같습니다" 하였다.

　그리고, 영의정 서명선(徐命善) 등은 아뢰기를, "방영(防營)은 설치하기가 용이하지 않은데, 이곳이 해도(海島)에 위치하고 있으니, 변방이 되기에 해가 될 것이 없습니다. 청컨대, 백령도(白翎島)의 예에 의거하여 변방의 이력과로 만드소서" 하였다.

　그대로 따랐다.

　서유린이 또 아뢰기를, "수륙(水陸)의 조련이 있은 뒤에 떡과 고기로 호궤(犒饋)하는 것이 갖가지 폐단이 되고 있는데 그 단서가 한두 가지가 아닙니다. 전에는 원하는 데 따라 건육(乾肉)으로 호궤한 전례가 있었는데, 정해년에서부터 건육의 호궤를 금하였으므로 민읍(民邑)의 폐단이 참으로 적지 않습니다" 하고, 훈련대장 구선복(具善復) 등도 또한 건육의 호궤가 온편하다고 아뢰었다.

　영의정 서 명선이 말하기를, "이는 유독 호남(湖南)에서만 행해서는 안되고, 다른 도(道)에서도 똑같이 하도록 알리는 것이 마땅하겠습니다" 하였다.

　그대로 따랐다.

　구선복이 아뢰기를, "병사는 군정(軍政)을 주관하고 있으니, 매번 순조(巡操) 때를 맞으면 각 고을에서 마음을 다해야 합니다. 그런데, 근래에는 병사·수사가 그 직분을 잘 수행하지 못하기 때문에 각 고을에서 이를 하찮게 여겨 전혀 수거(修擧)하지 않고 있으니, 어찌 개탄스러운 일이 아닐 수 있겠습니까? 옛날의 곤수(閫帥)들은 간간이 수령들을 아뢰어 파직시킨 적이 많았는데, 지금은 조용하기만 한 채, 그런 일이 있었다는 것을 들어보지 못하였습니다. 만약 엄중히 신칙하지 않으면, 뒤 폐단이 반드시 오늘날보다 더 극심하게 될 것입니다" 하였다.

　임금이 말하기를, "지난번 경의 상소에 대한 비답에서 이 일을 제기하여 모든 곤수들은 신칙하려 하였었다. 그런데 또 경의 연주(筵奏)를 들으니, 더욱 그것이 폐단의 단서가 되고 있다는 것을 알게 되었다. 읍쉬(邑倅)를 통제하지 못하는 것은, 혹 스스로 품위를 손상시킨 데 연유되기도 하는 것이지만, 근래에는 사람들의 불법이 극도에 이르렀다. 예컨대, 문관(文官)·음관(蔭官)의 수령들 가운데 조금 지세가 있는 자들은 절도(節度)를 준행하지 않고 멋대로 법을 어기는 습관이 있음은 알기가 어렵지 않다. 이렇게 신칙한 뒤에도 모든 군무(軍務)에 관계된 것을 수령이 명령대로 따르지 않을 경우에는, 법전에 의거하여 드러나는 대로 논죄하도록 하겠다. 가까운 시일 안에 마땅히 점검하여 근만(勤慢)을 조사하는 정사(政事)가 있을 것이니, 미리 알려 주게 하라" 하였다.

5738 정조 05/05#29(신미) → 【원전】 45집 244면
〔서명선이 세선의 패선과 관련하여 농간부린 사공·격군의 처벌 등을 청하다〕   조1301

영의정 서명선(徐命善)이 아뢰기를, "지난번 어사의 별단으로 인하여 대선(隊船)을 만드는 일에 대해 호서의 도신(道臣)으로 하여금 사리를 논하여 장문(狀聞)하게 하였는데, 삼남의 조선(漕船)에 탑재하는 수량에 대해서는 도마다 각기 달랐습니다. 이제 영남의 예에 의거하여 법식을 정하여 부근 고을에서 상납할 때에 원하는 대로 더 싣게 한다면, 배를 구해야 하는 폐단과 기일을 어기는 걱정을 조금이나마 줄일 수 있게 될 것입니다. 청컨대, 이를 양호(兩湖)에 알려서 편부(便否)를 헤아려 일체로 논계(論啓)하게 하소서. 근래 사공과 격군들의 간사한 폐단이 갖가지로 많습니다. 기한이 차지 않은 조선을 번번이 파패(破敗)되었다고 핑계하면서 하인배들에게 뇌물을 주고 호조의 첩장(帖狀)과 비변사의 관문(關文) 얻어내려고 꾀하고 있습니다. 그리하여 구선(舊船)은 팔아서 쓰고, 새로 만든 배에는 지나치게 많이 싣고 있으니, 이 뒤로 농간을 부리다가 현발(現發)될 경우에는 사공과 격군 1인을 강가에서 효시하고, 적간(摘奸)한 낭청(郞廳)은 정배하며, 거짓말에 속아서 전보(轉報)한 해당 당상은 무거운 쪽으로 논죄할 것으로 과조(科條)를 엄중히 제정하여 특별히 신칙하소서" 하였다.

그대로 따랐다.

호조판서 정상순(鄭尙淳)이 아뢰기를, "조선(漕船)에 관해서 본조(本曹)에 보고하여 개조하기를 청하는 경우 그것이 경강(京江)에 도착한 뒤라면 해당 낭청(郞廳)이 적간(摘奸)할 방도가 있겠습니다만, 모읍(某邑)으로 돌아간 다음 이배(吏輩)들과 부동(符

同)하여 문득 개조하기를 청하고 있으니, 이런 경우에는 본조에서도 또한 그 허실을 빙핵(憑覈)할 수가 없습니다. 앞으로 현발되는 일이 있을 경우에는 해당 지방관과 도신(道臣)을 모두 대신해 온 이 아뢴 내용대로 일체 논하여 감죄(勘罪)하겠다는 내용으로 여러 도에 엄중히 신칙하소서" 하였다.

그대로 따랐다.

5739 정조 05/06/17(무자) → 【원전】 45집 246면
[서명선이 탐라에 어사 파견과 홍충도의 대선 건조의 실행을 청하다]   조1302

차대(次對)하였다.

영의정 서명선(徐命善)이 아뢰기를, …… 또 아뢰기를, "전에 홍충도 암행어사 이정운(李鼎運)의 별단으로 인하여 대선(隊船)을 만드는 것의 편부(便否)에 대하여 도신(道臣)으로 하여금 상량하여 계문(啓聞)하게 했었습니다. 이제 홍충도 감사 이숭호(李崇祜)의 장계를 보니, '각 고을의 사정이 처음에는 혹 고르지 않기도 하였습니다만, 지금은 과연 잘 정리되어 귀일하였으니, 내년부터 법식을 정하여 시행하는 것이 참으로 편의하겠습니다. 그리고 연전에 대선을 만들었다가 폐단이 있어 곧바로 파기하였는데, 이제 만약 설행한다면, 특별히 과조(科條)를 제정하여 폐단의 근원을 철저히 막은 연후에라야 전과 같은 걱정이 없게 될 것입니다. 선인(船人)들의 정원(情願)을 참작하여 헤아리고, 각 고을의 사실을 참고하여 따로 절목(節目)을 만들어 해당 청(廳)으로 올려보내, 약속을 철저히 지키게 하여 주소서'라고 하였습니다. 각 고을의 의견이 이미 모두 따르기를 기뻐하고 도신의 말도 또한 단행하려고 하니, 호서의 전조(轉漕)는 이로부터 다행스럽기 그지없습니다. 절목 사이의 일은 본도에서 해청과 왕복하면서 익히 소상하게 논의하여 성식(成式)을 획정하게 함으로써 종전처럼 금방 실행했다가 곧바로 파기하는 일이 없게 하는 것이 마땅하겠습니다. 도신에게 분부하여 속히 거행하게 하소서" 하였다.

그대로 따랐다.

5740 정조 05/06/17(무자) → 【원전】 45집 247면
[비변사에서 제주어사가 가지고 갈 사목을 올리다]   기2160

비변사에서 제주어사가 가지고 갈 사목(事目)을 올렸다.
[사목의 내용은 다음과 같다.

본주(本州)는 탄환(彈丸)만한 작은 섬으로 바다 모퉁이에 외지게 위치하고 있어서 조정에서 가장 먼 곳의 사람을 교화시키는 정치를 힘써 온 지 오래되었다. 우리 성상(聖上)께서 5년 동안 광림(光臨)하시면서 일념으로 진휼(賑恤)하신 것은 공헌(貢獻)의 견감, 표선(漂船)의 수색으로 전후 내린 특은(特恩)이 멀리 천리 밖에까지 미쳤다. 선명(宣命)하고 순무(巡撫)하는 방도와 시재(試才)하여 위열(慰悅)시키는 거조를 잠시 동안 미처 거행하지 못하였는데, 혹시 해도(海島)의 사람들이 억울해 하는 탄식이 없지 않을 것을 우려하여 특별히 어사를 파견하게 되었다. 그리하여 이미 순무할 것을 명하고, 또 시재(試才)하게 하였으며 겸하여 세 고을의 군정(軍政)과 백성의 고통을 살피게 하였다. 따라서 어사가 섬으로 들어간 뒤에 거행해야 할 절목을 아래에 조목별로 열거한다. 안사(按査)하는 한 가지 조항에 대해서는 먼 외방의 사정을 멀리서 헤아리기에는 어려움이 있기 때문에 마련하지 않겠으니, 어사가 내려간 뒤 상세히 채탐(採探)하여 엄명(嚴明)하게 철저히 조사하되, 혹 장문(狀聞)하여 품지(稟旨)하기도 하고, 혹 편의에 따라 종사하기도 하다.

1. 어사가 제주도에 들어간 처음 즉시 지방관과 함께 한곳에 일제히 모여서 사족과 군민을 막론하고 일일이 불러모은 다음 널리 포고하여 상세히 효유(曉諭)함으로써 우리 성상께서 백성의 고통을 깊이 살피게 한 덕음(德音)과 인재를 위열(慰悅)하게 한 성의(盛意)를 모두에게 알게 하라.

1. 세 고을의 유생과 무사를 시장(試場)에서 시취(試取)하되, 시제(試題)는 전대로 봉제(封題)하여 내려보낸다. 시권(試券)은 조정으로 돌아올 때에 봉진(封進)하여 대제학으로 하여금 과차(科次)하게 한다. 무사를 시취하는 규식(規式)은 병조에서 계하(啓下)받은 사목(事目)에 의거하여 시취하며, 입격된 사람은 시수(矢數)와 분수(分數)를 개록(開錄)하여 계문한다. 입격은 되지 못했으나, 단기(單技)가 뛰어난 사람에게는 상을 시행하여 격려하고 권면하는 방도가 없을 수 없다. 육냥전(六兩箭) 2시(矢)에는 목면(木綿) 1필(疋), 유엽전(柳葉箭) 2중(中)에는 1필, 3중(中)에는 2필, 4중에는 3필, 기추(騎芻) 2중에는 1필, 3중에는 2필, 4중에는 4필, 조총(鳥銃) 2중에는 1필, 3중에는 2필로 등급을 나누어 시상(施賞)한다. 목면은 전라 감영에 있는 것을 15동(同)을 가지고 가서 지급한다.

1. 선상의 화포 등 여러가지 기계를 일일이 시방(試放)하고, 장교와 군병 가운데 재능이 있는 자에게는 가지고 간 목면으로 참작하여 시상한다. 그 가운데 여러 해 동안 일을 맡고 군무(軍務)를 환히 알고 근로한 것이 특별히 드러난 사람은 따로 계문(啓聞)하여, 혹 전력부위(展力副尉) 등의 자급(資級)을 주기도 하고, 혹 겸사복 내승(兼司僕內乘) 등의 직첩(職帖)을 주기도 하여 격려하고 권면하는 방도로 삼는다.

1. 시재(試才) 이외에 겸하여 도중(島中)의 군정(軍政)과 해방(海防)의 형편, 군병들의 군기(軍器)와 선척의 집물(什物)을 일일이 점검하여 살피고 나서 기계가 손상되어 낡았을 경우에는 즉시 수개(修改)하게 하고 군액(軍額)에 궐원(闕員)이 있는 경우에는 즉시 충정시키게 한다. 만일 성지(城池)가 무너져 폐기되고 선척과 기계가 파괴되고 손상된 것이 많은 경우 아무아무 관원이 개축하거나 개비(改備)하지 않았다는 것을 상세히 조사하여 서계(書啓)한다. 해상의 요망(瞭望)이 가장 긴중한 것이니, 요망하는 군졸을 불시에 점고하여 만일 늙거나 어려서 적합하지 못한 사람이 있을 경우에는 즉시 개정(改定)하게 하고, 이어 엄중한 계칙을 가한다. 봉화(烽火)를 들어 경급(警急)을 알리는 등의 일에 관해 마음을 가다듬어 거행하게 함으로써 허술한 걱정이 없게 하라.

1. 세 고을 안에 역적의 지속(支屬)들로서 연좌되어 노비가 되어 있는 자들과 안치(安置)·도배(島配)된 부류들이 각처에 산재해 있어 실로 허술한 우려가 있다는 것에 대해 다시 그에 대한 과조(科條)를 신명(申明)시키고 나서 특별히 조절(操切)하여 일각(一刻)도 마음대로 떠날 수 없게 하며, 보수주인(保授主人) 이외에는 서로 통하지 못하게 한다. 각 포구의 선로(船路)에 이르러서도 일체 금방(禁防)하여 육지인(陸地人)과 죄인이 교섭하여 서로 통하는 폐단이 없게 한다. 만일 이런 사실이 현발될 경우에는 모두 보수 주인과 함께 형률(刑律)에 의거하여 엄격히 단죄한다.

1. 본도(本島)는 둘레가 넓지 않고 토질이 척박하여 백성들이 가난한 데다가 생업(生業)도 없다. 그런데 본목(本牧) 이하 많은 수효의 관장(官長)들이 으레 가렴 주구하는 문로(門路)가 많아 징렴(徵斂)에 절제가 없다. 게다가 본주(本州)에서 진상하는 물종(物種)이 매우 많기 때문에 이를 빙자하여 침탈하는 것이 끝이 없다. 그러나 왕화(王化)가 이미 멀어 달려가 호소할 길이 없으니, 참으로 매우 딱한 노릇이다. 어사가 이미 순무하는 일을 겸하게 되었으니, 방곡(坊曲)의 백성의 고통을 두루 살피고 전후의 사례(事例)를 상세히 탐찰(探察)하여 지나친 수효를 재작(裁酌)하고 부당한 징수를 덜어 없앰으로써 폐단의 구멍을 철저히 막고 탐오를 엄중히 징계하라. 그리고 이를 조목별로 열거하여 장문(狀聞)해서 영원히 후세의 법(法)으로 전해가게 하라.

1. 세 고을 수령의 현부(賢否)와 이왕의 수령의 치적(治績)이 환히 드러나 유애(遺愛)가 백성들에게 있는 사람과 탐오하고 외람된 짓을 하면서 백성을 학대하기를 마지않는 사람을 모두 방문하여 서계(書啓)하라.

1. 도중(島中)에 있는 문무관으로서 전함(前啣)인 사람 가운데 혹 재능을 지니고서도 침체되어 있는 사람을 방문하여 살핀 다음 초택(抄擇)하여 서계(書啓)함으로써 해당 조(曹)로 하여금 조속히 수용하게 하여 먼 곳의 사람을 위열(慰悅)시킬 방도로 삼게 하라.

1. 나이 80세 이상인 사람에게는 미곡과 어물을 참작하여 헤아려서 제급(題給)하게 하며, 나이를 속여 입적(入籍)한 부류들에 대해서는 상세히 구별하여 함부로 은전(恩典)을 받는 폐단이 없게 하라.
1. 효자와 절부로서 그 실적이 환히 드러나 일컬어진 사람은 개록(開錄)하여 계문(啓聞)하라. 그리고 윤상(倫常)을 손상시키고 의리를 무너뜨려 온 고장사람들에게 버림받은 사람은 또한 이를 무겁게 다스림으로써 선을 드러내어 표창하고 악을 징계하는 방도로 삼게 하라.
1. 세 고을의 형옥(刑獄)을 일일이 직접 상세히 묻고 철저히 조사하여 한결같이 사리에 따라 소석(疏釋)도 하고, 징치(懲治)도 하며, 민간(民間)에 억울하고 원통함을 품고 있는 사람들에 대해서도 또한 모두 안문(按問)하여 신리(伸理)시킨다.
1. 일이 백성의 고통과 고을의 폐단에 관계된 것으로 제때에 변통시켜 조처하지 않을 수 없는 일일 경우에는 먼저 행하고 나서 뒤에 아뢰기도 하고, 빨리 계문(啓聞)하여 품지(稟旨)하라.
1. 한라산(漢拏山)에 재계(齋戒)하고 제사를 설행하는 것에 관한 의주(儀註)를 예조로 하여금 마련하여 거행하게 한다.
1. 순무(巡撫)하는 것은 이것이 군사(軍事)이니, 어사는 군복(軍服)을 입고 행사하여야 하며, 목사(牧使) 이하는 군례(軍禮)로 영송(迎送)한다. 시재(試才) 때에는 시복(時服)으로 행사한다.
1. 지나가는 각 고을에서 지대(支待)하고 영송(迎送)하는 등의 절차와 시재(詩才) 때의 지공(支供)은 힘써 줄이고, 감하는 쪽을 따라서 함으로써 민폐(民弊)를 덜도록 하라.
1. 군관 1원(員)을 실직(實職)의 유무를 막론하고 자망(自望)하여 데리고 가며, 인신(印信) 하나는 해당 조(曹)로 하여금 급송하게 한다.
1. 나리포(羅里浦)의 절목을 개정한 뒤, 도중(島中)의 민정의 편부(便否)를 각별히 탐방(探訪)하라. 대저 그곳으로 실어 들어오는 곡식이 토호나 관속들의 소화(消花)하는 자금으로 들어가기 때문에 연사(年事)가 극심한 흉년에 이르지 않았어도 번번이 진곡(賑穀)을 청하는 장계가 있게 된다. 그리하여 물고기와 미역을 받아들이는 것이 산읍(山邑)의 백성들에게도 뒤섞여 미치게 되고, 양대(養臺)의 징수가 외람되이 해민(海民)에게 이르게 되었다. 따라서 포곡(逋穀)이 한번 들어오면 토호와 관속들은 모두 좋아서 날뛰지만 산읍의 백성들과 해민들은 모두 수심과 원망이 절실하다. 심지어는 관가(官家)에서 이를 조절(操切)하여 택봉(擇捧)하는가 하면, 포(鋪)에서 출발시킬 때에는 열등품으로 바꾸어 보낸다는 전설(傳說)이 많으니, 실상(實狀)이 과연 소문과 같은지 상세히 탐문하여 모두 서계하라.
1. 국마(國馬)의 필수를 안렴하여 사고(査考)하고, 목장의 처소도 아울러 적간(摘奸)하며, 목자(牧子)의 원수(元數)와 사마(私馬)의 다과도 전의 정식에 의거하여 또한 실상을 조사하라]

5741 정조 05/07/02(임인) → 【원전】 45집 251면
〔세곡을 운반하면서 농간을 부리는 관리를 엄벌하겠다고 하교하다〕 조1303

하교하였다.
 "조전(漕轉)의 정사는 나라에서 소중하게 여기는 것으로 열조(列朝)에서 영식(令式)을 엄히 세워 과조(科條)가 찬연(燦然)하였으니, 아! 백성이 하늘로 여기는 것을 중히 여긴 성의(聖意)를 우러러 알 수 있다. 일찍이 숙묘조(肅廟朝) 신유년·갑자년의 수교(受敎)를 상고하여 보건대, 이르기를, '거짓으로 패선(敗船)되었다고 하였다가 현발(現發)될 경우 감색(監色)·선주(船主)는 아울러 효시(梟示)하고 물을 섞은 것이 현로(現露)된 경우에는 수창자(首唱者)를 효시하라'고 하였다.
 근래 사람들이 법을 두려워하지 않고 또 법을 법대로 시행도 하지 않고 있으니, 패선되거나 상하여 못쓰게 되는 화환(禍患)이 어찌 없는 해가 없을 정도뿐이겠는가? 금년에 이르러서는 자못 전에 견줄 정도가 아니어서 간정(奸情)이 낭자하여 분명할 뿐만이 아님에도 불구하고 사격(沙格)의 공초(供招)와 도읍(道邑)의 신보(申報)에 의거 곧바로 문안(文案)을 완결짓고 있는데, 나라에 법이 없다면 모르지만 하나를 벌하여 백 사람을 징계시키는 정사를 어떻게 그만둘 수 있겠는가?
 대저 세곡(稅穀)이 경비(經費)에만 관계된다면 그래도 신축성 있는 의논을 내어 반드시 살리는 과조(科條)에 붙일 수 있는 것이다. 불쌍한 저 백성들이 일년 내내 고달프게 농사지어 몇 말 몇 되씩 거두어 들여 어렵게 상납(上納)한 것이 도리어 간사하고 교활한 무리들의 농락에 의해 도둑맞고 있는 실정이다. 한번 패선이 되거나 상하여 못쓰게 되는 일이 있게 되면 백성들은 10배의 폐해를 받게 된다. 물에 젖은 쌀을 건져내기 전에는 더위를 무릅쓰고 위험한 일을 겪는 원망이 있고 김매고 가꾸는 것을 폐기하는 탄식이 있게 되는가 하면, 건져내고 나서는 강제로 변질된 쌀을 나누어 주고 턱없이 많은 양을 함부로 거두어들이고 있다. 그리하여 호세(湖稅)를 기민(饑民)이 대신 준비하고 기부(饑賦)를 호민(湖民)이 대신 실어다 바치는데, 이와 비슷한 갖가지 폐단이 이루 거론하기 어려운 정도이니, 참으로 이른바 유비(有麗)의 백성들이 무슨 죄인가 하는 격이다.
 경사(京司)에서 최초로 복계(覆啓)할 적에는 단지 각 아문에서 품처(稟處)하게 하겠다고만 일컫고 외방의 마무리된 장사(狀辭)에 대해서는 번번이 원적지(原籍地)의

고을로 이송(移送)시켰다고만 하였다. 이렇게 하기를 마지않는다면, 아! 나의 고할 데 없는 백성들이 정공(正供)의 세금 독촉에 실컷 시달리고 나서는 다시 증렬미(拯劣米)의 독봉(督捧)에 시달리고 있으니, 한 사람이 신역(身役)을 중첩되게 하고 한 해에 세금을 중첩되게 징수하는 데 가깝지 않겠는가? 이번에는 한결같이 수교(受敎)의 율(律)에 의거하여 준감(準勘)함으로써 결단코 용서하지 않을 것이다. 지금이 형(刑)을 쓸 때는 아니지만 어찌 자복을 받아 낼 방도가 없겠는가? 판부(判付) 안의 내용을 일일이 거론하여 각각 삼도의 도백(道伯)으로 하여금 안핵(按覈)하여 지만(遲晚)을 받아서 격식을 갖추어 등문(登聞)하게 하라. 이를 완만히 하거나 소홀히 하는 감사(監司)는 또한 발현되는 대로 무겁게 감죄하겠다. 각 고을에도 똑같이 분부하여 관리와 향리(鄕吏)들이 정공(正貢)에 대해 농간을 부리는 경우에는 그 죄가 목베는 것으로도 용납할 수 없다는 것을 알리라.

또 근래 각인(各人)들의 초사(招辭)를 보면 관가(官家)라고 운운한 것이 자주자주 있는데, 이른바 관가라고 하는 것은 모두가 조정에서 임명한 관리인 것이다. 그런데 어떻게 차마 여기에 맛을 들일 수가 있단 말인가? 그 죄범을 따져보면 말을 하기에도 추하다. 이뒤로도 계속하여 이런 등등의 폐단이 발생할 경우에는 해당 수령에 대해 장물(贓物)을 계산하여 율(律)을 적용하는 것은 실로 또한 그만둘 수 없는 거조이다. 이런 내용에 의거 여러 도에 엄히 계칙하게 하라. 월곶진(月串鎭)에서 훔쳐낸 정절(情節)에 대해 하배(下輩)들이 조종했다고만 말하지 말라. 이는 바로 처음 등문(登聞)된 일이다. 통어영은 사체(事體)가 자별한데 영하(營下)의 조례(皂隸)를 어찌하여 계칙시켜 급급하게 하지 않았는가? 해당 유수(留守)는 종중추고(從重推考)하라. 금년에 패선(敗船)된 곡수(斛數)가 1만의 숫자가 넘고 선박도 열 척이 넘었으니, 이렇게 영(令)을 내려 신칙시키는 것은 다시는 범하는 일이 없게 되기를 기약하는 뜻에서 나온 것이다. 패선시킨 이외의 여러 도에도 또한 지금 내리는 판부(判付)를 관문(關文)으로 등서(謄書)하여 보내어 엄히 계칙시키라."

5742 정조 05/07/09(기유) → 【원전】 45집 252면
〔여러 도의 추조를 정지시키다〕 수3815

여러 도의 가을철 조련을 정지시켰다.

5743 정조 05/07/11(신해) → 【운편】 45집 253면
〔임란 때 공이 큰 자들의 후손을 기용하자는 지중추부사 구선복의 상소문〕   수11155

지중추부사 구선복(具善復)이 상소하였다.
 "대저 충성을 포상하고 공로에 보답하는 것은 나라를 가진 이의 급선무입니다. 신은 김인서(金麟瑞)의 일 때문에 외람되이 하순(下詢)을 받들었으므로 간략하게 우견(愚見)을 아뢰었습니다만, 오직 이뿐만이 아닙니다. 임진년 남해(南海)에서의 승첩(勝捷)은 이순신이 실로 원훈(元勳)이고, 사력(死力)을 다하여 마음을 함께 해서 도와서 공적을 이루게 한 데에는 녹도만호(鹿島萬戶) 정운(鄭運)의 힘이 많았습니다. 정운이 서서 죽은 것 또한 이순신과 똑같은데, 이순신의 자손은 대대로 드러내어 기용하고 있으니, 조가(朝家)에서 보답한 것이 극진하였습니다. 그러나 유독 정운의 후손은 해서로 유락(流落)되어 하나도 드러나게 기용된 사람이 없습니다.
 그리고 임진년에 나라가 다시 구제된 것은 오로지 명나라 제독(提督) 이여송(李如松)이 평양에서 세운 공훈에 연유된 것입니다. 명나라가 망하게 되자 제독의 손자가 도망쳐 동쪽으로 왔는데, 이제 그 후손들이 간혹 무예로 거용되고는 있습니다만, 세상에서 대하는 것이 도리어 향곡(鄕曲)에서 급제한 사람만도 못합니다. 신은 이여송과 정운의 후손 가운데 그 쓸 만한 사람을 가려서 기용해야 된다고 여깁니다.
 본국(本局)의 대변선(待變船)은 병자년·정축년 이후 오로지 강도(江都)를 위하여 설치하였는데, 봄·여름에는 호남의 곡식을 운반하여 주고 그 세납(稅納)을 취하여 군실(軍實)의 자본에 보태며 가을·겨울에는 도로 강도에 정박시키고 있어, 관계되는 것이 이렇게 중대합니다. 이를 설치한 처음에는 강가의 부민(富民)을 초출(抄出)하여 이들을 선주(船主)로 삼아 기계(器械)를 정밀하게 갖추게 하였기 때문에 사용하는 데 있어 폐단이 없었습니다. 그러던 것이 중간에 주고 빼앗는 것이 일정하지 않아서 간폐(奸弊)가 마구 생겨나고 있으니, 앞으로의 걱정이 이루 말할 수 없는 정도입니다. 삼가 바라건대, 묘당으로 하여금 품처(稟處)하게 하소서."
 비답하기를, "경은 노숙한 원융(元戎)이다. 전후 장주(章奏)를 통하여 숨김 없는 정성을 알 수 있었으니, 내가 매우 가상하게 여긴다. 이 제독(李提督)과 고 만호 정운의 후손을 수용하라는 일에 관해서는 전조(銓曹)에 분부하여 쓸 만한 사람을 얻으면 즉시 초기(草記)를 올려 아뢰게 하겠다. 끝에 진달한 선척에 관한 일은 묘당으로

하여금 품처하게 하겠다" 하였다.

〈 관련내용 〉
 • 정조 05/07/12(임자)→ 병조에서 이여송과 정운의 후손을 찾아서 알리다   45집 254면

5744 정조 05/07/16(병진) → 【원전】 45집 254면
〔영의정 서명선이 패선의 처리에 대해 여쭈다〕   조1304

초계문신(抄啓文臣)의 과강(課講)을 친시하였다. 이어 차대(次對)를 행하였다.
  영의정 서명선(徐命善)이 아뢰기를, "지사(知事) 구선복(具善復)의 상소에 본국(本局)의 강화 대변선(待變船)에 대해 세곡을 실어 나르는 것을 허락하고 연습에서 착류(捉留)하는 것을 금단하게 할 일로 앙청(仰請)하였습니다. 이제 훈국(訓局)의 선운(船運)에 관한 일로 호조·선혜청 당상이 상의하였는데, 모두 이 배를 파기하지 않으면 폐단이 자심하다고 하였습니다. 지금 국곡(國穀)이 패선(敗船)되거나 상하여 못쓰게 된 것이 7척이나 되는 많은 수에 이르렀으니, 경용(經用)을 생각하면 진념(軫念)하지 않을 수 없습니다. 그런데 훈국에서는 파기하지 말게 할 것을 청하고 호조·선혜청에서는 반드시 파기해야 된다고 말을 하고 있습니다만, 신의 의견에는 3월 이후에는 다시 운송할 수 없게 할 것으로 정하는 것이 좋을 것 같습니다" 하였다.
  임금이 이르기를, "남재(濫載)와 만재(晚載)를 막론하고 기일을 어기는 것은 똑같다. 나는 선왕조의 수교(受敎)에 의거 하나를 징계하여 백 명을 면려시키는 뜻으로 한두 선인(船人)에게 즉시 일률(一律)을 시행한 연후에야 뒷폐단을 막을 수 있을 것으로 여겨진다. 내가 사람을 상하게 하고 싶지 않았기 때문에 비록 패선되거나 상하여 못쓰게 되는 일이 있었어도 우선 법을 적용하지 않았었으나, 이 뒤로 계속 이런 일이 발생한다면 법대로 다스리지 않을 수 없다. 그 고법(古法)을 따져본다면 율(律)을 범한 자는 전가사변(全家徙邊)시켜야 하는데, 숙묘(肅廟) 때 파선한 선주(船主)와 사격(沙格)에게 효시(梟示)를 시행할 일로 일찍이 수교(受敎)가 있고 나서 이어 전가사변의 율이 없어진 것이다. 그 뒤 갑자년 사이에 서울에 거주하는 선주(船主)에게 특별히 효시를 시행하라는 수교가 있었으니, 이는 그 일을 중히 여기는 뜻이었다. 이제 본국(本局)의 절목의 유무가 패선의 여부와 무슨 관계가 있기에 이렇게 재결할 것을 청하는 것인가? 지난번 판부(判付)에서도 하교한 것이 있었다. 패선(敗船)된 것

때문에 수령이 파출(罷黜)되는 경우가 많고 연해의 백성들도 곤고(困苦)스러움을 받는가 하면, 물에 빠진 곡식을 건져낼 즈음 연해의 곤궁한 백성들이 큰 파도 속을 왕래하면서 누차 위태로운 지경을 당하게 되는데, 그 정상을 생각하면 나도 모르게 딱하고 측은한 마음이 든다. 나는 백성을 위하여 해가 되는 것을 제거하는 방도에 있어 속히 중률(重律)을 시행하지 않을 수 없다고 여기는데, 이 또한 백성을 살릴 방도에 의거 사람을 죽인다는 뜻인 것이다. 이 일은 끝내 경솔히 조처하기 어려우니, 호조·선혜청당상과 유사당상 및 훈장(訓將)이 익히 상의한 뒤에 다시 품처하게 하라" 하였다.

〈 관련내용 〉
· 정조 05/07/30(경오)→ 영의정이 세곡선을 고의로 패선시키는 것에 대한 대책을 아뢰다 45집 257면

5745 정조 05/08/10(경진) → 【원전】 45집 259면
〔영의정 서명선·호판 정민시와 영남 삼조창과 조운선의 폐단을 의논하다〕   조1305

주강(晝講)하였다. 이어 차대를 행하였다.

영의정 서명선(徐命善)이 아뢰기를, "영남(嶺南)의 삼조창(三漕倉)에 흠축(欠縮)이 많이 나는 것은 모두 도차원(都差員)이 엄히 계칙시키지 않은 소치인 것입니다. 창원(昌原)에 무당하(武堂下)가 처음 수재(守宰)로 나아갔기 때문에 거행하는 것이 생소합니다. 이 뒤로는 창원부사(昌原府使)는 무신(武臣)으로서 변지(邊地)를 경력한 이상의 사람을 각별히 가려서 차임하게 하소서. 그러나 당하(堂下)의 처음 수재 자리인 이 1과(窠)를 감하여 버린다면 첨사가 거치는 과위(窠位)가 또한 좁아질까 우려스러우니, 이판으로 하여금 상량(商量)하여 대신할 만한 고을을 품처(稟處)하게 하소서" 하였다.

그대로 따랐다.

호조판서 정민시(鄭民始)가 아뢰기를, "영남 삼조창의 영운차원(領運差員)은 으레 귀산(龜山)·적량(赤梁)·제포(薺浦) 등의 변장으로 차정하는데, 사람이 이미 비미(卑微)하여 위엄을 세워 통제할 수 없기 때문에 조졸(漕卒)들의 폐단이 점점 많이 발생하고 있는 것입니다. 신의 의견에는 선천(宣薦)된 가운데 이력(履歷)이 있는 사람을 진해(鎭海)·웅천(熊川) 등의 수령으로 차견하여 그들로 하여금 영운(領運)하게

하고 2차를 제대로 운납(運納)한 경우에는 아산(牙山)의 예에 의거하여 우직(右職)에 조용(調用)하는 것이 좋을 것 같습니다" 하고, 서명선은 아뢰기를, "호관의 아뢴 바가 참으로 사의(事宜)에 맞습니다. 도신(道臣)으로 하여금 상량하여 아뢰게 하소서" 하였다.

그대로 따랐다.

정민시가 아뢰기를, "영남 조운선이 흠축(欠縮)을 내는 폐단은 대개 선주(船主)가 부실한 것에 연유된 것입니다. 이 뒤로 조운선과 조졸(漕卒)이 이런 폐단을 저질렀을 경우에는 도차원(都差員)을 나문(拿問)하여 감처(勘處)하는 것이 마땅하겠습니다" 하였다.

하교하기를, "나처해야 할 뿐만이 아니라, 금고(禁錮)시키고 귀양보내야 한다. 각별히 엄히 계칙하여 기어이 범하는 일이 없게 하라" 하였다.

또 아뢰기를, "대동(大同) 세곡을 선척에 실어 출발시킨 뒤에는 삼남 연해변의 읍진(邑鎭) 가운데 호송한 제처(諸處)에서는 각각 아무 날 아무 고을에 아무 곡식을 실은 배를 호송한 데 대한 형지(形止)를 일일이 본도의 감영(監營)에 보고하게 하소서. 그리고 감영에서는 매달 월말에 호조·선혜청에 이를 전보(轉報)하게 함으로써 빙고(憑考)하여 조처할 수 있게 하는 것이 좋을 것 같습니다" 하였다.

그대로 따랐다.

5746 정조 05/08/10(경진) → 【원전】 45집 259면
〔문무관이 길에서 만났을 때 회피하는 법을 정하게 하다〕   수11156

문무관(文武官)이 길에서 서로 만났을 때 회피하는 법을 정하라고 명하였다.

하교하기를, "근래 문무관이 서로 어지러이 다투는 것이 매양 여기에 있다. 지금은 이미 선조(先朝)의 전교와 고 상신의 연주(筵奏)에 의거 법식으로 정한 것이 있으니, 이조·병조로 하여금 이것을 가지고 각사(各司)에 알리게 하라. 그리고 선조의 정식 전교(定式傳敎) 1통을 등서(謄書)하여 게시판이나 벽에 붙여 두고 준행하게 하라" 하였다.

[영조(英宗) 계해년 3월 14일 대신해 온·비국당상이 인견 때문에 입시하였었다. 이 때 영의정 김재로(金在魯)가 아뢴 내용에, "문·무(文武)는 사체가 비록 분별이 있다고는 하지만, 당하 문관이 당상 무신에

게 길을 피하라고 할 수 없는 것은 법의(法意)가 분명합니다. 합외(閤外)의 반열에서 무신당상이 와서 절을 하면 신 등도 또한 허리를 굽혀 답배합니다만, 당하 명관(名官)의 경우에는 신 등이 단지 손만 들뿐입니다. 무릇 경외의 조체(朝體)는 모두 당상과 당하를 대우함에 있어 구별이 현격합니다. 근래 당하 명관과 병조 낭관이 길에서 무변(武弁)을 만났을 경우 당상·당하를 막론하고 일례로 벽제(辟除)하는 것을 마치 비미(卑微)한 중서(中庶)의 부류에게 하듯이 합니다. 말에서 내리게만 해도 될 터인데, 어떻게 품계가 높은 현직(顯職)에 있는 무변을 뒤섞어금할 수 있겠습니까? 이조낭관이 길에 있으면 제사(諸司)의 관원들은 말머리를 돌리고 병조낭관이 길에 있으면 당하 무변이 말머리를 돌리게 되어 있는 것이 본래의 고례(古例)인 것입니다. 그런데 지금은 기랑(騎郎)이 당상 무변을 만났을 때도 또한 반드시 벽제하니, 어찌 잘못된 것이 아니겠습니까? 지난번 영성군(靈城君) 박문수(朴文秀)가 구성임(具聖任)과 서로 따질 적에 상소 내용에 '무신은 비록 일찍이 곤수(閫帥)를 역임한 사람일지라도 길에서 기랑을 만나면 또한 회피해야 한다'고 한 것은 이것이 바로 법례(法例)를 상세히 생각하지 못한 데서 나온 말인 것입니다. 연소한 문관들이 고사(故事)를 잘 모르고 단지 그 상소만 보고서 그것이 정례(定例)인 줄 인식하여 지나치게 스스로 높이고 있으니, 뒷날 끝없는 폐단이 야기될까 우려스럽습니다. 이제부터 양반의 당상 가운데 무변(武弁)에 대해서는 기랑과 당하 명관이 벽제하지 못하도록 각별히 신칙하는 것이 마땅하겠습니다" 하니, 임금이 이르기를, "이는 조제(朝制)에 관계되는 것인데 어떻게 그럴 수가 있는가? 진달한 바가 옳다. 각별히 신칙시키라. 뒤에 또 이렇게 하는 사람이 있으면, 경들이 듣는데 따라 규정토록 하라" 하였다. 이 때에 이르러 이 전교를 게시판에 걸도록 명한 것이다.

〈 관련내용 〉
- 정조 05/11/01(기해)→ 문을 숭상하는 폐단, 도고법의 폐지 등을 아뢴 구수온의 상소문   45집 277면
- 정조 05/11/02(경자)→ 대신과 장신들로 하여금 무변을 수용할 방법을 강구하게 하다   45집 277면
- 정조 05/11/02(경자)→ 무관을 권면시키기 위해 한광제를 경상수사로 발탁하다   45집 278면
- 정조 05/11/03(신축)→ 서유대를 좌포도대장으로, 한광제를 수군절도사로 삼다   45집 279면

5747 정조 05/08/20(경인) → 【원전】 45집 261면
〔이윤경 등을 각각 절도사로 삼다〕   수11157

이윤경(李潤慶)을 황해도 수군절도사로 삼았다.

5748 정조 05/08/20(경인) → 【원전】 45집 261면
〔수군절도사 김해주가 전선의 파손을 보고하자 월봉을 감등하다〕   수4666

경상좌도 수군절도사 김해주(金海柱)가 전선(戰船)이 파손된 것 때문에 아뢰었다.

하교하기를, "태평시대가 오래 되어 바닷물결이 조용했던 탓으로 수곤(水閫)을 설치한 것이 거의 용관(冗官)과 같게 되어 이른바 직공(職貢)이라는 것이 주사(舟師)를 무마하고 선척을 수호하는 것에 불과하게 되었다. 그런데 주사의 원성(怨聲)이 곳곳에 가득 넘쳐흐르고 선척이 파손되었다는 소식이 잇따라 등문(登聞)되고 있다. 더구나 월전(月前)에 대료(大僚)의 연주(筵奏)가 어떠했는가? 일 푼이나마 기강이 있다면 그가 어떻게 감히 융정(戎政)을 잘 수거(修擧)하지 않고서 이런 일을 당돌하게 진문(陳聞)한단 말인가? 본도의 민사(民事)에 있어 영송(迎送)하는 폐단이 있으니, 해당 수사는 월봉(越俸) 7등을 하라" 하였다.

또 하교하기를, "근래 월봉(越俸)의 법(法)이 이름만 있고 실상이 없는 것은 모두 유사(有司)의 책임인 것이니, 특별히 해당 조(曹)에 신칙시켜 혼잡(混雜)되는 폐단이 없게 하라. 영(令)이 내리기 전의 월봉은 아울러 탕척시키되, 오늘 이후에는 신명(申明)시켜 엄히 계칙하라" 하였다.

5749 정조 05/10/17(병술) → 【원전】 45집 270면

〔조운선의 일과 관련해서 전교를 간략하게 관문으로 작성한 것을 한탄하다〕   조1306

하교하기를, "지난번 조선(漕船)의 일로 인하여 관리들이 주구(誅求)하는 폐단을 반드시 통렬히 금단한 뒤에야 패선(敗船)되거나 상하여 못쓰게 되는 일을 종식시킬 수 있고 강민(江民)을 소생시킬 수 있겠기에 묘당(廟堂)으로 하여금 말을 만들어 관문(關文)을 보내게 하였는데, 관문 가운데 기재된 연교(筵敎)가 수천백마디 정도뿐만이 아니었다. 그런데 도부(到付)한 장문(狀聞)을 보건대, 단지 지위(知委)하였다고만 했을 뿐 한마디도 폐단을 바로잡는 뜻이 없었다. 이렇게 한다면 조정의 명령이 호남의 일도(一道)에서는 행해질 수 없다는 것인가? 조가(朝家)에서 장차 강민들에게 신의를 잃게 생겼으니, 어찌 이런 일이 있을 수 있겠는가? 조창(漕倉)을 설치하려고 하는 일곱 고을 수령에 대해서는 또 내년의 근만(勤慢)을 살펴 대대적으로 징창(懲創)하는 정사(政事)를 행하려고 하고 있다. 아울러 이밖에 13고을 수령으로서 법 밖에 주구(誅求)를 행한 자도 큰 경우에는 탐장(貪贓)으로 계산하여 형벽(刑辟)에 처하고 그 다음은 신배(訊配)시키고 또 그 다음은 또한 결장(決杖)이나 혹은 파삭(罷削)에 밑

돌지 않게 하겠다는 뜻으로 미리 명령을 내렸다. 비록 감사로 말하더라도 처음에는 경솔하게 한 잘못이 있고 나중에는 범홀히 한 잘못이 있으니, 이렇게 보나 저렇게 보나 경칙(警飭)이 없을 수 없다. 전라감사 박우원(朴祐源)은 종중 추고하고 이 장계는 도로 하송(下送)시키라. 그리고 다시 일곱 고을과 열세 고을 수령들과 함께 난만하게 상의(商議)하여 탐비(貪鄙)스런 폐단을 통렬히 개혁토록 하라. 이어 조운에 편리한 사의를 사유를 갖추어 등문(登聞)하게 할 것으로 비국에서 해당 도(道)에 엄히 계칙하게 하라" 하였다.

〈 관련내용 〉
· 정조 05/10/17(병술)→ 조운선 패선에 대한 전교를 다시 문서로 작성할 것을 이르다   45집 270면

5750 정조 05/11/16(갑인) → 【원전】 45집 281면
〔구서오를 경상좌도 수군절도사로 삼다〕   수11158

구서오(具敍五)를 경상좌도 수군절도사로 삼았다.

5751 정조 05/12/04(임신) → 【원전】 45집 284면
〔수군절도사 김해주를 삭직시키다〕   수11159

경상좌도 수군절도사 김해주(金海柱)를 삭직(削職)시켰는데, 네 명의 변장(邊將)에 대한 전최(殿最)에 등제(等第)를 쓰지 않았기 때문이었다.

5752 정조 05/12/28(병신) → 【원전】 45집 290면
〔경상도 관찰사 조시준이 도내의 10가지 폐단을 아뢴 상소문〕   수3816

경상도 관찰사 조시준(趙時俊)이 상소하여 도내(道內)의 열 가지 폐단에 대해 진달하였는데, 대략 이렇다.
"신은 삼가 도내의 읍폐(邑弊)와 민막(民瘼) 가운데 제때에 바로잡아 고치지 않을 수 없는 것 열 조항을 조목에 따라 아래와 같이 진달하겠습니다.
......
1. 도내(道內) 의승(義僧)의 폐단입니다. 승역(僧役)이 치우치게 고통스러운 것이 평민보다도 더 극심하지만, 그들의 자취가 공문(公門)과 멀기 때문에 품은 마음이

있어도 신리(伸理)할 길이 없습니다. 대저 양역(良役)의 감포(減布)가 있은 이후 민인(民人) 가운데 산문(山門)에 자취를 의탁하는 사람이 거의 없고 어쩌다 하나 있는 정도이기 때문에 이름난 거찰도 남김없이 잔패(殘敗)되었습니다. 이런 때문에 여러 영읍(營邑)이 책응(策應)하는 신역(身役)은 비록 혹 편의에 따라 고치고 감하고 하였습니다만, 의승의 번전(番錢)에 이르러서는 감히 변통할 수가 없습니다. 대저 남한(南漢)의 의승이 1백61명, 북한(北漢)의 의승이 86명, 병조에 예속된 의승이 5명인데, 모두 합쳐 2백52명입니다. 이들 매명당 방번전(防番錢)이 22냥씩으로 모두 합치면 5천5백44냥인데 이를 열읍(列邑)의 각 사(寺)에 분배시켜 징봉(徵捧)하여 올려 보내게 하고 있습니다.

　대저 양정(良丁)의 신역도 1필씩을 넘지 않고 악공(樂工)·장보(匠保)의 부류도 신역의 다소가 비록 혹 한결같지 않으나 어찌 의승 한 명의 번전(番錢)이 22냥이나 될 수가 있단 말입니까? 이런 연유로 보잘것없이 쇠잔해진 치도(緇徒)들이 바리때를 버리고 머리를 기르고서 기꺼이 환속하기 때문에, 백승(百僧)의 신역이 십승(十僧)에게로 귀결되고 십사(十寺)의 신역이 일사(一寺)로 집중되어 있습니다. 혹 두어 명의 가난한 중이 하나의 초암(草菴)을 지키고 있어도 또한 1, 2명의 번전을 면치 못하고 있는 탓으로 사전(寺田)과 불기(佛器)가 이미 온전히 남아 있는 것이 없습니다. 그리하여 징수가 속친(俗親)에게 파급되고 폐해가 여리(閭里)에 두루 입혀져 왕왕 온 경내에 사찰이 없는 고을이 있게 되었고 그것이 장차 민부(民夫)들의 대동(大同)의 신역이 되게 되어 있으니, 폐단의 혹독함이 어쩌면 이토록 극심한 지경에 이를 수 있단 말입니까?

　그런데 번전(番錢)의 수요는 일이 관방(關防)에 관계된 것이어서 지금에 와서 죄다 감면시키는 것에 대해서는 비록 갑자기 의논할 수는 없습니다만, 남한(南漢)에 이르러서는 신이 일찍이 상세히 알고 있는 것이 있습니다. 이른바 번승(番僧)에게 총섭(摠攝)과 함께 시·유·찬가(柴油饌價) 등을 마련하게 하는 것은 너무 지나친 데 관계가 되며, 아홉 사찰을 수보(修補)하기 위해서라는 명색(名色)을 첨급(添給)한 것도 허장(虛張)임을 면할 수 없는데, 대개 이는 받아들이는 것이 많아서 이렇게 지나친 정례(定例)가 있게 된 것입니다. 남한이 이러하니, 북한(北漢)은 미루어 알 수 있습니다.

신의 의견에는 두 산성의 배용(排用) 가운데 너무 외람된 것과 용비(冗費) 가운데 제거해도 되는 것은 사의를 헤아려 산제(刪除)시키고 나서 본도의 의승(義僧) 3, 40명을 특별히 감액시키거나 혹 매명당 번전(番錢)의 수효를 감하여 주게 하되, 삼가 여러 절 가운데 그 잔성(殘盛)의 정도에 따라 헤아려 존감(存減)시킴으로써 승도(僧徒)들이 일분이나마 힘을 펼 수 있는 방도가 되게 하소서.

　1. 다대진(多大鎭)의 왜선 요망(瞭望)에 대한 폐단입니다. 본진(本鎭)은 해문(海門)의 인후(咽喉)에 해당되는 곳이어서 관방(關防)의 중요함이 각 진포(鎭浦)에 견주어 더욱 자별(自別)합니다만, 해양의 요망에 한계가 정해져 있지 않기 때문에 진하(鎭下)의 이민(吏民)들이 장차 흩어져버릴 지경에 이르렀습니다. 대저 도해(島海)의 요망법(瞭望法)은 바둑알처럼 배포되어 있는 읍진(邑鎭)에서 돌려가면서 후망(候望)하다가 만일 왜선(倭船)이 왕래하는 것이 보이면 제때에 통영(統營)·수영(水營)과 동래부(東萊府)에 비보(飛報)하게 되어 있으며, 문보(文報)가 조금 늦으면 영부(營府)에서 추치(推治)한다는 약속이 매우 엄합니다. 지금 이 다대진의 경계(境界)에서 오른쪽 바다를 한번 바라보면 곧바로 5백 리에 뻗혀 있는데, 이를 단독으로 요망(瞭望)함에 있어서는 푸른 물결이 끝없이 넘실거리고 있어 안력(眼力)으로 끝까지 다 보기가 어렵습니다. 비록 햇살이 밝고 하늘이 맑을 때를 당하여도 높은 곳에 올라가 요망하는 시야가 멀리 백 리에도 미치지 못하는데, 더구나 바다에 장무(瘴霧)가 끼어 갤 때가 없는 경우이겠습니까? 봄과 여름이 교차될 때에는 더욱 구름이 많이 끼어 침침한 관계로 지척에 있는 도서(島嶼)도 오히려 분명히 보이지 않는데, 저 하나의 나뭇잎 같은 왜선이 파도 속으로 출몰하는 것을 5백 리나 되는 넓은 바다에서 어떻게 하나하나 분명히 발견해 낼 수 있겠습니까? 가을·겨울 해가 짧을 때에 이르러서는 왜선이 나오는 것이 번번이 어두운 밤에 있으니, 캄캄한 밤 먼 바다 위에 떠 있는 것은 백에 하나도 보일 리가 없는 것입니다.

　그리고 왜선이 혹 대마도의 외양(外洋)을 경유하여 곧바로 거제(巨濟)나 남해(南海)의 지경으로 향한다면 본진(本鎭)의 후졸(候卒)이 백 리 밖에 있는 털끝을 볼 수 있는 눈을 가졌다고 하더라도 또한 어떻게 할 수가 없는 것입니다. 따라서 다른 진에서 먼저 전통(傳通)하고 나서야 비로소 첩보(牒報)를 갖출 수 있는데, 그 내용은 '간망(看望)하는 시계(視界)가 분명하지 않아서 조·왜(朝倭)를 분변하지 못했다'고

하기도 하고, 혹은 또한 '이미 간망은 했으나 따라가느라 시일이 걸렸다'고 합니다.

보고는 성화(星火) 같아야 하는데, 변정(邊情)을 지체시켰으니, 진실로 그에 대한 죄가 있는 것은 당연합니다. 그리하여 사건이 큰 경우에는 첨사가 곤장을 맞고 작은 경우에는 해당 관리를 옮겨다 가둡니다. 왜선이 한번 움직이면 영(營)의 관문(關文)과 부(府)의 이문(移文)이 날라들어 왼쪽에서 잡아가고 오른쪽에 끌고 가는데, 왕래하고 추론(推論)하는 데 드는 비채(費債)가 모두 잔진(殘鎭) 하속들의 피땀인 것입니다.

이렇게 진(鎭)에 소동이 일어 1년 내내 분주히 치닫게 되기 때문에 진내(鎭內)의 민호(民戶)가 옛날에는 5백여 호이던 것이 지금은 2백여 호에 불과합니다. 변방의 중요한 곳이 장차 텅 비는 지경에 이르고야 말게 되었으니, 제때에 변통시키는 것을 늦추어서는 안될 것 같습니다.

따라서 요망(瞭望)하는 곳에 대한 계한(界限)을 두어야 합니다. 거제(巨濟)의 지세(知世)·옥포(玉浦)와 웅천(熊川)의 가덕(加德)·천성(天城)이 좌우의 연해에 벌려 있는데, 이는 모두 표류된 왜선의 요로(要路)에 해당이 됩니다. 이제 만약 가덕·천성에서는 지세·옥포에 표류되는 왜선을 요망하게 하고 지세·옥포에서는 남해에 표류되는 왜선을 요망하게 하며 다대진에서는 가덕에서 표류되는 왜선을 요망하게 하여 저쪽 바다와 이쪽 바다에 각각 계한을 나누어 놓고 먼 진(鎭)과 가까운 보(堡)에서 교대로 서로 요망하여 탐지하게 하는 것을 영식(令式)으로 드러내어 혹시라도 어기는 일이 없게 한다면, 변정(邊情)은 허술해지는 걱정이 없게 되고 진속(鎭屬)들은 보존될 수 있는 기대가 있게 될 것입니다.……"

답하기를, "폐단에 대해 말한 열 가지 조항은 모두 매우 근거가 있는 것이니, 묘당으로 하여금 품처하게 하겠다" 하였다.

정조 6년(1782; 청 건륭47년)

5753 정조 06/01/09(병오) → 【원전】 45집 294면
〔호조에서 각 도의 조운을 사목에 따르게 할 것을 계청하다〕　　　　　조1307

호조에서 각 도의 조운(漕運)을 한결같이 사목(事目)에 따르게 할 것을 계청(啓請)하였다.

하교하기를, "대(隊)를 만드는 새 법식을 우선 반시(頒示)하지 않은 이유는 금년의 전수(轉輸)가 어떠한가를 살펴보기 위해서이다. 만일 관리들의 주구(誅求)와 징렴(徵斂)이 지난날 하던 것과 같을 경우에는 결단코 무거운 형벌을 가할 것이요, 혹시라도 용서하는 일이 없을 것이다. 각 해당 도의 도신(道臣)들은 더러운 습관을 통렬히 고친 것의 여부를 일체 사문(査問)하라" 하였다.

5754 정조 06/01/24(신유) → 【원전】 45집 296면
〔윤득규를 전라우도 수군절도사로 삼다〕　　　　　수11160

윤득규(尹得逵)를 전라우도 수군절도사로 삼았다.

5755 정조 06/02/24(신묘) → 【원전】 45집 298면
〔지세포 봉산에 산불이 난 책임을 물어 수령 등에게 벌을 내릴 것을 청하다〕　수4667

비변사에서 아뢰기를, "통제사의 장문(狀聞)에 의하면 거제(巨濟) 지세포(知世浦)에 있는 봉산(封山)에 불이 나서 잇따라 어린 소나무를 불태운 것이 몇 천만 그루인지 모른다고 합니다. 청컨대 해당 수령(守令)과 변장(邊將)은 엄히 감죄(勘罪)하고 통제사는 무겁게 추고(推考)하소서" 하였다.

하교하기를, "이는 전에 들어보지 못하던 일이다. 이런데도 심상(尋常)하게 조처한다면, 산에 남은 소나무가 없게 되고야 말 것이다. 해당 수신(帥臣)은 1등을 월봉(越俸)하고 거제부사(巨濟府使) 이달관(李達觀), 지세포만호(知世浦萬戶) 김정룡(金廷

龍)에 대해서는 죄를 논한 것이 너무 너그럽다. 파직시킨 다음 나래(拿來)하여 무겁게 감죄(勘罪)하라" 하였다.

5756 정조 06/03/28(을축) → 【원전】 45집 301면
〔차대하다. 영의정 서명선이 왜선을 망보는 일 등을 아뢰다〕　　　왜11013

차대(次對)하였다.

영의정 서명선(徐命善)이 아뢰기를, "왜선의 요망(瞭望)에 대해 그 경계를 개정하여 천성(天城)·가덕(加德)·지세(知世)·옥포(玉浦)·조라(助羅) 5진에서 나누어 요망하게 한 것은 1진의 폐단을 제거하는 것이 될 뿐만 아니라, 요망되는 대로 즉시 보고하는 것이 또한 제포(諸浦)의 편의함을 취하는 것이 된다는 것으로 도신(道臣)과 수신(帥臣)의 의논이 귀일되었기 때문이니, 의당 시행하도록 허락해야 합니다" 하였다.

그대로 따랐다.

5757 정조 06/04/18(갑신) → 【원전】 45집 303면
〔조세선이 영종도 앞바다에서 침몰하다〕　　　조2068

조세선(漕稅船)이 영종도(永宗島) 앞바다에서 침선(沈船)되었는데, 경기도신(京畿道臣)이 아뢰었다.

하교하기를, "지방관이 마음을 다해 잘 호송하지 않고서 반드시 큰바람에 큰비가 올 때 위험을 무릅쓰고 발송하였으니, 첨사는 파직시키고 나문(拿問)하라. 세곡(稅穀)은 단지 경용(經用)에만 관계된다고 할 수 없는 것이니, 이는 바로 나의 백성들이 낱알 하나하나에 신고(辛苦)를 들인 물건이다. 이런 것을 전수(轉輸)함에 있어 상세히 살피지 않은 탓으로 물속에다 던져 버렸으니, 어찌 천물(天物)을 함부로 내어버린 것이 아니겠는가? 이 뒤로 다시 이런 일이 있으면 호송한 지방관과 검칙한 감사에게 함께 마음을 써서 하지 않은 죄를 적용하여 마땅히 엄한 처분을 내리겠다. 여러 도의 증미(拯米)에 관한 폐단은 실로 포민(浦民)들이 지탱하기 어려운 폐단이 되고 있으니, 나누어 줄 즈음에 반드시 준곡(準斛)으로 되어서 주라" 하였다.

5758 정조 06/04/22(무자) → 【원전】 45집 303면
〔이국의 배가 표류해 왔을 때 처리하는 통일된 법식을 만들게 하다〕 수4668

하교하기를, "서해와 남양을 막론하고 이국(異國)의 배가 혹 표류하여 도착하면, 그 지방의 읍쉬(邑倅)와 진장(鎭將)이 일을 내지 않는 경우가 드물어서 영곤(營閫)에서 파직시키거나 나문하라는 계달(啓達)이 교대로 들려 오고 있다. 이는 다른 까닭이 아니라, 실정을 묻고 접치(接置)하는 즈음에 일찍이 하나의 합당한 규범이 없어서 그런 것이다. 오직 이번 호남의 일을 가지고 말하여 보더라도 일마다 하자가 생기고 일마다 어긋났으니, 이국인에게 예의의 풍속으로 보이기를 어떻게 바랄 수 있겠는가? 묘당(廟堂)에서 오래 된 문적(文蹟)을 거슬러 조사하고 여러 도의 동이(同異)를 뽑아서 엮은 것을 참고 비교하여 응당 행하여야 할 법식을 획일적인 법제(法制)로 정하여 만들어서, 연해의 제도에 반하하여 이에 의거 준용하도록 하라. 그리고 세세하고 하찮은 잘못으로 변정(邊情)에는 관계가 없고 영송(迎送)에 방해가 있는 것은 절대로 계속 논감(論勘)하지 말게 하라" 하였다.

5759 정조 06/04/23(기축) → 【원전】 45집 304면
〔전세와 대동미 조선 40소를 같은 날에 출발시킨 호남의 도신에게 하유하다〕 조1308

호남의 도신(道臣)에게 하유하기를, "전세(田稅)·대동(大同)의 조선(漕船) 40소(艘)를 같은 날 장발(裝發)시킨 것은 근래 보기 드문 일이다. 도백(道伯)이 공무를 봉행한 것이 매우 가상스러운 것이기는 하지만, 잘 호송하지 못하면 지방관과 도백은 계칙시키지 못한 벌을 면치 못할 것이다" 하였다.

5760 정조 06/04/25(신묘) → 【원전】 45집 304면
〔살마주에 표류해 온 왜선을 원하는 수로를 따라 환송하게 하다〕 표2323

차대(次對)하였다.
전라도 관찰사 박우원(朴祐源)이 살마주(薩摩州)에서 표류하여 온 왜인에게 실정을 물어서 치계하니, 원하는 수로를 따라 환송(還送)시키라고 명하였다.
영의정 서명선(徐命善)이 아뢰기를, "당선(唐船)은 수로로 직송하고 왜선은 동래(東萊)를 경유하여 부송(付送)하는 것이 본래의 전례인 것입니다. 이번 흥양(興陽)에 표

류한 왜인은 듣건대 바로 살마주 왜인(薩摩州倭人)라고 하는데, 이들은 대마도 왜인
(對馬島倭人)과 숙원이 맺혀 있기 때문에 보기만 하면 서로 해친다고 합니다. 이제
만일 왜관에 송부(送付)하여 대마도로 전입(轉入)하게 한다면, 반드시 죽기를 한하고
가지 않을 것입니다. 그러나 본래 직송시킨 전례가 없어 매우 난처합니다" 하였다.
  하교하기를, "전례가 비록 그렇기는 하지만 실정이 매우 불쌍하니, 억지로 왜관으
로 보낼 필요가 없다" 하였다.

5761 정조 06/05/26(임술) → 【원전】 45집 307면
〔신돈에게 관직을 제수하다〕   수11161

신돈(申暾)을 홍충도 수군절도사로 삼았다.

5762 정조 06/07/04(기해) → 【원전】 45집 318면
〔여러 도의 가을 군사조련을 중지하다〕   수3817

차대(次對)를 하였는데, 여러 도의 가을 군사조련을 중지하였다.

5763 정조 06/10/10(계유) → 【원전】 45집 328면
〔일본 관백이 후계자를 세운 것을 축하할 역관을 파견하다〕   왜11014

차대를 하였다.
  영의정 서명선이 아뢰기를, "일본 관백(關白)이 후계자를 세웠으니, 경축할 역관
을 관례에 따라 파견하소서" 하니, 그대로 따랐다.

5764 정조 06/12/24(병술) → 【원전】 45집 337면
〔조운중지의 명령을 어기고 배를 침몰하게 한 강서현령 등을 문책하다〕 조2069

하교하기를, "평안도 감사가 올린 장계를 보건대, 신칙(申飭)을 어떻게 하였는지 조
운(漕運)을 중지하라는 조정의 명령을 아랑곳하지 않은 채 경솔하게 배를 띄워서 이
처럼 침몰한 일이 있게 되었는데, 곡물이 침몰한 것은 그래도 별 것 아니다. 사망한
사람이 무려 50명이나 되었으니, 만약 엄중히 죄를 논하지 않는다면 죽은 사람의
원한을 위로할 수 없을 것이다. 강서현령(江西縣令) 홍병문(洪秉文)을 파직한 다음 그

부(府)로 하여금 잡아다 문초하게 하고, 물에 빠져 죽은 사람들에게는 후하게 돌보아 주도록 하라. 그리고 평안감사와 황해감사는 모두 한 등급씩 녹봉을 감하도록 하라" 하였다.

정조 7년(1783; 청 건륭48년)

5765 정조 07/01/05(정유) → 【원전】 45집 344면
〔여러 도의 봄철 조련을 중지하다〕   수3818
여러 도의 수륙(水陸)의 봄철 조련을 중지하였다.

5766 정조 07/01/29(신유) → 【원전】 45집 350면
〔이한창을 삼도 수군통제사로 임명하다〕   수11162
이한창(李漢昌)을 삼도 수군통제사로 삼았다.

5767 정조 07/02/19(경진) → 【원전】 45집 352면
〔하직 인사를 위해 삼도통제사 이한창을 불러보다〕   수11163
삼도통제사 이한창(李漢昌)을 불러보았다. 이는 하직 인사를 드렸기 때문이다.

5768 정조 07/02/19(경진) → 【원전】 45집 353면
〔양서에서 온 곡물이 침몰되자, 황해도 수군절도사를 서유화로 대임시키다〕   조2070
황해도 수군절도사 이윤희(李潤禧)를 파직하였다. 이는 양서(兩西)에서 실어오는 곡물이 침몰되었기 때문이다. 서유화(徐有和)로 대임시켰다.

5769 정조 07/04/28(무자) → 【원전】 45집 365면
〔강화도 조운을 영조로 바꾸어 생긴 폐단에 대한 이전 정언 민창혁의 상소〕 조1309
이전 정언 민창혁(閔昌爀)이 상소하였다.
"강화도의 조운(漕運)을 영조(嶺漕)로 바꾼 것은 경진년 일을 당했을 때에 시작한 것이었으니, 두루 생각하였다고 하겠습니다만, 말류의 폐단은 미리 예상하기 어려운 것입니다. 그러고 보면 신이 어떻게 뒷날 반론하는 것을 싫어하여 바로잡을 수

있는 방법에 대해 생각지 않을 수 있겠습니까? 강화도 백성의 생활은 경작이나 시장에 도움을 받지 못하기 때문에 조운을 업으로 삼아 생활을 윤택하게 한 것입니다. 그런데 법 조항을 자세히 설정하지 않아서 일부러 침몰시키는 일도 생기는데, 이는 사실 백성의 죄가 아니고 법이 진선 진미하지 않기 때문인 것입니다.

  대체로 영조(嶺漕)의 법은 대략 계산해 보면 60여 척의 관청 배에다 각각 16명의 조졸(漕卒)을 배치하는데, 한 사람당 16냥의 옷값, 닷 섬의 양식, 80석의 축난 수량을 채워주기 위한 쌀, 80냥의 선박 기계 대금을 지급하고 있습니다. 이러한 각종의 명목을 해마다 비율로 삼는데, 1년에 소비되는 것이 쌀로는 9천6백 석이고 돈으로는 2만 1백60냥인데, 돈까지 쌀로 환산하여 합계를 낸다면 1만 6천3백20석으로서 이것만으로도 경조(京漕)의 비용보다 많습니다. 그런데 거기다 2년을 걸러 배마다 상으로 10석의 쌀을 주고 있는데, 10년의 기한이 차 배를 개조하기 전에 또 쌀 1천8백 석을 소비하는 셈입니다. 그리고 백성을 모집하여 9백60명의 조졸을 삼아 그들에게 신역(身役)을 면제해 주는데, 한 사람이 모집에 응하면 온 가족이 놀고 먹으므로 국가에서는 몇 천 명의 농민과 수십 동(同)의 군포(軍布)를 잃고 있으며, 따라서 개간되지 않은 전지가 많아져서 납세의 수량이 얼마나 줄어드는지 모를 정도입니다. 10년을 통틀어 계산하면 줄어든 돈은 1만 9천2백 냥이고 줄어든 쌀은 6천4백 석이 됩니다. 이미 재물을 늘려 백성들을 여유 있게 해주지 못하고 도리어 재물을 소비하고 백성의 일손만 잃었으니, 이것만으로도 잘된 계획이 아닌데, 왜 하필이면 경작하지 않고 요역을 하지 않은 강화도의 백성을 놔두고 먼 지방의 유용한 백성들을 지나치게 고용하여 무익한 일을 해서 유익한 것을 해친단 말입니까? 종전에 1만여 석의 선박 대금을 모두 강화도의 백성들이 강상(江上)으로 가지고 와서 도성 백성의 식량으로 나누어 주었기 때문에 그 여파로 비록 흉년이 들어도 시가(市價)가 뛸 걱정이 없었습니다.

  그런데 한번 영조(嶺漕)를 한 뒤로 토착의 조졸들이 그들의 가족을 데리고 돌아가 맨손으로 배를 타는가 하면 연로의 곡물이 귀한 지방에서 매매하여 이익을 챙기려고 공공의 곡물에서 농간을 부려 죄를 저지르고 창고에 납부할 때에 축난 것은 공미(貢米)나 전미(廛米)에서 가져다 채우고 있습니다. 그러므로 영곡(嶺穀)은 애당초부터 도성 백성들에게 미치는 이익이 없고 도리어 서울의 곡물만 빠져나갑니다. 그렇기 때문에 비록 해마다 연이어 풍년이 들더라도 도성 백성들의 생활이 여전히 쪼들린다고 하는 것입니다. 더구나 저 조졸들은 경작의 노고를 하지 않고 관청의 것으로 먹고살므로 한 식구가 풍족하게 살고 있습니다. 그러나 백성들이 관청에 납부할 때 멀면 수백 리가 넘고 가까워도 백 리에 밑돌지 않는데, 이것들을 각자 조창(漕倉)에다 운반하게 하기 때문에 곡(斛)당 소비되는 운반비로 말미암아 갖가지로 해를 받고 있습니다. 그러므로 풍년에도 꾸어다가 채워야 하는데, 흉년을 만났을 경우에는 이리저리 돌아다니며 길에 가득히 수심과 원망을 하고 있으니, 하소연할 데 없는 그들의 사정이 참으로 애처롭습니다. 한 사람을 죽여서 열 사람을 살린다고 해도 어진 사람은 하지 않는 법인데, 한 사람에게 이익을 주기 위해서 만 사람에게 해를 주는 일을 어찌 차마 할 수 있단 말입니까?

　영조는 저처럼 확실하게 시행할 수 없고 옛날 법은 폐지되어서 회복하기 어려우니, 차라리 별도로 법을 설정하여 백성이나 국가가 둘 다 편리하고 재물과 용도가 다같이 넉넉하게 하느니만 못하다고 여깁니다. 별도로 강 연안의 물에 익숙한 장정 13명씩을 모집하여 배 한 척의 선졸(船卒)을 삼으면 시골의 조졸 16명을 당해낼 것이고, 백성 중에 힘이 있고 충실한 사람을 가려서 배마다 한 사람씩 선주(船主)로 정하여 선박의 일을 주관하게 하면 배 한 척의 선졸을 넉넉히 지휘할 수 있을 것입니다. 그리고 나서 영조의 각종 지출 비용에서 1년의 요미(料米)를 나누어 주되, 사공(沙工)에게는 20두, 곁꾼에게는 12두를 기준으로 삼아 마치 군병이 급료를 받아 살아가기에 넉넉한 것처럼 하고, 또 공법(貢法)을 모방하여 선주에게 한 해를 간격으로 공가(貢價) 70섬을 꾸어주어 공인(貢人)들이 공가를 받아 직업에 즐거이 임하는 것처럼 해줌으로써 먼저 일정한 직업을 마련해서 일정한 마음을 갖도록 하면 필시 옛날 법처럼 문란해지지는 않을 것입니다.

　그리고 지금 강선(綱船)이 올 때를 기다렸다가 돌려보내지 말고 삼군문(三軍門)에다 묶어놓고 비변사에서 주관하여 한결같이 강화부의 훈국(訓局) 배의 사례처럼 하되, 선주는 군교(軍校)에 나누어 예속시키고 선졸은 척적(尺籍)에다 이름을 편입시키면, 조운을 하는 일 말고도 급할 때에 넉넉히 서로 수응할 수 있을 것입니다. 이는 흠결되어 강구하지 않은 법이니, 만약 우려가 있을 경우 수군을 사용해도 될 것입니다. 이렇게 하였는데도 여전히 일부러 침몰시키는 염려가 있을 경우에는 배 열 척을 한 대오로 만들어 각각 연대의 책임을 지워서 배 한 척이 상실한 것을 아홉 척에 물리다면, 풍파를 조심하고 간사한 짓을 막기 위해 운행하고 멈추며 지키고 망을 보는 데 서로가 힘을 들일 것이므로, 틀림없이 전과 같은 우환이 없을 것입니다. 지금 영조(嶺漕)에 드는 지나친 잡비를 가지고 경조(京漕)의 잉여 수량과 비교해 보면 해마다 4천8백88석이나 차이가 나는데, 10년 안에 세 차례 상으로 주는 쌀 1천8백 석은 그 수량 안에 들어 있지 않았습니다. 이것도 10년을 통틀어 계산하면 쌀이 5만 7천 80석이나 됩니다.

그리고 한번 영곡(嶺穀)을 운반하려면 월급을 소비할 뿐만 아니라, 한 해 동안 요역을 하지 않습니다. 호서와 호남의 곡물도 토착민의 배를 모두 이용하여 나누어 싣게 하면 단번에 다 실어 올 수 있을 것입니다. 설사 부족하더라도 개인이 소유한 배를 관청의 배로 전환하겠다고 자원하는 자가 반드시 많을 것이므로, 힘을 들이지 않고도 앉아서 호서와 호남의 세금을 실어올 수 있을 것이고, 따라서 배를 임대하기 위해서 드는 곡물이 저절로 절약될 것입니다. 그러면 1년의 잉여 수량이 1만 석에 가까울 것이고 원세(元稅)도 불어날 것입니다. 참으로 백성에게 이롭기만 한다면 윗사람의 것을 덜어 아랫사람에게 보태주는 정사도 해야 하는데, 더구나 국가를 넉넉하게 하고 백성을 돌보는 요점에 딱 들어맞는 데에야 무엇 때문에 하지 않을 수 있겠습니까? 법을 설정한 뒤에 영외(嶺外)의 세 조창(漕倉)을 폐지하여 남녘 백성들이 실어나르는 괴로움을 덜어주고 옛 법을 회복시켜 각 고을마다 실어서 보내게 하되, 서강(西江)의 선혜청 옛 창고를 대략 수리한 다음 조창(漕倉)이라고 이름을 붙여 쌓아 놓게 합니다.

그리고 해마다 잉여의 곡물을 계산하여 경비에 보태고 선교(船校), 선졸(船卒), 고색(庫色), 고직(庫直)에게는 등수를 나누어 여기에서 과료(科料)를 대여해 주어 별도로 하나의 큰 비축을 해 놓는다면 10년 안에 10여 만 곡(斛)을 넘어설 것이니, 이것으로도 3만 군병이 1년간 쓸 비용을 댈 수 있을 것입니다. 군대의 호칭을 정하고 나서 삼영(三營)에다 예속시키면 저절로 대신과 장신(將臣)이 있으므로 다시 호조나 선혜청을 거칠 것이 없습니다. 그리고 이점과 병되는 점을 헤아리고 모자라고 남는 것을 검사해서 오래도록 폐지되지 않게 하는 데에도 기술이 있을 것입니다. 그런데 한번 사심을 따라 공도(公道)를 등지면 반드시 법을 어지럽혀 간사한 것이 내포될 것이니, 상정(詳定)하는 초기부터 신중히 하지 않아서는 안될 것입니다.
　그러므로 모든 것의 결정을 한결같이 의정부에 위임한 다음 다시 청렴 공평하고 사무에 익숙한 사람을 간택하여 낭관으로 임명하고 위아래에서 서로 의견을 교환하면서 조목을 원만하게 갖추어 놓으면, 빨리 진행되어 저절로 어렵거나 혼잡한 걱정이 없을 것입니다."
　임금이 의정부로 하여금 품처하라고 명하였다.

〈 관련내용 〉
・정조 07/06/06(병인)→ 영남의 조창혁파와 호서의 조선단속에 대해 논의하다　　45집 370면

5770 정조 07/06/09(기사) → 【원전】 45집 372면
〔권필칭을 경상좌도 수군절도사로, 이의행을 동래부사로 삼다〕　　수11164

권필칭(權必稱)을 경상좌도 수군절도사로, 이의행(李義行)을 동래부사로 삼았다.

5771 정조 07/07/04(계사) → 【원전】 45집 378면
〔군작미와 조운에 대한 형조판서 박우원의 상소문〕　　조1310

형조판서 박우원(朴祐源)이 상소하였다.
　"호남에 있는 비국 구관(句管)의 군작미(軍作米) 가운데 2만 4천 석을, 일찍이 호조에서 청득(請得)해 놓고 해마다 더 실어와 차례차례 수납(輸納)한 것이 이미 1만 6천 석이나 되고 현재 남아 있는 것은 단지 8천 석뿐입니다. 대저 연로(沿路) 고을들의 군작미가 점차로 줄어지고 있어. 이 뒤로는 올려 오려고 하더라도 진실로 방도가 없게 되었습니다. 또한 수송해 올 적에 봉환미(捧還米)를 민간에 나누어 주고서 다시 방아를 찌어 축난 것을 보충하는 밑천으로 바치게 하고 있고, 포구(浦口)로 내오는 비용도 모두가 곧 소민(小民)에게서 나오게 되어 백징(白徵)이나 다를 것이 없는데, 이렇게 하는 폐단이 그만 묶은 폐단이 되어버렸습니다.
　내년부터는 새로 시작하기를 본도의 군작미를 상납(上納)하는 한 가지 조항은 특별히 정지하도록 명하시는 것이 진실로 사의(事宜)에 합당합니다. 호남이 이러하므로 여타의 도(道)에 있어서도 미루어 알 수 있으니, 무릇 재해를 입은 도에 있어서는 호조에 상납하는 군작미를, 내년에는 우선 정지하도록 하는 뜻을 미리 지위(知

委)하게 한다면, 거의 일분(一分)이라도 민생들을 편케 하는 방도가 될 수 있을 것입니다.
    대저 국가의 경상비용을 오로지 호남의 세곡(稅穀)에 의존하고 있으니, 이처럼 저축(貯蓄)을 넓히는 날에 있어서는 조운에 관한 한 가지 절목을 더욱 마땅히 따로 신책해야 합니다. 근년 이래로는 취재(臭載)하게 되는 우려가 잇따르게 되고 미려(尾閭)로 새어 없어지게 되는 수가 많은데, 그 중에도 도감(都監) 배로 실어 오는 일이 가장 고질적인 폐단입니다. 대개 이 일은 훈국(訓局)에서 매양 연초에 해당 도(道)에 관문(關門)을 보내기를, 그 중에서 선가(船價)가 가장 우월한 곳 10여 고을을 가리어 본영(本營)의 배에다 장재(裝載)하도록 한다면, 각 고을에서 감히 어길 수가 없게 되어 비록 다른 배가 있다 하더라도 싣고 가지 못하고 반드시 본영의 배가 와서 정박하게 되기를 기다렸다가 하게 될 것입니다.
    이른바 그 배들은 혹 중간에서 행상(行商)을 하는 것이거나 더러는 새로 만든 선척이거나 한 것으로서, 매양 5, 6월 뒤에야 비로소 그 세읍(稅邑)에 오게 되어 지루하게 기다리고 있기 때문에 그만 시기가 늦어서야 장발(裝發)하는 한탄이 있게 되는데, 선한(船漢)들이 제 배가 아닌 것 때문에 매양 중로(中路)에서 고의로 파선을 하게 되는 일이 있어, 막중한 세미(稅米)가 속절없이 헛소비로 돌아가 버리게 됩니다. 내년부터라도 시작하여, 도감(都監)의 배는 작정하여 보내지 말도록 하고 각기 그 고을에서 미리 딴 배를 모집하여 일찍감치 바로 장발하도록 한다면, 종전과 같은 폐단을 거의 조금은 바로잡게 될 수 있을 것입니다."
    묘당에서 품처하도록 명하였다.
    비변사에서 아뢰기를, "호남의 군작미에 있어서는 정지하도록 하고, 도감(都監)의 조운선(漕運船)에 있어서는 오직 마땅히 제때에 내려보내도록 해야지 혁파할 것은 없습니다" 하였다.
    그대로 따랐다.

5772 정조 07/07/12(신축) → 【원전】 45집 380면
〔여러 도의 수군·육군의 가을 조련을 정지하다〕   수3819

    여러 도의 수군(水軍)·육군(陸軍)의 가을 조련을 정지하였다.

5773 정조 07/07/14(계묘) → 【원전】 45집 382면
〔조운에 대한 경기관찰사 심이지의 상소문〕 조1311

경기관찰사 심이지(沈頤之)가 상소하였다.
"당면한 지금 가장 답답하고 시급한 것 가운데 조운(漕運)하는 한 가지 일만한 것이 없습니다. 신이 재직하고 있는 일순(一旬) 동안에 두 차례나 취재(臭載)에 관한 계사(啓辭)를 올렸습니다. 이처럼 국가의 회계(會計)가 한이 없는 때에 수천 석의 장요(長腰)를 해양(海洋) 가운데에서 침몰하여 잃어버리게 됨은 단지 천산(天産)을 함부로 손상하게 되는 것만 애석한 것이 아니라, 선격(船格)들이 익사하게 되는 참상과 수령들이 죄를 입게 되는 일이 뒤를 이어 서로 찾아들게 되는데, 쌀을 건져낼 때의 폐해는 오로지 해안(海岸)의 민생들에게 돌아가게 됩니다.
신이 일찍이 호서(湖西)에 있으면서 이런 폐단을 익히 알게 되었습니다. 대개 선가(船價)가 지극히 박하므로 사람들이 모두 원하지 않게 되기 때문에, 매양 때가 늦어지게 된 다음에는 으레 상사(上司)의 재촉을 받게 되어, 선인(船人)의 부실과 착실 및 풍세(風勢)의 높음과 낮음을 헤아려 보지도 않고 오직 장발(裝發)하여 죄를 면하게 되는 것만 다행으로 삼는데, 필경에는 도둑질하고 고의로 파선(破船)을 하는 우려가 호서의 세선(稅船)에 많았습니다. 원선(原船)을 대오(隊伍)로 만들어야 한다는 의논이 이미 묘당에서 나왔고, 선가(船價)를 증가해야 한다는 논의 또한 본도에서 있게 되었지만, 의논이 갈라져서 아직까지 변통하지 못하고 있습니다. 이러기를 그만두지 않는다면 양도(兩道)의 고질인 병폐는 마침내 제거하게 될 날이 없을 것입니다. 묘당에 하순(下詢)하시어 장구한 계책을 강구하여, 만전(萬全)하게 할 계책을 세우지 않을 수 없을 듯싶습니다."
묘당에 명하여 품처하도록 하였다.

5774 정조 07/10/02(경신) → 【원전】 45집 395면
〔국조보감을 진강하고 임진왜란 때의 일을 의논하다〕 수4669

소대(召對)하였다.
『국조보감(國朝寶鑑)』을 진강했는데, 시독관 임제원(林濟遠)이 말하기를, "이는 임진년 일의 전말(顚末)입니다. 당시의 병력으로 말하건대 출정한 상장병(上將兵)이 8

천 인에 지나지 아니하여 오늘날의 병력에 비하건대 현저하게 미치지 못하였고, 당시의 인물로 말하건대 이순신(李舜臣)의 거제(巨濟)에서의 한 차례 전첩(戰捷)은 진실로 기위(奇偉)한 것이었습니다. 고경명(高敬命)·조헌(趙憲)·곽재우(郭再祐) 등에 있어서는 관수(官守)의 직책이 있었던 것이 아니지만 단지 충성과 의리로 사민(士民)들을 격려하여, 양호가 유린되지 않게 되었음은 바로 의병(義兵)들의 힘에 의한 것이었습니다. 비록 불행히도 군사가 패전하고 몸이 죽게 되었었지마는, 그들의 충간(忠肝)과 의담(義膽)은 족히 국맥(國脉)을 만회하고 사기를 격려하게 되어, 천병(天兵)이 오기를 기다리지 않고도 이미 극복(克復)하게 될 가망이 있었던 것이니, 열성조(列聖朝)께서 배양(培養)했었기에 흥기하게 되었던 것임을 대충 볼 수 있는 일입니다.

만일에 이 사람들이 일찍 그 당시에 쓰임을 보게 되었었다면, 거의 주자(朱子)의 이른바, '가만히 화(禍)의 근본을 해소해버리고 앞질러 간사한 싹들을 꺾어버린다'고 한 말과 같이 될 가망이 있었을 것인데, 태평한 시절에 있어서는 버림 받다가 불행 속에 유락(流落)해서야 비로소 절의(節義)가 나타나게 되었던 것입니다. 자고 이래로 이러한 때에 큰 공을 이루고 큰 절의를 세우는 사람은 허다히 임금이 그의 면목도 모르는 사람들 속에 있었습니다. 이는 신이 억설(臆說)을 하는 것이 아니라, 주자의 무신 봉사(戊申封事) 내용에 이미 이런 뜻이 갖추어져 있습니다. 비록 오늘날의 만호(萬戶)나 첨정(僉正) 속에 있어서라도 이순신과 조헌 같은 사람이 없는 것인지 어찌 알 일이겠습니까? 반드시 소원(疏遠)한 속과 비미(卑微)한 곳에서 인재를 찾아내는 일을 깊이 성명(聖明)께 바라는 바 있습니다."

임금이 말하기를, "참 좋은 말이다" 하였였다.

검토관 이태형(李太亨)이 말하기를, "액정(掖庭)과 사복(司僕)의 인원으로 의주(義州)까지 호종하며 시종 이탈하지 않았던 사람들을 비록 뒤에 녹공(錄功)은 했었지만 마침내 직사(職事)를 맡기지는 않았으니, 이는 조종조(祖宗朝)의 훌륭했던 덕을 볼 수 있는 일입니다. 대개 그 때에 따라가는 신하가 많지 않았는데, 유독 이 두서너 사람이 시종 호종했었으니 그들이 온갖 간험(艱險) 속에서도 충성을 다하고 노력을 바쳤던 것을 알 수 있습니다. 그러나 근습(近習) 중에 비미(卑微)한 사람에 있어서는 공이 있으면 기록하게 되고 노고가 있으면 상을 주게 되었어도, 조정의 관작에 있어서는 일찍이 사정(私情)을 쓰지 않았던 것입니다. 열성(列聖)들께서 덕이 이러하였음을 신이 진실로 흠앙(欽仰)하고 탄복하며, 삼가 바라건대, 이런 데에 있어서 유심(留心)하시고 감법(監法)하소서" 하였다.

그리고, 직제학 정지검(鄭志儉)이 말하기를, "임진년의 난리에 흙 무너지고 기왓장 부서지는 것 같아 국가사세가 다시 여지없게 되었었으니, 어찌 회복하게 될 가망이 있었겠습니까마는, 그래도 다시 회복하게 되었던 것은 그 연유가 있은 것입니다. 필경에는 극첩(克捷)하게 된 것이 비록 천병(天兵)의 힘을 입은 것이었지마는, 천병이 나오기 전에 의병(義兵)이 사방에서 일어나며 명령이 통행하게 되어 이미 회복할 형세가 이루어졌던 것이니, 이는 곧 인심이 가버리지 않았었기 때문입니다. 대저 인심 가버리거나 가버리지 않으므로서 천명이 따르게 되는 법이니, 인심이 이미 가버리면 국가가 비록 편안하더라도 위태와 멸망이 대기(待期)하게 되지마는, 인심이 가버리지 않으면 비록 적국(敵國)과 외환(外患)이 있다 하더라도, 그 나라가 어찌 마침내 멸망하게 될 리가 있겠습니까?

『역경(易經)』에 이르기를, '편안하면서도 위태함을 잊지 않고 생존하면서도 멸망할 것을 잊지 않아야 한다'라고 하였으며, '멸망하게 될 것이다 멸망하게 될 것이다 하여, 무더기로 난 뽕나무 등걸에다 튼튼하게 잡아맨다'라고 했습니다. 하물며 태평한 날이 오래된 시기에는 더욱 마땅히 깊이 근심하고 멀리 생각해야 하는 법인데, 나라를 든든하게 하는 방도는 병력(兵力)에 있는 것이 아니라 인심에 달려있는 것입니다. 음우(陰雨)의 대비를 비록 힘쓰지 않을 수 없는 것이지마는, 인심을 굳게 결속하는 것 만한 상책이 없는 법이니, 삼가 체념(體念)하시기 바랍니다."

임금이 말하기를, "참 좋은 말이다" 하였다.

참찬관 이헌경(李獻慶)이 아뢰기를, "임진년과 계사년의 난리를 마침내 능히 극복하게 되었던 것은, 오로지 열성조(列聖朝)의 깊은 인애(仁愛)와 두터운 은택(恩澤)이 인심을 굳게 결속해 놓았기 때문이었습니다. 그렇지 않았다면, 비록 황조(皇朝)의 구원하는 군사가 있었다 하더라도 어찌 쉽사리 힘을 얻게 되었겠습니까? 하물며 초야에서는 의병이 봉기하였고, 조정에는 인재가 왕성하게 많았기에 한결같은 마음으로 협력하여 마침내 중흥(中興)하는 공을 가져오게 된 것이니, 이도 또한 열성조께서 배양하고 작성해 놓은 공효에서 연유하게 된 것입니다. 인심을 굳게 결속하고 인재를 배양하는 것이 진실로 공고하게 유지해 가는 방법인 것이니, 이는 모두 전하께서 마땅히 체념하셔야 할 것입니다" 하였다.

임금이 말하기를, "우리 동방이 충의에 있어서는 비록 숭상할 만한 것이 있지마는, 무력(武力)에 있어서는 본시 모양을 이루게 되지 못했었다. 그래서 더러 군사를 일으키는 때를 만나게 되면 그만 흙이 무너지는 것과 같은 사세가 되어버린 것이니 매우 민망한 일이다" 하였다.

임제원(林濟遠)이 말하기를, "근년 이래로는 서울에 삼군문(三軍門)을 설치하고 외방의 각 영곤(營閫)에서 조련을 함은 모두가 음우(陰雨)에 대비하는 뜻일 것이니, 그 전에 비하면 비록 유비(有備)라고 말하더라도 될 것입니다" 하고, 이태형(李太亨)이 말하기를, "임진년과 계사년의 난리는 수백 년 동안 태평하던 나머지에 있었기 때문에 군사와 방비가 해이되어, 비록 흙이 무너지고 기왓장이 부서지는 것과 같음을 면하지 못했었지마는, 이로 인해 징창(懲創)하여 음우(陰雨)에 대비하는 일을 시작하여, 군문에서 군사를 양성하는 방법이 나왔었습니다. 요사이 도하(都下)의 군병들이 자주 습진을 하고 있으니 진실로 정련(精鍊)해졌다고 할 수 있습니다마는, 외방(外方)에서는 여러 번 흉년을 겪느라 조련이 드물어져 포기함을 면하지 못하게 되었으니 진실로 민망하고 염려스럽습니다. 수신(帥臣)들이 시키는 연습은 더러는 1년을 사이에 두고 한번씩 시행하여, 실효는 있지 않고 한갓 민폐가 되기만 하니, 만일에 각기 그 고을에서 관문에다 모아놓고 점검하는 규정대로 자주 연습을 시킨다면 힐융(詰戎)의 효과가 있게 될 듯합니다" 하였다.

5775 정조 07/10/20(무인) → 【원전】 45집 400면

[독운어사 김재인에게 유시하다] 조1312

독운어사(督運御史) 김재인(金載人)에게 유시하였다.

"아! 이번에 곡식을 옮기는 일이 어찌 그만둘 수 있는 것이겠는가? 영동의 아홉 고을 생령(生靈)들이 온통 학철(涸轍) 속에 있으면서 입을 벌름벌름 하고 있는데, 달리 구제하여 살릴 방책은 없고 믿는 바와 바라는 바가 오직 이번 곡식을 옮기는 한 가지 일에 있다. 그렇지 않다면 무엇하러 고생스럽게 영남백성을 수고롭게 하여 영남 곡식을 덜어내어, 다른 도(道)를 위하느라 이번 일을 하게 되었겠는가? 대저 포항창(浦項倉)을 두었음은 진실로 관동·관북의 민생들을 교통하여 구제하기 위한 것

인데, 해운의 어려움이 자못 호남연안보다도 심하여, 지난해에도 배로 띠우는 일을 하다가 또한 한두 번은 취재(臭載)를 면치 못했기에, 내가 지금까지도 측은하여 상심하게 되어진다. 가사 이섭(利涉)하게 된다 하더라도 풍파(風波)가 이는 1천 리 길에 간난(艱難)과 고초가 갖가지이기에, 선인(船人)들의 부형과 처자들이 포구 가에 나와 송별(送別)하면서 발을 구르거나 울부짖거나 한다.

　이러한 광경은 어찌 인인(仁人)이 차마 볼 수 있는 일이겠느냐? 또한 가는 사람이 너무도 수고롭게 되는 것만이 아니다. 또한 집에 있는 사람도 너무나 고생스럽게 된다. 애처로운 이런 소민(小民)들이 적곡(糴穀)을 실어 내는 일은, 비록 풍년이 든 해라 하더라도 오히려 해 내기 어려워서 걱정인 것인데, 하물며 흉년을 만나서이겠는가? 비록 본창(本倉)에 수납하는 것이라 하더라도 오히려 부비(浮費)가 많은 법인데, 하물며 다른 도(道)로 옮기는 것이겠느냐?

　영남의 올해 농사는 비록 혈농(穴農)이라고는 하지마는, 거듭 흉년 들었던 나머지라 병폐가 풀리지 못하였고 창고에 저축도 점점 고갈되어 민생들 먹을 것이 모자라게 되었으니, 이는 진실로 조가(朝家)에서 민망하게 여기고 염려해 주어야 할 일이다. 하물며 본창(本倉)이 있는 데는 곧 우심(尤甚)한 고을이고, 본창의 곡식을 흩어 주었다 거두어 들였다 하게 되는 연안고을들도 또한 모두 우심한 데이고 보면 또한 어찌 차마 이중으로 괴롭힐 수 있는 일이겠는가? 민간실정과 사세를 내가 알지 못하는 것도 아니고, 또한 내가 돌보지 않으려는 것도 아니다마는, 영동처럼 절박하고 다급한 데를 어찌해야 하겠는가? 대개 아홉 고을의 대무(大無)는 진실로 여러 도 중에 가장 참혹하게 되어, 오곡 및 과일과 채소가 하나도 여물게 된 것이 없어서, 교야(郊野)나 산협(山峽)이 다 같이 적지(赤地)가 되어버렸다. 3만 명의 창생(蒼生)들이 온통 하루를 먹을 것도 없어, 당면한 지금 아침저녁에 연명하여 살아가는 것이 단지 같근뿐이다. 만일에 급급하게 구제하고 돌보기를 불 끄듯이 하고 물에 빠진 사람 건져내듯 하지 않는다면, 필경에는 장차 서로 어울리어 구학(溝壑)에 들어가버리게 될 것인데, 백성의 부모가 되어 어찌 좌시할 수 있겠는가?

　아홉 고을 안에는 이미 저축한 곡식이 없고 보면 구제하여 돌보는 방책이 오직 곡식을 옮겨 가기에 있는데, 영서(嶺西)의 곡식을 옮기려고 하면 영서는 아홉 고을처럼 저축한 것이 없고, 북관(北關)의 곡식을 옮기려고 하나 북관도 또한 아홉 고을처럼 큰 흉년이 들었다. 이 때문에 이모저모로 생각하고 요량해 보다가 영남으로 귀착되지 않을 수 없는 것이다. 영남 민생들이 필연코 '다 같이 국가의 백성이고 다 같이 흉년 들었는데, 우리에게서 빼앗아다가 저에게 주는 것은 어찌된 것인가?'고 할 것이지만, 이는 그렇지 않은 것이 있다. 대저 지금 가난한 사람에게 딴 집에서 살고 있는 여러 아들이 있다고 하자. 그 중에 하나는 부황이 들어 죽어가게 되었고, 그 중에 하나는 그래도 병이나 항아리에 저축해 놓은 것이 있다면, 아버지 되는 사람이 어찌 병이나 항아리에 든 것을 나누어다가 그 죽어 가는 생명을 구원하지 않을 수 있고, 아들 된 사람도 또한 어찌 형제간에 인색한 짓을 하여 그 부모가 편애하는 것으로 여기게 될 수 있겠는가? 두 도(道)의 흉년은 그래도 차이가 있는 것이니, 영남 민생들이 또한 조가(朝家)의 여보적자(如保赤子)하는 생각을 추구해 볼 적에는 동포를 서로 돌보려는 마음이 뭉게뭉게 생겨나게 되어질 것이다. 비록 그러해도 이번에 1만 석의 운반을 모두 본도에 담책(擔責)한다면 더욱 차마 못할 바가 있게 될 것이기에, 영동지방의 선척들을 구집(鳩集)하고 가서 힘을 합쳐 운반해 오도록 한 것인데, 이는 또한 영남 선인(船人)들을 일분(一分)이라도 노고가 펴지게 하기 위한 것이다. 대저 농민들은 곡식 바치기에 수고롭고, 선인(船人)들은 운반하기에 지치고, 포구의 가호(家戶)들은 지로(指路)와 호송하는 절차 등에 피곤하게 될 것이니, 견면(蠲免)해 주고 돌보아 주는 일이 없게 된다면 억울하게 여기는 뜻이 없을 수 있겠는가?

영동 배에 곡식을 운반하느라 쓰이는 민인(民人)들에게는 모두 석수(石數)를 계산해서 모곡(耗穀)을 면제해 주고, 영남 사격(沙格) 등의 신포(身布)는 특별히 탕감해 주고, 본도에서 봉상(封上)하는 삭선(朔膳)·물선(物膳) 중에 좌도(左道) 연안의 우심한 고을에서 봉진(封進)하는 것은 올해 11월부터 맥추(麥秋) 때까지 모두 봉진하지 말도록 하라. 영남 민생들이 이에 있어서 나의 일시동인(一視同仁)하는 은택을 알게 되리라 생각한다. 곡식을 실을 적에 있어서도 되도록 편리하게 조치하여 주민들의 폐해를 진념해야 하고, 항해할 때에 있어서도 신중하게 풍우를 점쳐보고 하여 초공(梢工)들이 공을 이루게 되어야 하는데, 이런 책임이 오로지 어사인 너에게 있으니, 반드시 마음을 먹고 봉행(奉行)하여 십분 감독하고 신칙해야 한다. 오직 관동 백성을 살리게 되는 것만이 아니라 반면에는 또한 영남 민생들의 힘을 조금은 늦추어 주게 될 것이다. 비록 하나의 격군(格軍)이나 하나의 역군(役軍)이라 하더라도 만일 익사하는 일이 있게 된다면, 이는 어찌 조가(朝家)에서 어사를 보낸 뜻이 되겠는가? 겨울이 가기 전에 한차례 조운한 다음에는 네가 마땅히 영(營)으로 돌아 오고, 봄이 되길 기다렸다가 사천(泗川) 제민창(濟民倉)으로 가서는 또한 2만 5천 석을 호서에 전운해야 한다.

우도(右道) 연안의 농사 형편은 좌도(左道)보다는 나은 데다 창고 안에는 또한 저축한 곡식이 있기도 하고, 전운할 배도 모두 호서에 담책(擔責)하게 될 것이어서 민폐가 되어지는 것이 영동전운 때보다는 나을 듯하기도 하다. 이미 좌도에 있어서 시행하게 된 바를 어찌 혹시라도 우도 연안에 있어서는 전연 아낄 수 있겠는가? 제민창(濟民倉) 소재지의 제읍(諸邑)과 호서의 배가 곡식을 운반할 때 사용되는 민인(民人)들의 묵은 환향(還餉)은 특별히 정퇴(停退)해 주고, 네가 부디 나의 이 분부를 가지고 연해 민생들에게 일러 주어, 내가 만부득이 해서 하게 된 연유를 알게 되도록 하라.

아! 지금 너를 보내면서부터 네가 일을 마치고 조정으로 돌아오게 될 때까지는 내가 노심초사하게 되지 않는 날이 없게 될 것이다. 네가 곡식을 싣고 출발하여 영(營)으로 돌아온 다음에는 모름지기 즉시 전수(轉輸)하는 상황을 그림으로 그려서 올려 보내라. 내가 장차 벽 위에 붙여 놓고 아침저녁으로 보면서, 한편으로는 이섭(利渉)하게 되기를 빌고, 한편으로는 내가 백성들과 함께 고락을 같이 하는 뜻을 두려는 것이다. 아! 대궐 안의 앉은자리가 비록 깊고 바다의 연안이 비록 멀기는 하지마는, 쏟게 되는 한 가지 생각이 어찌 몸소 임하여 눈으로 보는 것과 다르게 되겠는가? 만일에 네가 이를 깊이 유념한다면 거의 나를 저버리게 되지 않을 것이다. 그래서 이르는 것이다."

5776 정조 07/12/03(경신) → 【원전】 45집 414면
[경상도 관찰사 이병모가 곡식 옮기는 배가 출발하였다고 치계하니 하교하다]   조1313

경상도 관찰사 이병모(李秉模)가 곡식 옮기는 배가 출발하였다고 치계하였다.

하교하기를, "날씨가 맑고 따뜻한 때에 선척들이 인차(鱗次)로 도착하고 있어 민생들의 일이 천만 다행하게 되었으니, 더욱더 풍파를 잘 살피어 호송해야 한다는 것으로 경상감사(慶尙監司)와 독운어사(督運御史)에게 준엄하게 신칙해야 한다. 조가(朝

家)에서 영남곡식의 관동운반에 있어서 낮이나 밤이나 마음이 쓰이어 거의 침식(寢食)을 잊고 있다. 이미 도박(到泊)한 것이 거의 1만의 수량에 가깝고 이미 장재(裝載)한 것이 또한 절반이 넘게 되었지마는, 그래도 운반하지 못하고 있는 나머지 곡식의 수송을 조금도 늦출 수 없으니. 계속해서 장문(狀聞)하라는 뜻으로 원춘감사(原春監司)에게 분부하라" 하였다.

5777 정조 07/12/17(갑술) → 【원전】 45집 417면
〔평안도 관찰사가 철산 표해인의 장표를 사실했음을 치문하니 하교하다〕   표1530

평안도 관찰사 이성원(李性源)이 철산(鐵山) 표해인의 장표(掌標)를 사실(査實)했음을 들어 치문(馳聞)하니, 하교하였다.
"장표(掌標)가 있거나 없거나와 선주(船主)가 어느 누구임을 막론하고 범한바가 고의로 범한 것이 아니고 사람은 곧 우리 백성이므로, 우리나라의 주장(周章)하는 도리에 있어서는 가령 진정(眞正)한 장표가 없다 하더라도 마땅히 선주가 가명인 것에 구애할 것없이. 저들 속에 구집(拘執)되어 있는 우리 백성이 우리의 지경으로 살아 돌아오게 하는 것이 어찌 십분(十分) 합당하게 되는 도리 아니겠는가? 또한 생각하건대 선표(船標)에 균역청(均役廳)이란 글자 쓰는 것은 은휘(隱諱)해야지 과시해서는 안될 것이고, 어선을 장척(丈尺)에 따라 세가 있는 어민들이 조수족(措手足)할 수 없게 되는 것이니. 저들 중에 구안자(具眼者)가 있게 된다면 몰래 우리나라의 정령(政令)을 비웃게 되지 않겠는가? 조가(朝家)에서 매양 표민(漂民)에 관한 자문(咨文)을 보게 될 적마다 자연히 자신도 모르게 이마가 찡그러지게 된다. 요사이에 조정 의논을 들어보건대 더러는 '만일에 선표(船標)가 없을 경우에는 사실에 의거하여 이자(移咨)하지 않을 수 없다'고 하였는데. 이런 말을 하는 것은 어찌 무계(無稽)함이 심한 것 아니겠는가? 묘당에 계하(啓下)하여 품처하게 할 것 없이, 회자(回咨)를 즉시 문임(文任)으로 하여금 조사(措辭)를 잘하여 지어내도록 하라. 소위 선표를 저들이 이미 추심(推尋)했었다면 균역청에서 그들의 말대로 만들어 보내어 이를 가지고 추구(推究)하게 해야 할 것이고, 어선세를 각 도에 출부(出付)하는 일도 조속히 변통해야 할 것이다. 이런 뜻을 우선 묘당에서 알고 있게 하고, 갇히어 있는 갖가지 사람에 있어서는 즉시 놓아보내라는 뜻으로 도신(道臣)에게 분부하라."

정조 8년(1784; 청 건륭49년)

5778 정조 08/02/25(신사) → 【원전】 45집 429면
〔영의정 정존겸이 어염선세의 사목 제정을 아뢰니 의논하다〕   기3104

차대하였다.
　영의정 정존겸(鄭存謙)이 아뢰기를, "선혜청당상 정민시(鄭民始)가 아뢴 각 도의 어염선세(漁鹽船稅)를 도신(道臣)이 구관(句管)하고 비총(比摠)하여 수납하는 일 때문에 각각 당해 도신을 시켜 민정과 사세를 상세히 탐문하고 편부를 살펴 사리를 논하여 장문(狀聞)하게 하였더니, 여러 도의 장본(狀本) 가운데에서 평안도 관찰사 이성원(李性源)은, '이제 도신에게 내어 맡겨 총찰(摠察)하고 동칙(董飭)하게 하고 더 나타나면 갈음하여 면제하는 정사(政事)는 지방관에게 일임하여 저 고을의 여유 있는 수로 이 고을의 모자라는 세(稅)를 채우고 한 해에 바쳐야 할 것 이외에 남는 것이 있으면 명백히 유저(留儲)하여 앞으로 있을 감축에 대비하게 하면, 관세(官稅)는 절로 맞추어지고 민력(民力)은 넉넉해질 것입니다. 비총에 관한 일은 확정할 수는 없더라도 아래를 이롭게 하는 뜻으로 알맞은 세를 작정한다면 반드시 몇 해 안으로 성효(成效)가 있을 듯합니다' 하였습니다. 대개 이 어염선세를 각 도의 감영(監營)에서 구검(句檢)하여 빠지는 것을 막는 것은 본디 당초의 사목(事目)이니, 총찰하고 동칙하는 일을 도신에게 맡겨서 지방관에게 신칙하여 사실에 따라 바로잡게 하여 수년 동안을 견주어 납공(納貢)하는 제도를 적당히 작정하면 은루(隱漏)·백징(白徵)은 모두 그 폐단을 제거하고 세입(稅入)·경용(經用)도 줄게 되지 않겠습니다마는, 과조(科條)를 엄히 세우고 사목을 명백히 정하지 않으면 보람이 미처 나타나기 전에 따로 폐단을 일으킬 것입니다. 균역청당상을 시켜 대신들에게 의논하여 절목을 강정(講定)하여 계하(啓下)하고 제도에 공문을 보내어 알려서 영구히 준행(遵行)하게 하소서" 하였다.
　임금이 말하기를, "요즈음 어·염·선의 세 가지 세에 관한 일을 내가 두루 물은 것과 경들이 복주(覆奏)한 것도 이미 상세하고 또 여러 번이었다. 대저 균역청에 세

가지 세를 관령(管領)하는 것은 참으로 선대왕께서 백성의 고통을 돌보고 백성의 폐해를 바로잡으시려는 성의(聖意)에서 나왔거니와 신포(身布)를 감면하신 은혜는 덕의(德意)가 애연(藹然)하니, 내가 계술(繼述)하는 도리로서는 오직 삼가 사목을 지켜야 할 뿐인데, 지금 해도에 내어 주자는 의논은 본디 사목에 어그러지는 것이 아니고 다만 그 주관(主管)을 조금 바꾸는 것일 뿐이다. 또 생각하건대, 전토(田土)의 결역(結役)은 땅에 알맞는 공(貢)에서 나오고 노비공안(奴婢貢案)에도 비총(比摠)하는 법이 있으며 은여결(隱餘結)의 더 일구어진 것을 사정(査定)한 것과 선무포(選武布)의 적부(籍簿)를 살펴서 포(布)를 거둔 것까지도 다 각 도·각읍에 넘겼는데 이 세 가지 세에만 편리하지 못한 까닭이 있다는 것은 참으로 그 까닭을 알 수 없다. 경사(京司)에서 구관하는 것이 반드시 외읍(外邑)에서 상세히 하는 것만 못할 것이고, 도신이 친히 사정하는 것이 도리어 당해 당상이 멀리서 관령하는 것보다 나을 것이니, 그 편부를 헤아리고 그 효해(效害)를 셈하면 실로 변경한 혐의가 없고 또 구차한 폐단을 면할 것이다. 이제 모두 해당 도·해당 읍에 맡겨 사실대로 비총하게 하면 본청의 세액이 점점 줄어드는 것을 근심하지 않아도 되고, 경외의 어산(魚產)이 비싸지는 것도 폐단을 바로잡을 수 있을 것이다. 경들은 다시 원임대신과 익히 의논하여 초기(草記)로 한 가지 방안을 만들어 품처(稟處)하라" 하였다.

이튿날 비변사에서 회계(回啓)하기를, "원임대신도 다른 의견이 없습니다" 했다.

하교하기를, "경장(更張)하는 일은 아닐지라도 한두 당해 당상에게 맡길 수 없으니, 비변사당상 가운데에서 몇 사람을 계하(啓下)한 뒤에 본사(本司)에 와서 모여 사목을 마련하여 아뢰게 하라" 하였다.

5779 정조 08/03#06(신유) → 【원전】 45집 438면
[김익이 왜란 때 전라우수사 이억기의 시호를 청하니 따르다] 수4670

김익(金熤)이 아뢰기를, "임진년 난리 때에 전라우수사 이억기(李億祺)가 적을 섬멸한 공로는 이순신(李舜臣)의 다음으로, 당시에 이미 병조판서에 추증되고 뒤따라 또 충민사(忠愍祠)에 봉향(奉享)하고 있습니다. 그런데 아직까지 시호를 내리는 전례(典禮)가 빠뜨려졌으니, 청컨대 특별히 시호를 내려주소서" 하였다.

그대로 따랐다.

5780 정조 08/04/21(을사) → 【원전】 45집 441면
〔손상룡·이윤빈·이형원·정관채 등에게 관직을 제수하다〕   수11165

손상룡(孫相龍)을 전라도 병마절도사로, 이윤빈(李潤彬)을 홍충도 수군절도사로, 이형원(李亨元)을 전라좌도 수군절도사로, 정관채(鄭觀采)를 전라우도 수군절도사로 삼았다.

5781 정조 08/07/08(신유) → 【원전】 45집 455면
〔여러 도의 가을 군사조련을 정지시키다〕   수3820

여러 도의 가을철 군사조련을 정지시켰다.

5782 정조 08/08/26(기유) → 【원전】 45집 465면
〔왜국에 표류하여 난동을 부린 손고남 등을 처벌하여 경계로 삼게 하다〕   표1350

비변사에서 아뢰기를, "동래부사 이의행(李義行)의 계본(啓本)을 보건대, 바다에 표류한 백성 손고남(孫古男)이 왜국(倭國)에서 난동을 부렸으니, 이는 참으로 하나의 변괴입니다. 남의 집 문을 부수고 뛰어들어가 칼을 들고 위협하여 대낮에 재물을 빼앗았으니, 강도와 다름없습니다. 피인(彼人)들이 별도로 서계(書契)를 보내오기까지 했으니, 청컨대, 좌수사와 해당 부사로 하여금 군사의 위세를 크게 벌려 왜관(倭館)의 문 앞에서 효시하게 하소서. 그리고 허일성(許日成) 등은 도신(道臣)으로 하여금 죄의 경중에 따라 징벌하게 하소서" 하였다.

임금이 하교하기를, "여러 죄수들에 대한 일은 초기(草記)대로 시행하되, 그 중 괴수(魁首)에 대한 일은 사형[一律]에 관계되니, 원임 대신과 유사당상관(有司堂上官)에게 두루 순문하도록 하라" 하였다.

여러 사람의 의견이 사형이 합당하다고 하였다.

영의정 정존겸(鄭存謙)이 또 청하기를, "다시 명령하는 뜻으로 삼남과 관동(關東)의 도신(道臣)들에게 분부하여 연해 고을에서 바람이 일어나는 날은 처음부터 배를 띄우지 말게 함으로써 표류하는 근심이 없도록 하소서. 설령 불행하게 저쪽 땅[彼地]으로 표류해 들어가는 경우에는 반드시 손고남의 일을 가지고 경계를 삼으라는 뜻으로써 효유(曉喩)하도록 하소서" 하였다.

임금이 그대로 따랐다.

5783 정조 08/10/17(경자) → 【원전】 45집 474면
〔차대하고 조심태를 홍충도 수군절도사로 삼다〕   수11166

차대(次對)하였다. 조심태(趙心泰)를 홍충도 수군절도사로 삼았다.

5784 정조 08/11/27(무인) → 【원전】 45집 480면
〔제주의 기근을 진휼하도록 8천 석의 정조 모곡을 내리다〕   조1314

제주에 기근이 들었으므로, 목사 엄사만(嚴思晩)이 장계를 올려, 내년 정월부터 보릿가을까지 한하여 진휼곡을 나누어 주는데, 임피(臨陂) 나리포(羅里浦)의 창고 곡식 8천 석(石)을 기준하여 제때에 들여보내 줄 것을 청하였다.

비변사에서 아뢰기를, "호남지방의 바닷가 고을들은 이제 막 큰 진휼을 거쳤으므로 8천 석의 곡식은 형세로 보아 마련해 내기 어려우니, 청컨대, 원순(元巡) 때에 부족했던 6천4백 석을 바닷가 고을 소재의 아무 아문의 곡식중에서 먼저 미루어 옮겨서 취급하소서" 하였다.

하교하기를, "나리포에 창고를 설치한 지가 지금 65년이나 오래 되었는데, 남아 있는 저축이 얼마 안되는 것을 면하지 못하고 있다. 한결같이 경인년에 규정을 만든 이후로 곧 유명 무실한 데로 귀결되고 있다. 창고 안의 정곡(正穀)이 모자란다고 하니, 형세로 보아 장차 바닷가의 고을에서 마련해 내야 할 텐데, 거듭 기근이 든 후이고 또 전수(轉輸)한다는 것은 어찌 어렵고 신중히 처리해야 하지 않겠는가? 그러나 제주도 백성들이 먹여줄 것을 바라는 심정도 또한 진념하지 않을 수 없으니, 8천 석의 수량에 준하여 본 창고의 정조(正租) 모곡(牟穀)으로서 특별히 시행할 것을 허락하도록 하라" 하였다.

이어서 엄사만을 보릿가을까지 한하여 그대로 유임시키도록 명하였다.

5785 정조 08/11/29(경진) → 【원전】 45집 480면
〔제주목의 기근을 위로하는 윤음을 내리다〕   기2161

제주목(濟州牧)에 윤음(綸音)을 내렸다.

"우리나라는 땅이 좁아서 도(道)는 모두 8도이고, 부(府)·군(郡)·현(縣)은 겨우 360개 있다. 별처럼 흩어져 있고 바둑판처럼 펼쳐져 있어서 지도를 펴보면 알 수 있다. 한 번 수재나 한재로 인한 기근이 들어도 관할하기가 매우 편리하지만, 유독 탐라(眈羅) 한 지역만은 바다밖에 외따로 자리잡고 있어서 육지로는 몇 천여 리를 가고 수로로는 그 곱절이나 가야한다. 그 소식은 서울에서 아득히 멀고, 보살펴 주는 일은 다만 장리(長吏)에게만 맡기고 있다. 보통 때의 계문(啓文)이 오는 데만 걸핏하면 반년이나 걸린다. 모든 도민(島民)의 질고(疾苦)와 걱정과 즐거움에 대하여 조정에서 모조리 알 수가 없으니, 어찌 조정에서 그들을 품어주고 보호하는 혜택이 육지와 섬 사이에 차이가 있어서 그런 것이겠는가?

금년 가을에는 팔도에 큰 풍년이 들어 묘당(廟堂)에서는 구황(救荒)의 정사를 보지 않게 되었으므로, 나의 소의한식(宵衣旰食)하는 일념(一念)도 좀 풀릴 것이라고 기대하였다. 지난번에 동지가 지난 다음 수신(守臣)이 비로소 고을에 기근이 들었다는 것을 보고하였다. 이에 밤중에 자리를 차고 일어나 앉아서 그 길이 멀다고 더욱 탄식하였다. 만약 탐라가 바다에 있는 섬이 아니고 육지라면, 멀어도 함경도의 6진(六鎭)이나 평안도의 7읍 정도만 되도 풍년이 들거나 흉년이 들거나 간에 어찌 이처럼 소식이 늦을 수가 있겠는가? 흉년이 들어도 내가 알 수 없고, 백성들이 곤궁해도 역시 구제할 수 없다. 도민(島民)들도 나의 적자(赤子)들인데 그대들의 부모로서 어찌 그 부모의 책임을 다하였다고 할 수 있겠는가?

아! 우리 열성조부터 이 땅에 대하여 진념(軫念)한 것은 내륙과 차이가 없었으며, 위무하고 불쌍히 여겨 돌보는 데에 지극한 마음을 다하지 않음이 없었으니, 깊은 사랑과 두터운 혜택이 그대들의 골수에 젖어 있고, 그대들의 살에 스며있을 것이다. 나같은 과인이 등극한 처음에 먼저 부월(斧鉞)을 가진 신하를 보내고, 문무(文武)에 대해서는 과거 시험을 베풀어 인재를 뽑고, 부로(父老)에게는 폐단을 물어서 고통을 풀어주었다. 심지어 효자와 열녀를 표창하고, 요역과 부세를 경감시키는 등 모든 그대들의 일신을 편안하게 하고 그대들의 마음을 위로하는 것이라면 크고 작은 일을 막론하고 들어주지 않은 소원이 없었다. 이것은 나 한 사람의 은혜가 아니라, 또한 우리 조종조(祖宗朝)의 먼 곳의 사람을 편안히 보살피던 혜택을 우러러 본받은 것이다. 지극히 어리석지만 신통한 그대들이 혹시라도 알고 있는가 모르고 있는가? 나리포(羅里浦)의 창고는 그대들을 위해서 설치한 것이다. 창고의 곡식이 넉넉하지 못하여 심지어 바닷가의 고을들에서 이속(移粟)하자는 의논까지 있었는데, 호남 백성들에게 거듭 부담을 주므로 신중히 해야 할 바이다.

그러나 여기에서 글로써 지우고 고치더라도 또한 충분히 접제(接濟)할 수 있다. 몇 천 포(包)의 곡식을 무엇 때문에 아껴서 먹여 줄 것을 바라는 여러 자제(子弟)들을 위로하지 않겠는가? 본 창고의 남아 있는 저축에서 조세(租稅)나 모맥(牟麥)은 이미 도신(道臣)을 시켜서 기일을 정하고 운반을 독촉해서 며칠 안으로 포장하여 떠나보내도록 하였다. 세밑에 연달아 배가가서 닿도록 계획하였으니, 내년 봄에 진휼(賑恤)을 베풀 때에 자연히 굶주리는 근심이 없을 것이다.

이전에 탐라에 진휼을 베풀 때에 간혹 수의어사(繡衣御使)를 파견하여 곡식 운반을 감독하고 감진(監賑)하게 한 규례가 있었는데, 도리어 그대들에게 접대하는 비용과 맞이하고 보내는 수고를 끼쳤다. 일찍이 선조(先朝) 기축년에 이러한 폐단을 염려하여 역시 도백(道伯)에게 명하여 구관(句管)하게 하였는데, 이번에도 위의 관례를 따라 수의어사를 보내지 않는다. 그러나 다만 이 때에 목사(牧使)를 교체하면 반드시 진휼을 베푸는 정사에 지장이 있을 것을 염려하여, 이전 목사 엄사만(嚴思晚)을 특별히 보릿가을까지 한하여 유임시키고, 감진(監賑)하는 책임을 겸하여 맡게 하여 그로 하여금 진휼하는 일에 마음을 다하도록 하였다. 수신(守臣)이 장계하여 청한 것을 방금 묘당으로 하여금 복주(覆奏)하여 시행하도록 허락하였다.

지난해 여러 도에서 흉년이 들었을 때 모든 공헌(貢獻)과 물종(物種) 및 백성들의 몸에서 나와 관청에 바치는 것 가운데 정말로 궁중에 바치는 물건과 어약(御藥)조차도 특별히 면제시켰었다. 육지의 백성들에게 실시한 것을 어찌 섬 백성들에게 실시하지 않을 수 있겠는가? 천신(薦新)하는 황과(黃果)와 제향(祭享)에 쓰는 검은 소[黑牛]는 더없이 중요한 제사에 바치는 물건이고, 또 공마(貢馬)하는 것도 또한 군정(軍政)에 속하는 만큼 경솔히 의논할 수 없다. 이밖에 먼 지방에서 바치는 진귀한 물건들은 우리 백성들에게 무엇을 아껴서 감면해 주지 않겠는가? 각 전(殿)에 바치는 삭선(朔膳)과 물선(物膳), 삼명일(三名日)에 바치는 방물, 내국(內局)에 바치는 진상약재, 중앙과 지방의 각 아문과 각 영문(營門)에 진배(進排)하는 물종(物種), 내국 및 각 사, 각 궁방 노비 등의 신공(身貢)을 특별히 모두 기일을 물려 받거나 견감하여 진자

(賑資)로 그대로 보태도록 하라. 이미 자전(慈殿)의 하교도 받았으니, 자전과 자궁에 바치는 방물·물선·삭선도 모두 기일을 물려받거나 경감하도록 하라. 올해의 정퇴조(停退條)를 내년의 정퇴조까지 합쳐서 내년 가을에 독촉하여 바치도록 하는 것도 마땅히 구휼해야 할 것이다. 내년 정퇴조는 그대로 정퇴하도록 허락하라.

아! 이번에 견감하는 것을 가지고 어찌 은혜를 베풀었다고 할 수 있겠는가마는, 백성들의 힘을 덜어주고 백성들이 먹는 것을 넉넉하게 해준 방도에 있어서는 혹시 만분의 일이라도 도움이 있지 않겠는가? 수신(守臣)의 장계를 본 뒤로 그대들이 굶주려서 죽어 넘어지고 어쩔줄 모르는 모습이 완연히 내 눈에 선하였다. 배와 수레가 닿지 않아서 곡식을 옮기려고 애를 써도 길이 없고, 쌀단지는 비어 있으니 살아나갈 가망이 막막하다. 남루한 옷과 풀로 만든 옷을 걸치고 어촌과 해안 사이를 울부짖고 헤매면서, 날마다 배의 곡식이 와서 먹여주기를 기다릴 것이니, 이에 나는 그대들의 배고픔과 추위에 떠는 것을 다른 도의 흉년보다 갑절이나 불쌍히 여기는 것이다. 단지 의지하고 근심을 잊게 하는 것이 있으니, 고을의 치소(治所)가 넓은 바다로 막혀 있고, 세 고을의 경계를 벗어나면 왕래하기가 어려우므로 조정에서 위로하여 불러들이고 안집(安集)시키지 않더라도 저절로 그 땅에 안착하여 생업에 종사하게 되면 분산되고 떠돌아다니는 지경에 이르지 않을 것이다. 구중궁궐이 비록 멀리 있다 하더라도 내가 그대들에게 임하는 것은 매우 가깝다. 그대들은 모름지기 각각 믿으면서 두려워하지 말고, 길이 나의 도견(陶甄)의 교화 가운데 있도록 하라."

5786 정조 08/12/17(무술) → 【원전】 45집 487면
　〔전라우도 수군절도사 정관채와 나주목사 이정희의 관직을 파면시키다〕　　　　　수11167

전라우도 수군절도사 정관채(鄭觀采)와 나주목사(羅州牧使) 이정희(李廷恢)의 관직을 파면시켰다.

하교하기를, "한번 표류한 사람들에 대한 정상을 조사하는 것은 진실로 어려운 일이 아닌데, 바다 가운데서 머뭇거리면서 즉시 고을로 돌아오지 않았다. 또한 표류하던 사람을 잡아올 때에도 조정의 명령이 없었다고 하여 우회하여 왔기 때문에 표류한 배는 배대로, 사람은 사람대로 돌아왔다. 사건이 각각 다르니 더욱이 이와 같이 전례에 없던 행동을 감히 할 수 있겠는가? 구구 절절 해괴하고 망측하다. 해당

목사를 우선 파면시킨 뒤에 잡아오도록 하라. 하찮은 표류하던 선박을 적간(摘奸)하는데도 오히려 능히 뜻을 기울이지 못하였고, 보고하는 글도 전혀 격식에 어두웠다. 이런 따위의 곤수(閫帥)는 어디에다 쓰겠는가? 해당 수사도 또한 파면하여 내쫓도록 하라" 하였다.

5787 정조 08/12/21(임인) → 【원전】 45집 488면
〔백사은을 전라우도 수군절도사로 삼다〕 수11168

백사은(白師誾)을 전라우도 수군절도사로 삼았다.

정조 9년(1785; 청 건륭50년)

5788 정조 09/01/10(경신) → 【원전】 45집 490면
〔북병영의 순찰·조련과 관서 청남과 삼남의 봄철 군사조련을 정지시키다〕　　　　　수3821

경기·해서·북관의 남병영(南兵營)과 북병영(北兵營)의 순찰조련(巡操)과 관서의 청남(淸南)과 삼남의 봄철 군사조련(春操)을 정지시켰다.

5789 정조 09/01/21(신미) → 【원전】 45집 492면
〔비변사에서 양호지방의 선대를 조직하는 절목을 아뢰다〕　　　　　조1315

비변사에서 양호(兩湖)지방의 선대(船隊)를 조직하는 절목을 아뢰었다.
　〔절목〕
　　1. 지금 경강선(京江船)으로써 선대를 조직하여 내려보내어서 전세(田稅)와 대동미(大同米)를 운반하게 하되, 각 강(江)의 선인(船人)들로 하여금 선계(船契)를 조직하고 두목을 정하게 하며, 또 4진의 별장으로 하여금 일을 관할하여 맡아보게 하고, 해마다 정월 안으로 해당 관청의 첩문(帖文)을 받아 가지고 해당 각 고을에 도착하여 정박하면, 도착하여 정박한 월(月)·일(日)를 해당 각 고을에서 선혜청에 일일이 보고하게 하며, 기한이 지난 경우에는 선주(船主)에게 곤장을 때려서 조사하고 형률을 적용하도록 하소서.
　　1. 수로가 멀고 가까운 것과 선세(船貰)가 많고 작은 차이가 있으므로 선계(船契)로 하여금 번갈아 가면서 내려보내도록 하되, 각 고을에서 조세를 거두어 이를 마련한 뒤에 배의 척수를 정하여 일제히 내려보내게 하며, 선주와 사공(沙格)의 성명을 기록한 장부를 만들어 선계에서 해당 관청에 보고하게 하여서, 이를 증거로 하여 처리하는 근거로 삼도록 하소서.
　　1. 첫번째 운반이나 두번째 운반을 물론하고 계획을 세워서 거행하게 하되, 첫번째 운반은 호남지방의 먼 곳과 호서지방의 먼 곳부터 먼저 내려보내도록 하고, 두번째 운반은 호서지방의 가까운 곳에서는 호남지방의 먼 곳부터 첫번째로 운반하는 배들을 내려보내게 하고, 호남지방의 가까운 곳에서는 호서지방의 먼 곳부터 첫번째로 운반하는 배들을 내려보내게 하되, 계획을 세운 뒤에 만일 사사로이 스스로 바꾸어 가지고 남몰래 다른 고을로 가는 폐단이 있으면, 선주와 사공은 곤장을 때려서 귀양보내도록 하소서.

1. 호서지방의 첫번째 운반은 2월 20일 안으로 싣고 떠나 3월 30일 안으로 상납(上納)하게 하며, 호남지방의 첫번째 운반은 3월 15일 안으로 싣고 떠나 4월 10일 안으로 상납하게 하며, 호서지방의 두번째 운반은 5월 20일 안으로 싣고 떠나 6월 15일 안으로 상납하게 하며, 호남지방의 두번째 운반은 4월 25일 안으로 싣고 떠나 6월 10일 안으로 상납하게 하되, 만일 혹시라도 시기를 넘기면 해당 고을의 수령을 논죄하도록 하소서.

 1. 각 고을에서 독촉하여 떠나보낼 때에 주관하는 사람이 없어서는 아니될 것이므로 본 도에서 풍채가 좋고 힘이 있는 수령으로 하여금 싣고 떠나는 것을 검찰(檢察)하게 하고, 그 실태를 본청(本廳)에 통보하게 하되, 호남의 좌도와 우도에 각각 1명씩을 정하고, 호서지방에서는 거리가 가까운 고을끼리 절반으로 나누어 또한 1명씩 정하도록 하소서.

 1. 해당 각 고을에 수령들은 요로에서 대기하여 기다리다가, 하나하나 점검하여 떠나보내는 실태를 즉시 통보하게 하되, 호남지방에서는 군산창(群山倉)에서 대기하여 기다리고, 호서지방에서는 안흥항(安興項)에서 대기하고 기다리게 하소서.

 1. 각각 그 수령들로 하여금 독촉하여 떠나보내는 일 때문에 왕래하고 체류하는 경우에는 하인·종·말을 지방 관청에서 먹여 주고, 본청(本廳)에 보고하여 그만한 수량을 감하고 계산하도록 하소서.

 1. 각 고을에서 사용하는 곡자(斛子)는 반드시 조창(漕倉)의 곡자에 의거하여 곡식을 받아서 실도록 하되, 호남지방에서는 법성창(法聖倉)의 곡자를 기준으로 하고, 호서지방에서는 공진창(貢津倉)의 곡자를 기준으로 하소서.

 1. 각 고을에서 전세와 대동미를 실어서 떠나 보낼 때에 간혹 임시로 임명한 감색(假監色)을 대신 보내어서 선인(船人)들이 농간을 부리는 지경에 이르게 되는데, 이제부터 실직의 감색(實監色)을 태워서 보내게 하되, 만약 혹시라도 대신 보내는 경우에는 실직 감색과 임시 감색은 곤장을 때려 귀양보내고 해당 고을의 수령은 논죄하도록 하소서.

 1. 경강선의 장부를 선혜청에 넘겨주되, 만일 파선되는 일이 있으면 특별히 보살펴주지 않을 수 없으니, 해당 양호(兩湖)지방의 각 진에서는 폐기한 배를 절가(折價)에 의해서 산매(散賣)하여 개조하는 배의 수량을 채우는 데 밑천으로 삼도록 하고, 배를 보수하는 데 들어가는 잡목(雜木)을 거래할 때에 혹시 부러져 상하게 된 것이 있으면, 지나가는 본 고을에 정문(呈文)하여서 연해의 각 고을의 잡목을 취하여 사용하도록 하소서.

 1. 근래에 함부로 배에 싣는 폐단을 엄격히 금지하지 않을 수 없으니, 선가(船價) 이외에 원래 곡식 1천 석(石) 만을 실어 보내게 하되, 혹시 사사로이 짐을 더 싣는 일이 있으면, 해당 고을의 수령을 추고(推

考)하고 사공은 곤장을 때리며, 배에 더 실은 곡식을 배에서 내린 뒤에 떠나 보내도록 하소서.
　1. 각사(各司)에서 상납하는 것 가운데 선인(船人)들이 싫어하고 회피하는 것은 바로 궁방(宮房)과 영문(營門)에 바치는 것인데, 궁방에 바치는 것은 이미 호조에 속하게 하였으니, 영문에 바치는 것은 선인들로 하여금 전담하여서 거행하게 하소서. 영문에 상납하는 것은 다른 것에 비하여 매우 중요하므로 선대(船隊)를 편성한 후에는 사체(事體)가 저절로 달라질 것이니, 곡식을 너무 되박질하여 받는 것을 특별히 엄금할 것이며, 만일 난잡한 폐단이 있게 되면, 해당 낭청(郞廳)은 벌을 받게 하고 하리(下吏)는 법사(法司)에 넘겨서 엄하게 징벌하게 하소서.
　1. 이번에 경강선으로써 선대를 조직한 뒤에는 무릇 각 고을에 관계되는 세금을 주구(誅求)하는 것을 일체 막아 없애되, 고을의 수령 가운데 이를 범하는 자는 모두 탐오죄(貪汚罪)의 형률로써 논죄하고 하속(下屬)들은 곤장을 때려서 3천 리 밖으로 귀향보낼 것이며, 이를 신칙하지 아니하는 고을 수령도 엄하게 주의를 주도록 하소서.
　1. 양호지방에 내려가는 배들은 선혜청에서 첩문(帖文)을 만들어 주되, 지나가는 각 고을에서 붙잡는 경우에는 고을 수령을 먼저 파면시키고 뒤에 잡아오도록 하소서.
　1. 경창(京倉)에서 곡식을 받아서 둘 때에는 색미(色米)와 낙미(落米)가 저절로 있게 마련인데, 원곡에서 매 석마다 낙미로 4승 5홉을, 색미로 5홉을 따로 받아 석으로 만들어서, 석마다 지나치게 받는 폐단을 없애고, 되박질하여 받는 수량 이외의 쌀은 사공이 도맡아 관리하게 하되, 하속(下屬)들이 혹시라도 훔쳐내는 폐단이 있는 경우에는 법사(法司)에 넘겨서 엄하게 징벌하고, 관원(官員)은 죄의 경중을 가려서 논죄하도록 하소서.
　1. 세곡을 거두어들일 때에 곡식 석(石)을 짐지거나 곡식 석을 꾸리는 인부(役人)들은 이미 응당 값으로 받은 쌀이 있는데, 과외(科外)에 돈을 징수하는 것을 각별히 엄하게 금지시키되, 만일 이를 범하는 자가 있으면 포도청에 넘겨서 징벌하여 다스리도록 하소서.
　1. 호조에 속한 각 창에서 역가(役價)를 매 1천 석 마다 40석 으로 하고, 지조(紙條)를 만드는 비용을 매 배마다 2석으로 하지만, 창속(倉屬)들이 더 징수하기를 거의 한정없이 하고 있으며, 각 창에서 원래 인정과 여분의 명목으로 곡식을 받아들일 때에 고자(庫子)들이 따로 큰 곡자를 사용하여 매 곡자마다 더 받아내는 것도 또한 한정이 없으니, 이후로는 하나같이 다른 상납(上納)하는 관례에 의하여 관청 안에서 직접 거두어 창고에 넣을 것은 창고에 넣고 내어 줄것은 내어 주되, 만약 종전의 버릇을 다시 답습하는 경우에는 법사(法司)에 넘겨서 곤장을 때려 귀양보내며, 관원은 논죄하고, 고자는 사사로이 쓰던 곡자(斛子)를 때려부수어 없애도록 하여 그 폐단의 근원을 길이 근절하도록 하소서. 공인(貢人)이 역가(役價)를

주고 받을 때 규정한 수량 외에 더 징수하는 것을 엄하게 금지하며, 모람되게 이를 범하는 공인은 창속(倉屬)을 다스리는 관례에 의하여 엄하게 논죄하도록 하소서.

1. 궁방의 상납을 직접 바치는 것은 특별히 선인들이 이미 스스로 가져다가 스스로 바친 경우에는 해당 조에 실어다 바칠 때에도 따로 인부(役人)의 명색(名色)을 낼 수가 없으니, 해당 창고의 주인을 법사(法司)에 넘겨서 엄하게 징벌하소서.

1. 전부터 조세를 바칠 때에 별영(別營)과 군자감은 선인들이 회피하려고 꾀하여 스스로 비용을 허비하는 것이 많았는데, 이제 선대를 조직한 뒤에는 일을 마땅히 균일하게 거행하여야 할 것입니다. 선계(船契)에서 기록하고 차례대로 시행하게 하되, 혹시라도 전과 같이 회피하려고 도모하는 폐단이 있을 경우에는 선주(船主)를 법사(法司)에 넘겨서 엄하게 곤장을 때리도록 하소서.

1. 근래에 세선(稅船)이 경강에 와서 정박한 뒤에 강상(江上)의 무뢰배들이 와서 구걸하는 것이 참으로 하나의 고질적인 폐단으로 되고 있으며, 운반하여 창고에 들일 적에 노상에서 훔쳐가는 자도 또한 많으니, 포도청에서 각별히 감시하고 살펴서 이를 범하는 자는 잡아서 가두고 엄하게 징벌하게 하소서.

1. 각 고을에서 조세를 받아들일 때에 선인(船人)들이 선대를 조직한다고 핑계하여 변란을 일으키는 폐단이 있을 경우에는 해당 고을에서 논죄하여 경청(京廳)에 보고하고 사실을 조사하여 엄하게 징벌하며, 각 고을의 향리(鄕吏)들이 또한 혹시라도 화풀이를 하여 선인들이 원망을 일으키는 단서를 만들 때에도 해당 도에서 사실을 조사하여 엄하게 곤장을 때려서 중앙과 외방에서 서로 견제하는 방도로 삼도록 하소서.

1. 경선(京船)은 그 전부터 내려오는 고질적인 폐단이 이미 다 없어지고 선세(船稅)가 부족되는 것이 없으면 그들에게 있어서 참으로 천만 다행한 일이 될 것입니다. 그렇지만 만일 그전과 같이 농간을 부리는 폐단이 있을 경우에는 포도청에 넘겨서 강도의 형률로써 적용하도록 하소서.

1. 배타는 감색(監色)은 서울에 있는 선주와 선인들이 농간부리는 사실을 절대로 모를 리가 없으니, 만일 현장에서 붙잡히는 단서가 있으면 감색(監色)과 선주를 일체로 논죄하게 하소서.

1. 전세와 대동미는 별로 차이가 없으므로 다만 선대를 조직하는 등 모든 문제를 거행할 적에 선혜청으로 하여금 통일된 의견으로 전담하여 관할하게 하되, 만약 자세하지 못한 점이 있으면 호조에 서류를 왕래하면서 물어서 거행하게 하소서.

1. 선대를 편성한 뒤에 경강선을 번갈아 가면서 계획을 세워 내려보내되, 그 중에서 훈국(訓局)의 배 10척은 사선(私船)과는 다르므로 각 고을에서 자원하는 대로 매 배당 1천 석씩 싣게 하여 10척의 배에 1만 석의 수량을 싣는 것을 기준으로 하소서. 전세와 대동미를 가리지 못하게 하며, 심지어 두번째 운반

하는 사선에 대해서도 똑같이 계획을 세워 내려보내되, 더 싣는 것에 대한 형률과 기한을 어긴 죄는 하나같이 사선의 절목에 의하여 시행하도록 하소서.

1. 각 도에서 거두어들인 조세를 녹봉으로 나누어줄 때 아무 고을에는 전세가 몇 석이고 대동미가 몇 석이라는 것을 선혜청에서 마련하여 장부를 만들어 두었다가, 계획을 세워서 조세를 나누어 받을 때 상고하는 근거로 삼게 하소서.

1. 고을에서 원래 상납하는 수량이 만일 한 배에 실을 분량에 차지 못하면, 이웃 고을에서 상납하는 수량과 조절하여 마련하도록 하되, 양쪽 해당 두 고을에 통지하여 맡기도록 하소서.

1. 경강선의 수량이 아직 넉넉하지 못하기 때문에 어쩔 수 없이 두 번 운반하게 되는데, 배의 척수가 반드시 점차 더 증가하게 될 것이니, 그 때에는 두 번 운반하는 조항은 거론하지 말도록 할 것입니다.]

5790 정조 09/04/27(병오) → 【원전】 45집 525면
[이재협·허근·유효원에게 관직을 제수하다] 수11169

이재협(李在協)을 판의금부사로 삼고, 허근(許近)을 전라우도 수군절도사로 삼고, 유효원(柳孝源)을 경상좌도 수군절도사로 삼았다.

5791 정조 09/07/26(계유) → 【원전】 45집 535면
[방어책·병제·무기 등에 대한 유학 조익의 상소] 수3822

유학 조익(趙瀷)이 상소하였다.

"신의 5대조 조정익(趙廷翼) 부처는 강도(江都)에서 순절하였고, 고조 조유(趙猷)는 사무친 한을 안고 전수(戰守)할 방법과 비어(備禦)에 관한 계획을 강구(講究)하지 않는 바가 없었는데, 신이 일찍이 가정에 전래하는 바를 듣고 보았으므로 감히 이를 아룁니다. 우리나라에는 전쟁에 대한 경계가 드문 때문에 군기(軍器)를 다스리는 정책이 매우 허술합니다. 성곽이 즐비하고, 관방(關防)이 중복되었으며, 군병의 수효가 넉넉하고, 병기(兵器)가 많은 듯하나 그 실상을 공평하게 많기는 하지만, 상고해 보면 거의가 서로 어긋납니다. 성지(城池)가 많기는 하지만 앞뒤로 보수(保守)한 것을 계산하면 한둘에 지나지 않습니다.

옛날 삼국이 대치해 있을 때에 산허리와 골짜기의 어귀에 참호(塹壕)를 파고 목책(木柵)을 세워서 갑자기 경보(警報)가 있으면 그 가운데에 들어가 보수하였으므로 적

은 현지에서 식량을 구하지 못하였고, 백성들은 사방으로 흩어지는 일이 없었습니다. 지금의 경우 읍치(邑治)와 진보(鎭堡) 및 창고가 모두 텅빈 땅에 있으므로 경보가 있게 되면 번번이 모두 도둑들이 이를 점령하여 이용하게 됩니다. 신이 일찍이 듣건대 당나라 사람은 서산(西山)에 유류(楡柳)를 심어 호기(胡騎)를 막았다 합니다. 지금부터 읍치와 진보 및 창고가 있는 곳에 그 지형을 살펴보고, 두세 길[棚]의 둑을 둘러쌓고 토질에 맞는 나무를 많이 심고 또 큰 못[池]을 파서 두세 길 물을 늘 저장하고 3년마다 들어가 보수(保守)할 백성들을 소집하여 성조(城操)처럼 훈련을 실시하며 크고 작은 고을과 진보가 서로 기각의 형세를 이룬다면 토석(土石)으로 거칠게 성을 쌓는 것보다 어찌 크게 낫지 않겠습니까?

관방(關防)은 송도(松都)가 곧 서문의 인후(咽喉)와 같은 곳입니다. 겹으로 쌓은 성과 겹으로 된 관문(關門)이 있어 정병을 주둔시킬 수 있다면 관방의 요충(要衝)으로 이보다 나은 것은 없습니다. 마땅히 구제(舊制)를 줄여서 그 성지(城址)를 정하고, 또한 둑을 쌓고 나무를 심어야 할 것입니다. 또 금천(金川)의 읍창(邑倉)을 청석동(靑石洞) 안으로 옮기어 사변이 있으면 금천군수(金川郡守)가 백성들과 군사들을 거느리고 들어가 보수(保守)하고, 또 장단(長湍)과 풍덕(豊德)으로 송도(松都)의 절제(節制)를 받게 한다면, 서문의 관방(關防)이 장고(壯固)해질 것입니다.

대체로 고갯길 좁은 목을 방어하는 방법은 나무를 많이 기르는 일보다 상책은 없습니다. 설한령(雪寒嶺)에서 남쪽으로 철령(鐵嶺)까지와 적유령(狄踰嶺)에서 서쪽으로 식송(植松) 막령(幕嶺)까지의 사이는 지형이 매우 험준하니 나무를 기를 수 있다면 비록 약간의 나뭇길은 있더라도 서북병마의 도둑들을 방어하기에 어려움이 없을 것입니다. 북로(北路)는 철령(鐵嶺) 및 삼방(三防) 등을 철저히 지키고 추지령(楸地嶺) 안팎에 나무를 많이 기르며, 통천군수(通川郡守)를 재능과 계략(計略)이 있는 자로 가려서 차출하고, 우현(牛峴)과 차령(車嶺) 등 진보(鎭堡)는 대부분이 영외(嶺外)에 있으니, 관방으로서 이와 같은 것은 모두 그 내변(內邊)으로 옮겨야만 실효가 있을 것입니다.

남로(南路)는 왜인이 임진년에 먼저 조령(鳥嶺)으로부터 왔으므로 성을 조령에 쌓았고 동래(東萊)·부산(釜山)에 중점을 두었습니다. 그러나 왜선이 경유(經由)하는 길은 한 곳에 그치지 않습니다. 오도(五島)에서 삼도(三島)까지 와서 밤을 새우고 선산도(仙山島)를 지나 곧바로 고금도(古今島)의 가리포(加里浦)에 이르는 자도 있고, 대마도에서 연화도(蓮花島)·욕지도(欲智島) 두 섬 사이에 이르러 밤을 새우고 곧바로 미조항(彌助項)의 방답도(防踏島)에 이르는 자도 있으니, 어찌 다만 동래·부산뿐이겠습니까? 또 추풍령(秋風嶺)은 본디 평탄한 길이므로 방수(防守)하는 계책을 역시 속히 강구하지 않을 수 없습니다. 옛부터 이르기를 '적은 감히 진도(珍島)의 남쪽으로 오진 못한다고 하지만 이 경우 그렇지 않은 점이 있습니다.

옛날 가정(嘉靖)연간에, 등래(登萊)에 왜구의 침범이 없던 해가 없었는데, 등래로 향할 수 있는 자라면 어찌 기호(畿湖)로 향하지 못하겠습니까? 우리나라에서 이를 믿고 경기의 해방(海防)을 소홀히 하였습니다. 만약 뜻밖에 안산(安山)과 인천(仁川) 등지로 들이닥친다면 어찌 손을 쓰겠습니까? 만약 강화(江華) 교동(喬桐) 밖의 사람 없는 섬에 배를 대고 순풍을 타고 곧바로 행주(幸州)로 온다면, 그것이 장차 말이나 되겠습니까? 이런 이유로써 옛날 사람이 배를 점검하는 규정을 설립한 것은 그 조짐을 미리 막으려는 것이었으나, 균역법(均役法)을 시행한 뒤에 인하여 폐지시켰으니 배를 점검하는 법을 회복시키지 않을 수 없습니다.

그러나 형편이 긴요하기로는 강화보다 나은 곳이 없습니다. 대체로 강화는 통어사를 겸하고 있으니 마땅히 통어중군(統禦中軍)을 두어 전선과 병선을 관령(管領)하게 해야 합니다. 지금 월곶(月串)에 통어 중군을 설치하고 또 덕포진(德浦鎭)을 풍덕군(豊德郡)의 이습포(伊濕浦)로 옮겨 월곶과 서로 마주보게 진보(鎭堡)를 설치하며 두 길[路]의 배의 점검을 관장하고, 또 행주(幸州)에 한 개의 진보를 설치하여 진보와 창고와 사찰(寺刹)과 어촌(漁村)에 모두 둑을 쌓고 나무를 심어 각각 의지할 수 있게 하며 영루(營壘)가 서로 바라보면서 기식(氣息)을 교통할 수 있게 한다면 적군이 비록 뭍에 올라왔다 하더라도 거의 발붙일 곳이 없을 것입니다. 대체로 길성목장(吉城牧場)에는 진강목장(鎭江牧場)을 폐지한 뒤부터 특별히 좋은 종류의 말도 없고 말도 번식되지 못하고 있습니다. 초지(草芝)의 서쪽과 사고(史庫) 남쪽의 수십 리 지역은 텅 비어 사람이 없으므로 경작을 할 수 없습니다. 지금 만약 목장을 철폐하여 말을 신도(信島)와 보음도(甫音島)에 옮기고, 백성을 모아 입거(入居)시키며, 둑을 쌓고 나무를 심는다면 강도(江都)의 남쪽 변경은 비로소 방수(防守)하는 방도가 있게 될 것이고, 또한 사고(史庫)를 호위하는 방법이 될 것입니다.

대체로 영종도(永宗島) 한 섬은 역시 예사로 볼 곳이 아니며, 방어사의 영(營)은 태평암(太平巖)에 있습니다. 조수가 물러가면 다른 섬과 서로 통하고, 앞뒤 마을은 가까워야 10리이므로 갑자기 서로 호응(呼應)할 형편이 되지 못합니다. 신의 생각에는 인천부(仁川府)를 옛 제물진(濟物鎭) 터로 옮기고 방영(防營)을 설치하여 안산(安山)·부평(富平)·금천(衿川)·양천(陽川)의 육군(陸軍)을 관령(管領)하게 하여 육로를 방어하고, 또 영종도(永宗島)와 화량진(花梁鎭)의 수군을 관할하게 하되 중군영(中軍營)을 월미도(月尾島)에 설치하여 또 수로의 방어를 겸하게 한다면 수륙(水陸)에 방어하는 태세가 됩니다.

화량진(花梁鎭)은 대부(大阜)의 긴요함만 못하니, 화량진을 대부로 옮겨 감목(監牧)을 겸하게 하며, 영종도와 화량진을 변지(邊地)의 예에 따르도록 한다면 아마도 해방(海防)에 큰 도움이 될 것입니다. 경상 좌병영은 바다 모퉁이에 치우쳐 있습니다. 적군이 만약에 동래(東萊)와 양산(梁山)을 거쳐 곧바로 대구(大丘)로 향한다면 병사(兵使)는 도리어 적군의 뒤에 있게 됩니다. 지금 만약 경주(慶州)로 옮겨 설치한다면 실로 창설(創設)하는 폐단이 없고 적군을 제어(制馭)하는 태세가 있을 듯합니다.

병제(兵制)의 경우 우리나라의 군졸은 팔도를 통합하여 명색은 거의 1백 수십만에 가까우나 하나도 쓸 만한 것이 없으니, 어찌 한심스러운 일이 아니겠습니까? 지금부터 제도를 정하여 교생(校生)과 원생(院生)을 취재(取才)하되 서강(書講)에서 우등한 자를 교생·원생으로 차출하고, 군교(軍校)를 취재하되 무예와 병서에서 우등한 자를 역시 군교로 차출하며, 선파(璿派) 및 충의위(忠義衛)로서 감축(減縮)에 대신할 자를 부적(符籍)을 상고하고 상세히 조사하여 부정(不正)이 없도록 해야 합니다. 그리고 사대부가의 묘노(墓奴)와 각궁(各宮)의 산지기(山直)에 일정한 수효가 있게 하여 거듭 법제를 밝히면 군총(軍摠)의 충보(充補)에 거의 구간(苟艱)한 근심이 없을 것입니다.

수군에 있어서는 요즈음 조련이 없었고, 또 산군(山郡)사람이 많아 물에서의 조사 훈련을 하는 경우 태반이 현기증을 일으키니 어찌 손발을 놀릴 수 있겠습니까? 수군은 연해와 연강(沿江)을 막론하고 모두 포촌(浦村)사람으로 충정(充定)한다면 실효가 있을 것입니다. 서울 군문(軍門)에 있어서는 오영(五營)을 설치한 것은 오위(五衛)의 폐단을 시정하려는 것입니다. 그런데 수어청(守禦廳)과 총융청(摠戎廳) 두 영에 있어서는 한갓 실상이 없는 장부만 가지고 있으므로 나라의 큰 해가 되고 있으니, 이 두 영을 폐지하여 남한산성은 광주부윤(廣州府尹)에게 전적으로 위임하고 북한산성은 관성장(管城將)에게 전적으로 위임할 것입니다. 수원(水原)·광주(廣州)·양주(楊州)·파주(坡州)를 서울의 사보(四輔)로 삼아 장초(壯哨)와 아병(牙兵)을 양주·광주·파주의 세 고을에 분속하여 친병(親兵)으로 삼고, 또 금위영(禁衛營)과 어영청(御營廳)의 두 영에 향군(鄕軍)으로서 번(番)에 올라오는 자를 2개월마다 교대(交代)하니 한갓 왕래하는 노력(勞力)만 소비할 뿐 농사짓는 일에 방해가 되며, 비록 조련을 하는 일은 있으나 숙련이 되지 못합니다. 두 영을 폐지한다면 그 표하(標下) 및 원역(員役) 가운데에서 소장자(少壯者)를 선발하여 이정(移定)하되 부족한 경우에는 서울의 한가로이 노는 자를 가려서 그 수를 채우고, 향군(鄕軍)의 신역(身役)을 거두어 대신 지급토록 할 것입니다.

우리나라의 조련하는 법은 1년에 한 차례씩 하도록 되어 있으나 만약 기근(饑饉)이 있을 경우에는 번번이 정지시키니 일이 중간에서 단절이 되는 탄식에서 어찌 벗어날 수 있겠습니까? 수령과 변장(邊將)이 농사가 한가할 때마다 두 차례의 조련을 행하고, 1월과 7월에도 역시 사사로이 조련을 하며 병영과 수영에서 3년마다 합동으로 조련을 행한다면 거의 조련을 정지하는 탄식이 없을 것이고 늘 조련하는 효과가 있을 것입니다.

기계(器械)의 경우 조총(鳥銃)은 구멍이 막히고 집이 부서졌으며 화약은 습기로 인하여 흙이 되었고 환도는 칼집도 없고 자루도 없으며 녹이 슬어 사용하기 어렵고, 활은 시위[弦]가 없고 줌통[弣浪]도 없어 뒤틀려 펼 수가 없으며, 화살은 깃이 없어 멀리 갈 수가 없고 편전(片箭)은 통아(筒兒)가 뒤틀려 살을 쏠 수 없습니다. 기치와 창모(槍矛)에 있어서도 모두 그렇지 않은 것이 없으니 또 어디에 쓸 수 있겠습니까? 영·읍·진에서 서로 교대할 때마다 직접 전수(傳授)하되 만약 부서진 폐단이 있는 경우에는 구관(舊官)으로 하여금 보수하도록 한 뒤에 해유(解由)를 내어주도록 할 것입니다. 가장 긴요한 것은 궁로(弓弩)만한 것이 없는데, 다만 우리나라의 활 모양은 활꼬지[弭]가 뒤틀리고 활줌통[弣]이 넓지 않아서 쉽게 뒤틀립니다. 안개와 이슬에 노출이 되고 비와 눈에 젖으면 어찌 어긋남이 없고 탈이 없겠습니까?

일찍이 『무비지(武備志)』에 그려진 호인(胡人)들의 활 모양을 보니 활시위[弦]를 곧바로 활끝에 매었는데, 이에 따라 만들어서 쏜다면 걱정이 없을 것입니다. 전선(戰船)은 몸통이 커서 운선(運船)하기가 어려운데, 조수가 물러가고 바람이 불리하면 전진하고 후퇴하면서 공격할 수 없으며, 또 항상 물에 뜰 수 없어 급박한 일에 대응할 수 없습니다. 선제(船制)를 약간 감하여 늘 물에 뜰 수 있도록 하면 위급한 사태에 힘이 될 수 있을 것입니다."

비답하기를, "아뢴 바는 매우 근거가 있고 채용할 말이 많이 있다. 묘당으로 하여금 품처하게 하라" 하였다.

5792 정조 09/07/30(정축) → 【원전】 45집 536면
〔여러 도의 가을철 군사훈련을 정지하다〕   수3823

여러 도(道)의 가을철 군사조련을 정지하였다.

5793 정조 09/09/29(을해) → 【원전】 45집 539면
〔각영의 습진, 남한산성의 성조, 통영의 수조에 『병학통』의 준용을 명하다〕   수3824

각 영의 습진(習陣) 및 남한산성의 성조(城操)와 통영(統營)의 수조(水操)에 『병학통(兵學通)』을 준용하라고 명하였다.

5794 정조 09/11/21(정묘) → 【원전】 45집 543면
〔김영수를 삼도 수군통제사로 삼다〕   수11170

김영수(金永綬)를 삼도 수군통제사로 삼았으니, 홍충병영(洪忠兵營)의 성첩(城堞)을 보수한 공로로써 특별히 차의(差擬)하도록 명한 것이다.

5795 정조 09/11/22(무진) → 【원전】 45집 543면
〔구세적·허경에게 관직을 제수하다〕   수11171

구세적(具世勣)을 홍충도 병마절도사로, 허경(許炅)을 전라좌도 수군절도사로 삼았다.

〈 관련내용 〉
  · 정조 09/11/26(임신)→ 허임을 전라좌도 수군절도사로 삼다   45집 543면

정조 10년(1786; 청 건륭51년)

5796 정조 10/01/23(무진) → 【원전】 45집 551면
〔정관채·오재휘에게 관직을 제수하다〕   수11172

정관채(鄭觀采)를 전라도 병마절도사로, 오재휘(吳載徽)를 전라우도 수군절도사로 삼았다.

5797 정조 10/02/09(계미) → 【원전】 45집 552면
〔추자도 앞바다에 표류해 온 사람들을 처리하다〕   표21100

영암군 추자도(楸子島) 앞바다에 산동성 등주부(登州府)에서 표류해 온 백성들이 있었다. 군수 이상눌(李尙訥)이 장정을 동원하여 그 배를 끌어다가 육지와 가까운 곳에 정박시켰다. 그런데 전라감사 이재학(李在學)이 이국의 표류 선박을 조정의 명령을 받지 않고 경솔하게 먼저 육지와 가까운 섬에다 정박시켰다는 이유로 장계를 올려 지방관 이상눌을 파직할 것을 청하였다.

하교하기를, "실정을 물어보지도 않고 경솔하게 먼저 내보냈고, 배를 끌어온다는 핑계로 장정들을 마음대로 사용하였다. 표류한 사람이 오고 갈 때에도 신중히 할 줄을 모르고 있으니, 귀양지에 있는 역적의 잔당들을 단속할 방법을 어찌 알겠는가? 병사로 하여금 엄히 곤장을 치게 하라. 엊그제 백관들이 소견을 말할 때에 본도(本島)에 별장을 설치하자고 말한 사람이 있었다. 그 자리의 명망이 너무나 경하여 관장(官長)의 모양새를 이루지 못하고 있으니, 백성을 모집하여 곡물을 비축할 도리가 있을 경우 별장의 실지 자리로 만드는 것이 마땅하겠다. 전라우수사 정관채(鄭觀采)는 지방관이 바람세를 기다리며 지체하였는데도 불구하고 처벌하자고 청하지 않았고 또 단속하지도 못하였으니, 해당 부(府)로 하여금 잡아다 처리하게 하라" 하였다.

〈 관련내용 〉
· 정조 10/02/12(병술)→ 표류인 처리문제로 전라관찰사 이재학의 녹봉을 감하다   45집 554면

5798 정조 10/02/09(계미) → 【원전】 45집 552면
〔이숭호·이겸환·심풍지·이명식·이한오에게 관직을 제수하다〕   수11173

이숭호(李崇祜)를 사헌부 대사헌으로 삼고 조성진(趙城鎭)을 사간원 대사간으로 삼았
다가 곧바로 이겸환(李謙煥)으로 대임시켰다. 심풍지(沈豊之)를 동지경연사로, 이명
식(李命植)을 판의금부사로, 이한오(李漢五)를 전라우도 수군절도사로 삼았다.

5799 정조 10/07/07(무신) → 【원전】 45집 580면
〔이시수·유진항·임흘에게 관직을 제수하다〕   수11174

이시수(李時秀)를 이조참의로, 유진항(柳鎭恒)을 삼도 수군통제사로, 임흘(任屹)을 경
상좌도 수군절도사로 삼았다.
    임금이 유진항에게 말하기를, "그전 장수의 칭찬이 구중 궁궐에까지 들리었으므
로 내가 실제로 남녁의 걱정을 잊고 있었는데, 애석하게도 중간에 세상을 떠나고 말
았다. 경은 반드시 마음을 써서 앞사람이 진작시킨 정사가 허사가 되지 않게끔 하
라" 하였는데, 옛날 장수는 김영수(金永綏)였다.

5800 정조 10/07/15(병진) → 【원전】 45집 581면
〔여러 도의 가을 군사훈련을 중지하다〕   수3825

여러 도의 가을 군사훈련을 중지하였다.

5801 정조 10/07/15(병술) → 【원전】 45집 586면
〔조운선에 곡물을 늦게 실은 수령을 처벌하다〕   조1316

의금부에서 조운선(漕運船)에 때늦게 곡물을 실은 수령 이택영(李宅永)·김사의(金思
義)에게 모두 10년의 금고법(禁錮法)을 적용하였다.
    하교하기를, "금고형의 햇수를 한정하는 규식은 5년을 초과한 것이 없다. 장오죄
(贓汚罪)는 본인에게만 한정되었고 6년 이상으로 10년에 이르기까지는 법전에 기재
되어 있지 않다. 더구나 때늦게 실은 것은 앞서의 죄명으로 모두 고신(告身)을 빼앗
는 것으로 끝났다. 그런데 이처럼 10년을 금고시키는 법을 새로 만든다면 처벌이
일부러 배를 침몰시키는 수령보다 심하다. 이는 『통편(通編)』에 잘못 기록된 소치라

고 하니, 경의 부서에서 즉시 바로잡도록 하라" 하였다.

5802 정조 10/08/30(경오) → 【원전】 45집 592면
〔봉수를 신중히 하지 않은 충청수사 이연필을 파직하다〕   수11175

헌납 김광악(金光岳)이 상소하여 이르기를, "봉수(烽燧)의 법은 매우 중합니다. 호남과 영남 사이에 봉화를 올린 일은 그전에도 들어보지 못한 일인데 그 원인을 따져보면 영남에서 일어난 일 때문입니다. 신은 영남의 감영에 지시하여 엄중히 조사해서 해당 병사와 봉대(烽臺)가 있는 연로(沿路)의 고을 중 신중히 하지 않은 수령을 적발하여 처벌해야 한다고 여깁니다. 충청수사 이연필(李延弼)은 글자 한 자도 모르는데다가 오로지 자신만 살찌우기에 마음을 쏟고 있습니다. 청컨대 그에 해당한 법을 시행하소서" 하였다.
이연필을 파직하라고 명하였다.

5803 정조 10/09/02(임신) → 【원전】 45집 592면
〔비변사가 황해도의 수영을 소강에 병합하는 문제에 대해 보고하다〕   수3826

비변사에서 아뢰기를, "엊그제 황해도의 수영(水營)을 소강(所江)에다 병합하는 편리 여부에 대해 도백과 절도사로 하여금 보고하게 하였습니다. 그런데 지금 관찰사 엄사만(嚴思晩)과 수군절도사 전익현(田翊顯)의 장계를 보니, '옹진(瓮津)은 주산(主山)이 성 위로 치솟아서 들여다보기 쉬운데다가 또 한쪽에 치우쳐 있어서 결코 승리할 수 있는 지대가 아닙니다. 다만 토질이 비옥하여 백성들이 편안히 일을 하고 있으므로 고을을 두기에는 합당하지만 수영을 설치할 수는 없습니다. 소강은 한 가닥의 산줄기가 갈라져 좌우로 바다를 끼고 내려오다가 하나의 경내(境內)를 이루는데, 조수가 물러가면 육지와 연결되고 조수가 들어오면 바다가 되어버립니다. 앞에는 푸른 바다를 임하여 곧바로 중국의 등주(登州)와 내주(萊州)로 통하고 있으므로 앉아서 멀리 바라보고 방어할 수 있습니다. 그리고 만약 사변이 발생하면 잠깐 사이에 군사를 모으고 징발할 수 있으므로 소강에다 수영을 병합하는 것이 사리에 맞을 것 같습니다'고 하였습니다. 도백과 절도사의 의논이 이미 일치되었으니, 그대로 시행하는 것이 옳을 듯합니다" 하였다.

임금이 다시 여러 장신(將臣)과 이전에 도백이나 절도사를 지낸 신하들에게 물어본 다음 여쭈어 처리하라고 명하였다.

5804 정조 10/09/20(경인) → 【원전】 45집 595면
〔충청도 관찰사가 해미에 설치한 선창을 옮기지 말기를 청하다〕　　　　　　조1317

충청도 관찰사 김광묵(金光默)이 아뢰기를, "비변사에서 이전 장령 이사증(李師曾)이 올린 상소로 인해 해미(海美)의 선창(船艙)을 옮겨 설치하는 데 대한 편리 여부를 도백으로 하여금 직접 살펴보고 장계를 올리게 하였습니다. 신이 순찰하던 길에 두루 홍주(洪州)의 서창포(西倉浦)와 사기소(沙器所)에 들러 형편을 살펴보았습니다. 해미 현감은 '사기소에 포구를 파면 배를 정박할 수 있다'고 하였고, 홍주목사는 본주의 고을 폐단과 민정에 관해 자세히 말하였는데, 갑과 을의 의논이 그처럼 큰 차이가 났습니다. 해미에 설치한 선창은 굴착하기가 어려워서 갑자기 배를 옮기려고 계획하였으나, 홍주에 거론된 두 곳에 서창포는 애당초 논할 것이 없고, 사기소는 설사 굴착한다 해도 그 굴착에 드는 힘이 해미의 양림(楊林)과 다를 바가 없습니다. 그러므로 옮겨 설치하는 효과는 그리 뚜렷하게 드러나지 않고 폐단만 매우 많을 것이니, 그대로 놔두는 것이 더 나을 것 같습니다. 해미현으로 하여금 내년 가을을 기다렸다가 본래의 선창 자리를 굴착하게 하는 것이 옳겠습니다" 하였다.

그리고, 또 아뢰기를, "전 수사 이연필(李延弼)이 불법을 저질렀다는 일은 조사해 보았더니 그러한 사실이 없었습니다" 하였다.

의정부에서 모두 도백의 장계에 따라 시행하였다.

5805 정조 10/10/04(갑진) → 【원전】 45집 597면
〔비변사에게 어염세를 사목에 따라 징수하도록 아뢰다〕　　　　　　기3105

비변사에서 아뢰었다.

"이전 정언 이우진(李羽晉)이 상소하였는데, 하나는 영남 연해안 고을의 어염세(漁鹽稅)를 일체 전세(田稅)의 예에 따라 일도(一道)로 총계를 내되, 일도가 형편이 좋지 않으면 수시로 견감하고 세금의 징수는 바다에서 그물을 쳐서 고기를 잡는 자만 장표(掌標)를 받은 고을에 납부하게 하며, 고기잡이배가 여러 날 머물러 있으면

서 조금 어리(漁利)를 얻은 곳에 비로소 장표를 지급하자는 일이었습니다. 바다 이익의 득실은 육지의 농사와 다름이 없으니, 지금 그 풍흉에 따라 가감을 한다면 남고 감소되는 것이 서로 보완될 것이니, 어찌 둘 다 편리하지 않겠습니까? 바다에 머무르는 곳에 따라 세금을 받는 것은 어리(漁利)가 한 곳뿐만이 아니기 때문인데, 중복으로 징수하는 폐단은 꼭 엄격히 금지해야 하니, 연해안 고을은 일체 사목을 따르게 하소서.

1. 연해안의 송전(松田)을 일체 옛날의 제도에 따라 표지(標識)를 세워 놓은 안에서 함부로 경작하였을 경우 햇수의 다소를 막론하고 일체 엄격히 금지하자는 것이었습니다. 대각의 말에 따라 시행하여 몇 해 동안 분명하게 상벌을 시행해야 하겠습니다.

1. 연해안의 전선(戰船) 체제가 매우 커서 배를 정박한 곳에 물이 빠지면 계속 육지에 있게되니, 앞으로는 전선을 새로 건조할 때엔 애써 가볍고 빠르게 만들고 정박한 곳 중 물이 없는 곳은 물이 있는 포구로 옮겨 설치하자는 것이었습니다. 전선의 체제의 척수(尺數)를 줄이는 것에 대해 전후 갑론을박(甲論乙駁)이 한두 번뿐만이 아니었으나, 필경 옛날 체제대로 하기로 한 것은 대체로 이는 충무공 이순신이 남긴 제도로서 충무공이 적군을 깨뜨린 공이 대부분 큰 배에 있었기 때문입니다. 또 더구나 조선(漕船)과 상선(商船)은 모두 급할 때 사용할 수 있는데 옛날의 제도를 고칠 필요가 있겠습니까? 정박할 곳을 옮겨 설치하는 건은 전에 이미 각 도의 수영에 알리어 편리에 따라 포구를 파라고 하였으니, 지금 다시 논할 것은 없습니다."

비답하기를, "어염세는 어찌 영남만 폐단이 되겠는가? 이는 여러 도에 똑같은 고질적인 폐막이다. 균역(均役)의 사목이 비록 지극히 엄하기는 하나, 이는 경장하거나 바로잡는 일이 아니라, 이것을 가져다 저것을 보완해서 원래 세금의 총액을 잃지 않았다가 흉년을 만나면 실지에 따라 세금을 정하는 것에 불과한 것이다. 이는 오로지 도백과 고을 원들이 얼마나 성심으로 살펴 처리하느냐에 달려 있다. 그런데 자기와는 아무 관계가 없는 일처럼 보아넘겨 한번도 깊이 생각해 보지 않음으로써 백성들이 이처럼 시달림을 받게 하였으니, 이것이 어찌 선대왕께서 법을 제정한 뜻이겠는가? 더구나 흉년이 든 때에 백성의 고통에 관계된 일인데 바다나 육지를 따질 것이 뭐가 있겠는가? 먼저 이뜻으로 여러 도에 엄중히 신칙하라" 하였다.

5806 정조 10/10/06(병오) → 【원전】 45집 598면
〔일본 관백의 사망을 동래부사 홍문영이 보고하다〕   왜11015

일본 관백 원가치(源家治)가 죽었다.
 동래부사 홍문영(洪文泳)이 급히 보고하기를, "훈도(訓導) 정사옥(鄭思鈺) 등의 서신에 '관수(館守) 왜인이「저희 나라가 불행하여 올해 8월 8일에 관백 원가치가 죽었다. 저희 나라 8월은 귀국의 윤7월이므로 개시(開市)는 내달 1일까지 내려보내지 말고, 각종 송사연(送使宴)은 내달 5일까지 중지하고 감독은 내달 7일까지 철수한다」고 하였습니다'라고 하였습니다" 하였다.

5807 정조 10/10/11(신해) → 【원전】 45집 598면
〔통신사 교환에 필요한 예단 인삼을 준비하게 하다〕   왜11016

호조판서 정일상(鄭一祥)이 아뢰기를, "관백이 새로 취임하면 3년 안에 와서 통신사의 교환을 요청하는 것은 구례가 그렇습니다. 예단인삼(禮單人參) 2백 근을 강계부(江界府)로 하여금 단파(丹把)와 황파(黃把)……" 하였다.
 윤허하였다.
 〔삼을 캐는 데 해마다 세 절후가 있다. 봄은 묘파(苗把)라고 하고, 이른 가을에 삼의 열매가 붉게 익기 때문에 단파(丹把)라고 하고, 늦가을에는 잎이 노랗게 되므로 황파(黃把)라고 한다.〕

정조 11년(1787; 청 건륭52년)

5808 정조 11/01/15(갑신) → 【원전】 45집 627면
〔여러 도의 봄철 군사훈련을 정지시키다〕   수3827

여러 도(道)의 봄철 군사훈련〔春操〕을 정지시켰다.

5809 정조 11/02/13(신해) → 【원전】 45집 635면
〔왜인의 일을 결말을 못낸 동래부사 민태혁을 파직하다〕   왜11017

동래부사 민태혁(閔台爀)이 아뢰기를, "간음죄를 범한 왜인 희륙(喜六)은 이미 형을 받다가 죽고, 같은 때에 함부로 나간 왜인 23명은 그들을 묶어 보내기를 기다린 후에 개시(開市)하는 것을 전처럼 허락해 달라고 합니다. 이번 특송선(特送船) 편에 선지조(仙之助) 및 기타 4명을 먼저 묶어 보내고, 18명은 우선 대선편(大船便)을 기다려서 모두 묶어 보내겠다고 말하고 있으나 경척(警惕)하는 뜻이 없기 때문에 18명의 왜인을 속히 묶어 보내라는 일로써 별도로 엄중히 신칙하였습니다. 이미 공시(供市)를 거두어 치우고서 갑자기 다시 설시하기가 어려우니, 우선은 정지하기를 청합니다" 하였다.
　하교하기를, "변정(邊政)은 엄하게 하지 않을 수 없으나 헛되이 큰소리만 치는 것은 없던 화가 생기게 되어 도리어 나라를 욕되게 할 염려가 있다. 이제 장본(狀本)을 보건대 갈수록 급하게 굴어 결말이 날 기약이 없다. 동래부사 민태혁을 파직하고 도총관 이계(李渽)를 동래부사로 삼으라" 하였다.

5810 정조 11/02/16(갑인) → 【원전】 45집 635면
〔영의정 김치인이 동래부사의 중요성을 들어 신중히 차임할 것을 건의하다〕   왜11018

영의정 김치인(金致仁)이 차자를 올리기를, "내백(萊伯)을 특제(特除)하시니, 변방을 진정시키는 성상의 뜻을 우러러 알 수가 있었으나 신이 감히 상고하건대 선조(宣祖)

갑진년에 본읍(本邑)을 승격시켜 부사로 삼은 이후에 일찍이 한 사람도 2품으로 임명해 보낸 자가 없었으니, 이는 교린에 본래 약조가 있어서 그것을 초과할 수 없기에 그런 것이 아니겠습니까? 무릇 도주(島州)의 서계(書契)에는 반드시 예조의 아이관(亞貳官)과 동래부사·부산첨사와 평례(平禮)로써 답(答)을 쓰게 하는 것이 예(例)입니다. 이제 관수왜(館守倭)·송사왜(送使倭)는 도주(島主)의 관하(管下)에 불과한데, 연향(宴享)과 접견(接見)하는 즈음에 본관(本官)과 일찍이 팔좌(八座)를 지낸 신하와 함께 서로 상대하게 한다면, 이는 조정을 욕되게 하는 것에 가깝지 않겠습니까? 왜인은 매우 교활하여 매사에 예(例)를 인용하고 아무리 작은 일일지라도 반드시 다투고야 마니, 어찌 후일에 이 일 때문에 말꼬투리를 잡힐 염려가 없을 줄을 알겠습니까? 임진년 가을에 여러 문관(文官) 수령을 무관(武官)으로 대신할 때 선대왕께서, '동래부사의 경우에는 일찍이 약조(約條)가 있었다'라고 하시고는 전(前) 부사를 유임시키도록 특별히 명하셨으니, 어렵게 여기고 신중히 하신 성념(聖念)이 이와 같았습니다. 원하옵건대 세 번 생각하시어 널리 물어서 처리하소서" 하였다.

　　비답하기를, "동래부사의 일은 선조(先祖) 임진년의 하교가 이미 이와 같은 만큼 일이 우러러 계술(繼述)하는 것에 관계되니, 어찌 취소하는 것을 싫어하여 시행하지 않겠는가? 사건의 본말(本末)을 자세히 밝혀서 폐단을 소복(蘇復)시키는 일을 책임 지울 만한 사람을 추천하라" 하였다.

5811 정조 11/04/02(기해) → 【원전】 45집 641면
〔지방관의 처벌에 관한 호남 암행어사 심진현의 서계〕　　　　　　　　　　　수11176

　　호남 암행어사 심진현(沈晉賢)이 복명하였는데 서계를 올려, 담양(潭陽) 이전 부사 홍배호(洪配浩)·전주 이전 판관 이의기(李宜耆)·운봉현감(雲峰縣監) 한광적(韓光迪)·고산현감(高山縣監) 이의일(李義逸)은 위법을 다스리지 않은 죄이고, 좌도 수군절도사 허임(許任)은 송금(松禁)을 단속하지 못한 잘못이 있다는 것으로써 허임과 홍배호, 이의기는 잡아다 심문하여 정죄(定罪)하고, 한광적과 이의일은 파출(罷黜)하게 하였다.

　　그 별단(別單)은 이렇다.

　　"조창의 폐단 가운데 실로 개혁하지 않을 수 없는 것이 있습니다. 대개 군산(群

山)과 성당(聖塘) 두 창고에 소속된 여러 고을 절반은 산골짜기여서 조창에서 혹 수백 리가 떨어져 있으니 쌀을 실어다가 바칠 형세가 만무하여 으례 모두 돈으로 방납(防納)하고 있습니다. 그러나 방납하는 즈음에 갖가지 폐단이 다 생기게 되니 본읍(本邑)의 경우로 말한다면 호수(戶首)가 받아들이는 때에 주구(誅求)함이 갖추 이르게 되며 감관(監官)과 색리(色吏)가 영납(領納)하는 길에 쓸데없는 비용이 절반이나 됩니다. 이른바 노비(路費)나 태가(馱價) 등 각종 명색은 모두 민결(民結) 가운데서 더 징수하게 되니 통괄하여 계산하면 민간의 2석(石)의 값으로는 조창에 1석을 바치기도 오히려 부족합니다. 조창으로 말한다면 서울과 시골의 모리배가 미포(米包)를 무역하는 데 힘을 써서 창고 아래에다 쌓아 두었다가 각 고을에서 납세할 때가 되면 차원(差員)에게 청탁하여 감관·색리와 부동(符同)하여 시가(市價)를 조종함으로써 값이 오르도록 힘써서 1석의 값에 시가(時價)의 반 배를 더한 연후에야 비로소 받아들이는 것을 허락합니다.

이어서 무역해 둔 곡식은 정조(精粗)를 따지지 않고 수효를 채워 실어와서 이익은 부자 장사꾼에게로 돌아가고 피해는 가난한 백성에게로 돌아가니 널리 방법을 강구하여 바로잡는 바탕을 삼는 것이 마땅합니다.

인재의 경우에는 호남의 습속이 부경(浮競)함에 있어서 호서보다 더 심하고 박실(樸實)함에 있어서는 영남에 비해 아주 못하여 학문을 숭상하는 집안의 후손들이 부지런히 힘쓰는 것은 과구(科臼)에 불과하며 향곡(鄕曲)의 준재(俊才)들이 성취하는 것은 모두 술수뿐입니다. 비록 더러 두세 명의 자호(自好)하는 선비가 그 사이에 끼어 있다 하더라도 신의 어리석은 견해로 어떻게 잠깐 말하는 모양을 보고 능히 분별할 수가 있겠습니까? 실로 성상께서 어진 인재를 급구하시는 지극한 뜻을 우러러 본받을 수가 없었습니다.

효열(孝烈)의 경우에는 남원부(南原府)의 유학 정조문(鄭朝文)의 처 이씨(李氏)가 집 뒤 시내 옆에서 쑥을 캐는데 이웃에 사는 상한(常漢) 권만세(權萬世)란 자가 갑자기 달려들어 손을 잡고 강간을 하려고 하자 이씨가 죽기를 각오하고 반항하면서 사기(辭氣)가 더욱 사납게 되자 권만세가 그녀의 정조를 빼앗을 수 없음을 알고는 몸을 돌려 멀리 도망했습니다. 이씨가 분한 마음으로 집으로 돌아와 손도끼로 오른쪽 팔을 자르고 또 목을 베려고 했는데 마침 다른 사람의 구원을 받고 중지되어 거의 죽으려다가 살아났으니, 마땅히 정려(旌閭)하고 포상해야 합니다. 순천부(順天府)의 무부(巫夫) 추절창(秋節昌)이란 자가 병이 위급해졌는데, 그의 아내 무녀인 안녀(安女)가 스스로 식도를 가지고 몰래 외양간으로 들어가 치마끈으로 왼쪽 허벅지 아래 위를 묶고는 허벅지 살을 베어내어 그 어머니로 하여금 삶아서 그 물을 추절창의 입에 부어 넣게 하고 이어서 또 목욕하고 하늘에 빌자, 추절창이 그대로 다시 살아 났습니다. 미천한 사람으로 이런 뛰어난 행실이 있는 것에 대해서는 족히 가상(嘉尙)하게 여길 만하니 급복(給復)하여 숭장(崇奬)하는 것이 실로 여론에 합당합니다.

민폐(民幣)의 경우에는 순창(純昌) 사승(寺僧)의 지폐(紙弊)에 대해서 작년 연석(筵席)에서 아뢴 후에도 다시 전과 같으니 청컨대 빨리 삼군문(三軍門)에서 종이를 무역하는 폐단을 없애게 하소서."

그런데, 대신해 온과 예조당상이 복주(覆奏)한 조선(漕船)에 대한 폐단은 도신(道臣)으로 하여금 자세히 조사하여 보고하게 하고, 순창 사승(寺僧)의 폐단은 삼군문에 납부하는 종이를 영원히 혁파하고 군문(軍門)으로 하여금 원가(元價)로 무역해 쓰도록 하며, 열녀 남원 이씨에게는 정려하고, 순천 안녀(安女)에게는 급복하게 했다.

5812 정조 11/04/02(기해) → 【원전】 45집 642면
〔호남의 오른쪽 연안에도 철정하기를 영의정 김치인이 건의하다〕   기1155

비변사의 유사당상 서유린(徐有隣)이 아뢰기를, "송정(松政)은 관계됨이 가볍지 않은데, 호남의 경우에 있어서는 전선(戰船)에 쓰는 목정(木釘) 때문에 달수가 너무 가깝게 도끼질을 하게 됩니다. 연전에 이전 좌수사 강오성(姜五成)이 응지(應旨)로 장문(狀聞)하여 영남의 제도를 준용하여 철정(鐵釘)으로 대신하게 하였습니다. 옛날에는 36개월 만에 개삭(改槊)하였으나 지금은 84개월에 개삭하여 통계(通計) 4년 사이에 1만여 주(株)가 얻어지게 됩니다. 또 호남의 오른편 연안에도 이 제도를 본받아 쓰게 하고 이어서 기호지방에도 두루 시행하게 한다면 송정(松政)에 도움되는 것으로 이보다 더 큰 것은 없을 것입니다" 하였다.

임금이 대신해 온에게 물었다.

영의정 김치인이 말하기를, "왼편 연안에서 철정(鐵釘)으로 이미 효과를 보았으니, 오른편 연안에도 분부하여 이 예를 준용하는 것이 편리할 것입니다" 하였다.

윤허하였다.

5813 정조 11/04/08(을사) → 【원전】 45집 644면
〔이병모를 이조참판에, 신대겸을 삼도 수군통제사에 제수하다〕   수11177

이병모(李秉模)를 이조참판으로, 신대겸(申大謙)을 삼도 수군통제사로 삼았다.

5814 정조 11/04/19(병진) → 【원전】 45집 648면
〔이재학을 사헌부 대사헌으로, 조심태를 삼도 수군통제사로 삼다〕   수11178

이재학(李在學)을 사헌부 대사헌으로, 조심태(趙心泰)를 삼도 수군통제사로 삼았다.

5815 정조 11/06/05(신축) → 【원전】 45집 654면
〔의금부에서 이전 통제사 유진항을 형추한 내용을 보고하다〕   수11179

의금부에서 아뢰기를, "이전 통제사 유진항(柳鎭恒)이 공초하여 말하기를, '어사(御史)의 서계(書啓) 가운데 있는 허다한 논열(論列)이 어느 것인들 불법(不法)에 대한 죄안(罪案)이 아니겠습니까마는. 가장 큰 것은 배를 타고 물에 놀면서 기생을 선발해서 노래를 불렀다는 한 조항입니다. 그 죄는 명교(名敎)에 관계되고 관계된 바는 죽은 사람의 영혼입니다. 나라에 세자(世子)의 상(喪)이 있어 기년복(朞年服)을 벗지 않았는데 누군들 감히 놀이하는 일을 하였겠습니까? 또 작년 여름에는 백형(伯兄)의 상을 당해서 공사간에 모두 중복(重服)을 입고 있었는데도 기생을 뽑아 노래를 들었으니, 이것이 어찌 사람의 도리로서 차마 할 수 있는 일이겠습니까? 초봄에 새로 배를 만들 일이 있어서 본영의 우후 이동헌(李東憲)과 함께 가서 점열(點閱)하면서 시험삼아 10리 밖의 섬에 이르렀는데 수신(帥臣)이 배에 오르면 기생 무리들이 따라 타는 것이 예사인지라 사람들의 말이 이에 이를 줄은 미처 생각하지 못하였다'라고 하였습니다" 하였다.

어사 이서구(李書九)에게 함문(緘問)하라고 명하였다.

이서구가 대답하기를, "잠행할 때에 들으니, 이전 통제사 유진항이 불법을 자행하여 원망을 많이 받았는데 최근 이 직임에 임한 이후에도 자주 연유(宴遊)를 열어 조금도 꺼리는 바가 없었으며, 그중 최근의 가장 확실한 일을 들어서 말한다면 초봄

에 배를 타고 노래를 들었는데 창원부사 이원겸(李元謙)이 그 상황을 알고 있습니다. 또 듣건대, 유진항의 종손(從孫)으로 새로 무과에 오른 자가 있었는데 도문(到門)하던 날에 크게 연회를 열고 기생을 상대하여 춤을 추었으며, 상원일(上元日)에도 역시 배를 타고 연유(宴遊)하였는데 마침 한 수령이 영하(營下)에 도착하였다가 놀랍고 분함을 금하지 못해서 밤중에 출발하여 원문(轅門) 10리 밖에 나가서 잤다고 하였습니다. 이는 비록 전해 들은 것이지만 어찌 한결같이 거짓말로 돌릴 수 있겠습니까?" 하였다.

의금부에 아뢰었다.

"유진항이 다시 공초하기를, '도문(到門)의 일은 작년 10월에 종손인 유상량(柳相亮)이 과거에 창방(唱榜)하기 전에 직부(直赴)하여 영중(營中)에 와서 머물렀는데 유상량은 바로 죽은 제 형의 손자로 몸에 최복(衰服)을 입고 있었습니다. 그러니 창방(唱榜)도 하지 않고 중한 상복을 입은 종손이 어찌 도문연(到門宴)을 베풀었겠습니까? 마침 우후 이동헌(李東憲)이 와서 신래(新來)를 불러 마침내 유상량으로 하여금 매화지(梅花枝)를 찾아 바치도록 했는데 이른바 매화지란 속희(俗戱) 가운데 한 가지 일입니다. 이에 유상량이 매화지를 찾기 위해 한 기녀를 데리고 왔으니, 그 사이의 사정이란 이와 같은 데 불과합니다. 금년 상원일에는 걸어서 남문 밖 선소(船所)로 가서 달구경을 하면서 소회를 풀었지 처음부터 배를 띄운 것이 아니요, 또 찬(饌)을 베푼 일도 없었습니다. 마침 가덕첨사(加德僉使) 유춘빈(柳春彬)이 함께 왔기에 기녀로 하여금 제갈량(諸葛亮) 출사표를 외게 하고 술 몇 잔을 마신 것뿐이었습니다.

이른바 한 수령이 상원일에 와서 보았다는 것은 바로 진해현감(鎭海縣監) 민수익(閔修益)인데, 민수익은 고성(固城)의 겸임으로서 왔기 때문에 '진읍(賑邑)의 수령이 어찌 한가하게 왔는가?'라고 했더니 민수익이 즉시 돌아간다고 고하고 그날밤에 걸어서 남문으로 나갔습니다. 이는 임시 소요(逍遙)한 걸음이었으며 처음부터 설시(設施)한 일이 아니었는데 민수익이 어떻게 미리 알고서 분을 내며 지레 돌아갔겠습니까? 원하옵건대, 한번 조사해 보소서'라고 하였습니다. 국제(國制)에 있어서 상복을 벗기 전에 기생을 데리고 배에 오른 것이 이미 막대한 죄이며, 또 그의 종손이 내려왔을 때 이른바 매화지(梅花枝)란 한 가지 일은 가인(佳人)과 더불어 대무(對舞)한 것과 별로 다름이 없습니다. 금년 정월 보름날 밤에 달구경을 한 것은 비록 서민들의 처지에서도 하지 않는 일인데 통제사의 병부(兵符)를 차고서 이와 같이 유상(遊賞)한 일을 하였고, 심지어 기생으로 하여금 출사표를 외게까지 하였으니, 출사표는 역시 가사(歌詞)의 한 곡조입니다. 진실로 조금이라도 상도(常道)를 지키려는 마음을 가졌다면 방자 무엄함이 어찌 이처럼 심할 수 있겠습니까?"

하교하기를, "배를 띄우고 유관(遊觀)하고 배를 타고 연회한 것을 꼬집어 죄안(罪案)으로 정하는 것은 참으로 말이 되지 않는다. 지금 조사해서 따질 것은 다만 노래를 하게 한 한 가지 일일 뿐이다. 그런데 말을 만든 자도 이원겸(李元謙)이요, 입증한 자도 역시 이원겸이니 이는 그대로 두어야 한다. 도문연회(到門宴會)의 일은 진실로 그의 공초와 같다면 죄가 이동헌에게 있지, 이 죄수에게는 있지 않다. 해당 우후 이동헌도 역시 잡아다 신문하라" 하였다.

5816 정조 11/07/14(기묘) → 【원전】 45집 659면
〔차대하여 여러 도의 추조를 멈추다〕   수3828

차대(次對)하였다. 여러 도의 가을철 조련을 멈추었다.

5817 정조 11/07/24(기축) → 【원전】 45집 661면
〔진곡을 옮기는 배를 잘 닿게 한 탐라 영운차원 민정환에게 가자하다〕   조1318

탐라 영운차원(眈羅領運差員) 민정환(閔廷桓)에게 가자하였다. 본도에서 진곡(賑穀)을 옮기는 배가 잘 닿았다고 아뢰었기 때문이다.

5818 정조 11/07/25(경인) → 【원전】 45집 661면
〔김재찬이 울산의 해척 등이 울릉도에서 어복을 채취하다 잡혔다고 장계하다〕 기3106

원춘도 관찰사 김재찬(金載瓚)이 장계하기를, "울산에 사는 해척(海尺) 등 14명이 몰래 울릉도(鬱陵島)에 들어가 어복(魚鰒)·향죽(香竹)을 채취하였는데, 삼척(三陟)의 포구에서 잡혔습니다. 그 섬은 방금(防禁)이 지극히 엄한데도 울산 백성이 번번이 병영의 채복공문(採鰒公文)을 가지고 해마다 방금을 범하니, 그 병사와 부사(府使)를 감죄해야 하겠습니다" 하였다.

비변사에서 복주(覆奏)하여, 경상좌도 병마절도사 강오성(姜五成)과 울산부사 심

공예(沈公藝)를 먼저 파직하고 나서 잡아다 추국하기를 청하였다.
윤허하였다.

5819 정조 11/08/28(계해) → 【원전】 45집 666면
[사직 강유가 경기 연해의 후망군 파견·남양에 성 쌓기 등을 건의하다]   수3829

사직(司直) 강유(姜游)가 상소하기를, "접때 헛된 놀람이 있고 나서는 경기 연해에 후망군(候望軍)을 더 두어 경급(警急)을 알리는 바탕으로 삼아야 할 것이고 남양(南陽)에는 마땅히 성을 쌓고 강창(江倉)의 곡물을 성안으로 날라 들여야 할 것입니다. 성에서 가까운 너덧 고을에는 돈대를 쌓고 곡물을 저축하게 하소서" 하였다.

비답하기를, "품은 뜻이 있으면 반드시 아뢰니, 내가 매우 아름답게 여긴다. 그 가운데에도 어찌 채택하여 시행할 말이 없겠는가? 묘당을 시켜 품처하도록 하라" 하였다.

5820 정조 11/12/22(을묘) → 【원전】 45집 681면
[비변사에서 경상도의 송전의 실태를 보고하고 수령들의 추고를 청하다]   기1156

비변사에서 아뢰기를, "경상도의 송전(松田)을 비변사 낭청을 보내어 적간(摘奸)하였더니, 불탄 곳과 다른 송전까지도 다 헐벗었고 심하면 봉산(封山)까지도 무릅써 경작하고 들어가 매장하는 대로 버려두었고 또 재해를 당한 백성이 껍질을 벗겨 먹는다고 핑계하고 몰래 벤 것이 수없이 많다 하니, 좌연(左沿)·우연(右沿)의 화전을 붙이고 몰래 벤 것과 껍질을 벗긴 것이 가장 많은 곳의 수령은 모두 잡아다 추문하고, 이전 통제사 유진항(柳鎭恒)은 삭직하고 좌수사 이장한(李章漢)은 파직하고 이전 도신(道臣) 김상집(金尙集)도 파직하고 그밖에 변장(邊將)·수령으로서 차등이 있는 자는 모두 중추(重推)하소서. 가배량(加背梁) 한 진과 장기(長鬐) 한 현으로 말하면 가장 무성하다 하니, 가배량만호(加背梁萬戶)와 장기현감(長鬐縣監)은 포상하는 일이 있어야 하겠습니다" 하였다.

비답하기를, "아뢴 대로 시행하라. 이미 감죄한 이외의 좌연·우연의 40읍진에 대하여 추고(推考)하기를 청한 것은 가볍다. 그 가운데에서 가장 많은 곳의 수령은 먼저 파직한 뒤에 잡아다 추문하고 그밖의 시종(侍從)과 당상수령(堂上守令)은 월봉

3등(越俸三等)에 처하고 당하수령(堂下守令)은 도신을 시켜 결장(決杖)하고 변장은 수신(帥臣)을 시켜 엄히 결곤(決棍)하라. 벌이 있으면 상을 청하는 것은 매우 옳다. 좌연의 이전 장기현감 이병성(李秉成)은 전직(前職)을 유임하다가 임기가 끝나거든 도내 연읍 봉산과(封山窠)로 승천(陞遷)하고 우연의 가배량만호 정관유(鄭觀裕)는 임기가 끝나거든 또한 도내 봉산진장(封山鎭將)으로 승천하여 징계하고 권장하는 정사(政事)를 보이라" 하였다.

정조 12년(1788; 청 건륭53년)

5821 정조 12/01/05(무진) → 【원전】 45집 682면
〔각 도의 춘기 군사훈련을 정지시키다〕   수3830

각 도의 춘기(春期) 군사훈련을 정지하였다.

5822 정조 12/01/24(정해) → 【원전】 45집 688면
〔장성과 고창의 대동미를 흥덕의 사진포로 봉납케 하다〕   조1319

비변사가 아뢰기를, "호남 도신의 장청(狀請)에 따라 장성(長城)과 고창(高敞)의 대동미(大同米)를 법성조창(法聖漕倉)으로 봉납(捧納)하지 말고 흥덕(興德)의 사진포(沙津浦)로 봉납하게 하는 것이 편리합니다" 하니 따랐다.

5823 정조 12/02/25(무오) → 【원전】 45집 691면
〔교동의 통어사 배치·조시위의 토죄를 청한 이태형의 처리에 관해 논의하다〕   수3831

강화유수 송재경(宋載經)이 아뢰기를, "교동(喬桐)은 바로 삼남의 요충인데, 통어영을 강도(江都)로 이설한 뒤부터 간섭으로 구애되는 일이 많아 항구가 육지로 변하여 선박을 숨겨두기에 합당하지 않습니다. 그러니 통어사(統禦使)를 도로 교동에 소속시켜 단지 진무사(鎭撫使)의 절제(節制)만을 받도록 하는 것이 마땅합니다" 하였다. 상이 이르기를, "당초 이설할 때 모두 편리하고 좋을 것으로 생각했으나, 유독 고상(故相) 정홍순(鄭弘淳)만이 그대로 두는 것만 못하다고 하였다. 지금 와서 생각해보니 그의 말이 옳았던 것 같다. 그러나 이것이 이해가 크게 걸린 일이 아니니 잘 헤아려 처리하라" 하였다. 영의정 김치인이 아뢰기를, "지금 사람의 지려(智慮)가 옛사람만 못합니다. 교동을 수사영(水使營)으로 올려 삼도의 주사(舟師)까지 통제하게 한 데에는 실로 깊은 뜻이 있는데, 하루아침에 변경한 것은 좋은 계책이 아닙니다. 세웠던 군영(軍營)을

다시 없애는 혐의에 구애될 필요없이 다만 그 이해의 소재만을 보는 것이 가합니다"
하였다.

5824 정조 12/03/02(갑자) → 【원전】 45집 693면
〔무신충훈의 자손들을 불러보다〕   수4671

　무신충훈(戊申忠勳)의 자손들을 불러보았다. 판중추부사 이재협에게 명하여 거느리고 들어오게 하여 일일이 불러 성명을 묻고는 문음(門蔭)과 유생(儒生)에게는 지필묵을 내리고 무신(武臣)에게는 활을 하사하였다. 언성군(彦城君) 김중만(金重萬)의 손자 김종수(金鍾洙)는 특별히 선전관에 제수하고, 완춘군(完春君) 이수량(李遂良)의 손자 이겸회(李謙會)는 고과에서의 중고(中考)를 삭제해 주었다.
　그리고 전교하기를, "충민공(忠愍公) 이봉상(李鳳祥)의 숙부 이홍무(李弘茂)가 무신년에 적이 충청병영에 들어왔을 적에 꼿꼿이 서서 꿇어앉지 않고 몽둥이와 칼날이 번갈아 이르는데도 끝내 굽히지 않고 갇힌 지 6일만에 죽었으니, 이것이 순절(殉節)이 아니고 무엇인가. 절개와 의리가 늠름하니 그 아재비에 그 조카라 할 만하다. 그러나 아직 포양(襃揚)되지 못했으므로 사람들이 대부분 그 실적을 자세히 알지 못하니, 어찌 흠사(欠事)가 아닌가. 이홍무를 포장(襃獎)할 전례(典禮)를 해당 조(曹)로 하여금 대신과 의논해서 품신해 처리하게 하라" 하였다.
　이어 재협에게 표충사지(表忠祠志)를 개수하고, 김종수(金鍾秀)에게 그 서문을 지으라고 명하였다.
　재협이 아뢰기를, "고 재신(宰臣) 이이장(李彛章)의 시호를 내리는 것은 고상 이종성의 시호를 고치는 일과 함께 거행하는 것이 마땅하나, 아직 시장(諡狀)이 수정되지 않았습니다. 그러나 이는 특은(特恩)에 관계된 것이고 보면 시장이 없이 거행한 전례가 더러 있습니다" 하였다.
　윤허하였다.
　종수가 증 참판 김정운(金鼎運)의 사적(事蹟)으로 아뢰기를, "신이. 정운이 합천 장교 함만중(咸萬重)에게 보낸 언문 편지와 그 편지 뒷면에 쓴 만중의 언문답장을 얻어보니. 그 때에 감오(感悟)시킨 뜻과 역적을 등지고 조정을 따르게 한 계책이 사람을 감탄하게 하였습니다. 더구나 끝내 새끼줄을 끊고 장막을 엎어 적의 괴수를 사로

잡는 공을 이룬 것이 모두 이 편지에서 연유하였습니다. 그런데 이런 공이 묻혀 없어지는 것이 애석합니다" 하였다.

대신과 의논해서 품처(稟處)하라고 명하였다.

5825 정조 12/03/07(기사) → 【원전】 45집 694면
〔이한풍을 삼군 수군통제사로 삼다〕   수11180

이한풍(李漢豊)을 삼도 수군통제사로 삼았다.

5826 정조 12/03/10(임신) → 【원전】 45집 695면
〔표류왜선의 쌀을 몰래 판 박광춘 등의 치죄에 관해 아뢰다〕   표2324

영의정 김치인이 아뢰기를, "경상감사 김광묵(金光默)의 장계에 '표류한 왜선(倭船)에 실린 쌀을 몰래 판 죄인 박광춘(朴光春) 등을 모두 형벌을 시행할 때 엄하게 신문해 진상을 캐어내서 율에 따라 처단해야 하겠습니다. 그러나 『대전통편(大典通編)』 금제조(禁制條)에, 왜인이 가지고 온 잡물을 은밀히 거래하는 자는 곤장 1백 대에 3년의 도형(徒刑)에 처한다는 조문이 있고, 『등록(謄錄)』을 상고하건대, 임자년에 옥포 소통사(玉浦小通事) 김유망(金有望)이 베를 주고서 쌀과 바꾸었다가 효시(梟示)에 이르렀습니다. 이번 박광춘의 범죄가 김유망과 비슷한데, 판례가 『통편』에 실려 있는 바와 서로 틀리니 묘당으로 하여금 품처케 하소서' 하였습니다. 이 일에 대한 의율(擬律)은 밝게 법전에 법이 실려 있으니 마땅히 준행(遵行)할 뿐입니다. 임자년에 적용한 율은 법전이 만들어지기 이전의 일이니 의논할 바가 아닙니다. 그러니 이로써 분부하소서" 하였다.

그에 따랐다.

5827 정조 025 12/04/10(임인) → 【원전】 45집 702면
〔좌수영 선창의 방조제 공사를 늦추다〕   수3832

좌의정 이성원이 아뢰기를, "전에 영남어사(嶺南御史) 김이성(金履成)의 별단으로 인하여 좌수영 선창(船艙)에 방조제를 쌓아야 할 곳을 수신(帥臣)에게 직접 살펴보고서 보고하라고 하였는데, 좌수사 이장한(李章漢)이 장계하기를 '지난 무신년에 항구에

조수가 들어오는 곳에 방조제를 쌓는데, 총 연장 3백여 보(步)에 역부(役夫) 3만 3천 명이 들었습니다. 지금 방조제를 쌓아야 할 곳이 도합 4백5보나 되니 전에 비해 공력(功力)이 갑절이 들 것입니다' 하였으니, 풍년을 기다리소서" 하였다.

윤허하였다.

5828 정조 12/07/05(을축) → 【원전】 46집 1면
〔여러 도의 가을철 군사조련을 정지하다〕 수3833

차대하였다. 여러 도의 가을철 조련을 정지하였다.

5829 정조 12/09/30(무자) → 【원전】 46집 7면
〔제주도에 전염병으로 사람이 많이 죽자, 구휼과 세금 면제를 명하다〕 기2162

제주도에 전염병으로 사람이 많이 죽었다. 제주목사 홍인묵(洪仁默)이 아뢰니, 전교하였다.

"모든 백성을 한결같이 보아야 하는 뜻에서 볼 때 제주도의 백성들도 나의 백성이다. 전염병에 걸려 죽은 사람이 이처럼 많다 하니 매우 놀랍고 불쌍하다. 5월 이후로는 비록 병의 유행이 약간 누그러졌다고 하나, 이전의 몇 달 동안은 병으로 인해 농사를 짓지 못했으리라는 것을 미루어 알 수 있다. 농사만 그러한 것이 아니라 이 섬에서는 오로지 물고기를 잡아 소금에 절여 파는 것을 이익으로 삼고 있는데, 이런 속에서 어업(漁業)인들 어찌 뜻대로 되었겠는가.

대체로 이 섬에서 바치는 공물(貢物)의 종류 가운데 어복(魚鰒) 등의 물품은 어공(御供)에는 별로 관계되는 바가 없고, 섬 백성들에게는 한갓 고통과 폐해만을 더할 뿐이다. 그러므로 매양 오는 공물(貢物)의 목록을 볼 때마다 먼저 이맛살이 찌푸려져 맛이 입에 맞는지의 여부에 대해서는 생각할 겨를이 없었다. 금년에 병으로 인해 사망한 무리들은 각별히 위로하고 구휼해 주고, 가난해서 장사지내지 못한 자들은 관청에서 물자(物資)를 도와 주고, 병으로 인해 농사를 짓지 못했거나 고기잡이를 하지 못한 자들은 특별히 사정을 참작해 세액을 감해 주라. 그리고 매월 바치는 물선(物膳) 중에 추복(追鰒)·인복(引鰒)·오적어(烏賊魚) 등의 종류는 절대로 멋대로 하는 것에 대한 죄에 구애받지 말고 이에 준하여 세액을 감하고 수효도 즉시 줄여

봉진(封進)하여, 원근을 구별하지 않고 백성을 한결같이 여기는 조정의 은택을 입게 하라."

5830 정조 12/11/06(갑자) → 【원전】 46집 13면
〔호조로 하여금 이여송의 후손에게 집을 사주도록 명하다〕 수4672

호조에 명하여 이 제독(李提督)의 후손에게 집을 사주도록 하였다.
전교하기를, "이 제독의 집에 치제(致祭)하라는 전교를 내리고서 들건대 그 손자가 살고 있는 집이 오두막집에 뜰이 손바닥만한데다가 비바람도 가리지 못하므로 치제를 받아들이기가 곤란하다 한다. 우리나라 공신에게도 오히려 집을 주었는데, 하물며 이 제독의 공적이 천지처럼 높고 일월처럼 밝은 데이겠는가. 그런데도 신주를 간직할 곳마저 없게 하였으니, 어찌 크게 잘못된 일이 아니겠는가. 윤충정(尹忠貞)은 절사(節士)일 뿐인데도 선왕께서 오히려 그 집을 되돌려주도록 명하셨는데, 하물며 제독의 집이겠는가" 하고서, 드디어 이런 명을 내린 것이다.

5831 정조 12/11/13(신미) → 【원전】 46집 14면
〔친히 이여송의 사당기를 지어 사당에 걸게 하다〕 수4673

친히 이제독사당기(李提督祠堂記)를 지어 사당에 걸라고 명하였다.

5832 정조 12/12/10(정유) → 【원전】 46집 22면
〔충의공 정문부에게 부조의 은전을 내리다〕 수4674

특별히 충의공(忠毅公) 정문부(鄭文孚)에게 부조(不祧)의 은전을 내리도록 허락하였다. 임진왜란 때 문부가 북평사(北評事)로서 토적(土賊)을 평정하여 관북 일대를 보전하였는데, 이 때에 이르러 그 손자 정근(鄭瑾)이 상언(上言)하여 부조의 은전을 청하였다. 대신들에게 수의(收議)하니 모두 허락하는 것이 가하다고 하였으므로 윤허하였다.

정조 13년(1789; 청 건륭54년)

5833 정조 13/01/11(무진) → 【원전】 46집 25면
〔이조판서 이갑의 청으로 김덕령의 자급을 종1품으로 하다〕 수4675

이조판서 이갑(李㽦)이 아뢰기를, "김덕령(金德齡) 부처(夫妻)의 비석을 세우고 쌍 정문(旌門)을 세우라는 명이 계셨으므로 부인의 직함을 정경부인(貞敬夫人)으로 써서 내려보냈습니다. 그러나 김덕령의 증직이 자헌대부 병조판서인데, 부인이 정경이 되면 남편의 직함에 따르는 예에 어긋납니다" 하였다.

상이 이르기를, "충장공(忠壯公)의 자급(資級)을 종1품으로 하비(下批)하라" 하였다.

5834 정조 13/01/11(무진) → 【원전】 46집 25면
〔영남 선운에 참가하는 격군들의 구휼과 면세를 전교하다〕 조1320

전교하였다.

"어제 영남의 선운(船運)에 대해 공문으로 물으라는 명을 내렸거니와 허다한 격군(格軍)들이 먼 바다를 가게 되니 마땅히 구휼이 있어야 할 것이다. 신공(身貢)이나 군포(軍布)를 물어야 할 자가 있으면 특별히 탕감해 주고, 원래 급여하는 양곡 이외에 특별히 더 주어 조정에서 진념(軫念)하는 뜻을 보이라."

5835 정조 13/01/17(갑술) → 【원전】 46집 25면
〔법성창의 조운선의 침몰 사정과 책임 소재에 관해 논의하다〕 조1321

차대하였다.

형조판서 심이지(沈頤之)가 아뢰기를, "법성창(法聖倉)의 조운선이 경강(京江)에 당도해서 침몰한 뒤 그 감관과 색리와 사공과 결군을 본토로 내려보내 형벌이 내릴 때까지 대기하도록 하였던 바 이제 잡아올려 엄중 신문해야겠는데, 작년에 흥양(興

陽)의 조세 운반선도 경강에 와서 침몰한 사정이 법성창의 그것과 다를 바 없으니, 사공과 격꾼 등을 똑같이 죄상에 따라 처리해야겠습니다" 하였다.

　호조판서 서유린(徐有隣)이 아뢰기를, "배를 침몰시킨 격군들을 반드시 배가 침몰한 지방에서 사정을 철저히 조사하여 만 3년 동안 10차에 걸쳐 조사한 뒤에 원래 소속된 고을로 이송하도록 한 것은 고의로 배를 침몰시키는 폐습을 엄히 징계하기 위해서입니다. 경강은 바로 서울의 관할 구역이기 때문에 형조에서는 그 규례대로 거행하려는 것이지만, 지금 만약 죄수가 오래 갇혀 있는 것이 딱하고 사실을 철저히 규명하기도 어렵다 하여 지레 처리를 한다면 법의 뜻과 어그러짐이 있습니다. 연전에 경기·호서 두 도에서 배를 침몰시킨 죄인들의 허다한 보수(保授)는 주객(主客) 모두를 고달프게 할 염려가 있다고 해서, 3년 이내에 우선 원래 소속된 고을로 돌려보내어 10차에 걸친 철저한 조사를 하게 하고, 건져내지 못한 쌀에 대해서는 분배해서 징수하는 일을 모두 원래 소속한 고을에서 시행하도록 도신이 장계로 주청해서 윤허를 받았던 것입니다. 따라서 흥양의 격군들도 이 규례에 따라 원래 소속된 고을로 이송하여 조사하도록 한 것입니다. 그리고 그 격군들이 비록 서울 관내 사람들이긴 하지만, 같은 서울 관내라도 소속이 고양(高陽)인 자도 있고, 양주(楊州)인 자도 있으니, 그들을 각기 소속 읍으로 나누어 이송한다면 원옥(原獄)에 죄인을 가두어 두는 폐단을 제거할 수 있고, 고의로 배를 침몰시키는 것을 징계하는 법도 존속시킬 수 있을 것입니다. 법성창의 원래 소속된 고을은 영광(靈光)이니, 격군들을 영광에 맡겨 법에 따라 처리하게 하는 것이 좋겠습니다" 하였다.

　그에 따랐다.

5836 정조 13/02/14(신축) → 【원전】 46집 28면
〔규정수 외의 차왜 입국 문제를 비변사가 아뢰자 입국을 허락하다〕　　　　왜11019

　비변사가 아뢰기를, "동래부사 김이희(金履禧)가 규정 외의 차왜를 들여보낼 일로 장계하여 청하였습니다. 이웃 나라와 사귀는 도리는 약조를 잘 지키면 그것으로 그만입니다. 통신사의 시기를 물리는 이유를 통보하지 않을 수는 없겠으나, 이미 연례로 사신을 보내고 있는 이상 저들 편리한 대로 수행해 올 수도 있는데 따로 차왜를 보낸 것은 조약을 위반한 일입니다. 입국 허락은 고사하고 사리에 의거해 책망하는 유

지를 내리소서" 하였다.
    전교하기를, "그것은 예사로이 조약을 어긴 일과는 다르다. 통신사를 보낼 기한이 되었는데 그들의 형편이 넉넉지 못하여 이렇게 기한을 물려줄 것을 청하였으니, 이웃 나라와 사귀는 우리의 도리로 볼 때 어떻게 원래 정해진 약조를 약간 어겼다 하여 무조건 막기만 함으로써 오래도록 객관(客館)에 머물러 있게만 해서야 되겠는가. 특별히 입국을 허락하고 이어 즉시 접위관(接慰官)을 보내어 접대하도록 하라" 하였다.

5837 정조 13/02/29(병진) → 【원전】 46집 30면
〔조윤대를 이조참의, 신응주를 삼도 수군통제사로 삼다〕   수11181
조윤대(曺允大)를 이조참의로, 신응주(申應周)를 삼도 수군통제사로 삼았다.

5838 정조 13/04/23(기유) → 【원전】 46집 33면
〔서용보의 장청에 따라 군산·법성의 첨사를 봉세 도차사원으로 삼다〕   조1322
군산(群山)·법성(法聖) 두 곳의 첨사를 봉세 도차사원(捧稅都差使員)으로 정하였다. 이전 전라감사 서용보(徐龍輔)의 장청(狀請)을 따른 것이었다.

5839 정조 13/05/26(임오) → 【원전】 46집 36면
〔강화의 길상 목장 등에 관해 채제공 등과 논의하다〕   기2163
차대하였다.
    우의정 채제공이 아뢰기를, "지난번에 유학 조익(趙㷆)의 상소로 인하여 강화 길상목장(吉祥牧場)에 경작을 허가하는 것이 타당한지의 여부에 대해 강화부에 물었더니, 유수의 장계에 '본 목장의 주위에 논을 뜰 만한 땅이 거의 5, 60섬지기나 되고 밭을 일굴 만한 땅도 수백 섬지기를 밑돌지 않습니다. 목장의 말이 과거에는 4백여 마리나 되었으나 지금은 1백36마리에 불과하니, 본부 관할인 매음도(煤音島)·장봉도(長峰島) 등의 목장으로 옮기더라도 넉넉합니다. 그리고 본 목장의 동쪽은 포구가 평탄하게 틔여 실로 남쪽에서 오는 배들이 화물을 뭍으로 내리는 첫번째 노정(路程)이고, 인천(仁川)·부평(富平)·남양(南陽)·수원(水原) 등지에서 배를 타고 강화로

올 경우에도 역시 이 길을 경유합니다. 특별히 들어가서 경작하도록 허가하신다면 편안할 시절에는 양곡을 넉넉하게 할 수 있고 위급할 때에는 도움을 받을 수 있습니다' 하였습니다. 사복시의 한 제조는 길상 목장에 소중한 것이 있다 하여 과감하게 결정을 하지 못하는데, 그가 중하게 여기는 것은 바로 팔준마(八駿馬)일 것입니다. 설령 팔준마가 이 목장에서 나온다 하더라도 어찌 경작해서는 안될 이치가 있겠습니까" 하였다.

그에 따랐다.

5840 정조 13/05/26(임오) → 【원전】 46집 36면
〔삼도통어사를 교동부에 두어 부사를 수군절도사로 삼다〕　　　　　　　수3834

삼도통어사를 교동부(喬桐府)에 다시 설치하고, 부사를 올려 수군절도사로 삼고, 심도(沁都)에서 겸관(兼管)하던 것을 파하였다.

우의정 채제공이 아뢰기를, "이전 방어사 임률(任嵂)의 장계에 의하면 기해년에 제도를 고친 뒤로 관하의 5진(鎭)과 3도의 주사(舟師)가 모두 강도(江都)에 소속되고, 단지 1사(司)의 외로운 군사만이 있을 뿐입니다. 그리고 강도에 배를 매어 두는 곳이 거의 육지와 같으므로 상현(上弦)과 하현(下弦)에 있는 두 차례의 썰물 때를 당하면 1백 척의 배가 있다 하더라도 거의 소용이 없습니다. 그리고 해서(海西)·관서(關西)의 뱃길은 모두 강화 뒷쪽으로 통하지만, 삼남의 뱃길 중 하나는 덕적도(德積島) 앞바다로부터 본도를 스쳐지나 강도의 뒤로 통하고, 하나는 영종도(永宗島)로부터 강도의 앞으로 통합니다. 강도 앞바다에는 험한 손돌목[孫石項]이 있으니 적이 만약 수세(水勢)의 험하고 평탄함을 안다면 어찌 덕적도의 뱃길을 버리고 도리어 험한 손돌목을 취하겠습니까. 이를 가지고 따져볼 때 서쪽과 남쪽으로 통하는 뱃길의 요충으로는 본도보다 나은 곳이 없습니다. 그리고 군교(軍校)들의 생활수단은 오직 통어영에서 받던 요포(料布)뿐이었으므로 통어영을 옮긴 뒤로는 이미 굶는 사람이 많아 이민(吏民)이 뿔뿔이 헤어져서 군대를 뽑을 길이 없습니다'라고 하였습니다. 공론을 듣건대 모두 통어영을 강화로 옮겨 소속시킨 것이 옛사람들이 제정해 설치한 뜻에 크게 어그러졌다고들 합니다" 하였다.

비답하기를, "작년에 본사(本司)의 초기(草記)에 대해 내린 비답에서 이미 은미한

뜻을 보이고서 형편을 관망하려 했던 것도 잘못된 계책이었다. 지금에 와서 관방(關防)의 허실이 이미 이러하다는 것을 알았으니 어찌 시정하기를 꺼리겠는가. 이보다 큰 수어청이나 총융청도 내직에 소속시키기도 하고 외직에 소속시키기도 하는데 하물며 한 곤임(閫任)이겠는가. 경이 아뢴 바에 따라, 오늘 도정(都政)에서 수사(水使)를 다시 설치할 것으로 재가하고 강화유수가 겸관하는 것도 혁파하게 하겠다" 하였다.

5841 정조 13/05/22(정미) → 【원전】 46집 38면
〔세금으로 받은 무명포와 곡식의 저장법·조운의 정사에 관해 논의하다〕　　　　조1323

차대하였다.
　　유린이 아뢰기를, "영남 세 조창(漕倉)에서 조선(漕船)이 올라올 때 안흥(安興)에서 점검하는 규정은 벌써부터 있어왔지만 법성진(法聖鎭)에서 점검하는 것은 어느 때부터 시작된 것인지 모르겠습니다. 점검을 받기 위해 항구로 들어갈 때 도리어 위험에 부딪힐 염려가 있고 검열할 때 지체되기 쉬우니 지금부터는 안흥 이외의 점검은 모두 혁파해야 하겠습니다. 비록 안흥의 경우로 말하더라도 반드시 모든 조선이 본진의 선소(船所)에 일제히 정박하기를 기다려 점검하기 때문에 그 선소를 출입하는 데 매양 어려움이 많다고 합니다. 그러니 이후로는 영남·호남을 막론하고 각 조창의 조선이 안흥 앞바다 포구에 도착한 뒤에는 수우후(水嗅候)가 배를 타고 나아가서 규례대로 점검하게 해야겠습니다. 그러면 법을 준수하고 폐단을 제거하는 도가 어그러지지 않고 함께 행해질 것입니다" 하였다.
　　그에 따랐다.
　　유린이 아뢰기를, "법성·군산(群山)은 도차사원(都差使員)의 칭호만으로는 조창의 폐단을 바로잡는 방도가 되기에 부족하니, 법성은 반드시 진량(陳良) 한 면(面)을 이관해 받고, 군산은 반드시 북면(北面) 한 면을 이관해 받고, 또 성당(聖堂)을 읍진에 이속한 뒤에야 영구히 폐단이 없어질 것이라고 합니다. 두 진이 비록 일반이라고는 하지만 조창의 폐단은 법성이 더욱 심하니 더욱 심한 곳부터 땅을 분할해 맡게 하는 것이 사리에 합당할 듯합니다. 군산은 조창의 폐단이 조금 나을 뿐만이 아니라 옥구(沃溝)는 영광(靈光)에 비해서 고을의 크고 작음에 큰 차이가 있으니 덮어놓고

떼어내는 것은 곤란합니다" 하였다.

상이 이르기를, "조운의 정사가 얼마나 중대한 일인가. 땅을 떼어 이속시키기 전에 영과 진들을 서로 비교해서 반드시 동등하게 만들어야 할 것이다. 영광군 진량한 면을 법성에 주어 그대로 독진(獨鎭)으로 만들고 첨사를 변지이력(邊地履歷)의 자리로 삼으라. 군산의 경우도 당초에는 법성의 예를 따르려고 생각했으나 이미 여러 사람의 의견에 이견이 있으니 땅을 떼어주는 문제는 실로 경솔히 의논하기 곤란하다. 변지 이력의 자리로 삼는 문제는 참작해 결정함이 있어야 하겠지만 독진으로 삼는 것은 법성과 일반이다. 여러 사람의 의논도 이미 같으니 두 진을 모두 변지 이력의 자리로 만들라" 하였다.

5842 정조 13/07/09(계사) → 【원전】 46집 43면
〔우의정 채제공이 수군·육군의 조련과 순점 등을 아뢰다〕   수3835

차대하였다.

우의정 채제공이 아뢰기를, "수군·육군의 조련은 나라의 큰 정사인데, 편의에 따라 정지한 지가 이미 10년이나 되었습니다. 삼남지방은 농사가 제법 풍년이 들 가망이 있으니, 수군·육군의 조련과 순점(巡點) 및 안흥성(安興城)의 조련을 막론하고 규례대로 시행하지 않아서는 안 됩니다" 하였다.

상이 이르기를, "순점은 그만두고 성조(城操)는 시행하게 하라" 하였다.

그러자 제공이 아뢰기를, "이조참판 홍병찬(洪秉纘)이 이조판서를 천망(薦望)하는 일로 신에게 왔는데 구망(舊望)을 겨우 베껴 내놓자마자 갑자기 말하기를 '이조판서의 천망에 당연히 들어갈 사람으로 누락된 자가 있다는 외부의 말들이 있다'고 하기에, 신이 누락된 자가 누구냐고 물었더니, 병찬이 '윤시동과 조시준(趙時俊)이라고 한다' 하였습니다. 이 말이 너무나 뜻밖이었으므로 입을 다물고 대답하지 않았습니다. 저 윤시동의 일에 대해서 신이 충심으로 이미 진달하였으되, 조지(朝紙)에 난 성상의 전교에는 매양 자기 당에 사사로이 한다고 하셨으니 신이 감히 다시 운운하지 않겠습니다. 다만 조시위(趙時偉)의 경우는 그 죄악이 어떠하였으며 삼사의 성토가 또 어떠하였습니까. 한 번 윤음을 내리셨고 보면 시준은 바로 연좌된 사람이니, 총재(冢宰)의 천망에 들었느냐 못 들었느냐 하는 문제에 대해서는 아무리 무식하고 조

리가 없는 무리들이 저의 집에서 하는 사담(私談)이라 하더라도 결코 조금도 언급할 수 없는 것입니다. 신이 비록 불초하기는 하지만 이미 대신이고, 이조의 당상관 역시 천망에 관한 일로 왔고 보면 사석(私席)으로 볼 수 없습니다. 그런데 지금 그의 말이 이러하였으니, 만약 우롱한 것이 아니라면 반드시 신을 숙맥으로 여겨 그런 것입니다. 이런 것을 그대로 버려둔다면 의리·기강·체면이 모두 신으로 말미암아 여지없이 무너질 것이기에 진달하지 않을 수 없었습니다" 하였다.

상이 이르기를, "이 사람이 본래 촌스럽고 사리에 어두운 점이 있기는 하다. 그러나 지금 경의 말을 듣고 조정의 체통으로 헤아려 보건대 신칙이 없을 수 없으니 파직하도록 하라" 하였다.

5843 정조 13/07/19(계묘) → 【원전】 46집 47면
〔영우원 천장의 원소 도감당상에게 선창의 건설에 관해 이르다〕 수4676

도감당상을 불러보았다.

상이 이르기를, "선창을 만들 때 선운(船運)이 시기를 잃어 서울 백성들의 식량이 곤란할 염려가 있으므로, 아산창(牙山倉)의 조선(漕船)도 모두 사곡(私穀)을 실어나르도록 허가하였다. 그런데 공조판서의 말을 듣건대 10월 보름께를 기해 경강(京江)에 모여 기다리게 하였으나 기한 전에 얼음이 얼어붙을 염려가 없지 않다고 하니, 그렇다면 선창을 만드는 데 공선(公船)과 사선(私船)을 섞어 쓰는 것이 좋을 것이다. 강화(江華)·교동(喬桐) 및 호서(湖西)·해서(海西)의 여러 수영(水營)에 병선(兵船)·방선(防船)을 새로 건조한 자에게 따로 양식과 물자를 주어 편리한 대로 선소(船所)에서 배를 가져다가 쓰게 하되 올라올 때는 공사(公私)의 짐을 막론하고 실어 운반하도록 허가하라" 하였다.

5844 정조 13/12/04(을묘) → 【원전】 46집 79면
〔비변사가 병선·방선에 차견된 관원이 조사한 것을 아뢰니 하교하다〕 수2275

이보다 앞서 비변사가, 병선(兵船)·방선(防船)에 차견된 관원이 조사한 것을 아뢰었다.

하교하기를, "만약 날씨가 갑자기 추워지면 설사 진휼청에서 쌀을 지급하고 호조

에서 솜옷을 지급하더라도 안 될 것이 없을 것이니, 이대로 잘 알고 한 명의 아전이나 한 명의 군졸도 배고프다고 아우성치거나 춥다고 소리치는 폐단이 없도록 하라. 어젯밤에 호서의 배들이 민폐를 끼친다는 것을 듣고 병중에 잠을 제대로 자지 못하였다. 이와 같은 곤수(閫帥)와 그 가운데 어질지 못한 수령이나 변장(邊將)을 경은 등한히 보아 넘기려고 하는가. 대체로 공조에서 하는 일은 실로 힘이 부칠 염려가 있는데, 공조판서를 언제나 문관 출신 재상이 하고 있다. 이번이나 이 다음이나를 막론하고 주사대장(舟師大將)의 전례를 적용하여, 수가(隨駕)하는 영문(營門)이나 관내의 영문 중에서 무장(武將) 1원(員)을 따로 명색을 정하고서 전적으로 담당하게 하는 것이 좋을 듯하다. 경 등의 생각은 어떠한가? 성가퀴를 분담해 주는 것은 경오년에 시작되었고, 궁성을 분담해 주는 것과 개천을 분담해 주는 것은 경진년에 시작되었으니, 뱃길을 군문(軍門)에서 주관하는 것도 안 될 것이 없다. 근래에 군문이 나라에 이로운 것은 하나도 없고, 한갓 대장으로 하여금 제 배나 불리고 사정(私情)만 행하게 할 따름이니, 이러한 국역(國役)에 사용한들 안 될 것이 뭐가 있겠는가. 나루터를 관할하는 것은, 승(承)을 별장으로 고친 후에 무장(武將)에게 넘겨주었으니, 더욱 근거할 만한 것이 있다. 경 등은 근거할 만한 전례를 여러모로 논의해 가지고 사리를 따져 아뢰도록 하라" 하였다.

우의정 김종수가 아뢰기를, "부교(浮橋)를 1년에 한 번 조성하는 것은 정해진 규례이고, 재력과 목재도 이미 떼어주었으니 마땅히 주관하는 아문(衙門)이 있어야 할 것입니다. 주교사(舟橋司)라고 부르면서 준천사(濬川司)에 합부(合付)하는 동시에, 본사(本司)의 유사당상으로 하여금 겸대하여 관할, 거행하게 하며, 도제조 이하 예겸당상도 역시 준천사의 겸임당상이 똑같이 관할하게 하는 것이 좋겠습니다" 하였다.

그런데, 이 때 와서 비변사가 아뢰기를, "주교사의 도제조 3원(員)은 영의정·좌의정·우의정이 예겸하고, 제조 6원은 준천사의 주관당상 및 병조판서, 한성부 판윤, 훈련대장, 금위대장, 어영대장이 겸임하고, 낭청 3원은 병조의 일군 색낭청(一軍色郞廳), 한성부의 도로교량 차지낭청(道路橋梁次知郞廳), 세 군문의 무관 종사관 중에서 1인을 차임하여 맡기는 것이 좋겠습니다. 그리고 영남의 별회곡(別會穀) 중에서 대미(大米) 2천 석에 한하여, 감모조(減耗條)로 해마다 떼어주어 주교사의 비용으로 삼게 하소서" 하였다.

정조 14년(1790; 청 건륭55년)

5845 정조 14/01/26(정미) → 【원전】 46집 87면
〔여러 도의 봄철 군사훈련을 중지하다〕 수3836

여러 도의 봄철 군사훈련을 중지하였다.

5846 정조 14/02/13(갑자) → 【원전】 46집 90면
〔홍억·홍성연·변지건 등에게 관직을 제수하다〕 수11182

홍억(洪檍)을 사헌부 대사헌으로, 홍성연(洪聖淵)을 사간원 대사간으로, 변지건(卞至健)을 전라우도 수군절도사로 삼았다.

〈 관련내용 〉
· 정조 14/02/28(기묘)→ 최동악을 경상좌도 수군절도사로 삼다   46집 99면

5847 정조 14/07/10(무자) → 【원전】 46집 154면
〔교동수사 남헌철이 해일의 피해 상황을 보고하다〕 수4677

해일이 있었다.
　교동수사(喬桐水使) 남헌철(南憲喆)이 치계하기를, "6월 17일 자시(子時)부터 비가 오기 시작하고 동남풍이 강하게 불었습니다. 마침 조수가 높은 때라 파도가 하늘에 닿을 정도였으며 바닷가의 제방 중 곳곳이 무너지고 터졌습니다. 마을이며 들판에 짠물이 넘쳐 온갖 곡식이 김치를 담근 것처럼 절여졌고 민가 10호가 물에 잠겨 무너지고 깔렸습니다. 송가도(松家島)는 모든 곡식이 완전히 물에 잠겨 이미 남은 희망이 없게 되었고 민가 61호가 침몰되었습니다. 그리고 남자아이 2명과 여자아이 3명이 익사하였습니다" 하였다.
　전교하기를, "각 도의 농사가 다행하게도 좀 잘될 가망이 있었는데, 본 수영은 바닷가에 위치한 곳으로서 유독 침몰의 화를 입었으니 백성들의 사정이 극히 측은하

다. 수해를 입은 민호로서 신역이 있는 자에 대해서는 공사간의 당년 신역과 조세를 견감해 주고, 신역이 없는 자에 대해서는 별도로 혜택을 주어 안정시키라. 소금가마에 대한 균역청(均役廳)의 세도 구분하여 탕감해 주라" 하였다.

5848 정조 14/07/11(기축) → 【원전】 46집 156면
〔흥양현 삼도에 딴 나라배가 표류하여 오다〕   표2515

흥양현(興陽縣) 삼도(三島)에 딴 나라배가 표류하여 왔다. 배의 길이는 60척이고 넓이는 16척 5치이며 높이는 6척인데, 소나무를 썼고, 쇠못을 쳤다. 돛대는 2개인데 앞의 것은 43척이고 뒤의 것은 62척으로써 전나무를 사용하였다. 배 안에는 쌀·조·콩·팥·보리·밀·목면·파초를 실었고, 배 안의 사람은 7명인데 충영랑부 홍희의부촌(沖永良部鴻喜義富村)의 이명천(伊名川)·전평(前平)·희자부(喜者富)와 묘포촌(苗布村)의 신옥(神屋), 국두촌(國頭村)의 고보(高甫), 출화촌(出花村)의 중정(仲正)·선보(先甫)였다. 말은 통하지 않았으나 이명천이란 자가 약간 문자를 알아 글로 쓰기를 "유구국(琉球國) 중산왕(中山王)의 사람으로 장사차 본국 산원(山原)땅으로 가다가 풍랑을 만나서 14일만에 이 지방에 와 닿았다" 하였다.
그 사람들은 속에 홑저고리와 홑바지를 입었는데 바지는 면포로 만들었고 저고리는 모시도 아니고 갈포도 아니었다. 그 이름을 물으니 간질사(干叱絲)라 하였고, 그것을 채취하고 다루며 직조하는 방법을 물으니 그들은 손짓으로 형용하면서 대답하였다. 대개 나무껍질을 가지고 가늘게 짠 것인데 마치 우리나라의 누런 모시와 유사하였다. 곱기는 그보다 낫고 질기기는 그만 못하였다. 겉에는 홑두루마기를 입었는데 그 길이는 정강이에 닿았고, 소매는 넓으면서 짧으며, 옷깃은 둥글면서 좁았다. 푸른색과 흰색의 간질사를 섞어서 짰으며 띠 역시 그러하였다. 혹은 순청색과 순흑색의 띠를 두 겹으로 두르기도 하였다.
모습은 우리나라 사람과 비슷한데 머리털은 복판을 깎고 둘레에만 약간 남겨 그 것을 거두어 한 곳에 쪽진 것이 마치 우리나라 사람들의 상투와 같았다. 머리털에 기름을 발라 광택이 나고, 비녀가 있는데 은으로 만들기도 하고 주석으로 만들기도 하였다. 머리에 쓰는 갓은 작고 풀로 짜서 만들었는데 북관(北關)사람들이 쓰는 승립(繩笠)과 같았다. 발에는 버선을 신지 않고 신만 한결레 신었는데 풀로 만들었고

밑창을 짜기는 했으나 좌우의 운두는 없으며 앞에 고리가 달려 두 발가락이 겨우 들어가게 되어 있다. 갓과 신은 항상 쓰거나 신지는 않았다. 관장(官長)을 보면 일어서서 양손을 마주잡고 무수히 머리를 조아렸으며, 관장이 묻는 말이 있으면 절을 하고 평상시에도 반드시 꿇어앉았다.

밥을 지어먹을 때에는 종지로 솥의 밥을 떠서 먹는데 혹은 두 종지에 그치기도 하고 혹은 세 종지에 그치기도 하였다. 반찬은 호박과 된장을 먹었으며 닭고기·물고기·기름·초를 줬더니 역시 잘 먹었다. 배 안에는 몇 권의 책자가 있었는데 모두 파손되고 더럽혀져서 알아볼 수 없었으며 혹은 잘고 가는 초서로 갈기기도 하였다. 그 중에 판독할 수 있는 것은 『대판회도(大板繪圖)』·『일본연대기(日本年代記)』였으며, 돈은 2천4백74잎이 있는데 '관영통보(寬永通寶)'라고 새겨져 있었다. 이것은 대개 왜국의 돈인데 그들은 유구국의 돈이라고 하였다. 일본글자를 써보이니 머리를 흔들면서 대답하지 못하였고 청나라 글자를 써보여도 손을 내저었다. 어느 길로 가려고 하느냐고 물으니 바닷길로 가겠다고 하였다. 『윤도(輪圖)』를 주자 그들 7명의 얼굴에는 기뻐하는 기색을 보이면서 손으로 동남쪽을 가리키며 '배를 타고 묘·진·사방으로 가겠다(船上歸卯辰巳)'는 글자를 썼다.

전라도 관찰사 윤시동(尹蓍東)이 계문하기를, "그 사람들이 머리를 쪽진 것이나 의복제도가 대체로 왜인과 비슷하고 돈도 왜국의 돈이니 혹시 유구국이 왜국에 복속한 것이 아니겠습니까" 하였다.

상이 입을 것과 먹을 것을 많이 주고 그들의 자원에 따라 보내주라고 명하였다.

전라좌도 수군절도사 이건수(李健秀)가 장계를 올려 지방관이 그들 실태를 잘못 조사하였다고 논박하니, 상이 이르기를, "말이 통하지 않아 글로 써서 수작하였는데 이것을 도리어 죄로 삼는가. 으레 표류인이 이르기만 하면 지방관의 죄를 들추어내는데, 이것이 곧 병사와 수사의 버릇으로 되었다. 이후부터는 이렇게 하지 말고 되도록이면 온당하게 처리하라" 하였다.

5849 정조 14/07/12(경인) → 【원전】 46집 157면
〔호조판서 정민시가 성당의 조운창고의 폐단을 없애는 방법을 말하다〕 조1324

호조판서 정민시(鄭民始)가 아뢰었다.

"성당(聖堂)의 조운창고에 대한 일로 본도에 여러 번 물어보기도 하였고 묘당의 의견을 여러 번 들어보기도 하였으나 아직까지 결정나지 않았는데, 이 창고의 고질적인 폐단을 결코 그대로 끌고갈 수는 없습니다. 곡물을 다른 물건으로 바꾸고 여러 방법으로 토색질을 하고 상납할 때 축이 나서 조운군들을 지탱하기 어렵게 하고 조운행정이 점점 무너지게 하는 것은 오로지 조세를 바치는 일과 운반하는 일을 나누어 맡아보기 때문입니다. 오늘날 이를 바로잡는 방도는 성당을 분할하여 함열현(咸悅縣)으로 하여금 조세바치는 일과 운반하는 일을 전담하게 하든가, 아니면 군산(群山)에다 합설하고 해당 진의 첨사로 하여금 조세받는 일과 운반하는 일을 병행하도록 하는 이 두 가지에 불과한데, 함열에 분속시켜 전담 관할하게 하는 것이 사리에 타당합니다.

그러나 해당 감사의 장계를 보고 또 군산첨사의 말에 의하면 '성당 창고의 위치가 포구의 물이 막다른 곳에 있어 토사가 밀려와 쌓이고 또 군산과의 거리가 1백리나 되는 데다가 중간에는 얕은 여울이 많아 반드시 조수가 불어야만 배가 다닐 수 있기 때문에 짐을 실은 후에도 걸핏하면 수십 일이 걸려야 출발하게 되니 이것이 첫째 폐단이며, 배를 대는 곳은 민물이 서로 통하기 때문에 짠물이 고여있지 않아 선척의 부식이 몹시 심하므로 언제나 연한이 차기 전에 못쓰게 되어 자주 수리하게 될 뿐 아니라 조운재료를 이어대지 못하게 되고, 연한을 채우지 못한 배에 대해서는 으레 사용하지 못한 값을 변상시키는 통에 조운하는 군사 또한 지탱하기 어려우니 이것이 둘째 폐단이며, 해당현감이 배를 타는 일에 대하여 의견이 같지 않아 즉시 결정하지 못하게 되니 이것이 셋째 폐단입니다.

이 세 가지는 현재의 큰 폐단이 될 뿐 아니라 사토가 점점 쌓이고 포구가 메워지게 되면 오래지 않아 또 용안(龍安)의 덕성(德成) 창고를 옮겨 설치한 것과 같이 될 것입니다. 이미 이와 같은 우려가 있다면 차라리 일찍감치 옮기는 것이 나을 것입니다. 군산에다 합쳐 설치하면 짐을 싣자마자 즉시 출발하게 되어 포구에서 조수를 기다리는 폐단이 없는 것이 첫째 이익이고, 배가 바닷물에 머물러 부식기간을 좀 늦추게 되므로 혹시 연한이 지나더라도 사용할 수 있고 자주 수리하는 폐단이 없는 것이 둘째 이익이고, 물길 1백 리를 오가는 일이 없는 것이 셋째 이익입니다. 나누어 소속시키면 세 가지 폐단이 있게 되고 합하여 설치하면 세 가지 이익을 얻게 되니,

나누느냐 합하느냐 하는데 이해관계가 명백합니다. 뿐만 아니라 성당에 속한 각 고을은 군산과의 거리가 그리 멀지 않기 때문에 수송의 곤란도 별로 없을 것입니다'고 하였습니다.

감사와 첨사의 의견도 모두 합쳐 설치하는 것이 편리하다 하니 결단코 그 의견을 따르는 것이 좋겠습니다. 논자들은 간혹 설치한 지 오래된 창고를 옮긴다는 것은 곤란하다고 하나, 조운 창고의 이전 실례를 상고해보면 조운 창고를 설치하는 데는 오직 물길이 편리한 것만 따랐을 뿐 본래 일정한 곳이 없었습니다. 성당 창고는 본래 용안의 덕성 창고였는데, 물길이 메워짐으로 인해 함열에 옮겨 설치한 것이며, 군산 창고와 법성(法聖)창고 역시 용안과 나주에서 옮겨다 설치한 것이니, 이번에 옮겨다 설치하는 것 또한 새로 만들어내는 일이 아닙니다. 개설하는 비용에 있어서도 만약 합쳐 설치하기로 결정한다면 역시 편리한 방법이 있을 것입니다. 대신들에게 물어 하루 속히 처결하시기 바랍니다."

묘당에 명하여 다시 검토하여 아뢰게 하였다.

좌의정 채제공이 아뢰기를, "성당창고의 폐단에 대해서는 신도 또한 익히 들었습니다. 그러나 몇 백 년이 된 이 창고를 철거하고 애당초 상관도 없던 다른 진에 합친다는 것은 지장이 많을 것 같습니다. 더구나 성당 백성들은 오직 이 창고만 믿고 사는데 하루아침에 잃어버리게 된다면 딴 곳으로 흩어져 가는 상황에 이르지 않으리라는 것을 보장하기 어렵습니다. 특별히 사무를 알고 식견이 있는 신하를 파견하여 사세를 두루 살피고 중론을 들어 확정적인 보고를 하게 한 다음에야 뒷날의 이랬다저랬다 하는 요청을 막을 수 있을 것입니다" 하였다.

전교하기를, "경의 말 또한 일리가 있다. 일이란 자세히 살피는 것이 중요하다. 서울에서 관원을 파견하여 자세히 살펴보고 와서 확정적인 결론을 짓고 품의 조처하게 하라" 하였다.

〈 관련내용 〉
· 정조 14/07/12(경인)→ 전라관찰사가 성당과 군산의 창고의 내용에 대해 보고하다   46집 157면

5850 정조 14/07/19(정유) → 【원전】 46집 158면
[경기·원춘 등 도의 가을 조련을 정지하다]   수3837

경기(京畿)·원춘(原春)·황해(黃海)·평안(平安)·함경(咸鏡) 등 도의 가을 조련을 정지하였다.

5851 정조 14/07/20(무술) → 【원전】 46집 159면
〔제주목에 딴 나라 배가 표류하여 오다〕   표2516

제주목(濟州牧)에 딴 나라 배가 표류하여 왔다. 그 배는 앞뒤가 높은데 앞에는 해를 그리고 뒤에는 달을 그렸으며, 양쪽 가장자리에는 난간을 설치하였다. 난간 밖에는 태극을 그리고 그 왼편에 '해상안전순풍자재(海上安全順風自在)'라는 8자를 새겼으며, 돛대 위에는 바람을 가늠하는 깃발을 걸고 태극을 그린 다음 '순풍상송(順風相送)'이 라는 4자를 썼다.

배 안에는 속미(粟米) 3백64석, 말 3필, 개 2마리를 실었으며, 또 『논어』·『중용』·『소학』 각 1책, 『삼국지』 6책, 『실어교동자훈(實語敎童子訓)』·『고가집(古哥集)』·『치식(治式)』·『대절용집(大節用集)』이 각각 1책씩 있었는데, 『논어』·『중용』·『소학』은 협주와 구두점이 있는 것으로써 대개 그 나라의 책이었다. 『동자훈』은 범어와 불경의 말이 많았다. 『대절용집』은 판형이 3단계로 되어 상단에 쓴 것은 유합(類合)과 같고, 중단에는 전자(篆字)로 쓰다가 전자가 끝나자 백중력(百中曆)을 이어 썼으며, 하단에 쓴 것은 그림과 같았는데 지사기(知死期)·명기(名棄) 등의 글자로 된 제목이 있었다. 『고가집』과 『치식(治式)』은 겨우 두어 장밖에 안되는데 글씨가 두서없이 쓰여져 있어 알아볼 수 없었다. 쌀은 공물바칠 물건이라 하였고 공문은 짤막한 종이에다 초서로 '묵소검(墨小鈐)'이라고 썼다.

배 안에 있는 사람들의 이름 중 선주는 사비가(査比嘉)·경고강렬(慶高江冽)·맹국길(孟國吉)·어다가량(魚多嘉良)·즙취방신성(楫取芳新城)이라 하고, 수주(水主)는 계좌구천(季佐久川)·행비가(行比嘉)·도궁성(桃宮城)·형신의(衡新垣)·연장령(蓮長嶺)·전신의(全新垣)·평중리(平仲里) 등 모두 12명이었다. 또 소관안(紹官安)과 모조가명(毛照嘉名)이란 두 사람이 있는데 표가 없었다. 그 사람들은 상투 하나에 비녀 두 개를 꽂았으며 상투 밑의 머리를 깎았다. 그리고 얼룩덜룩한 옷을 입었는데 온몸을 빙 둘러 감을 수 있게 만들었다.

맹국길이 글을 좀 알기 때문에 글로 써서 문답하였으나 그 글은 잘 이해할 수 없

었다. 그들은 대개 유구국 사람으로 중산왕(中山王)의 도읍 안에 있는 나패부 서촌(那覇府西村)에 사는 사람들이었는데, 연례로 바치는 공물을 그 나라 궁고도(宮古島)로 바치러 가다가 6월 임술일에 풍랑을 만나 같은 달 병자일에 제주의 귀일포(貴日浦)에 닿았다. 닻과 키를 다시 수리하여 하루속히 본국으로 돌려보내 줄 것을 애걸하므로 제주목사 이철모(李喆模)가 급보로 상문하였다.

이에 상이 그들에게 음식과 옷을 후하게 주어 돌려보낼 것을 명하면서 회유(回諭)하기를, "이후부터는 표류해 온 사람으로서 수로를 따라 돌아가기를 원하는 자에 대해서는 떠나보내고 나서 장계로 보고하라" 하였다.

5852 정조 14/07/26(갑진) → 【원전】 46집 160면
〔호조판서 정민시가 호남과 호서의 조운선의 조선에 대해 말하다〕   조1325

호조판서 정민시(鄭民始)가 아뢰기를, "호남과 호서의 조운선을 창설할 때 모두 6백 석을 싣는 것으로 제한한 것은 바닷길에 익숙하지 않기 때문에 우선 시험해보려는 생각인 것 같은데, 영남의 조운창은 호남에 비하여 그 물길의 거리가 수천 리나 더 먼데도 천 석으로 제한하였습니다. 호남의 조운선은 신묘년에 감사의 장계로 인하여 2백 석을 더 싣게 하였습니다. 대체로 배는 천 석을 충분히 실을 수 있는데, 가장 거리가 먼 영남은 천 석으로 제한하고 좀 가까운 호남은 8백 석으로 제한한 것이 벌써 의의가 없는 일입니다. 지금 배를 만드는 재목이 점점 귀해져 가는 때를 당하여 10여 척의 조운선을 더 제조하는 것은 또한 재목을 저축하는 방법이 아닙니다. 또 조운군으로 말하더라도 천 석을 싣게 되면 잡비 역시 따라서 많아져 상납할 때 이익이 많기 때문에 모두 천 석을 싣기를 원합니다. 지금 호남은 사용연한이 찬 배가 13척이나 되어 이를 즉시 새로 만들어야 하는데, 여기에 드는 재목은 수천 주나 됩니다. 또 배를 만드는 비용과 재목운반에 드는 비용이 부족하므로 부득이 재력을 청구해야 할 형편이니, 이런 때에 변통하는 것이 마땅하겠습니다. 명년 봄 조운 때부터 호남 조운선에도 천 석까지 싣게 하여 사용연한이 찬 배 13척을 다시 만들지 말도록 하기 바랍니다" 하였다.

그대로 따랐다.

5853 정조 14/08/17(을축) → 【원전】 46집 165면
〔여러 도의 군사를 조련하는 곳의 순찰 점검을 그만둘 것을 규정으로 정하다〕 수3838

여러 도의 군사를 조련하는 곳의 순찰 점검을 그만둘 것을 규정으로 정하였다. 충청도 관찰사 정존중이 각 영장(營將)의 순찰 점검을 그만두는 것을 장계로 청하였다.
전교하기를, "장계의 요청에 따라 시행하고 다른 도의 경우도 호서의 관례대로 하라. 앞으로는 각 도에서 군사를 조련할 때 순찰 점검하는 것을 이중으로 할 것이 없다는 것을 묘당으로 하여금 알고 있게 하라" 하였다.

5854 정조 14/11/03(기묘) → 【원전】 46집 180면
〔정민시·이갑·이홍재 등에게 관직을 제수하다〕 수11183

정민시(鄭民始)를 예문관 제학으로, 이갑(李㘦)을 이조판서로, 이홍재(李洪載)를 이조참판으로, 홍억(洪檍)을 형조판서로, 서호수(徐浩修)를 한성부 판윤으로, 한광회(韓光會)를 관의금부사로, 조집(趙㠎)을 전라좌도 수군절도사로 삼았다.

〈 관련내용 〉
· 정조 14/11/22(무술)→ 전라좌도 수군절도사 조집의 하직인사를 받다   46집 186면
· 정조 14/12/05(신해)→ 최경악에게 충청도 수군절도사를 제수하다   46집 188면

정조 15년(1791; 청 건륭56년)

5855 정조 15/01/03(무인) → 【원전】 46집 195면
〔주교사당상 정민시가 주사의 편제를 아뢰다〕   수3839

　　주교사(舟橋司)당상 정민시(鄭民始)가 아뢰기를, "주교(舟橋)를 놓는 데 필요한 경강(京江)의 큰 배로서 현재 있는 것이 80척이고 격군이 거의 1천 명에 가깝습니다. 이제 이들을 묶어 군제(軍制)를 만들되 매 척마다 각각 영장(領將) 1인을 두고, 배 3척을 1조로 삼아 조마다 조장 1인을 두어 영장으로 하여금 통솔하게 하며, 중앙에는 또 도령(都領) 1인을 두되 협총(協摠)이라고 부르도록 해야겠습니다. 그러나 모든 것을 감독하고 다스리는 일을 1명의 협총에게 다 맡길 수는 없으니, 도성에 머무는 장수들 가운데서 적당한 자를 뽑아 주사대장(舟師大將)이란 칭호를 주어 병조에서 궁궐을 지키는 대장의 예에 따라 삼망(三望)을 갖추어 낙점을 받아 그로 하여금 사전에 나가 전적으로 관할하고 집행하게 하는 것이 좋겠습니다" 하였다.
　　상이 이 문제를 여러 장수에게 물었다. 금위중군(禁衛中軍) 이유경(李儒敬)이 아뢰기를, "주사(舟師)의 편제에는 호위하는 배와 격군이 없을 수 없으며, 이들을 조직해 세운 다음에야 지휘를 할 수 있습니다. 매 3척을 1조로 만들고 5개 조를 1개 영(領)으로 만들며 그중 1척을 협총(協摠)의 배로 만들되, 앞의 5개 조는 앞의 영장(領將)에게 소속시키고 뒤의 5개 조는 뒤의 영장에게 소속시키며, 나머지 배들은 모두 협총에게 소속시킴으로써 나머지 군사는 예비부대에 편입되는 원칙을 모방하는 동시에 앞뒤의 영장은 다 협총의 통제를 받도록 해야 합니다. 일후의 좌우 협선(挾船)도 이에 따라 대오를 짜야 합니다. 협총과 영장은 각기 신호기를 가지며 배마다 각기 2개의 깃발을 꽂되, 한 깃발에는 조별 순서를 쓰고, 한 깃발에는 새매의 형상을 그려야 합니다. 또 풍향을 알아 볼 깃발 두 폭을 배 꼬리에 꽂고, 중앙의 큰 배에는 황색과 흑색의 큰 깃발 두 폭을 달면 실로 격식에 맞을 것입니다. 협총과 영장은 모두 수군 장수의 옛 칭호이므로 근거 없는 일이 되는 것은 면할 수 있을 것입니다" 했다.

이에 따랐다.

5856 정조 15/01/07(임오) → 【원전】 46집 195면
〔이윤경을 삼도 수군통제사로 삼다〕   수11184

이윤경(李潤慶)을 삼도 수군통제사로 삼았다. 처음에 비변사에서 이명운(李明運)을 통제사로 추천했으나 상이 명운을 너무 늙었다고 여겨 체직하고 그 후임을 물색하였는데, 비록 아장(亞將)을 지내지 않은 사람이라도 구애하지 말고 의망하게 하였다. 이에 윤경이 북병사(北兵使)에서 옮겨 제수된 것이다.

5857 정조 15/01/25(경자) → 【원전】 46집 198면
〔안흥진에서 훈련을 실시할 때는 수사의 우후로 하여금 거행케 하다〕   수3840

병조판서 김문순(金文淳)이 아뢰기를, "안흥진(安興鎭)에 행영(行營)을 설치하기 전에는, 첨사가 으레 수성장(守城將)을 겸임하여 성을 지키는 훈련을 주관하고 홍주(洪州) 등 다섯 고을을 지휘하였습니다. 그런데 이제는 그 행영을 장기 복무하는 자리로 만들었으므로 수령이 훈련에 참가하여 모습을 드러낸다면 서로간에 장애가 없지 않습니다. 그러니 훈련을 실시할 때는 옛 군산(群山)의 전례대로 수사(水使)의 우후(虞候)로 하여금 거행하게 하고 수성장은 첨사가 전례대로 겸임하여 주관하게 하는 것이 좋겠습니다" 하였다.
허락하였다.

5858 정조 15/04/26(경오) → 【원전】 46집 218면
〔『임경업실기』와『김덕령유사』를 편집하도록 명하다 』〕   수4678

상이 충장공(忠壯公) 김덕령(金德齡)과 충민공(忠愍公) 임경업(林慶業)의 사실에 감동하여, 각신(閣臣) 김희(金熹)에게는『임경업실기(林慶業實紀)』를 편집하게 하고, 서용보(徐龍輔)에게는『김덕령유사(金德齡遺事)』를 편집하게 하였다. 책이 이루어지자 어제로 서문을 지어 주고, 호남의 도신에게 간행하도록 명하였다.

5859 정조 15/05/04(무인) → 【원전】 46집 220면

〔법성창의 조운선이 안흥진 앞바다에서 침몰하다〕　　　　　　　　　조2071

법성창(法聖倉)의 조운선 4척이 안흥진(安興鎭) 앞바다에서 침몰되었다. 상이 많은 조운선이 침몰된 것은 기강에 크게 관계된다고 여겨, 묘당으로 하여금 사례를 뽑아서 회계하도록 명하였다.

비변사가 복주하기를, "짐을 선적하여 출발한 날짜가 있는데 이제서야 안흥 앞바다에 이르렀으니, 이는 때가 지체된 것이며, 배 한 척에 싣는 1천 석의 정량 이외에 더 많은 양을 실었으니 이는 초과 선적한 것이며, 바다 가운데서 침몰하였는데도 사공은 한 사람도 익사한 사람이 없으니 이는 의심스러운 일이며, 바람이 자기를 기다리지 않고 서둘러 배를 출발시켰으니 이것은 일을 소홀히 한 것입니다. 이 중에 한 가지만 있더라도 법에서는 실로 용서하기 어렵습니다. 난파한 여러 배의 감색(監色)과 사공을 엄한 형벌로 문초하여 사실을 알아내야 합니다. 배 안의 여러 가지 일은 모두 도사공(都沙工)이 하는 것이니, 그 사실을 알아낸 뒤에 효수(梟首)의 벌을 시행하고, 영운차원(領運差員)인 법성첨사(法聖僉使) 신섬(申暹)은 파직하여 내쫓고 조운을 끝마친 뒤에 금부로 잡아다가 서둘러 도배(徒配)의 법을 시행할 것이며, 선적을 늦춘 책임도 자연 돌아갈 곳이 있으니 해당 도신(道臣) 정민시(鄭民始)는 무겁게 추고하고, 호송 장교와 감색 등은 엄한 형벌로 징계해야겠습니다. 배가 도내에서 침몰되었으니 단속하지 못한 잘못을 경고하지 않을 수 없으니 충청감사 박종악(朴宗岳)도 추고해야겠습니다. 곡물에 대해서는 건져낸 아문에서 그 상태를 구분하여 격식을 갖추어 계문한 뒤에 다시 아뢰어 처리하겠습니다" 하였다.

이에 따랐다.

이어 명하기를, "건져낸 쌀 가운데 말려서 쓸 수 있는 것은 배를 구해 실어 돌려 보냄으로써 연해의 백성들에게 강제로 나누어 주는 폐단을 조금이나마 없애도록 하라. 이 뒤로는 물에서 건져낸 곡식 가운데 볕에 말려 밥을 지을 만한 것은 올려 보내고, 썩어서 가축의 먹이로도 쓸 수 없는 것은 그 도에서 글을 올려 탕감해 줄 것을 청하게 하는 것을 규정으로 삼도록 하라" 하였다.

5860 정조 15/05/04(무인) → 【원전】 46집 220면
　〔표류하여 갔던 흥해현의 어민이 돌아오자 익사자에게 휼전을 제급하다〕　　　　표1351

흥해현(興海縣)의 어민이 표류하여 일본에 들어갔다가 한 해가 지난 뒤에야 돌아왔다. 그들 가운데 익사한 자의 환자곡과 신포(身布)를 모두 징수하지 말도록 하고 그것을 규정으로 삼을 것을 명하였다.

전교하기를, "바다에 표류하는 자들이 간혹 고의로 그렇게 하기도 하니 앞으로는 전의 습관을 그대로 답습해 다른 나라에 수치를 끼치지 않을 줄 어찌 알겠는가. 연해의 여러 고을에 신칙하여 고기잡이와 수산물을 캐는 자들을 절대로 먼바다로 나가지 못하게 하라" 하였다.

5861 정조 15/05/10(갑신) → 【원전】 46집 221면
〔법성창의 조운선 침몰로 장계한 충청도 수군절도사 김명우를 추고케 하다〕　　　수11185

충청도 수군절도사 김명우(金明遇)가 법성창(法聖倉)의 조운선이 침몰한 일로 장계하여 침몰된 곳의 지방관을 벌주도록 요청하였다.

전교하기를, "조운선의 사안은 세운선(稅運船)과 분명히 다르지만 한꺼번에 여러 척이 침몰한 것은 더욱 훗날의 폐단과 관계된다. 그러므로 비록 배가 침몰된 곳의 지방관 등을 파직하지 않는다는 새 규정이 있기는 하지만, 이번에는 새 규정을 고집할 수가 없어서 특별히 모두 파직하기로 하였다. 그러나 조정의 명을 받들어 행하는 절도사의 도리로는 마땅히 한결같이 새 규정에 따라서 처리하도록 요청하는 것이 옳은데, 이 장계의 글을 보면 예전대로 해당 관청으로 하여금 아뢰어 조처하도록 요청하고 있으니, 이는 크게 잘못된 것이다. 또 침몰된 지방의 수령과 변장(邊將)을 어떻게 처벌할 것인가에 대해 애당초 거론하지 않았으니, 명을 내린 초기부터 규정을 이처럼 어겼다. 이 장계를 받아들인 승지와 해당 절도사를 무겁게 추고하라" 했다.

5862 정조 15/06/23(병인) → 【원전】 46집 228면
〔경기도 수군절도사 신철을 삭직하다〕　　　수11186

경기도 수군절도사 신철(申㦧)을 삭직하였다. 이 때 호남의 법성창(法聖倉) 조운선이 덕적진(德積鎭) 앞바다를 돌아 지나가다가 파선하였는데, 신철이 올린 글이 사실과 달랐기 때문이었다.

5863 정조 15/08/10(임자) → 【원전】 46집 236면
〔부수찬 이우진이 부안의 검모진과 격포진을 하나로 합쳐 통제하도록 청하다〕　　　　수3841

부수찬 이우진(李羽晉)이 상소하였다.
"부안(扶安)고을의 지형은 사방으로 뻗은 변산(邊山)의 기슭에 둘러싸였고 삼면은 해변에 바싹 닿아서 온 경내의 백성들이 산에 살지 않으면 포구에 살고 있습니다. 그런데 근년에 와서는 마을이 잔폐하여 열에 일곱 여덟 집은 비었기 때문에 산전(山田)은 태반이 묵정밭으로 황폐해지고 해세(海稅)는 해마다 줄어드는 상황에 이르렀는데, 이는 오로지 백성은 적고 관청은 많아서 백성들이 관청의 침해를 감당하지 못한 때문입니다.
본 고을에는 세 진이 있는데 검모진(黔毛鎭)과 격포진(格浦鎭) 두 진은 산밑에 있으면서 모두 송정(松政)을 관장합니다. 검모진의 진장(鎭將)은 전선(戰船)을 관할하기 때문에 그로 인해 약간의 도움을 받아서 폐단을 끼치는 일이 비교적 적지만, 격포진의 경우는 진이란 이름만 가지고 있을 뿐 애당초 배가 없어서 진장에서부터 교졸(校卒)에 이르기까지 살아가는 밑천으로 도움을 받는 것이라고는 송금(松禁)이라는 명분을 빌려 산간과 해변 백성들을 위협하는 것뿐입니다. 염전과 고깃배에는 자연 일정한 값이 정해져 있고 산골의 나무꾼들도 역시 항상 수탈을 당하고 있습니다. 수탈에 만족할 줄 모르고 갖가지 명목으로 등치고 뺏으니, 이는 실로 부안 백성들의 뼈에 사무치는 폐단입니다.
지형의 사정으로 논하더라도 격포진은 바다 속으로 쑥 들어가 앞에는 칠산(七山) 바다에 닿아 있고 경내가 전부 양호(兩湖)의 경계에 걸쳐 있으므로 행궁이 설치되어 있기까지 하고, 또 봉화대의 경치가 뛰어나다고 소문난 곳이니, 해문(海門)의 요충지임을 알 수 있습니다. 그런데 배도 없는 진장(鎭將)과 맨손의 수졸(水卒)들을 장차 유사시에 어디에 쓰겠습니까. 검모진은 격포를 거쳐 항만을 따라 40리를 들어가 물이 없는 곳에 진이 설치되어 있는데, 그곳은 곧 육지로서 바다와는 거리가 멀리 떨어져 있으니, 해안 방비란 이름으로 전선을 두는 것 자체가 이미 잘못된 것입니다.
신은 이전에 영남의 고을 수령을 지냈기 때문에 송정(松政)의 폐단을 대강 아는데, 관장하는 책임을 맡은 곳이 너무 많은 것이 송정을 좀먹는 가장 큰 하나의 이유입니다. 더구나 한 산의 송정을 두 진의 관할에 두었으니, 이는 간사한 좀벌레들을

키우고 민폐만을 끼칠 뿐입니다. 요즈음 산의 나무가 헐벗게 된 것은 꼭 이 때문만이 아니라고 할 수 없습니다. 그러니 두 진을 합쳐 하나로 만들되, 격포진의 별장은 혁파하고 검모진을 바다 어귀에 위치하여 전선을 관할하는 격포진으로 옮겨 요충지를 쉽게 통제할 수 있도록 해야 합니다. 그리고 녹봉을 받는 교졸(校卒)들에게 산림만 관할하여 보호하고 살피게 하되, 백성을 침탈하는 폐단을 엄히 금하고 수탈하여 거두는 습관을 완전히 고치게 한다면 장졸들은 생계거리가 있게 되어 그 형세가 반드시 이전과 같은 행동을 하는 데는 이르지 않을 것입니다. 그렇게 되면 고을 백성들의 근심과 고통을 줄일 수 있고 요충지의 방어가 소홀히 될 걱정도 바뀔 수 있을 것입니다."

묘당으로 하여금 품의하여 처리하도록 명하였다.

5864 정조 15/11/21(임진) → 【원전】 46집 265면
〔누선을 거북선으로 고칠 것을 경상좌도 수군절도사 최동악이 치계하다〕   기1157

경상좌도 수군절도사 최동악(崔東岳)이 치계하기를, "누선(樓船)은 거북선처럼 민첩하지 못한데, 본영에는 누선만 많고 거북선은 적습니다. 누선 6척을 거북선으로 고치소서" 하였다.

비변사가 아뢰기를, "누선 10척 가운데 3척을 거북선으로 만들면 적절할 듯합니다" 하였다.

이에 따랐다.

5865 정조 15/11/24(을미) → 【원전】 46집 265면
〔동래부사가 치계하여 왜인들이 규정 이외로 의빙사를 보내옴을 알리다〕   왜11020

동래부사 유강(柳焵)이 치계하였다.

"이 달 13일에 훈도별차(訓導別差)가 보고하기를 '왜인의 큰 배 한 척이 관에 이르렀기에 실정을 물으니, 기묘년 조약에 의한 제 8선의 왜인 선원 30명과 의빙대차왜(議聘大差倭)의 선문(先文)을 가져온 두왜(頭倭) 한 명이 나왔다고 하였습니다. 그래서 힐문하기를 「이른바 의빙사(議聘使)란 명목은 조약과 관계가 없는 것인데 무슨 까닭으로 법도 이외의 차왜를 별도로 보내고자 하느냐?」 하였더니, 답하기를 「의빙

사를 보내온다는 뜻의 선문을 가져다 전할 일로 도중(島中)에서 차왜를 보냈기 때문에 선문을 가져왔을 뿐, 일의 실상을 자세히 모른다」하였습니다.

'관수왜(館守倭)가 저희들을 보고 말하기를「지금 이 배편에 부쳐 도중에서 보낸 사서(私書)를 보니, 통신사를 의정할 일로 강호(江戸)의 명에 따라 별도로 의빙대차사(議聘大差使)를 보내게 되었다고 하였는데 이제 선문(先文)을 보내온 것이다」하기에, 저희들이 답하기를「매년 여덟 차례 사신을 보내기로 정해진 이외에 만약 일이 있어 따로 사신을 보낼 때에는 자연 조약에 따른 명목이 있다. 그런데 이미 통신사를 요청하는 대차사(大差使)도 아니고 보면 무슨 특별히 의논할 일이 있기에 조약에 정해진 이외의 사신을 먼저 보내는가? 설령 통신사를 보낼 때 의정하지 않을 수 없는 일이 있더라도, 문위관(問慰官)이 머지않아 들어갈 것이니 잠시 그 때를 기다려 강정(講定)할 것이요, 그렇지 않으면 관수왜(館守倭)로 하여금 전품(轉稟)해서 처분을 기다리는 것이 성신(誠信)의 도리이다. 그럼에도 예가 없는 차개(差价)를 감히 보내려고 하다니 천만 부당하다. 설혹 보내 오더라도 결단코 예에 따라 접대할 수 없고 또 그 문서도 받을 수 없다. 선문을 가져온 두왜(頭倭)를 속히 돌려보내는 동시에 이 뜻을 도중(島中)에 통보하여 대차사를 정지시키도록 하라」고 엄한 말로 책망하였습니다.

그러자 관수왜가 또 말하기를「통신사를 의정하는 일은 비록 알 수 없지만, 이것은 강호(江戸)의 명령이라 도주(島主)가 마음대로 할 수 있는 일이 아니다. 선문(先文)이 이제 이미 나왔으니, 대차사도 머지 않아 나올 것이다. 중지시키려고 해도 형세상 어찌 할 수가 없다」하기에, 저희들이 말하기를「신분이 책임을 맡은 관원인 이상 규정 이외에 보낸 사신에 대해서는 다만 물리쳐야 마땅한데 어찌 여러 말로 변호를 할 수 있느냐. 선문을 가져온 두왜를 속히 돌려보내 머뭇거리려는 희망을 갖지 못하게 하라」는 뜻으로 엄히 책망해 깨우쳤습니다' 하였습니다.

전에 대차왜가 나올 때는 반드시 선문을 전하는 두왜가 나왔으니 이것이 구례(舊例)이긴 합니다. 그러나 매년 여덟 번 보내기로 정한 사왜(使倭)와 고부(告訃)·고경(告慶)·표민영래(漂民領來)·신사청래(信使請來) 등의 명목 이외에는 규정 이외의 차왜를 보내지 못하도록 임술년의 약조에 실려 있으니, 지금 이 의빙사를 보낸다는 것은 규정 이외에 속하는 것입니다. 맡은 일이 무엇인지를 따질 것 없이 선문을 가져

온 두왜는 즉시 돌려보내야 하겠습니다.
　이른바 통신사를 의정(議定)할 일이라는 것도 무슨 사단인지 모르겠으나, 관수왜가 이미 '강호의 명령으로 의빙사를 별도로 보낸다' 하였고 보면, 그 의정하는 일을 관수왜는 반드시 자세히 알텐데 명백히 지적해 보고하지 않고 범범하게 의정할 일이라 한 것은 성신(誠信)의 도리에 전혀 어긋나는 것이었습니다. 그래서 의빙의 실상을 관수왜가 있는 곳에 가서 조사하도록 훈도 별차에게 엄히 신칙하였습니다.
　이에 훈도 별차가 보고해 오기를 '저희들이 관수왜를 찾아 가서 반복하여 책망하며 깨우치고 여러 가지로 힐문하니, 답하기를 「도중(島中)에서 보낸 사서(私書)에는 『통신사를 의정할 일로 강호의 명령을 받아 별도로 의빙사(議聘使)를 정한 것인데 바야흐로 보내고 말 것이다』하였고, 원래 어떤 일로 보낸다는 분명한 말이 없었다. 그래서 사서의 내용대로 사실을 곧장 말한 것인데, 머지 않아 대차사(大差使)가 나온 뒤에는 당연히 문서가 있고 또 당연히 말로 아뢸 것이다. 의빙사의 실상은 실로 분명히 모른다」고 합니다' 하였습니다.
　이른바 의빙대차왜(議聘大差倭)의 선문(先文)을 가져 온 두왜(頭倭)가 이미 나왔으니, 그 의논할 일이란 것을 관수왜(館守倭)가 필시 모를 이치가 없는데도 끝내 명시해서 보고하지 않으니, 그 실정을 따져보면 매우 교활합니다. 무신년에 저 나라에 화재가 발생하고 흉년이 들어 차왜를 별도로 보내 통신사를 보내는 것을 물리자고 요청했던 것은 규정 이외에 속하는 것이었는데, 조정에서 특별히 먼 이방을 무마하는 성대한 뜻으로 그렇게 하도록 허락했었습니다. 그러니 조만간에 통신사를 요청하는 절목(節目)은 예에 따라 거행하면 될 것이고 별로 따로 사신을 보내 의정(議定)할 일도 없을 것입니다. 그런데 이제 또 의빙(議聘)이라는 명목을 교묘하게 꾸며서 감히 규정 이외의 차왜를 보내고자 하니, 사체(事體)로 따져보면 더욱 천만부당한 일입니다. 그래서 선문을 가져 온 두왜를 즉시 돌려보내고 대차왜도 보내지 말라는 뜻을 엄히 훈도 별차에게 신칙한 다음 그로 하여금 관수왜에게 각별히 책망하고 효유토록 하였습니다."
　좌의정 채제공(蔡濟恭)이 아뢰기를, "왜인들이 의빙이라 하면서 규정 이외로 보낸 것은 전에 없던 일입니다. 동래부사로 하여금 각별히 꾸짖고 효유해 돌려보내도록 하소서" 하였다.

이에 따랐다.

5866 정조 15/11/26(정유) → 【원전】 46집 266면
〔주교당상 김문순을 삭직하다〕   수4679

주교당상 김문순(金文淳)을 삭직하였다. 상이 유사에게 신칙하여 주교(舟橋)의 일에 경비를 번거롭게 낭비하지 말라고 하였다. 그런데 문순이 여러 군문에 철색(鐵索)을 배정하자, 묘당에서 이를 논박해 이런 명이 있게 된 것이었다.

5867 정조 15/12/18(무오) → 【원전】 46집 269면
〔충청도 수군절도사가 표류한 중국선원들을 심문한 내용을 장계로 올리다〕   표21101

충청도 수군절도사 김명우(金明遇)가 장계로 아뢰었다.
　"수군우후 김수기(金守基)가 첩보를 올리기를 '낯선 배가 홍주(洪州)지역에 표류해 왔는데, 말이 통하지 않아서 글로 물으니, 답하기를 「청나라 산동 등주부(登州府) 복산현(福山縣)의 백성인 선호(船戶) 안영화(安永和)로서 봉천성의 세곡을 한 차례 실어 나르러 산동으로 가는 길인데, 이는 약속한 양객(糧客)이 산동에 있었기 때문이다. 그러다가 험한 바람을 만나 여기에 이르게 되었는데, 현재 선표(船票) 한 권이 있으니 증명할 수 있다」하면서, 주머니 속에서 표문(票文) 한 장과 명록(明錄) 한 장을 꺼내 보였습니다. 제출한 표문은 인쇄한 것이었는데, 글씨 획이 흐릿해서 한 자 한 자 자세히 알기는 어렵지만, 그 첫머리의 글씨에 「등주부 복산현 정당(正堂) 가오급(加五給) 기록 십행 황(紀錄十行黃)……」하였고, 끝에는 「선호 안영화, 선공(船工) 안복(安復)과 양수(梁手) 등 합계 15인임. 건륭(乾隆) 56년 2월 15일 선호 안영화에게 지급함」이라 하였습니다. 표문의 윗부분에는 여섯 곳에 도장을 찍고, 작은 종이 여섯 조목을 풀로 붙였는데, 각기 그 종이에 쓰기를 「건륭 56년 3월 29일에 빈배로 지부(芝罘)포구를 나갔음」이라고 하였습니다.
　조사를 마치고 나서 묻기를 「이 표문의 인쇄한 글자를 보니 먹물 획이 마모되어 자세하지 않은 곳이 많다. 글자마다 너희들이 손으로 자세히 써서 보여라」고 하니, 답하기를 「이 표문은 산동 제남부(濟南府) 무태(撫台)의 지시를 받아 배를 운행한다는 것인데, 해가 여러 번 바뀌는 바람에 표문의 글씨 획이 분명하지 못한 것이다」

하였습니다. 또 묻기를 「너희들은 어느 해 어느 달 어느 날에 봉천성에서 배를 띄웠느냐?」하니, 답하기를 「이번 11월 23일 유시(酉時)에 봉천성 영해현(寧海縣) 해구(海口)에서 출발했다」하였습니다. 또 묻기를 「너희들이 봉성(奉省)이라 쓰기도 하고 봉천성(奉天省)이라 쓰기도 하니, 어째서 서로 틀리느냐?」하니, 답하기를 「봉성이나 봉천성이 모두 같은 것이다」하였습니다.

또 묻기를 「배에 탄 사람이 모두 몇 명인가?」하니, 답하기를 「배를 부리는 사람 16인과 배에 따라온 여행객 4인과 여자 1인이 있다」하였습니다. 또 묻기를 「여자는 어째서 배에 태웠는가?」하니, 답하기를 「이 여자는 시댁이 복산현(福山縣)에 있는데, 배 다른 형이 그녀를 복산현에 보내 성가(成家)시키려고 해서 따라온 것이다. 표문에 이름을 기록하지 않은 것은 우리나라의 규례(規例)가 그렇다. 이 여자는 나의 외종질녀(外從姪女)이다」하였습니다. 또 묻기를 「너희들의 표문에 기록된 명단 가운데 빠진 나그네 4명은 어느 곳에 살고, 무슨 일로 배에 탔느냐?」하니, 답하기를 「행객(行客) 4명은 모두 동향의 친한 사람들로서 봉천성에서 무역하다가 본성의 배편에 집으로 돌아가기 위해 배를 탔기 때문에 표문에 기록되지 않았다. 모수원(牟壽元)·모백학(牟白學) 2명은 복산현 사람이고, 우화국(于華國)·전당일(典當一)은 산동 영해현(寧海縣)과 복산현의 옆에 있는 현에 산다」하였습니다. 또 묻기를 「행객 4명은 무슨 물건을 무역하느냐?」하니, 답하기를 「모두 양객(糧客)과 관련을 맺고 배를 따라다니는데, 잡곡이 모두 배 위에 있다」하였습니다.

또 묻기를 「너희들이 큰 바다에서 바람을 만나 여러 날 표류하는 가운데, 모두 별고가 없었느냐?」하니, 답하기를 「요행히 신성(神聖)의 보호를 입어 키[舵]와 큰 돛이 손상되지 않아 상한 사람이 한 사람도 없다」하였습니다. 또 묻기를 「너희 배 안에 세곡(稅穀) 이외에 또 다른 물건이 있느냐?」하니, 답하기를 「자잘한 물건들이 약간 있으나, 이는 배에 따라온 행객들이 몸에 가지고 다니는 것들이고 별로 다른 물건은 없다」하였습니다. 또 묻기를 「배 위의 기구들이 손상되지 않았느냐?」하니, 답하기를 「앞의 돛이 부러졌고 큰 닻이 없어졌으며, 1정(頂)의 작은 닻이 없어졌고 2정·3정의 닻의 정람(丁纜)이 모두 없어졌으며, 싣고 있던 양곡도 많이 내버렸는데, 누각 2개도 모두 무너졌으나 별로 손상된 것은 없다. 바라건대 어른께서 도구를 두루 갖춰주면 신년을 지내고 우리들은 배를 타고 집에 돌아가고 싶다」하였습니다.
 또 묻기를 「너희들은 무엇 때문에 새해까지 늦게 기다리느냐?」 하니, 답하기를 「올해는 얼음이 언 데다가 동남풍이 매우 적어 돌아가기 어려우니, 반드시 내년 봄 3월이 지난 뒤에야 돌아갈 수 있겠다. 그런데 나 한 사람만 물길로 돌아가기를 바랄 뿐 배에 있는 사람들은 모두 따라가지 않겠다고 하는데 나도 어쩔 수 없다」 하였습니다. 또 묻기를 「등주부 복산현에서 황성(皇城)까지는 몇 리인가?」 하니, 답하기를 「1천8백 리를 가면 등주부의 성에 도착한다」 하였습니다.
 각 사람의 차림새를 보건대 모두 머리를 깎고 머리 윗쪽의 모발을 약간 뒤로 당겨 묶었으며, 머리에는 전마아락(氈麽兒絡)을 쓰고 몸에는 모구(毛裘)를 입었는데, 혹은 짧은 소매 모양을 하기도 하고 전복(戰服) 같은 모양이기도 하였습니다. 밝은 검은 세올(黑三升)이었고 안은 양피(羊皮)와 산양피(山羊皮)를 댔으며 모두 단추로 서로 연결하였는데 은이나 구슬이나 상아였습니다. 바지도 모두 검은 세올이었고 발에는 검은 세올 신을 신었는데 혹 누비로 만든 청흑 신발을 신기도 하고 비단 주머니를 차기도 했습니다. 여자는 귀에 은고리를 달고, 상의는 붉은 세올의 반저고리 둘을 입고, 또 붉은 세올의 겉옷을 입고, 또 검은 세올의 좁은 소매옷을 입었으며, 아래는 초록색의 좁은 바지와 다홍빛 세올 행전(行纏)을 차고, 발에는 비단 꽃무늬 신발을 신었습니다. 머리는 이마 양쪽의 머리카락을 뒤로 당겨 묶었고, 그 윗머리카락은 다시 묶어서 모두 뒤로 늘어뜨렸습니다.
 배는 뱃머리에서 배의 후미까지 한복판에 판옥(板屋)이 있어 위 아래를 덮었으며, 그 편액에는 「순풍상송(順風相送)」이란 글이 있었습니다. 그 안에는 불상을 그린 한 장의 종이가 붙어 있었고, 좌우의 판벽(板壁)과 선폭(船幅)을 붙인 곳에는 유회(油灰)로 발랐습니다. 이른바 창합구(倉盒口)는 판옥에 이어 아홉 칸으로 되어 있는데 매 한 칸의 길이와 넓이는 각기 반 파(把)였으며 각기 그 창고 안에 산도미(山稻米)·당미(糖米)·이모미(耳牟米)·목맥(木麥) 등 곡식이 포대에 들어차 가득 실려 있었으므로 수삼 일 안에는 모두 점검할 수가 없었습니다.
 배의 길이는 15파(把)이고 넓이는 4파인데 모두 쇠못을 썼으며, 둘째 칸에는 쇠로 만든 솥을 두 개 고정시켜 놓았고, 셋째 칸에는 특별히 회를 발라서 물창고를 만들어 물을 채웠습니다. 앞 돛의 막대는 11파인데 이번에 바람을 만나 표류할 때 중간이 부러졌고, 가운데 돛의 막대는 9파이고 뒤의 돛의 막대는 5파인데 모두 백목(白木)의 돛을 쓰고 있었습니다.
　판옥 속에는 책이 보자기에 쌓여 있었는데,『나경해정(羅經解定)』4권 ·『영화집(英華集)』1권 ·『입반구(入泮毬)』1권 ·『금함옥책(金函玉冊)』1권 ·『가취서(嫁聚書)』1권 ·『십이월화갑전서(十二月花甲全書)』1권 ·『고취풍아(鼓吹風雅)』1권 ·『정선수조길일(精選修造吉日)』1권 ·『회시원괴권(會試元魁卷)』1권 ·『징회원과고(澄懷園課稿)』제1책 1권 ·『반구영금학필독(泮雇英今學必讀)』1권 ·『성유문수(聖諭文修)』1권 ·『연석만언교화천하(衍釋萬言敎化天下)』1권이었습니다.
　배에서 쓰는 도구와 관옥의 새끼줄 그리고 물 긷는 작은 배 한 척은 모두 우리나라 배의 제도와 같았습니다. 닻을 묶은 새끼줄 · 용층색(龍層索) · 도입색(倒入索) · 지색(旨索) 등이 혹 검고 혹 희기에 재료가 무엇이냐고 물었더니, 종려나무 가죽이라고 하였습니다. 또 면화를 담는 바구니 두 개에 실려 있는 물건들은 모두 장사하는 밑천거리였습니다. 처음에는 서로들 본도(本島) 초막(草幕)에 묵더니, 지금은 배에 실린 곡물을 잃을까 두려워하며 모두 육지로 내려오려 하지 않습니다. 그래서 여러 장졸과 아전을 정해 특별히 단속토록 하였습니다. 서울의 역관을 내려보내 그 실정을 좀더 자세히 물었으면 합니다' 하였습니다. 삼가 조정의 처분을 기다립니다."
　그들의 소원대로 육로를 통해 봉성(鳳城)으로 돌려보내도록 하였다.

5868 정조 15/12/25(을축) → 【원전】 46집 271면
〔좌의정 채제공이 성당창의 곡물을 조운하는 일로 아뢰다〕　　　　　　조1326

　좌의정 채제공이, 성당창(聖堂倉)의 곡물을 조운할 때 함열현감(咸悅縣監)으로 하여금 배에 타고 그 운반을 통솔하도록 하고, 충청도 수군우후로 하여금 원산(元山)에서 배를 점호하는 것을 격식으로 삼도록 권하니, 따랐다.

5869 정조 15/12/30(경오) → 【원전】 46집 271면
〔윤영희를 가리포첨사에 보임하다〕　　　　　　　　　　　　　　　　수11187

　진안현감(鎭安縣監) 윤영희(尹永僖)가 의리를 들어 부임하지 않으니, 다시 가리포첨사에 보임하였다.

정조 16년(1792; 청 건륭57년)

5870 정조 16/01/16(병술) → 【원전】 46집 273면
〔서유대를 주사대장으로, 이형원을 사간원 대사간으로 삼다〕   수11188
서유대(徐有大)를 주사대장으로, 이형원(李亨元)을 사간원 대사간으로 삼았다.

5871 정조 16/02/30(기사) → 【원전】 46집 279면
〔호남에서 새로 제작된 훈련도감의 배로 모곡을 운반하도록 허가하다〕   수4680
호남에서 새로 제작한 훈련도감의 배에 모곡(耗穀)을 실어나르는 것을 허락하라고 명하였다.

5872 정조 16/04#28(병신) → 【원전】 46집 303면
〔경상도 좌조창 소속 9척의 배가 침몰하여 그 책임을 묻다〕   조2072
경상도 좌조창(左漕倉)의 배 9척이 호서(湖西)에 이르러 침몰하였다.
　　비변사가 아뢰기를, "영남감사는 무겁게 추고하고, 배가 망가진 지방인 서천군(舒川郡)·비인현(庇仁縣)·마량진(馬梁鎭) 등의 관리는 모두 먼저 파직시킨 뒤에 잡아들이소서. 수송을 통솔한 차사원(差使員)은 먼저 그 직책을 파면시키고 조운선이 도착하기를 기다려 정배(定配)의 벌을 시행하며, 충청감사는 파직시키는 벌을 내리고, 도사공은 효수하소서" 하였다.
　　전교하기를, "좌조창(左漕倉)의 배가 망가진 것은 비록 9척이라고 하지만 제각기 표류한 것은 17척이 다 똑같았다. 한 창고의 곡식을 실은 배가 모두 표류한 일은 수십 년 이전 호남의 조창(漕倉)사건 이후로 듣지 못했던 바이다. 여러 조항으로 죄목을 들어 나열한 것은 모두 초기(草記)대로 시행하라. 충청도 관찰사가 올린 장계의 내용은 이해할 수 없으며 파직시키는 벌은 너무 가볍다. 서용하지 않는 벌을 주도록 하라. 배를 통솔한 차사원(差使員)은 잡아다 귀양보내는 데만 그칠 수 없으니, 감사

로 하여금 크게 위의(威儀)를 베풀어 엄하게 곤장을 쳐서 정배시키게 하라. 해당 창고의 도차사원(都差使員)은 곧 그 지역에 정배시키라. 근년 이래로 3곳의 조창(漕倉)에 모두 놀라운 일이 일어났는데 금년에도 또 그러하니, 우조창(右漕倉)과 후조창(後漕倉)의 도차사원도 또한 파직시키라. 새로 부임하여 그 때 아직 출사하지 않은 자는 논죄하지 말라. 허다한 배와 인명(人命)이 손상되었을 것인데 먼저 보고된 자는 1명이라고 하니, 감사로 하여금 구휼의 은전을 준례에 의하여 거행하게 하라." 하였다.

5873 정조 16/05/22(기미) → 【원전】 46집 314면
〔김해 명지도의 공염 1천5백 석을 견감하게 하다〕 기3107

김해 명지도(鳴旨島)의 공염(公鹽) 1천5백 석을 견감하라고 명하였다. 본도 염민(鹽民)이 상언(上言)한 것과 관련하여 폐단을 바로잡을 계책을 물었다.
　좌의정 채제공(蔡濟恭)이 말하기를, "본도에서 굽는 소금 3천 석을 반으로 줄이면 민력(民力)이 반드시 펴질 것입니다. 또 본창(本倉)에 전에 준 1천5백 석의 쌀 역시 여유가 있을 것이니, 이것으로써 시가(柴價)에 보태주면 양쪽이 다 편리한 정사가 될 듯합니다" 하였다.
　윤허하였다.

5874 정조 16/06/14(신사) → 【원전】 46집 319면
〔호조판서 조정진이 조창의 침몰된 배 문제를 아뢰다〕 조2073

호조판서 조정진(趙鼎鎭)이 아뢰기를, "이번에 조선(漕船) 9척이 한꺼번에 침몰된 것은 이미 전례가 없는 바이며, 6월이 반이 지나가는데도 나머지 배가 아직껏 소식이 없습니다. 후창(後倉)의 조선 역시 각 고을을 지나온 형지의 장계가 없고, 우창(右倉)의 조선은 영종도(永宗島)에 와서 여러 날 동안 머뭇거리고 있으니 크게 나라의 기강에 관계됩니다. 세 조창(漕倉)의 차사원(差使員)을 한결같이 먼저 파직한 후 잡아오도록 하소서" 하였다.
　이에 따랐다.
　인하여 명하기를, "도백은 10등(等)을 월봉(越俸)하라" 하였다.

5875 정조 16/06/30(정유) → 【원전】 46집 320면
〔가리포첨사 윤영희를 불손한 태도에 기인하여 경기 연해로 정배하게 하다〕   수11189

전라우수사 이항림(李恒林)은 임기가 만료되기를 기다려 곧바로 병사(兵使)로 의망하고, 가리포첨사 윤영희(尹永僖)는 경기 연해로 정배하라고 명하였다. 항림이 가리포첨사 윤영희가 상영(上營)과 다투면서 꾸짖고 욕하는 내용으로 보고하였고 완도(莞島)의 산 소나무를 보고하지 않고 지례 베었으나 은보(恩補)에 관계되어 파출(罷黜)하지 못하니 유사(攸司)로 하여금 품처하기를 청하였었다. 그래서 강어(强禦)를 두려워하지 않았다고 칭찬하고 이런 명이 있게 된 것이다.

5876 정조 16/07/01(무술) → 【원전】 46집 320면
〔경기와 삼남의 수륙조를 정지하다〕   수3842

경기와 삼남의 수륙조(水陸操)를 정지하였다.

5877 정조 16/07/03(경자) → 【원전】 46집 320면
〔의성·함창의 대동전을 실은 배가 충주 영죽강에서 침몰하다〕   조2074

의성(義城)·함창(咸昌) 두 고을의 대동전(大同錢)을 실은 배가 충주 영죽강(永竹江)에 이르러 침몰하여 7인이 빠져 죽었다고 충청도 관찰사 이형원(李亨元)이 보고하였다. 경상도 관찰사 정대용(鄭大容)은 월봉(越俸) 12등을 명하고 두 현의 원은 장배(杖配)하였다. 대개 영남의 대동은 예전에는 육운(陸運)하여 경사(京師)에 이르렀었는데 이 때에 이르러 두 현에서 충주로 운반하고 다시 배로 운반하고자 하다가 침몰된 것이다.

5878 정조 16/07/03(경자) → 【원전】 46집 320면
〔영남 후조창의 배 4척이 통진에서 침몰하니, 관련된 관리들을 문책하다〕   조2075

영남의 후조창(後漕倉) 조선 4척이 다시 통진(通津) 지경에서 침몰되니, 도차사원(都差使員) 밀양부사 이복섭(李復燮)은 곧바로 그곳에서 정배하고, 기선차사원(騎船差使員) 제포만호(薺浦萬戶) 남궁심(南宮深)은 결곤(決棍)하고, 해도 영호차사원(領護差使員) 장봉만호(長峯萬戶) 김경희(金慶禧), 지방관 통진부사(通津府使) 이달관(李達觀)은

결곤하여 파출(罷黜)하였으며, 경희는 해당 진의 노군(櫓軍)으로 충원하였다.

5879 정조 16/08/19(을유) → 【원전】 46집 325면
〔황조의 부총병 등자룡을 강진 탄보묘에 배향하고 관리를 보내 제사지내다〕   수11190

황조(皇朝)의 부총병 등자룡(鄧子龍)을 강진(康津) 탄보묘(誕報廟)에 배향하고 관리를 보내 치제(致祭)하였다.
전교하였다.
"근래에 이충무(李忠武)의 유사(遺事)를 보다가 노량진 싸움을 추억하면서 저도 모르게 넓적다리를 만지면서 길게 탄식하였다. 중국의 부총병 등자룡은 70세의 노장(老將)으로 2백 명의 용사를 이끌고 넓은 바다 위를 마음대로 횡행하면서 손에 침을 뱉으며 교활한 왜적을 섬멸할 것을 맹세했으니, 그 호탕한 담력은 대장부라 할 수 있다. 더구나 수공(首功)을 차지하고자 하여 충무공의 배로 뛰어올라 곧장 앞으로 돌격하여 수없이 많은 포로를 잡았으나 우연히 화기(火器)를 건드려 중류(中流)에서 불이 붙자 적이 달라붙었는데도 오히려 힘껏 싸웠다. 충무공이 달려가 구해 주다가 함께 죽었으니, 이 일은 서희진(徐希辰)의 『동정기(東征記)』에 자세히 실려 있다.
내가 일찍이 불쌍하게 여겨 『명사(明史)』 본전(本傳)을 상고해 보니 '조선에서 묘식(廟食)을 받고 있다'라는 말이 있었는데 애당초 묘식함이 없고 강진의 도독사당에도 또 배향하지 못했으니, 흠전(欠典)·궐사(闕事)로 어느 것이 이보다 크겠는가. 평양 무열사(武烈祠)에 참장(參將) 낙상지(駱尙志)를 추가로 배향하자고 도백이 건청(建請)하여 이미 허락하였다. 같은 때 같은 일을 한 사람의 공덕을 보답하는 전례가 어찌 한 사람은 하고 한 사람은 하지 않아서 중국 장수의 영혼이 깃들 곳이 없게 하겠는가.
중국 부총병 등자룡 공을 진 도독(陳都督)의 사당에 승배(陞配)해야 하는데 처음에 듣기로는 사당이 남해에 있다고 하여 이제 평양의 낙공을 추배할 때에 미쳐서 함께 거행하고자 하였다. 다시 들건대 도독은 충무공과 강진 땅 탄보묘 옆에 배향하였다고 하니 등공의 별사(別祠)도 마땅히 이 사당에 배향해야 한다. 승배(陞配)하는 날에 관원을 보내 치제하되 충무공을 이미 함께 배향하였으니 일체로 치제하라. 제문은 모두 마땅히 친히 짓겠다.
치제는 비록 명이 있지만 이 때에 주전(廚傳)하는 데 폐단이 있으니, 헌관(獻官)은

부근의 문관인 원 가운데서 차출해 보내라. 등 총병은 충무공과 동시에 노량에서 목숨을 바쳤는데 충무공은 남해의 충렬사(忠烈祠)에서 전향(專享)하고 있다 한다. 충무공의 유사를 근래에 내각(內閣)으로 하여금 전서(全書)로 찬하게 하였으니 인쇄가 끝나기를 기다려서 1본(本)을 본 사당에 보관하고 인하여 치제를 행하라."

5880 정조 16/09/05(신축) → 【원전】 46집 331면
〔각신 서유방이 이순신의 아들들의 증직과 정려를 청하다〕 수11191

이에 앞서 각신(閣臣) 서유방(徐有防)이 아뢰기를, "충무공 이순신의 아들 이면(李葂)은 왜적에게 죽었고 서자 이훈(李薰)과 이신(李藎)은 오랑캐에게 죽기도 하고 이괄(李适)의 난리에 죽기도 하였으니, 아울러 증직하거나 정려(旌閭)할 것을 대신해 온에게 물으소서" 하였다.

이 때 이르러 좌의정 채제공(蔡濟恭)이 복주(覆奏)하기를, "충무공이 통영(統營)에 있을 당시 아들 이면은 고향집에 있다가 왜적을 만나서 여기저기서 싸워 왜적 3명을 죽이고 그도 왜적의 칼날에 죽었습니다. 죽을 당시 총각이었는데 참으로 충무공의 아들로서 부끄러움이 없다 하겠습니다. 다만 충무공이 순국하기 전의 일이어서 효자로 정려할 수도 없고 또 충신으로 정려할 수도 없습니다. 이훈은 정묘년 호란(胡亂)에 죽었고 이신은 안현(鞍峴)에서 죽었으니 그 충절(忠節)이 우뚝하다고 일컬을 수 있으나, 다만 이 두 사람도 후손이 없고 또 사판(祠版)도 없으며 전쟁터에서 죽었기 때문에 무덤도 만들지 못하였다고 합니다. 비록 증직의 교지가 있다 한들 누구에게 전할 것이며 어디에 고하겠습니까. 매우 난처한 일입니다" 하였다.

그대로 두라고 명하였다.

제공이 아뢰기를, "고 상신 이양원(李陽元)의 아들 이시경(李蓍慶)은 소촌찰방(召村察訪)으로 정유년에 힘껏 싸워 왜적을 죽이고 전쟁터에서 죽어 배에 화살이 꽂힌 채 장사지냈는데, 그 사실이 고 재상의 『자손록(子孫錄)』 및 『소촌선생안(召村先生案)』에 실려 있으니, 그 문을 정려하여 풍성(風聲)을 세우도록 허락하소서" 하였다.

그에 따랐다.

5881 정조 16/10/09(갑술) → 【원전】 46집 344면

〔수령 후보자 추천을 잘 살피지 못한 서매수를 방답진첨사에 보임하다〕 수11192

서매수를 방답진첨사(防踏鎭僉使)에 보임하였다. 수령후보자 추천을 잘 살펴하지 못했기 때문이었다.

5882 정조 16/12/24(무자) → 【원전】 46집 369면
〔대장에 올라 있는 배와 소금가마·어살 등의 세금을 조정하다〕 기3108

각 도와 개성·강화의 대장에 올라 있는 배와 소금가마와 어살 등의 세(稅)를 조정하였다.

[충청도는 대장에 오른 배가 1천3백58척인데 고장난 배를 제외하고 세가 7백29냥이고, 그물터는 2백76개소로 세금이 6백1냥이고, 온돌(溫堗)─온돌은 바닷가의 고기를 잡는 곳이다─의 세는 37냥이고, 그물(綱子) 1백43개 중에서 13개는 오래되어 못 쓰게 되었고 남은 1백30개에 세가 86냥이고, 청어(淸魚) 어살 32개소에 세가 1천1백47냥이고, 민어(民魚) 어장 한 곳에 세가 6냥이고, 방구렴(防口簾) 12개소에 5개소는 오래되어 못 쓰고 남은 7개소에 세가 13냥이니, 도합해서 세로 거두는 돈이 8천2백57냥이다.

○ 평안도는 중화(中和) 등 13고을의 배는 바람에 부서진 것과 해가 오래되어 썩고 낡은 것이 67척이고 새로 찾아 대장에 올린 배가 24척이며, 순안(順安) 등 10개 고을의 소금가마는 오래되어 못 쓰게 된 것이 38좌(坐)이고 신설한 곳이 3좌이며, 어망은 오래되어 못쓰는 것이 6부(浮)이고 새로 만든 것이 1부이며, 어살은 오래되어 못 쓰는 것이 2개소이고, 새우 어살은 오래되어 못 쓰는 곳이 3개소이다.

○ 함경도는 바람에 부서진 배가 42척이며 썩고 낡은 배가 75척이며 세를 낮추어 준 배가 20척이고, 파손된 소금구이 쇠가마가 40좌(坐)이고 폐기된 소금구이 토기가마가 46좌이며, 방렴(防簾)이 43좌이고, 후릿그물이 18좌이고, 가는 그물(細綱)이 6좌이고, 굴을 따는 막(石花幕)이 27좌 등으로 이에서 감해준 세가 1천4백54냥이고, 새로 만들어 더 찾아진 배가 1백1척이고 세를 올린 배가 66척이며, 소금구이 쇠가마가 26좌이고 소금구이 토기가마가 45좌이며, 방렴 18좌 중에서 줄어진 곳이 1백51좌이고 더 나타난 곳이 1백13좌이다. 이전의 총 숫자와 비교하면 배는 38척이 줄고 세는 1백4냥 7전(錢)이 준 것이며, 소금가마와 어살의 오래되어 못 쓰고 더 나타난 것들을 일체 실지 대로 조사하여 대장에 올린 세금은 총 7천7백47냥인데 이번에 조사해 바룬 것에는 배는 줄었으나 어살과 가마는 늘었다. 그러므로 통틀어 상쇄하면 부족분이 78냥이다. 내년 봄 고기잡이 이익으로 생산이 늘 때를 기다렸다 조사해서 숫자를 채우도록 한다.

○ 전라도 각고을과 진영은 부서진 배가 3백41척이며 세를 낮추어 준 배가 97척이고, 오래되어 못 쓰게

된 소금가마가 17좌이고, 어살이 46개소이고, 어조(漁條)가 1개소이고, 파손된 어망이 1백7개이고, 어렴(漁簾)이 2건이고, 세를 낮추어 준 소금가마가 37좌이고, 어살이 30개소이고, 어조가 2개소이고 미역밭이 1개소이고, 김밭이 1개소이고, 청태밭(靑田)이 1개소 등으로 이에서 줄어든 세가 1천5백17냥 5전이고, 새로 조사된 것으로는 배가 1백69척이고, 소금가마가 16좌이고, 어살이 43개소이고, 어조가 1개소이고, 어장(漁基)이 1개소이고, 어망이 51건이고, 어렴이 2건이고, 세를 올린 배가 4백51척이고, 소금가마가 83좌이고, 어살이 25개소이고, 어망이 3건 등 더 나타난 세가 1천4백58냥 6전이다.

○ 경상도는 대장에 올라 세를 내는 배의 원래 총 숫자가 6천1백63척으로 그 중 새 것과 낡은 것에서 축난 것이 1천5백42척이고 더 나타난 것이 6백33척이며, 세가 면제된 배 2백91척 내에서 새 것과 낡은 것에서 축난 것이 17척이고 더 나타난 것이 1척이며, 소금가마 8백5좌 내에서 새 것과 낡은 것에서 축난 것이 1백47좌이고 더 나타난 것이 14좌이며, 미역밭은 3백17개소 중에서 오래된 것에서 축난 곳이 12개소이고, 어조는 2천3백57개소 내에서 새 것과 낡은 것에서 축난 것이 1백6개소이고 더 나타난 곳이 85개소이며, 방렴은 8백95개소 내에서 새 것과 낡은 것에서 축난 것이 1백17개소이고 더 나타난 것이 28개소이며, 어장은 23개소이다. 신해년 실지 총 숫자와 비교하면 부족한 것은, 세를 내는 배가 3백76척이고 세를 면제해 준 배가 7척이고 소금가마가 4좌이고 방렴이 28개소이며, 미역밭은 총 숫자에 준하고, 어조는 10개소가 늘었다.

○ 황해도는 대장에 오른 각 고을과 진영의 원래 배는 1천1백75척으로 그 중 23척이 다른 고을로 옮겨갔고 21척은 썩어 손상되었고 79척은 풍랑에 부서졌으며, 현재는 1천52척에 22척이 다른 고을에서 옮겨오고 69척이 더 나타나 도합 1천2백13척으로 세가 2천5백99냥이고, 소금가마는 3백12좌 내에서 7좌가 오래되어 못 쓰며 더 나타난 것이 도합 3백11좌로 세가 1천8백44냥이고, 여러 어살은 3백7개 내에서 22개소가 오래되어 못 쓰며 더 나타난 것이 도합 28좌이고, 후릿그물은 19좌이고 가는 그물이 6좌이고, 굴 따는 막이 27좌 등으로 더 나타난 세가 1천2백11냥이다

○ 개성부는 본 개성부의 임자년 대장에 오른 배가 1백25척으로 그 중 해가 오래되어 썩고 손상된 것이 1척이고 폭풍에 휩쓸려간 배가 1척이고 부서진 배가 23척이며, 찾아낸 배가 2척이다.】

5883 정조 16/12/26(경인) → 【원전】 46집 369면

〔안면도의 바람에 쓰러진 소나무를 소금굽는 일에 쓰도록 청하니 허락하다〕   기1158

비국당상 서유린이 아뢰기를, "안면도(安眠島)의 바람에 쓰러진 소나무들을 신임 수사(水使)에게 넘겨주어 지금 팔고 있는 중인데. 예전에 바람에 쓰러져 장마를 두 번

지낸 것들은 단지 소금 굽는 데나 알맞고 기타 가지와 잎은 모두 다 버리게 되어 아깝다고 합니다. 관에서 가마를 설치하고 비장과 군교를 따로 정하여 그들의 입회하에 일제히 소금을 굽고 일제히 철거하게 하면 송정(松政)에 있어서도 잘못될 것이 없고 흉년에 바닷가 고을의 백성들은 소금을 구워 생계를 꾸려갈 수 있을 것입니다. 이를 충청도 수사에게 맡겨 그로 하여금 착실히 거행토록 하소서" 하였다.

그대로 따르고 전교하기를, "쓸모 있는 물건을 쓸모 없게 버려서야 될 것인가. 더구나 이런 흉년에 혜택이 백성들에게 미치기도 할 것이니 일거 양득이 아니겠는가. 그러나 이 뒤로는 접견 자리에서 여쭈어 윤허가 내려진 특별 전교에 의해 공문으로 알리는 경우를 제외하고는 절대로 이 일을 전례로 하여 원용하지는 말아야 할 것이다" 하였다.

5884 정조 16/12/27(신묘) → 【원전】 46집 369면
[각 도 병사·수사에게 군량 창고를 연 일 이외에는 형신을 쓰지 말도록 하다] 수11193

각 도의 병사·수사에게 경계를 내려 군량 창고를 연 일 이외에는 형신(刑訊)을 쓰지 말도록 하고 이를 법으로 정하였다. 충청병사 이광섭(李光燮)이 부임하면서 연원(連源)과 율봉(栗峰)의 역리를 형신했는데, 감사 이형원(李亨元)이 그가 법을 어겼다 하여 병영의 아전을 추고하자 광섭이 직무를 보지 않았다. 그리하여 형원이 장계로 그에게 죄를 내릴 것을 청하여 사건이 묘당에 내려졌다.

그런데, 비국이 아뢰기를, "병사·수사가 형신을 쓸 수 없음은 비록 전해 내려오는 규정이 있으나 애당초 『대전통편』에 실려져 있는 것도 아닌데 지금 곤수에게 죄를 내린다면 공평한 법을 철저히 지켜야 하는 뜻에 어긋나는 일이며, 만일 그가 너무 지나치게 의리를 인용했다 하여 그것을 가지고 법을 내린다면 그의 청렴한 체하는 태도만 키워 주고 오만함을 길러 주는 결과가 되고 말 것입니다. 그를 중죄로 처리하자면 당연히 일정한 법을 만들어 각 도의 병사·수사들로 하여금 법을 무시하고 범해서는 안된다는 것을 분명히 알게 해야 할 것입니다. 이 뒤로는 군량 창고를 연 일 외에는 형신할 수 없게 하고 만일 혹시라도 그것을 어겼을 때는 한결같이 남형률(濫刑律)에 의해 처리하도록 하소서" 하였다.

그대로 윤허한 것이다.

정조 17년(1793; 청 건륭58년)

5885 정조 17/01/11(을사) → 【원전】 46집 371면
〔주교사가 주교절목을 올리다〕   수4681

주교사(舟橋司)가 주교절목(舟橋節目)을 올렸다.
[절목의 내용은 다음과 같다.

"1. 봄 가을로 능원(陵園)을 배알할 적에 나루를 건너야 할 때를 만나면 선창에서 물을 건너는 데에 쓰이는 크고 작은 선박의 숫자가 4, 5백척에 달하므로, 서울과 지방에서 배를 찾아 구하다 보면 중간에서 농간을 부려 뱃사람들이 받는 폐단이 갈수록 더욱 심해졌다. 그런데 현륭원(顯隆園)을 수원으로 옮긴 뒤로는 해마다 한번씩의 행행에 나루를 통해 건너야 했으므로, 이에 성상께서 뱃사람의 폐단을 깊이 진념하시어 특별히 배다리(舟橋)의 제도를 만듦으로써 배를 찾아다니는 일은 영원히 혁파하고 단지 경강(京江)의 큰배들만을 가져다가 연결시켜 교량을 만들어 놓으니, 폐단은 사라지고 일은 간단해졌으며, 공력이 줄고 비용도 적어져서, 실로 이것이 강을 쉽게 건널 수 있는 도구인지라 이에 영구한 법으로 삼는 바이다.

1. 배다리의 배치는 당연히 물길이 좋은 곳을 가려서 해야 한다. 동호(東湖)로부터 그 하류로 강폭이 좁고 양쪽 언덕은 높으며 여울진 곳과 멀어서 물의 흐름이 완만한 곳으로는 노량(鷺梁)이 제일이다. 또 연(輦)의 거둥 길도 평탄하고 곧아 우회됨이 없으므로, 물길은 노량나루로 정한다. 선릉(宣陵)·정릉(靖陵)·장릉(章陵)·현륭원에 행행할 때와 온천에 행행할 때에도 모두 이 길을 이용하고, 헌릉(獻陵)·영릉(英陵)·영릉(寧陵)을 행행할 때에는 광진(廣津)에 옮겨 설치한다.

1. 선창의 배설은 으레 큰배를 강가에 대놓고 언덕의 좌·우측에 긴 나무를 늘어 세우고서, 그 안에는 모래와 흙으로 채워 배의 높이와 수평을 이루게 한다. 그 일에 드는 비용은 극히 많이 소요되었으나 행사를 치르고 나면 헐어버리고 매년 이를 다시 설치해야 하니, 그 비용을 지탱할 수가 없다. 그래서 마침내 돌로 그것을 대신 쌓기로 하고 강가의 잡석을 모아 고기 비늘 모양처럼 가지런히 맞물려 높게 쌓아 올리고 석회로 그 빈틈들을 메우면 그것이 완고하고 튼튼하여 한번 쌓아서 영구히 쓸 수 있게 되겠기에 이렇게 하기로 결정한다.

1. 교량에 쓰일 선척에 대해서는 남북으로 선창의 거리가 1백 90발(把)이므로 여기에는 큰배가 의당 36척이 소요될 것이니, 경강의 개인 배와 훈국(訓局)의 배를 택일하여 쓰기로 한다.

1. 경강의 큰 선박이 지금 현재 도합 80척이니 교량에 소요될 새로 만든 완고한 배 36척 이외의 배들은 모두 배다리의 왼쪽과 오른쪽으로 나누어 세워서 배다리를 끈으로 잡아매거나 호위하는 구실에 쓰이도록 한다.

1. 배다리의 제도는, 배치하여 연결시킬 즈음에 먼저 여러 배 가운데서 몸체가 가장 크고 뱃전이 가장 높은 것을 골라 강 한복판에 정박시켜서 중심의 표적을 삼게 한다. 그리고 이어 크고 작고 높고 나직한 것들을 차례로 왼쪽과 오른쪽에 줄지어 연결시켜 선창에 닿게 함으로써, 다리의 모양새를 가운데는 높고 양쪽은 낮은 것이 궁륭교(穹隆橋)의 모양이 되게 한다.

1. 늘어세워 묶는 방법은, 배를 먼저 상류를 향해 닻을 내리게 하고 가룡목(駕龍木)은 양쪽의 끝이 서로 닿지 않도록 어긋나게 배치하여 서로 끼어들게 해서 바로 이 배와 저 배의 뱃전 판자가 개 이빨처럼 서로 맞물려 틈새가 나지 않도록 한다. 그런 다음에 남쪽과 북쪽 선창의 항선(項船)을 먼저 큰 밧줄로 배의 이물과 고물을 나누어 묶어서 언덕 위의 못에 잡아매고, 다음에 종보와 버팀목을 묶고 다음에 가로로 판자를 깔고 다음에 난간과 조교(吊橋)와 홍살문을 설치한다.

1. 배들을 늘어세운 뒤에, 이전에는 돛대를 배 위에 가로로 놓고 각 배들을 묶었는데, 돛대 기둥이 밑동은 크고 끝쪽은 가늘어서 가로로 놓고 묶기에 불편하였다. 그리고 또 크고 긴 것을 가로로 여러 배에 뻗혀 잇게 함으로써 배 한 척에서 탈이 발생하면 묶은 줄을 풀기가 또한 어려웠다. 그러니 별도로 장산곶(長山串)에서 길이 35자 가로 세로의 넓이 1자 되는 소나무를 구해다가, 배마다 각기 다섯 주(株)씩을 배에 깔아놓은 판자의 길이를 헤아려 분배해서 세로로 묶되, 두 쪽 끝이 뱃전을 걸쳐 밖으로 나가게 한다. 그리고 두 배의 종보 머리는 서로 마주 잇닿게 하고 말목을 맞세워 박은 다음 칡 밧줄로 야무지게 묶는다. 그리고 또 버팀목을 배 위에다 세워 배가 흔들리는 걱정이 없게 한다.

1. 이전에는 배 위에다 발(芭子)을 깔고서 모래와 흙을 채우고 그 위에 잔디를 깎으로써, 설치하고 철거할 때에 일이 많을 뿐만 아니라 만일에 비라도 만나게 되면 언제나 매우 질척거려서 낭패를 보기가 십상이었다. 양호(兩湖)에 나누어 맡긴 장송판(長松板)으로 너비는 한 자, 두께는 세 치, 길이는 어가(御駕)의 길 너비 4발(把)의 폭에 한정된 것을 고기 비늘처럼 나란히 종보 위에 가로로 깔고, 두 판자가 맞닿는 곳에는 드러나지 않게 못을 박아 서로 맞물리게 한다. 또 아래쪽에는 견마철(牽馬鐵)로 두 판자가 맞닿는 곳에 걸쳐 박고, 또 판자의 양쪽 끝에는 보이지 않게 구멍을 뚫어 삼 밧줄을 꿰어서 왼쪽과 오른쪽의 종보에 묶어 움직이거나 노는 폐단이 없게 한다.

1. 깔판의 좌우 양쪽에는 먼저 중방목을 설치하고 다음으로 짧은 기둥을 매양 한 칸에 한 개씩 늘어 세우고, 벽련목(劈鍊木)을 가지고 가로로 열십자 모양의 난간을 만들어 두 기둥 사이에 연이어 박아넣되, 먼저 기둥 한쪽에 서로 맞보게 변석(邊錫)을 뚫어서 난간이 서로 맞붙고 드나들게 하는 뒷받침으로 삼는다.

1. 노량나루는 바로 조수(潮水)가 드나드는 곳이라서 밀물이 많으면 수위(水位)가 3, 4자가 높아지고 적어도 두어 자는 높아져 배다리가 물에 떠받치어 선창보다 높아지고, 조수의 많고 적음에 따라 위아래로 층이 갈라져 길의 형태를 이루지 못한다. 그런데 비록 선창을 더 쌓고자 하여도 밀물과 썰물의 출입으로 인하여 수위가 갑자기 높아졌다 낮아졌다 하므로, 때에 따라 일을 하고 중지하고 하기에 어려움이 있다. 대략 조교(吊橋)의 제도를 본떠 널다리를 만들되, 세로로는 종보를 배치하고 가로로는 넓은 널빤지를 깔아 다리 모양처럼 똑같이 만든다. 그리고 널다리의 종보 머리를 항선(項船)의 종보 머리에 연접시키되, 요철(凹凸) 모양으로 깎아 서로 잇대서 비녀장 지르는 것을 마치 삼배목(三排目) 궤도와 같이 하여 자유자재로 구부러지고 펴지도록 한다. 그렇게 할 경우 조수가 밀려들어 다리가 높아지면 널다리의 한쪽 머리가 배를 따라 들려져서 한쪽은 약간 높고 한쪽은 낮아지는 형세가 되겠지만 경사가 가파르기까지는 않을 것이고, 조수가 밀려나가면 평평해져서 선창의 위가 판판하게 도로와 연결이 될 것이다.

1. 남쪽과 북쪽의 선창에 각기 한 개의 홍살문을 설치하여 배다리의 경계를 표시하고 가운데의 가장 높은 배에도 홍살문을 세워 강물의 복판임을 표시한다.

1. 배다리를 놓고 철수하는 일을 보아 지키고, 거둥이 있을 때 벌여서서 호위하는 일에 군졸이 없을 수 없다. 배 한 척의 격군(格軍)이 12명으로 도합 80척의 격군이 거의 1천 명에 가까우니, 이들로 군대를 조직하고 군사 명부를 작성하여 본 주교사에 비치한다. 그리하여 배다리를 놓고 철수할 때는 이들 격군을 돌아가며 부리고, 거둥 때는 주교사 소속의 배 한 척당 12명씩의 격군에게 전건(戰巾)을 씌우고 청·황·적·백·흑 빛깔의 더그레(號衣)를 입혀 좌우 난간 밖 뱃머리에 벌려 세우고, 협선(挾船)의 격군은 좌우 협선에 벌려 세워서 호위로 삼는다.

1. 이미 창설하여 군대의 대오를 지었으면 영솔하는 사람이 없을 수 없다. 배다리의 중심에서 남쪽은 전부(前部)로, 북쪽은 후부(後部)로 삼아 배 세 척으로 1개의 선단을 구성해 전후 각기 다섯 개의 선단을 이루어서 오사(五司)의 제도를 대략 본뜨고, 나머지 배들은 중앙에 배속시킨다. 협총(協摠) 한 사람을 두어 전후를 통솔하게 하되, 본 주교사의 도청(都廳)으로 겸임시키고, 전·후부에는 각기 영장(領將) 1명씩을 두되 주교사의 감관(監官) 두 사람으로 임명하며, 매 선단에는 각기 선단의 우두머리 1명씩을 두되 주교사의 영장 10명으로 임명해서 단속하고 통제하게 한다.

1. 군졸이 있은 다음에는 당연히 표시하는 깃발이 있어야 한다. 그러나 여기는 진영을 짜는 것과는

다름이 있으니, 굳이 큰 깃발을 쓸 필요가 없다. 의당 배와 물의 의미를 상징하게 해서 육군(陸軍)의 깃발 제도와 구별지어야 할 것이다. 중앙의 홍살문 양쪽에는 큰 두 개의 깃발을 세우되, 하나는 황색으로 하여 중심을 표시하고 하나는 흑색을 써서 수덕(水德)을 상징한다. 배마다 이물에는 각기 한 개의 깃발을 세우되, 청·황·적·백·흑의 빛깔로 5개 선단의 차례를 상징한다. 그리고 깃발의 띠는 중앙을 상징하고, 기각(旗脚)은 해당 부(部)를 상징하며, 깃발 앞면에는 아무 선단의 몇째 배라는 것을 써서 대오를 표시한다. 배마다의 고물에도 역시 각기의 깃발을 한 개씩 꽂되, 청·황·적·백·흑의 빛깔과 깃발의 띠와 기각은 이물의 제도를 그대로 따르고, 깃발의 앞면에는 새매나 물새를 그려 옛부터 내려오는 화선(畵船)의 제도를 상징한다. 배마다에는 또한 각기 바람을 살필 수 있는 깃발(相風旗)한 개씩을 세워 바람을 점칠 수 있게 한다.

1. 대가가 물을 건너는 때에 있어서는 이미 장령(將領)과 군졸을 설치하였으니 총 감독할 대장이 없을 수 없으므로, 대가를 수종하는 이외에 군영에 남아 있거나 부대에 남아 있는 대장을 병조에서 삼망(三望)을 갖추어 들여서 낙점을 받는다. 그러나 만일 해당 군영의 대장이 거가를 따라갈 때에는 인원을 갖추어 의망(擬望)할 수 없으니, 수어청(守禦廳)과 총융청(摠戎廳)의 수어사나 총융사를 임시로 계청(啓請)하여 합해서 의망해 들인다.

1. 배다리를 놓을 때나 평상시에 있어 선창의 석축(石築)과 창고에 쟁여놓은 목재들은 반드시 오로지 관장해서 살피는 사람이 있어야만 거의 소홀하게 되는 폐단이 없을 것이다. 노량진(鷺梁鎭)을 본 주교사에 이속시키고 본 주교사가 별장을 차출하여 착실히 관장하게 해야 할 것이며, 해당 노량진의 진영에 있는 환곡과 돈은 한결같이 옛날 그대로 유치시켜 모든 것을 꾸려갈 수 있도록 한다.

1. 나룻길을 건널 때에는 으레 나룻머리에 어가가 머물 처소(大次)가 있어야 하나, 그것을 준비하려면 드는 비용이 적지 않으니 노량진의 진영 막사를 본 주교사의 관사로 정해서 행행하실 때에 어가의 처소로 삼는다.

1. 배다리에 드는 종보·깔판·난간 등속의 나무로 된 물품들은 반드시 거두어 보관하는 곳이 있어야만 썩거나 손상될 걱정이 없을 것이다. 노량나루의 본 주교사 근방에 별도로 창고 70칸을 지어 각종의 나무로 된 물품들을 보관해 두도록 한다.

1. 어가의 처소를 지키고 수리하고 청소하고 군불을 지피는 등속의 일을 해당 노량진에서 주관해 거행하도록 하려면 자연 급료로 지급할 베(布)나 비용의 수요가 있어야 하니, 금위영(禁衛營)의 돈 1천 냥을 본 노량진에 대출해 주어 이식을 받아 비용의 수요로 삼게 한다.

1. 배다리를 놓거나 철거할 때에 각 선박의 격군(格軍)을 돌아가며 쓰기로 한다면 별로 재용이 많이

들어갈 것이 없겠지만 또한 어지간한 잡비는 들지 않을 수 없으니, 호남에 감해준 조세 운반 비용의 무명 6동(同) 26필을 본 주교사에 소속시키고, 호조가 그것을 받아 넘겨주어 비용의 수요로 삼게 한다. 그리고 쓰고 남은 것은 차츰 저축해 두어 불시의 비용에 쓰도록 한다.

1. 노량진 남쪽과 북쪽의 언덕 근처에 살면서 배를 만드는 장인들은 하나같이 본 주교사의 대장에 올려 잡역을 면제해 주고 다리를 놓을 때 부릴 수 있게 한다.

1. 배다리가 이미 정해진 뒤에 공조가 선창을 쌓는 일이 없으면 본조 소속의 각 강의 관령(管領)들을 모두 본 주교사에 이속시켜 부린다.

1. 다리를 놓거나 다리를 철거할 때에는 당연히 감독하는 사람이 있어야 할 것이나, 각 군문의 장교(將校)들을 빌어쓰게 되면 폐단만 있을 뿐 아니라, 배 위에서 일하는 것을 살피는 것이 또한 익숙한 뱃사람들만 못할 것이다. 그러니 배의 주인 가운데 근간하고 사리를 아는 사람으로 도감관(都監官) 1명, 감관(監官) 2명, 영장(領將) 10명을 가려 뽑아 배를 분담해 관리하고 격군을 통솔하여 착실하게 감독하도록 한다.

1. 대가가 나루를 건널 때에 다리 위에서 신호하는 깃발은 당연히 배 위에 꽂아둔 깃발을 사용하되, 깃발을 드는 사람은 좌우에 벌려 선 격군을 쓴다.

1. 깃발은 노량나루의 본 주교사에 갈무리해 두었다가 임시해서 내다 쓴다. 그리고 수리하거나 다른 것으로 바꾸는 등의 일은 본 주교사가 거행한다. 상풍기(相風旗)와 격군이 쓰고 입는 전건(戰巾)·더그레(號衣)와 띠는, 처음에는 본 주교사가 만들어 지급해 주고, 뒤에 수리하거나 다른 것으로 바꾸는 일에 대해서는 배의 주인들이 담당해서 거행하도록 한다.

1. 감관(監官)은 영장(領將)중에서 권점(圈點)으로 차출하고 영장은 각 배 주인들 중에서 근간하고 사리를 아는 자를 가려 그들로 하여금 공론에 따라 권점으로 차출하게 하되, 감관은 2년마다 바꾸기로 한다.

1. 판자·종보·난간·철물(鐵物) 등속은 착실히 살펴서 손상을 입히거나 잃어버리지 않으면 10여 년은 지탱할 수 있을 것이다. 그러나 약간의 개비해야 할 것에 대해서는 남아 있는 데에서 가져다 쓰고, 혹 많은 수효를 개비해야 할 때에는 종보는 장산곶(長山串)에서 가져다 쓰고, 판자는 삼남의 바람에 쓰러진 소나무를 가져다 쓰고, 철물 등속은 본 주교사에서 마련한다.

1. 경강(京江)의 개인 배를 다리 공사에 동원시켰으면 수고에 보답하는 도리가 없을 수 없다. 뱃사람의 일이란 오로지 양호(兩湖)의 세곡을 실어나르는 것이 위주인데, 근래 서울과 지방에서 토색질하는 폐단이 갈수록 심해져서 이익을 잃게 되었으니, 각항의 폐단을 특별히 금하여 없애도록 따로 절목을 만들어서 이를 준행하도록 한다.

1. 배를 부림에 있어 요긴하거나 헐후할 때가 있고 각 고을의 배삯에도 또한 후하고 박함이 있으니, 등급을 나누어 구별하는 일이 없을 수 없다. 감관과 영장은 그 자신은 이미 감독의 일을 맡았고 배도 또한 배다리에 편입되었으니, 노역이 가장 많은 그들을 1등으로, 배다리에 편입된 배를 2등으로, 좌우의 협선(挾船)을 3등으로 삼는다. 그리고 각 고을에는 그들 고을의 후하고 박함에 따라 세 등급으로 구분지어 공정하게 추첨하여 각 고을에서 등수 나눈 것을 버리게 하고, 그들로 하여금 스스로 헤아려 대장을 준비하게 했다가 다음번 추첨 때에는 당상관이 직접 관장해서 거행하도록 한다. 훈국의 배들도 역시 다른 배들의 규례에 따라 추첨하여 예전과 같이 스스로 가리는 폐단이 없게 한다.

1. 배들이 곡식을 싣거나 행상을 하기 위해 수시로 멀리 출행함으로 인해서 갑자기 모으기에 어려움이 있다. 봄·가을로 능에 행행하는 데는 본시 정해진 달이 있으니, 기한에 맞추어 일제히 와 기다리게 하라는 뜻을 미리 각 배 주인들에게 거듭 단속시켜 감히 기일을 놓치는 일이 없게 한다. 그래서 만일 기일을 어기고 오지 않은 자가 있으면 배 주인을 엄히 징계하고 추첨에서 제외시킨다.

1. 주교사의 도제조는 삼공이 예겸(例兼)하고, 제조는 삼군문의 대장이 예겸한다. 그리고 주관당상(主管堂上) 1원(員)은 비국에서 별도로 계하(啓下)를 받아서 준천사(濬川司)의 주관당상까지 겸관(兼管)하게 하고, 도청(都廳) 1원은 삼군문의 천별장(千別將) 중에서 가려 계하를 받아서 역시 준천사의 도청까지 겸관하게 한다.

1. 다리를 놓을 때 사람들을 부리고 재용(財用)을 관장하는 일은 본 주교사의 주관당상이 모두 관장해서 거행하고, 예겸당상은 다리를 놓을 때 번갈아 오가면서 일을 감독한다.

1. 큰 밧줄로 배의 이물과 고물을 나누어 묶어서 언덕 위의 못에 매어두는 일은 위에서 논한 바가 있으나, 밧줄이 끝내 튼튼하지는 못하고 또 해를 지내다보면 썩어 상하게 되는 폐단이 없지 않다. 그러니 쇠줄 열 발(把)짜리와 다섯 발짜리 각각 네 개씩으로 남쪽과 북쪽 항선(項船)의 이물과 고물을 나누어 묶어서 언덕 위의 못에 걸어매어 고정시킨다.

1. 다리 위의 깃발에는 대군물(大軍物)의 제도와 소군물(小軍物)의 제도가 있는데, 대군물은 황색 대기(大旗)와 흑색 대기 각각 1개, 상풍기(相風旗) 72개, 종선기(名船旗) 36개, 골익기(結朋旗) 36개이고, 소군물은 황색 대기와 흑색 대기, 상풍기·종선기는 수대로 늘어 세우고 골익기는 두지 않는다. 대군물과 소군물은 주사 진영으로부터 임시해서 지휘를 받는다. 그러나 다리 위의 군물이 만일 대군물로 명이 내리면 주사대장의 해당 영의 군물도 대군물로 거행하고, 만일 소군물로 명이 내리면 해당 영의 군물도 소군물로 거행한다. 해당 영의 대군물은 주사영의 인기(認旗) 1개, 대·중·소의 오방기(五方旗) 각 5개, 문기(門旗) 10개, 각기(角旗) 8개, 청도기(淸道旗)·금고기(金鼓旗) 각 2개로 도합 38개이고 순령수(巡令手)·뇌

자(牢子) 각 15쌍, 취타수(吹打手) 33명, 당보수(塘報手)·별파진(別破陣)·난후아병(攔後牙兵) 각 20명이다. 그리고 소군물은 주사영의 인기 1개, 큰 오방기 5개, 각기 4개, 황문기(黃門旗)·청도기·금고기 각 2개로 도합 15개이고, 순령수·뇌자 각 10쌍, 취타수 19명, 당보수·별파진·난후아병이 각 10명이다.

1. 선창머리에 혹시라도 모래가 쌓여 맨 머리에 있는 배와의 거리가 현격하여지면 그 형편에 따라 당연히 선창 앞쪽으로 물려 만들어야 한다. 전면에 먼저 몸체가 크고 길이가 40자 정도 되는 두 개의 방목(方木)에 다섯 개의 구멍을 나누어 뚫고 다섯 개의 기둥을 박되, 기둥 나무 양쪽 끝에는 각각 가로로 비녀장을 박아서 5층 사다리 모양처럼 되게 한다. 하방목(下方木)을 물 속에 3자쯤 한정하여 내리되, 기둥나무 사이사이 네 곳에 각기 8, 9자쯤 되는 작은 말목 두 개의 위쪽에 구멍을 뚫어 하방목 좌·우에 꽂고 비녀장을 말목 위쪽 구멍에 가로질러서, 하방목이 떠서 이동하거나 솟아오르는 폐단을 막는다. 그리고 이어 모래를 빈 가마에 담아 방목의 상단 양쪽에 늘어 쌓아서 석축(石築) 밑쪽을 누르고 있게 한다. 뒤쪽에는 기둥나무를 곧게 세우고 이어 걸치는 종보를 얹고, 사면을 두 층으로 나누어 가로 세로로 중방목을 박아서 마치 집을 짓는 모양과 같게 한다. 버팀목과 종보와 깔 판자와 드러나지 않은 못과 견철(牽鐵)과 끈으로 얽는 것은 모두 배다리의 구조와 같게 한다. 그리고 다시 몸체가 큰 가름대의 가장 긴 것 두 개로 좌·우측 깔 판자의 양쪽 가장자리에 덧대어 물러나지 않게 한다"]

5886 정조 17/02/05(무진) → 【원전】 46집 375면
〔여러 도의 봄 조련을 중지하다〕　　　　　　　　　　　　　　　　　　　수3843

여러 도의 봄 조련을 중지하였다.

5887 정조 17/02/14(정축) → 【원전】 46집 376면
〔제주 곡식 운반을 완수한 흥덕현감 조화석을 가자하다〕　　　　　　　　수4682

제주목사 이철운(李喆運)이 옮겨오는 곡식을 실은 배들이 일제히 도착했다고 치계하였다.

전교하기를, "탐라의 민중들을 살리기 위해 만포(萬包)의 곡식을 운반한 것은 만부득이한 데에서 나온 것이라. 특별히 재신과 수령을 보내 별도로 희생 등 제물을 갖추게 하고 축문을 지어 내려보내서 해신(海神)에게 잘 운송시켜줄 것을 빌게 하였다. 그리고는 그동안 남쪽으로 쏠리는 염려 때문에 한갓 꿈자리만 고달팠었는데, 이제 해당 목(牧)의 장계를 보니, 순풍에 돛을 달고 무사히 도착했다고 이를 만한지

라, 그 신기하고 다행스러움을 말로 형용하기 어렵구나. 운반을 맡은 차사원 흥덕현감(興德縣監) 조화석(趙華錫)을 가자하도록 하라" 하였다.

5888 정조 17/03/22(을묘) → 【원전】 46집 380면
〔남양부에 방어사 진영을 두기로 한 의논을 중지시키다〕   수3844

비변사당상들을 불러보고 남양부(南陽府)에 방어사 진영을 두기로 한 의논을 중지시켰다. 이에 앞서 상이 수원에 있던 방어사 진영을 남양으로 옮기고 나서 어영대장 조심태를 보내 형편을 살펴보게 하였다.

이 때에 이르러 심태가 돌아와 아뢰기를, "신이 남양에 달려가서 두루 형편을 살펴보니 대부(大阜)와 영흥(靈興) 두 섬이 바닷길의 요충에 걸터앉아 있어 해상 방어의 일로 논한다면 실로 요해지라 할 수 있으나, 남양은 본시 육군(陸軍)의 영장(營將)을 두는 고을이었으므로 해상 방어의 일은 의논할 바가 아니었습니다. 육로(陸路)에 대해서는 호서의 여러 길에서 양성(陽城)・평택(平澤)으로 나갈 적에 궁포(宮浦) 아래쪽 및 당진(唐津)・면천(沔川)・대진(大津)의 윗쪽을 경유하는 길은 수원을 경유하지 않고 곧장 남양의 사잇길로 질러가며 안산(安山)・금천(衿川)을 모두 지나가게 되는데, 지역이 매우 평탄하고 모두 막힌 곳이 없습니다. 그러므로 전부터 고을 소재지를 동쪽으로 10리쯤 되는 저팔리(楮八里)의 구포(鳩浦) 근처로 옮겨 방어의 요새로 삼자는 논의가 있었습니다. 그러니 방어영을 새로 두는 것이 합당할 것 같습니다. 그러나 다만 방어사의 직책이란 본시 한쪽 지방을 방어하는 것인데, 본 남양부는 이미 총융청 전영(前營)의 보병과 기병에 의지하고 있으니, 혹시라도 급한 때를 만나면 당연히 총융사의 절제를 받아야 하므로 이 점이 걸리는 단서입니다" 했다.

상이 여러 신료들에게 물었는데, 모두가 수원이 지금 장용영의 외영(外營)이 되어 있어 요새지로서의 소중함이 전에 비해 더욱 강화되어 있으므로 다시 방어영을 남양에 설치할 필요가 없다고 말하여, 그대로 따른 것이다.

5889 정조 17/04/10(임신) → 【원전】 46집 382면
〔환곡과 전포를 허위기록한 관찰사와 삼도 수군통제사를 파직하게 하다〕   수11194

경상도 관찰사 정대용(鄭大容)과 삼도 수군통제사 이윤경(李潤慶)을 파직하였다.

비변사가 윤경의 장계에 의거해서 복계(覆啓)하기를, "영남 각 진의 환곡과 전포(錢布)는 거짓된 농간과 헛된 기록들이 없는 곳이 없는데도, 해당 통제사가 3년 동안 재임하면서 한결같이 내버려두었다가 임기가 거의 찰 무렵에 이르러서야 비로소 아뢰었으니 매우 놀랍습니다. 또 순영(巡營)이 관장하는 곳이요 그 숫자도 적지 않은데 도신이 이를 적발해내지 못하였으니, 그의 죄도통제사나 다를 것이 없습니다. 모두 파직하는 것이 타당하겠습니다" 하였다.

윤허하였다가, 금방 진휼정사가 한창임을 감안하여 진휼의 일이 끝나기를 기다려서 전지를 받들라고 명하였다.

5890 정조 17/04/20(임오) → 【원전】 46집 383면
〔경기관찰사 박우원이 법성포에 침몰한 조운선의 쌀 문제로 장계하다〕　　　　조2076

경기관찰사 박우원(朴祐源)이 장계하기를, "법성포(法聖浦)의 조운선 2척이 쌀 2천70여 석을 싣고 교하(交河)의 통진(通津) 경계에 이르러 침몰하였습니다. 건져낸 쌀 1천3백29석과 황두(黃豆) 1백26석은 법전에 따라 민간에 나누어 주겠습니다" 하고, 또 말하기를, "상납하는 쌀과 황두는 병오년, 연품(筵稟)에서 정한 규정에 따라 한결같이 작년의 영남 조운선이 침몰되었을 때 다른 곡식으로 바꾼 규례와 같이 하여 각각 해당 고을들로 하여금 스스로 원하는 것을 좇아 다른 곡식으로 바꾸어 납부하도록 하겠습니다" 하였다.

상이 호조판서 심이지에게 이르기를, "기백의 장계 내용은 해괴하다. 이미 '건져낸 조악한 쌀은 규례에 따라 나누어 징수하겠다' 하고서, 또 말하기를, '해당 고을들로 하여금 다른 곡식으로 바꾸어 납부하게 하겠다' 하니, 이와 같이 한다면 두 번 세 번을 백성들에게 징수한단 말인가" 하였다.

이어 전교하기를, "건져낸 쌀은 배가 침몰한 지방의 백성들에게 나누어 주고 다시 상납할 고을에서 다른 곡식으로 바꾸어 징수하기를 청했으니, 어찌 이러한 법조문이 있겠는가. 이 길이 한 번 열리면 백성들이 장차 두 번 세 번 징수당하는 폐단을 받게 될 것이다. 기백의 장계 내용은 천만 해괴하다. 의당 파직하고 붙잡아들이는 법전을 급히 시행하여 후일의 폐단을 막아야 하나, 자꾸 교체하는 것도 의당 염려할 바이니, 우선 함사(緘辭)로 종중 추고하라" 하였다.

우원의 장계에 '병오년 연품에서 정한 규정'이라는 것은 바로 서유방이 기백으로 있을 때의 일이다.
그런데 마침 유방이 각신으로 등대해 있다가 아뢰기를, "신의 처음 뜻은, 큰 바다에서 배가 침몰했거나 일부러 꾀를 써서 범행을 저지른 것을 제외하고, 이와 같이 일시적인 침수로 온 배의 곡식을 다 버릴 지경에 이르지 않은 경우에 대해서는 수령과 감색배(監色輩)의 소원을 그대로 따라서 다른 곡식으로 바꾸도록 허락해 주는 것이 백성과 나라 양쪽을 위하는 도리가 될 듯하였습니다. 그래서 이 관문(關文)을 묘당을 통해 연변의 고을에 보내어 알게 하였던 것이며, 과연 약간의 배가 다른 곡식으로 바꾸는 일이 있었습니다. 그런데 근래에는 들으니, 각 도에서 비록 큰 바다에서 전선(全船)이 침몰한 경우라도 일체 억지로 일시 침수한 것으로 돌려서 애당초 장계도 올리지 않고 다른 곡식으로 바꾼다고 이름하여 백성들을 소요시킨 것이 한둘이 아니라고 합니다. 이는 신이 애당초 신중하지 못하고 지레 시험부터 해본 것이 마침내 점차로 더욱 그릇된 일이 발생하게 만든 것입니다. 만일 이 일을 즉시 바로잡지 않으면 후일의 폐단을 이루 다 말할 수 없을 것이니, 묘당으로 하여금 공문을 내서 엄히 신칙하도록 하소서" 하였다.
비답하기를, "법을 야박하게 만들어 놓으면 그 폐단은 탐욕스럽게 되는 것이다. 하(夏)의 충(忠), 은(殷)의 질(質), 주(周)의 문(文)도 또한 보태거나 더는 일이 있었는데, 어떻게 법이라 이름한 것으로서 오래도록 폐단이 없는 것이 있겠는가. 진실로 혹 일분의 이익이라도 된다면 수시로 바꾸는 것이 더 나을 것이다. 그러나 이 일에 대하여 처음부터 허락을 아꼈던 것은 바로 당장의 이익은 적고 후일의 폐단은 클 것이기 때문이었다. 분명히 침몰하여 썩은 것을 침수한 것이라고 혼동해 말한다면 이는 명칭은 비록 다른 곡식으로 바꾼다 하나 실상은 재차 징수하는 것이다. 그런데 수령은 이로써 벼슬을 보전하는 데에 유리하게 여기고 선격(船格)들은 이로써 죄를 면하는 것을 다행으로 여기지만, 오직 고통과 곤궁을 겪는 사람은 백성들 뿐이다. 그 당시의 열거한 조항들을 애당초 계하하지 않았더라면 여러 도의 이같은 행위들이 어디에서 기인되었겠는가. 여러 도에 거듭 단속시켜 한결같이 법전에 따라 시행하도록 하라" 하였다.

5891 정조 17/04/27(기축) → 【원전】 46집 385면
〔삼도 수군통제사·전라우도 수사를 보임했다가 전직을 제수하다〕   수11195

특별히 서유방을 삼도 수군통제사로, 이재학을 경상우도 병마절도사로, 이면응을 전라우도 수군절도사로 보임하였다가, 이내 명하여 다시 전직을 제수하였다. 유방 등이 대궐 밖에 거적을 깔고 앉아 대죄하면서 누차의 부름을 어기고 정사에 나오지 않자, 상이 분의와 기강에 크게 관계되는 일이라 하여 세 전당을 곤임에 특별 보임하였다.

그러다가, 조금 뒤에 전교하기를, "이들 세 전당에게 다시 정사를 보도록 이미 은 미한 뜻을 보였으니 말이란 신의가 없을 수 없다. 그러나 오늘의 거조는 신하의 본분과 크게 관계되는 것인데 한결같이 독려하고 신칙만 한다면 어찌 이러한 국가의 기강이 있겠는가. 이것이 첫째의 이유이다. 총재란 이 얼마나 중요한 직임인가. 그렇다면 잠시 체직하였다가 이내 유임시키는 것이 의리상으로는 시원스럽게 펴인 것은 아니지만, 설사 오늘은 그냥 공무를 수행하더라도 또 장차 후일의 정사에서 사사로운 사정을 말할 수도 있을 것이니, 이것이 두번째의 이유이다. 금방 보임했다가 바로 환수하는 것 또한 본말이 전도되는 것임을 모르는 것은 아니나, 이같은 조처는 기왕의 관례에도 분명히 있었던 일이거니와, 이렇게 한 다음에야 일의 면모가 바르게 되고 명령이 신의가 있게 되고 규모가 정해질 것이다. 통제사 서유방을 이조판서에 제수하고, 병사 이재학은 참관에 제수하고, 수사 이면응을 참의에 제수하노니 그들을 패초하여 정사를 보도록 하라" 하였다.

5892 정조 17/04/27(기축) → 【원전】 46집 385면
〔이동식·이득제·신대현 등에게 관직을 제수하다〕   수11196

이동식(李東植)을 전라우도 수군절도사로 삼았다. 이득제(李得濟)는 삼도 수군통제사로 삼았다가 이내 금군 별장으로 유임시키고 신대현(申大顯)으로 대신 임명하였다.

5893 정조 17/04/29(신묘) → 【원전】 46집 385면
〔장연의 대청도 소청도에 백성을 모아 농사짓게 하다〕   기2164

장연(長淵)의 대청도(大靑島)와 소청도(小靑島)에 백성들을 모집하여 농사짓고 살게

하도록 허락하였다.

　앞서 좌참찬 정민시가 아뢰기를, "서북의 폐사군 지역인 후주(厚州)의 서남쪽 섬들은 처음에 야인들이 들어와 살고 해적들이 침략해옴으로 인해서 그 땅을 버려두었지만, 지금은 야인이나 해적의 걱정이 없어진 지 이미 수백 년이 지났는데도 아직 백성들이 농사짓고 사는 것을 허락하지 않고 있습니다. 옛말에 날로 백리의 땅을 넓힌다 하였는데, 지금 우리는 유용하게 쓸 땅을 노는 땅으로 두고 있으니 극히 무의미한 일입니다. 고려 때 조운흘(趙云仡)은 '대청과 소청 등의 섬은 모두 비옥한 땅과 고기 잡고 소금 굽는 이익이 있다' 하였고, 고 상신 유성룡은 '신미도(身彌島) 등은 땅이 넓어 둔전(屯田)을 설치하여 사람이 살 수 있다'고 하였습니다. 신의 생각에는 장연의 대청도와 소청도를 황해수사로 하여금 자신의 비장(裨將)을 보내 둘러보아 장문하게 하고, 선천(宣川)의 신미도와 철산(鐵山)의 대가차리도(大加次里島)·가도(假島)는 선천부사가 직접 둘러보아 장문하게 한 뒤에 의논하여 조처하는 것이 타당할 듯합니다" 하였다.

　상이 그가 아뢴 말을 합당하게 여겼었다.

　그런데 이 때에 이르러 황해도 수군절도사 이우현(李禹鉉)이 치계하였다.

　"대청도는 동서의 거리는 30리이고, 남북의 거리는 20리입니다. 동쪽으로 소강행영(所江行營)과의 거리는 뱃길로 2백 리이고, 북쪽으로 백령진(白翎鎭)과의 거리는 30리이며, 동북쪽으로 장연(長淵) 무룡포(舞龍浦)와의 거리는 1백 30리입니다. 겹겹의 산과 봉우리가 바다 가운데 우뚝 솟아 있고, 내동(內洞)·고사동(庫舍洞)·사언동(沙堰洞)·판안구미(板案仇味) 등 네 개의 큰 골짜기가 있습니다.

　내동은 북쪽의 높은 산봉우리 아래 부스러진 기와 조각들이 있는데, 세속에 전해 오는 말로는 원(元)나라 황제가 살았던 옛터라고 하였습니다. 그 아래는 바로 옥자포(玉子浦)로 길이는 10리쯤 되고 너비는 수리(數里)쯤 되는데 좁은 곳도 2백여 보는 되었습니다. 그런데 윗쪽은 토질이 척박하여 다만 사이 사이로 밭을 만들 수 있었고, 아랫쪽은 모래땅이 기름져서 개간할 만하였습니다.

　고사동은 길이가 3리쯤 되고 너비는 2백여 보쯤 되는데, 윗쪽은 층을 이루는 바위와 널려진 돌들이 묻혀 있기도 하고 드러나기도 하여 경작할 만한 땅이 없고 아래쪽은 지형이 조금 평평하면서 흙빛이 거무스레하여 개간할 만하였습니다. 그런데 골짜기 어귀의 포구와 잇닿는 곳에 가로막은 둑 하나가 있었는데 모두가 돌무더기라서 매양 밀물이 들 때이면 짠물이 스며들어 왔습니다.

사언동은 하나의 긴 골짜기에 불과합니다. 양쪽의 벼랑은 모두 암벽이고 가운데 작은 개울 하나가 구불구불 바다로 흘러들어가고 있어 전혀 개간할 만한 곳이 없습니다.

판안구미는 너비가 사언동과 대략 서로 같은데, 골짜기 막바지에 땅이 평평하여 백여 말[斗]의 곡식을 부릴 만하였습니다.

대체로 네 골짜기 중 내동이 가장 개간하기에 적합하고 그밖의 세 골짜기는 산이 아니면 골짜기이고 골짜기가 아니면 벼랑이며, 솔·느릅·뽕·상수리·개암·오동·떡갈·노나무 등이 곳곳마다 빽빽하게 들어차 있습니다. 그리고 사면의 바다 기슭은 가파른 벼랑이라서 방어 시설을 할 수 없고 어살을 칠 곳도 없으며 소금이나 굽기에 적합한 곳입니다. 소청도는 대청도 남쪽 뱃길로 30리쯤에 대청도와 마주하여 있습니다. 남북이 10여 리이고 동서가 5리인데 북쪽으로 백령진과의 거리는 60리이고, 동쪽으로 소강 행영과의 거리는 1백80리이며, 동북쪽으로 장연의 무수룡포(舞袖龍浦)와의 거리는 1백50리입니다. 네 개의 산봉우리가 늘어서 솟아 있는데, 동북쪽으로는 사대구미(寺垈仇味)·경생동(鯨生洞)·모전구미(茅田仇味)·탑동(塔洞) 등 네 개의 골짜기가 있으나 밑바닥까지 다 석벽(石壁)이어서 한뙈기도 경작할 만한 땅이 없고, 남쪽으로는 능동(能洞)과 왜진동(倭津洞)이 있으나 모두 바닷가에 바싹 붙어 있으며, 서쪽으로는 우모진(牛毛津)·죽전현(竹田峴)·내진(內津) 등 세 곳이 있으나 또한 모두 높고 험준하여 씨를 뿌려 가꿀 수가 없습니다. 그리고 섬의 서남쪽은 땅이 비옥하므로 개간해서 전답을 만들만합니다. 나무들은 대체로 떡갈나무가 많고 동백(冬栢)과 춘백(春栢)이 십중칠팔이었습니다."

비변사가 아뢰기를, "지금 백성의 수효가 날로 늘어가는 때에 모든 이용 후생에 관계되는 도리를 조금도 늦출 수가 없습니다. 두 섬의 면적이 이미 광활하니, 백성들에게 경작을 허락하는 것이 실로 사리에 합당하겠습니다. 또 해상의 방어를 가지고 말하더라도 정체를 알 수 없는 배들이 출몰하여 고기를 잡아가지 않는 해가 없습니다. 만일 지금부터 땅을 개간하고 백성을 모아들여 그들을 추적하여 잡고 감시하게 하기를 마치 연해의 여러 곳과 같이 한다면 또한 변경을 굳건히 하는 정사에 해롭지 않을 것입니다. 수신(帥臣)으로 하여금 백성을 모아 경작하는 것을 허락하고, 농우소와 종자 곡식을 편리할 대로 도와주게 하되, 우선은 나무를 베어 팔아서 개간하는 데에 드는 물력(物力)에 보탬이 되도록 하게 하소서" 하였다.

그러므로, 그대로 따른 것이다.

5894 정조 17/04/29(신묘) → 【원전】 46집 385면
  〔평안도 청북 수군방어사 정학경이 인근 섬들의 형편을 치계하다〕 기2165

평안도 청북(淸北) 수군방어사 정학경(鄭學畊)이 치계하기를, "신이 신미도·가도·대가차리도를 달려가서 살펴본 형편을 별단에 갖추어 보고합니다. 그리고 탄도(炭島)·소가차리도(小加次里島)·대화도(大和島)·소화도(小和島)·웅도(熊島)·우리도(牛里島)·진도(眞島)는 비록 비국의 관문(關文)에 열거한 것은 아니나, 이미 이 세 섬의 근방이므로 일체 조목조목 나열하여 올립니다" 하였다.

〔별단은 다음과 같다.
"신미도는 선천부(宣川府)의 남쪽에 있는데, 육로로는 40리이고 뱃길로는 20리입니다. 본부(本府)의 남면(南面) 돌사리(乭沙里)에서 배를 타고 출발하면 본도(本島)의 당후포(堂後浦)에 이르게 됩니다. 동서의 거리는 25리이고, 남북은 50리이고 사방 둘레는 1백40리며, 살고 있는 백성은 94호이고, 대장에 올라 있는 현재 경작하고 있는 밭은 2백97일 갈이이고, 대장에 올라 있는 현재 경작하고 있는 논은 61석 5두 2승 지기로 모두 세전(稅錢) 7백50냥을 사복 시에 상납합니다. 이보다 더 경작하고 있는 밭은 41일 갈이이고 더 경작하고 있는 논은 1석 11두 4승 지기로 모두 세전 73냥 9전을 선사진(宣沙鎭)에서 받아들입니다. 상등(上等)의 밭에서는 1일 갈이당 8, 9석을 수확할 수 있고 상등의 논에서는 마지기당 30말을 수확할 수 있습니다. 노는 땅으로 밭을 개간할 만한 곳은 1백83일 갈이이고 노는 땅으로 논을 개간할 만한 곳은 30석 7두락입니다. 나무는 잡목이 많고 샘은 1백30개이며, 곡식은 벼·기장·피·보리·밀·콩·팥·조·목화·참깨·들깨·녹두·메밀이 잘되고, 물고기는 숭어(秀魚)·진어(眞魚)·조기(石魚)가 잡힙니다.

가도는 철산부(鐵山府)의 남쪽에 있는데, 본부에서 육로로는 40리이고 뱃길로는 30리입니다. 선사진에서 배를 타면 본도의 예사포(汭洒浦)에 이르게 되는데, 동서의 거리는 15리이고 남북은 10리이며 사방 둘레는 30리입니다. 거주하는 백성은 47호입니다. 대장에 올라 있는 현재 경작하는 밭은 96일 갈이이고, 대장에 올라 있는 현재 경작하는 논은 2석 5승지기로 모두 세전 1백84냥을 사복 시에 상납하고 있

습니다. 더 경작하고 있는 밭은 70일 갈이이고, 더 경작하고 있는 논은 3두 2승지기로 모두 세전 1백23
냥을 선사진에서 받아들이고 있습니다. 그 곳의 상등 밭에서는 1일 갈이 당 6, 7석을 수확할 수 있고,
상등의 논에서는 1두락당 22, 23두(斗)를 수확할 수 있습니다. 노는 땅으로 밭을 개간할 만한 곳은 1백
97일 갈이이고, 노는 땅으로 논을 개간할 만한 곳은 13두락입니다. 샘은 48개이고, 곡식은 벼·조·
콩·팥·목화·보리·밀·메밀이 잘되며, 고기는 숭어·민어(民魚)·조기가 잡힙니다.

대가차리도는 선천부의 남쪽에 있는데, 본부에서 육로로는 40리이고 뱃길로는 35리입니다. 본부 수
청면(水淸面) 대변정리(待變亭里)에서 배를 타면 본도의 북쪽에 이르게 됩니다. 동서의 거리는 2리 반이고
남북은 2리이며 사방 둘레는 6리입니다. 거주하는 백성은 7호이고, 현재 경작하고 있는 밭은 10일 갈이
인데, 본부에서 세금을 받고 있습니다. 그리고 면적이 좁아서 개간할 만한 노는 땅은 없습니다. 나무는
수십 그루 밖에 없고 샘은 4개입니다. 곡식은 조·콩·팥·메밀이 잘되고, 백성들은 대부분 조개를 잡는
것으로 생업을 삼고 있습니다.

탄도는 선천부의 남쪽에 있는데, 본부에서 육로로는 40리이고 뱃길로는 65리입니다. 본부 수청면 대
변정리에서 배를 타면 본도의 서쪽에 이르게 됩니다. 동서의 거리는 7리이고 남북은 3리이며 사방 둘레
는 15리입니다. 거주하는 백성은 20호입니다. 대장에 올라 있는 현재 경작하는 밭은 22일 갈이이고, 대
장에 올라 있는 현재 경작하는 논은 2두 8승지기인데, 사복시에서 세금을 거두고 있습니다. 더 경작하
고 있는 밭은 15일 갈이인데 선사진에서 세금을 거두고 있습니다. 노는 땅으로 밭을 개간할 만한 곳은
22일 갈이입니다.

소가차리도는 선천부의 남쪽에 있는데, 본부에서 육로로는 40리이고 뱃길로도 40리입니다. 본부의
수청면 대변정리에서 배를 타면 본도의 서쪽에 이르게 됩니다. 동서의 거리는 2리이고 남북은 1리이며
사방 둘레는 7리입니다. 거주하는 백성은 4호이고, 현재 경작하고 있는 밭은 9일 갈이인데 본부에서 세
금을 거두고 있습니다.

웅도는 선천부의 남쪽에 있는데, 본부에서 육로로는 40리이고 뱃길로는 60리입니다. 본부의 수청면
대변정리에서 배를 타면 본도의 동쪽에 이르게 됩니다. 동서의 거리는 2리이고 남북은 1리이며 사방 둘
레는 7리입니다. 거주하는 백성은 6호이고, 현재 경작하는 밭은 9일 갈이인데 본부에서 세금을 거두고
있습니다.

대화도는 선천부의 남쪽에 있는데, 본부에서 육로로는 30리이고 뱃길로는 85리입니다. 본부의 태산
면(台山面)에서 배를 타면 본도의 북쪽에 이르게 됩니다. 동서의 거리는 2리이고 남북은 6리이며 사방 둘
레는 15리입니다. 거주하는 백성은 7호이고, 현재 경작하는 밭은 7일 갈이인데 본부에서 세 금을 거두

고 있습니다.
　소화도는 선천부의 남쪽에 있는데, 본부에서 육로로는 30리이고, 뱃길로는 80리입니다. 본부의 태산면에서 배를 타면 본도의 북쪽에 이르게 됩니다. 동서의 거리는 2리이고 남북은 6리이며 사방 둘레는 15리입니다. 거주하는 백성은 7호이고, 현재 경작하는 밭은 7일 갈이인데 본부에서 세금을 거두고 있습니다.
　우리도는 선천부의 남쪽에 있는데, 본부에서 육로로는 30리이고 뱃길로는 1백10리입니다. 본부의 태산면 유사리(楡沙里)에서 배를 타면 본도의 서쪽에 이르게 됩니다. 동서의 거리는 5리이고 남북은 1리이며 사방 둘레는 13리입니다. 거주하는 백성은 5호이고, 현재 경작하는 밭은 5일 갈이인데 본부에서 세금을 거두고 있습니다.
　진도는 선천부의 남쪽에 있는데, 본부에서 육로로는 30리이고 뱃길로는 1백20리입니다. 본부의 태산면 유사리에서 배를 타면 본도의 서쪽에 이르게 됩니다. 동서의 거리는 4리이고 남북은 2리이며 사방 둘레는 12리입니다. 거주하는 백성은 2호이고, 현재 경작하는 밭은 5일 갈이인데, 본부에서 세금을 거두고 있습니다. 대체로 탄도·소가차리도·웅도·대화도·소화도·우리도·진도는 땅이 이미 협소하여 개간할 만한 빈땅이 없고, 이밖에 또 횡련도(橫連島)·첩도(蝶島)·갈도(葛島)·자리원도(蜚里阮島)·오도(梧島)·유도(柚島)·지도(芝島)·호도(虎島)·옥지도(玉池島)·어영도(魚暎島)가 있으나 모두 인가와 전토가 없고 개간할 만한 땅도 없습니다. 첩도에만 두세 인가와 약간의 전토가 있는데, 모두 원 장부에 올라 있어 세금을 내는 땅들입니다"
　관찰사 이병모가 치계하기를, "신미도 등 세 섬의 개간할 만한 땅들은 모두 목장 안의 산 중턱 윗쪽에 있으므로, 목장을 옮긴 다음에야 비로소 경작하는 것을 논의할 수 있을 것이고, 그밖의 보를 막아 논을 만들 만한 곳은 비록 그 숫자가 적다고는 하더라도 섬사람들이 이익을 입을 수 있는 밑바탕이 될 것이니, 묘당으로 하여금 품처하도록 하소서" 하였다.
　상이 묘당에 내려 의논하게 하였으나, 끝내 의견이 일치되지 않아 중지되었다.

5895 정조 17/05/19(경술) → 【원전】 46집 389면
〔이윤경이 진휼을 감독한 비장장교 등의 가자를 청하나, 엄히 조처케 하다〕　　　기2165
　이전 삼도 수군통제사 이윤경이 진휼을 마친 전후 내용을 치계하고 또 진휼을 감독한 비장과 장교 및 재물을 내놓은 부유한 백성들에게 포상의 은전을 내리기를 청하

였다.
　병조가 아뢰기를, "진휼하는 정사는 도신이 주관합니다. 그러므로 수신(帥臣)이 스스로 준비하거나 부유한 백성이 자원 납부한 것들에 대해서는 반드시 도신이 열거해서 올리게 되어 있고 원래 수신이 보고하는 일이 없습니다. 그런데 이번에 이전 통제사 이윤경이 진휼한 일을 가지고 상을 청한 일은 평상시의 법규와 어긋난 것이거니와 그가 아뢴 말 가운데도 백성들의 형편이 어떠한가에 대해서는 아예 전혀 언급하지 않고 오직 비장과 장교의 포상에만 뜻이 있었습니다. 전에 없었던 일이며 구절 구절이 외람스러우니, 잡아다 신문하여 엄히 조처하고, 부유한 백성으로 꼭 상문(上聞)해야 할 사람에 대해서는 도신에게 맡겨 다시 사실을 조사해서 치계하게 하소서" 하였다.
　윤허하였다.

5896 정조 17/05/24(을묘) → 【원전】 46집 390면
〔소나무 남벌을 살피지 못한 이전 전라도 수군절도사 이은복을 유배하다〕　　　수11198
　이전 전라도 수군절도사 이은복(李殷福)을 사도진(蛇渡鎭)으로 유배하였다. 그것은 바람에 쓰러진 소나무를 베어 팔 적에 나무 장사들이 마구 베어내는 폐단을 살피지 못한 때문이었다.

5897 정조 17/05/27(무오) → 【원전】 46집 392면
〔경상도 관찰사가 연해 어세의 폐단과 토산물 봉진의 폐단 시정을 청하다〕　수11198
　경상도 관찰사 정대용(鄭大容)이 치계하였다.
　"경상우도 연해의 어세(漁稅)를 통영(統營)에 이속시킨 뒤로 농간의 폐단이 해마다 겹쳐 생겨나서 백성들이 모두 원망하여 한탄합니다. 그런데 이를 논하는 자들 중에는 혹 다시 지방 고을에 소속시키면 그 폐단을 구제할 수 있을 것이라고도 합니다. 그러나 앞서 어세를 통영에 이속시킨 것은 단지 군사와 백성들에게만 은택을 입히기 위한 것이 아니었고, 실상은 영(營)의 형편이 점점 옛날만 못해져서 상환해야 할 허다한 빚들은 조처할 수가 없는 데서 나온 것이었습니다. 지금 만일 각 고을에 다시 소속시켜서 통영이 간여할 수 없게 해버린다면 관방(關防)의 중요한 지역이 실

로 낭패당할 염려가 있습니다.
 대체로 듣건대 종전에 각 고을에서 관장할 때에도 강제로 징수하는 일이 오늘날의 통영과 다를 것이 없었습니다. 그래서 통영에 이속된 초기에는 백성들이 모두 편리하게 여겼는데, 금하는 법이 차츰 느슨해짐으로써 간교와 거짓이 수없이 생겨나고 새로 설시한 일이 많음으로 인해 폐단이 날로 불어났습니다. 그리하여 통영에 이속시킨 지 20년도 채 안되어서 처음에 그토록 편리하다고 말하던 것이 이제는 또 불편하다는 말을 하게 된 것이니, 각 고을에 환속시켜서 오랜 햇수가 지난 뒤에는 다시 통영에 소속되기 바라는 일이 없으리란 것을 어떻게 알겠습니까. 신의 생각에는 제도를 고쳐서 효력이 없게 하기보다는 차라리 그대로 두고 너무 심한 폐단만 제거하는 것이 더 나으리라고 여깁니다."
 이어 폐단을 구제할 여러 조항들을 조목별로 열거하여 아뢰었다. 그리고 또 아뢰기를, "진상하는 마른 전복은 울산의 것이 잘다 하여 매번 사천(泗川)·거제(巨濟) 등지에서 사들이는데, 이는 바로 제주에서 생산된 것으로 여러 곳을 거쳐서 입수된 것입니다. 그리하여 높은 값과 거래 때에 드는 잡비를 바다 백성들이 으레 담당하고 있습니다. 진상의 일은 사체가 지극히 중하므로 감히 경솔하게 의논드릴 수는 없으나, 그 지방 산물에 따라 봉진하는 것이 본시 공물을 바치는 제도이고 또 관동과 호남에 근거할 만한 전례도 있으니, 의당 변통하는 방도가 있어야 할 것입니다" 했다.
 상이 그 계문을 묘당에 내리면서 일찍이 그 도의 도백을 지낸 사람과 확실하게 의논해서 아뢰도록 명하니, 비변사가 아뢰였다.
 "신들이 정유년의 경상우도 연해의 어세(漁稅)를 통영에 떼어줄 때의 거조(擧條)를 가져다 보니, 그 당시 대신과 여러 신료들이 균청사목(均廳事目)이 지극히 엄격함을 들어 처음에는 허락하지 않았다가, 끝에 가서 균청의 대장에 올라 있지 않으면서 새로 설치하기에 가합한 곳이나 백성들의 힘이 미치지 못하지만 버려두기에는 아까운 곳들에 대하여 이 명목을 빌려 마지못해 허락하였었습니다.
 대체로 해세(海稅)를 통영에 떼어주는 것이 매년 1만 냥이고 또 장수와 사졸들의 생계를 도와주기 위해서 우도 연해의 어세를 떼어주었고 보면 조정에서 통영을 돌보아준 것은 그지없이 곡진하였는데, 균청의 사목을 가지고 말한다면 이미 제도를 훼손시킨 데 대한 탄식이 없지 않습니다.

지금에 와서 장수와 아전들의 간악한 폐단이 극히 심해져서 바닷가 백성들의 곤궁함이 여기에 이르렀으니, 양쪽을 다 편리하게 하는 효험은 없고 오랫동안 조정에 근심만 끼쳤습니다. 그러니 지금 만일 본 고을에 환속시킨다면 여러 조목의 고질적인 폐단들을 제거하려 하지 않더라도 저절로 제거될 것입니다. 관찰사의 보고에서는 비록 통영의 형편이 옛날만 못한 것을 가지고 고려할 단서로 삼고 있으나, 바닷가 백성들이 매우 어려운 고통을 겪는 이 시점에서는 사소한 거리낌들은 족히 걱정할 것이 못됩니다. 그러므로 신들의 생각에는 우도 연해의 어세는 일체 균청의 절목에 의거하여 이전 대로 각 고을에 환속시켜서 통영은 다시 간섭할 수 없도록 하여야만 바야흐로 십분 구제하고 개혁하는 도리가 될 수 있다고 여깁니다.

그리고 진상하는 전복에 이르러서는 그것이 바닷가 고을에서 응당 바쳐야 할 물품이고 진헌하는 사체는 지극히 중한 것이니, 도신이 이것을 말씀드린 것은 일이 미안한 데에 관계됩니다. 추고하소서."

윤허하고, 전교하기를, "토산물을 봉진하는 데는 대소에 구애하지 않는 것이 이미 호남과 관동에서 폐단을 바로잡았던 가까운 사례가 있으니, 울산의 전복에 대한 일은 장계에서 청한 대로 시행하고 도신은 추고하지 말라" 하였다.

5898 정조 17/06/02(계해) → 【원전】 46집 396면
〔삼도 수군통제사 신대현을 불러보다〕 수11199
삼도 수군통제사 신대현(申大顯)을 불러보았다. 하직인사를 올린 때문이었다.

5899 정조 17/06/10(신미) → 【원전】 46집 396면
〔배에 곡식 싣는 것을 지연하여 배를 파선한 이최원을 유배보내다〕 조2077
이최원(李最源)을 밀양부에 귀양보냈다. 최원이 밀양부사로 후조창(後漕倉)의 도차사원(都差使員)이 되었는데, 배에 곡식을 실은 것이 때가 늦음으로 인해 안흥진(安興津) 뒤쪽 바다에서 파선되었으므로, 특명으로 그 고을에 정배한 것이다.

5900 정조 17/07/21(임자) → 【원전】 46집 401면
〔충무공 이순신을 의정부 영의정으로 추증한다고 전교하다〕 수11200

승지를 보내어 황단(皇壇)의 위패를 봉안(奉安)한 방을 봉심(奉審)하게 하고, 행 부호군 이원(李源)은 선무사(宣武祠)를 봉심하게 하였으며, 충무공 이순신(李舜臣)에게는 의정부 영의정을 더 추증하였다.
　전교하였다.
　"이 날이 무슨 날인가. 아, 신종(神宗)황제가 우리나라를 구원하여 다시 있게 해준 은혜는 하늘과 더불어 다함이 없다. 비풍(匪風)의 감상(感傷)과 하천(下泉)의 쓰라림을 장차 어디에 그 만분의 일인들 표시할 수 있겠는가. 이미 근신(近臣)을 보내어 위패를 봉안한 방을 대신 봉심하게 하였으며 거듭 무신(武臣) 이원(李源)을 시켜 선무사에 가서 두루 돌아보게 한 것은 주로 이 날을 기억하려 함에서이니 이것으로 어찌 기억이 되겠는가.
　덕을 본받고 공을 갚는 데는 나라의 밝은 법규가 있는데, 더구나 작은 나라 배신(陪臣)으로서 명나라의 은총을 입어 천하의 명장이 된 사람은 바로 이 충무공이다. 옛적 무령왕(武寧王) 서달(徐達)의 비석을 황제가 직접 글씨를 쓰고 유사(有司)가 비 세우는 일을 맡아 하였었다. 우리도 삼가 이를 모방하여 일찍이 그 도로 하여금 비석을 깎아놓고서 비석 머리에 새길 전자(篆字) 글씨를 써서 내려보내고 명시(銘詩)를 지어 보일 때까지 기다리도록 하였었는데, 작년에는 민생에 관한 일로 바빠서 미처 하지 못하였다. 이에 오늘 충무공 후손을 불러 물어보고 그 공역을 감독하도록 하였다.
　또 생각해 보면 충무공의 그 충성과 위무(威武)로서 죽은 뒤에 아직까지 영의정을 가증(加贈)하지 못한 것은 실로 잘못된 일이었다. 유명 수군도독 조선국 증 효충 장의 적의 협력 선무 공신 대광 보국 숭록대부 의정부 좌의정 덕풍부원군 행 정헌대부 전라좌도 수군절도사 겸 삼도통제사 충무공 이순신에게 의정부 영의정을 가증하라. 비석을 세우는 날의 치제(致祭)에 대하여는 전에 명을 내려 알렸는데, 벼슬을 추증하고 선고(宣誥)하는 일도 그날 함께 거행하도록 하라. 그리고 『춘추(春秋)』를 읽을 만한 곳이 없다고 하면서 삼전(三傳)을 묶어 높은 데 얹어놓지 말라. 이 의리(義理)는 우주간에 영원히 존재하고 있어 해·별과 함께 광채를 빛낼 것이다. 어찌 이를 강명(講明)할 방도를 생각하지 않을 수 있겠는가. 이 날이 무슨 날인가."

5901 정조 17/07/21(임자) → 【원전】 46집 402면
〔행 부호군 이원을 지중추부사에 제수하라고 전교하다〕 수11201

이원을 자헌(資憲)의 품계로 특별히 올려주고 지중추부사에 제수하였다.
  전교하기를, "중국사람의 후예로서 우리나라에 와서 살고 있는 것이 귀하고도 특이하다. 어찌 벽 사이에 사는 거미(蛛)와 주(朱)가 음이 서로 같은 정도에 비교할 것인가. 더구나 황제의 조서를 받들고 우리나라를 재생시켜 준 사람의 후손으로 벼슬이 무재(武宰)에 이른 사람이야 그 귀하고도 특이함이 더욱 더 어떠하겠는가. 이날에 그 사람을 녹용(錄用)하지 않는다면 이 어찌 이날을 만나 이날을 감격해 하는 뜻이겠는가. 더구나 위패를 봉안한 방을 대신 봉심하게 하여 마치 제사를 지내지 않은 듯한 지울 수 없는 생각을 못내 누를 길이 없다. 행 부호군 이원을 특별히 한 등급 품계를 올리어 지중추부사에 제수하고 이어 도총관을 겸직하게 하라. 영원백(寧遠伯)의 후예가 우리나라의 정경(正卿)이 된 것은 처음 있는 일이다. 제독(提督)의 사당에 충무공 이순신의 후손인 금위대장 이한풍(李漢豊)을 보내어 길일을 가려서 치제하게 하라. 제문은 내가 친히 지을 것이며 제물과 제의(祭儀)는 기유년에 행한 60돌 때의 전례를 사용하라" 하였다.

  〈 관련내용 〉
  · 정조 17/07/28(기미)→ 금위대장 이한풍을 보내 이 제독의 사당에 치제하다   46집 403면

5902 정조 17/08/04(갑자) → 【원전】 46집 403면
〔이엽에게 관직을 제수하다〕 수11202

이엽(李燁)을 황해도 수군절도사로 삼았다.

5903 정조 17/08/29(기축) → 【원전】 46집 406면
〔통제사 이윤경의 첩보 내용에 대한 불경을 문제삼다〕 수11203

매년 단오날이면 전라도와 경상도의 감영(監營)·통제영(統制營)이 부채를 만들어 조정의 관원들에게 두루 선물하는 일이 옛부터 전해오는 전례이다. 이에 앞서 이윤경(李潤慶)이 통제사로서 임기가 만료되어 체직당하게 되자 흉년이 들었다고 핑계하면서 연례로 하는 일을 폐지하였다. 상이 연신(筵臣)의 귀띔으로 그 일을 대강 듣고

비변사에 명하여 공문을 보내 물어보게 하였는데, 윤경이 첩보(牒報)를 올려 핑계를 대면서 부정하되, 그 말이 외람되고 거만하였다. 그리하여 연신(筵臣)들이, 중국 법의 불경죄로 그를 처벌할 것을 누차 말하였으나, 상이 그에게 죄를 내리지 않고 있었다. 그러다 윤경이 다른 일에 연루되어 파직을 당하고 돌아오게 되자 감히 성안에 들어오지 못하고 한강 밖에서 처분을 기다렸다.

대사간 유한모(兪漢謨)가 아뢰기를, "비밀병부는 사체(事體)가 아주 엄중하여 황량한 교외의 객줏집에 오랫동안 머물러 있게 해서는 안 됩니다. 승정원을 시켜 거두어 들이도록 하소서" 하고, 또 윤경을 벼슬아치 명부에서 삭제할 것을 청하니 그대로 따랐었다.

이 때에 이르러 사간 어용겸(魚用謙)이 아뢰었다.

"이윤경의 죄를 어떻게 이루 다 벌을 내릴 수 있겠습니까. 저번에 묘당(廟堂)에서 공문으로 물었던 일은 규례에 없는 지시였는데 공문이 오고 갈 때 제아무리 교만하고 사나운 장수라도 감히 무례한 말을 묘당에 가하지는 못하는 법입니다. 더구나 그 오고 간 공문이 묘당과 서로 관계된 것일 뿐이므로 상의 전교가 있었고 없었고는 제가 감히 말할 수 없을 뿐 아니라 애당초 말해서는 안되는 일이었습니다. 아, 그의 무엄한 버릇이 결국 명분을 범하고야 만 것입니다.

이른바 영리(營吏)가 사적으로 통보하였다는 그 일은 무슨 변괴입니까. 감히 더없이 존엄한 '연교(筵敎)' 두 글자를 도리에 어그러진 말을 지껄이면서 멋대로 뇌까렸으니 그 국가를 안중에도 두지 않는 죄가 됨에 이미 여지가 없는 것입니다. 그런데 게다가 또 끝에 가서는 미욱하다는 등의 말을 방자하게 늘어놓으면서 조금도 두려워하지 않았으니 그가 비록 윤리도 없는 메떨어진 사내라 하더라도 어찌 임금의 존엄함은 비교해 보면 하늘과 땅 차이라는 그것도 돌아보지 않고 이렇게까지 외람되고 패려궂게 한단 말입니까. 해당 부(府)로 하여금 잡아다가 국문하여 진상을 밝혀내고 빨리 해당되는 법을 적용하도록 하소서. 그리고 대각(臺閣)이 죄를 논하여 아뢰는 일이 그 얼마나 근엄한 일입니까.

아, 저 이윤경이 범한 죄는 그 관계됨이 지극히 중대하니 그 어떠한 죄안(罪案)입니까. 그런데 저번에 그를 논하여 아뢰면서 한 말이 지극히 모호하였고 죄를 성토한다는 것이 도리어 죄를 덮어주는 꼴이 되었습니다. 그리고 심지어 비밀 병부를 거두어들이라는 청까지 하였으니 이는 전혀 도리가 없는 짓으로서 비단 느슨하게 논죄(論罪)한 잘못에 그칠 뿐이 아닙니다. 이전 대사간 유한모도 벼슬아치 명부에서 삭제해 버리도록 하소서."

비답하기를, "이윤경의 일은 그가 범한 죄를 따지자면 해당 벌을 모면할 길이 없는 것이다. 처음에 초기(草記)를 보고 비답도 하지 않은 채 도로 내려보내면서 묘당으로 하여금 다시 공문을 보내지 말도록 신칙하였으니, '연교' 두 글자는 첩보나 장계에서 감히 그 말을 쓸 엄두도 내지 말았어야 했었다. 그리고 감히 하찮은 영리 무리를 내세워 이른바 사적으로 통보하였다는 말로 거리낌없이 말하였고 겸하여 패역스런 말까지 있었으니 그의 죄는 목베어 마땅하다고 할 것이다. 그러나 그 모두는 그에게 있어서는 이차적인 죄에 속하는 것들인데 왜 꼭 타이르는 일을 하여 임금과 신하 사이의 명분을 훼손시킬 것인가. 결코 하찮은 일개 무관의 문제로 하여 혹간 닥쳐올 일에 대한 경계를 소홀히 할 수는 없는 것이다. 내 그리하여 오랫동안 깊이 생각하면서 그에게 해당한 벌에 대하여 한 번 널리 물어보려던 중이었다. 당분간 처분이 있기를 기다리라. 유한모 문제는 아뢴 대로 하라" 하였다.

5904 정조 17/08/30(경인) → 【원전】 46집 406면
〔각 도에서 실시하는 가을 조련을 중지시키다〕   수3845

각 도에서 가을에 실시하는 조련을 중지하게 하였다.

5905 정조 17/12/01(경신) → 【원전】 46집 427면
〔이전 선혜청 제조 정창순을 파직하고 서유린의 관직을 삭탈하다〕   조1327

이전 선혜청 제조 정창순을 파직시키고 서유린(徐有隣)의 관직을 삭탈하였다.

선혜청 제조 정민시(鄭民始)가 아뢰었다.

"근년 이래로 영남의 조졸(漕卒)들이 돌아가는 길에 먹을 양식이 없어서 본청(本廳)에서 쌀섬을 꾸어주고 인하여 조창(漕倉)으로 하여금 조졸들에게서 이를 받아서 상납하도록 하였습니다. 그런데 해당 창(倉)에서는 곧장 제류미(除留米) 중에서 회감(會減)하고 지출하였기에 세 차례나 꾸어가고도 갚지 않은 수량이 7백 60여 섬이나 됩니다. 조졸에게는 이미 바다를 건너올 때의 양식과 돌아가는 길에 먹을 양식이 마

련되어 있고 보면, 또 그들을 위해 돌아가는 길에 먹을 양식을 꾸어준 것만도 벌써 큰 은혜가 되는 것입니다. 그런데도 도로 받아들이지 않고 제류미를 가지고 회감하였으니, 지극히 놀랍습니다.

제류미를 설치케 한 법의 본의는 저치미(儲置米)와 다름이 없으니 결코 까닭없이 법을 범하여 쓸 수 없는 것입니다. 더구나 조졸에게 지급하는 양식은 본디 여유가 있는데 또 공곡(公穀)을 지출하는 것은 더욱 의의가 없습니다. 이미 이런 전례가 없는만큼 이런 예를 새로 열어놓을 수 없었으므로, 해당 도(道)에 신칙하여 즉시 조졸에게서 도로 받아들여 내년 봄에 덧붙여 실어 본청에 올려보내도록 하였습니다. 이미 받아들여서 올려보내도록 하였고 보면 해당 창이 본청의 명령을 무시하고 제멋대로 제류미를 가지고 회감한 것은 책임이 없을 수 없습니다. 각년(各年)의 조창(漕倉)이 있는 고을의 수령은 현고(現告)를 받아 잡아다가 신문하여 처치하소서."

비답하기를, "대저 은혜가 고갈된 폐단이 오늘날보다 심한 적은 없었으니 그 책임은 진실로 조정에 있다. 윗사람이 좋아하면 아랫사람은 한층 더 심하게 마련이어서 그 폐단이 날로 더하게 된다. 유사(有司)의 신하가 이와 같이 하면 영읍(營邑)의 신하가 또 이와 같이 한다. 이 일의 곡절에 대해서는 무슨 연유로 그리되었는지 모르겠으나 첫째도 법을 범한 탓이고 둘째도 법을 범한 탓이다. 법을 범하는 일을 애당초 어째서 허락하였는가. 이미 허락하고서는 또 영읍이 법을 범하며 감정(勘定)하는 것을 살피지 않았으니 마디마디 놀랍다. 그대로 둘 수 없으니 해당되는 각년의 여러 당상들에게 모두 파직시키는 법을 시행하라" 하였다.

대사헌 임시철(林耆喆)이 아뢰기를, "처음으로 이를 열어놓은 해당 당상은 파직으로 그치게 할 수 없으니 의당 관작을 삭탈하는 법을 시행해야 될 것입니다" 하였다. 그에 따랐다.

[전라도 병마절도사를 개차하고, 황해도 수군절도사를 파직하다]

전라도 병마절도사 이홍운(李鴻運)을 개차하고 본도의 수군절도사 이동식(李東植)으로 대신하였다. 황해도 수군절도사 이엽(李燁)을 파직시켰다. 이전 병조판서 정호인(鄭好仁)을 삭직시키고 서반 벼슬의 망단자(望單子)에서 영원히 지워버렸다. 홍운과 이엽은 벼슬아치의 고과에서 불법을 저지른 진장(鎭將)을 제거하지 못했기 때문이고, 호인은 이엽을 수군절도사의 직임에 추천했기 때문이었다. 정언형(鄭彦衡)을 전라우도 수군절도사로, 이해우(李海愚)를 황해도 수군절도사로 삼았다.

정조 18년(1794; 청 건륭59년)

5907 정조 18/01/09(정유) → 【원전】 46집 438면 수11205
〔서유대를 주사대장으로 삼다〕

서유대(徐有大)를 주사대장(舟師大將)으로 삼았다.

5908 정조 18/02/07(을축) → 【원전】 46집 447면
〔황해도 수군절도사가 대청도와 소청도에 중군파견의 필요성을 치계하다〕 수3846

황해도 수군절도사 이해우(李海愚)가 치계하였다.
"대청도(大靑島)와 소청도(小靑島)에 중군(中軍)을 파견하여 그곳의 형편을 두루 살피게 하였습니다. 대청도는 면적이 제법 넓어서 밭으로 개간할 만한 곳이 있기는 하지만 수목을 베어내고 모래와 돌더미를 깎아내어 편편하게 고루자면 한 철이나 달을 가지고는 될 수 없습니다. 지금 26호의 민호(民戶)가 산에 의지하여 움막을 치거나 땅을 파서 방을 만들어 사는데 육지로 나와 먹을거리를 구하려고 하면 관청에서 실시하는 금령(禁令)이 지극히 엄하여 그곳에 앉아서 목숨이 다 되기를 기다리고 있으니 참으로 절박하고 가엾습니다. 소청도는 산세가 가파르고 골짜기가 좁아서 개간할 만한 땅이 있다 하더라도 결국 터를 잡아 살 곳은 못됩니다. 현재 22호의 민호가 허술하게 움막을 치고 사는데 대청도와 별로 다름이 없는 실정입니다.
두 섬에 살고 있는 백성들은 모두 중국 배를 걱정하고 있는데 대체로 이 두 섬이 중국 배가 왕래하는 중요한 길목에 끼어 있기 때문입니다. 동쪽으로는 소강(所江)과 2백 리, 북쪽으로는 백령진(白翎鎭)과 30리의 거리에 위치하고 있는데 무단히 내버리기는 참으로 아깝습니다. 이른바 이주민 모집에 응한 사람들은 모두 변함없는 마음〔恒心〕과 일정한 생업〔恒產〕이 없는 사람들로서 거의가 아침에 모였다가 저녁에 바로 흩어져 가려는 마음을 가지고 있습니다. 이제 만일 관청에서 단속을 하여 그들이 제 마음대로 행동하지 못하게 하면 반드시 모집에 응할 사람이 없을 것이고 또 제

멋대로 출입하도록 하면 수목을 베어내고 온 섬을 뚫어서 앞으로 간악한 사람과 죄를 짓고 도망친 죄인들의 소굴이 될 것이니 유익함이 없을 뿐 아니라 아마 도리어 해로움이 있을 것입니다.

중국 배가 나올 적에 많으면 간혹 20, 30척이나 되고 적은 경우에도 10, 20척이나 되는데 두 섬이 비어 있는 관계로 예사로 짐을 풀어놓고는 왕래하면서 고기를 잡아 왔습니다. 그러나 지금은 이미 백성들이 살고 있는 뒤인만큼 제멋대로 왕래하도록 놔둘 수는 없습니다. 응당 추격하여 체포하거나 오는지 감시해야 할 것이니 두 섬에 근무할 방졸(防卒)의 숫자를 최소한 백 명은 배정해야 할 것입니다. 아울러 방졸들이 받을 요미(料米)와 터를 잡고 사는 백성들을 우선 구제할 대책을 당장 조치해야 할 것인데, 그렇게 하지 않을 경우에는 이곳에 거주하는 백성들을 제멋대로 거취(去就)하게 놔두고 다시는 단속하지 않는 것이 사건이 터지기 전에 대비하여 폐단을 없애는 방도에 해롭지 않을 것입니다. 묘당에게 하나로 확정하라고 분부하소서."

5909 정조 18/03/06(계사) → 【원전】 46집 454면
〔충청도 관찰사 이형원이 평신진의 군정에 대한 장계를 올리다〕   기2166

충청도 관찰사 이형원(李亨元)이 장계하기를, "평신진(平薪鎭)의 군적(軍籍)을 분리한 조치는 실로 고질적인 폐단을 바로잡고 목장에서 일하는 백성들의 살림을 소생시키려는 거룩한 뜻에서 나온 것이었습니다. 신은 밝으신 명에 따라 고을과 진(鎭)에 공문을 돌려 관문(關文)과 제사(題辭)를 주고받기도 하고 얼굴을 대하여 강구하기도 하면서 세밀하게 힘써 처리하여 이제 겨우 잘 마무리가 되었습니다. 응당 시행해야 할 사항들을 아래에 열거하였으니 모두 해당 시(寺)를 시켜 복계하여 품처하게 하소서" 하였다.

사복시가 아뢰었다.

"충청감사 이형원의 장계를 보건대 평신진에 소속된 대산(大山)·이원(梨園)·창택(倉宅)의 세 목장에 대한 군적을 분리하는 사항들을 아래에 열거한 것이 모두 26개 조항인데 다 조리가 있으니 모두 장계에서 청한 대로 시행하소서.

군정(軍政)을 가지고 말하더라도 세 목장 안에 이미 6백 명이 넘는 한정(閑丁)이 있으니 본진(本鎭)에 군포(軍布)를 바치는 군정으로서 각 고을에 흩어져 있는 사람들

을 본진의 목장 내로 옮겨 정해야 되겠습니다. 목장 안에 있는 서산(瑞山)・태안(泰安)・면천(沔川) 세 고을의 군액에서 이번에 면제받은 4백 명을 많고 적음을 따져서 좋은 방편에 따라 본진의 군포를 바치던 군정을 목장에 이속하여 준 대신으로 충당하게 되면 고을에 있어서는 병을 핑계하는 걱정이 없을 것이고 진에 있어서는 가까운 곳에서 취하는 이로움이 있을 것입니다. 호남의 법성진(法聖鎭)에서 이미 그러한 전례가 있었으니 역시 장계에서 요청한 대로 시행하소서.

관원의 성적을 평가하는 일에 있어서는 전지・군사・환곡에 대한 여러 정사를 전적으로 주관한다고는 하지만 한 사람의 첨사를 세 곳에서 그 성적을 고과(考課)하는 것은 이미 이차적으로 참고할 것이 없으므로 새로운 예를 만들기 어렵습니다. 만일 잘한 일이나 잘못한 일이 있을 경우에는 함께 의논할 때 승진시키거나 강등시킬 수 있을 것입니다. 순영(巡營)에서 기록하는 한 가지 조항은 그만두고 그저 수영(水營)에서 예전처럼 함께 의논하여 거행하도록 하소서. 겸목관(兼牧官)의 성적 평가도 본시에서 예전처럼 성적을 고과하는 것이 타당하다고 생각합니다."

전교하기를, "모두 회계한 내용대로 시행하라. 수군 4백 명을 서로 이속시키는 것은 과연 두 쪽이 다 편리한 이점이 있다. 육군의 명색(名色)과 각종 보인(保人)의 처리에 있어서는 대략적인 의견도 없으니 이 한 문제는 다시 도신(道臣)에게 물어서 즉시 조목별로 열거하여 보고하게 하라. 그렇게 하면 도태할 것은 도태시킬 것이다. 이것은 고을과 진의 백성들이 모두 부담이 적어지게 하려는 것이니 말을 만들어 공문을 보내라. 매월 바치는[月令] 약재와 식료품은 그 수량이 모두 미미하니 면제하는 것이 옳겠다. 제조(提調)가 이미 연교(筵敎)를 받았으니 응당 알려주었겠지만 이른바 무부(巫夫)에게 물리는 베와 약재를 바치는 보인(保人)은 탕감하라" 하였다.

5910 정조 18/03/21(무신) → 【원전】 46집 457면
〔황해도에 수군우후를 더 두다〕   수3847

황해도에 수군우후를 더 두었다.

황해수사 이해우(李海愚)가 아뢰었다.

"행영과 본영에 바람이 잔잔하거나 바람이 세게 불 때를 따라 수사와 중군(中軍)이 번갈아 머물러 있습니다마는 이른바 중군이란 실상은 편비(褊裨)입니다. 사람은

변변치 못하고 지체는 약하므로 아랫사람들을 장악하도록 요구하기 어렵습니다. 또 행영은 비록 바람이 세게 부는 때을 당하더라도 바다를 방비하는 중요한 지역이므로 잠시도 비워둘 수 없는데도 거의 주관하는 사람이 없는 것처럼 되었습니다.

신의 수영(水營)에만 우후(虞候)가 없는 것은 아주 잘못된 제도인데 만일 경력과 인망이 있는 사람을 임명하여 보내면 통제하는 방도에 있어 반드시 효력을 얻게 될 것입니다. 우후를 두는 데의 어려운 문제는 단지 급료를 주는 일인데 중군(中軍)의 원래 급료에 조금만 더 보태면 되고 장교와 군사 등의 요포(料布)에서 3백 섬의 곡물을 얻을 수 있어서 충분히 분배가 됩니다. 신의 수영에서 관리하는 군량미의 이자로 받는 쌀 1백50섬과 좁쌀 2백 섬을 제급(題給)하게 하겠습니다. 묘당에게 품지하여 분부하게 하소서."

비변사가 아뢰기를, "황해도의 수영과 행영에 수사와 중군이 머물러 있을 때 편비에게 임시로 중군의 명칭을 붙여서 머물러 지키게 하는 것은 과연 아주 허술한 일입니다. 수용할 자본도 마련하기 어렵지 않으니 장청(狀請)한 대로 시행함을 허락하는 것이 사리에 합당할 듯합니다" 하였다.

그에 따랐다.

5911 정조 18/04/27(계미) → 【원전】 46집 468면
[비변사가 세미 운반선의 좌초를 보고한 전라감사 이서구의 장계를 아뢰다]　　조2078

비변사가 아뢰었다.

"전라감사 이서구(李書九)의 장계에 '세미를 운반하는 배 10척이 고군산(古群山) 세 섬의 앞바다에 이르러 풍랑을 만나 침몰되었다. 쌀은 도합 1만 1천1백95석이고, 콩은 1천8백51석이며, 잡비조(雜費條)의 각종 쌀과 콩은 1천4백53석인데, 그중에 건져낸 쌀이 9천2백52석이고, 건져낸 콩이 8백76석이며, 건져내지 못한 쌀이 6백93석이고, 건져내지 못한 콩이 7백69석이며, 돈이 3백44냥이다. 그러므로 그 건져낸 것을 합쳐 실지로 상납할 원총수(元總數)를 계산해 보면 쌀은 남고 콩은 모자란다. 조운선의 격군 1명이 물에 빠져 죽었는데 아직 건져내지 못하였다.

지금 배가 침몰된 곳은 비록 외양(外洋)이라고는 하나 이미 험난한 뱃길이 아니고 보면 일시에 침몰시킨 일 등 여러 가지 간악한 정상을 헤아리기 어렵다. 그리고 동

시에 떠난 배들이 어떤 배는 앞서가고 어떤 배는 뒤쳐졌으니 그 배를 모는 태도가 만홀하였음을 충분히 알 수 있고, 또 수백 명의 뱃사람들이 차례로 하륙하고는 그 허다한 배들을 파도에 뒤집히도록 내버려 둠으로써 배 한 척을 제외하고는 모두가 건져내지 못한 수량이 1백여 석씩을 넘었으니, 뱃사람들의 간악한 정상 또한 가릴 수 없다.

그 중 남평(南平)의 세미선은 적재량을 훨씬 초과하게 싣고서 수십 일 동안을 지체하다가 갑자기 그날에야 길을 빨리 가기를 탐하여 수참(水站)도 들르지 않고 가다가 끝내 침몰되었는데, 사람들은 각자 다 살아났으나 건져내지 못한 수량이 무려 2백90여 석에 이르렀다. 또 나주(羅州)의 세미선은 사람은 모두 살았으나 배들이 전부 파손되었으니, 이는 곡물(穀物)을 거의 다 건져냈다고 하여 용서해줄 수 없다. 법성첨사(法聖僉使) 조계는 떠나는 날 늦게야 비로소 배를 출발시켜 바람이 잠잠해진 뒤에는 가까운 수참에도 정박하지 않았고, 비바람이 몰아치기 시작한 것을 보고도 가만히 앉아서 큰 파도가 일기를 기다린 것은 더욱 매우 놀라운 일이다.

남평현감(南平縣監) 김인순(金麟淳)은 실지 상납할 수량 이외에 거의 5백 석 가까이 되는 수량을 더 실었으니 규정에 어긋나는 일이다. 해당 조(曹)로 하여금 품처하도록 하기를 바란다. 고군산첨사(古戈山僉使) 서명점(徐命漸)은 신영(臣營)에서 잡아다가 엄히 곤장을 쳐서 해당 진(鎭)으로 호송하였고, 감색(監色) 무리들에 대해서는 신영에서 법대로 처리하였다' 하였습니다.

그런데 사공과 격군을 엄히 신문하는 것은 오로지 고의로 배를 침몰시킨 한 가지 일에 있는 것입니다. 그러나 상납할 원총수로 말하자면 건져낸 것이 오히려 남고, 또 사람들이 빠져 죽고 부상을 당하여 그들이 사건의 내막을 스스로 밝히는 단서가 되었고 보면, 그들을 곧장 고의로 침몰시킨 율로 처단하는 것은 신중히 처리하는 정사가 아닐 듯합니다. 그리고 그 배들이 침몰된 까닭은 오로지 차원(差員)이 격군들을 잘 단속하지 않은 데에 있습니다. 그러니 차원과 격군들을 특별히 엄격하게 처벌해야겠습니다. 서명점과 김인순은 해부로 하여금 잡아다가 신문하여 엄히 처벌하도록 해야겠습니다. 비록 도신(道臣)으로 말하더라도 일로(一路)의 큰 정사가 조운의 일보다 더 중요한 것이 없는데, 1만여 석의 곡식을 물에 빠뜨려서 15개 고을에 폐해를 끼쳤으니 그 책임을 면하기 어렵습니다. 해당 도신 이서구를 삭직시키소서."

전교하였다.

"10척의 배에 만여 석의 곡식을 침몰시킨 것을 곧장 바람새 때문이라고만 핑계댈 수 없다. 적재량대로 싣지 않았고 제 때에 출발하지도 않았으며, 유리한 곳에는 머물러 쉴 줄을 몰랐고 파도가 험난한 곳에서는 두려워할 줄을 모름으로써 농민들이 하나하나 피땀흘려 거둔 곡식을 끝내 없애버리고 말았다. 또 그것을 찾아 건져내면서 열흘 이상 인력을 허비함으로 인하여 고을 백성들이 골머리를 앓게 되고 바다고기들까지도 살 곳을 잃게 되었다. 게다가 풍속을 따라서 다스리는 데에 전혀 어두운 관계로 도리어 간악한 꾀를 부리게 하였으니, 첫째도 조운의 일을 맡은 진장(鎭將)의 죄요 둘째도 조운을 맡은 진장의 죄이다. 옛날 왕준(王濬)이 이른바 '바람새가 유리해서 정박할 수가 없다'고 한 것은 어찌 꼭 참으로 누선(樓船)을 잘 다루지 못해서 그랬겠는가. 다만 군사의 위세를 크게 떠벌려서 사기를 드높여서 용맹을 뽐내도록 하려는 것이었다. 그런데 저들은 감히 형편을 알지도 못하고 마치 승승장구하는 자와 같이 하였으니, 마디마디가 다 놀랍기만 하다.

옛날 정해년에 호남에서도 이런 일이 있어 어사를 보내고 또 이내 성교(聖敎)를 내리어 간곡히 타이르고 처분도 엄명하였다. 이것이 어찌 오늘날에 의당 우러러 본받을 일이 아니겠는가. 그러나 이번에 어사를 우선 차송하지 않은 것은 사정을 쉽게 파악할 수 있는 것이 정해년의 일과는 조금 차이가 있기 때문이었다. 징계를 하려면 진장을 징계하는 것보다 나을 것이 없다. 그러니 법성첨사 조계는 그가 조세를 바치는 일이 끝나기를 기다려서 도신으로 하여금 위의를 크게 펼쳐서 곤장 20대를 엄히 친 다음 조졸(漕卒)로 강직시키도록 하라. 분수를 모르는 그에게 무엇을 책망하겠는가마는, 읍교(邑校)를 이곳 진장으로 삼은 것은 수고를 표창하는 뜻에서 나온 것인데, 그가 술에 취해 감독을 하지 않았고 누워있기만 하고 가서 구원하지도 않았는데, 감사가 청한 법률은 어찌 그리도 가볍단 말인가. 고군산첨사 서명점 또한 감사로 하여금 곤장을 엄히 쳐서 바로 그곳에 충군(充軍)시키도록 하라.

그리고 감사의 체모는 중할 뿐만 아니라 사건도 연전의 호서지방의 일과는 다르니, 의당 지난 정해년의 불문에 부친 예를 따라야 할 것이다. 죄를 논하는 한 조항은 특별히 분간하라."

5912 정조 18/05/06(임진) → 【원전】 46집 472면
〔비변사에서 금송(禁松) 지역인 경상도 욕지도의 개간을 건의하다〕   기2167

　비변사가 아뢰었다.
　"통제사 신대현(申大顯)의 장계에 '본 통영의 비축은 이미 고갈되었고 세입은 점차 줄어들고 있어서 통영의 형편이 점점 피폐하여 가고 있습니다. 더구나 토지 없이 놀고 먹는 이곳 백성들은 생업에 재미를 붙여 생계를 꾸려갈 방법이 없어서 재물이나 곡식을 생산해 낼 방도를 경영하기가 참으로 어렵습니다. 그런데 본영에서 1백여 리 떨어진 곳에 욕지도(欲知島)라는 섬이 있는데, 그 둘레가 30여 리나 되고 토질이 비옥합니다. 그러나 금송(禁松)지역이기 때문에 들어가 사는 사람이 없어 기르는 소나무들은 제대로 보호되지 못하여 누차의 풍재(風災)를 겪는 가운데 지금 이미 다 없어지고 그나마 남은 어린 나무마저도 자라날 수 없는 형편입니다.
　오늘날 만약 이 섬의 개간을 허락한다면 백성들이 기꺼이 들어가서 안정된 삶을 영위할 것이니, 해마다 여기에서 나는 이윤을 거두어들여서 지출에 보태어 쓰고 산 중턱 위로는 많은 솔씨를 뿌려서 엄한 법규로 보호한다면 공사간에 다 편할 것입니다. 묘당으로 하여금 품지(稟旨)하여 분부하도록 하소서' 하였습니다.
　본 섬은 바다 가운데 위치해 있어 솔밭에 대해 관리하는 사람이 없어서 벌거숭이산으로 방치하여 둔 채 심어 가꾸지를 않았습니다. 마냥 내버려두어 쓸모없는 땅을 만들기보다는 백성의 의견을 받아들여서 경작을 허가하는 한편 다시 보호할 방도를 신칙하는 편이 더 낫지 않겠습니까. 송정(松政)에 관계되고 또 민간의 생산도 늘릴 수 있고 보면, 양쪽이 다 편하다고 할 수 있습니다. 장계에서 청한대로 시행하소서."
　전교하기를, "개간을 허락하면서 금송을 하라고 하니 어찌 두 가지를 병행할 방도가 있을 수 있겠는가. 통영의 사세는 검토하여야 될 일이나 명색이 봉산(封山)인 만큼 신중을 기하여야 한다. 일찍이 경상도 관찰사 및 통제사를 지낸 사람들에게 물어보아서 다들 좋다고 하거든 시행하고 그렇지 않거든 초기(草記)하라" 하였다.

5913 정조 18/06/03(무오) → 【원전】 46집 479면
〔울릉도의 수토 결과에 관해 강원도 관찰사 심진현이 장계하다〕   기2168

　강원도 관찰사 심진현(沈晉賢)이 장계하였다.

"울릉도의 수토(搜討)를 2년에 한 번씩 변장(邊將)으로 하여금 돌아가며 거행하기로 이미 정식(定式)을 삼고 있기 때문에, 수토관 월송만호(越松萬戶) 한창국(韓昌國)에게 관문을 띄워 분부하였습니다. 월송만호의 첩정(牒呈)에 '4월 21일 다행히도 순풍을 얻어서 식량과 반찬거리를 4척의 배에 나누어 싣고 왜학(倭學) 이복상(李福祥) 및 상하 원역(員役)과 격군 80명을 거느리고 같은 날 미시(未時)쯤에 출선하여 바다 한가운데에 이르렀는데, 유시(酉時)에 갑자기 북풍이 일며 안개가 사방에 자욱하게 끼고, 우뢰와 함께 장대비가 쏟아졌습니다. 일시에 출발한 4척의 배가 뿔뿔이 흩어져서 어디로 가고 있는지 알 수 없었는데, 만호가 정신을 차려 군복을 입고 바다에 기원한 다음 많은 식량을 물에 뿌려 해신(海神)을 먹인 뒤에 격군들을 시켜 횃불을 들어 호응케 했더니, 두 척의 배는 횃불을 들어서 대답하고 한 척의 배는 불빛이 전혀 보이지 않았습니다.

22일 인시(寅時)에 거센 파도가 점차 가라앉으면서 바다 멀리서 두 척의 배 돛이 남쪽에 오고 있는 것만을 바라보고 있던 참에 격군들이 동쪽을 가리키며 '저기 안개 속으로 은은히 구름처럼 보이는 것이 아마 섬 안의 높은 산봉우리일 것이다' 하기에, 만호가 자세히 바라보니 과연 그것은 섬의 형태였습니다. 직접 북을 치며 격군을 격려하여 곧장 섬의 서쪽 황토구미진(黃土丘尾津)에 정박하여 산으로 올라가서 살펴보니, 계곡에서 중봉(中峰)까지의 30여 리에는 산세가 중첩되면서 계곡의 물이 내를 이루고 있었는데, 그 안에는 논 60여 섬지기의 땅이 있고, 골짜기는 아주 좁고 폭포가 있었습니다. 그 왼편은 황토구미굴(黃土丘尾窟)이 있고 오른편은 병풍석(屏風石)이 있으며 또 그 위에는 향목정(香木亭)이 있는데, 예전에 한 해 걸러씩 향나무를 베어 갔던 까닭에 향나무가 점차 듬성듬성해지고 있습니다.

24일에 통구미진(桶丘尾津)에 도착하니 계곡의 모양새가 마치 나무통과 같고 그 앞에 바위가 하나 있는데, 바닷속에 있는 그 바위는 섬과의 거리가 50보(步)쯤 되고 높이가 수십 길이나 되며, 주위는 사면이 모두 절벽이었습니다. 계곡 어귀에는 암석이 층층이 쌓여 있는데, 근근이 기어올라가 보니 산은 높고 골은 깊은데다 수목은 하늘에 맞닿아 있고 잡초는 무성하여 길을 헤치고 나갈 수가 없었습니다.

25일에 장작지포(長作地浦)의 계곡 어귀에 도착해보니 과연 대밭이 있는데, 대나무가 듬성듬성할 뿐만 아니라 거의가 작달막하였습니다. 그중에서 조금 큰 것들만

베어낸 뒤에, 이어 동남쪽 저전동(楮田洞)으로 가보니 골짜기 어귀에서 중봉에 이르기까지 수십 리 사이에 세 곳의 널찍한 터전이 있어 수십 섬지기의 땅이었습니다. 또 그 앞에 세 개의 섬이 있는데, 북쪽의 것은 방패도(防牌島), 가운데의 것은 죽도(竹島), 동쪽의 것은 옹도(瓮島)이며, 세 섬 사이의 거리는 1백여 보에 불과하고 섬의 둘레는 각각 수십 파(把)씩 되는데, 험한 바위들이 하도 쭈뼛쭈뼛하여 올라가 보기가 어려웠습니다.

거기서 자고 26일에 가지도(可支島)로 가니, 네댓 마리의 가지어(可支魚)가 놀라서 뛰쳐나오는데, 모양은 무소와 같았고, 포수들이 일제히 포를 쏘아 두 마리를 잡았습니다. 그리고 구미진(丘尾津)의 산세가 가장 기이한데, 계곡으로 십여 리를 들어가니 옛날 인가의 터전이 여태까지 완연히 남아 있고, 좌우의 산곡이 매우 깊숙하여 올라가기는 어려웠습니다. 이어 죽암(竹巖)·후포암(帿布巖)·공암(孔巖)·추산(錐山) 등의 여러 곳을 둘려보고 나서 통구미(桶丘尾)로 가서 산과 바다에 고사를 지낸 다음, 바람이 가라앉기를 기다려 머무르고 있었습니다.

대저 섬의 둘레를 총괄하여 논한다면 남북이 70, 80리 남짓에 동서가 50, 60리 남짓하고 사면이 모두 층암 절벽이며, 사방의 산곡에 이따금씩 옛날 사람이 살던 집터가 있고 전지로 개간할 만한 곳은 도합 수백 섬지기쯤 되었으며, 수목으로는 향나무·잣나무·황벽나무·노송나무·뽕나무·개암나무, 잡초로는 미나리·아욱·쑥·모시풀·닥나무가 주종을 이루고, 그밖에도 이상한 나무들과 풀은 이름을 몰라서 다 기록하기 어려웠습니다. 우충(羽蟲)으로는 기러기·매·갈매기·백로가 있고, 모충(毛蟲)으로는 고양이·쥐가 있으며, 해산물로는 미역과 전복뿐이었습니다.

30일에 배를 타고 출발하여 새달 8일에 본진으로 돌아왔습니다. 섬 안의 산물인 가지어 가죽 2벌, 황죽(篁竹) 3개, 자단향(紫檀香) 2토막, 석간주(石間朱) 5되, 도형(圖形) 1벌을 감봉(監封)하여 올립니다' 하였으므로, 함께 비변사로 올려보냅니다.'

5914 정조 18/07/22(정미) → 【원전】 46집 488면

〔수군과 육군을 훈련시키는 것에 대한 순조 및 순력과 순점을 중지하다〕   수3848

여러 도의 수군과 육군을 훈련시키는 것에 대한 순조(巡操) 및 순력(巡歷)과 순점(巡點)을 중지하였다. 비변사가 아뢴 말을 따른 것이다.

5915 정조 18/08/27(신사) → 【원전】 46집 499면
〔규정 밖에 파견된 왜인의 처리에 관해 예조에서 아뢰다〕   왜11021

예조가 아뢰었다.
"동래부사 윤필병(尹弼秉)의 첩정(牒呈)에 '비변사의 관문(關文) 안에, 규정 밖에 파견된 왜인이 와서 접대를 바라지 않고 단지 답장 받기만을 원한다는 본부의 보고에 대해서 「저 사람들이 청하는 편지를 보면 간절히 바라는 바는 파견된 관리의 접대에 있지 않고 단지 답장을 받아서 돌아가 보고하게 해줄 것을 바랄 뿐이다. 그렇다면 사정을 헤아려 봄에 괴이할 것이 없을 성싶다. 또 이번 일을 허락할 수 없다는 뜻으로 답장을 만들어 보내더라도 피차간의 사정을 통하고 약조의 엄함을 보이는데 해롭지 않을 것이다. 그 서계(書契)를 해당 조(曹)에 올려 보내어 답장을 보낼 근거로 삼게 하라. 일단 원하는 대로 접대하지 않을 경우 서계를 바치는 절차는 마땅히 차례로 인편에 부치는 관례를 써야 한다. 비록 별폭(別幅)이 있더라도 역시 똑같이 바칠 수는 없으니 꼭 이런 뜻을 자세히 알려 정성과 신의를 삼가 지켜서 약조를 어기는 일이 없도록 해야 한다」 하였습니다. 이에 의거하여 사신 문제를 의논하러 파견된 왜인 평창상(平暢常)이 가지고 온 서계와 별폭 중에서 별폭은 물리쳐 받지 않고 서계 3통은 인편에 부치는 관례대로 받아 올려보냄으로써 곧 답장을 만들어 내려보낼 수 있도록 하였습니다' 하였습니다.
회답서계와 동래·부산에서 보낼 답장 초고를 승문원으로 하여금 전후에 걸친 답장과 원 서계를 상고하여 말을 엮어서 지어내게 하고, 별도로 금군(禁軍)을 정하여 가지고 내려가게 하도록 아울러 분부하소서."
윤허하였다.

5916 정조 18/08/27(신사) → 【원전】 46집 499면
〔대마도주가 예조참판에게 서계를 보내다〕   왜11022

예조참판에게 보낸 서계는 다음과 같다.
"일본국 대마주 태수 습유(拾遺) 평의공(平義功)은 조선국 예조참판 대인 합하께 편지를 바칩니다. 동짓달 엄한 추위에 몸 건강히 다복하시리라 여겨지는데 우러러 뵙고 싶은 마음 금할 수 없습니다. 전날에 사신의 기한을 늦추는 허락을 받았습니

다. 그 뒤에 정부(政府)가 교지를 받고 다시 의논하기를 '사신을 통하는 한 가지 일은 본래 용이한 것이 아니다. 피차에 극심한 번거로움과 수많은 비용을 어찌 말할 필요가 있겠는가. 게다가 혹시라도 다시 흉년이 들어 거듭 기한 늦추기를 고하게 된다면 두 나라 간에 우호 관계를 맺은 본의를 저버리까 두렵습니다. 요컨대 장구한 계책은 간략하고 쉬운 것 만한 것이 없다' 하였습니다. 이로 말미암아 지금부터는 매번 귀국의 사신이 도착할 때마다 본 주에서 맞이하고 접대하여 사신에 관한 일을 끝맺게 되었는데, 그 뜻은 다름 아니라 통교할 때 간략하고 쉬운 것에 힘쓰고 때맞춰 예의를 시행하는 것으로 피차간에 서로 약속해서 영구히 정해진 제도로 삼음으로써 이웃 나라와의 우호 관계를 갈수록 더욱 공고하게 하기 위해서인 것입니다.

이를 특별히 신에게 명하여 성실하게 자세히 보고하게 하였기에 정관(正官) 평창상(平暢常)과 도선주(都船主) 귤정일(橘政一)을 파견하여 이 뜻을 대신 전달합니다. 마음속으로 바라건대, 잘 살펴주시어 좋은 쪽으로 아뢰어 즉시 허락 받게 해 주신다면 이 같은 다행스러움이 어디에 있겠습니까. 변변찮은 예물을 갖추어 보잘것없는 성의를 펴니 받아주기 바라면서 삼가 여기서 이만 줄입니다.

관정(寬政) 3년 신해년 11월 대마주 태수 습유 평의공."

〈 관련내용 〉
· 정조 18/08/27(신사) → 대마도주가 예조참의에게 서계를 보내다　　　　　46집 500면
· 정조 18/08/27(신사) → 대마도주가 동래와 부산에 서계를 보내다　　　　　46집 500면

5917 정조 18/09/03(정해) → 【원전】 46집 504면
[이보한을 경상좌도 수군절도사로 삼다]　　　　　　　　　　　　　　수11206

정학경(鄭學畊)을 경상좌도 수군절도사로 삼았다가 곧 체차하고 이보한(李普漢)으로 대신하였다.

5918 정조 18/09/03(정해) → 【원전】 46집 504면
[재판차왜의 공작미 요청에 관해 비변사에서 아뢰다]　　　　　　　　　왜11023

비변사가 아뢰었다.

"방금 예조에서 첨부한 조목을 보건대 동래부사 윤필병(尹弼秉)의 장계내용을 낱

낱이 들면서 말하였는데, 그 내용에 '재판차왜(裁判差倭)가 공작미의 한도를 물려달라는 일을 가지고 나왔습니다. 애당초 공작미의 한도를 물려준 것은 실로 한때의 특별한 은덕에서 나온 것인데 이것을 전례로 간주하여 해마다 나오니, 지극히 놀라운 일입니다. 다시 책망과 타이름을 더해야 할 것입니다. 그러나 접대하는 일은 이전부터 해오던 전례이니 잔치를 베풀어주고 예단으로 줄 여러 가지 물건을 해당 조(曹)로 하여금 전례에 비추어 내려보내 주도록 말하였습니다. 재판(裁判)하기 위하여 나온 자가 어떤 일을 주관하는 자인가를 막론하고 우선 접대하는 것은 이미 전례가 있으니, 묘당으로 하여금 품처하게 하소서' 하였습니다.

　이미 나와 있는 차왜들에 대해서는 본부 및 해당 조(曹)에 분부하여 접대하는 일을 전례에 따라 거행하게 하소서. 공작미의 한도를 물려주는 것으로 말하면 그렇게 해서는 불가합니다. 만일 물려주면 응당 행하여야 할 일로 여기고 매번 한도를 물려주기를 청할 것입니다. 엄하게 꾸짖고 타일러서 그들로 하여금 즉시 돌아가게 하고, 예단 등의 물건은 전례에 비추어 거행하도록 하소서. 이런 뜻으로 해당 조에 분부하소서."

　그에 따랐다. 하교하기를, "공작미의 한도를 물려주는 일은 이미 특별히 허락한 전례가 많으니, 이번에도 허락하여 시행하도록 하라" 하였다.

5919 정조 18/09/07(신묘) → 【원전】 46집 505면
〔통제사 이득제를 불러보다〕　　　　　　　　　　　　　　　　　수11207

통제사 이득제(李得濟)를 불러보았는데, 하직인사를 받은 것이다.

5920 정조 18/09/11(을미) → 【원전】 46집 506면
〔표류한 유구인에 관해 제주목사 심낙수가 장계하다〕　　　　　표2517

제주목사 심낙수(沈樂洙)가 장계를 올렸다.
　"유구국에서 표류하여 온 사람들에게 실정을 물어보니, 반드시 육로를 따라 복주(福州)로 가서 거기에서 자기 나라로 돌아가기를 원하였습니다. 일이 지극히 해괴하여 마땅히 반복해서 힐문해야 하는데 역학통사(譯學通事)들이 모두 그들의 말을 알아듣지 못하고, 표류해 온 사람들은 글을 모르기 때문에 그 실정을 알아낼 방법이

없습니다. 물길로 돌아갈 것을 언급하기만 하면 표류해 온 사람들이 모두 곧 손을 휘두르고 머리를 저었으며, 국법이 허락하지 않는다고 타일러도 사력을 다해 거부하고 있습니다. 표류해 온 사람들이 처음에 배에 띄운 것은 애당초 장사를 하기 위한 것이 아니었습니다. 한 조각의 조그만 배에 실은 것도 의복과 문서에 불과하며 죽은 자가 과반수이고 네 사람만 살아 남았습니다.

이제 물에 익숙하지 못한 몇 명의 사람들을 저 자그마한 배에 태워 만리창파에 내놓는다는 것은 또한 심히 불쌍하고 가엾은 일입니다. 그러나 다른 나라 사람을 공문으로 통보하여 중국에 들여보내는 것은 반드시 전례가 없어서 절대로 해서는 안 됩니다. 배를 고쳐주고 양식으로 쌀을 많이 실어준 뒤 억지로 배에 태워서 죽든 살든 간에 자기들 마음대로 가게 하는 것밖에 다른 방도가 없을 것 같습니다. 묘당으로 하여금 품처하게 하소서."

전교하기를, "이 장계의 내용을 보니 품처할 것도 없다. 육로로 돌아가는 인편을 따라 가게 하는 것은 전례가 없음을 알고 있다. 그러나 11명이 표류하다가 생존한 자가 다만 한두 사람인데 또 배를 주어 바다에 내칠 수 있겠는가. 일의 상황을 갖추어 쓰고 공문을 가지고 갈 관원을 따로 정하여 북경에 들여보내어 복주로 가는 길을 가리켜 주는 것이 이웃 나라를 사귀고 인명을 중히 여기는 의리에 합당할 듯하다. 더구나 지금 사행(使行)이 멀지 않았으니, 만약 빨리 통지하여 제때에 압송해 와 사신이 가는 편에 따라가게 한다면 저곳에 이르러 넉넉히 주선할 수 있을 것이다. 승문원에 명하여 도제거(都提擧)와 원임 대신들에게 물어보게 하라" 하였다.

승문원이 아뢰기를, "도제거와 원임 대신들에게 물어보니, 도제거 홍낙성(洪樂性)은 말하기를 '유구국에서 표류하여 온 사람들의 소원대로 육로로 돌려보내는 것은 전하의 하교가 지당합니다. 살려주기를 좋아하는 덕과 먼 곳의 사람들도 구휼해 주는 전하의 훌륭한 생각에는 흠모하고 우러르지 않을 수 없습니다. 명절을 축하하러 가는 사신편에 따라가게 하는 것이 지극히 마땅할 것입니다' 하였고, 영중추부사 채제공(蔡濟恭), 판중추부사 박종악(朴宗岳)·김희(金憙), 도제거 이병모(李秉模)는 모두 낙성의 의논과 같았습니다" 하였다.

하교하기를, "본원에서 빨리 통지하여 두 사신들이 압록강을 건너가기 전에 그 편에 따라가게 하도록 하라. 10월에는 박초풍(舶䑸風)이 부니, 가는 것이 날아가는 것과 같을 것이다. 도백에게 엄히 신칙하여 기일을 넘기지 말도록 하되 만약 기일을 넘기게 되면 공문을 가지고 갈 관원을 정하여 사행이 도착한 곳에 압송하도록 하라" 하였다.

〈 관련내용 〉
· 정조 18/09/11(을미)→ 표류한 유구인에 관해 전라도 관찰사 이서구가 치계하다　　46집 507면
· 정조 18/09/11(을미)→ 서울에 가까이 온 표류유구인을 잘 대접하라 하교하다　　46집 507면
· 정조 18/09/11(을미)→ 표류유구인을 접대하고 이융경과 서용보가 보고하다　　46집 507면

5921 정조 18/09/20(갑진) → 【원전】 46집 508면
〔경상도 수군절도사와 황해도 수군절도사를 서로 바꾸라 명하다〕　　　　　수11208
하직인사를 하러 온 곤수(閫帥)를 불러들여 만나보고 나서 경상도 수군절도사 이보한(李普漢)과 황해도 수군절도사 이해우(李海愚)를 서로 바꾸도록 명하였다. 상은 이보한이 연로한 것을 가엾게 여겨 이런 명을 내렸던 것인데, 얼마 안 있어 이해우가 어버이가 연로하여 명에 응하여 부임하기 어렵다 하므로 그를 체차시키고 심녕(沈鐣)으로 대신하였다.

5922 정조 18/10/11(을축) → 【원전】 46집 513면
〔충청도 수군절도사 유심원이 태풍으로 1백16명이 익사했다고 보고하다〕　　　　수4683
충청도 수군절도사 유심원(柳心源)이 장계로 아뢰기를, "8월의 대풍으로 비인(庇仁)·보령(保寧)·서천(舒川)·결성(結城)·남포(藍浦)·홍천(洪川)·태안(泰安)·대흥(大興)·한산(韓山)·서산(瑞山) 등의 10개 고을에서 빠져 죽은 사람이 1백16명이나 됩니다" 하였다.
　　전교하기를, "물에 빠져 죽은 사람이 이처럼 많다니 나도 모르게 놀랍고 측은하다. 호남에도 이미 구휼하는 은전을 시행하였으니, 이에 의거하여 시행하도록 하라. 그런데 지금에야 비로소 장계로 아뢰니 태만하고 소홀함이 심하다. 그 당시의 수신을 해부로 하여금 나문하여 처결하게 하라. 전라도 관찰사는 장계로 보고한 지 이미 오래 되었는데 충청도 관찰사는 아직도 한 마디도 없으니 추고하라" 하였다.

5923 정조 18/11/05(기축) → 【원전】 46집 520면
〔호서수영에 역학을 설치하는 문제에 관해 우의정 이병모가 건의하다〕 표21102

이전에 이양선이 표류하여 호서의 마량진(馬梁鎭) 앞바다에 도착하였다. 배에는 모두 3개의 돛대가 있었고, 배 안의 사람들은 51명이었는데, 스스로 말하기를 '등주(登州) 황현(黃縣)의 사람으로 바다에 나와 고기잡이를 하다가 서풍을 만나 표류하다가 이 지역에 이르렀다' 하였다. 충청도 관찰사 이형원(李亨元)이 그것을 장계로 보고하자 서울의 역관을 보내어 사정을 물으니 다들 육로로 돌아가기를 원하였다.

이에 하교하기를, "도수(道帥)와 도신(道臣)을 엄히 신칙하여 착실하게 호송하도록 하고, 경기관찰사에게도 엄하게 신칙하여 유구국의 표류인들이 압송해 오던 행로에서 매우 소란스럽게 굴었던 것처럼 하지 말도록 하라. 별도로 살피고 검속하여 신영(新營)에 머물려 두고 신영이 비좁거든 홍제원(弘濟院)으로 옮겨 두라. 호서 수영이 관할하는 지방에는 표류인이 도착하는 경우가 빈번한데 이번 경우를 보니 역학(譯學)이 없어서 그 구차함이 막심하다. 역원의 도제거와 상의해서 별도로 자리 하나를 두는 것이 어떨지의 여부와 아울러 살아가는데 필요한 살림을 장만해 줄 방도에 대해 묘당으로 하여금 초기(草記)를 갖추어 여쭈어서 처리하게 하라. 이곳 외에 설치할 만한 곳도 사유를 갖추어 초기하도록 하라" 하였다.

그런데, 우의정 이병모가 복주(覆奏)하기를, "충청수영에는 일찍이 역학이 있었는데 중간에 임시로 없앴고, 함경도의 남북 병영에도 옛날에는 있었는데 지금은 없습니다. 만일 다시 설치하고자 한다면 충청도 수영이 가장 긴급하고 함경도의 남북영이 그 다음입니다. 다만 살아갈 살림을 장만해 주는 방도에 대해서는 끝내 좋은 대책이 없습니다. 자리를 별도로 설치할 경우에는 사세상 방애되는 점이 많고, 겸하여 설치한다면 일의 체면이 구차할 것입니다. 또 호서지방에 표류해 오는 사람이 항상 있는 것은 아니니 우선 그대로 놔두소서" 하였다.

이에 따랐다.

5924 정조 18/11/07(신묘) → 【원전】 46집 520면
〔조운선 등에 관해 논의하다〕 조1328

차대를 하였다.

호조판서 심이지가 아뢰기를, "금년의 조세는 전에 비해서 크게 줄었으니 내년 봄 조운할 즈음에는 반드시 머물려둔 채 묶어놓는 빈 배가 많을 것입니다. 근래 조운선에 싣는 짐은 반드시 천 석을 기준으로 하기 때문에 잡비까지 합치면 1천3, 4백 석이 됩니다. 수천 리나 되는 바닷길을 다니는 데 싣는 짐이 이처럼 너무 많으므로 신은 이것을 항상 염려해 왔습니다. 더구나 흉년을 당하였으니 무엇보다도 그 배에 싣는 짐을 줄여서 배가 가기에 편하도록 하는 것이 좋겠습니다. 세곡을 운반하는 데 1천 포(包)의 정식에 구애하지 말고, 그 전체 석수가 얼마나 되는가에 따라서 각 배에 고르게 분배하여 배가 가벼워 운행하기 쉽게 하는 것이 만전을 기하는 방도인 듯하니, 삼도의 도신에게 분부하소서" 하였다.

그에 따랐다.

정조 19년(1795; 청 건륭60년)

5925 정조 19/01/12(을미) → 【원전】 46집 543면
〔여러 도의 봄철 군사훈련을 정지시키다〕　　　　　　　　　　　　수3849

여러 도의 봄철 군사훈련을 정지시켰다.

5926 정조 19/02#01(계미) → 【원전】 46집 556면
〔동래부사가 빙문차 온 평창상을 조정의 명에 따라 조처하였음을 알리다〕　　왜11024

동래부사 윤필병(尹弼秉)이 장계를 올렸다.
"차왜 평창상(平暢常)이 겉으로는 빙문(聘問)을 의논한다고 하면서 의논해서 되지도 않을 일을 가지고 4년 동안이나 버티고 있기 때문에 사리로 꾸짖기도 하고 약조를 확인시키기도 하는 등 굳게 거절하고 물리치면서 할 수 있는 일은 모두 다 하였는데도 교활한 성질을 바꾸지 않고 한결같이 고집부리며 요구해 왔습니다. 그러다가 끝에 가서는 사리상으로 꿀린다는 것을 알고는 글을 역관에게 부치면서 허접(許接)해 주기를 바라는 대신 그저 답장만 받기를 원해 왔습니다.
이에 신의 부(府)에서 비변사에 보고하였더니 단지 서계(書啓)만 받으라고 답장을 써서 내려보내는 동시에 돌아갈 양곡도 지급해 줄 일을 계하(啓下)받아 행회(行會)해 왔습니다. 그래서 회답하는 서계와 바다를 건널 식량을 관문(關文)에 있는 내용대로 마련해서 들여보내 주었더니 이제야 비로소 배를 타고 순풍을 기다리고 있습니다. 규정을 무시하고 나온 왜인을 즉각 쫓아보내지 못하여 오랜 기간 지체시키는 폐단을 야기시켰으므로 신은 황공한 심정으로 처벌만 기다릴 뿐입니다."
하교하기를, "그대가 잘 다스린다는 소문을 듣고 내가 마음속으로 가상하게 여겨 왔다. 더구나 조정의 명령을 잘 받들면서 규정을 벗어나 번거롭게 청해 온 왜인의 요구를 사리에 입각하여 물리침으로써 왜선을 돌아가게 하였고 보면, 그야말로 일 하나하나마다 제대로 직분을 수행했다고 할 것인데, 어찌 대죄(待罪)할 일이 있겠는

가. 들건대 몇 년 간이나 풍토가 사나운 지방에 근무했기 때문에 대궐 안으로 들어오고 싶다고 하니 본직(本職)의 체차를 허락하는 바이다" 하였다.

5927 정조 19/02#03(을유) → 【원전】 46집 556면
〔제주목사 이우현이 곡식을 실은 전운선 5척이 파선된 일을 치계하다〕   수4684

제주목사 이우현(李禹鉉)이 옮겨 전운(轉運)해 주는 곡식을 실은 배 5척이 파선된 일을 치계하였다.
하교하였다.
"탐라(耽羅)에 두번째로 전운해 주는 곡물 1만 1천 석이 또 일제히 그쪽 언덕에 닿게 되어서 먹여주기를 원하는 섬 백성들의 위급한 상황을 구제해 줄 수 있게 되리라고 여겼는데, 밤에 장계가 올라온 것을 보고서 나도 모르게 벌떡 일어났다. 그러다가 5척의 배가 파손되어 수백 포대에 달하는 곡식이 못쓰게 되었다는 사실에 또 나도 모르게 눈이 휘둥그래졌고, 다시 결론 부분의 말을 보다가 감관(監官) 1명이 익사했다는 사실을 접하고 더욱 놀랍고 가여운 생각이 들었다. 그런 와중에서도 1백 명에 가까운 사격(沙格)이 개별적으로 살아 돌아온 것만은 크나큰 다행이다. 익사한 사람에 대해서는 도백(道伯)을 엄히 신칙하여 각별히 그 가족들을 위로하며 보살펴 주는 동시에 그 족속을 뽑아 천거하도록 하라. 그리고 구사일생으로 살아서 돌아온 사격들 가운데 신역(身役)을 진 자가 있거든 일체 덜어 주도록 분부하라.
뒤떨어진 5척의 배가 침몰한 원인을 어찌 바람으로만 돌릴 수 있겠는가. 영운(領運)하는 차원(差員)이 부적격자였다면 전운하기 이전에 벌써 고려했어야 할 것이니, 그렇다면 그 책임은 도백에게 있다고 해야 할 것이다. 그러니 무슨 낯으로 차원의 죄를 청하겠는가. 당해 도신(道臣)을 먼저 월봉(越俸)토록 하고, 당해 차원에 대해서는 병사로 하여금 해변가에 크게 위의(威儀)를 펼쳐놓은 다음 그를 잡아들여 엄하게 곤장을 치도록 함으로써 한편으로는 원통한 마음을 위로하고 한편으로는 게으름을 피우지 못하게 일깨우도록 하라고 분부하라.
그저께 세번째 조운해 주는 곡물이 충분한 것인지의 여부를 모르겠기에 묘당으로 하여금 막 관문(關文)을 띄워 목사에게 물어보도록 하였는데, 그 목사가 완백(完伯)에게 먼저 보고한 이야기를 듣고서 이제 비로소 마음을 놓을 수 있게 되었다. 그

런데 더구나 이번에 특별히 내려보내는 곡물의 양이 목사가 더 청한 숫자보다 많은데 더 말해 무엇하겠는가. 그러나 뽑아낼 즈음에 균등하게 하지 못한 나머지 혹 죽음의 구렁텅이에 빠뜨릴 걱정은 없겠는가.

세번째 조운해 주는 1만 포의 곡식이 그 해안에 닿기 전까지는 내 마음이 조금도 놓이지 않는데, 이를 어찌 처음 조운할 때나 두번째 조운할 때의 심경과 비교할 수 있을 것인가. 다시 향과 축문을 보내어 무사히 건널 수 있도록 경건히 기도하고 싶은 마음이 없는 것도 아니다만, 자주 하면 번독(煩瀆)스럽게 되기가 쉽고 번독스럽게 되면 소홀하게 대하기 십상이니, 지금은 내 마음속에 돌이켜 구함으로써 나의 심향(心香)이 멀리까지 이르기만을 바랄 뿐이다. 묘당으로 하여금 전교를 가지고 별도로 도백과 목사에게 관문을 띄워 엄히 신칙토록 하라.

낱알 하나 기구 하나라도 섬 백성들에게는 천금(千金)과 맞먹을 수가 있다. 그러니 만약 9백 포의 곡식을 못쓰게 만들었다 하여 본 목사가 요청한 수량 이외의 다른 곡식을 보내주지 않는다면 그것이 어찌 조정의 본의이겠는가. 완백으로 하여금 이 수량에 맞춰 차례로 들여보내 주도록 하라. 그리고 섬의 사정은 다 마찬가지인 것이다. 진도(珍島)의 대동미를 이미 감해 주도록 하였다마는, 이런 춘궁기(春窮期)를 당하여 형세상 독촉하면서 받아들이기가 어려우니, 추수 때까지 연기해 주어 조금이라도 백성의 힘을 펴 주도록 하라."

5928 정조 19/03/17(무진) → 【원전】 46집 567면
〔영의정 홍낙성 등이 수군훈련에 친임하겠다는 명을 환수할 것을 청하다〕   수3850

시임·원임대신들이 경재(卿宰)를 이끌고 와서 구대(求對)했으나 허락하지 않았다.
영의정 홍낙성(洪樂性), 좌의정 유언호(俞彦鎬), 영돈녕 김이소(金履素), 판중추부사 김희(金憙)·이병모(李秉模)가 연명(聯名)으로 차자를 올렸다.
"삼가 전교를 내리신 것을 보건대 수군훈련에 친히 임하겠다고 명하신 것이었습니다. 나라에서 중하게 여겨야 할 일이 바로 군대를 정비하는 것인만큼 수군과 육군의 훈련을 하나라도 빠뜨려서는 물론 안 될 것입니다. 그러나 우리나라에서 경강(京江)의 수군훈련을 행하는 것이 제도상으로 매우 드문 것인데, 어떻게 창졸간에 절목(節目)을 갖추며 잠깐 사이에 호령을 펼 수가 있겠습니까.

그리고 지금 제로(諸路)의 훈련을 정지시키고 있는데, 비록 서울의 훈련은 지방의 훈련과 다르다 할지라도, 공사(公私)의 선박들을 불시에 집결시킨다면, 이 어찌 더더욱 중외의 보고 듣는 자들에게 부정적인 영향을 끼치지 않겠습니까. 더구나 친히 수고롭게 거둥하시어 멀리 강가에 임하신다면 조섭하는 방도에 어긋나는 점이 있게 될 듯합니다. 삼가 원하옵건대 성명(成命)을 속히 취소하소서."

비답하기를, "단지 군사를 정비시키기 위해서만이 아니다. 수년 전부터 속앓이 증세가 늘 가슴과 폐 사이에서 일어나곤 하는데, 작년과 재작년에 내가 그런 증세를 겪었던 것을 경들도 아마 기억하고 있을 것이다. 요즘 날씨가 따뜻해지면서 피곤한 증세가 상당히 나타나고 있는데 하루쯤 바람을 쐬면 몇 십 일 정도는 그 효력을 보게 될 것이다. 내 병을 치료할 겸 이런 거조를 취하게 된 것인데, 경들은 오히려 조섭하는 방도에 어긋나는 점이 있다고 하는가" 하였다.

5929 정조 19/03/18(기사) → 【원전】 46집 568면
〔읍청루에 거둥하여 수군훈련을 행하다〕　　　　　　　　　　　　　　　수3851

별영(別營)으로 가서 읍청루(挹淸樓)에 거둥하여 수군훈련을 행하였다.

선전관에게 명하여, 신전(信箭)을 가지고 가서 후위부대 마병(馬兵)별장으로 하여금 갑사(甲士)을 이끌고 동구에 작문(作門)을 설치한 뒤 엄히 약속을 밝혀 한 사람도 함부로 들어오지 못하게끔 하였다. 그래서 대신해 온 이하 배종한 신하들이 모두 들어가지 못한 가운데 오직 승지 두 사람과 사관(史官) 두 사람만 따라 들어갔다.

상이 읍청루에 올라갔다. 읍청루 앞 일대의 강 위에 집결된 공·사의 선박 3백여 척을 나누어 선대(船隊)를 형성하였는데 다섯 척씩 연합하게 하였다. 악대를 나누어 신고서 일제히 연주토록 명하였다. 수군훈련을 끝낸 뒤에 별영(別營)의 직소(直所)로 돌아와 대신에게 입시하라고 명하였다.

좌의정 유언호(兪彦鎬) 등이 앞으로 나아가 엎드려 문안을 여쭈었는데 말을 다 마치기도 전에 상이 일렀다.

"오늘 이곳에 행차한 것은 참으로 이유가 있다. 그런데 경들이 차자를 올려 명령을 도로 취소하라고 하는 등 지나친 염려를 하는 듯하기에 차자에 대한 비답에서 또한 이미 자세히 유시했었다. 지금 비로소 관례대로 불러서 접견을 하고 바야흐로

환궁하려 한다. 그러니 경들이 염려한 것이 어찌 지나친 것이 아니겠는가.

　옛사람은 말하기를 '병사(兵事)에서는 속이는 일도 마다하지 않는다'고 했고, 또 말하기를 '임시방편으로 행하되 중도(中道)를 얻는다'고 했다. 그런데 비록 병사가 아닌 일이라 하더라도 더러는 속이는 일을 마다하지 않는 경우가 있는 법이다. 그리고 임시방편(權)이라는 한 글자야말로 성인이 아닌 한 무턱대고 의논할 수가 없는 법이다.

　내가 감히 스스로 성인이라고 말하지는 못한다 하더라도 그야말로 소망하는 것은 성인을 배우는 것이다. 만약 임시방편을 행할 적에 상도(常道)에 어긋나지 않게만 한다면 권(權)이 경(經)과 합치되는 것이니 이 또한 하나의 방법이 될 수도 있는 것이다. 내가 강구해 온 것은 오로지 여기에 있다.

　지금 경들을 대하여 이렇게 말을 했으니 경들이 어쩌면 나의 마음을 알아줄 수 있을지도 모르겠다. 만약 혹시라도 특별히 하교할 일이 있어서 들어오는 것을 허락치 말도록 한 것이라고 생각했다면 이 또한 지나치게 염려한 것이 아니겠는가. 지금은 일이 원만하게 타결되어 환궁하게 되었으니 일이 순조롭게 이루어졌다고 할 수 있을 것이다."

5930　정조 19/05/11(신유) → 【원전】 46집 574면
〔임금이 지은 고 충신 이순신의 상충정무비 인본을 나누어주다〕　　　　　　수11209

　임금이 지은 고 충신 이순신(李舜臣)의 상충정무비(尙忠旌武碑) 인본을 나누어주었다.
　이에 앞서 상이 충무공 이순신의 탁월한 공적과 충절을 생각하여 신도비명(神道碑銘)을 친히 지었다. 그리고 송나라 부필(富弼)의 묘비제목을 전자(篆字)로 썼던 예를 본따 그 비의 제목을 전자로 써서 '상충 정무지비(尙忠旌武之碑)'라고 하고, 내각에 명하여 안진경(顏眞卿)의 가묘의 비에서 글자를 모아 쓰게 하였다. 그리고는 호남의 도백(道伯) 이형원(李亨元)에게 명하여 돌을 캐내어 그 묘에 세우게 하였는데, 갑인년에 그 일이 마무리되었다. 이 때에 이르러 내각이 탑본(搨本)을 바치자 다섯 군데의 사고(史庫) 및 관각(館閣)과 태학(太學)에 나누어 보관토록 명하였다.

5931　정조 19/05/26(병자) → 【원전】 46집 577면
〔정창순을 경기 수군절도사로 삼다〕　　　　　　수11210

정창순을 특별히 경기 수군절도사로 삼았다. 창순이 소명(召命)을 어겼기 때문이었다.

5932 정조 19/06/04(계미) → 【원전】 46집 578면
〔이조판서 윤시동이 울릉도의 산삼 채취시기를 앞당길 것을 아뢰다〕 기2169

이조판서 윤시동(尹蓍東)이 아뢰기를, "울릉도는 본래 산삼(山蔘)이 생산되는 지방입니다. 그런데 한 해 걸러 산삼을 찾는 일이 늘 3, 4월 사이에 있기 때문에 캐낼 절기가 아니라서 번번이 쓸모없는 물건이 되곤 합니다. 내의원의 의원들 모두 그 산삼의 품질이 매우 좋다고 말하는 만큼 괜찮은 물건임을 분명히 알 수 있는데 예전에 하던 대로만 하여 버린 물건 취급을 하고 있으니, 정말 애석합니다. 한 번 시험삼아 캐내게 하더라도 손해될 것은 없으니, 내년 봄에 찾아내기로 예정된 일을 금년 6, 7월로 앞당겨 정한 뒤 삼척(三陟)의 영장으로 하여금 채삼군(採蔘軍) 약간 명을 거느리고 들어가서 채취하게 했으면 합니다. 거행할 사례에 대해서는 일단 해당 영(營)에 문의하면 보고해 올 것이니, 비국에서 편할 대로 통지하게 하소서" 하였다.
윤허하였다.

5933 정조 19/07/07(병진) → 【원전】 46집 588면
〔동래부사 윤장렬이 일본의 건저에 관한 일로 장계를 올리다〕 왜11025

동래부사 윤장렬(尹長烈)이 장계를 올리기를, "6월 21일에 관백이 후계자를 세운 경사를 알리러 대차왜(大差倭) 평창조(平暢朝)가 나왔기에 상세히 물어 보았더니, 그가 대답하기를 '관백이 차자 민차랑(敏次郞)을 갑인년 9월 15일에 저군(儲君)으로 세웠는데, 나이는 3세이다. 명자(名字)는 우선 아명(兒名)인 민차랑으로 부르고 있으며 관명(冠名)은 장성한 뒤에 명명하기로 하였다' 하였습니다. 차왜가 가지고 온 서계의 별폭등본 한 통을 해당 조(曹)에 올려보냅니다" 하였였다.
접위관을 차임해 보내라고 명하였다.

5934 정조 19/07/17(병인) → 【원전】 46집 589면
〔여러 도의 가을철 군사훈련을 정지하다〕 수3852

여러 도의 가을철 군사훈련을 정지하였다.

5935 정조 19/08/01(기묘) → 【원전】 46집 591면
〔황해도 관찰사 서매수가 오차진에 이양선이 나타난 일로 치계하다〕 수4685

　　황해도 관찰사 서매수(徐邁修)가 치계하기를, "국적을 알 수 없는 배 한 척이 바람에 밀려와 홀연히 오차진(吾叉鎭) 앞에 정박하였기에 해당 첨사 장경홍(張景泓)이 군교(軍校)를 이끌고 기계(器械)를 지니고서 급히 포구 가로 달려가 활을 당기고 총을 겨누며 위엄을 보이려 하였습니다. 그러자 그 사람들이 거꾸로 성을 내면서 일제히 상륙한 뒤 돌을 던지고 몽둥이를 휘두르며 곧장 앞으로 나와 극력 저항하였습니다. 이렇듯 분위기가 위태롭고 공포스럽게 되자 진장(鎭將)과 진졸(鎭卒)들이 겁을 집어먹고 달아났는데 그럴 즈음에 가지고 있던 활과 칼과 총대 등을 포구 가에 내버리고 갔으므로 그 사람들이 주워서 망가뜨려 버렸습니다. 그리고는 그들도 닻을 올리고 바다 밖으로 재빨리 빠져나갔습니다. 해당 진장의 죄는 군율을 범한 것이니 파출(罷黜)한 다음 유사(有司)로 하여금 법을 적용해 처단케 하시고 장연현감(長淵縣監) 김성화(金聖和)도 아울러 파출토록 하소서" 하였였다.
　　수사 이보한(李普漢)도 율에 따라 처단하라고 명하였다.

5936 정조 19/08/02(경진) → 【원전】 46집 591면
〔이득신을 사헌부 대사헌, 정충달을 황해도 수군절도사로 삼다〕 수11211

　　이득신(李得臣)을 사헌부 대사헌으로, 정충달(鄭忠達)을 황해도 수군절도사로 삼았다.

5937 정조 19/09/14(임술) → 【원전】 46집 598면
〔『충무공이순신전서』를 발간하다〕 수11212

　　『충무공이순신전서(忠武公李舜臣全書)』를 발간하였다.
　　이에 앞서 내각에 명하여 이순신의 옛날 행적 및 유고(遺稿)를 모아 한 책으로 만들도록 명하였는데, 이 때에 와서 편찬해 올리니, 하교하기를, "이번 일은 충의를 드높이고 공로에 보답하며 무용(武勇)을 드러내고 공적을 표창하려는 뜻에서 나온 것이다. 그래서 편집할 때에도 여러 차례에 걸쳐 관심을 표명했었으니 이제 인쇄할 때에 와서도 역시 특별한 조치가 있어야 마땅하다. 이제 내탕(內帑)의 돈 5백 민(緡)과 어영(御營)의 돈 5백 민을 내려주어 책을 인쇄하는 비용을 보조하도록 하라" 하였다.

5938 정조 19/12/05(임오) → 【원전】 46집 619면
〔충무공 이순신의 치제문을 친히 짓고, 통영의 충렬사에 제사를 올리게 하다〕 수11213

충무공 이순신의 치제문(致祭文)을 친히 지은 뒤 통제사 이득제(李得濟)에게 명하여 통영(統營)의 충렬사(忠烈祠)에 제사를 올리게 하였다.

5939 정조 19/12/20(정유) → 【원전】 46집 620면
〔이명규에게 관직을 제수하다〕 수11214

이명규(李明奎)를 전라우도 수군절도사로 삼았다.

정조 20년(1796; 청 가경1년)

5940 정조 20/01/10(정사) → 【원전】 46집 626면
  〔팔도의 춘조를 정지하다〕 수3853

팔도의 봄철 조련을 정지하였다.

5941 정조 20/02/03(기묘) → 【원전】 46집 628면
  〔정운의 후손 정계주를 사복 내승에 주의하고, 무예를 익히게 하다〕 수11215

명하여 고 충신 정운(鄭運)의 후손 정계주(鄭繼周)를 사복내승(司僕內乘)에 주의하고, 궁시(弓矢)를 내려 내시(內寺)에서 무예를 익히게 하도록 하였다.

5942 정조 20/07/06(기유) → 【원전】 46집 660면
  〔이유경을 삼도 수군통제사로 삼다〕 수11216

이유경(李儒敬)을 삼도 수군통제사로 삼았다.

5943 정조 20/07/19(임술) → 【원전】 46집 662면
  〔정운의 시호를 의논하게 하고, 정혁을 다대포첨사에 임명하다〕 수11217

상이 도목정사에 친히 임하였다.
  [이조판서는 김재찬(金載瓚), 참판은 황승원, 병조판서는 조종현(趙宗鉉)이다.]
  전교하기를, "『충무전서(忠武全書)』를 읽을 때마다 녹도만호(鹿島萬戶) 정운(鄭運)의 일을 보고서 일찍이 크게 감탄스러워하지 않은 적이 없었다. 이 사람이 운대(雲臺)의 전투를 하지 않았다면 명량(鳴梁)의 대첩과 당포(唐浦)의 승리가 어찌 있을 수 있었겠는가. 막 해가 질 무렵 어둠이 깔리는 가운데 노를 저어 먼저 올라가서, 바다를 가로막고 있는 적선으로 하여금 서로 대항할 수 없게 하고서 자신은 숨을 거두었다. 이처럼 충성스럽고 용감한 사람은 역사책에서 찾아보더라도 어깨를 나란히

할 만한 자가 매우 드물다. 그런데 이 일을 정운이 해내었다. 한 가지 절개를 위하여 비분강개하여 충무공을 권면하여 흥기시킨 사람이 바로 이 사람인데, 다만 하찮은 사람으로서 미천하여 드러나지 아니해서 아직까지도 시호를 내려주는 은전을 받지 못했으니 어찌 흠전(欠典)이요 궐사(闕事)라고만 말할 수 있겠는가. 운대는 곧 부산지방이다. 파총(把摠) 정혁(鄭爀)을 오늘 정사에서 부산첨사로 차임하여 보내고 정운에게는 특별히 병조판서를 추증하라" 하고, 이어 홍문관으로 하여금 시호를 의논하게 하였다.

얼마 있다가 정혁을 다대포첨사(多大浦僉使)로 옮겼는데, 정혁이 아비의 일을 이유로 부임하기를 어려워하였기 때문이었다.

5944 정조 20/07/22(을축) → 【원전】 46집 663면
〔이완·이순신·이억기 자손에 대한 관직 의망을 논의하다〕   수11218

전교하였다.

"…… 어제 이 제독(李提督)과 이충무공의 일에 대해 감회가 일어나 이를 정익(貞翼)에게까지 미루어서 특별히 배향하고자 하여 붓을 가져다 글을 짓기까지 하였다. 그런데 그 즈음에 들건대 그의 봉사손이 궁마(弓馬)에 종사하다가 지방으로 떠돌아다닌다고 하니 어쩌면 이리도 늦게 그러한 일을 전해 들었단 말인가. 대체로 정익의 충성스럽고 맑은 큰 절개는 충무공 이후 이 한 사람뿐인데 영릉(寧陵)을 만나 매우 분명하게 뜻이 맞아 몸소 장상(將相)을 거느려 나라의 안위를 짊어졌으니 차마 기해년 여름 북영(北營)에 직숙했을 때의 일을 말할 수 있겠는가. 매번 유사(遺事)를 볼 때마다 나도 모르게 책을 덮으며 눈물을 닦았다.

더구나 스스로 하찮고 미미한 정성을 부쳐 삼가 배장(陪葬)하는 의리를 본받아, 마침내 그 몸을 능 앞의 상석 가까운 곳에 묻게 하였다. 이러한 은혜로운 대우와 이러한 정성은 지난 역사에 드문 일이니 어찌 사라져 없어지게 해서야 되겠는가. 그런데 정익이 죽은 후에 그 사판이 한 번도 관향(官享)을 받지 못하였으니 다만 그 봉사손이 승적(承嫡)한 것이 시속에 구애되어 그렇게 된 것이나 승적한 것에 있어서는 마찬가지이다.

이문성(李文成)·김문경(金文敬)의 집안에는 곤수(閫帥)와 침랑(寢郞)이 되는 데 구

애되는 바가 없었는데 유독 정익 집안에 있어서는 그렇지 못하였으니 어찌 성조(聖祖)의 성의를 몸받았다고 할 수 있겠는가.

고 우의정 정익공 이완(李浣)의 봉사손 한량 이득형(李得馨)을 오늘 안으로 남행 선천(宣薦)에 자급을 뛰어올려 보내고 이어 오늘 정사에서 선전관 가설직에 의망해 넣으라. 이후로 이 계파의 사람들은 충무공 이순신, 의민공(毅愍公) 이억기(李億祺) 집안의 예에 따라 선전관청에 자급을 뛰어올려 천거하고 우선 권점을 더하라. 그리 하여 이 세 집안을 한결같이 보아 혹 취사 선택하는 일이 없도록 하라. 이를 해당 관청의 수교(受敎)에 기록하라. 또 정익의 묘소에 승지를 보내어 길일을 잡아 치제하라."

5945 정조 20/07/27(경오) → 【원전】 46집 664면
〔전라도 수군과 육군의 가을철 조련을 정지하게 하다〕 수3854

전라도 수군과 육군의 가을철 조련을 정지하도록 하였다.

5946 정조 20/08/01(계유) → 【원전】 46집 664면
〔임자도의 목장에 백성들이 농사짓는 것을 허락하다〕 기2170

임자도(荏子島)의 목장에 백성들이 농사짓는 것을 허락하고 그곳의 말들을 도내의 여러 목장으로 옮기고 새로 개간하는 데 따른 세입은 화성(華城)의 내용고(內用庫)에 귀속시키도록 명하였다. 호조판서 이시수의 아룀으로 인하여 호남의 도신에게 관문(關文)으로 물은 후에 본도의 민정에 의거하여 이렇게 명한 것이다.

5947 정조 20/08/09(신사) → 【원전】 46집 665면
〔전방선을 개조할 때 정체에 관한 일 등을 남에게 맡기지 못하게 하다〕 기1159

차대하였다.

비변사가 호서 〮〮〮사 정만석(鄭晩錫)의 서계로 인하여 아뢰기를, "전방선(戰防船)을 개조할 때 부유한 백성들을 차출하여 그들로 하여금 민간에서 거두어들이는 일 및 정채(情債)에 관한 일을 대신 맡아보게 하는 잘못된 규례를 각 해당 도신들로 하여금 법조문을 엄히 세워 영원히 혁파하도록 하소서" 하였다.

그에 따랐다.

5948 정조 20/08/09(신사) → 【원전】 46집 665면
〔유지걸 등 유씨 집안과 이순신 집안에 시호를 내리는 문제를 논의하다〕 수11219

우의정 윤시동이 아뢰기를, "고 통제사 유형(柳珩)과 고 훈련도정 유병연(柳炳然)은 할아비와 손자로 모두 송나라 신하 악비(岳飛)의 일처럼 '진충보국(盡忠報國)' 네 글자로 등에 문신을 했었습니다. 유형은 본래 남해현감(南海縣監)으로서 충무공 이순신의 노량해전을 도왔는데 탄환을 맞고도 죽지 않았으니 그 자취가 매우 위대하였습니다. 유병연은 효종조 때 정익공(貞翼公) 이완(李浣)의 천거를 받았는데 선정신 송시열이 비밀 유시를 받고는 그로 하여금 와신상담하는 성상의 의지를 알게 하였습니다. 그의 지혜롭고 용감하며 청백했던 사적이 모두 선정이 찬술한 비문 가운데 실려 있습니다. 문정공(文正公) 이재(李縡)가 칭한 바 '중국에는 천고에 한 사람의 무목(武穆)만이 있었는데 우리나라에는 한 집안에 두 무목이 있다'는 말은 또한 그를 드러내 빛낸 명언입니다. 성상의 조정에서 정전(旌典)을 시행함에 조그마한 선이라도 반드시 기록하고 있는데 이 두 신하에 대해서만은 아직까지 드러내 주는 거조가 없습니다. 호서의 유생과 선비들이 연명으로 신들에게 단자를 올려 그것을 진달해 주도록 청하였습니다. 증시(贈諡)의 실적이 이미 이와 같고 공의 또한 민멸하지 아니하였으므로 감히 이에 우러러 아룁니다" 하였다.

전교하였다.

"유씨의 집안에는 어쩌면 그리도 충신과 명장이 많은가. 대체로 증 영상 유형과 그 손자 증 판서 유병연은 곧 충무공 이순신과 정익공 이완이 혹 천거하여 자신을 대신하게 하기도 하고 혹 장수의 재질이 있다고 천거하기도 한 사람들이니 그 사람됨을 알 수 있다. 더구나 '진충 보국' 네 글자로 등에 문신을 한 충성은 할아비와 손자가 똑같았으니, 시호를 내리는 은전을 우리나라의 두 무목에게 시행하지 아니하고 누구를 먼저 하겠는가. 특별히 아울러 증시하라.

고 총융사 유림(柳琳)은 중국 조정을 위하여 금주(錦州)의 싸움에서 절개를 온전히 하여 저들이 아직까지도 칭찬해 마지않고 있다. 유효걸(柳孝傑)은 유형의 아들로서 강홍립의 부름에 굴하지 아니하였는데, 그 서제 유지걸(柳智傑)이 20세도 되지

않은 상태에서 갑자기 상투를 틀고 스스로 대신 가기를 청하여 심하(深河)에서 숨을 거두었다. 유효걸의 아들 가운데 또 고 훈련대장 유혁연과 병연이 모두 정익공에게 천거받아 중요한 정사에 모두 참여하였는데, 사람들이 서로 호흡이 잘 맞는 것을 두고 마치 오른손과 왼손 같다고 비유하였다. 지난번에 무사들을 시험보이는 일로 인해서 가마가 태평교(太平橋)를 지날 때 길 곁으로 고 장가(將家)의 유허가 나타났는데 한참 동안이나 탄식하였었다. 유지걸에게 만약 정증(旌贈)한 바가 없으면 상세히 상고하여 초기하라.

이로 인하여 또 생각건대, 충무공의 아들 이면(李葂)이 정유년에 순국하고 이훈(李薰)이 갑자년에 순국하였으며 이신(李藎)이 정묘년에 순국하였는데 정증하는 전례가 아직까지 시행되지 않았다고 한다. 지금 유지걸을 정증하는 문제에 대하여 의논하는 때에 차마 충무공의 집안에 이를 시행하지 않을 수 있겠는가. 해당 조로 하여금 각기 화함(華卿)을 증정하도록 하라."

5949 정조 20/08/09(신사) → 【원전】 46집 665면

〔우의정 윤시동이 법성진과 군산진의 첨사 차송문제와 승전 문제를 아뢰다〕　　　　수11220

우의정 윤시동이 아뢰었다.

"법성진(法聖鎭)과 군산진(群山鎭)의 첨사는 모두 변지 첨사의 이력을 쳐주는 곳으로, 두 해의 조운을 마치고 나면 승진시켜 서용하는 것이 전례인데, 변지 첨사에서 승진시켜 서용하면 방어사가 됩니다. 방어사는 갑자기 승전(承傳)으로써 거행하기 어려운 것이고 두 해의 조운을 잘 거느려 납부한 것 또한 그대로 놓아둘 수 없는 노고입니다. 또 들건대, 법성진의 경우 칠산(七山)바다를 거쳐야 되기 때문에 20년 동안 전광훈(田光勳) 한 사람만이 승전으로써 변지 첨사로 승진되었고 그 후에는 이번에 홍계선(洪繼善)이 또 두 해의 조운에서 별 폐단이 없었다고 하니 그 어려움을 알 만합니다.

대개 이 두 진이 호남의 내지로서 변지로 승진된 것은 실로 조운을 중히 여기는 뜻에서 나온 것인데, 배를 타고 위험을 무릅써야 하기 때문에 차송되는 자들이 반드시 모두 방어사에 합당한 사람은 아니어서 승전이 즉시 거행되지 않는 때가 많습니다. 그렇다면 변지 이력이 한갓 유명무실한 것으로 귀결되니 신의 생각으로는 두 진

의 첨사를 예전대로 무신당상 가운데 이력이 있는 사람을 골라 차송하고 두 해의 조운을 거치게 하여 변지로 차송하여 그 도목(都目)을 넘지 않도록 한다면 격려하고 수고에 보답하는 도가 모두 마땅하게 될 것입니다."

그렇게 하라고 하였다.

5950 정조 20/10/12(갑신) → 【원전】 46집 673면
〔김처한을 전라우도 수군절도사로 삼다〕 수11221

김처한(金處漢)을 전라우도 수군절도사로 삼았다.

5951 정조 20/11/01(임인) → 【원전】 46집 676면
〔영남의 백성들 중 일부러 왜국에 표류하는 이들의 처벌에 대해 논하다〕 표1352

경모궁으로 가서 희생과 제기(祭器)를 살펴보고 나서 재계하며 밤을 지냈다.

우의정 윤시동(尹蓍東)이 아뢰기를, "영남 바닷가의 간사한 백성들 중에는, 흉년을 만나면 처자들이 살아갈 수 있도록 방도를 마련해 놓고 패거리를 지어 일부러 왜국의 국경 안으로 표류해 가는 방법을 써서 먹고사는 문제를 해결하려는 자들이 간혹 있습니다. 배가 크건 작건 사람이 많건 적건 관계없이 배 한 척이 표류했다 하면 반드시 차왜 하나가 오곤 합니다. 그들이 가지고 오는 예단은 하나도 쓸모가 없는데, 우리나라에서는 돈 8백 냥과 쌀 2백 섬을 떼주도록 정해져 있습니다. 올해만 해도 표류의 문제로 왜인이 온 것이 모두 일곱 차례나 되었으니, 놀랍고 통탄스럽기가 이보다 더할 수가 있겠습니까. 표류했다가 돌아온 후에는 사공과 격군을 곤장을 쳐서 귀양보낸다고 정해진 법이 있었는데, 선조(先朝) 갑자년에 특별히 명을 내려 지워버리게 했으므로 그후로 간사한 백성의 무리들이 더욱 거리낌없이 행동한다고 합니다. 그들의 이름을 낱낱이 조사해서 만약 일부러 표류했다는 사실이 드러나면 관찰사와 동래부(東萊府)에 분부하여 각별히 엄하게 징계하도록 하소서" 하였다.

그에 따랐다. 전교하기를, "한 고을에서 같은 해에 두 번 이상 표류했을 경우에는 금지하지 못한 고을 원을 관찰사로 하여금 조사해 내어 장계를 올려 처벌하게 하라" 하였다.

정조 21년(1797; 청 가경2년)

5952 정조 21/01/15(병진) → 【원전】 47집 2면
[조운시 전선의 이용, 조곡의 운반 등을 정식을 만들어 시행하다]   조1329

호조가 조운절목(漕運節目)을 올리자, 하교하였다.
"조운에 관한 정사는 군사적인 성격을 겸하는 것으로, 옛날 주관(周官)의 제도로부터 한(漢)·당(唐)·송(宋)·명(明)에 이르기까지 조선(漕船)을 전선(戰船)으로 사용하였으니, 이 또한 군사와 농사가 서로 의지하는 일단이다. 우리나라의 조창(漕倉)에 관한 법이 군사와는 무관한 것 같지만 사실은 양영(兩營)의 것을 대동청(大同廳)에서 옮겨오는 것과 훈국(訓局)의 삼수량(三手糧)은 그 의미가 같은 것으로, 급할 때의 수용이 되지 않는다고 할 수 없다.
옛날에는 소나무에 관한 정사가 소홀하지 않아서 삼남에 순차로 조선(漕船)을 건조하였으나 지금은 저처럼 민둥산이 되었으니 조창이 결단코 배를 내지 못할 것이다. 비록 이보다 더 큰 일이라도 시폐를 바로잡는 정사는 따로 때에 적절한 사의(事宜)가 있을 터인데, 유독 조운의 일에만 융통성이 없고 고집스러워 감히 말을 꺼내거나 손을 쓰지 못하니, 어떻게 그런 사리가 있단 말인가.
지난 겨울의 빈대(賓對)에서도 시험삼아 전선(戰船)을 써보자는 뜻으로 말이 나왔으니, 묘당이 자연히 별도로 요리(料理)했어야 할 것이다. 그런데 지금 이 사목(事目)을 하달함에 있어, 먼저 준비에 대한 명령을 내려 배를 건조하라고 엄히 주의시키지 않는다면 어떻게 감·곤·읍·진(監閫邑鎭)들이 앞으로 식량 공급의 길이 있겠는가. 경은 대신해 온과 의논하여 먼저 배를 견고하고 정밀하게 만들어서 조곡(漕穀)을 운반할 방도에 대해 3도의 도수신(道帥臣)에게 공문을 보내라. 그리고 전선으로 시험해 보는 문제에 대해서는 특히 절목중의 세부항목이니, 그리 알라."

〈 관련내용 〉
· 정조 21/01/17(무오)→ 이시수가 조곡운반시 전선의 사용 등을 아뢰다   47집 3면

5953 정조 21/01/22(계해) → 【원전】 47집 5면
〔경기·호서·호남·영남·관동의 수군조련을 정지하다〕   수3855
경기·호서·호남·영남·관동의 수군조련을 정지하였다.

5954 정조 21/02/10(신사) → 【원전】 47집 8면
〔해서의 수군절도영의 양미를 통어영에 떼어주어 전선을 수리케 하다〕   수4686
해서 수군절도영의 양미 4백 석을 통어영에 떼어주어 전선(戰船)을 수리하는 일을
윤허하였다. 이는 우의정 윤시동(尹蓍東)의 말을 따른 것이다.

5955 정조 21/02/16(정해) → 【원전】 47집 9면
〔각 영문의 관할 구역 안에 나무를 심고, 소나무를 베지 말도록 하다〕   기1160
각 영문의 관할구역 안에 나무를 심을 것과 소나무를 베는 것을 금지시키는 정사에
대해 주의시켰다.

5956 정조 21/03/30(경오) → 【원전】 47집 14면
〔해서에서 수군조련을, 관서에서 순회의 조련을 행하다〕   수3856
해서에서 수군조련을 행하고 관서에서 순회의 조련을 행하였다.

5957 정조 21/04/13(계미) → 【원전】 47집 17면
〔조대에게 관직을 제수하다〕   수11222
조대(趙岱)를 전라좌도 수군절도사로 삼았다.

5958 정조 21/04/15(을유) → 【원전】 47집 17면
〔이엽에게 관직을 제수하다〕   수11223
이엽(李熀)을 삼도 수군통어사로 삼았다.

5959 정조 21/04/25(을미) → 【원전】 47집 20면
〔영남 후조창의 조선 6척을 침몰하게 한 이의강 등을 감죄하다〕   조2079

영남 후조창(後漕倉)의 조선 6척을 침몰하게 한 영운 도차사원(領運都差使員) 밀양부사 이의강(李義綱) 등을 차등있게 감죄하였다.

5960 정조 21/05/22(신유) → 【원전】 47집 23면
〔오재휘를 경기 수군절도사로 삼다〕   수11224

오재휘(吳載徽)를 경기 수군절도사로 삼았다.

5961 정조 21/06#07(을사) → 【원전】 47집 29면
〔유구국 사람 7명이 표류하다가 제주에 도착하니, 이들을 돌려보내다〕   표2518

유구국 사람 7명이 표류하여 제주의 대정현(大靜縣)에 도착하였으므로, 수로를 경유하여 되돌려보냈다. 그 배는 앞이 낮고 뒤가 높았으며 길이는 8파(把)이고 너비는 3파 남짓하였으며 높이는 1파 남짓하였는데, 전후와 좌우에 모두 달 모양[月形]을 그렸으며 위에 면포[木綿]로 점풍기(占風旗) 2면(面)을 세웠다. 『통속삼국지(通俗三國誌)』 1권과 역(曆) 1권을 휴대하였는데, 삼국지에는 가끔 한두 글자로 구두(句讀)를 방언으로 표시하였으나 문리(文理)가 끊겼다 이어졌다 하여 알아볼 수가 없었다. 역서(曆書)의 권면(卷面)에는 '보력 갑술 원력(寶曆甲戌元曆)'이라고 씌어 있었으며, 곁에는 '관정 7년 정사(寬政七年丁巳)'라고 씌어 있었는데 달을 세운 대소는 시헌서(時憲書)와 같았지만 오직 윤월이 7월에 있었다. 그리고 거주지가 나패(那覇)에 있다고 스스로 말하였는데 나패는 그들의 국부(國府)의 이름이며 왕도(王都)와의 거리는 10리라고 하였다.

5962 정조 21/06#20(무오) → 【원전】 47집 31면
〔복건 등을 표류하다 돌아온 이방익을 위유하고 전라도 중군으로 임명하다〕   표1147

제주사람 이전 충장장(忠壯將) 이방익(李邦翼)이 표류하여 복건(福建)에 이르렀다가 육로를 따라 소주(蘇州)와 양주(楊州)를 거쳐 연경(燕京)에 이르렀다. 상이, 방익이 조관(朝官)으로서 이역에 표류하면서 만 번 죽을 고비를 넘기고 살아서 돌아왔다고 하여 비변사 제조에게 명하여 불러다 위유(慰諭)하게 하고 전라도 중군으로 임명하였다.

5963 정조 21/06#21(기미) → 【원전】 47집 31면
〔신대영을 황해도 수군절도사로 삼다〕   수11225

신대영(申大佄)을 황해도 수군절도사로 삼았다.

5964 정조 21/07/16(계미) → 【원전】 47집 34면
〔여러 도의 가을철 군사훈련을 정지하다〕   수3857

여러 도의 가을철 군사훈련을 정지하였다.

5965 정조 21/08/13(기유) → 【원전】 47집 37면
〔유진숙을 충청도 수군절도사로 삼다〕   수11226

유진숙(柳鎭淑)을 충청도 수군절도사로 삼았다.

　　〈 관련내용 〉
　　　・정조 21/08/28(갑자)→ 충청 수군절도사 유진숙을 파직하고 이문혁을 대신 임명하다   47집 40면

5966 정조 21/08/19(을묘) → 【원전】 47집 40면
〔안홍국에 대한 『충무공전서』의 기록을 상고하여 이를 바로잡게 하다〕   수11227

용인(龍仁)의 유학 안석광(安錫光)이 상언하기를, "신의 6대조 안홍국(安弘國)은 힘껏 싸우다가 만력(萬曆) 정유년 6월 19일 안골포(安骨浦) 앞 나루에서 한 몸을 바쳤는데, 『충무공전서(忠武公全書)』에는 '통제사 원균(元均)과 7월 15일 한산도(閑山島)의 군진이 무너질 때에 같이 죽었다'라고 기록되었습니다. 죽은 것은 같으나 싸우다가 죽은 것과 군진이 무너져서 죽은 것은 아주 다릅니다. 뜻을 두었던 일이 이로 인하여 묻혀버리고 공적이 이로 말미암아 없어졌으니, 삼가 바라건대 특명으로 『충무공전서』에 고쳐 기록하게 해주소서" 하였다.
　　예조가 아뢰기를, "힘껏 싸우다가 죽은 것이나 군진이 무너져서 죽은 것이나 죽은 것은 마찬가지입니다만 용맹함과 비겁함은 판이합니다. 지명과 날짜가 이처럼 서로 틀리니, 당초 책을 편집한 신하로 하여금 사적을 다시 상고해서 사실대로 바로잡도록 하소서" 하였다.
　　하교하기를, "내각(內閣)으로 하여금 공사(公私)의 문적을 다시 고증하게 한 뒤 바

로잡아야 하거든 바로잡도록 하라" 하였다.

5967 정조 21/09/06(임신) → 【원전】 47집 41면
〔동래 용당포 앞바다에 표류한 이국의 배에 대해 논의하다〕　　　　　수4687

　　경상도 관찰사 이형원(李亨元)이 치계하기를, "이국의 배 1척이 동래 용당포(龍塘浦) 앞바다에 표류해 이르렀습니다. 배 안의 50인이 모두 머리를 땋아 늘였는데, 어떤 사람은 뒤로 드리우고 머리에 백전립(白氈笠)을 썼으며, 어떤 사람은 등(䔋)으로 전립을 묶어 매었는데 모양새가 우리나라의 전립과 같았습니다. 몸에는 석새(三升) 흑전의(黑氈衣)를 입었는데 모양새가 우리나라의 협수(挾袖)와 같았으며 속에는 홑바지를 입었습니다. 그 사람들은 모두 코가 높고 눈이 파랗습니다. 역학(譯學)을 시켜 그 국호 및 표류해 오게 된 연유를 물었더니, 한어(漢語)·청어(淸語)·왜어(倭語)·몽고어(蒙古語)를 모두 알지 못하였습니다. 붓을 주어 쓰게 하였더니 모양새가 구름과 산과 같은 그림을 그려 알 수 없었습니다. 배의 길이는 18파(把)이고, 너비는 7파이며 좌우 아래에 삼목(杉木) 판대기를 대고 모두 동철(銅鐵)조각을 깔아 튼튼하고 정밀하게 하였으므로 물방울 하나 스며들지 않는다고 하였습니다" 하였다.

　　삼도통제사 윤득규(尹得逵)가 치계하기를, "동래부사 정상우(鄭尙愚)의 정문(呈文)에 '용당포에 달려가서 표류해 온 사람을 보았더니 코는 높고 눈은 푸른 것이 서양 사람인 듯하였다. 또 그 배에 실은 물건을 보니 곧 유리병·천리경·무공은전(無孔銀錢)으로 모두 서양물산이었다. 언어와 말소리는 하나도 알아들을 수 없고, 오직「낭가사기(浪加沙其)」라는 네 글자가 나왔는데 이는 바로 왜어(倭語)로 장기도(長崎島)이니, 아마도 상선(商船)이 장기도부터 표류하여 이곳에 도착한 것 같다. 우리나라 사람을 대하여 손으로 대마도 근처를 가리키면서 입으로 바람을 내고 있는데, 이는 순풍을 기다리는 뜻인 듯하다' 하였습니다" 하였다.

　　그들이 원하는 대로 순풍이 불면 떠나보내도록 하라고 명하였다.

　　〈 관련내용 〉
　　　　정조 21/10/04(기해)→ 아란타에서 표류한 배, 영호남의 감소하는 곡부를 논의하다　　47집 46면

5968 정조 21/11/29(갑오) → 【원전】 47집 55면

〔영남 후조창의 배가 출발하는 날짜를 예전대로 13일로 시행하도록 하다〕 조1330

비변사가 아뢰었다.

"영남의 후조창(後漕倉)의 배가 출발하는 날짜를 3월 3일로 정하고, 영운차사원(領運差使員)은 안골포만호(安骨浦萬戶)로 옮겨 정했습니다. 그런데 다시 금년 조운(漕運)에 대해 사리를 논하여 장문(狀聞)한 일을 보고서 이전 도신 이태영(李泰永)이 보고한 바에 따라 복계(覆啓)하여 행회(行會)하였는데, 방금 경상도 관찰사 이형원의 장계를 받아보게 되었습니다.

그 장계에서 말하기를 '배 출발 시기를 앞당기고 물리는 것은 마땅히 바람의 기운이 어떠한가를 보아야 하고 영운차원(領運差員)의 잘하고 잘하지 못함은 오직 검속(檢束)이 능하고 능하지 못함에 있다. 제포만호(薺浦萬戶)가 차임(差任)된 지 이미 30년이 지났고 매년 바다에 나가기 때문에 진의 군사가 모두 바람을 살피는 데에 익숙하다. 안골포로 옮겨 정한 것은 새로 창건한 것에 관계되므로 배를 타는 장수와 아전이 물길에 익숙하지 못하고, 조창(漕倉)의 길도 멀고 가까움이 별로 다름이 없다. 그리고 13일에 배에 물건을 싣고 제포진(薺浦鎭)을 특별히 차임하는 것으로 이미 『통편(通編)』에 실려 있고 보면 당초 정한 제도가 참으로 상량(商量)한 바가 있다. 예전대로 시행하는 것이 마땅하다' 하였습니다. 일체 예전 제도대로 13일에 배에 싣고 제포진이 영운(領運)하도록 하소서" 하였다.

윤허하였다.

정조 22년(1798; 청 가경3년)

5969 정조 22/01/14(기묘) → 【원전】 47집 63면
〔제주도에 청나라 배가 표류해 오다〕   표21103

제주에 표류해 온 청(淸)나라 배가 있었는데, 돛대가 대단히 커서 길이는 15장(丈)에 이르고 둘레의 넓이는 2장 남짓하다고 했다. 이 나무는 곧 서양에서 생산된 것이다.

5970 정조 22/01/15(경진) → 【원전】 47집 64면
〔제주도에 중국상선이 표류해 오다〕   표21104

제주 명월포(明月浦)에 다른 나라의 배가 표류해 왔는데, 배 전체의 길이는 2백30척이고, 넓이는 길이의 4분의 1이었다. 돛대는 모두 세 개인데, 그중 가장 큰 것은 길이가 1백50척이고, 둘레가 25척이며, 그 목재는 서양에서 생산된 것으로 그 값이 은(銀) 2천5백 냥에 해당한다고 한다. 모포(毛布)로 돛을 달았는데, 넓이가 1백 척이고 길이는 20척이었다. 돛대마다 각각 대자리로 짠 돛이 따로 있는데, 넓이는 베돛〔布帆〕과 같으면서 길이만 약간 더 길었다.
  키〔舵〕의 길이는 70척인데, 쇠로 그 자루를 동였고, 닻〔碇〕은 여섯 개였는데, 목제(木製)가 네 개이고 철제(鐵製)가 둘이었다. 배의 뒤쪽은 층옥(層屋)으로 되었는데 그 옥 안에는 한가운데로 방(房) 네 개가 있었고, 한복판의 돛대 곁에는 또 판옥(板屋)이 있었는데 그 안에 방 여섯 개가 있었다.
  옥상에는 누(樓)를 만들고 창을 설치했는데, 난간은 금으로 도장했다. 또 비단 휘장을 쳤는데, 그 휘장에는 '천후성단(天后聖丹)'이란 네 글자가 금서(金書)로 씌어 있었고, 그 안에는 금불(金佛) 세 구(軀)를 모시고 있었다. 거기에 적재한 것으로는, 황두(黃豆)·청두(靑豆)·녹두(祿豆)·오두(烏豆)·조미(鼠米)가 모두 1천1백61담(担)이었는데, 1담이 우리나라로 따지면 40두에 해당한 것이고, 상지(箱紙)가 9천6백70상(箱)이며 또 『손방연의(孫龐衍義)』·『설당(說唐)』·『정서곡부(征西曲簿)』·『남강북조

(南腔北調)』 등의 서책과 기르는 고양이・개와 길들인 새의 무리가 있었다. 배의 꼬리 부분에는 '금보발(金寶發)'이란 세 글자가 새겨져 있는데, 이것이 곧 선호(船號)로서 대체로 상선인 것이다.

본주(本州)의 목사가 선주에게 사정을 물어본 결과 선주의 이름은 진가서(陳嘉瑞)이고, 타공(舵工)과 수수(水手)는 모두 30인이었다. 본디 복건성 장주부(使州府) 해징현(海澄縣)의 선상인(船商人)으로서 공표(公票)와 부패(部牌)를 차고 있었는데, 수로를 따라 돌아가기를 원하여 정박한 지 26일째가 되던 날 한낮에 동풍이 불자 파수장(把守將)에게 말하고는 즉시 돛을 걸고 출항해서 곧바로 서남쪽의 대양(大洋)을 향해 가더니 순식간에 수평선 너머로 사라졌다고 한다.

전라감사 이득신(李得臣)이 이 사실을 치계로 보고해 왔으므로, 승문원(承文院)으로 하여금 자문(咨文)을 지어서 북경(北京)에 교부하여 장차 예부(禮部)에 보고하도록 하였다.

5971 정조 22/01/21(병술) → 【원전】 47집 66면
[통제사 윤득규가 전병선(戰兵船)의 조운의 변통에 관한 조례를 올리다]   조1331

통제사 윤득규(尹得逵)가 전병선(戰兵船)의 조운의 변통에 관한 조례(條例)를 올렸는데, 그 내용은 이렇다.

"1. 영읍진(營邑鎭)의 전선중에는 대장・중군・파총・초관이 타는 것과 좌우 탐선(探船)과의 구별이 있으니, 각각 그 선체에 따라서 장광(長廣)의 차등이 있습니다. 본판(本板)의 길이는 15파(把)로부터 시작하여 9파에 그치고, 넓이는 4파에서 시작하여 2파 반에 그치며, 좌우의 삼판(杉板)은 각각 7립(立)씩인데, 그 위에는 층루가 있고 귀장(龜粧)이 있습니다. 조운(漕運)할 때에는 부득불 그 상장(上粧)의 여러 가지 도구들을 철거해야 하는데, 그러고 나면 본체가 매우 낮아지므로, 본삼(本杉) 위에 동삼(同杉) 1립을 더 첨부하여 그 높이를 약간 증가시키고, 조운을 마친 뒤에는 그 동삼을 떼어서 상장으로 옮겨 얹으면 실로 서로 통용하는 계책에 합당합니다. 이른바 동삼이란 곧 세속에서 일컫는 바 '동도돈(同道頓)'이라는 것으로서 본삼의 삭(槊)을 비늘처럼 나란히 부착한 것과는 서로 다른데, 조운할 때는 시렁으로 사용하고 조운을 마친 다음에는 철거하니, 일시적인 사역만이 있을 뿐 별로 논할 만한 폐단이

될 것은 없습니다.

 1. 전선의 적재량으로 말하자면, 본영의 일선(一船)과 부선(副船)은 2천 석을 적재할 만하고 중군선(中軍船)은 1천7백 석을 적재할 만하며, 좌열선(左列船)·우열선(右列船) 및 오사 파총(五司把摠)의 창원선(昌原船), 거제(巨濟)의 일선(一船), 가덕(加德)의 일선, 미조항선(彌助項船), 귀산선(龜山船) 도합 7척의 배가 1천4, 5백 석을 적재할 만합니다. 그밖의 초관선(哨官船) 32척 및 좌우 정탐선 2척은 혹은 겨우 1천 석 혹은 겨우 8백 석이나 적재할 만합니다. 조운선은 1천 석 정도만 적재할 수 있는 것이 바로 정해진 규식인데, 전선 10척이 이 숫자를 초과한 데에 대해서는 선체의 크고 작은 것이 이미 정해진 제도가 있으므로, 지금 어떻게 억제할 수가 없습니다. 가령 조운법대로 따라서 1천 포(包)만 적재한다면 진실로 짐이 가벼워서 항해하기가 편리한 좋은 점이 있거니와, 또 조운선으로 말하자면 혹 별상납(別上納)의 때를 당해서는 2, 3백 석 정도를 더 적재하는 경우가 있으니, 전선의 경우도 여기에 의거하여 헤아려 적재하는 것도 불가할 것이 없겠습니다. 이는 특히 그 때그 때에 짐작하여 처리하는 것이 사의에 합당할 듯합니다. 그리고 겨우 1천 석이나 혹은 겨우 8백 석 정도만을 적재할 수 있는 배들에 대해서는, 지금 만일 조운의 제도를 일체 따라서 길이는 12파(把)로 하고 넓이는 4파로 하며, 삼관을 높이고 적재의 용량을 확장하는 등 다시 제도를 고쳐 만든다면, 조운하기에는 비록 편리하겠으나 또한 전함으로 사용하기에는 불편할 것입니다.

 대체로 삼관을 첨부한 것이 너무 높고 배의 중심이 깊고 넓으면 많은 양을 적재할 수는 있으나, 조련할 때의 경우 누옥을 높이 올리고 장졸의 기휘(旗麾)를 선상(船上)에 배열하여 세우고 보면, 사나운 파도가 반드시 장차 바람을 따라 심하게 배를 요동시킴으로써 건너기가 어려울 것입니다. 그러니 앞으로는 배를 건조할 때에 본판(本板)의 경우는 나무 하나를 더 붙여서 그 넓이를 약간 증가시키고, 삼판(杉板)의 경우는 소나무의 대소에 따라 혹은 7립(立)을 쓰기도 하고 혹은 8립을 쓰기도 하되, 장파(長把)의 대소는 예전 규정을 고치지 않고 다만 동삼(同杉)을 붙여 수시로 두었다 빼냈다 한다면, 1천 포(包)의 조곡(漕穀)도 싣지 못할 걱정이 없게 되고, 전선의 장졸들도 충분히 서로 수용할 수가 있어, 전쟁을 할 때나 조운을 할 때나 모두 적의할 것입니다.

1. 조선의 경우는 목삭(木槊)을 쓰고 전선의 경우는 쇠못[鐵釘]을 쓰는데, 목삭은 햇수를 한정하여 고쳐 수리해야 하고 쇠못은 1백 개월쯤은 무사합니다. 그러나 지금 전선을 가지고 조운을 하면서 그대로 쇠못을 쓴다면, 수천 리 먼 바다를 항해하면서 거센 바람과 파도의 충격을 받을 적에 삼판의 서로 붙인 곳이 혹 틈이 벌어져 들쭉날쭉해지는 걱정이 있으니, 그렇게 되면 장차 헐어내어 고쳐야 하는데, 움직여 두드리면서 못을 빼고 박고 하는 사이에 배 전체의 재목이 완전한 것이 얼마 없게 되기 때문에 결국 배 전체를 새로 만드는 것과 다름이 없게 됩니다. 그러니 앞으로는 목삭으로 대용하여 3년마다 목삭을 고치고, 6년마다 삼판을 고치는 절차를 조선의 관례대로 해야겠습니다.

1. 전선의 비하(飛荷)의 광장(廣粧)과 선미의 허란(虛欄)은 오직 미관만을 취한 것이요, 험한 바다를 건너는 데는 편리하지 못합니다. 그리고 또 영해(嶺海)는 물이 깊기 때문에 치목(鴟木)을 대단히 길게 하고 상장(上粧)이 높이 걸쳐 있기 때문에 범죽(帆竹)은 약간 짧게 하므로, 조선에 비유하면 모두가 서로 맞지 않습니다. 그러니 앞으로는 비하의 경우는 모두 굽은 나무를 쓰고, 선미에는 허란을 그대로 두며, 치목과 범죽은 또한 참작하여 별도로 준비해서 조운할 때의 수용으로 삼아야겠습니다.

1. 조선은 노젓는 일을 필요로 하지 않고 오로지 범풍(帆風)에만 의존하기 때문에 배 한 척에 노가 둘에다 격군은 다만 15명일 뿐이니, 전선의 조졸(漕卒) 또한 이 숫자만 써야겠습니다. 그리고 본영의 일선(一船)·부선(副船)·중군선(中軍船) 이 3척에 대해서는 고치지 말고 예전대로 두어 조운을 하지 말도록 하라는 뜻을 이미 지난번 보고장에 상세히 거론했었습니다. 그런데 그것도 만일 아울러 통용하도록 하자면 그 배의 몸체가 다른 배들보다 훨씬 크므로 조졸은 20명에 노는 의당 넷을 써야 할 것입니다.

1. 전선을 조창에 영박(領泊)시킬 때에는 의당 각 해당 선장 및 노군으로 하여금 기한 전에 운송해오도록 하되, 배의 도구[船械]와 닻줄[維纜]과 관인(官印) 찍힌 치부(置簿) 등을 하나하나 진술을 받고서 내주어야만 이 간악한 행위를 막을 수 있고, 또 조창에서 퇴짜를 놓는 등의 조종하는 단서를 없앨 수 있습니다. 그리고 조창에 영박한 사공 1명을 조창으로부터 날짜를 기약하고 출발시켜 해당 읍진(邑鎭)에 운송해서 일일이 사람을 만나 인수인계를 하고 이어 다시 배를 거느리고 가도록 하되,

조운을 마치고 돌아갈 때에도 그 사공과 격졸(格卒)로 하여금 곧바로 해당 읍진에 운박(運泊)하여 숫자대로 반납을 하도록 해야 합니다. 조선의 사공 무리들은 흔히 육로를 따라 편리한 데를 가려서 내려와 버리고 다만 격졸로 하여금 배를 거느리고 가게 하므로, 간혹 공선(空船)이 파손되는 일이 있습니다. 그러니 앞으로는 반드시 해당 사공으로 하여금 직접 배를 타고 돌아가 정박하게 하여 중도에서 소홀히 하는 폐단이 없도록 할 일로 엄중히 과조(科條)를 세워야 하겠습니다.

1. 병선의 경우는, 지금의 제양(制樣)은 길이가 7파이고 넓이와 높이가 각각 1파 반씩입니다. 그런데 앞서 북관(北關)의 곡식을 포항(浦項)으로 운송할 적에는, 배 한 척의 적재량은 2백 석에 불과한 데다 조군(漕軍)은 10명씩을 써야 했으니, 이것으로 조운을 하자면 이미 통용하는 실제 효과는 없고 바다를 건너기 어려운 걱정까지 있습니다. 그러니 앞으로는 북쪽 조선의 제도를 약간 모방하여 재목을 더 지급해서, 길이는 8파, 넓이는 3파, 높이는 2파로 제도를 고쳐 만들도록 신칙하고, 또 목삭(木槊)을 쓰고 거기에 동삼(同杉)을 더 첨부하여 또한 전선의 제조와 같이 하도록 한다면 5백 석의 곡물을 적재할 수 있고 12명의 조졸(漕卒)을 쓸 수 있어 해운(海運)에 염려가 없게 될 것입니다. 지금 적재량이 적은 것 때문에 병선을 조운에 통용하도록 하지 않고 그대로 철정을 쓰고 있습니다. 그렇다면 전선과 병선은 다같이 전쟁의 도구인데, 혹은 목삭을 쓰고 혹은 철정을 쓰는 것은 진실로 이미 일이 뒤섞인 것이거니와, 더구나 이 병선은 군졸을 싣거나 군량을 운반하는 도구이고 보면, 선체가 전보다 조금 더 큰 것은 실로 위급한 때의 수용에 타당할 것이요 변통하는 도리에도 합당할 것입니다.

1. 본영에서 관장하는 우도(右道)의 주사(舟師)에게는 원래부터 방선(防船)이 없었고, 호남지방 섬진진(蟾津鎭)에 다만 노속(奴屬)의 방선 2척이 있을 뿐인데, 그 배는 곡물 3백 석을 적재할 수 있고 조졸 10명을 쓸 수 있습니다. 그런데 해당 진은 곧 근년에 새로 소모(召募)의 일을 신칙하므로 인하여, 지극히 잔폐한 지역으로서 모든 조치가 다른 지역과 같지 못한 데다가, 배를 건조하는 데 대한 물력(物力)에 있어서는 일찍이 회감(會減)하는 일이 없었고, 또한 배를 타고 조련에 나가는 예도 없어, 다만 수시로 군량 운반하는 용도로만 삼았기 때문에 선제(船制)가 용선(桶船)과 다를 것이 없어, 다른 수영에 있는 방패선과는 크게 서로 다르니, 이것으로 조운을 하자

면 그 형세가 불편할 것입니다.

1. 조선의 닻줄은 갈모(葛茅)를 쓰고 돛은 초석(草席)을 쓰는데, 이는 곧 해마다 새것으로 바꾸기 때문입니다. 그러나 전선과 병선의 닻줄은 모두 숙마(熟麻)와 산마(山麻) 따위로 하고, 풍범(風帆) 또한 삼승포(三升布)나 혹은 왕골자리(莞席)로 하고 있는데, 각 물건의 개비(改備)는 이미 연한이 있고, 회감(會減)의 가본(價本) 또한 정수(定數)가 있으므로, 헐어질 때마다 개비를 하자면 진실로 군색한 폐단이 있습니다. 그러니 조운의 햇수를 조선의 예에 따라 별도로 조치하여 개비하도록 하고, 그 급가(給價)의 절차 또한 조선에 견주어 예를 삼아야 하겠습니다.

1. 앞으로 전선과 병선에 모두 목삭을 쓰자고 보면 목삭과 삼관을 개비하는 데에 의당 가본이 있어야 할 것입니다. 그런데 이미 관례가 된 철정의 값을 참고해보면, 본영의 일전선(一戰船)에 2백50냥, 부선(副船) 및 중군선(中軍船)에 각각 2백 냥씩이고, 기타 여러 가지 배와 읍진의 배에 각각 1백50냥씩이며, 병선의 경우는 영진이나 읍진의 것을 막론하고 모두 1척당 50냥씩입니다. 본영이 배를 건조할 때의 역가(役價)에 대해서는 본영에서 편의에 따라 지용(支用)하고 번거로이 품할 것이 없겠습니다. 그러나 각읍에 이르러서는 전선의 철정값을 회감한 것이 쌀로 50석이고, 병선은 쌀 5석이며, 각 진에 있어서는 원방처(元防處)의 경우는 전선의 철정값을 회감한 것이 목면 30필이고, 병선은 목면 5필이며, 소모처(召募處)의 경우는 전선의 철정값을 회감한 것이 목면 1동(同) 25필이고, 병선은 목면 5필인데, 이것을 수시로 예하(例下)하고 있습니다. 조선의 경우는 1척마다 개삭미(改槊米)가 40석이고 개삼미(改杉米)가 30석이며, 북쪽의 조선은 1척마다 개삭전(改槊錢)이 25냥이고 개삼전(改杉錢)이 28냥씩인데, 이것은 모두 조창에서 회감하고 있습니다. 전선과 병선의 철정값을 1백 개월만에 한 번 회감하는 숫자를 가지고 조선의 10년 이내에 드는 목삭과 삼관의 비용과 비교해 보면 그 숫자가 서로 걸맞으니, 그렇다면 이것을 가지고 저쪽에 쓰더라도 진실로 무방하겠습니다. 그러나 많고 적은 것이 이미 서로 달라서 이것이 후일 어떤 장애의 단서가 될 것이니, 의당 참작하여 규식을 정하는 방도가 있어야겠습니다.

1. 전선과 병선은 각각 부근에 따라 조창(漕倉)에 분속시켰습니다. 본영은 일전선 1척, 병선 2척, 부전선·부병선 각 1척, 중군 전선·중군 병선 각 1척, 좌열 전선·

좌열 병선 각 1척, 우열 전선・우열 병선 각 1척, 귀선・병선 각 1척, 좌우 정탐선 2척과 진주(晉州)의 전선・병선 각 2척, 고성(固城)・사천(泗川)・곤양(昆陽)・미조항(彌助項)・삼천포(三千浦)・당포(唐浦)・사량(蛇梁)・구소비포(舊所非浦)・적량(赤梁)의 각 전선・병선 각 1척인데 이상의 전선 19척과 병선 18척은 우조창(右漕倉)에 소속시키고, 남해(南海)・하동(河東)・평산포(平山浦)는 각 전선・병선이 각 1척인데 이상의 전선 3척과 병선 3척은 우창(右倉)에 소속시켜 남해의 노량창(露梁倉)에 붙이고, 진해(鎭海)・창원(昌原)・가배량(加背梁)・율포(栗浦)・지세포(知世浦)・옥포(玉浦)・조라포(助羅浦)・장목포(長木浦)・남촌(南村)・귀산(龜山)은 각 전선・병선이 각 1척인데, 이상의 전선 10척과 병선 10척은 좌조창(左漕倉)에 소속시키고, 거제(巨濟)의 전선・병선이 각 2척, 영등(永登)의 전선・병선은 각 1척인데, 이상의 전선 3척과 병선 3척은 좌창(左倉)에 소속시켜 거제의 견내량창(見乃梁倉)에 붙이고, 웅천(熊川)의 전선・병선이 각 1척, 가덕(加德)의 전선・병선이 각 2척, 천성(天城)・안골(安骨)・신문(新門)・청천(晴川)・제포(齊浦)의 각 전선・병선은 각 1척인데, 이상의 전선 8척과 병선 8척은 후조창(後漕倉)에 소속시키고, 김해(金海)의 전선・병선 각 1척은 후창(後倉)에 소속시켜 본부(本府)의 해창(海倉)에 붙였습니다."

상이 일찍이 전선과 조선을 서로 통용시킬 계책을 가지고 신하들에게 누차 하문한 결과, 통제사에게 명하여 사의(事宜)를 조목조목 진달하도록 하기에 이르렀던 것인데, 일은 끝내 시행되지 않았다.

5972 정조 22/07/12(갑술) → 【원전】 47집 95면
〔여러 도의 가을 군사훈련을 정지하다〕 수3858
여러 도의 가을 군사훈련을 정지하였다.

5973 정조 22/07/12(갑술) → 【원전】 47집 95면
〔유효원을 경기도 수군절도사로 삼다〕 수11228
유효원(柳孝源)을 경기도 수군절도사로 삼았다.

5974 정조 22/07/22(갑신) → 【원전】 47집 97면

〔충무공 이순신의 사손을 서용하라고 명하다〕   수11229

충무공 이순신(李舜臣)의 사손(祀孫)을 녹용(錄用)하라고 명하였다.

5975 정조 22/08/01(임진) → 【원전】 47집 100면
〔왜에 표류했던 제주백성이 돌아오다〕   표1353

제주백성 조필혁(趙必爀)·이원갑(李元甲) 등이 왜국에서 돌아왔다.
 지난해 10월 일본 비전도(肥前島) 안천평산(安川平山)의 북진포(北津浦)에 표류하자 그 섬의 관원이 장기도(長崎島)에 호송하였는데 뱃길로 대략 2천여 리나 되었으며, 올해 1월에 장기에서 대마도로 호송되었는데 뱃길로 2천6백 리였다고 하였다.

5976 정조 22/08/04(을미) → 【원전】 47집 100면
〔황인영을 전라우도 수군절도사로 삼다〕   수11230

김화진(金華鎭)을 동지 겸 사은하는 행차의 상사(上使)로 삼았다가 곧바로 병 때문에 해면(解免)하였다. 이당(李溏)을 전라우도 수군절도사로 삼았다가 곧바로 체차하고 황인영(黃仁煐)을 대신 임명하였다.

5977 정조 22/10/02(임진) → 【원전】 47집 113면
〔둔전 사들이는 일을 소홀히 한 통제사 윤득규를 파직하다〕   수11231

통제사 윤득규(尹得逵)를 파직하고 영불서용(永不敍用)토록 하였다.
 좌의정 이병모(李秉模)가 아뢰기를, "지난번 통영에 둔전을 마련하는 일과 관련하여 불성실한 수신(帥臣)을 적발해서 논죄토록 하자고 연석(筵席)에서 품처한 뒤 행회(行會)했습니다. 그런데 방금 통제사 윤득규가 보고해 온 것을 보건대, 경술년 이후로 매년 둔전을 사들인 전말을 일일이 거론하면서 담당했던 수신들을 연도별로 기록해놓았는데, 이득제(李得濟)가 가장 우수했고, 이윤경(李潤慶)이 그 다음을 차지했습니다. 이러한 반면 현재의 수신 윤득규는 부임한 뒤 이윤경보다 5년이나 많이 있었으면서도 둔전을 사들인 숫자가 겨우 윤경과 엇비슷하니 불성실하게 근무한 책임을 면하기가 어렵습니다. 당해 수신 윤득규를 파직하고 영불서용토록 하소서. 지금은 둔전의 세입(稅入)이 해마다 증가 추세에 있으니 만약 관의 일을 자기 집의 일

처럼 간주하고 처리한다면 오래지 않아 그 일이 자연히 완결될 것입니다. 연속적으로 조사 활동을 벌여서 만약 조금이라도 소홀히 하는 일이 있으면 당해 수신을 더 중한 율로 논죄하겠다고 분부하소서" 하였다.

그에 따랐다.

5978 정조 22/10/03(계사) → 【원전】 47집 113면
〔임률 등에게 새 관직을 제수하다〕 수11232

임률(任嵂)을 삼도 수군통제사로 삼았다.

5979 정조 22/11/23(임오) → 【원전】 47집 134면
〔송정(松政)의 폐단을 구제하기 위해 조운선의 숫자를 감하도록 하다〕 기11161

차대(次對)하였다.

상이 이르기를, "송정(松政)이 해이해진 것이 요즈음처럼 심한 적이 없었다. 그 폐단의 근원을 따져보면 배를 만드는 데에서 연유한 것이다. 조선(漕船)을 만드는 것이 비록 중요한 정사이기는 하지만 역시 어찌 신축적으로 조절할 길이 없겠는가. 송정의 폐단을 구제하자면 조운선의 숫자를 감하는 것보다 좋은 방법이 없다. 원래 이 세상에는 단지 이만큼만의 수량이 있어서 배 한 척을 줄이면 배 한 척을 만들 만큼의 재목을 기를 수 있고 배 두 척을 줄이면 배 두 척을 만들 만큼의 재목을 기를 수 있다. 비록 배 한두 척만을 줄이더라도 그것이 송정에 끼치는 효과는 몇 그루나 될지 모르는데, 이것은 일조 일석에 시행할 만한 것이 아니다. 그러나 실제의 정사에 있어서는 이에서 벗어나지 않을 것이다. 여러분의 의논은 어떠한가?" 하였다.

비국당상 정민시(鄭民始)가 아뢰기를, "신은 전선과 조운선을 통용하면 배의 숫자를 줄이는 방도가 될 것으로 여깁니다. 이와 같이 하지 않으면 아마도 다른 방도가 없을 것입니다" 하고, 좌의정 이병모는 아뢰기를, "지난번에 전선과 조운선을 통용하자는 뜻으로 통제사와 수사에게 물은 일이 있었는데, 회보가 아직까지 도착하지 않았습니다" 하였다.

정민시가 아뢰기를, "통제사와 수사는 보나마나 반드시 불편하다고 할 것입니다. 이러한 일에 대해서는 묘당에서 결단을 내려 시행한 뒤에야 변통할 방도가 있을 것

입니다" 하였다.

　상이 이르기를, "비변사가 좌기(坐起)하였을 때 별도로 대책을 강구하여서 차후에 적어서 올리라. 요즈음 무신 재상들에 대한 일은 대체로 해괴하다. 지난번의 통제사의 장계에 대해서는 지금까지도 옳지 않게 여긴다. 윤득규(尹得逵)에 대한 일은 몹시 무엄하다. 황해병사에 대한 일도 역시 조정의 체모에 관계되는 것이다. 부사의 장계를 여러 날이 지난 뒤에 비로소 회계하면서 어물어물 얼버무리면서 시비를 가리지 않았는데, 묘당이 일개 수신(帥臣)에 대해 믿고 의지함이 이와 같단 말인가. 당나라에서는 정관(貞觀) 이후에 오로지 무력만을 숭상하였는데도 이소(李愬)는 회서(淮西)를 평정한 원훈(元勳)으로서 배도(裵度)를 맞이할 때 역시 동개만을 차고서 길 옆에서 절을 하였다. 그런데 더구나 우리나라의 풍속이 문을 숭상하고 무를 천시하는 데야 더 말할 것이 있겠는가. 선조(先朝) 이전은 오히려 논하지 않더라도 병신년 이후부터 말해 볼 때, 고 상신 김치인(金致仁)과 정존겸(鄭存謙)이 대신으로 있을 때는 장수인 신하들도 감히 병을 핑계대지 못하였다. 그런데 근래에는 훈련원의 장수들이 매번 병을 핑계대니 어찌 몹시 놀라운 일이 아니겠는가" 하였다.

5980 정조 22/11/29(무자) → 【원전】 47집 137면
　[좌의정 이병모가 병선과 조운선을 서로 통용할 것을 건의하다] 기1162

　좌의정 이병모가 아뢰기를, "현재의 급선무로는 송정(松政)보다 더 급한 것이 없습니다. 전후로 연석에서 간곡하게 하교한 것이 한두 번만이 아닙니다. 소나무에 대한 폐단을 구제하는 요점에 대해 논할 것 같으면 전선(戰船)과 조운선을 통용하는 것보다 더 좋은 방도가 없습니다. 그런데 지난해 감사와 수사가 보고한 것은 모두 취할 만한 말이 없습니다. 그러니 현임 감사와 통제사에게 각별히 통용할 방도에 대해 강구한 다음 자세히 논하여 보고하게 하소서. 그리고 설령 전선에는 혹 곤란한 점이 있더라도 병선(兵船)을 조운선으로 통용하고 조운선을 병선으로 통용하는 데는 장애되는 점이 없을 것 같습니다. 바라건대 시행할 만한 방도를 마찬가지로 논열(論列)하게 하여 여쭈어서 조처할 수 있게 하소서" 하였다.
　그에 따랐다.

5981 정조 22/12/13(임인) → 【원전】 47집 150면
〔평신첨사를 장용영에서 자체적으로 뽑는 벼슬자리로 삼게하다〕   수3859

평신첨사(平薪僉使)를 장용영(壯勇營)에 소속시키고 장용영에서 자체적으로 뽑는 벼슬자리로 하도록 명하였다.
　장용영 제조 정민시(鄭民始)가 아뢰기를, "평신첨사의 임기가 만료되었는데 오랫동안 근무한 자로 차임해 보낸다고 합니다. 평신을 외영(外營)으로 옮겨 소속시킨 뒤 전민(田民)에 관한 정사를 모두 맡아 관할하는 책임이 몹시 중대하니, 오래 근무하기만 한 무능력자가 해낼 수 있는 일이 아닙니다" 하였다.
　그 말에 따른 것이다.

5982 정조 22/12/18(정미) → 【원전】 47집 152면
〔이윤춘 등을 관직에 제수하다〕   수11233

이윤춘(李潤春)을 전라우도 수군절도사로 삼았다.

5983 정조 22/12/19(무신) → 【원전】 47집 152면
〔이번 도목정 때 충신 자손을 많이 등용하다〕   수11234

전교하였다.
　"매번 정사를 할 때마다 특별히 유시하여 충신의 자손을 등용하라고 했었는데도 종이장 위의 빈말이 됨을 면치 못했었다. 이번 정사에서는 두 전조에서 이 뜻을 잘 받들어서 조 문충공(曺文忠公)의 집안에서는 감사를 내고, 임 충민공(林忠愍公)의 집안에서는 곤수를 내고, 황 충민공(黃忠愍公)의 집안에서는 도정(都正)을 내고, 윤 충헌공(尹忠憲公)의 후손은 전례대로 목사로 올려 제수하고, 남 충장공(南忠壯公)의 후손은 특별히 발탁하여 수령에 제수하고, 포은(圃隱)의 후손은 곧바로 당상관 자리인 부사(府使)에 제수하였다. 3대의 효자이며 8개의 정려문을 세운 집안의 사람인 이중온(李重溫)에게는 처음으로 벼슬자리를 주었으며, 직급이 낮은 이한두(李漢斗)에 이르러서도 충무공의 서손(庶孫)이라는 이유로 충무공이 처음으로 벼슬길에 나섰던 발포진장(鉢浦鎭將)으로 삼았으니, 말이 족히 들을 만하고 명분 역시 실질에 부합된다. 이를 인하여 생각해 보건대, 증 참판 정운(鄭運)은 충무공과 엇비슷한 공을 세웠

는데, 그의 후손인 정혁(鄭爀)이 근래에 비로소 발탁되어 변방에서 근무하고 있으니. 세 병영 가운데서 별장의 자리를 만들어서 그를 특별히 의망하되 경력은 방어사(防禦使)와 똑같이 쳐주도록 하라고 분부하라. 그리고 포은의 제사를 받드는 후손이 당상관으로 올라 가까운 고을의 수령이 되었으니 어찌 희귀한 일이 아니겠는가. 부임하는 날 숭양서원(崧陽書院)에 관원을 보내어 제사를 지내게 하라."

5984 정조 22/12/19(무신) → 【원전】 47집 152면
〔임재수 등에게 관직을 제수하다〕 수11235

임재수(林載洙)를 전라우도 수군절도사로 삼았다.

정조 23년(1799; 청 가경4년)

5985 정조 23/01/16(을해) → 【원전】 47집 156면
〔모든 도의 봄철 군사훈련을 정지하다〕 수3860

여러 도의 봄철 군사훈련을 정지하였다.

5986 정조 23/01/18(정축) → 【원전】 47집 156면
〔영광군수 박성태가 읍폐에 대해 올린 상소에 대한 관찰사 이득신의 장계〕 수3861

영광군수 박성태(朴聖泰)가 상소를 올려 읍폐(邑弊)를 진술하였으므로, 그 일을 본도에 내리니, 본도 관찰사 이득신(李得臣)이 장계를 올렸다.
 "영광(靈光)과 법성진(法聖鎭)을 분계(分界)한 뒤로는 본군의 전선과 군기를 고사(庫舍)에 저장해 둔 채 지금까지 해당 진(鎭)에 그대로 두고 있는데, 포항(浦港)의 선직(先直)과 타공(舵工)을 모두 값을 주어 고립시키는 것은 실로 융정(戎政)의 허술함에 관계되는 것이니, 진 밑에 거주하는 30, 40의 민호를 영광으로 구획하여 붙이면 도리어 분계하기 이전만도 못합니다. 본군의 구수포구(九水浦口)는 법성진과의 거리가 수백 보에 불과하고, 두 갈래 물이 한 군데로 모여 돌아들어서 수세(水勢)가 평온하고 민간의 촌락들이 즐비하여 선박이 많이 모여들곤 하니, 천천히 풍년이 들기를 기다려서 그곳으로 옮겨 설치하도록 해야겠습니다.
 그리고 조복미(漕復米)의 일로 말하자면, 읍진이 분계된 처음에 영광안(靈光案)에 붙였던 조군(漕軍) 5백33명을 법성에 옮겨 붙이고 보니, 복호(復戶) 또한 의당 조군의 소재처에 숫자대로 다 해주어야 하는데, 해당 진의 결총수(結摠數)가 이미 적으므로, 조군 중 2백83명에 대한 복호분 5백66결을 무장(茂長)에 옮겨 붙였습니다. 그런데 무장현에는 이미 원조복(原漕復) 2백85결이 있는데다가 또 옮겨온 조복을 첨가하여 아울러 상납하도록 독책하게 되면 사세가 장차 전보다 더 거둬들여야 하기 때문에 상환(相換)한 조복을 무장현에 구획하여 붙이고 거기서 얻은 잉여분을 취하여 부

족한 데에 보충하고, 수차에 걸쳐 흥덕(興德)에 나누어 구획해 오다가, 무장현에서 폐단을 말함으로 인하여 그대로 무장현에 영원히 정해 두기로 하였습니다. 그런데 옮겨온 조복을 이미 무장현에 붙이고 보면 상환한 조복을 영광으로 환속시킬 수 없으니, 일체 경술년에 정한 법식에 의거해서 시행하는 것이 타당하겠습니다."

비변사가 복주하였다.

"경술년의 분면절목(分面節目)에 '영광군의 전선(戰船)·병선(兵船) 및 군기(軍器)의 창고가 법성진에 있고, 진량(陳良)·홍농(弘農) 두 면의 환상고(還上庫)도 본진에 있는데, 이제 이미 분면(分面)한 뒤에는 그대로 둘 수가 없으니, 의당 연내에 옮겨 설치하여 피차가 서로 간섭됨이 없게 해야겠습니다' 하였고 보면, 아직까지 이를 옮겨 설치하지 않은 것은 바로 영광의 책임입니다. 그런데 도리어 절목을 무시하고 거주민을 책하려 하는 것은 사리에 맞지 않으니, 풍년이 들기를 기다려서 즉시 옮겨 설치하여 읍진이 서로 방해가 되는 폐단이 없게 해야겠습니다.

그리고 조복(漕復)의 한 가지 일로 말하더라도 읍·진이 분면된 뒤에 5백60여 결을 조복으로 지급하고는, 해당 진의 결총(結摠)이 부족한 때문에 이를 무장현에 옮겨 붙였는데, 무장현에는 이미 원조복이 있는 데다가 또 이 옮겨온 조복을 첨가하였으므로, 상환한 조복을 영원히 무장현에 붙여서 그 잉여분을 취하여 부족한 데에 보충하는 것으로 삼았으니, 이는 대체로 임시 방편에 따라 양쪽을 다 편리하게 하려는 뜻에서 나온 것입니다. 그러므로 지금 만일 영광에 옮겨 붙인다면 무장현의 백성들이 끝내 반드시 폐단을 받게 될 것이니, 도신의 장계에 의거해서 시행하소서."

그대로 따랐다.

5987 정조 23/02/20(무신) → 【원전】 47집 161면
〔통제사 임률이 이무와 둔전의 폐단 등에 대해 상소하다〕 수4688

통제사 임률(任嵂)이 장계하였다.

"이무(移貿)하는 데에 폐단이 있어, 돈을 나누어 줄 때면 백성들이 준수하지 않아서 이미 없어진 것이 많고, 곡식을 거두어들일 때면 아전들이 이를 인연하여 작간을 부려서 또한 무역을 더한 것이 많았습니다. 그러므로 본전(本錢)을 나누어주는 날에 비장(裨將)을 보내어 수령들과 현장에 입회해서 가가호호마다 직접 대면하여 주면서

통무(統貿)의 수효를 분명히 말해줌으로써 감히 돈을 나누어줄 때 감하여 지급하거나 곡식 한 되 한 홉이라도 더 무역하지 못하도록 하게 하였습니다. 그리고 모조(耗條)·색락(色落)과 정채(精債) 등의 잘못된 규례를 일체 혁파하여, 영읍(營邑)을 막론하고 혹시라도 죄과를 범한 자가 있으면 엄벌로 징계해서 단연히 용서하지 않았습니다.

그리고 둔전(屯田)을 설치하는 한 가지 조항에 이르러서는, 해마다 획부(劃付)하는 것을 당초에 1천 석으로 기준을 삼았는바, 혹 흉년을 인해서 정감(停減)하거나 혹은 다른 아문에 획부하므로 인하여 원향(元餉) 6만 석이 지금은 그 절반이 감축되기에 이르렀는데, 가분(加分)의 수량이 적음으로써 획부하는 것이 점점 줄어드는 것은 필연적인 형세입니다. 그리고 처음부터 토지를 매입하는 데 있어 오직 넓은 토지를 취하기만 힘쓰고 비옥함과 척박함은 가리지 않았으니, 육리청산(六里靑山)에 불행히도 가깝게 되었습니다.

그리하여 매입한 토지가 비록 3백75석의 종자를 부릴 만큼 광활하지만, 가을에 수확한 실수(實數)는 2천 포(包)도 차지 않습니다. 그런데 만일 둔곡(屯穀)을 지방(支放)에 획부하고 향모(餉耗)만을 취하여 토지를 사자고 하면 둔전이 어느 해에나 성취될지 알 수 없는 일이니, 둔조(屯租) 거둔 것은 우선 다른 데에 쓰지 말고 저 향모와 합해서 오로지 둔전 만드는 데에 전심하여, 둔곡이 1만 곡(斛)을 충분히 웃도는 때를 기다려서 비로소 첨향(添餉)을 허락하고 영원히 이무(移貿)를 혁파하는 것이 타당하겠습니다. 그러니 묘당으로 하여금 품지하도록 분부하소서."

비변사가 복주하였다.

"이무하는 것이 만일 폐단이 없다면 어찌 금방(禁防)할 필요가 있겠습니까. 그리고 읍보(邑報)와 수계(繡啓)에서 모두 통무(統貿)를 지탱하기 어려운 단서로 삼았고 보면, 지금 이른바 '잘못된 규례를 혁파해야 한다'는 것에 대해서는 전후의 통수(統帥) 또한 일찍이 이와 같이 말해 왔던 것입니다. 그런데도 끝내 폐단이 되기는 매양 도로 전과 같으니, 누가 그 말을 믿겠습니까. 또 둔전 설치하는 한 가지 일은 10년 정도면 충분히 성취할 수 있는 것이었는데도 전후의 통수들이 여기에 전혀 마음을 쓰지 않음으로써 1만 곡(斛)의 수량에 준하지 못했을 뿐만 아니라, 이미 설치된 둔전까지 아울러 육리청산을 면치 못하게 되었습니다. 진실로 두려워하는 마음이 있다면 어찌 이와 같이 할 수 있겠습니까. 도신으로 하여금 엄격히 조사하여 그 중에 더욱 무상한 자에 대해서는 이름을 지적, 현고(現告)하게 해서 중죄를 적용할 뒷받침으로 삼으소서.

그리고 중간에 이무(移貿)를 혁파한 것도 또한 여러 해였으나, 그 때에는 해당 곤(閫)에서 오히려 능히 지탱해 냈는데, 지금에 와서 어찌 이미 혁파한 뒤에 다시 그 길을 열어서 소생하길 바라는 연읍 백성들의 뜻을 저버릴 수 있겠습니까. 장계의 내용은 차치해 버리고 별도로 규모를 세워, 둔곡(屯穀)이 1만 곡이 찰 때를 기다려서 즉시 장문(狀聞)할 일로 분부하소서.

그 폐단의 근원을 추구해 보면 곡부(穀簿)가 크게 감축된 데서 말미암은 것입니다. 대체로 영(營)·곤(閫)의 곡식을 혹은 군량의 여분에서 모으기도 하고, 혹은 수시로 운용하는 데서 힘써 마련하여 1영의 수용에 충당합니다. 그러므로 옛날에도 영·곤에 있는 자들이 만일 부득이 정감(停減)할 때를 만나면 모두 이렇게 마련해서 보충하였으니, 이것이 바로 영·곤의 곡식을 드물게 정퇴해서 수백 년 동안 감영의 모양을 보존해 오게 된 것입니다. 이것이 겉으로는 법리(法理)에 어긋난 듯하나, 실상은 이렇게 하지 않으면 그 수용을 감당할 수 없어 결국 조정에 걱정을 끼치게 되는 것입니다.

그런데 요즘에는 영·곤에서 심원한 뜻을 알지 못하여, 정퇴하는 일에 대해서는 어려움이 없고, 보충하는 일에 대해서는 전혀 들을 수가 없으니, 이렇게 계속해 나가다가는 몇 해 안 가서 조정에 우러러 청하는 일이 서로 이어질 것인데, 모르겠습니다마는 그 때에 가서 무슨 곡식으로 그들의 요구를 들어주며, 무슨 꾀로 이리저리 배치를 하겠습니까. 이것은 지나치게 따지는 것이 아니라, 곧 반드시 닥쳐올 형세입니다. 그러니 앞으로는 먼저 해당 곤영에서부터 임무를 인수 인계하는 모든 자들이 서로서로 경계하여 수습하여 잘 해 나갈 방도를 특별히 생각하라는 뜻으로 일체 분부하소서."

윤허하였다.

그런데 수개월 뒤에 임률이 다시 치계하였다.

"신의 영이 이렇게 조채(凋首)해진 근원은 바로 모곡이 점점 줄어들어 지출을 감당해 내기 어려운 데서 말미암은 것입니다. 비록 이무를 허락했던 때에도 혹 환곡이 감축되는 해를 만나면 전무미(轉貿米)와 군작미(軍作米)를 전후로 조정에 주청하여 얻어낸 것이 모두 여섯 차례나 되는데, 갑인년에 이르러서는 유미(留米) 1만 4천 석 가운데서 5천 석을 획급(劃給)하고 그 나머지 수량을 모조리 나누어주어 모곡을 취해서 연한을 정하여 보충해 왔습니다. 그런데 이를 비국이 입계(入啓)하여 행회(行會)하고부터는 차차 더 불어나서 지금은 1만 2천여 석에 이르렀으니, 지금 이 곡식을 한 4천 석 정도를 획부(劃付)하고 그 나머지 원수(元數) 8천 석에 대해서는 연한을 물려 정하여 모조리 나누어 주고 모곡을 취해 보충하기를 또한 기왕의 규례와 같이 해야겠습니다.

그리고 갑술년에 호남지방 연해의 통운(通運)을 정폐한 것은 해당도 이정사(釐正使)의 서계(書啓)에 따른 것인데, 그후 정미년에 통제사 조심태(趙心泰) 이하 여러 사람들이 전과 같이 통운시킬 일로 사유를 갖추어 장청(狀請)함으로 인해, 묘당에서 복계하여 다시 시행하기를 허락했었습니다. 그러나 다만 4백 리로 한정을 하여 해남(海南) 등 6읍은 도로 정폐시킨 가운데에 들어갔고, 통운 된 곳은 광양(光陽) 등 5읍에 그쳤습니다. 그래서 똑같은 호남지방 연해로서 특별히 평탄하거나 험난함의 차이도 없는데, 영창(營倉)까지 바로 수송하도록 하지 않고 섬진강까지만 운송을 할 수 있게 하였습니다. 이는 실로 호남지방 연해의 첩경인데, 오직 이 해남만 4백 리로 한정을 하여 그 안과 밖이 혹은 행해지고 혹은 행해지지 않고 있으니, 이는 자못 아무 의의가 없습니다. 그러니 해남 등 6읍 및 여기에 소속된 각 진에 아울러 통운하도록 하는 것이 실로 편의에 합당하겠습니다.

그리고 영남·호남을 막론하고 연읍의 곡부(穀簿)는 텅 비었습니다. 그리하여 임자년에 수신(帥臣) 이윤경(李潤慶)의 장청을 인하여, 산군(山郡)에 있는 것들을 일체 아울러 연읍으로 옮겨 주었습니다. 그런데 요즘에는 감영에서 명칭을 바꾸어 기록함[換錄]으로 인하여 산읍의 곡식이 또 9천여 석이나 되었습니다. 그리하여 호남의 경우는 1도의 곡총수(穀摠數) 9만여 석 가운데 산읍에 저장된 것이 8만여 석에 이르니, 이는 자못 당초에 설치한 본의가 아닙니다. 그러니 지금 이후로는 근래의 규례를 모방해서, 영남의 곡식은 모조리 연변에 환치(換置)하고, 호남 산군의 곡식은 한 4만 석 정도를 통운되는 각읍에 환치시킨다면, 이것은 곧 아문의 호명만 서로 바꾼 것일 뿐이오, 곡총수의 손익에 대해서는 말할 것이 없게 되니, 매년의 수용에 대해서는 원곡을 손대지 말고 모조만 취해 쓰는 것으로 정식을 만드는 것이 타당하겠습니다. 청컨대 묘당으로 하여금 품지하도록 분부하소서."
 그런데, 좌의정 이병모가 복주하였다.
 "전무미와 군작미를 획급하는 일은, 결코 일찍이 전례가 있었다 하여 선뜻 시행하기를 허락해서 계속하기 어려운 걱정을 불러들여서는 안되겠습니다. 그리고 해남 등 6읍을 아울러 통운시키도록 하라는 일로 말하자면, 당초에 이미 허락을 했다가 이내 중지시켰던 것은 실로 본도의 사정이 불편함에서 연유된 것이니, 지금 다시 허락하기가 어렵습니다. 그리고 영남의 곡식을 모조리 연변에 환치하고, 호남지방 산군의 곡식 4만 석 정도를 통운되는 각읍에 환치하라는 일로 말하자면, 비록 일체 방색(防塞)할 수는 없으나, 그 수량을 다 환치하는 것은 형세가 또한 어렵습니다. 그런데 양도(兩道)의 도신들에게 분부하시어 만일 환획(換劃)을 참작할 방도가 있다면 그 환획한 실제 수량을 등문(登聞)하도록 해야겠으나, 이것은 지출에 대한 폐단을 구제하는 방도가 되지 못합니다.
 대체로 이무의 한 가지 일에 대해서는 잘만 하면 백성을 그리 괴롭히지 않을 수 있다고 생각하였기 때문에 일찍이 신이 유사로 있을 때에 그 허락해 주지 않을 수 없는 단서를 갖추 진술하여 이를 시행한 지 8, 9년이 되었는데, 이제 또 그에 대해서 민폐를 가지고 보고해 옴으로써 신의 말은 이미 실효가 없게 되었으니, 감히 다시 이 일을 가지고 우러러 진술하지 못하겠습니다. 이 한 조항을 제외하고는, 둔전 만들기를 신칙하는 일 이외에 다시 다른 도리가 없으니, 청컨대 전번의 복계에 의거해서 분부하소서."
 우의정 이시수는 말하기를, "최초 이무하기 이전에는 통영(統營)의 지출이 모자라는 걱정이 있다는 말을 듣지 못했는데, 요조(料條)가 점차 증가함으로 인하여 이무를 해서 그 수를 충당하기에 이른 것이니, 이는 전후 수신들의 과실입니다. 그러나 이미 증가된 요조를 조정에서 갑자기 삭감시킬 수 없고 또 별도로 구획해서 그 잇기 어려운 것을 이을 수도 없는 형편이 이와 같으니, 우선 이전대로 이무를 하도록 허락하고, 이무하는 사이에 다소 병폐가 되는 단서에 대해서만 엄히 신칙하여 바로 잡도록 하였다가, 뒤에 둔전의 수입이 이 수량을 충분히 당할 만한 때를 기다려서 이무의 한 가지 일을 영원히 혁파하는 것이 좋을 듯합니다" 하였다.

그대로 따랐다.

5988 정조 23/02/23(신해) → 【원전】 47집 162면
〔김시민·이순신 등의 자손을 단향집사로 차임하는 것을 법식으로 정하다〕   수11236

전교하였다.
"오늘밤이 어떤 밤인가. 단향(壇享)을 장차 거행하려고 하니, 서계(誓戒)하며 옛 일을 생각하는 이외에 훌륭한 인물들을 사모하는 마음이 참으로 간절하다. 요동백(遼東伯)의 봉사손 김택기(金宅基)에 대해서 어찌 계제(階梯)에 얽매일 것이 있겠는가. 오늘 정사에서 훈련원정으로 의망해 들이라. 그리고 김 충무(金忠武)·이 충무(李忠武)·이 제독(李提督) 이외에도 이상의 세 집과 같은 충신 집 자손들에 대해서는 비록 무관일지라도 단향의 집사로 차임하는 것을 지금부터 법식으로 정하라"

5989 정조 23/02/28(병진) → 【원전】 47집 164면
〔선전관 윤민동이 표류인에 대한 처리 문제에 대해 장계를 보내다〕   표21105

선전관 윤민동(尹敏東)이 아뢰었다.
"신이 지난달 12일에 표류해 온 사람을 심양(瀋陽)에 넘겨준 사유에 대하여 이미 장계를 작성하여 올려보냈습니다. 그런데 지난해 12월 16일에 표류해 온 사람 양재명(楊才明)이 요양주 대고령(大高嶺)에서 죽었으므로, 이에 대하여 한편으로는 의주(義州)에 관문을 보내고 한편으로는 요양주에 보고를 올렸습니다. 그랬더니 19일에 요양주의 지주(知州)인 극성액(克成額)이 직접 와서 검사를 하였습니다. 그래서 신이 그를 영성(榮城)으로 돌려보내어 우리나라에서 나이 많은 사람을 우대함과 동시에 황제의 은혜를 높이 받드는 우리 성상의 뜻을 펴고자 한다는 뜻으로 말하였습니다. 그러자 그가 대답하기를 '이것은 내가 혼자서 결정할 일이 아니니, 심양에 보고하여 명백하게 회답을 해주겠다'고 하였습니다.
그래서 신이 대고령에 그대로 머물러 있으면서 회답을 기다렸습니다. 그런데 27일에 요양의 지주가 해당 지방의 향약(鄕約)인 장영(張英)에게 전령(傳令)한 문건에 '본주(本州)에서 풍랑을 만나 곤경에 처한 백성 양재명이 병으로 죽은 한 가지 안건에 대하여 현재 부윤의 헌시(憲示)를 받든 결과, 조선국의 차관(差官)이 휴대하는 것

을 허가하지 않았으니, 너희들이 직접 그 시신을 깊이 파묻고 표시를 해 두어서 그의 친척들이 알고 가져가도록 하는 것이 좋겠다'하였습니다. 그리고 또 영송관(迎送官) 오성악(五成鄂)에게 신칙하기를 '조선국의 차관과 협동하여 풍랑을 만나 곤경에 처한 백성 왕육례(王六禮) 등 14명을 심양까지 호송하라'고 하였습니다.

그래서 신이 마지못해 직접 참견하여 관(棺)과 염습(斂襲)을 후하게 한 다음 깊이 파묻고 표시를 해 두도록 하였습니다. 그리고는 당일로 표류해 온 사람 왕육례 등 14명을 데리고 그곳을 출발하여 심양에 도착하자마자 바로 예부에 자문(咨文)을 올렸습니다. 그랬더니 예부에서 말하기를 '귀국이 비록 대국을 성심으로 존경하기 때문에 이런 처사가 있기까지 하였으나, 다만 전례에 의하면 표류된 사람을 봉성(鳳城)까지만 넘겨주었는데, 이번에는 본성(本省)까지 왔으니, 참으로 감복이 된다. 그러나 이것은 전례가 없는 일이니, 본성에 그대로 넘겨주고 자문만 가지고 서울로 가는 것이 마땅하겠다'고 하였습니다.

그래서 신이 역학(譯學) 고사신(高師信)을 시켜 예부원외랑 부성(傅成)에게 말하기를 '상국(上國)의 백성이 우리나라에 표류해 온 경우에 대해서는 으레 봉성으로 넘겨주었는데, 이번에는 표류된 이 사람들이 나이가 많을 뿐만이 아니라, 실은 대국을 섬기는 성의에서 나온 것이다. 불행히도 양재명은 중도에서 죽었으나, 그래도 왕육례와 석진공(石進功) 등이 있으니, 나이 많은 사람을 우대하는 도리에 있어 전례에 따라서 그대로 넘겨버릴 수가 없다'고 하였습니다.

또 차관(差官)으로서 직접 황성(皇城)까지 영부(領赴)할 일로 도경(都京)의 예부에 자문을 이미 올렸고 보면, 이대로 귀성(貴城)에 넘겨주는 것은 사리에 온당치 못하다는 뜻으로 사유를 간곡하게 말하였습니다. 그랬더니 부성(傅成)이 말하기를 '이 일은 혼자서 단정하기 어려우니, 장군아문에 보고하여 의결(議決)해야겠다'고 하였는데, 그 후 각 아문의 당상관과 낭관들이 여러 날 모여 의논한 결과, 올 1월 4일에 판시(辦示)하기를, '대국을 섬기는 귀국의 성의가 비록 여기에까지 이르렀지만, 우리들로서는 전례에 따라서 할 수밖에 없다. 또 양재명은 이미 죽었으니, 그 나머지 사람들 중에 비록 나이가 60, 70에 이른 자가 있기는 하지만 그들은 황제의 은혜를 입을 자가 아니니, 서상원(徐上元)의 예에 따라 본성에 그대로 넘겨주고, 차관만 도경으로 가도록 허락한다. 또 이 뜻으로 도경의 예부에 자문을 보냈으니, 귀국에 회자(回咨)하는 공문은 또한 심양에서 발부하여 내보낼 것이다'고 하였습니다. 그래서 신은 더 이상 대항하기 어려운 형편이기에 표류해 온 사람 14명을 장군 아문에 넘겨주었습니다.

그리고는 비변사의 관문에 따라 표류된 사람들의 여비를 노정에 따라 계산해 보았습니다. 그 결과, 심양에서 산동성 등주부(登州府) 영성현(榮城縣)까지가 3천3백리인데, 이들 가운데는 60, 70세 노인들이 아직도 있어 길을 빨리 걷기가 어려울 듯하였으므로, 하루에 50리씩 가는 것으로 평균을 잡아서 60일 동안의 여비를 마련하자고 보니, 한 사람 앞에 은 9냥 3전씩이면 부족할 염려는 없을 듯하나, 혹 중도에서 지체되는 일이 있을까봐 은 7전씩을 각각 더 주어 뜻밖의 비용에 대비하도록 하였습니다. 비변사의 관문에는 또 사신과 자리를 함께 해서 내주라고 하였으나, 사신은 이미 도경으로 갔기 때문에 그 일을 함께 거행할 수가 없어서 신이 혼자서 결정하여 처리하였습니다.

그리고 신이 직접 표류된 사람들이 거처하고 있는 곳에 가서 여비로 주는 은과 환약 따위를 아주 친절하게 전해 주면서 '고향으로 잘 돌아가라'는 성상의 뜻으로 말해 주었더니, 그들이 모두 눈물을 흘리면서 동쪽을 향하여 머리를 조아리고 두 손을 마주하여 비비면서 축원하기를 '조선국왕의 성스러운 덕과 높은 은혜는 하늘처럼 높고 땅처럼 두터워서 뼈에 새겨도 갚기 어렵습니다. 다만 고향에 돌아가서 날마다 향을 피우고 하늘에 축수할 뿐입니다' 하였습니다.

17일 신시에 황성에 도착하여 즉시 예부에 자문을 올리고 인하여 남북관(南北館)에 주접(住接)하였습니다.

그리고 지금 2월 7일에는 예부에 가서 상사(賞賜)를 받고 회자문(回咨文) 6통도 받아가지고 왔습니다. 8일에는 동지사(冬至使)의 일행과 동시에 북경을 떠났습니다.

그리고 심양 장군이 도경의 예부에 보고한 자문은 베껴써서 정원에 올려보냈습니다. 또 삼가 내각의 관문에 따라 『주자대전』한 질과 『후한서』두 질을 동지부사 김면주(金勉柱)에게서 받아가지고 갑니다. 그리고 동지사 일행 가운데 수역(首譯) 김윤서(金倫瑞)는 비변사의 관문에 따라 잡아갔으므로, 장계를 작성하여 동지사의 선래역관(先來譯官) 조진규(趙鎭奎)에게 봉해 주어서 올려보냅니다."

5990. 정조 23/04/19(정미) → 【원전】 47집 177면
〔고군산·안흥·아이진의 영장을 경력으로 쳐주는 자리로 만들다〕 수3862

전라우도 수군절도사 임재수(林裁洙)가 장계를 올리기를, "고군산(古群山)의 7개 조목의 폐단 가운데에 3개 조목의 일은 이미 본도에서 사실을 조사하여 바로잡았고, 4개 조목의 일은 바야흐로 감사와 잘 처리할 계책을 연구하고 있는데, 고을과 진영이 서로 간섭하지 못하게 한 뒤에야 폐단을 바로잡는 방도가 될 듯합니다" 하였다.
묘당으로 하여금 품처하도록 하였다.
비변사가 복주(覆奏)하였다.
"해당 진영을 단독 진영으로 승격시키고 영장(營將)을 겸하도록 한 것은 대체로 군산 이북의 수군을 나누어 다스리게 하여 그 체모를 조금 중하게 하기 위한 것이었습니다. 그런데 10년도 채 못되어 오래 근무하는 자리로 도로 소속시키면서 단독 진영이란 칭호와 나누어 다스리는 규정은 예전 그대로이니, 이름과 실제가 부합되지 않아 폐단이 연이어 일어나고 있습니다. 지금 이 7개 조목의 민폐는 감사와 수사가 바야흐로 차례대로 바로잡고 있다고 하니 논할 것이 없겠으나, 고을과 진영은 사세에 있어 이미 주객의 구별이 있으니, 이른바 바로잡는다는 것이 진영에 있어서는 길이 폐단이 되지 않으리라는 것을 보장하기 어렵습니다.
그러니 한결같이 경자년 절목에 의거하여 다시 경력으로 쳐주는 자리로 만드는 것이 서로서로 견제하여 영원히 유지하는 방도로 되는 데 해롭지 않을 것입니다. 이런 내용으로 해당 조(曹)에 분부하시되, 비록 경력으로 쳐주는 자리로 만든다 해도 이미 경계를 갈라서 나누어 소속시키지 않았으니, 법성(法聖)과 평신(平薪)의 예와 같이 한다면 호적을 작성하는 즈음에 아전들이 형세상 반드시 가렴 주구할 것입니다. 이후로는 본 진영에서 직접 단자(單子)를 거두어 호적을 작성하여 지방관에게 이송시키라는 내용도 아울러 해도에 분부하소서."
그에 따라 비답을 내렸다.
"경력으로 쳐주는 자리로 도로 만들라. 수군과 관계되는 것으로 말하면 가덕진(加德鎭)이 어찌 이보다 못하겠는가. 더군다나 안흥(安興)은 성을 지키고 군량을 지키고 있으며, 아이진(阿耳鎭)은 변방의 중요한 진영이 아닌가. 체모와 관계되는 것으로 말하면 조금도 헐하지 않고 도리어 더 심하다. 몇해 전에 있었던 아이진의 일은

또한 고을 아전이 진영의 백성에게 불법으로 징수하는 것에 비할 것이 아니었다. 3개 진영을 우선 경력으로 쳐주는 자리로 도로 만들지 않는다면 군산에만 실시하는 데 대하여 공평하지 않다는 한탄이 없을 수 있겠는가.

만일 파견할 때에 특별히 적임자를 택하되, 혹 매우 합당한 사람이 없는데 무관으로 적합한 자가 있을 경우에는 혹 융통해서 번갈아 의망해도 될 것이다. 그리고 반드시 만경(萬頃)의 수령으로 하여금 군산의 지휘를 받도록 하고 해당 고을의 군교나 아전이 해당 진영에서 폐단을 일으키는 경우에는 진영의 장수로 하여금 스스로 판단하여 추고하여 다스리게 하라.

그리고 지휘하는 방법은 비변사가 병조관서, 그리고 일찍이 감사나 무장(武將)을 거친 사람과 상의한 뒤에 일일이 초기하도록 하라. 이어 절목을 완성하여 내려 보내고, 호적 작성은 평신(平薪)의 예대로 하게 하라. 아이진은 비중이 조금 무거우니, 체례(體例) 한 사항에 관해서 관서의 수신(帥臣)으로 하여금 조리에 맞게 논하여 장계로 아뢰게 하라."

〈 관련내용 〉
· 정조 23/05/05(임술) → 아이진을 이력 벼슬자리로 만드는 문제에 대해 논의하다   47집 181면

5991 정조 23/05/07(갑자) → 【원전】 47집 183면
〔주교사 뱃사람들의 작폐를 금지하도록 전교하다〕   수4689

좌의정 이병모가 아뢰었다.

"전라도어사 유경의 별단에, 김제(金堤) 등 여러 고을의 세미(稅米)를 경강의 배에다 싣는 것이 폐단이 된다고 하면서 해당 관사로 하여금 금단하게 하기를 청하였습니다.

주교사(舟橋司)를 설치한 뒤에 뱃사람들에 대한 단속에 최선을 다하지 않은 것이 아닙니다. 만약 빙자하여 폐단을 일으키는 일이 있으면 곧바로 해당 고을로 하여금 엄하게 다스리고 치보하게 하였으니, 그 무리들이 어찌 감히 다시 나쁜 짓을 저지르겠으며 수령도 또한 어찌 팔짱 끼고 보고만 있을 수 있겠습니까. 그런데도 어사의 계문에서 폐단을 말한 것이 또 다시 이와 같으니, 각 고을의 일이 참으로 매우 놀랍습니다.

해당 관사로 하여금 해당 각 고을을 엄하게 신칙하여, 이 뒤로 법을 어기는 뱃사람이 있으면 곧바로 잡아가두고 즉시 보고하게 하여, 잡아다 엄하게 곤장을 치고 바로 선안(船案)에서 빼버려서 다시는 세미(稅米)를 운송하는 일에 발을 붙일 수 없도록 하게 하소서."
전교하였다.
"일찍이 들으니, 서울의 관사에서 곡식을 받아들일 때에 정해진 액수보다 더 많이 받아들이기 때문에 뱃사람들이 이것을 핑계로 백성들에게서 지나치게 징수한다고 하였다. 그래서 주교사를 설치한 뒤에, 배가 소속되어 있는 해당 관사에 모두 더 받아들이던 만큼의 경비에 대해 대용 물품을 책정하여 지급해 주고, 뱃사람들이 저지르는 폐단에 대해서는 해당 고을에 맡겨 스스로 결단하여 엄하게 다스리게 하였다. 그렇게 하면 공적으로나 사적으로나 관청이나 백성들이나 양쪽이 모두 편리할 것이라고 여겼던 것이다.
그런데 근래의 어사의 계문에, 주교사 뱃사람들의 작폐에 대하여 논열한 것이 있었다. 이보다 놀라운 일이 무엇이 있겠는가. 묵은 폐단을 한꺼번에 제거하고자 하면서 어찌 별도의 폐단이 다시 생기는 것을 내버려둘 수가 있겠는가. 각 고을의 수령들이 주교사라고 하는 세 글자에 겁을 먹고 즉시 스스로 결단하여 징계해 다스리지 않았기 때문에 이와 같이 뱃사람들이 악행을 저지르게 된 것이다.
이 뒤로는 한 되나 한 홉의 쌀이나 콩이라도 만약 지나치게 징수한 일이 있어서 어사의 논계에 거론되면 뱃사람은 단단히 묶어다가 거행 조건대로 시행하고, 금지하지 못한 해당 수령도 엄하게 다스릴 것이며, 또 아전들의 농간을 살피지 못했을 경우에는 그 적용 법률을 두 배로 엄하게 하도록 하라. 이러한 거행 조건을 암행어사가 가지고 가는 절목과 금부의 수교에 첨가해 넣도록 하라.
호서에도 곡식을 나르는 배가 두 번이나 운행을 하기 때문에 백성들이 고생을 한다고 한다. 뱃사람들이 기한을 어기거나 지나치게 징수하는 나쁜 습속을 또한 금단하되 한결같이 호남의 관례대로 하고, 사목 및 수교에 함께 첨가해 넣도록 하라."

5992 정조 23/07/15(신미) → 【원전】 47집 200면
〔각 도의 가을철 군사훈련을 중지하다〕

각 도의 가을철 군사훈련을 중지하였다.

5993 정조 23/07/20(병자) → 【원전】 47집 201면
  〔이현택에게 관직을 제수하다〕 수11237

  이현택(李顯宅)을 충청도 수군절도사로 삼았다.

5994 정조 23/08/02(무자) → 【원전】 47집 202면
  〔이득제에게 관직을 제수하다〕 수11238

  이득제(李得濟)를 경기 수군절도사로 삼았다.

5995 정조 23/10/18(계묘) → 【원전】 47집 213면
  〔이장철을 황해 수군절도사로 삼다〕 수11239

  이장철(李長喆)을 황해 수군절도사로 삼았다.

정조 24년(1800; 청 가경5년)

5996 정조 24/01/20(계유) → 【원전】 47집 231면
〔각 도의 춘조를 정지시키다〕   수3864
각 도의 봄철 조련을 정지시켰다.

5997 정조 24/05/12(계사) → 【원전】 47집 273면
〔이인수·민광승 등에게 관직을 제수하다〕   수11240
중비(中批)로…… 이인수(李仁秀)를 삼도 수군통제사로, 민광승(閔光昇)을 경상우도 병마절도사로 삼았다.

5998 정조 24/05/28(기유) → 【원전】 47집 274면
〔조운선의 개삭하거나 새로 만들 때 반드시 장계를 올려 허락을 받게 하다〕   기1163
비국 유사당상 이서구(李書九)가 아뢰었다.
"요즘 송정(松政)이 우려되는 상황은 서울이나 지방이 다 알고 있는 일입니다. 배를 수선하고 바꾸는 일이 해마다 벌어지는데도 그대로 방치하고 있으니, 실로 어떻게 수습할 수 없는 우려가 있습니다. 우선 조선(漕船)으로 말한다면 과거 선조(先朝) 정미년에 호남의 감사 이유(李瑜)가 조창(漕倉)을 두루 돌아다니면서 여론을 널리 채집하고 아울러 10년 만에 개삭하고 20년 만에 새로 만들기를 청하여 여러 해 동안 그대로 실시하였고 그 법을 『속대전(續大典)』에 실었습니다.
그러다가 나중에 고 판서 박문수(朴文秀)가 연석에서 아뢴 것으로 인해 다시 원전(原典), 5년 만에 개삭하고 10년 만에 새로 만들기로 한 법을 따랐는데, 그 때 아뢴 말을 살펴보면, 연한을 늘려 정한 뒤로 조졸(漕卒)의 간교한 꾀가 더 생겨나 경강에 도착하면 스스로 선관을 훼손하고서는 호조에 허위로 보고하여 10년도 못 되어 기어이 바꾸고야 만다고 말했을 뿐, 배가 참으로 썩고 상하여 10년이 넘도록 사용

할 수 없다고는 하지 않았습니다.

　대체로 선재(船材)는 백 년 동안 기른 나무로 사용하는데 해마다 계속 베어내고 있으니, 이처럼 방치해 두다가 언젠가 바닥이 나는 때가 닥치면 조운(漕運)이 폐지될 것은 뻔한 일입니다. 앞으로는 사용한 기간이 5년이 되지 않은 것은 절대로 쉽게 개삭을 허가하지 말게 하소서. 양호(兩湖)는 조선을 개삭하거나 새로 만들 때 으레 장계를 올리는데 영남에서만은 보고하지 않으며 선혜청에서 개삭을 허가할 때도 본사(本司)에 보고하지 않고 공문을 내보내고 있으니, 일이 매우 엉성합니다. 앞으로는 한결같이 호조와 양호의 사례에 따라 거행하는 것이 옳을 듯합니다."

　그대로 따랐다.

5999 정조 24/06/12(계해) → 【원전】 47집 280면
〔공조판서 이만수를 통어사에 제수하여 징계하다〕　　　　　　　수11241

　이 때 자궁(慈宮)의 탄신일이 며칠 앞으로 다가와 그 일을 정리할 당상들이 명을 받고 입시하였으나 공조판서 이만수(李晩秀)가 부르는 명을 여러 번 어겼다.

　전교하기를, "폐습이 일반적인 풍속이 되어 법전에 없는 것까지도 사소한 이익이 있다면 거리낌없이 범하고 있다. 이 때문에 반드시 속습을 바로잡는 것을 우선 한집안의 형제를 정승과 정조의 장관 자리에 앉혀 감히 사적인 사정을 말하지 못하게 하는 것으로부터 시작하려 한 것이다. 중신이 그 명을 받고 나온 것은 임금의 지시를 따르기 위한 것이었으나 임금의 지시를 잘 따르지 않는 폐속에 물이 든 자의 비방을 받았으므로 그자를 엄중히 처분하지 않을 수 없었다. 중신은 그 뒤에 이로 인해 사직을 한사코 청했는데 의리를 지키는 것이 매우 지나친 점은 있으나 또한 그럴 듯하다. 수부(水部)의 실직은 형세를 보아가며 사직하겠다는 뜻을 받아주려 했는데, 오늘 당상들이 와서 모인 것은 그 목적이 자궁의 만수무강을 기원하는 뜻을 표시하기 위한 것으로 해마다 관례로 삼고 있는데도 불구하고 오늘도 들어오지 않았으니, 이러한 자는 경고와 제재를 하지 않을 수 없다. 공조판서 이만수를 통어사(統禦使)에 제수하라" 하였다.

☒ 비어 있는 쪽 ☒

23. 순 조

⊠ 비어 있는 쪽 ⊠

순조 즉위년(1800; 청 가경5년)

6000 순조 00/08/10(경신) → 【원전】 47집 333면
〔서영보 등에게 관직을 제수하다〕   수11242

서영보(徐英輔)를 삼도통어사로 삼았다.

6001 순조 00/08/18(무진) → 【원전】 47집 334면
〔이당 등에게 관직을 제수하다〕   수11243

이당(李溏)을 충청도 수군절도사로 삼았다.

6002 순조 00/08/28(무인) → 【원전】 47집 334면
〔유문식을 삼도통어사로 삼다〕   수11244

유문식(柳文植)을 삼도통어사로 삼았다.

6003 순조 00/10/25(갑술) → 【원전】 47집 340면
〔김희 등에게 관직을 제수하다〕   수11245

김희(金爔)를 전라우도 수군절도사로 삼았다.

6004 순조 00/11/30(무신) → 【원전】 47집 344면
〔국애를 조문하고 위로하기 위한 대차왜(大次倭)가 오다〕   왜11026

국애(國哀)를 조위(弔慰)하기 위한 대차왜(大差倭)가 나아왔다. 신서(申溆)를 접위관으로 차임하였다.

〈 관련내용 〉
· 순조 00/12/29(정축)→ 등극을 진하하기 위한 대차왜가 나오다   47집 352면

6005 순조 00/12/04(임자) → 【원전】 47집 345면
〔강화에 표류한 중국인을 육로로 호송하라 명하다〕 표21106

강화 덕적진(德積鎭)에 표류한 중국의 등주부(登州府) 사람 6명을 육로로 호송하라고 명하였다.

순조 1년(1801; 청 가경6년)

6006 순조 01/01/23(경자) → 【원전】 47집 361면
〔영암군에 표류한 청나라 사람 6명을 육로로 호송하라 명하다〕 표21107

영암군(靈巖郡)에 표류해 온 청나라 소주부(蘇州府) 사람 6명을 육로로 호송하도록 명하였다.

6007 순조 01/02/17(계해) → 【원전】 47집 366면
〔호남의 수군조련을 정지하다〕 수3865

호남의 수군조련을 정지하였다.

6008 순조 01/03/26(임인) → 【원전】 47집 377면
〔전라감사 김달순이 다경포 진장의 전선이 화재로 침몰했음을 보고하다〕 수4690

전라감사 김달순(金達淳)이 장계하기를, "다경포(多慶浦) 진장이 수영에 나아가 조련하던 중에 전선이 나주의 압해도(押海島) 뒤 해양에 도착하였을 때 우연히 불이 나서 전선 전체가 모두 타버렸으며, 배에 실었던 군기(軍器)·집물(什物)·군향미(軍餉米)도 거의 남김없이 타버렸습니다. 그리고 배에 타고 있던 장졸이 본래 2백46인이었는데, 진장(鎭將)과 교리(校吏)·군졸 가운데 불에 타서 죽거나 물에 빠져 죽은 자가 1백7인이나 되며, 진장이 차고 있던 인신(印信)·병부(兵符)도 또한 물에 가라앉아 잃어버렸다고 합니다. 비록 이미 8명의 시체를 건져내었다고 하나 그 나머지는 아직도 찾아내지 못하였고, 진장의 시체도 아직 간 곳을 모른다고 하니 더욱 극도로 참혹하고도 민망스러운 일입니다. 물에 익숙한 선인(船人)을 많이 뽑아서 특별히 수색을 가하여 건져내게 하소서" 하였였다.

그런데, 하교하기를, "중류(中流)에서 실화하여 불에 타서 죽거나 물에 빠져 죽은 사람들이 이와 같이 많다고 하니, 그 놀랍고도 참혹함이 마땅히 어떠하였겠는가?

연읍에 분부하여 뜻을 기울여 시체를 건져내게 하고, 불에 타서 죽거나 물에 빠져 죽은 여러 사람들은 신역(身役)과 환상(還上)을 아울러 탕감해 주도록 하라. 그리고 수사(水使)로 하여금 주병(酒餠)을 가지고 바다 위에서 제사지내게 하라. 그리고 해당 변장(邊將)을 가려서 차임해야 마땅하니, 선전관과 비국낭청 가운데 상격(常格)에 구애받지 말고 정관(政官)을 패초(牌招)하고 개정(開政)하여 차출해서 당일로 내려보내도록 하라" 하였다.

6009 순조 01/07/19(계사) → 【원전】 47집 402면
〔여러 도의 가을 조련을 정지하다〕   수3866
여러 도의 가을 조련을 정지하였다.

6010 순조 01/07/30(갑진) → 【원전】 47집 403면
〔이동선을 전라좌도 수군절도사에 제수하다〕   수11246
이동선(李東善)을 전라좌도 수군절도사로 삼았다.

6011 순조 01/09/02(병자) → 【원전】 47집 405면
〔조문언을 황해도 수군절도사에 제수하다〕   수11247
조문언(趙文彦)을 황해도 수군절도사로 삼았다.

6012 순조 01/09/04(무인) → 【원전】 47집 405면
〔총융사 이인수를 통제사에 유임한다는 하교〕   수11248
하교하기를, "보내고 맞이하는 데에 폐단이 있으니, 총융사 이인수(李仁秀)를 통제사에 그대로 유임시키라" 하였다.
　또 하교하기를, "이 때 이 가문의 사람을 의중(倚重)함이 어떠하였는가? 동부승지 김노충(金魯忠)에게 총융사를 제수하라" 하였다.

6013 순조 01/09/19(계사) → 【원전】 47집 408면
〔이전 수사 이석과 방축 죄인 이치훈을 사학 죄인으로 유배하다〕   수11249

이전 수사 이석(李晳)을 흥양현(興陽縣) 여도(呂島)에, 방축죄인(放逐罪人) 이치훈(李致薰)을 거제부에 유배하니, 사학(邪學)에 물들어서 그것을 옹호하였던 까닭으로 대신(臺臣)이 청한 바를 따른 것이었다.

6014 순조 01/10/30(계유) → 【원전】 47집 412면
〔오차진에 표류한 중국인을 육로를 쫓아 북경으로 보내라고 명하다〕 표21108

오차진(吾叉鎭)에 표류하여 도착한 중국의 등주부(登州府) 사람 7명을 육로로 쫓아 북경으로 보내라고 명하였다.

6015 순조 01/10/30(계유) → 【원전】 47집 412면
〔제주에 정체불명의 선박이 사람을 내려놓다. 노비공의 혁파 후의 문제〕 수4691

이 때 제주 대정현(大靜縣)의 당포(唐浦)에 어느 나라 것인지 분변 못하는 큰 선박이 지나가다가 다섯 사람을 내려놓고는 그대로 곧 선박을 내치어 갔는데, 내려놓은 다섯 사람의 의제(衣制)와 상모(狀貌)가 대단히 괴이하여 입은 것이 좁아서 몸을 묶은 것 같았으며, 발에는 버선을 신지 않았고 머리에는 등립(藤笠)을 썼는데, 얼굴과 몸이 모두 검어서 형상이 팔 긴 원숭이 같았으며, 왜가리가 시끄럽게 지절거리는 것 같아서 인하여 정상을 물을 수 없어 글씨를 쓰게 한즉 오른손에 붓을 잡고 왼쪽에서부터 횡서(橫書)로 쓴 것이 전자(篆)도 아니고 그림도 아니어서 난잡하기가 엉클어진 실 모양과 같았다고 도신(道臣)이 이로써 계문(啓聞)하자, 육로로 해서 북경에 들여보내라고 명하였다.

대왕대비가 하교하기를, "제주에 선박을 대어 표착한 사람들이 그 어느 나라의 사람인지 알겠는가?" 하였다.

영의정 심환지(沈煥之)가 말하기를, "말이 분명하지 않고 문자(文字) 역시 괴이하며 복장이 또 해괴하여 어느 나라의 사람인지를 상세하게 알 수가 없습니다" 했다.

그러자, 대왕대비가 하교하기를, "나는 일찍이 사방에 문자가 같다고 알았었는데, 문자도 또한 다르단 말인가?" 하였다.

심환지가 말하기를, "왼쪽에서부터 횡서로 썼는데, 그 글자 모양이 꼬부라져서 알 수가 없다고 합니다" 하였다.

대왕대비가 하교하기를, "이번 사행에는 미처 딸려 보내지 못할 것이고 또한 그들이 어느 나라의 사람인지를 알지 못하니, 이것이 가히 답답하다" 하였다.

그러자, 우의정 서용보(徐龍輔)가 말하기를, "다음에 재자관(賚咨官)이 갈 때 들여보내면 어디에서 왔는지를 알 수 있을 것입니다" 하였다.

6016 순조 01/11/07(경진) → 【원전】 47집 413면
〔강화도에 표착한 중국인과 제주에 표착한 사람을 북경으로 보내라고 하다〕   표21109

강화도의 장봉진(長峯鎭)에 표착한 중국의 은주부(銀州府) 사람 25명을 모두 제주도에 표착한 사람을 인솔해 가는 역관에게 부탁하여 북경으로 들여보내라고 명했다.

6017 순조 01/11/28(신축) → 【원전】 47집 416면
〔최동악을 삼도통어사에 제수하다〕   수11250

최동악(崔東岳)을 삼도통어사로 삼았다.

순조 2년(1802; 청 가경7년)

6018 순조 02/01/10(임오) → 【원전】 47집 422면
〔영남 우병영의 향미, 사군목 대전으로 왜관을 보수하게 하다〕   왜11027

영남 우병영의 향미(餉米) 1만 석과 사군목(射軍木) 대전(代錢) 3천9백 냥 영(零)으로 써 동래에 획부(劃付)할 것을 명하였으니, 왜관의 보수를 위해서였다.

6019 순조 02/01/14(병술) → 【원전】 47집 422면
〔여러 도의 봄철에 실시하는 조련을 정지하다〕   수3867

여러 도의 봄철에 실시하는 조련을 정지하였다.

6020 순조 02/02/28(기사) → 【원전】 47집 425면
〔이윤겸을 삼도통제사, 백사은을 함경북도 절도사에 제수하다〕   수11251

이윤겸(李潤謙)을 삼도통제사로, 백사은(白師誾)을 함경북도 절도사로 삼았다.

6021 순조 02/04/24(갑자) → 【원전】 47집 427면
〔정주성을 전라좌도 수군절도사에 제수하다〕   수11252

정주성(鄭周誠)을 전라좌도 수군절도사로 삼았다.

〈 관련내용 〉
· 순조 02/05/26(을미)→ 조택진을 경상좌도 수군절도사에 제수하다   47집 430면
· 순조 02/06/15(갑인)→ 김주연을 전라우도 수군절도사에 제수하다   47집 432면

6022 순조 02/07/12(경진) → 【원전】 47집 434면
〔해서·삼남·경기·수원의 육군과 호남 수군의 조련을 정지하다〕   수11253

해서(海西)·삼남(三南)·경기(京畿)·수원(水原)의 육군의 조련과 호남의 수군의 조

련을 정지하였으니 수원의 군제가 변통되고 호남 연안이 재해를 입었기 때문했다.

6023 순조 02/07/22(경인) → 【원전】 47집 435면
〔장현택 등에게 관직을 제수하다〕   수11254

장현택(張鉉宅)을 전라우도 수군절도사로 삼았다.

6024 순조 02/07/27(을미) → 【원전】 47집 435면
〔황해수사가 본영의 조장을 순위도에 설행할 것을 장청하다〕   수3868

황해수사 조문언(趙文彦)이 본영의 전항포(箭項浦) 조장(操場)을 지금부터 시작하여 도로 순위도(巡威島)에 설행할 것을 장청(狀請)하였는데, 묘당에서 복계(覆啓)하니, 그대로 따랐다.

6025 순조 02/08/23(신유) → 【원전】 47집 438면
〔이원식 등에게 관직을 제수하다〕   수11255

이원식(李元植)을 경상좌도 수군절도사로 삼았다.

6026 순조 02/12/06(계묘) → 【원전】 47집 445면
〔강령현에 표류해 온 중국인을 육로에 따라 호송할 것을 명하다〕   표21110

강령현(康翎縣)에 표류해 온 중국 산동성 사람 8명을 육로를 따라 호송할 것을 명하였다.

순조 3년(1803; 청 가경8년)

6027 순조 03/01/01(정묘) → 【원전】 47집 446면
[행 호군 이한풍의 졸기] 수11256

행 호군 이한풍(李漢豊)이 졸하였다. 이한풍은 덕수(德水)사람으로, 충무공 이순신(李舜臣)의 후손이다. 지위가 원융(元戎)에 이르렀는데, 청렴하고 검소하여 법(法)을 받들었으며, 한사(寒士)와 같이 옷차림이 소연(蕭然)하고 수신(帥臣)들 가운데 가장 조수(操守)가 있었다고 한다.

6028 순조 03/01/29(을미) → 【원전】 47집 450면
[증광시와 날짜가 겹친 봄철의 습조를 정지하다] 수3869

봄철의 습조(習操)를 정지했는데, 증광시(增廣試)와 서로 날짜가 겹쳤기 때문이었다.

6029 순조 03/02/08(갑진) → 【원전】 47집 450면
[왜인에게 주는 예단삼 관리를 잘못한 사람들을 처벌토록 청하다] 왜11028

비변사에서 아뢰었다.
"동래부사 서유련(徐有鍊)이 보고하기를, '신·구 관수왜(館守倭)가 한 장의 글을 내보이며 말하기를, 「귀국에서 인삼을 10년 전후부터 모두 가삼(假蔘)으로 만든 것을 나누어주었기 때문에 품질이 나쁘고 효험이 없어서 도로 물린 것이 매우 많았습니다. 그래서 흠축(欠縮)이 70근에 가까우니, 모두 상품으로 곧 속히 입송(入送)해 주십시오」하였습니다. 지금 치부(置簿)를 보았더니, 전해 내려온 흠축이 69근 6냥이 되었습니다. 수역(首譯) 김건서(金健瑞)가 삼화(蔘貨)를 구관(句管)하였는데, 과연 어떤 모양의 삼료(蔘料)를 주어서 이처럼 왜인이 억울함을 호소하는 일이 있게 되었는지 일일이 살펴서 조사하게 하고, 모자란 단삼(單蔘)은 수에 준거하여 징수해 준 후에 법에 의거하여 감단(勘斷)함으로써 징려(懲勵)하게 하도록 하소서' 했습니다.

변문(邊門)은 사체(事體)가 다른 곳과 달라서 무릇 언어와 문자가 마땅한 예에 어긋남이 있을 경우 경솔하게 쉽사리 청납(聽納)할 수 없으니, 이는 국체(國體)를 높이고 변금(邊禁)을 엄중히 하는 때문입니다. 지금 저 사람들이 바친 글은 전에 없던 일에 관계되는데, 이 길이 한 번 열리면 훗날의 폐단은 말하기 어려울 것입니다. 임역(任譯)을 설치하여 주관하게 한 일이 무슨 일인데, 심상한 일로 간주하여 애초에 물리치지 못하고 수신(守臣)이 번거롭게 보고하는 지경에 이르게 하였으니, 시험해 보려는 계책과 무엄한 버릇이 몹시 놀랍고도 통분스럽습니다. 삼의 품질을 준거하여 정해서 마련한 값에 이르러서는 후하지 않은 적이 없었고, 여러 해 동안 증급(贈給)했던 것은 본래 항식(恒式)이 있는데, 더욱 어떻게 감히 편안히 상품을 받겠다는 새로운 말을 하여 그 망령되고 외람된 버릇을 제멋대로 행할 수 있겠습니까?

또 예단삼(禮單蔘)은 곧 먼 나라를 무마하고 교린하는 데 쓰는 물품이니, 저 무리가 거행함에 있어서 진실로 상법(常法)을 삼가 지켜 흠결(欠缺)이 없도록 하는 것이 마땅할 것입니다. 그런데 포흠(逋欠)의 수가 이토록 많으며, 전해 내려온 연조도 또한 이미 오래 되었으니, 나라에 기강이 있다면 어떻게 감히 그럴 수가 있겠습니까? 변정(邊情)을 소중히 여기고 훗날의 폐단을 막는 도리에 있어서 마땅히 크게 징계하는 율을 베풀어야 할 것입니다. 청컨대, 해당 훈도(訓導)와 별차(別差)를 수신(守臣)으로 하여금 관문 밖에서 크게 위의를 벌여 조리돌리고 엄중하게 형장을 시행한 후 원지(遠地)에 감사정배(減死定配)하게 하소서.

그리고 포흠(逋欠)을 진 역관은 해당 원(院)으로 하여금 실정을 조사해 내어 해당 부(府)의 옥에 엄중히 가두어 놓고 기한을 정해 수량에 준하여 징수해서 입납(入納)한 다음 조리 돌리고 형장을 시행하여 정배하게 하소서. 이후로 다시 이러한 외람된 죄를 뒤좇아 범하는 자는 단연코 관문에서 효시하는 일을 특별히 정식(定式)으로 삼도록 하소서. 처음에 이미 이속(異俗)을 엄중히 금지하지 못하였고, 마침내 또 역관의 무리에게 속아서 이렇게 전에 없던 보고를 하였으니, 해당 수신 서유련(徐有鍊)을 잡아다 심문하여 엄중히 감단(勘斷)하게 하소서."

윤허하였다.

〔이신경을 전라좌도 수군절도사로 삼다〕　　　　　　　　　　　　　수11257

이신경(李身敬)을 전라좌도 수군절도사로 삼았다.

　〈 관련내용 〉
　· 순조 03/03/22(병진)→ 김수기를 충청도 수군절도사로 삼다　　　47집 456면
　· 순조 03/06/24(정해)→ 도정을 행하여 오재광을 전라우도 수군절도사로 삼다　47집 460면

6031 순조 03/07/18(경술) → 【원전】 47집 460면
〔칙사가 잇따르고 대비과를 설행하여, 여러 도의 가을 조련을 정지하다〕　　수3870

여러 도의 가을 조련을 정지하였으니, 칙사(勅使)가 앞뒤를 잇고 대비과(大比科)를 설행한 때문이었다.

6032 순조 03/09/03(을미) → 【원전】 47집 463면
〔이요헌·조계 등에게 관직을 제수하다〕　　　　　　　　　　　　수11258

이요헌(李堯憲)을 삼도통어사로 삼았다가, 곧 체차하여 조계로 대신하게 하고 이요헌은 인하여 신자(新資)를 쓰게 하였다.

6033 순조 03/09/17(기유) → 【원전】 47집 463면
〔장자도의 일을 북경과 성경의 예부에 알리다〕　　　　　　　　　기2171

비국에서 아뢰기를, "장자도(獐子島)는 피지(彼地)와 근접해 있으므로, 고기를 잡는 무뢰한 무리가 몰래 범월(犯越)한 것이 오늘날뿐만이 아닙니다. 지방관의 수토(搜討)와 봉성장(鳳城將)의 금축(禁逐)이 엄밀하지 않은 것이 아니지만, 간위(奸僞)함이 많고 출몰이 일정하지 않으니, 조정에서 이 때문에 근심해 온 지 오래 되었습니다. 지금 부도통(副都統)이 군사를 파송한 것으로 인하여 협동하여 수포(搜捕)함으로써 저들과 우리나라 두 경계에 연수(淵藪)와 소굴을 소탕하지 않을 곳이 없으니, 거의 비도(匪徒)들이 징지(懲止)할 줄을 알아서 간악한 조짐이 영구히 꺾이게 되었습니다. 그러나 두 적비(賊匪)가 붙잡힌 것이 이미 우리 지경에서 있었으니, 단지 변신으로 하여금 치통(馳通)하는 데 그칠 수는 없습니다. 곧 문임(文任)으로 하여금 자문(咨文)을 찬술해 내게 하고, 따로 재자관(賫咨官)을 정하여 북경의 예부와 성경(盛京)의 예

부에 들여보내도록 하소서. 본도(本島)가 비록 바다 건너에 있는 땅이라 하나, 매월 수토(搜討)하는 일은 법의(法意)가 지극히 중대한 것입니다. 사단(事端)이 이미 발생한 후이니 평소 부지런히 금지시키고 살피지 않은 죄는 버려 두고 논하지 않을 수 없습니다. 청컨대, 지방관 용천부사 최조악(崔朝岳)과 미관첨사(彌串僉使) 한석기(韓錫箕)를 아울러 파출(罷黜)한 다음 해당 부(府)로 하여금 나문(拿問)하여 정죄(定罪)하게 하소서. 그리고 신칙하지 않은 도신(道臣)·수신(帥臣) 및 방어사도 또한 종중추고(從重推考)하게 하소서" 하였다.

    그대로 따랐다.

순조 4년(1804; 청 가경9년)

6034 순조 04/05/04(임진) → 【원전】 47집 481면
〔이욱연·윤득규 등에게 관직을 제수하다〕 수11259

이욱연(李郁延)을 경상좌도 수군절도사로, 윤득규(尹得逵)를 우포도대장으로 삼았다.

6035 순조 04/07/12(무술) → 【원전】 47집 486면
〔홍수 때문에 여러 도의 가을 조련을 정지하게 하다〕 수3871

여러 도(道)의 가을 조련을 정지하게 하였다. 홍수의 재해 때문이었다.

6036 순조 04/11/02(정해) → 【원전】 47집 494면
〔이당을 삼도통어사로 삼았다가 이해우로 대신하다〕 수11260

이당(李溏)을 삼도통어사로 삼았다가 곧 이해우(李海愚)로 대신하였다.

순조 5년(1805; 청 가경10년)

6037 순조 05/01/09(갑오) → 【원전】 47집 497면
〔여러 도의 봄 조련을 정지시키다〕   수3872

여러 도의 봄 조련을 정지시켰다.

6038 순조 05/03/09(계사) → 【원전】 47집 503면
〔윤순동을 공충도 수군절도사로 삼다〕   수11261

윤순동(尹順東)을 공충도 수군절도사로 삼았다.

6039 순조 05/03/29(계축) → 【원전】 47집 505면
〔성경의 장군·형부 등의 아문에서 장자도 표류건으로 자문을 보내오다〕   수4692

성경(盛京)의 장군(將軍)·형부(刑部) 등의 아문에서 자문을 보내오기를, "지난해 7월 장자도(獐子島)에 표류하여 도착된 장부안(張浮安) 등 8인은 모두 새우잡이와 나무를 운반하다가 바람을 만나 표류하여 정박한 데 관계된 것으로 모두 간민(奸民)으로서 나쁜 짓을 한 정상이 없으니, 귀국에서 파직시킨 미곶진첨사(彌串鎭僉使) 이존경(李存敬)을 원래의 직에 복직시키십시오. 이 뒤로 수토(守土)하는 장리(將吏)들에게 해도(海島) 등처에 대해 수시로 엄밀히 조사하여 내지의 민인(民人)들로 하여금 법금(法禁)을 무시하고 넘나들지 못하게 하십시오" 하였다.
성경에 자문(咨文)을 회답하라고 명하였다.

6040 순조 05/05/12(을미) → 【원전】 47집 507면
〔김희를 삼도통어사로 삼다〕   수11262

김희(金爔)를 삼도통어사로 삼았다.

6041 순조 05/06/22(갑술) → 【원전】 47집 511면
〔조윤대・이서구의 장계로 청천강・대정강의 부교의 혁파를 청하다〕   수4693

비변사에서 원접사(遠接使) 조윤대(曺允大), 평안감사 이서구(李書九)의 장계로 인하여 아뢰기를, "칙행(勅行)이 나올 때 청천강・대정강(大定江)에는 으레 부교(浮橋)를 설치하여 건너게 하는데 강물이 크게 불어나서 부교가 누차 무너지고 있습니다. 배로 건넌 것도 또한 이미 전례가 있습니다. 의주의 3강과 대동강・임진강은 모두 배로 건너는데 유독 이 강에만 반드시 부교를 만들게 하는 것은 또한 의의가 없는 것이니, 청컨대 이 뒤로는 이 두 강의 부교를 영구히 혁파하도록 항식(恒式)으로 정하여 시행하게 하소서" 하였다.
그대로 윤허하였다.

6042 순조 05/06#07(무자) → 【원전】 47집 511면
〔윤예규를 전라도 수군절도사로 삼다〕   수11263

윤예규(尹芮圭)를 전라도 수군절도사로 삼았다.

〈 관련내용 〉
・ 순조 05/06#21(임인)→ 송익휴를 황해도 수군절도사로 삼다   47집 512면

6043 순조 05/07/10(경신) → 【원전】 47집 513면
〔여러 도의 가을 조련을 정지시키다〕   수3873

여러 도의 가을 조련을 정지시켰다.

6044 순조 05/09/11(경신) → 【원전】 47집 516면
〔안핵사가 뇌물을 받고 왜인과 교통한 죄인들을 처벌한 결과를 아뢰다〕   왜11029

동래부 안핵사 윤명렬(尹命烈)이 나라를 속인 죄인 최경(崔坰)・최국정(崔國禎)과 서계를 위조한 죄인 박윤한(朴潤漢)과 도서(圖署)를 위조한 죄인 김한모(金漢謨) 등을 효수했다고 아뢰었다.

6045 순조 05/11/12(신유) → 【원전】 47집 517면
〔통제사 유효원이 표류된 왜선 건으로 치계하다〕   왜11030

통제사 유효원(柳孝源)이 치계하였다.

"표류된 왜선이 와서 관소(館所)에 정박했기 때문에 실정에 대해 물어보았더니, 통신사가 나오기를 청하는 대차왜(大差倭) 평공(平功)이 서계와 진상하는 물건을 가지고 나왔다고 했습니다. 그런데 서계는 내용이 격례(格例)와 매우 어긋났고, 의빙(議聘)은 이제 또 기사년 봄에 폐주(弊州)에서 맞이하게 하기를 청한다고 운운했기 때문에 엄중한 말로 책유(責諭)하기를 '서계는 결단코 받기 어렵다'고 하니, 답하기를, '의빙사(議聘使)가 퇴척당한 뒤 귀국에서 다시 장소를 바꾸어〈통신(通信)하여〉 폐단을 줄인다는 등의 의견을 발송했는데 신행(信行)은 폐주(弊州)에서 맞이하고 연한(年限)은 기사년으로 정하여 그에 대한 문자가 명백하고 또 이미 굳게 정하였습니다. 그런데 지금 갑자기 이렇게 하니, 실로 이해하기 어렵습니다' 하였습니다.

또 책유(責諭)하기를, '의빙차개(議聘差价)를 이미 엄중히 척퇴(斥退)시켰는데 장소를 바꾸어〈통신하여 폐단을 줄인다는 등의 말을 어찌 우리나라에서 다시 발송했을 리가 있겠는가? 네가 이른바 문자(文字)라고 하는 것은 곧 네 명의 역관이 임금을 속이고 농간을 부려 뇌물을 받고 위조한 것인데 조정에서 그들의 죄를 엄중히 핵실(覈實)하여 9월중에 그들의 머리를 관문에 매어단 사상(事狀)을 대마주(對馬州)에서도 반드시 들어서 알고 있을 것이다.

그리고 교린이 있은 이후 강호(江戸)에 통신(通信)하게 되어 있는 것은 두 나라 사이에 변경할 수 없는 대체(大體)인데 이 위조된 서계를 가지고 와서 문자라고 하면서 막중한 전명(傳命)을 대마도로 하여금 전하게 했다고 하는 것은 전혀 근사하지 않은 일이다. 결단코 허접(許接)할 수 없다'고 하였더니, 또 말하기를, '위조에 대한 등의 말은 애당초 폐주(弊州)에서는 아는 것이 없습니다. 폐주에서는 단지 귀국의 문자에 의거하여 이미 강호(江戸)에 전보(轉報)하였으며 신행(信行)은 폐주에서 영접하겠다는 내용으로 단연코 완정(完定)했습니다' 하였습니다.

신사(信使)를 대마도에서 맞이하게 했다는 등의 말은 크게 법례에 어긋나는 것이므로 훈도별차(訓導別差)에게 분부하여 엄중한 말로 책유(責諭)해서 즉시 속히 입송(入送)시키라는 뜻으로 경상좌수사 이욱연(李郁延), 동래부사 정만석(鄭萬錫)을 보내어 신칙시켰습니다."

6046 순조 05/11/23(임신) → 【원전】 47집 518면
〔해서 옹진부에 표류된 대국의 백성 10명을 북경으로 호송하게 하다〕 표21111

해서 옹진부(瓮津府)에 표류되어 도착한 대국의 강남성 진강부(鎭江府)의 백성 10명을 육로를 통하여 북경으로 호송하게 하였다.

순조 6년(1806; 청 가경11년)

6047 순조 06/01/06(갑인) → 【원전】 47집 521면
〔동래부사의 장계로 인하여 차왜를 책유하여 들여보낼 것을 청하다〕　　　　왜11031

비국에서 아뢰기를, "동래부사 정만석(鄭晩錫)의 장계를 보건대, '통신사를 청하기 위해 나온 대차왜(大差倭)가 이제 막 왔습니다. 차왜가 한 말은 「신해년 의빙사(議聘使)가 퇴각당한 뒤로 귀국에서 다시 장소를 바꾸어 정하여서 폐단을 줄인다는 등의 이야기를 하였으며 신사(信使)는 폐주(弊州)에서 맞이하고 연한은 기사년으로 확정한 것이 문자(文字)에 환히 기재되어 있습니다.」라고 하였고, 또 말하기를, 「위조(僞造)했다는 등의 이야기에 대해서는 애당초 폐주에서는 알고 있는 것이 아닙니다. 단지 귀국의 문자에 의거하여 이미 강호(江戶)에 보고하여 성실히 완정(完定)하였습니다.」라고 했기 때문에 다시 결코 허접(許接)할 수 없다는 뜻으로 엄중한 책유(責諭)를 가하였습니다' 했습니다. 지금의 이 차왜는 신해년 의빙사와 함께 똑같이 법규 외의 것인데, 신해년에 퇴각시켰던 것을 이제 어떻게 허접할 수 있겠습니까? 더구나 이번에 네 명의 역관을 법에 의거 처형한 뒤이니, 서로 얽힌 간사한 정상을 반드시 모를 이치가 없습니다. 그런데도 거짓으로 꾸며내어 말을 만들어 스스로 숨기려고 하고 있으니, 더더욱 지극히 놀랍습니다. 청컨대 해당 수신(守臣)에게 분부하여 허접하지 말고 다시 책유를 가하여 속히 들여보내게 하소서" 하였다.

그대로 윤허하였다.

6048 순조 06/03/05(계축) → 【원전】 47집 537면
〔이회식 등에게 관직을 제수하다〕　　　　수11264

이회식(李晦植)을 경상좌도 수군절도사로 삼았다.

6049 순조 06/03/10(무오) → 【원전】 47집 539면

〔비국에서 대차왜를 우선 허접하게 할 것을 청하다〕 왜11032

비국에서 말하기를, "통신사가 나오기를 청하는 대차왜(大差倭)가 폐주(弊州)에서 맞이할 것을 의논한다는 등의 이야기를 하고 있으므로 바야흐로 책유(責諭)를 가하고 있는데, 통신사가 나오기를 청하는 것은 본디 명색이 있는 것이니, 청컨대 허접(許接)하게 한 다음 그들의 말을 따지게 함으로써 우리가 할 도리를 다하게 하소서" 하였다.

그대로 따랐다.

〈 관련내용 〉
- 순조 06/03/11(기미)→ 통신사를 청하는 대차왜가 나와 서능보를 접위관에 차임하다   47집 539면
- 순조 06/03/27(을해)→ 동래부사가 대마도 태수 습유의 서계의 등본으로 아뢰다   47집 539면

6050 순조 06/04/01(무인) → 【원전】 47집 540면
〔이당을 삼도통제사로 삼다〕 수11265

이당(李溏)을 삼도통제사로 삼았다.

6051 순조 06/04/02(기묘) → 【원전】 47집 541면
〔호남 방답진의 선척들의 화재로 죽은 군민 41명에게 휼전을 내리게 하다〕 수4694

호남의 도신(道臣)과 수신(帥臣)이 3월 16일 방답진(防踏鎭)의 선척들이 화재를 당했을 적에 불에 타고 물에 빠져 죽은 군민(軍民)이 41명이었다고 아룀으로 인하여 특별히 휼전을 내리고 해상에서 제사를 설행하라고 명하였다.

6052 순조 06/05/20(정묘) → 【원전】 47집 551면
〔동래부사가 통신사를 청한 차왜 등에 대해 처리한 내용을 장계하다〕 왜11033

동래부사 오한원(吳翰源)과 접위관 서능보(徐能輔)의 장계에 일렀다.

"통신사가 올 것을 청한 차왜 평공(平功)이 하선소(下船所)에서 서계 2도(度)와 별폭 2도, 동래 부산에서 서계 1도와 별폭 2도를 올리므로 예조에 올려보냅니다. 차왜가 통언(通言)하기를, '서계 가운데에 기사년에는 통신사의 행차가 있을 것이라는 말을 잘 전달하였다'고 하기 때문에 신 등이, '기사년 운운한 것은 처음부터 우리나

라에서 강정(講定)한 일이 아니다. 다만 마땅히 조정의 처분을 공손히 기다릴 뿐이다'라고 대답하였습니다.

뒤좇아 올린 강정 역관 등의 수본(手本) 내용에 차왜가 인솔한 도선주(都船主) 왜인 등격(藤格)이 소인을 보고 말하기를, '기사년에 통신사의 행차가 있을 것이라는 일에 대하여 아까 서계를 올렸지만, 이보다 앞서 이미 강정한 말이 있었으니 어떻게 할 것인가?' 하므로, 소인 등이 대답하기를, '이보다 앞에 강정했다고 운운한 것은 곧 통역을 흉악하게 한 무리들의 일로써 이미 다 복법(伏法)되었으니, 지금은 통신사의 행차를 기사년에 들여보낸다는 것은 논할 것이 못되고 또 당초에 약조한 것도 아니니, 서계를 계문(啓聞)한 다음에 단지 조정의 처분만을 기다린다'는 뜻으로 엄격하게 거절하였습니다.

옛 관수왜(館守倭) 원창명(源暢明)도 또한 강정역관에게 청하여 강정했다는 절목 두 장을 내보였는데, 이는 연전에 흉역배들이 위조한 것이므로 처음부터 받아보지 않고 이치에 의거하여 책유(責諭)하였더니, 원창명이 말하기를, '이와 같이 한다면 대마도가 장차 멸망한 다음에야 그만둘 것이다' 하고 발연(勃然)히 낯빛을 바꾸면서 그대로 문을 닫기 때문에 소인도 역시 분기(奮起)하여 이어 임소(任所)로 돌아왔다고 하였습니다. 저 왜언 등의 정상이 아주 대단히 교악(狡惡)하기 때문에 대차왜(大差倭) 및 구 관수왜 등이 있는 곳에서 다시는 번괄(煩聒)하지 말라는 뜻을 통역을 맡은 무리에게 엄히 책유(責諭)를 가하도록 하였습니다."

6053 순조 06/06/09(을유) → 【원전】 47집 553면
〔이용규를 경상좌도 수군절도사로 삼다〕   수11266

이용규(李用逵)를 경상좌도 수군절도사로 삼았다.

6054 순조 06/07/08(계축) → 【원전】 47집 561면
〔유상량을 전라좌도 수군절도사로 삼다〕   수11267

유상량(柳相亮)을 전라좌도 수군절도사로 삼았다.

6055 순조 06/07/13(무오) → 【원전】 47집 562면

〔여러 도의 가을 조련을 대비와 겹친다는 이유로 정지시키다〕 수3874

여러 도(道)의 가을 조련을 정지하니, 대비(大比)와 서로 마주치기 때문이었다.

6056 순조 06/12/10(계미) → 【원전】 47집 570면
〔동래의 사건에 대하여 대신들의 의견을 듣다〕 왜11034

차대(次對)하였다.
　임금이 말하기를, "동래의 사건에 대하여 오래 듣지 못하였다. 차왜(差倭)가 한결같이 서로 버티다가 서계의 답을 받지 아니하고 갔다고 말하였는가?" 하였다.
　그러자, 좌의정 이시수(李時秀)가 말하기를, "바깥에서 여러 재신들과도 말한 바가 있는데, 이는 실로 허락할 수 없는 일입니다. 우리가 이미 허락하지 않았으니, 비록 좋은 말로 달랜다 하더라도 저들이 반드시 돌아와 들으려 하지 않을 것입니다" 하였다.
　임금이 말하기를, "지금의 사세(事勢)는 차왜가 나오기 전과는 다름이 있다. 저의 한 바가 비록 아주 대단히 밉다 하더라도 또한 불화를 생기게 할 수는 없다. 경이 이미 여러 재신과 말한 것이 있다고 하니, 과연 강구(講究)한 것이 있는가?" 하였다.
　이시수가 말하기를, "신의 생각하는 것이 혼착(昏錯)하여 어떻게 하면 좋게 될지를 알지 못하겠으나, 대저 보통 일은 대략 본 일의 근원과 원인을 안 다음에야 비로소 요량할 수 있습니다. 그런데 강호(江戶)와 대마도 두 곳의 일은 막연(漠然)하여 듣기 어렵고 또 이전 차왜가 소소한 일로 서로 버티다가 아직도 혹시 5, 6년, 7, 8년을 유주(留住)하고 있으니, 지금은 애걸을 하고 위협을 한다 해도 장차 필경에는 어떻게 될지를 알지 못하겠습니다. 그런데 또 교활하여 상정(常情)이 아닌 것이 있으니, 실로 민망스럽게 여깁니다. 작년에 일이 있은 이후로 두 남쪽 지방의 어리석은 백성들이 잘못된 것을 서로 전하며 두려워서 겁을 내고 시끄럽게 요동하여 도성 가운데에까지도 역시 그러하였는데, 금년에는 호남에서 더욱 심하다고 합니다. 만일 옛사람의 도리로써 말한다 해도 '내가 말한 것은 이미 정직하지만 저의 마음은 헤아리기가 어렵다'고 했으니, 오직 마땅히 성지(城池)를 수리하고 융기(戎器)를 수선하여 변방을 굳게 방비하는 계책을 다하여야 되겠으나, 이와 같이 한다면 민정(民情)이 반드시 다시 시끄럽게 요동할 것입니다. 그 다음, 신이 만약 두 전조(銓曹)에

대하여 '두 남쪽 지방의 수령과 변곤(邊閫)에게 조가(朝家)의 명령을 기다리지 말고 상격(常格)에도 구애될 것 없이 택차(擇差)하게 하라'는 하교로써 보인다면, 다만 그 사람의 완급을 보아 믿을 만한 자를 차임(差任)하여야 된다는 뜻을 장차 언급하고자 하는데, 이와 같이 한다면 그 뜻밖의 일을 대비하는 것이 수선(修繕)을 기약하지 않아도 자연히 수선하는 효과는 있을 것이나, 이 또한 거조(擧措)를 내어 신칙하게 되면 아마도 시끄럽게 요동이 일게 될 것이니, 오직 그 마음을 다하여 의차(擬差)를 어떻게 하느냐 하는 것은 역시 오직 전조에 달려 있습니다" 하였다.

임금이 말하기를, "뜻밖의 일에 대비함은 사람을 잘 선택하여 임용하는 데에 있으니, 아뢴 바가 참 좋다. 그런데 차왜에 대한 일을 한갓 통역을 맡은 무리에게만 맡기는 것은 대단히 민망스러우니, 모름지기 강구할 방도를 생각하도록 하라" 하였다.

6057 순조 06/12/13(병술) → 【원전】 47집 570면
〔이조참판 이면응을 특별히 백령첨사로 보외하게 하다〕　　　　　　　　　수11268

이조참판 이면응(李冕應)을 특별히 백령첨사(白翎僉使)로 보외(補外)하라 명하였는데, 여러 번 칙교(飭敎)를 내렸는데도 끝내 나와 응수(膺受)하지 않았기 때문이다.

순조 7년(1807; 청 가경12년)

6058 순조 07/01/03(을사) → 【원전】 47집 571면
〔안종후 등에게 관직을 제수하다〕 수11269

안종후(安宗厚)를 공충도 수군절도사로 삼았다.

6059 순조 07/01/10(임자) → 【원전】 47집 572면
〔수군과 육군의 조련을 모두 정지하다〕 수3875

기전(畿甸)·해서(海西)·관동(關東)의 수군·육군의 조련과 삼남의 육군의 조련을 모두 정지하게 하였다. 비국의 말을 따른 것이다.

6060 순조 07/02/04(병자) → 【원전】 47집 573면
〔고 첨사 이영남과 고 현감 마응방에게 증직의 은전을 베풀다〕 수11270

왜변 때 거제(巨濟)에서 순절한 사람인 고 첨사 이영남(李英男)과 남원(南原)에서 순절한 사람인 고 현감 마응방(馬應房)에게 모두 증직의 은전을 베풀었다. 유생의 상언(上言)으로 인해 도에서 조사한 뒤 이조에서 복계(覆啓)한 것이다.

6061 순조 07/03/07(기유) → 【원전】 47집 576면
〔정학경을 삼도통어사로 삼다〕 수11271

정학경(鄭學畊)을 삼도통어사로 삼았다.

6062 순조 07/06/01(신미) → 【원전】 47집 579면
〔권탁을 전라우도 수군절도사로 삼다〕 수11272

권탁(權逴)을 전라우도 수군절도사로 삼았다.

6063 순조 07/07/11(신해) → 【원전】 47집 580면
〔해서의 수군과 육군의 조련과 삼남의 수군의 조련을 정지하다〕   수3876

해서의 수군·육군의 조련과 삼남의 수군조련을 정지하였다.

6064 순조 07/09/02(경자) → 【원전】 47집 588면
〔동래부사 오한원이 재판차왜가 당도했다는 장계〕   왜11035

동래부사 오한원(吳翰源)이 장계하였다.
"재판차왜(裁判差倭)의 배 3척이 오늘 왜관에 도착했는데, 훈별(訓別) 등이 재판(裁判)이란 명칭으로 나온 것이 무슨 곡절이냐고 힐문하였더니, 왜인이 '일이 있으면 재판을 하기 때문에 이름을 재판이라 하는데, 이번에 통신(通信)하는 공무가 너무나도 시급하기 때문에 저를 차출하여 내보내 재판하게 하였기에 들어왔습니다'라고 하였습니다.
또 묻기를, '가지고 온 서계 가운데 「설두(舌頭)에 첨부해 있다」고 운운한 것이 있는데, 설두의 소재란 것이 무슨 말인지를 알지 못하겠다'고 답하기를, '도주(島主)가 「본사(本事)의 중간에 속임과 거짓이 있음을 갖추어 알아 놀라움을 견디지 못하기에, 애초 세 차례의 서계로 인해 이미 동무(東武)에게 죄다 전보(轉報)하였는데 이제 중간에서 속았다고 핑계댈 수 없고, 귀국의 허락하지 아니함 또한 혹 괴이할 것이 없는데 한결같이 근지(慳持)한다면, 폐주(弊州)는 절로 위태로운 단서가 있기로, 마땅히 서계로 충성을 다해 애간(哀懇)한다」고 하였습니다.
무릇 관계되는 서계는 이정암(以酊菴)의 장로승(長老僧)이 하나하나 등사해 동무에 보내는데, 이번의 서계 또한 감히 그 사유를 밝혀 말하지 않고 단지 설두 등의 말로 모호하게 말한 것은 바로 이 때문입니다'라고 하였습니다."

6065 순조 07/09/21(기미) → 【원전】 47집 589면
〔장자도 잠상의 일로 북경 예부에 이자한 자문〕   수4695

장자도(獐子島) 잠상(潛商)의 일로 북경의 예부에 이자(移咨)하였다.
자문(咨文)에 일렀다.
"조선국왕이 변방의 백성들이 금법을 범하고 물화를 몰래 교역하는 일로 치보(馳

報)하고 삼가 재처(裁處)를 기다리는 일입니다. 가경 12년 8월 11일 평안도 관찰사 조득영(趙得永)과 절도사 정관채(鄭觀采) 등의 관원이 치계한 바와 토포사(討捕使) 한응검(韓應儉)이 첩정(牒呈)한 해당 절목에 의거하건대, 이번 대동강에 정박하고 있던 의주상인 백대현(白大賢)·이사집(李士楫)의 배 안에 중국의 물종(物種) 등이 많이 실려 있었습니다. 이에 의거해 즉시 백대현·이사집과 그 과계(夥計) 김진곤(金振坤), 선호(船戶) 김군일(金君一)·김철산(金喆山) 등을 잡아들이어 모두 엄한 형신(刑訊)을 더하고 여러 가지로 구핵(究覈)하였던바, 백대현과 이사집은 공칭(供稱)하기를, '소인 등은 연변(沿邊)에 살며 장사를 생업으로 삼고 있는데, 올해 봄에 들으니 중국 땅의 경계에 미곡의 값이 매우 비싸다 하기에, 어리석은 소치로 감히 이익을 노릴 계책을 내어 과연 올해 6월 초8일에 김군일과 김철산의 두 척의 배를 빌려 대미(大米) 1백50석과 소미(小米) 70석을 싣고 몰래 용천부(龍川府) 장자도 지방으로 가서 몰래 짐을 풀고, 중국의 잠월인(潛越人)으로 이름을 알지 못하는 주씨(朱氏)·장씨(張氏) 성을 쓰는 두 사람과 화매(和賣)하고는, 단목(丹木)·백반(白礬)·부초(浮椒)·유철(鍮鐵)·동전(銅錢)·은자(銀子)·자기(磁器)·유반(鍮盤)·바라(鳴羅)·명라(鳴羅)·풍경(風磬) 등과 바꾼 뒤, 그 즉시 저자를 떠나 출발하였습니다.

중국의 전화(錢貨)에 이르러서는 우리나라 안에서 통용되는 것이 아닌지라, 모두 바라·명라와 더불어 몰래 녹이고 부어 숙철(熟鐵)을 만들어서 팔 요량으로 평양에 이르렀는데, 종적이 탄로나서 마침내 관원에게 들켜 잡혔습니다. 나라의 금법을 범하였으니, 삼가 마땅한 율을 받기를 원합니다'라고 하였습니다. 이에 의거해 계속 김진곤·김철산·김군일 등을 신문하였더니, 공칭하는 것이 백대현·이사집의 공초와 한결같아 다름이 없었습니다. 다만 그 몰래 푼 미곡과 바꾼 물종이 꼭 위에 말한 명목과 수에 그치는지는 저들의 공초로 꼭 맞추기 어렵습니다만, 그들이 간특(奸慝)함을 이미 승인했기에, 단지 이런 정상을 치계하는 것이니, 이에 의거해 삼가 비추어 보소서.

소방(小邦)은 종전부터 삼가 황조(皇朝)의 과헌(科憲)을 받들어 변방의 물가지방을 금칙하여 혹시라도 감히 태만하지 않았는데, 단지 위엄이 아랫사람을 금하게 하지 못하고 명백하게 간사한 일을 살피지 못함으로 인해 간사한 백성으로 하여금 이처럼 간범(干犯)하는 일이 있게 하였으니, 반성하건대, 황송하여 어쩔 줄을 알지 못하겠습니다. 백대현 등 5명은 즉시 법대로 처단함이 마땅하나, 다시 합동으로 조사할 일이 있을 것을 염려하여 모두 우선 옥에 가두어 두고 귀부(貴部)의 자문으로 감결(勘結)을 보여줄 것을 기다립니다. 그 화매한 물종은 하나하나 공칭한 바에 의거해 열어 본 뒤입니다만, 그 가운데 유철과 동전은 금물(禁物)에 관계되므로 삼가 이처럼 조계(照計)하여 수납합니다.

그리고 해당 지방관인 용천부사(龍川府使) 홍치범(洪致範), 절도사 정관채(鄭觀采), 의주부윤 조홍진(趙弘鎭), 선천부사(宣川府使) 백홍진(白泓鎭)은 모두 파직하고, 엄중하게 따로 구핵(究覈)하였습니다.

그윽이 생각하건대, 소방(小邦)의 서쪽 물가에 있는 읍진(邑鎭)은 거개 거칠고 먼 곳이 많고, 주서(洲嶼) 또한 텅 빈데다가 풀이 우거져 있습니다. 용천부의 장자도와 같은 경우에 이르러서는 육지와의 거리가 더욱 멀고 그 땅이 으슥한지라, 간귀(奸究)한 부류들이 그 어채(漁採)의 이익을 노려 제멋대로 범월(犯越)하여 소굴로 삼아 출몰하기가 쉬워서 분명하게 살피기는 어렵습니다. 매달 수검(搜檢)하지 않는 것은 아니나, 이미 장시간 주후(駐候)하지 못하기 때문에 몇 해 전에 목비(木匪) 유청산(劉淸山)의 투타(投躱)가 있었고, 이번에는 간사한 백성 백대현의 잠상(潛商)들이 모두 이 땅에 있었던 것입니다.

지난 일로 미루어 보건대, 염려는 일후에 있습니다. 이제 해당 도(島)에 무사를 파견하고 장정을 인솔해 가서 교대로 형수(衡守)하게 하되, 편의하게 맡겨 두었습니다. 이런 사정을 생각하여 대부(大部)에 합하여 품하도록 상호군 김재수(金在洙)를 전차(專差)하여 밤낮없이 앞서 가 치보하게 하였으니, 번거롭겠지만 귀부(貴部)에서는 굽어 감량(鑑諒)하시어 전주(轉奏)해 시행하시고 모름지기 자문을 보내주소서."

[계산해 보니, 단목 2천7백95근, 백반 1천2백90근, 부초 2백31근, 은자 23냥 5전, 자기 1백20립(立), 유반 4개, 바라 4매, 명라 1매, 풍경 2개, 유철 23근, 동전 1천3백85냥 6전이었다. 유반에서부터 동전까지 모두 수납하였다]

6066 순조 07/11/13(경술) → 【원전】 47집 594면

[전라감사 이조원이 법성진의 민가가 불에 탄 정황을 아뢰다]　　　　　수4696

전라감사 이조원(李肇源)이 법성진(法聖鎭)의 민가에서 불이 나 4백여 호가 연소되

고, 공해(公廨)와 17척의 조선(漕船)의 물건이 모두 타버렸다고 치계하였다.

하교하기를, "회록(回祿)의 재앙이 4백여 호에 이르렀고, 해당 첨사(僉使)의 보고한 바는 비록 미처 소상하게 벌여 기록한 것은 아니나, 이처럼 밤이 또 캄캄한 때를 당하여 불이 활활 타올라 바람으로 인해 맹렬해지자, 백성들은 살려고 피하여 조선의 물건이 죄다 타버렸는데, 타버린 잿더미의 남은 불꽃이 아직도 가득하다고 한다. 이처럼 추운 때[塞墐之時]를 당하여 백성의 사정을 생각하니, 지극히 불쌍하다. 비록 기후가 온화한 때라 하더라도 백성의 사정이 황황함은 말하지 않아도 알 만하다. 다행히 머리가 타고 이마가 문드러지는 환난은 면하였다만, 곡식으로 배를 채우고 몸에 옷을 걸치는 도구를 아주 잃어버렸도다. 공해와 군기(軍器)가 죄다 탄 것이 걱정스럽지 아니한 것은 아니로되, 인호(人戶)를 잃은 것은 더욱 너무나도 딱하도다. 선전관을 파견해 자세히 적간(摘奸)하고 백성들을 위유(慰諭)하도록 하라. 그리고 원래의 휼전 외에 먼저 해당 도(道)에서 수를 넉넉히 하여 제급(題給)하도록 하라. 고휼(顧恤)하고 전접(奠接)하는 방도와 신역·환곡을 견감(蠲減)하는 일은 묘당으로 하여금 전례를 뽑아 상확(商確)하여 품처하게 하라. 조선을 수개(修改)하는 방도 또한 품처하게 하라" 하였다.

6067 순조 07/11/15(임자) → 【원전】 47집 594면
〔신대영을 삼도통제사로 삼다〕 수11273

신대영(申大俠)을 삼도통제사로 삼았다.

6068 순조 07/12/22(기축) → 【원전】 47집 596면
〔좌의정 이시수가 신도에 진을 설치할 필요가 없다고 아뢰다〕 수3877

좌의정 이시수(李時秀)가 아뢰기를, "신도(薪島)에 진을 설치하는 일은 황지(皇旨)가 이미 준허(準許)하였습니다만, 반드시 따로 진을 설치할 것은 없습니다. 미관첨사(彌串僉使)를 신도첨사(薪島僉使)로 개칭하고 그대로 변지(邊地)의 이력(履歷)하는 자리로 만들되, 신도에 진을 옮겨 백성을 모집하고 진을 설치하는 곳으로 삼게 해야 할 것입니다. 그리고 잠상죄인(潛商罪人) 등은 황지가 이미 조감(照勘)하게 하였으니, 그 가운데 수범 한 사람에게 마땅히 범월(犯越)의 율을 시행하고 그 나머지는 경

중을 구분하여 일체 참작해 감율해야 하겠습니다" 하였다.
그대로 따랐다.

순조 8년(1808; 청 가경13년)

6069 순조 08/01/04(신축) → 【원전】 47집 597면
〔좌의정 이시수가 신도에 진을 설치하는 문제 등을 주청하다〕 수3878

좌의정 이시수(李時秀)가 청하기를, "신도첨사(薪島僉使)를 진으로 삼고, 해서수영에서 관장하는 방선(防船) 1척과 추포선(追捕船)·협선(挾船) 각 5척을 획급(劃給)하소서" 하였다.
그대로 따랐다.

6070 순조 08/01/10(정미) → 【원전】 47집 597면
〔이전 통제사 이당을 소견하고 이순신에 대해 질문하다〕 수11274

이전 통제사 이당(李溏)을 소견하고, 통영의 폐단에 대해 순문하였다.
이어서 군총(軍摠)이 어떠한가에 대해 하문하니, 이당이 말하기를, "1만여 명 되는데, 절제(節制)가 육군에 견주어 훨씬 낫습니다" 하였다.
임금이 말하기를, "듣건대 수조 때 홍령기(紅令旗)는 곧 황조(皇朝)에서 이순신(李舜臣)에게 하사한 것이라고 하는데, 지금까지 있는가?" 하였다.
그러자, 이당이 말하기를, "그렇습니다" 하였다.
임금이 말하기를, "전선은 몇 척인가?" 하니, 이당이 말하기를, "크고 작은 배가 5백60여 척 되는데, 급수(汲水)하는 작은 배가 절반이 넘습니다" 하였다.
임금이 말하기를, "이순신이 어느 지역에서 왜군(倭軍)을 진압하였는가?" 하니, 이당이 말하기를, "한산도(閑山島)입니다" 하였다.
임금이 말하기를, "지형이 어떠한가?" 하니, 이당이 말하기를, "한산도는 해문(海門)의 인후(咽喉)가 되는 곳으로, 전면에서 보면 바다에 통하는 길이 있는 듯하지만, 그 가운데에 들어가면 사면이 모두 막혀 있습니다. 그 당시 왜군은 산을 뚫고 나가려고 하기에 이르렀으나, 곧 암석(巖石)이 노출되어 다시 뚫지 못하고 마침내 이곳

에서 함몰(陷沒)되었던 것입니다" 하였다.

임금이 말하기를, "거북선이 있는가, 없는가?" 하니, 이당이 말하기를, "있습니다. 그 모양이 거북같이 생겼는데, 1천여 명을 수용할 수 있습니다. 그리고 노 없이 바다에 떠다니는 것이 마치 거북이 떠 있는 것 같으며, 입과 코에서 연기가 나오므로 지금도 표류해 온 왜인이 이를 보면 서로 놀라서 말하기를, '이것은 사람을 사로잡는 기계이다'라고 한다 합니다" 하였다.

임금이 말하기를, "이순신의 사적(事蹟)이 무슨 책에 있는가?" 하니, 승지 박종훈(朴宗薰)이 말하기를, "『충무공전서(忠武公全書)』에 상세히 기재되어 있습니다" 했다.

임금이 말하기를, "통영(統營)의 백성들은 지금까지 이순신을 사모하고 있는가, 그렇지 않은가?" 하니, 이당이 말하기를, "충무공의 상(喪) 때에는 백성들이 모두 흰 옷을 입었는데, 그것이 지금까지 유전(流傳)되어 비록 여자라 하더라도 모두 흰 치마를 입고 있습니다" 하였다.

임금이 말하기를, "자손으로 조정에 있는 자가 누구인가?" 하니, 이당이 말하기를, "이인수(李仁秀)·이승권(李升權)이 모두 그 자손입니다" 하였다.

6071 순조 08/01/12(기유) → 【원전】 47집 597면
〔여러 도의 춘조를 정지하고 삼남의 수조를 앞바다에서 행하게 하다〕   수3879

여러 도의 봄철 조련을 정지하고, 삼남의 수조(水操)를 앞바다에서 행하게 하였다.

6072 순조 08/04/05(신미) → 【원전】 47집 599면
〔김사목·유한모 등에게 관직을 제수하다〕   수11275

김사목(金思穆)을 판의금부사로, 유한모(兪漢謨)를 사간원 대사간으로, 이면응(李冕膺)을 공조판서로, 이근주(李近胄)를 삼도통어사로, 이길배(李吉培)를 공충도 수군절도사로 삼았다.

6073 순조 08/05/24(기미) → 【원전】 47집 602면
〔원영주·오문상 등에게 관직을 제수하다〕   수11276

원영주(元永胄)를 경상좌도 수군절도사로, 오문상(吳文常)을 황해도 수군절도사로 삼

왔다.

6074 순조 08/05/30(을축) → 【원전】 47집 602면
〔김재찬이 강호에 도해역관을 파견할 것을 청하다〕 왜11036

차대하였다.
　우의정 김재찬(金載瓚)이 말하기를, "왜국은 서계의 규례가 예조참의에게 보내는 것은 도주(島主)의 서계이고, 예조참판에게 보내는 것은 관백(關白)의 서계이므로, 이번에 차왜가 가지고 온 서계는 곧 예조참판에게 보낸 것이니, 관백에게서 나온 것임을 알 수 있습니다. 그런데 관백은, 우리나라에서 간사한 역관의 무리들을 조사하여 베고 규약(規約)에서 벗어난 일이라고 책망하여 허락하지 않은 것은 진실로 명분이 올바른 것이라고 하였습니다만, 그 나라에는 해마다 가뭄과 황재(蝗災)와 기근·역질(疫疾)이 잇달아 형편상 진실로 강호(江戶)에서 신사(信使)를 영접할 도리가 없었으므로 대마도로 바꾸어 줄 것을 간절히 청하였던 것이니, 대개 '두 나라에서 폐단을 제거하는 방도가 된다'고 하였습니다. 이번에는 전례와 같이 경접위관(京接慰官)을 차송(差送)하여 접대하고 그 서계를 받도록 허락하소서. 또한 장차 답하는 서계를 닦아서 보내야 될 것입니다" 하였다.
　그런데, 임금이 여러 재신들에게 순문(詢問)하니, 모두 옳다고 말하였다.
　임금이 말하기를, "그 서계를 받아들인 후에는 어떻게 해야 하겠는가?" 하자, 김재찬이 말하기를, "답서의 대의는, 양국의 막대한 일을 차왜의 말만 빙신(憑信)할 수가 없고, 서계는 이미 관백에게서 받았다고 하였으니, 우리나라에서 별도로 강호(江戶)에 도해역관(渡海譯官)을 보내어 그것이 참으로 확실한지의 여부를 탐지하여 결정하소서" 하였다.
　이어 서장보(徐長輔)를 접위관으로 차출하였다.

6075 순조 08/07/10(갑술) → 【원전】 47집 606면
〔여러 도의 가을 조련을 정지하다〕 수3880

여러 도의 가을 조련을 정지하게 하였는데, 한재(旱災) 때문이었다.

6076 순조 08/11/30(신묘) → 【원전】 47집 615면
〔영광군에 표류해 온 중국 선원을 호송하게 하다〕   표21112

영광군(靈光郡)에 표류하여 도착한 중국 강남성의 상인 13명과 산동성의 상인 40명을 빠른 길을 따라 호송하게 하였다.

순조 9년(1809; 청 가경14년)

6077 순조 09/01/22(임오) → 【원전】 47집 622면
〔동래부사 오한원이 대마주 태수 습유평이 봉서한 등본을 아뢰다〕   왜11037

동래부사 오한원(吳翰源)이 대마주 태수 습유 평(平)이 예조대인(禮曹大人)에게 봉서(奉書)한 등본(謄本)을 아뢰었다.
　그 내용에 이르기를, "계동(季冬)이 몹시 추운데 삼가 체도(體度)가 모두 원만하다고 하니, 위안되는 마음 헤아릴 수 있겠습니까? 빙례(聘禮)를 본주(本州)에서 행하겠다는 것으로 지난번 청한 것을 그대로 하게 하였으니, 이는 곧 귀국(貴國)의 깊은 교의(交誼)와 간절한 아권(雅眷)에서 나온 것입니다. 외람되이 허락하여 용납하여 주심을 받았으니 어찌 마음에 새길 정도일 뿐이겠습니까? 삼가 생각건대 두 나라가 이로 인하여 안집(安輯)되고 교린·우호가 더욱 영구하여지리라고 생각이 됩니다. 이는 일방적으로 귀국에서 저의 요청을 받아주신 간곡함에 의한 것이니, 또한 감격스럽고 다행스러움을 견딜 수 있겠습니까? 그리고 강정(講定)한 일 때문에 사람을 보내어 회답한 글 가운데 유시(諭示)한 뜻을 받드니, 역관을 차송하여 빙례(聘禮)에 대한 일을 강정하게 하라고 운운(云云)하였습니다. 그리하여 즉시 그 내용에 의거 동무(東武)에 전계(轉啓)하였더니 동무의 관원이 지금 본주(本州)에 와 있습니다. 마땅히 회면(會面)하여 빙례에 관한 한 조항을 강수(講修)함으로써 두루 완전하게 하는 것이 실로 조정의 지의(旨意)인 것입니다. 본도(本島)로 온 지 이미 오래인데도 아직 역사(譯使)를 청하지 않고 있으니, 귀국에서 이런 사정을 아울러 잘 체량(體諒)하시어 빠른 시일 안에 사신으로 하여금 바다를 건너오게 해 주시기를 천만 간절히 바랍니다. 이어 간사재판(幹事裁判) 등공교(藤功喬)에게 편의에 따라 호영(護迎)하게 하고 역관 유희병조(惟希丙照)에게 총체적으로 지휘하게 하여 변변치 못한 비품(菲品)을 갖추어 비곤(鄙悃)을 표하니 나무라면서 받아주시면 다행이겠습니다. 삼가 이만 불비(不備)합니다. 문화(文化) 5년(무진년) 12월 일" 하였다.

6078 순조 09/03/17(정축) → 【원전】 47집 626면
〔왜역이 바다를 건너갈 때 도주의 위문 등의 일을 명하다〕   왜11038
　　왜역(倭譯)이 바다를 건너갈 때 도주의 위문(慰問)과 신사(信使)의 면담(面譚)·서계
(書契)는 한 번에 겸부(兼付)하여 내려보내도록 명하였는데, 예조에서 계청(啓請)한
것을 따른 것이다.

6079 순조 09/05/12(신미) → 【원전】 47집 629면
〔김재찬이 관왜의 폐단을 제거할 것을 청하다〕   왜11039
　　차대(次對)하였다.
　　좌의정 김재찬(金載瓚)이 아뢰었다.
　　"역관을 보내어 바다를 건너가게 하는 것은 관백의 지부(知否)와 도주(島主)의 정
위(情僞)를 탐지하기 위한 것입니다. 그들의 허실과 진위를 분명히 안 연후에 통신
사를 들여보내야 합니다. 통신사의 사행(使行)이 있은 지가 이미 50년 가까이 되었
으므로 제반 조약이 대개 이폐(弛廢)된 것이 많습니다. 관왜(館倭)들이 간사한 짓을
부리는 폐단이 날로 불어나고 있으니 한번 수명(修明)시켜 정칙(整飭)하지 않을 수
없습니다. 그리고 통신사의 한 일에 대해서는 우리쪽에서 이미 저들을 위하여 폐단
을 제거하였으니, 저들도 의당 폐단을 제거할 방도를 생각하는 것이 사리에 있어 당
연한 것입니다.
　　이번에 바다를 건너가는 행위에 있어서는 우선 약조 가운데 의당 수거(修擧)해야
될 것과 잘못된 전례로 의당 혁제(革除)해야 될 것을 조목별로 열거하여 말을 해서
저들로 하여금 하나하나 이개(釐改)하게 해야 합니다. 그리고 이런 여러 가지 폐단
을 반드시 강호(江戶)에서 모두 알고 있지는 않을 것이니, 만약 도주(島主)와 강호의
집정(執政)이 마주 대한 곳에서 분명히 변해하고 통렬히 이야기한다면 또한 간사한
계교를 꺾고 폐단을 제거하는 데 일조가 될 것입니다. 그러므로 신이 제재(諸宰)들
과 함께 상의하여 합당하게 만든 것이 15,6조항이 됩니다. 그 가운데 소소한 조건
은 비록 일일이 거론하여 앙달(仰達)하기 어렵다 하더라도 가장 큰 것을 뽑는다면,
폐단 가운데 제일의 건사(件事)는 곧 부특송사선(副特送使船)입니다.
　　이에 앞서 약정한 세견선(歲遣船) 20척은 곧 제1선부터 제17선까지와 1, 2, 3 특

송선입니다. 이정암(以酊菴)은 곧 현소(玄蘇)가 도서(圖書)를 받은 곳인데, 지금까지도 서승(書僧)에 의탁하고 있습니다. 만송원(萬松院)은 곧 도주(島主) 평의지(平義智)와 약조할 적에 공이 있었다고 하여 설치한 것입니다만, 그러나 두 개의 송사선(送使船)은 또한 20선 이외의 것이니, 이미 잘못된 예라고 할 수 있습니다. 더구나 이 부특송사선은 잘못된 예 가운데 더더욱 잘못된 예인 것입니다. 우리나라에 폐단을 끼치는 것은 생각하지 않고 스스로 저들의 생업을 위하여 임의로 왕래하다가 인하여 준례가 된 것이니 이는 의당 영원히 혁파해야 될 것인 것입니다. 중간에 5선(船)을 끊었던 처음에 도주(島主)가 진상과 공무역을 간청함에 따라 전의 법식에 의거하여 하나의 특송사선(特送使船)에 부송(付送)하게 하였기 때문에 진상가(進上價) 공목(公木) 20동, 공무역가(公貿易價) 공목(公木) 36동, 모두 합쳐 공목 56동을 해마다 입급(入給)하는데, 전혀 의의(義意)가 없으니 이 또한 폐단 가운데 큰 것입니다.

　고환차왜(告還差倭)는 곧 도주가 강호에서 환도한 뒤 고지(告知)하는 자입니다. 3년에 한번씩 강호를 왕래하는 것이 이미 전례로 굳어져 있으니, 사자(使者)를 보내어 고지할 필요없이 단지 환도(還島)했다는 서계를 세견선 편에 순부(順付)하게 하는 것이 일에 있어 매우 편리하고 좋습니다. 그런데도 도주가 준례에 따라 왕환(往還)하고 중첩되게 차왜를 보내는 것은 더욱 형식에 매인 것으로 폐단이 극심하니, 이 또한 의당 영구히 혁파해야 될 일입니다. 매년 왜인에게 지급하는 공작미(公作米)는 곧 공목 5백 동의 대가(代價)인 것인데, 당초 저들이 안타깝게 간청하였으므로 단지 5년 동안을 기한으로 허락했었습니다.

　기한이 차기에 이르러서는 공작미를 일컬으면서 재판왜(裁判倭)가 나오겠다고 청하고는 또 기한을 물려주기를 청하였으므로 또 5년 동안 시행할 것을 허락하였던 것입니다. 그런데 이로 인하여 준례가 되어 매양 5년의 기한이 찰 적마다 저들은 준례에 의거 나아왔고 우리나라는 준례에 의거 허락하여 왔던 탓으로 문득 항규(恒規)로 굳어져버렸으니, 너무도 의의가 없는 일입니다. 그리고 재판왜(裁判倭)가 5년마다 나아오면 1백여 일 동안을 머무는데, 이들의 지공(支供)에 드는 비용도 매우 많습니다. 이 일은 너무도 한탄스러운 일입니다. 그리고 단삼(單蔘)은 곧 조정에서 예물로 내려주는 물건이기 때문에 간혹 품질이 좋지 않더라도 받아가는 자의 입장에서는 감히 점퇴(點退)할 수 없는 것입니다. 그런데 근래 삼(蔘)을 점퇴하는 폐단이 거의 한정이 없어서 간혹 전부 점퇴시켜 버리고 한 해가 지나도록 서로 버티다가 결국은 썩어서 쓸 수 없는 지경이 되어버리는 데 이르기까지 하니, 사체(事體)에 의거 논하건대 어찌 이런 도리가 있을 수 있습니까? 공목을 입급(入給)하는 것은 본디 연례의 정한(定限)이 있는 것이어서 매양 당년에 새로 받은 것으로 당년에 죄다 지급하게 되어 있는 것이 곧 정해진 법규인 것입니다.

근래에는 저들의 점퇴가 갈수록 더욱 극심하여 그 의도가 뇌물을 징수하려는 데 있을 뿐만이 아닙니다. 그리하여 오로지 미루면서 받아가지 않는 것으로 일을 삼고 있으니, 그 습관이 가증스럽습니다. 이 뒤로는 저들이 만일 당년을 넘길 경우에는 받지 않은 숫자가 비록 3,4백 동(同)에 이른다고 하더라도 우리는 입급(入給)할 필요가 없게 해야 합니다. 저들이 부당하게 징색(徵索)하려는 의도에 대해 과조(科條)를 엄히 세운다면 뇌물을 징수하는 폐단이 없게 될 것 같습니다.

왜관을 수리하는 일은 참으로 하나의 더없이 큰 고질적인 폐단입니다. 매양 수리할 때를 당하면 저들이 그들의 공장(工匠)을 데리고 나와서 한 칸에 들어갈 재목과 기와를 번번이 서너 칸에 들어갈 분량을 달라고 요구하고 한 달이면 끝마칠 역사(役事)를 번번이 5,6개월을 지연시킵니다. 이렇게 하는 즈음에 우리나라에서는 아무 까닭없이 더 지급하는 물력(物力)이 거의 절한(節限)이 없게 되어, 한번 수리를 거치게 되면 그 때마다 수십만 냥의 비용이 허비되게 되니, 이는 한번 이혁(釐革)하지 않을 수 없습니다. 지금부터 시작하여 대소 감동(監董)을 막론하고 반드시 우리나라의 공장을 저들의 요청에 따라 개급(改給)하게 한다는 내용을 영원히 법규로 정한다면, 비용을 허비하는 걱정이 없게 될 것입니다. 연읍의 표선(漂船)에 요미(料米)를 지급하는 두승(斗升)은 새로 만들어 낙인(烙印)한 다음 하나는 동래부(東萊府)에 두고 하나는 관수(館守)에 두며 또한 연읍에도 나누어 보내어 이것으로 양급(量給)하게 되어 있습니다.

그런데 근년 이래 이 법식을 무시하고 왕래하는 선박 가운데 각 포(浦)에 표박(漂泊)해 있는 선척에 대해 말(斗)로 요미를 양급할 경우, 말 위로 더 끌어담아 움켜넣는 것이 거의 6,7승(升)이나 됩니다. 이 뒤로는 호조에서 교정(較正)한 곡자(斛子)를 가져다 쓰게 하되 평목(平木)은 본부(本府)에서 보낸 것을 사용하게 함으로써 전처럼 난잡하게 하는 폐단이 없게 하는 것이 마땅하겠습니다. 이런 폐단을 어떻게 죄다 제거할 수 있겠습니까만, 말을 잘하여 동요하지도 않고 굴하지도 않으면서 사리에 의거 절충시킨다면 또한 반드시 고칠 수 있는 방도가 있게 될 것입니다. 청컨대 이에 의거 분부하게 하소서."

그대로 따랐다.

6080 순조 09/06/10(기해) → 【원전】 47집 632면
〔이석구를 공충도 수군절도사로 삼다〕   수11277

이석구(李石求)를 공충도 수군절도사로 삼았다.

6081 순조 09/06/26(을묘) → 【원전】 47집 634면
〔여송국의 표류인을 송환시키라 명하다〕   표21113

여송국(呂宋國)의 표류인을 성경(盛京)에 이자(移咨)하여 본국으로 송환시키게 하라고 명하였다. 이에 앞서 신유년 가을 이국인(異國人) 5명이 표류하여 제주에 도착하였는데, 알아들을 수 없는 오랑캐들의 말이어서 무엇이 어떻게 되었다는 것인지 분별할 수가 없었다. 나라 이름을 쓰게 하였더니 단지 막가외(莫可外)라고만 하여 어느 나라 사람인지를 알 수가 없었다. 그래서 이자관(移咨官)을 딸려서 성경으로 들여보냈었는데, 임술년 여름 성경의 예부로부터도 또한 어느 나라인지 확실히 지적할 수 없다는 내용의 회자(回咨)와 함께 다시 되돌려보냈다.

그런데 그중 1명은 도중에서 병이 들어 죽었다. 그리하여 우선 해당 목(牧)에 머물게 한 다음 공해(公廨)를 지급하고 양찬(粮饌)을 계속 대어주면서 풍토를 익히고 언어를 통하게 하라고 명하였는데, 그 가운데 1명이 또 죽어서 단지 3명만이 남아 있었다. 이 때에 이르러 나주 흑산도(黑山島) 사람 문순득(文順得)이 표류되어 여송국(呂宋國)에 들어갔었는데, 그 나라 사람의 형모와 의관을 보고 그들의 방언을 또한 기록하여 가지고 온 것이 있었다. 그런데 표류되어 머물고 있는 사람들의 용모와 복장이 대략 서로 비슷하였으므로, 여송국의 방언으로 문답하니 절절히 딱 들어맞았다. 그리하여 미친 듯이 바보처럼 정신을 못 차리고서 울기도 하고 외치기도 하는 정상이 매우 딱하고 측은하였다.

그들이 표류되어 온 지 9년 만에야 비로소 여송국 사람임을 알게 되었는데, 이른

바 막가외라는 것 또한 그 나라의 관음(官音)이었다. 전라감사 이면응(李冕膺)과 제주목사 이현택(李顯宅)이 사유를 갖추어 아뢰었으므로 이 명(命)이 있게 된 것이다.

6082 순조 09/07/26(갑신) → 【원전】 47집 635면
〔서유봉을 전라우도 수군절도사로 삼다〕   수11278
서유봉(徐有鳳)을 전라우도 수군절도사로 삼았다.

6083 순조 09/08/27(을묘) → 【원전】 47집 637면
〔동래부사 윤노동이 치계한 도해역관의 수본 내용〕   왜11040
동래부사 윤노동(尹魯東)이 도해역관(渡海譯官)의 수본(手本)의 내용을 치계하였다.
"7월 15일 동무(東武)의 관원과 도주(島主)의 집에서 함께 모였습니다. 비직(卑職) 등이 말하기를, '통신의 빙례(聘禮)와 교린의 대절(大節)을 이제 마도(馬島)에서 하는 것을 그치려고 하는 것은 약조와 크게 어긋난다.
또 듣건대 집정(執政)이 이 일 때문에 나왔다고 했기 때문에 우리들이 명을 받들고 바다를 건너와서 함께 면대하여 의논하게 된 것이다. 그러니 진적(眞蹟)을 보고 그 이유를 상세히 안 연후에야 돌아가서 조정에 알릴 수가 있다' 하였더니, 동무의 관원이 이에 말하기를, '우리들도 명을 받들고 바다를 건너왔는데 이제 공등(公等)을 만났으니 실로 만만 다행스럽다. 말로는 서로 통하기가 어려우니 마땅히 문적(文蹟)으로 써서 올리겠다' 하고 나서 물러갔습니다.
조금 있다가 다시 좌석으로 돌아와서 쓴 글을 비직 등에게 올렸는데 그 글에 이르기를, '역지통사(易地通使)는 동무의 지의(旨意)에서 나온 것으로 대마주 태수가 여러 해 동안 글을 올려 간청한 것이다. 내가 지시(旨示)를 받고 빙례의 지체를 위하여 바다를 건너 나와서 머물고 있는 지가 이제 1년이나 되었다. 세 역사(譯使)는 조선국(朝鮮國)에 고하여 속히 사신을 명하여 내어보내게 함으로써 인의(隣誼)를 더욱 돈독하게 한다면 다행스런 일이겠다. 문화(文化) 기사년 7월 일'이라고 하였고, 원산좌위문위(遠山左衛門尉)라는 도서(圖書)를 찍었습니다. 비직 등이 펴보면서 말하기를 '만근 이래 우리나라에 폐단이 되는 것이 매우 많은데 아직도 이혁(釐革)할 겨를이 없었다. 더구나 전일한 약조가 금석처럼 견고한 데야 말할 것이 뭐 있겠는가?' 하였

습니다.
이른바 관원이란 것은 본래 감찰(監察)의 차함(借銜)으로 집정의 실명은 등경진(藤景眞)이고 속호(俗號)는 원산좌위문위이며, 나이는 60세쯤 되었습니다. 그가 답하는 것을 글로 하고 말로 하지 않았기 때문에 우선 이로써 수본(手本)을 여열(臚列)합니다."

6084 순조 09/10/10(정유) → 【원전】 47집 640면
〔원형주와 이형수에게 관직을 제수하다〕 수11279

원영주(元永胄)를 경상우도 병마절도사로, 이형수(李馨秀)를 좌도 수군절도사로 삼았다.

6085 순조 09/10/24(신해) → 【원전】 47집 641면
〔고 통제사 조성의 죄명을 탕척시키라 명하다〕 수11280

고 통제사 조성(趙娍)의 죄명을 탕척시키라고 명하였는데, 그의 아들 조한석(趙漢錫)이 격쟁(擊錚)하여 억울함을 호소하자 대신해 온들에게 순문하여 이 명이 있게 된 것이다. 조성은 일찍이 정묘(正廟) 정유년에, 국초(鞫招)에 원인(援引)되었는데, 공대(供對)에서 간범한 것이 없었으나 병 때문에 옥중에서 죽은 사람이다.

6086 순조 09/11/15(신미) → 【원전】 47집 642면
〔대마주 태수 습유 평의공이 올린 서계의 내용〕 왜11041

동래부사 윤노동(尹魯東)이 도해역관 현의순(玄義洵) 등이 가지고 온 서계와 별폭을 치계하였다.
"일본국 대마주 태수 습유(拾遺) 평의공(平義功)은 조선(朝鮮)의 예조대인(禮曹大人)합하께 아룁니다. 성사(星槎)가 글을 가지고 왔기에 살펴보건대 문후(文候)가 가승(佳勝)하다고 하니 위안되는 마음 매우 깊습니다. 불녕(不佞)은 지난번 여가를 얻어서 돌아왔는데 멀리 수고롭게 역사(譯使)가 와서 외람되이 성대한 위문(慰問)을 받았고 또 진귀한 선물도 받았으니, 관호(款好)의 정의에 대해 감사한 마음 어찌 끝이 있겠습니까? 전번에 본주(本州)에 빙사(聘使)를 보냈던 건은 동무(東武)에서 하명한 것

으로 이미 여러 해가 된 것입니다만. 그간 왕복하면서 서로 지난(持難)한 것은 일이 더없이 중대한 것이기 때문입니다. 이번에 역사(譯使)가 유시한 사정은 누누이 살펴 상세히 알았습니다. 즉시 내시(來示)에 의거 동무(東武)의 관원과 귀사(貴使)가 면대하여 의논했는데 역시 통빙(通聘)에 관한 한 조항은 진실로 귀국(貴國)의 영락(領諾)을 받들어 교제하게 되는 것도 더없이 큰 다행인 것이니. 무슨 할 말이 있겠습니까? 그 사연은 이미 전문(轉聞)하였습니다만 서약을 결정하는 것은 분명하고도 미덥게 하는 것이 더욱 귀한 것이니. 생각건대 동무(東武)에서도 아름답게 여겨 차탄하는 것이 어찌 끝이 있겠습니까?

지난번 번독스럽게 아뢴 데 대해 귀국에서 다행히 잘 양찰하여 주시어 외람되게도 특별한 염려를 내렸으니. 이것이 돈후한 인의(隣誼)가 아니면 어떻게 여기에 이를 수 있겠습니까? 간절히 고하건대 신사(信使)가 나올 기일을 정하는 데 대해 정의(廷議)가 완만히 해서는 안되니. 다시 주선하여 주기를 간절히 바랍니다. 그리하여 일마다 순편(順便)하게 되어 영구한 호의를 보존시킨다면 불녕(不佞)이 또한 나의 직무를 충실히 이행할 수 있게 될 것이니. 더 없는 다행이요 기쁨이겠습니다. 변변치 못한 비품(菲品)을 가지고 간략히 경건한 마음으로 회답하는 뜻을 펴니. 환히 살펴 양지하시기 바랍니다. 이만 불비례(不備禮)합니다."

6087 순조 09/11/15(신미) → 【원전】 47집 642면
[대마도와의 폐단을 이정하는 약조의 내용]　　　　　　　　　　　왜11042

대마도와의 폐단에 대해 이정(釐正)하는 약조는 다음과 같다.
　1. 중간에 끊긴 5선(船)은 영원히 파기한다.
　1. 고환차사(告還差使)는 서계(書契) 세견선 편에 순부(順付)하되 태수가 승습한 뒤 초차(初次) 환도(還島)에는 단지 일번(一番) 사개(使价)만 보낸다.
　1. 공목(公木) 1필은 공작미(公作米) 10두로 마련한다.
　1. 감동(監董) 연한은 40년을 기한으로 한다.
　1. 감동물력(監董物力)은 분수(分數)하여 마련한다.
　1. 좌우 연해의 표선(漂船)에 대한 급료는 평목(枰木)으로 시행한다.
　1. 화관(和館)의 서방에 담을 축조하고 문을 설치한다.

이상 일곱 조항은 이번 신사(信使)의 면담(面譚)을 위하여 역관이 나올 적에 태수의 분부를 받아 확실하게 간구(懇扣)하기를 청하여 이와 같이 약조한 것인데, 그 유래가 으레 그런 것이다. 따라서 한때에 변개(變改)하기 어려운 정황이 있는 것인데 특별히 청하여 온 것을 허락한 것은 성신(誠信)한 마음에 저버리기 어려운 정의에서 나온 것이다. 감동물력(監董物力)은 미리 약정하기 어려운 것이니, 뒷날 상세히 살펴 분수(分數)하여 약속토록 한다. 세 역관이 환국하는 날 의당 이런 내용을 조정에 진달해야 한다.

1. 각 송사(送使) 때 진상하는 것과 공무역의 단목(丹木)은 으레 1백 근(觔)을 1칭(稱)으로 하는데 1칭을 결속(結束)하는 고삭(藁索)이 5근이 되는 것은 칭량법(稱量法)에 어긋나고 보기에도 또 놀라운 일이니, 이 뒤로는 고삭을 해거(解去)토록 한다.

1. 각 송사(送使) 때 단삼(單蔘)을 칭량(稱量)할 적에 품질이 열등하다고 하면서 오로지 점퇴(點退)만을 일삼고 있는데, 삼의 품질이 조금 좋지 않다고 해도 이렇게 하는 것이 어찌 예단의 본의이겠는가? 이제부터는 전처럼 점퇴하는 일이 없게 함으로써 성신(誠信)을 완전하게 한다.

1. 시탄(柴炭)의 지대(支待)는 이미 원정(元定)된 숫자가 있으니, 감히 원정된 숫자 이외에 늑봉(勒捧)하는 일이 없게 하며 각 가식자(家食者)들이 멋대로 탄막(炭幕)으로 나와서 시끄러움을 야기시키는 일이 없게 한다.

1. 화관(和館)에 이미 물화(物貨)가 있으니 매매가 없을 수 없다. 그런데 잠화(潛貨)와 노부세(路浮稅)를, 이를 엿보아 간계(奸計)를 부리는 것은 과연 성신으로 하는 도리가 아닌 것이니, 이런 내용을 알고 약조에 의거 엄금한다.

1. 화관(和館)의 수문(守門) 밖에서 매일 조시(朝市)할 때 법의(法意)를 준행하지 않고 난잡하게 매매하여 어채(魚菜)를 부당하게 빼앗는 것을 일체 엄금토록 한다.

1. 화관의 사람들이 대단한 사고(事故)가 없는데도 멋대로 출입하는 것을 한결같이 약조에 의거 거듭 엄히 계칙시킨다.

1. 화관에 있는 사람들이 교린의 뜻을 모르고 근래 난동을 부리는 폐단이 많은데 이제부터는 삼가는 마음을 지니고 화기(和氣)를 그르치는 일이 없게 한다.

1. 화관의 진피(陳皮)·청피(靑皮)·황련(黃連)은 이것이 일용하는 물건이니, 다시는 이렇게 도고(都賈)해서는 안된다.

기사년 9월 일부터 봉행한다.

6088 순조 09/12/02(정해) → 【원전】 47집 644면
〔도해역관 현의순 등이 아뢴 대마도의 사정〕   왜11043

도해역관 현의순(玄義洵)·최석(崔昔) 등이 보고 들은 것에 대해 별단으로 아뢰었다.
"일본국에는 8도(道)가 있는데, 도에는 66주(州)가 있고 주에는 6백32군(郡)이 있으며, 군 이외에는 3도(島)가 있습니다. 이는 모두 관백의 명령을 따릅니다. 관백은 무장주(武藏州)에 있고 왜황(倭皇)은 대화주(大和州)에 있습니다. 대저 축인방(丑寅方)에서 시작되어 손사방(巽巳方)에까지 뻗쳤으며, 대마도 남쪽에서 섭진주(攝津州)의 대판성(大板城)에 이르기까지의 수로가 모두 합계하면 2천4백30리입니다.
1. 대마도는 남북이 3백50리이고, 동서는 7, 80리가 되는 곳도 있고 5, 60리가 되는 곳도 있습니다. 본래 성루는 없고 바다를 해자(垓子)로 삼고 있으며, 가로(街路)는 협애하여 모두가 깊숙한 산협(山峽)이며, 가옥은 위로 중첩되게 지었는데 모두 높은 절벽 위에 있습니다. 층층으로 된 바위와 자갈로 이루어진 등성이 사이마다 선창(船艙)을 설치하여 놓고 출입하는 것을 기찰(譏察)합니다. 개간하여 경작할 만한 전토(田土)가 없고, 단지 송죽(松竹)·종려(棕櫚)·등감(橙柑)·동백(冬栢)이 하늘을 뒤엎을 듯이 무성한 것만 볼 수 있는데, 언제나 비오고 바람부는 날이 많습니다. 대마도의 북쪽에는 악포(鱷浦)와 좌수포(佐須浦)가 있는데 저들과 우리의 선박이 모두 여기를 통하여 왕래하며, 이를 대풍소(待風所)라고 합니다. 대풍소에서 북으로 부산포에 이르기까지가 4백80리이고 남으로 대마도 부중까지가 3백20리입니다.
1. 대마도의 민호는 1만 5천여 호이고 전세(田稅)는 피모(皮牟)와 잡곡으로 받는데 모두 3만여 표(俵)가 되고, 우리나라에서 하사하는 공작미(工作米)와 겸대한 미태(米太)까지 아울러 2만여 석이 됩니다. 1표(俵)는 우리나라의 관두(官斗)로 따져서 8두(斗) 6승(升)이 들어갑니다. 온 대마도가 먹고 사는 것을 오로지 우리나라에 의존하고 있는데, 해촌(海村)에 사는 백성에게는 가호에 따라 배를 지급하여 주고, 산촌에 사는 백성에게는 가구마다 총(銃)을 지급하여 생활하게 합니다. 부민(富民)이라고 할지라도 비단옷을 입을 수 없고, 집은 모두 기와로 덮었으며, 곤궁한 백성은 감저(甘藷)를 식량으로 삼습니다.

1. 대마도 도주는 2년 동안은 도내(島內)에서 일을 처리하고, 1년은 강호(江戶)에 가서 알현하는 것을 주된 일로 삼고 있는데, 강호에는 도주의 처자(妻子)와 제택(第宅)이 있습니다. 66주의 태수들이 모두 이렇게 하는데 이는 볼모로 잡고 있는 것입니다. 강호에서는 우리나라를 말할 수 없이 우러러보고 있기 때문에 매번 도주가 가서 알현하는 시기가 늦다고 여기고 있으며, 대마도는 우리나라와 매우 가까이 있으므로 각별한 우대를 받고 있습니다. 따라서 각 주의 태수들이 흠탄(欽歎)하지 않는 사람이 없습니다. 우리나라의 서화(書畵)를 마치 금옥처럼 여겨 구득하면 곧 보물처럼 보관합니다. 국법은 귀천·남녀를 막론하고 6, 7세 때부터는 언문(諺文)을 가르치는데, 이를 이름하여 '가나(假名)'라고 하며 공·사의 문서는 모두 이 '가나'를 사용합니다. 진문(眞文)의 관원자리가 하나 있는데, 시서(詩書)를 알고 해서(楷書)·초서(草書)를 대략 이해하는 사람이면 곧 이 자리에 차임합니다. 궁시(弓矢)가 있기는 합니다만 별로 익히는 일이 없고, 또 채찍질을 가하면서 말을 달리지도 않았습니다. 무예는 단지 긴 칼과 짧은 총을 가지고 하였고, 행진은 한 줄로 대(隊)를 지어 물고기를 꿰미에 꿰듯이 나아갔습니다. 교련법(敎鍊法)은 오로지 『위료자(尉繚子)』를 가르쳤습니다.

1. 곤장(棍杖)이나 편태(鞭笞)로 형벌하는 법이 없고, 죄가 있으면 그 때마다 주륙(誅戮)을 가하였으며, 관직에 있는 사람의 가벼운 죄는 그 집을 금고(禁錮)시키고 온 집안을 폐호(閉戶)시키며, 소민(小民)을 신문해야 할 죄가 있으면 물을 배가 부르도록 먹이고 횡목(橫木)을 배 위에 굴려서 실정(實情)을 알아내는데, 신문할 만한 것이 없는 자는 연한을 정하여 노예로 삼습니다. 남을 속이거나 물건을 훔치는 습관이 없는데, 혹 뒤섞여서 죄를 받는 폐단이 있을 경우에는 앞다투어 사실을 자백하면서 죽는 것을 흔쾌히 여겼습니다. 예악(禮樂)의 문식(文飾)을 모르고 단지 법이 잔인하고 무섭다는 것을 알 뿐이었습니다.

1. 공복(公服)은 대략 단령(團領)과 같은데, 앞뒤를 단폭(單幅)으로 만들었으며 소매는 넓어서 노끈으로 끝을 묶었습니다. 머리에는 일각건(一角巾)을 썼는데 그 모양이 굽이 없는 나막신(木屐)과 같았습니다. 이를 이름하여 풍절건(風折巾)이라고 하였습니다. 직책이 낮은 자는 위에는 소매가 큰 옷을 입고 아래로는 긴바지를 늘어뜨렸으므로 다닐 적에는 반드시 땅에 끌렸습니다. 머리에는 피변(皮弁)모양처럼 생긴 일

각건(一角巾)을 썼는데, 이름하여 '시오모자(侍烏帽子)'라고 하였습니다. 소매끝을 노끈으로 묶고 긴 바지를 땅에 끌리게 하는 것은 만일 죄를 범하였을 경우 나획(拿獲)하기 편리하게 하기 위해서라고 하였습니다. 큰 공회(公會)가 아니면 머리에 관을 쓰는 일이 없습니다. 정수리의 머리털은 죄다 깎아내고, 단지 노골(露骨) 뒤의 머리털을 사용하여 위로 거두어 올려 꼬부려서 잡아맨 다음 밀유(蜜油)를 바릅니다. 몸에는 주의(周衣)를 입었는데 흑색이었고, 허리에는 큰 띠를 둘렀는데 반드시 긴 칼을 꽂았습니다. 본래 상하의 속옷은 없습니다. 여자들의 옷도 이와 같은데 수식(首飾)이 있습니다.

1. 대마도의 풍속은 검소함을 숭상하며, 이예주(伊豫州)의 산에는 동철(銅鐵)이 나는데 채취하여도 고갈되는 일이 없습니다. 유기(鍮器)는 일체 엄금하고 일상생활에는 모두 목기(木器)와 목저(木筋)를 사용하며, 반찬은 해어(海魚)·해채(海菜)·녹육(鹿肉)·산약(山藥)·우방(牛蒡) 등속인데, 그 맛이 매우 담박합니다. 비록 천인일지라도 차[茶]를 몸에 지니고 다니지 않는 사람이 없습니다. 대저 재용을 매우 아끼는데, 인구는 날로 늘어나 도세(島勢)가 점점 쇠잔되어 간다고 합니다.

1. 공해(公廨)와 사실(私室)은 매우 정밀하게 하기를 힘쓰지만 단청(丹靑)은 칠을 하지 않습니다. 재목은 모두 가느다란 것이며, 벽은 흙을 쓰지 않고 얇은 판자로 꾸미며, 사면은 모두 장자(障子)로 되어 있으므로 밀어 옮기고 여닫아도 문의 지도리나 문고리를 볼 수 없습니다. 대소 간가(間架)는 척촌(尺寸)도 어긋나지 않으며, 온돌방을 만들지 않고 단지 마루만 설치하여 두터운 자리를 깔고 그 위에서 잡니다. 가첨(家簷)과 가구(街口)에는 저수통(貯水桶)을 설치하며, 금화(禁火)하는 무리를 많이 동원하여 주야로 순경(巡警)하게 합니다.

1. 연향일(宴享日)에 신 등이 도주(島主)의 집으로 갔었는데, 성은 덮은 것이 없고 문은 동서의 구분이 없었습니다. 협문 밖에 하마비(下馬碑)를 세웠는데, 거기에서 염내(簾內)로 들어가서 도주와 서로 접견하였습니다. 그 집의 벽은 금(金)으로 칠을 하였고, 나이는 이제 38세인데 인품이 순후하였습니다. 풍절건(風折巾)을 쓰고 자단령(紫團領)을 입었는데, 그의 뒤에는 칼을 잡은 사람들이 옹립하여 있었습니다. 명을 봉행하는 사람과 부리는 사람들은 황색 단령(團領)을 입었고 모두 부복(俯伏)하여 명을 기다리고 있으면서 감히 우러러보지 못하였으며, 재판(裁判) 이하 제역(諸役)들은

밖에 물러나 있는데 조용하여 떠드는 일이 없었습니다. 희자(戱子)를 설행하였는데, 한단(邯鄲)·몽원(蒙猿)·인도(靭道)·성사(成寺)·수인(首引) 전륜(轉輪) 등의 명색이 있었습니다. 이는 대개 중원(中原) 창씨(倡氏)의 희연의(戱宴儀)와 같은 것이었는데, 범례는 한결같이 홀기를 따라서 조금도 차실(差失)이 없었으며 접대하는 즈음에 성의가 상당히 간곡하였습니다. 관백의 금년 나이는 48세인데 장차 저사(儲嗣)를 세울 것을 의논할 것이라고 합니다.

1. 도주의 집 북쪽에 새로 큰 건물을 건립하였는데, 이름하여 동무광전(東武廣殿)이라고 하였습니다. 또 객관을 건립하였는데 매우 웅장하였으며, 5년 만에 공사를 끝맺었다고 하였습니다. 오로지 백성의 힘에 의존하였는데 2구(口)가 있는 집은 1구는 부역(赴役)하고 1구는 농사를 지었으며, 1구인 집은 1구가 부역했는데, 아울러 아무런 고가(雇價)가 없었다고 합니다. 이번에 나온 강호의 관인은 일행 1백59인이 바다를 건너왔는데, 데리고 온 1백33인에게 날마다 제공하는 어채(魚菜)·시탄(柴炭)에 속하는 것을 전부 촌민에게 담당시켰지만 또한 본가(本價)를 계산하여 지급한 것이 없었으므로, 이것이 국법에서 나온 조처이기는 하지만 원성이 길에 가득하였습니다."

순조 10년(1810; 청 가경15년)

6089 순조 10/01/12(정묘) → 【원전】 47집 648면
〔여러 도의 봄 조련과 진휼하고 있는 고을의 영문 앞 점호를 정지하게 하다〕   수3881

여러 도의 봄철 조련 및 진휼하고 있는 고을과 진의 문취점(門聚點)을 아울러 정지하라고 명하였다.

6090 순조 10/01/14(기사) → 【원전】 47집 648면
〔대왜 회답서계를 마련키로 하다〕   왜11044

차대(次對)하였다.
  우의정 김사목(金思穆)이 아뢰기를, "호환 재판차왜(護還裁判差倭)와 도해역관(渡海譯官)이 동시에 나왔는데 체류의 기일이 곧 차게 되었으니, 회답의 서계(書契)를 마땅히 기한 전에 만들어 보내야 하겠습니다. 대개 통신사를 교환하자고 청한 지 이미 10년의 긴 세월이 경과하였는데 조정에서 지금까지 허락하지 않은 것은, 약조(約條)를 경솔히 고칠 수 없을 뿐만 아니라, 이른바 '강호(江戶)의 뜻이다'라고 한 것을 확실히 믿을 만한 단서가 없었기 때문이었습니다. 그들의 말이 갈수록 간절하고 거조(擧措)가 더욱 급해지자 한결같이 책망만 할 수 없기 때문에 도해(度海)할 사람을 차출해 정하여 그 허실을 살피고 그 정형(情形)을 살펴 오게 하였습니다. 과연 집정(執政) 및 도주(島主)와 자세하게 면담하고, 또 집정의 서신을 얻어가지고 돌아왔는데, 이는 강호에서 지휘한 것이지 반드시 대마도주가 주장한 게 아니라는 것을 다시 더 의심할 바가 없습니다. 이런데도 굳게 거절하는 것도 성신(誠信)으로 어루만지는 도리가 아닙니다. 저들이 이미 폐단을 줄이자고 간청하고, 우리 역시 구애될 예수(禮數)가 없으며, 이미 정실(情實)에 별다른 염려가 없음을 알았으니, 이제 또다시 한층 더 일을 만들어 인색하게 버틸 필요가 없습니다. 사리와 사세로 헤아려 보아도 통신사를 교환하자는 청이 마땅할 듯하기 때문에 문임(文任)으로 하여금 이런 내용으로

회답의 서계를 짓게 하여 즉시 재판 왜(裁判倭)가 떠날 기일 전에 전해 주게 해야겠습니다. 그 조약의 개정과 의절(儀節)의 강정(講定)에 대해서는 서계를 들여보낸 후에 역시 편리에 따라 품처해야 하는데, 좌상과 신 및 제재(諸宰)가 익숙히 상의하여 결론을 냈으나 병으로 연석에는 나오지 못하였습니다. 재판 왜가 돌아갈 기한이 점차 가까워졌으므로 지금 빨리 품정(稟定)해야 지체해서는 안되기 때문에 감히 아룁니다" 하였다.

임금이 제재에게 물었다. 모두 다른 의론이 없자 그대로 따라 문임으로 하여금 회답 서계를 지어 대마도로 들여보내게 하였다.

6091 순조 10/05/09(임술) → 【원전】 47집 658면
〔원의진·유상량 등에게 관직을 제수하다〕 수11281

원의진(元毅鎭)을 공충도 수군절도사로, 유상량(柳相亮)을 삼도통어사로 삼았다.

6092 순조 10/07/16(무진) → 【원전】 47집 663면
〔동래부사 윤노동이 치계하여 통신사의 호행 대차왜가 나왔다고 보고하다〕 왜11045

동래부사 윤노동(尹魯東)이 통신사의 호행대차왜(護行大差倭)가 나왔다고 치계했다.

〈 관련내용 〉
· 순조 10/09/05(정사)→ 심상규·박종경을 통신사의 행 이정당상으로 차출하다   47집 664면
· 순조 10/09/16(무진)→ 동래부사가 통신사의 서계 등본 올리는 일에 대해 아뢰다   47집 665면
· 순조 10/10/09(경인)→ 동래부사가 왜 비선에 관련된 일에 대해 장계하다   47집 668면
· 순조 10/10/10(신묘)→ 통신사를 들여보낼 기일을 북경에 보고하기로 하다   47집 668면
· 순조 10/10/10(신묘)→ 김이교를 통신사, 이면구를 부사로 삼다   47집 668면
· 순조 10/11/05(병진)→ 통신사를 치장해 보내는 물건과 접대 절차에 대해 명하다   47집 669면
· 순조 10/12/02(임오)→ 호조판서가 통신정사 김이교의 상소와 관련 체직을 청하다   47집 671면
· 순조 10/12/11(신묘)→ 통신사가 재차 상소하여 면직을 청하다   47집 671면
· 순조 10/12/13(계사)→ 통신사 박종경·호조판서 심상규가 재차 상소하여 인혐하다   47집 672면
· 순조 10/12/13(계사)→ 김상휴를 통신사로 삼다   47집 672면
· 순조 10/12/15(을미)→ 통신사 김상휴의 면직 청을 허락하다   47집 672면
· 순조 10/12/16(병신)→ 이전 호조판서·통신사의 직책을 그대로 두게 하다   47집 672면

6093 순조 10/08/17(기해) → 【원전】 47집 663면
〔오재광을 삼도통제사로 삼다〕   수11282

오재광(吳載光)을 삼도통제사로 삼았다.

6094 순조 10/11/11(임술) → 【원전】 47집 669면
〔예조에서 통신 재판차왜의 강정절목 및 통신사의 응행사건을 아뢰다〕   왜11046

예조에서 통신 재판차왜(通信裁判差倭)의 강정절목(講定節目) 및 통신사의 응행사건(應行事件)을 아뢰었다.
　[차왜 강정절목(差倭講定節目) 역지통신(易地通信)을 지금부터 시작하니, 약조를 두어 영원히 지켜서 어기지 말아야 합니다.
　1. 양국의 서식(書式)은 한결같이 구규(舊規)를 따른다.
　1. 대호(大號)는 마땅히 대군(大君)이라 부르고 이에 의해 써서 보내며, 예조에서 보내는 일본의 사신 및 대마주의 서계에는 모두 '귀 대군(貴大君)'이라고 일컫는다.
　1. 양국의 국서를 맞이하고 보내는 의절(儀節)은 피차 같게 한다.
　1. 조선(朝鮮)의 사신은 상사와 부사로 차출하고, 일본의 사신 역시 상사와 부사로 차출한다.
　1. 양국 사신의 상견례는 피차 같게 한다.
　1. 조선 두 사신의 기일(忌日)을 즉시 써서 보내고 일본의 휘자(諱字)도 써서 보낸다.
　1. 사신의 관함(官銜)과 성명은 한결같이 구규(舊規)에 따라 써보내고 일본사신의 성명도 써보낸다.
　1. 일행의 인원은 3백50인을 넘지 않는다.
　1. 기선(騎船) 2척, 복선(卜船) 2척이 도해(渡海)한다.
　1. 마상재(馬上才)는 제감(除減)한다.
　1. 별폭의 물건은 양국이 서로 공경하여 제일 좋은 품질로 상세히 가려 마련한다.
　1. 응자(鷹子)·준마(駿馬)는 예에 비추어 잘 가려 들여보내되 죽는 일이 있을까 염려되니, 예에 의해서 더 보내고, 매를 기르는 자 1, 2인을 예에 의해 데리고 오고, 이마(理馬) 및 준마는 안장을 갖추어 먼저 보낸다.
　1. 글에 능하고 서화(書畵)에 능한 사람을 데리고 온다.
　1. 사신은 이번 섣달에 동래로 가서 다음 정월에 바다를 건넌다.
　1. 상상관(上上官)은 여러 사정에 익숙하고 언어(言語)를 잘 아는 사람으로 차출한다.

1. 조선의 국서(國書) 및 일본 양사(兩使)의 서계 초본은 기일 전에 등서(謄書)해 보내고, 일본의 답서 또한 베껴서 보내 피차 서로 대마주에 닿게 하되 체류하는 폐단이 없게 한다.
1. 수륙(水陸)으로 가는 도중 각별하게 금화(禁火)한다.
1. 일행의 사람을 각별히 신칙하여 피차 서로 다투는 일이 없게 한다.
1. 사신은 강호(江戶)에 들어가지 않고, 집쟁(執爭)하는 경윤(京尹) 및 연로의 응접 제관(諸官), 예조의 서계, 사신의 사례(私禮)는 모두 제감한다.
1. 이정암(以酊菴)의 가번장로(加番長老), 만송원(萬松院) 등에 피차 증급(贈給)하는 것은 하나같이 모두 제감한다.
1. 조선에서 보낸 공·사 예단은 기록에 의해서 시행한다.
1. 일본의 휘자(諱字)는 '강(康)·충(忠)·광(光)·강(綱)·길(吉)·선(宣)·종(縱)·종(宗)·중(重)·치(治)·기(基)·제(齊)·경(慶)'자이다.
1. 일본의 상사(上使)는 소립원(小笠原)의 대선대부(大膳大夫)인 원충고(源忠固)이며, 부사는 붕판(鵬坂)의 중무대보(中務大輔)인 등안동(藤安董)인데, 이상의 자에게는 예조참관의 서계에 별폭으로 한다.
1. 일본국 정사는 원공합하(源公閤下)라고 한다.
1. 일본국 부사는 등공합하(藤公閤下)라고 하는데, 이상의 자는 서계 안팎면에 이에 의해서 쓴다.
1. 강호의 접대관 여섯 명의 성명은 대마주에 도착하여 자세히 알고 써서 준다.
1. 대마주에서 소용되는 사신의 사례(私禮)에 드는 각종 잡물은 구례에 의해서 준비한다.
1. 이밖에 임시하여 응당 예(禮)로 보내야 할 곳이 있게 되니, 넉넉하게 마련하여 군급(窘急)한 폐단이 없게 한다.
1. 이번 사행(使行)의 금주(禁酒)가 있는지 없는지를 통지한다.
1. 이밖에 미처 다 강구하지 못한 일이 있으면 추후에 마땅히 강정한다. 공예단(公禮單)은 대군(大君) 앞으로 인삼 33근, 대유자(大鍮子) 5필, 대단자(大緞子) 5필, 백저포(白苧布) 15필, 생저포(生苧布) 15필, 백면주(白綿紬) 25필, 흑마포(黑麻布) 15필, 호피(虎皮) 7장, 표피(豹皮) 10장, 청서피(靑黍皮) 15장, 어피(魚皮) 50장, 색지(色紙) 15권, 채화석(彩花席) 10장, 각색 붓(筆) 30자루(柄), 진묵(眞墨) 30홀(笏), 황밀(黃蜜) 50근, 청밀(淸蜜) 5기(器), 응자(鷹子) 10련(連), 준마 1필에 안장을 갖춘다. 저군(儲君) 앞으로는, 인삼 3근, 대유자 5필, 무문능자(無文綾子) 10필, 백저포 15필, 흑마포 10필, 호피 5장, 표피 7장, 청서피 10장, 어피 50장, 색지 15권, 각색 붓 30자루, 진묵 30홀, 화연(花硯) 3면(面), 응자(鷹子) 5련, 준마 1필에 안장을 갖춘다. 일본의 두 사신에게는 각기 호피 2장, 표피 2장, 백면주 10필, 백저포 10필, 흑마포 5필, 색

지 2권, 황필(黃筆) 20자루, 진묵 10홀이다. 태수에게는 인삼 3근, 호피 2장, 표피 3장, 백저포 10필, 백면주 10필, 백목면(白木綿) 20필, 흑마포 5필, 화석(花席) 5장이다. 사예단(私禮單)은 대군(大君) 앞으로 호피 3장, 표피 2장, 백저포 5필이다. 저군(儲君) 앞으로는 위와 같다. 일본의 두 사신에게는 각기 호피 2장, 표피 2장, 백저포 5필, 백면주 5필, 백목면 10필, 흑마포 5필, 화석 3장이다. 강호의 접대관 6명에게는 각기 호피 1장, 표피 1장, 백면주 3필, 백목면 5필, 장지(壯紙) 2권, 황필 10자루, 진묵 5홀이다. 태수에게는 인삼 2근, 호피 1장, 유둔(油芚) 3장, 화석 5장, 색지 3권, 청심원(淸心元) 10환(丸), 백저포 10필, 석린(石鱗) 2근, 황필(黃筆) 30자루, 진묵 30홀이다. 이상을 통틀어 조정에 전달해 주면 매우 다행하겠습니다. 경오년 9월 5일 호행재판(護行裁判) 착(着) 도서(圖書)

○ 증급(贈給)하는 예단물건: 일본국왕 앞으로의 예단은 인삼 33근, 대유자 5필, 대단자 5필, 백저포 15필, 생저포 15필, 백면주 25필, 흑마포 15필, 호피 7장, 표피 10장, 청서피 15장, 어피 50장, 색지 15권, 채화석 10장, 각색 붓 30자루, 진묵 30홀, 황밀(黃蜜) 50근, 청밀 5기(器), 응자 10련, 준마 1필에 안장을 갖춘다. 저군에게는 인삼 3근, 대유자 5필, 무문능자(無紋綾子) 10필, 백저포 15필, 흑마포 10필, 호피 5장, 표피 7장, 청서피 10장, 어피 50장, 색지 15권, 각색 붓 30자루, 진묵 30홀, 화연(花硯) 3면(面), 응자 5련, 준마 1필에 안장을 갖춘다. 일본의 두 사신에게는 각기 호피 2장, 표피 2장, 백면주 10필, 백저포 10필, 흑마포 5필, 색지 2권, 황필(黃筆) 20자루, 진묵 10홀이다. 대마도주에게는 인삼 3근, 호피 2장, 표피 3장, 백저포 10필, 백면주 10필, 백목면 20필, 흑마포 5필, 화석 5장이다.

일본국왕 앞으로의 사신 예단은 호피 3장, 표피 2장, 백저포 5필이다. 저군 앞으로도 위와 같다. 일본의 두 사신에게는 각기 호피 2장, 표피 2장, 백저포 5필, 백면주 5필, 백목면 10필, 흑마포 5필, 화석 3장이다. 강호(江戶)의 접대관 6명에게는 각기 호피 1장, 표피 1장, 백면주 3필, 백목면 5필, 장지(壯紙) 2권, 황필(黃筆) 10자루, 진묵 5홀이다. 대마도주에게는 인삼 2근, 호피 1장, 유둔(乳芚) 3부(部), 화석 5장, 색지 3권, 청심원 10환, 백저포 10필, 석린(石鱗) 2근, 황필 30자루, 진묵 30홀이다.

○ 통신사의 응행사건(應行事件)

1. 사신의 발정(發程) 날짜 및 도해날짜는 관상감(觀象監)으로 하여금 택일하여 거행한다.
1. 사신의 반전(盤纏) 등의 물건을 해당 조(曹)로 하여금 미리 준비하게 한다.
1. 사신일행에게 주는 쌀은 전례를 참작하여 마련해 제급(題給)한다.
1. 두 사신의 장복(章服)은 상의원(尙衣院)으로 하여금 준비하여 주게 한다.
1. 일행 원역(員役)의 의복과 화자(靴子) 등의 물건은 공조와 제용감(濟用監)으로 하여금 만들어 주게 한다.

1. 사신의 형명(形名)·기둑(旗纛)은 본도로 하여금 만들어 주게 하는데, 상사와 부사의 절월(節鉞)은 호조와 공조로 하여금 각별히 만들어 보낸다.
1. 영봉(迎逢)하는 취라치(吹螺赤)는 본도로 하여금 정해 보내게 한다.
1. 사신이 가지고 가는 인신(印信) 일과(一顆)와 관(關)의 주조는 모두 공조로 하여금 준비하게 한다.
1. 기선(騎船) 2척, 복선(卜船) 2척과 격군을 미리 수조(修造)하고 간택하여 호송한다. 1. 바다를 건널 때 일행을 수검(搜檢)하는 등의 절차는 사신이 엄히 금단하고, 원역(員役) 이하에게 만약 간람(奸濫)하고 모범(冒犯)하는 일이 있으면, 조정에 돌아온 후 낱낱이 사계(査啓)한다.
1. 정남침(定南針)은 관상감으로 하여금 찾아서 주게 한다.
1. 일행의 원역은 각기 노자(奴子) 1명을 거느린다.
1. 사신 이하가 관진(關津)을 넘어가면 마땅히 간검(看檢)하는 문자가 있어야 하니, 계미년의 예에 의해 차비(差備)하여 마련해 준다.
1. 일본국왕 앞으로의 서계 가운데는 으레 위정이덕보(爲政以德寶)를 사용하니, 이번 또한 이에 의해 시행한다.
1. 일본의 두 사신과 대마도주 등에게 사신이 돌아올 때에 차등을 두어 치서(致書)하고 증물(贈物)하는 것은 이에 의해서 시행한다.
1. 사신이 가지고 가는 예단은 일본국왕 및 약군(若君) 이하에게 각기 차등이 있으니, 증급(贈給)하는 물건은 호조와 본도로 하여금 미리 준비하게 한다.
1. 사신이 출발할 때 일본의 두 사신과 도주 이하에게 본도에서 치서(致書)하고 증급하는 규례가 있으니, 전례에 의해서 치서는 승문원(承文院)으로 하여금 조사(措辭)를 찬출(撰出)한다.
1. 시급한 공사(公事)가 있으면 발마(撥馬)로 행회(行會)한다.
1. 사행이 발정한 후 궤연(饋宴)은 계미년의 예에 의해서 동래의 마지막 도착고을에서만 한다.
○ 통신사가 가지고 가는 일행의 금단절목(禁斷節目)
1. 일행이 가지고 가는 물건은 점검하여 짐을 꾸리고, 각 서(書)의 자양(字樣)은 사신이 착압(着押)한다. 노참(露站)에서 불시에 적간(摘奸)하며 모든 머무를 곳에 도착해서는 별도로 점검하여, 표시가 없는 것은 관(官)으로 몰수하여 범인은 율에 의해서 치죄한다.
1. 왜인에게 본국에서 산출되지 않은 물건 및 약재(藥材)·사라단(紗羅緞)·황사(黃絲)·백사(白絲)·보물(寶物)을 몰래 장사하는 자는 율에 의하여 치죄한다.
1. 왜은(倭銀)을 무역하는 자, 왜인이 가지고 온 대랑피(大狼皮) 및 포소(浦所)에서 몰래 장사하거나 무

역하는 자 및 정(情)을 알고 일을 처리하는 자는 율에 의하여 치죄한다.

  1. 『속대전(續大典)』의 향통사(鄕通事)·상고인(商賈人)이 왜인과 어두운 밤에 만나 매매하거나 혹은 사사로이 만나는 자는 모두 잠상금물(潛商禁物)의 율(律)로 논단한다.

  1. 일행 인원 등이 본국의 기휘(忌諱)하는 일 및 국가의 중대한 일에 관계되는 것을 누설하는 자는 율에 의하여 치죄한다.

  1. 우리나라 사람으로 바람에 표류했다가 돌아온 사람은 격군에 혼입시켜 충원하는 일은 매우 미안하니, 일체 충정(充定)하지 말며, 만일 탄로나는 자가 있으면 해당 수령을 각별히 논죄한다.

  1. 일행이 가지고 가는 군기(軍器)의 명색과 수효는 사신이 착압(着押)하여 장부를 만들고, 만약 장부 이외의 군기를 몰래 장사하여 매매한 자가 있으면 모두 율에 의해 치죄한다.

  1. 본국의 각종 서책(書冊) 등의 물품을 누설하여 사통(私通)하는 자, 중국에 관계되는 일을 누설하는 자는 모두 율에 의해 치죄한다.

  1. 일행의 원역(員役) 이하에 만일 왜녀(倭女)와 몰래 통정하다가 탄로난 자가 있으면, 극률(極律)로 논단한다.

  1. 기타 나머지 미진한 조건은 일에 따라 규검(糾檢)하되 우리나라 지경에서 범한 자는 즉시 계문하고, 도해(渡海)한 후에 범금(犯禁)한 자는 사신이 그 범한 바의 경중을 짐작하여 중하게 다스리되, 범한 바가 매우 중하여 기밀에 관계된 자 및 잠상(潛商)으로 중한 죄과를 범한 자는 수역(首譯)·군관(軍官) 이하는 곧바로 효시한다.

  1. 상통사(上通事) 이하 일행의 하인이 금제에 관계된 자는 장(杖) 80 이하로 직단(直斷)한다]

6095 순조 10/11/21(임신) → 【원전】 47집 670면
  〔영광군에 표류한 중국인 29명을 자관을 정해 육로로 들여보내도록 명하다〕   수11283

  영광군(靈光郡)에 표류해 닿은 중국의 천주부(泉州府) 사람 29명을 자관(咨官)을 정해 육로로 들여보내라고 명하였다.

6096 순조 10/12/15(을미) → 【원전】 47집 672면
  〔비국에서 통신사 파견시 국서에 대하여 아뢰다〕   왜11047

  비국에서 아뢰기를, "통신사를 지금 대마도에 보내기로 하였으니, 사례가 전과 달라 통신사가 섬에 들어간 뒤에 비로소 국서(國書)를 전하게 되어 있습니다. 그러면 대

마도에서 강호(江戶)로 들여보냈다가, 집정(執政)이 글을 가지고 오기를 기다려야 합니다. 이러는 즈음에 날짜가 반드시 오래 걸려 지체될 것인데, 통신사가 관(館)에 머무르는 기한이 정해져 있습니다. 그러므로 국서의 초본(草本)을 먼저 저 사람들에게 보여야 사전에 주선하여 기일에 맞추어 왕복할 수 있을 것입니다. 문임(文任)으로 하여금 국서를 미리 지어내어 통신사의 출발 날짜를 헤아려 기일 전에 내려 보내라는 뜻을 해당 원(院)과 통신사에게 분부하여 처리하도록 일체로 분부하소서" 하였다.

윤허하였다.

〈 관련내용 〉
· 순조 11/01/06(병진)→ 비국에서 통신사의 여비에 대해 아뢰다   47집 673면

순조 11년(1811; 청 가경16년)

6097 순조 11/01/12(임술) → 【원전】 47집 674면
〔흉년으로 여러 도의 봄철 조련을 정지하다〕　　　　　　　　　　수3882

여러 도의 봄철 조련을 정지하게 하였으니, 흉년에 찌든 백성의 형세로 보아 징발하기 어려웠기 때문이다.

6098 순조 11/01/15(을축) → 【원전】 47집 674면
〔이겸회를 공충도 수군절도사로 삼다〕　　　　　　　　　　수11284

이겸회(李謙會)를 공충도 수군절도사로 삼았다.

6099 순조 11/02/01(경진) → 【원전】 47집 674면
〔통신사가 가지고 가는 국서의 초본 내용〕　　　　　　　　　　왜11048

통신사가 가지고 가는 국서(國書)의 초본에, "조선국왕이 일본국왕에게 서신을 보냅니다. 사신을 보내는 예(禮)가 4기(紀)가 넘도록 비었습니다. 멀리서 전하가 큰 사업을 잘 계승하여 구역을 널리 위무(慰撫)한다는 소식을 듣고 아름다운 소문이 미치는 바 어찌 기쁨이 용솟음치지 않겠습니까? 이에 옛날의 상례(常例)를 따라 하의(賀儀)를 펴고자 합니다. 서로 바꾸어 가며 사신을 보내고 방문하는 일이 있는 것은 바로 두 나라의 수호(修好)를 돈독히 하는 의리에서 나온 것입니다. 변변치 않은 토산물로 애오라지 멀리 정성을 부치면서 오직 좋은 계책에 더욱 힘쓰고 아름다운 복을 크게 누리기를 바랄 뿐입니다. 예를 다 갖추지 못합니다" 하였다.
　또 예조의 당상관이 일본의 상사(上使)와 부사(副使) 및 도주(島主)에게 보내는 편지가 있었다.

6100 순조 11/02/12(신묘) → 【원전】 47집 674면

[사폐하는 통신사 일행을 불러보다] 왜11049

통신정사 김이교(金履喬), 부사 이면구(李勉求)를 불러보았는데, 사폐(辭陛) 때문이었다.

임금이 말하기를, "비록 멀지 않은 지역이고 또한 강호(江戶)에 들어가는 것과는 차이가 있다 하더라도 객지에 가는 것인 만큼 피인(彼人)들의 접대하는 제반 절차를 유념해서 검찰(檢察)하는 것이 좋을 것이다" 하자, 김이교가 아뢰기를, "피인들과 접견할 때에 신 등은 의당 이번의 사신 행차는 단지 대마도에만 들어가려고 했었는데, 그들의 간청 때문에 조정에서 임시 방편으로 우선 따른다는 것으로 말을 하겠습니다" 하였다.

임금이 말하기를, "언제 돌아올 수 있겠는가?" 하자, 김이교가 아뢰기를, "가을철 쯤 될 것 같습니다" 하였다.

임금이 말하기를, "무사히 돌아오도록 하라. 그리고 내려 주는 물품은 대궐 밖에서 반하(頒下)하도록 하겠다" 하자, 김이교가 아뢰기를, "앞서의 신행(信行) 때에는 종사관(從事官)이 있었기 때문에 으레 행대(行臺)를 겸해서 일행을 단속하였습니다. 그런데 지금은 종사관이 없으니, 신과 부사가 적당히 헤아려서 단속하고 경계하겠습니다" 하였다.

그러자, 임금이 말하기를, "정사와 부사가 당연히 잘 헤아려서 하겠지만, 부사가 전적으로 담당하여 거행하되 정사도 점검하여 단속하는 것이 좋겠다" 하였다.

〈 관련내용 〉
- 순조 11/03#20(무술)→ 통신사 일행이 대마도 좌수포에 안착하였음을 보고해 오다   47집 690면
- 순조 11/04/14(신유)→ 통신사 일행이 대마도 부중에 도착하여 치계하다   47집 692면
- 순조 11/06/13(기미)→ 통신사 일행이 국서를 강호에 전명한 사실을 보고해 오다   47집 695면
- 순조 11/07/08(갑신)→ 통신사 일행이 왜외회담한 일과 부산포에 돌아온 일을 아뢰다   47집 697면

6101 순조 11/03/30(무인) → 【원전】 47집 678면
[비국에서 여러 도와 각 도의 전후 진폐 책자를 가지고 조목조목 회계하다①] 수4697

비국에서 여러 도와 각 도(都)의 전·후 진폐책자(陳弊冊子)를 가지고 회계(回啓)했다.

"경상도의 진폐 책자에 대한 판부(判付) 내에, 안동(安東)의 세은(稅銀)에 관한 것

은 숫자가 너무 적어 보잘것없으니, 특별히 영구히 감하여 줄 것을 해당 조(曹)에 분부토록 하고, 여러 읍 가운데 금산(金山)·함창(咸昌) 두 고을의 수령이 진달한 바가 가장 수고로움이 크고 채택할 만한 것과 다른 제읍에서 조진(條陳)한 내용 가운데서도 시행할 만한 것은, 묘당(廟堂)으로 하여금 품처(稟處)하게 할 일을 명하(命下)하였습니다.

......

1. 영덕(盈德)의 선세(船稅)는 명색이 매우 많아 바닷가의 주민들이 폐해를 받고 있으니, 탈(頉)이 생기는 데 따라 감해 주어 사실대로 선총(船摠)을 작성토록 하여 불법으로 징수하는 폐단을 면하도록 하는 데 대한 일입니다. 선총이 줄어들었는데도 세금 바치는 것은 전과 같으니 이야말로 바닷가 주민들에게 쌓인 고질적인 폐단입니다. 바다에 연한 여러 곳에서는 대저 이렇게 원통함을 하소연하는 사단이 많으니 이미 보고를 받은 뒤에도 그것을 이와 같이 계속 방임할 수는 없습니다. 도신(道臣)으로 하여금 해당 청(廳)과 의견을 교환하여 좀더 나은 방법에 따라 바로잡아 구제하도록 하소서.

......

1. 기장(機張)에 표류되어 온 왜인에 대하여 단지 배를 정박하였다가 출발하였기 때문에 두 차례 치보(馳報)하였는데, 그 병영이 좌표(左漂)일 때에는 수영의 예규에 의거하여 치보하고, 우표(右漂)일 때에는 역시 순영(巡營)과 통영(統營)의 예규에 의거하여 1, 2차를 치보하는데, 합하여 한 첩(牒)으로 작성하여 보고하도록 하는 데 대한 일입니다. 그런데 표류되어 온 왜인에 대하여 실정을 묻는 것은 본래 관계됨이 있지만 아홉 곳에다 치보하며 7, 8차례나 중첩되게 보내는 것은 비록 중대한 바에 연유된다고 하더라도 역시 폐단이 많습니다. 그러니 그 보고한 것에 의거하여 좌표인 때에는 수영의 예규에 의거하고 우표인 때에는 통영의 예규에 의거하여 합해서 한 첩으로 작성하게 하는 것이 크게 구애됨이 없다면 역시 폐단을 줄이는 방도가 될 것이니 도신(道臣)과 수신(帥臣)으로 하여금 적절히 헤아려 시행하게 하소서.

1. 왜료(倭料)로 환상미(還上米)를 찧어서 지급하는 것은 실로 저치미(儲置米)가 없음으로 말미암아 그렇게 된 것이니, 새로운 결미(結米)를 하납(下納)하는 조목 가운데서 2, 3백 석을 저치미로 덜어내어 왜료로 지급하도록 하는 데 대한 일입니다. 왜

료를 저치미에서 회감(會減)하는 것이 비록 옳은 방법이기는 하지만, 저치미가 없어서 쌀을 바꾸어다 지급해야 하니 이것이 실제로 폐단이 됩니다. 그러나 이 폐단을 없애려고 해도사정에 또한 구애됨이 있으니 그대로 두게 하소서.
　……

　1. 웅천(熊川)에 표류되어 온 왜인의 양료(粮料)로 마련한 것이 많지 않은 것이 아니어서 남상(濫觴)의 폐단이 되니, 지금부터는 평목(枰木)으로 교준(較準)하는 것을 정식(定式)하여 시행하게 하는 데 대한 일입니다. 그런데 표류되어 온 왜인에게 요미(料米)를 지급할 때에 남상(濫觴)의 폐단이 적지 않으니 평목으로 정식을 삼는 것이 바로잡고 구제하는 단서가 되기에 충분합니다. 그러니 한결같이 전례에 따라 더 절약하는 뜻을 힘쓰도록 도신에게 분부하여 거듭 경계하여 시행하게 하소서.

　1. 파손되어 부서진 어선이 세총(稅總)에 묶여 현탈(懸頉)되지 못하는 것을 전파된 선척을 현탈하는 사례에 의거하여 시행하도록 하는 데 대한 일입니다. 한결같이 영덕(盈德)에서의 사례에 의거하여 시행하게 하소서.
　……

　1. 명도(鳴島)와 녹도(菉島) 두 섬의 염호(鹽戶)가 날마다 줄어드니 공화(公貨) 가운데서 2만 냥의 돈을 내어 이자 없이 도민(島民)에게 나누어주고, 햇수를 한정하여 나누어 바치도록 하는 데 대한 일입니다. 종전에 폐단을 구제하는 방도가 최선을 다하지 않음이 없었다고 할 만한데도 폐단이 곧 뒤따라서 생겨 구제할 만한 약(藥)이 없고 이렇게 2만 냥을 대하(貸下)하라는 논의까지 있게 되었습니다. 한 섬에 까마귀처럼 모여 사는 백성들이 소금을 자본으로 하여 생업을 삼고 있어 본래 항심(恒心)이 없으니, 비록 한때의 요행은 될지 모르겠지만 반드시 영구한 폐단이 될 것입니다. 그대로 두게 하소서.
　……

　1. 바닷가의 주민들이 조잔(凋殘)한 것은 전적으로 고기 잡는 사역과 배를 빌리는 자본에서 말미암은 것이니, 본읍(本邑)의 어선 4, 5척을 다른 고을로 이송하게 하는 데 대한 일입니다. 본부(本府)의 고기잡이배가 다른 여러 고을보다 많으니, 당초 배정할 때에 무엇을 근거로 하였는지는 모르겠습니다. 하지만 본읍에서 말하는 폐단만 듣고서 다른 고을의 사정을 살피지도 않은 채, 갑자기 이송하도록 의논하는 것은

아마도 문제점이 있을 듯합니다. 도신으로 하여금 바로잡고 구제하는 방도를 상세히 조사하게 하여 편리함에 따라 시행하도록 하소서.

6102 순조 11/03/30(무인) → 【원전】 47집 678면
〔비국에서 여러 도와 각 도의 전후 진폐책자를 가지고 조목조목 회계하다②〕 수4698
……

1. 해안의 폐단은 다른 것에 비하여 가장 심하니, 어조(漁條)·방렴(防簾)은 한결같이 사목(事目) 가운데 8분의 1을 세금으로 내는 법에 의거하여 모두 하등(下等)으로 납세하게 하는 데 대한 일입니다. 해당 부(府)에서는 변방의 중요한 지역에 이러한 고질적인 폐단이 있어 주민들이 애오라지 생계를 꾸려가지 못하니 참으로 민망스럽고 측은합니다. 당초 어조·방렴에 대해서 8분 1을 세금으로 내는 데 들어 있었던 것으로 가끔 3등(等)으로 했던 것은 어떠한 일의 단서에 인연하였는지는 알 수 없으며, 변천되어 내려온 사정도 상세히 알기 어렵습니다. 해당 관청에 상세하게 보고하게 한 다음 장점을 따라 구처(區處)하도록 하소서.

1. 거제(巨濟)의 어장(漁場)에 어조(漁條)·방렴(防簾)·거처(去處) 등의 세 가지 명색이 있어 여러 갈래로 폐단이 많으니, 본읍에 소속시켜 한결같이 원총(元摠)에 의거하여 세금을 징수하도록 하는 데 대한 일입니다. 바닷가의 어조·방렴 등 세 가지 폐단은 실로 치료하기 어려운 병폐인데, 그것을 조종(操縱)하는 것은 오로지 통영에 있습니다. 영문(營門)에서 직접 집세(執稅)하는 경우가 있는가 하면, 감관(監官)을 차출하여 배를 추적해서 납부하도록 책임을 지우는 경우가 있기도 하며, 또 실권을 잡고서 주기도 하고 빼앗기도 하는 경우가 있어서, 바닷가 주민에게 뼈를 자르는 듯한 폐단은 진실로 당해 수령이 논한 바와 같습니다. 당해 영(營)에 거듭 경계하여 성실한 마음으로 바로잡고 고쳐서 억울함을 하소연할 데가 없는 바닷가 주민들로 하여금 지탱하기 어려운 폐단을 치우치게 당하지 않도록 하소서.

1. 바람에 꺾였거나 저절로 말라 버린 소나무가 어지럽게 쌓여 있는데, 경내의 주집(舟楫) 또한 망가지고 파손된 것이 많으니, 3년에 한차례씩 베어다 수선하도록 허락하는 데 대한 일입니다. 어민들의 사정상 배 만들기가 어려운 것은 본래 그러한 형편이었으나, 허다한 선민(船民)에게 고루 혜택을 줄 방법이 없고, 봉산(封山)의 소

나무 목재는 법의(法意)가 중대하며, 원할 때마다 번번이 따라주는 것 또한 형편상 어려우니, 그대로 두게 하소서.

......

그대로 윤허하였다.

또 아뢰기를, "...... 강화부의 진폐책자(陳弊冊子)에 대한 판부(判付) 내에, 두 가지 조목의 폐단은 급대(給代)나 견감(蠲減)을 따질 것 없이 묘당으로 하여금 장점을 따라 품처하게 하되, 목장(牧場)을 혁파하고 경작을 허락하게 하는 일은 해당 시(寺)에 의논하여 조처하도록 할 일을 명하(命下)하였습니다. 진강목장(鎭江牧場)에 둔세(屯稅)를 더 바치도록 한 데 대해서는 이미 원세(元稅)를 징수하고 있는데다 또 둔세를 두어 주민들의 뼈를 깎는 듯한 폐단이 되고 있으며, 또한 선두포(船頭浦)・언답결(堰畓結)로 바치는 세미(稅米)가 많게는 70두나 되어 경작하는 주민들이 모두 다 흩어져 버렸으므로, 이 두 곳에 대한 세금을 감면하도록 하는 청원이 있게 되었습니다. 그러나 그 논한 바 두 가지 조목을 살펴보면 윗 항의 수세(收稅)는 모두 해당 부(府)의 수성고(修城庫)에 소속되어 있으니, 그 감해 주는 숫자는 형세로 보아 장차 급대(給代)를 해야 하는데, 급대하는 방법으로는 길상목장(吉祥牧場)의 목축이 그전부터 번성하지 않아 지금은 버려 둔 목장이 되었으니, 이곳에 나아가 경작하도록 허락한다면 1백여 결(結)의 숫자를 바칠 수 있을 것이며, 수성고에서의 급대도 넉넉하게 남아도는 숫자가 있게 될 것이라고 하였습니다. 그런데 진달한 바가 진실로 의견이 없지는 않습니다만 해당 시(寺)의 사정도 이미 상세히 알지 못하고 목장의 형편도 역시 멀리서 헤아리기 어렵습니다. 해당 부(府)에 고시(告示)하여 다시 더 충분히 상의하고 해시와 의견을 서로 교환하도록 해서 편리한 데로 따라 조처하게 하소서" 하였다.

윤허하였다.

또 아뢰었다.

"공충도의 진폐책자에 대한 판부(判付) 내에, ...

1. 한산(韓山)과 비인(庇仁)에서 방병선(防兵船)을 개조할 때 부유한 주민을 대신 장수로 차출해서 부족한 것을 담당시킨 것은 실로 휼민(恤民)하는 도리가 아니므로, 호남의 전병선(戰兵船)의 사례에 의거하여 공곡(公穀)을 나누어주고 그 이자를 받아

보태어 쓰도록 하는 데 대한 일입니다. 한산 등 두 고을의 방병선을 개조하거나 개삭(改槊)할 때에 부유한 주민을 대신 장수로 차출해서 부족한 숫자를 담당하게 했다고 하니, 듣고서 매우 놀라웠습니다. 다시 새 도백에게 좋은 방안을 찾아 폐단을 혁파하라는 뜻으로써 공문으로 하문하여, 상세한 보고가 온 뒤에 품처하도록 하소서."

6103 순조 11/04/08(을묘) → 【원전】 47집 692면
  〔이석구·이동선에게 관직을 제수하다〕   수11285
  이석구(李石求)를 삼도통어사로, 이동선(李東善)을 황해도 병마절도사로 삼았다.

6104 순조 11/05/13(경인) → 【원전】 47집 695면
  〔윤범익·유상엽에게 관직을 제수하다〕   수11286
  윤범익(尹範益)을 황해도 수군절도사로, 유상엽(柳相燁)을 전라우도 수군절도사로 삼았다.

6105 순조 11/07/14(경인) → 【원전】 47집 698면
  〔여러 도의 가을철 조련을 정지시키다〕   수3883
  여러 도의 가을철 조련을 정시시켰다.

6106 순조 11/08/20(병인) → 【원전】 47집 699면
  〔신사 호행대차왜의 출래로 인해 조봉진을 접위관으로 삼다〕   왜11050
  신사 호행대차왜(信使護行大差倭)가 출래(出來)한 것으로 인하여 조봉진(曹鳳振)을 접위관으로 차출하였다.

6107 순조 11/11/23(무술) → 【원전】 47집 702면
  〔유화원에게 관직을 제수하다〕   수11287
  유화원(柳和源)을 황해도 수군절도사로 삼았다.

순조 12년(1812; 청 가경17년)

6108 순조 12/01/03(정축) → 【원전】 48집 2면
〔황해감사 한용탁이 수영의 행영 이주에 대해 아뢰다〕   수3884

　황해감사 한용탁(韓用鐸)이 아뢰기를, "본도의 수로는 곧장 관서(關西)와 통하니, 비록 바람이 고른 때가 아니라 하더라도 엄히 방비하는 도리에 있어 상례(常例)에 구애될 수 없습니다. 청컨대 수영(水營)의 수신(帥臣)에게 분부하여 그 관문으로 삼고 있는 행영(行營)을 이주(移住)하게 하소서" 하였다.
　비국에서 복계(覆啓)하기를, "수로를 염탐하는 것은 조금이라도 소홀히 할 수 없겠으나, 만약 요충지를 나누어 지키며 기미를 따라 잘 정탐하고자 한다면, 방위의 요점은 수신의 이주 여부에 있지 않습니다. 또 옹진(甕津)은 본디 재해가 더욱 심한 곳이고, 이제 진휼을 시작할 때가 되었으니, 이런 때 관을 떠나는 것은 더욱 걱정거리가 될 것입니다. 우선 급작스레 나가서 머무르지 말고 따로 더 염탐하게 하소서" 하였다.
　그대로 따랐다.

6109 순조 12/01/14(무자) → 【원전】 48집 4면
〔명천부의 죽은 해척들에게 휼전을 베풀라고 명하다〕   수4699

　명천부(明川府)의 엄사(渰死)한 해척(海尺) 33명에게 별도로 휼전을 베풀라고 명했다.

6110 순조 12/05/08(기묘) → 【원전】 48집 24면
〔백동원에게 관직을 제수하다〕   수11288

　백동원(白東羰)을 삼도통어사로 삼았다.

6111 순조 12/07/25(을미) → 【원전】 48집 32면
　　〔여러 도의 가을 조련을 정지하다〕　　　　　　　　　　　　　　　　　　수3885

　　여러 도의 가을 조련을 정지하였는데, 난리를 겪었기 때문이었다.

6112 순조 12/08/15(을묘) → 【원전】 48집 33면
　　〔이철구를 전라좌도 수군절도사로 삼다〕　　　　　　　　　　　　　　　수11289

　　이철구(李鐵求)를 전라좌도 수군절도사로 삼았다.

6113 순조 12/09/14(계미) → 【원전】 48집 33면
　　〔조계를 삼도통제사로 삼다〕　　　　　　　　　　　　　　　　　　　　수11290

　　조계(趙啓)를 삼도통제사로 삼았다.

순조 13년(1813; 청 가경18년)

6114 순조 13/01/07(을해) → 【원전】 48집 45면
  〔이의수에게 관직을 제수하다〕   수11291
  정내승(鄭來升)을 경상좌도 수군절도사로 삼았다가 곧 이의수(李宜秀)로 대신하였다.

6115 순조 13/01/11(기묘) → 【원전】 48집 45면
  〔6도의 진휼을 설행하여 각 도의 봄철 조련을 정지하다〕   수3886
  각 도의 봄철 조련을 정지하였으니, 6도에 진휼을 설행하였기 때문이었다.

6116 순조 13/01/11(기묘) → 【원전】 48집 45면
  〔통제사 조계가 졸하여 서영보로 대신하다〕   수11292
  통제사 조계(趙啓)가 졸하여 서영보(徐英輔)로 대신하였다.

6117 순조 13/03/08(을해) → 【원전】 48집 46면
  〔김양화에게 관직을 제수하다〕   수11293
  김영(金煐)을 경상좌도 수군절도사로 삼았다가 곧 김양화(金養和)로 대신하였다.

  〈 관련내용 〉
   · 순조 13/04/16(계축)→ 심택지를 전라우수사로 삼다   48집 47면
   · 순조 13/05/15(신사)→ 이상겸을 전라좌도 수군절도사로 삼다   48집 48면

6118 순조 13/08/29(계해) → 【원전】 48집 51면
  〔양완을 경상좌도 수군절도사로 삼다〕   수11294
  양완(梁垸)을 경상좌도 수군절도사로 삼았다.

6119 순조 13/10/11(갑진) → 【원전】 48집 52면
〔해서의 백령진에 표류한 청의 태창주 사람들을 동지사편에 돌려보내다〕   표21114

해서의 백령진(白翎鎭)에 표류하여 온 청나라 태창주(太倉州) 사람 12명을 절사(節使)가 들어가는 편에 맡겨서 들여보냈다.

6120 순조 13/11/23(병술) → 【원전】 48집 53면
〔호남 부안현에 표류한 청 복건성 동안현의 상인을 호송하도록 명하다〕   표21115

호남 부안현(扶安縣)에 표류하여 온 청나라 복건성 동안현(同安縣)의 상인 22명을 육로를 따라 호송하도록 명하였다.

6121 순조 13/11/29(임진) → 【원전】 48집 53면
〔임자도에 표류한 청 복건성 동안 등지의 상인을 호송하라 명하다〕   표21116

호남 영광군 임자도(荏子島)에 표류하여 온 청나라 복건성 동안(同安) 등지의 상인 47명을 육로를 따라 호송하라고 명하였다.

6122 순조 13/11/30(계사) → 【원전】 48집 53면
〔대마도주의 대차왜가 와서 한기유를 접위관에 차제하다〕   왜11051

대마도주의 도서(圖書)를 청하여 받을 대차왜(大差倭)가 왔으므로, 한기유(韓耆裕)를 접위관에 차제(差除)하였다.

순조 14년(1814; 청 가경19년)

6123 순조 14/01/13(을해) → 【원전】 48집 55면
〔진제설행으로 각 도의 봄철 조련을 정지하다〕   수3887

각 도의 봄철 조련을 정지하였는데, 진제(賑濟)를 설행하기 때문이다.

6124 순조 14/02#17(기묘) → 【원전】 48집 59면
〔윤민동에게 관직을 제수하다〕   수11295

윤민동(尹敏東)을 황해도 수군절도사로 삼았다.

6125 순조 14/04/12(계유) → 【원전】 48집 61면
〔예조에서 대마도주의 부고에 대해서 아뢰다〕   왜11052

예조에서 아뢰기를, "대마도의 이전 도주(島主)가 죽어서 부고를 보냈는데, 차왜의 접대와 그들이 바친 유물(遺物)·서계(書契) 및 회례(回禮)에 대해서는 전례가 있으니, 청컨대 이에 따라 거행하고, 새 도주의 도서(圖書)를 받도록 하소서. 차왜를 접대할 서울의 접위관은 며칠 안으로 내려가도록 재촉하고, 사용할 도서는 정밀하게 만들어서 내려보내겠습니다" 하였다.

그대로 윤허하였다.

6126 순조 14/06/10(기사) → 【원전】 48집 62면
〔비변사에서 동래부사 홍수만이 장계한 차왜에 대해서 아뢰다〕   왜11053

비변사에서 아뢰기를, "동래부사 홍수만(洪秀晩)의 장계를 보니, 관백(關白)이 손자를 낳아서 경사를 알리는 차왜의 선문(先文)을 가지고 오는 두왜(頭倭)가 이미 왔다고 합니다. 경접위관(京接慰官)과 역관을 차송하고, 증급(贈給)할 예단을 마련하여 내려보내는 등의 절차가 이미 전례가 있으니, 해당 조(曹)와 해당 원(院)에 분부하여 전

례를 따라서 거행하도록 하소서" 하였다.
윤허하였다.

6127 순조 14/07/15(계묘) → 【원전】 48집 63면
〔각 도의 가을 조련을 금지하다〕 수3888

차대하였다. 각 도의 가을철 조련을 정지하였다. 기보(畿輔)와 삼남의 가을 농사가 거의 흉년으로 판정되었고, 서북의 3도도 모두 수재를 입었기 때문이다.

6128 순조 14/08/28(병술) → 【원전】 48집 71면
〔이복연을 황해도 수군절도사로 삼다〕 수11296

이복연(李復淵)을 황해도 수군절도사로 삼았다.

6129 순조 14/08/29(정해) → 【원전】 48집 71면
〔일본에서 대차왜가 와서 이동영을 접위관으로 차출하다〕 왜11054

일본에서 관백이 손자를 낳아서 대차왜(大差倭)가 왔으므로, 이동영(李東永)을 접위관으로 차출하였다.

6130 순조 14/10/02(기미) → 【원전】 48집 72면
〔비변사에서 곡물을 운반할 때 바다에 제사지내는 전례에 대해 아뢰다〕 수4700

비변사에서 아뢰기를, "옮겨 운반하는 곡물을 바다로 운반할 때, 향축(香祝)을 내려보내 정성껏 바다에 제사하는 이것은 전례(典例)이니, 이번에 동북면의 곡물을 배로 운반할 때 실어서 발송하고 지나가는 각 도에서는 지난 봄의 전례에 따라 설행토록 하소서" 하였다.
윤허하였다.

6131 순조 14/12/12(무진) → 【원전】 48집 73면
〔유명원을 황해도 수군절도사로 삼다〕 수11297

유명원(柳命源)을 황해도 수군절도사로 삼았다.

순조 15년(1815; 청 가경20년)

6132 순조 15/01/13(기해) → 【원전】 48집 75면
〔진휼을 설시하기 때문에 여러 도의 봄철 조련을 정지하다〕 수3889

여러 도의 봄철 조련을 정지하였으니, 진휼을 설시하기 때문이다.

6133 순조 15/02/17(계유) → 【원전】 48집 76면
〔이민수에게 관직을 제수하다〕 수11298

백홍진(白泓鎭)을 전라우도 수군절도사로 삼았다가 곧 갈아서 이민수(李民秀)로 대신하게 하였다.

6134 순조 15/03/12(무술) → 【원전】 48집 78면
〔동북지방의 곡물을 실은 배가 파선 침몰된 것을 탕감하는 명을 내리다〕 수4701

동북지방의 곡물 2만여 석을 실은 배가 파선 침몰된 것의 대신에 영남의 영읍(營邑)에 있는 은(銀)·전(錢)·목(木)·포(布)와 서울 각 관사에 상납된 것에서 편리한 대로 취용(取用)하고, 관동에서 건져 낸 곡물은 모곡(耗穀)·환곡(還穀)의 분수를 제하여 주며, 건지지 못한 각 곡물은 탕감하도록 명하였으니, 비국에서 아뢴 것에 따른 것이었다.

6135 순조 15/04/24(기묘) → 【원전】 48집 78면
〔안숙을 황해도 수군절도사로 삼다〕 수11299

안숙(安橚)을 황해도 수군절도사로 삼았다.

6136 순조 15/07/10(계사) → 【원전】 48집 80면
〔박종화에게 관직을 제수하다〕 수11300

박종화(朴宗和)를 경상좌도 수군절도사로 삼았다.

6137 순조 15/07/13(병신) → 【원전】 48집 80면
〔고부차왜의 접견을 허락하는 일에 대하여 전례를 참고하여 시행하다〕   수11301

비국에서 아뢰기를, "방금 동래부사의 장계를 본즉 이르기를, '관백(關白)의 손자가 죽어서 고부차왜(告訃差倭)가 서계(書契) 별폭을 가지고 왔습니다. 그런데 관백이 아들을 낳았거나 손자를 낳았을 때는 오직 적사(嫡嗣)인 연후에만 경사를 알려 왔으니, 이것이 바로 예입니다. 낳았을 때에 이미 경사를 알렸다면 죽었을 때에 부고를 하는 것은 당연하므로 의당 접견을 허락해야겠으나, 처음 있는 일이니 청컨대 묘당으로 하여금 품처하게 하소서' 하였습니다. 고부차왜의 접견을 허락함에 대해서는 이미 경자년의 사례가 있으니, 청컨대 그 예를 참고하여 시행하라는 뜻으로 분부하소서" 하였다.
그대로 따랐다.

6138 순조 15/08/12(갑자) → 【원전】 48집 81면
〔이인식을 경상좌도 수군절도사로 삼다〕   수11302

이인식(李寅植)을 경상좌도 수군절도사로 삼았다.

순조 16년(1816; 청 가경21년)

6139 순조 16/01/01(신사) → 【원전】 48집 90면
[풍설로 강원도 여러 고을의 선박과 민가가 입은 피해에 대한 휼전을 베풀다]   수4702

강원감사 남이익(南履翼)이 장계를 올리기를, "지난달 10일과 11일의 바람과 눈으로 양양(襄陽)·간성(杆城)·강릉(江陵)·삼척(三陟)·울진(蔚珍) 등 다섯 고을의 공사(公私) 선척(船隻) 중 파괴·손상·유실된 것이 2백54척이었고, 민가도 많이 유실 파괴되었으며, 압사한 사람도 40명이나 되었습니다" 하였다.

별도로 휼전을 베풀라고 명하였다.

6140 순조 16/01/15(을미) → 【원전】 48집 91면
[여러 도의 봄 조련을 정지하고 서울 영문의 조련도 장례 전까지 정지하다]   수3890

여러 도의 봄 조련을 정지하고 서울 영문(營門)의 조련도 장례를 치르기 전까지 정지하라고 명하였다.

6141 순조 16/05/09(무자) → 【원전】 48집 98면
[이종덕이 표류하다가 일본의 오도에 도착하여, 대차왜가 거느리고 오다]   표1354

정의(旌義) 이전 현감 이종덕(李種德)이 표류하다가 일본의 비전주(肥前州)에 소속된 오도(五島)에 도착하였는데, 대차왜(大差倭)가 거느리고 왔다.

비국에서 아뢰기를, "차왜는 특송사의 사례에 따라 향접위관(鄕接慰官)을 차출하여 접대해야 합니다" 하였다.

그대로 따랐다.

6142 순조 16/06/20(무진) → 【원전】 48집 99면
[이관식을 경상좌도 수군절도사로 삼다]   수11303

이관식(李觀植)을 경상좌도 수군절도사로 삼았다.

6143 순조 16/07/11(무오) → 【원전】 48집 100면
〔신굉에게 관직을 제수하다〕   수11304

신굉(申絋)을 황해도 수군절도사로 삼았다.

6144 순조 16/07/19(병인) → 【원전】 48집 101면
〔이재홍이 충청도 마량진 갈곶 밑에 이양선 두 척이 표류해 온 일을 보고하다〕   수4703

충청수사 이재홍(李載弘)의 장계하였다.

"마량진(馬梁鎭) 갈곶〔葛串〕 밑에 이양선 두 척이 표류해 이르렀습니다. 그 진의 첨사 조대복(趙大福)과 지방관 비인현감(庇仁縣監) 이승렬(李升烈)이 연명으로 보고하기를, '표류하여 도착한 이양선을 인력과 선박을 많이 사용하였으나 끌어들일 수 없었습니다. 그래서 14일 아침에 첨사와 현감이 이상한 모양의 작은 배가 떠 있는 곳으로 같이 가서, 먼저 한문으로 써서 물었더니 모른다고 머리를 젖기에, 다시 언문으로 써서 물었으나 또 모른다고 손을 저었습니다.

이와 같이 한참 동안 힐난하였으나 마침내 의사를 소통하지 못하였고, 필경에는 그들이 스스로 붓을 들고 썼지만 전자(篆字)와 같으면서 전자가 아니고 언문과 같으면서 언문이 아니었으므로 알아볼 수가 없었습니다. 그러자 그들이 좌우와 상하 층각(層閣) 사이의 무수한 서책 가운데에서 또 책 두 권을 끄집어내어, 한 권은 첨사에게 주고 한 권은 현감에게 주었습니다. 그래서 그 책을 펼쳐보았지만 역시 전자도 아니고 언문도 아니어서 알 수 없었으므로 되돌려 주자 굳이 사양하고 받지 않기에 받아서 소매 안에 넣었습니다. 책을 주고받을 때에 하나의 작은 진서(眞書)가 있었는데, 그 나라에서 거래하는 문자인 것 같았기 때문에 가지고 왔습니다.

사람은 낱낱이 머리를 깎았고, 머리에 쓴 모자는 검은 털로 만들었거나 노끈으로 만들었는데 모양이 동로구(銅鑪臼)와 같았습니다. 의복은 상의는 흰 삼승포〔三升布〕로 만들었거나 흑전(黑氈)으로 만들었고 오른쪽 옷섶에 단추를 달았으며, 하의는 흰 삼승포를 많이 입었는데 행전모양과 같이 몹시 좁게 지어서 다리가 겨우 들어갈 정도였습니다. 버선은 흰 삼승포로 둘러쌌고, 신은 검은 가죽으로 만들었는데 모양이

발막신[發莫]과 같고 끈을 달았습니다.
 가진 물건은 금은 환도를 차기도 하고 금은 장도를 차기도 하였으며, 건영귀(乾靈龜)를 차거나 천리경(千里鏡)을 가졌습니다. 그 사람의 수는 칸칸마다 가득히 실어서 자세히 계산하기 어려웠으나, 8, 90명에 가까울 듯하였습니다. 또 큰 배에 가서 실정을 물어 보았는데, 사람의 복색, 패물, 소지품이 모두 작은 배와 같았고, 한문이나 언문을 막론하고 모두 모른다고 머리를 저었습니다. 사람의 숫자는 작은 배에 비하여 몇 갑절이나 될 것 같은데, 배 위와 방 사이에 앉아 있기도 하고 서 있기도 하였으며, 가기도 하고 오기도 하는 등 매우 어수선하여, 하나둘 세어 계산하기 어려웠습니다. 서책과 기물은 작은 배보다 갑절이나 더 되었습니다. 큰 배나 작은 배를 물론하고 그 제도가 기기 괴괴하며, 층이나 칸마다 보배로운 그릇과 이상한 물건이 있었고, 기타 이름을 알 수 없는 쇠와 나무 등의 물건이 이루 다 셀 수 없을 정도로 많았습니다. 그 가운데 또 여인이 있었습니다. 눈앞에서 본 것은 단지 한 명뿐이었는데, 흰 베로 머리를 싸매고 붉은색 치마를 입었습니다. 두 배에 모두 대장간이 설치되었는데, 만드는 것은 모두 대철환(大鐵丸), 화살촉 등의 물건이었습니다.
 첨사와 현감이 배에 내릴 때에 그 가운데 한 사람이 책 한 권을 가지고 굳이 주었는데, 작은 배에서 받은 두 권과 합하면 세 권입니다. 그러는 사이에 서북풍이 불자 크고 작은 배가 불시에 호포(號砲)를 쏘며 차례로 돛을 달고 바로 서남 사이 연도(煙島) 밖의 넓은 바다로 나갔습니다. 그래서 첨사와 현감이 여러 배를 지휘하여 일시에 쫓아갔으나 마치 나는 새처럼 빨라서 사세상 붙잡아 둘 수 없었으므로 바라보기만 하였는데, 앞의 배는 아득하여 형체가 보이지 않았고 뒤의 배는 어슴푸레 보이기는 하였으나 해가 이미 떨어져서 바라볼 수가 없었습니다. 두 배의 집물적간건기(什物摘奸件記)와 작은 배에서 얻은 한 폭의 진서전(眞書𠛬)을 모두 베껴 쓴 다음, 첨부하여 올려보냅니다'라고 하였습니다. 작은 배에서 얻은 한 폭의 서전(書𠛬) 내용에, '영길리국 수사관원에게 글을 주어 진명(陳明)하는 일로 해헌(該憲)에 보내니, 잘 알기 바랍니다.
 금년 윤6월 초순 사이에 우리 영길리국에서 5척의 배로 우리 영국왕이 차정한 사신과 수행한 사람들을 보내어 천진(天津) 북연하(北蓮河) 입구에 도착하여, 지금 왕의 사신 등이 모두 북경에 나아가 황제[萬歲爺]를 뵈었으나 천진 외양(外洋)의 수심이 얕은데다가 큰바람까지 만나 배의 파괴를 면할 수 없기 때문에, 각 선척이 그 곳에 감히 정박하지 못하고 지금 월동(粵東)에 돌아가서 왕의 사신이 돌아오기를 기다려 귀국하려고 합니다. 이에 그 곳을 지나게 되었으니, 해헌(該憲)은 음식물을 사도록 해주고 맑은 물을 가져다 마시고 쓰도록 해 주십시오. 왼쪽에 우리 왕께서 보낸 사신의 인장이 찍혀 있으니 증거가 될 것입니다. 가경(嘉慶) 21년 월 일에 씁니다'고 하였습니다."

순조 17년(1817; 청 가경22년)

6145 순조 17/01/11(을묘) → 【원전】 48집 108면
〔거듭 흉년이 든 뒤이므로, 여러 도의 봄철 조련을 중지시키다〕 수3891

여러 도(道)의 봄철 조련을 중지하도록 하였는데, 거듭 흉년이 든 뒤였기 때문이었다.

6146 순조 17/02/19(계사) → 【원전】 48집 112면
〔허명·조은석 등에게 관직을 제수하다〕 수11305

허명(許溟)을 황해도 수군절도사로, 조은석(趙恩錫)을 전라우도 수군절도사로 삼았다.

〈 관련내용 〉
· 순조 17/04/05(무인)→ 조재승을 충청도 수군절도사로 삼다 48집 114면
· 순조 17/04/06(기묘)→ 서춘보를 삼도통제사로 삼다 48집 114면
· 순조 17/05/19(임술)→ 윤욱렬을 삼도통어사로, 이정회를 전라좌도 수군절도사로 삼다 48집 117면

6147 순조 17/10/11(신사) → 【원전】 48집 122면
〔백해진을 경상좌도 수군절도사로 삼다〕 수11306

백해진(白海鎭)을 경상좌도 수군절도사로 삼았다.

순조 18년(1818; 청 가경23년)

6148 순조 18/01/16(갑인) → 【원전】 48집 127면
 〔이주봉을 공충도 수군절도사로 삼다〕   수11307
 이주봉(李周鳳)을 공충도 수군절도사로 삼았다.

6149 순조 18/04/20(정해) → 【원전】 48집 131면
 〔가리포를 강진에 전속시키다〕   수3892
 차대하였다.
  가리포(加里浦)를 강진(康津)에 전속시키고 해당 첨사를 그대로 이력(履歷)의 자리로 만들라고 명하였다. 대신이 호남 도신의 장청(狀請)에 따라 해당 진에 대한 폐단을 고칠 방도를 말하였기 때문이었다.

6150 순조 18/06/24(경인) → 【원전】 48집 135면
 〔남포현에 표착한 중국인을 돌려보내다〕   표21117
 남포현(藍浦縣)에 표착한 중국의 통주(通州)사람 12명을 역자(曆咨)편에 순부(順付)하여 입송시키도록 명했다.

6151 순조 18/07/14(경술) → 【원전】 48집 135면
 〔각 도의 조련을 정지하다〕   수3893
 각 도의 가을 조련을 정지하였다.

6152 순조 18/09/20(을묘) → 【원전】 48집 137면
 〔구강을 공청도 수군절도사로 삼다〕   수11308
 구강(具絳)을 공청도 수군절도사로 삼았다.

순조 19년(1819; 청 가경24년)

6153 순조 19/01/11(갑진) → 【원전】 48집 143면
〔유한원을 황해도 수군절도사로 삼다〕   수11309

유한원(柳漢源)을 황해도 수군절도사로 삼았다.

6154 순조 19/01/19(임자) → 【원전】 48집 143면
〔여러 도의 봄철 조련을 정지하다〕   수3894

여러 도의 봄철 조련을 정지하였다.

6155 순조 19/07/12(임신) → 【원전】 48집 150면
〔가을철 조련을 정지하다〕   수3895

여러 도의 가을철 조련을 정지하였다.

6156 순조 19/10/14(계묘) → 【원전】 48집 157면
〔이승권을 전라우도 수군절도사로 삼다〕   수11310

이승권(李升權)을 전라우도 수군절도사로 삼았다.

6157 순조 19/10/21(경술) → 【원전】 48집 157면
〔나주목에 표류한 중국인을 호송토록 하다〕   표21118

나주목에 표류한 중국 천주부(泉州府) 사람 27명을 육로로 호송하라 명하였다.

순조 20년(1820; 청 가경25년)

6158 순조 20/01/11(무진) → 【원전】 48집 159면
〔봄 군사조련을 정지하다〕   수3896

여러 도의 봄 군사조련을 정지하였다.

6159 순조 20/02/05(신묘) → 【원전】 48집 160면
〔이익을 황해도 수군절도사로 삼다〕   수11311

이익(李樸)을 황해도 수군절도사로 삼았다.

6160 순조 20/02/15(신축) → 【원전】 48집 160면
〔영광군에 표류한 중국인을 호송토록 하다〕   표21119

영광군(靈光郡)에 표류해 온 중국 소주부(蘇州府) 사람 16명을 육로로 호송하도록 명하였다.

6161 순조 20/04/18(계묘) → 【원전】 48집 161면
〔신순을 공청도 수군절도사로 삼다〕   수11312

신순(申純)을 공청도 수군절도사로 삼았다.

6162 순조 20/05/05(경신) → 【원전】 48집 162면
〔웅천현에서 토화를 캐먹고 죽은 사람이 12명이다〕   수4704

경상감사 김이재(金履載)가 웅천현(熊川縣) 안골포(安骨浦)의 물 색깔이 붉고 탁하며 독기가 가득 퍼졌는데, 포구의 주민 남녀가 토화(土花)를 캐 먹고 중독되어 죽은 자가 12명이라고 아뢰었다.

6163 순조 20/07/06(경신) → 【원전】 48집 162면
〔신경을 삼도통제사로 삼다〕 수11313

신경(申絅)을 삼도통제사로 삼았다.

순조 21년(1821; 청 도광1년)

6164 순조 21/01/13(을축) → 【원전】 48집 169면
〔봄철 조련을 정지하다〕 수3897

여러 도의 봄철 군사조련을 정지하였다.

6165 순조 21/06/15(계사) → 【원전】 48집 180면
〔제주에 표류한 유구국 사람을 북경으로 호송토록 하다〕 표2519

제주에 표류해 온 유구국 사람 6명을 육로로 북경에 호송하라고 명하였다.

순조 22년(1822; 청 도광2년)

6166 순조 22/01/11(정사) → 【원전】 48집 199면
〔여러 도의 봄철 조련을 중지하다〕   수3898

여러 도의 봄철 조련을 중지하였다.

6167 순조 22/01/22(무진) → 【원전】 48집 200면
〔이여절에게 관직을 제수하다〕   수11314

이여절(李汝節)을 전라좌도 수군절도사로 삼았다.

〈 관련내용 〉
· 순조 22/02/10(병술)→ 이충운을 전라좌수사로 삼다   48집 200면

6168 순조 22/02/24(경자) → 【원전】 48집 201면
〔대마도주가 득남한 것의 경축 문제에 관해 비국에서 아뢰다〕   왜11055

비국에서 동래부사 이덕현(李德鉉)의 장계로 인하여 아뢰기를, "대마도주가 강호(江戶)에 들어갔다가 이제야 섬으로 돌아왔는데, 또한 강호에서 아들을 낳았다고 합니다. 대마도주가 섬으로 돌아온 뒤에 위문하는 것은 본래 약조에 있는 일이니, 의당 바다를 건너는 일을 마련해야 하겠습니다. 아들을 낳은 데 대한 경축에 있어서는 비록 근년에는 없었던 일이라 하더라도 기왕 근거할 고사가 있으니, 저들로서는 별로 숨길 것이 없고 우리로서는 예에 따르는 것에 지나지 않으니, 억지로 막을 필요는 없겠습니다. 이 역시 도해역관(渡海譯官)에게 함께 딸려 보내야 하니, 사역원으로 하여금 차출하게 하여 제때에 내려보내도록 하소서" 하였다.
그대로 따랐다.

6169 순조 22/05/29(임인) → 【원전】 48집 204면

〔임성고, 이철구 등에게 관직을 제수하다〕 수11315

임성고(任聖皋)를 전라우도 수군절도사로, 이철구(李鐵求)를 삼도통어사로 삼았다.

〈 관련내용 〉
· 순조 22/06/25(정묘)→ 조의진을 삼도통어사로 삼다　　　　　　48집 205면

6170 순조 22/07/12(갑신) → 【원전】 48집 205면
〔여러 도의 가을철 조련을 중지하다〕 수3899

여러 도의 가을철 조련을 중지하였다.

6171 순조 22/09/07(무인) → 【원전】 48집 207면
〔이유엽을 전라좌수사로 삼다〕 수11316

이유엽(李儒燁)을 전라좌도 수군절도사로 삼았다.

순조 23년(1823; 청 도광3년)

6172 순조 23/01/11(신사) → 【원전】 48집 217면
〔여러 도의 봄철 조련을 중지하다〕 수3900

여러 도의 봄철 조련(春操)을 중지하였다.

6173 순조 23/01/17(정해) → 【원전】 48집 217면
〔도목정사를 행하여 오치수를 경상좌수사로 삼다〕 수11317

오치수(吳致壽)를 경상좌도 수군절도사로 삼았다.

6174 순조 23/04/26(을축) → 【원전】 48집 225면
〔대마도의 민가 3천여 호가 불타서 이듬해에 보낼 공작미를 당년에 다 주다〕 왜11056

동래부사 이규현(李奎鉉)이 대마도의 민가 3천여 호가 불탔다고 치계하였다. 뒤에 관왜(館倭)의 요청으로 인하여 이듬해에 들여보낼 공작미(公作米)를 당년에 다 주어 조정에서 재앙을 구제하고 이웃을 돕는 뜻을 보였다.

6175 순조 23/05/21(기축) → 【원전】 48집 225면
〔허명을 삼도통어사로 삼다〕 수11318

허명(許溟)을 삼도통어사로 삼았다.

6176 순조 23/07/12(무인) → 【원전】 48집 228면
〔여러 도의 가을철 조련을 중지시키다〕 수3901

여러 도의 가을철 조련을 중지시켰다.

6177 순조 23/08/20(병진) → 【원전】 48집 232면

〔박효진을 삼도통어사로 삼다〕   수11319

박효진(朴孝晉)을 삼도통어사로 삼았다.

6178 순조 23/10/09(갑진) → 【원전】 48집 235면
〔왜인에게 지급하는 단삼문제에 관해 비국에서 아뢰다〕   왜11057

비국에서 아뢰었다.

"지난해에 이전 동래부사 이덕현(李德鉉)이 왜인에게 지급하는 단삼(單蔘)의 일에 관해 본사(本司)에 논보(論報)하였습니다. 그 내용을 보니, 관수왜(館守倭)가 전한 말을 낱낱이 들어서 말하기를, '환품삼(換品蔘)도 전혀 볼품이 없어 건네주지 못한 지 지금 7년이나 되었다 한다'고 하였습니다. 대체로 환품(換品)은 경오년부터 비롯되었는데, 애당초 받지 않았다면 모르거니와 몇 해를 시행하다가 갑자기 전량을 받지 않겠다고 말한 것은, 필시 임역(任譯)의 무리들이 저들과 서로 짰거나 저들을 꾀어서 조정을 기만하려는 소치일 것입니다. 그렇기 때문에 철저히 조사하여 그 간교한 실상을 파헤치려고 역관을 따로 파견하여 책망하고 타일러 건네주지 못한 단삼을 기어코 받아들이게 하라고 하였습니다.

그런데 방금 이전 해당 부사 이규현(李奎鉉)의 보고를 보니, 임역이 탐문한 내용을 열거하며 말하기를, '대마도주가 이 일로 강호에 들어가서 관백과 직접 상의했더니, 관백이 「예사(禮賜)의 물건은 이것저것 따져서는 안된다」고 꾸짖고 나서 구조(舊條)의 축삼(縮蔘)과 환품삼 중 받지 않은 것을 모두 받겠다는 뜻으로 수표(手標)를 써 주어 마치 공손히 인사를 닦는 것처럼 하였으나 그 간교한 계책은 오로지 후하게 보내기를 바라는 뜻에서 나온 것입니다. 국교에 관계된 일이므로 오직 묘당의 조처만을 기다리겠습니다'라고 하였습니다.

단삼의 환품에 대한 당초의 득실은 지금에 와서 따질 것은 없겠습니다만, 기왕 수표로 강정(講定)한 일이고 보면, 중간에서 사단이 발생하여 이토록 서로 버틴 것은 저들이 실신(失信)한 것이므로 우선 내버려두고 논하지 않더라도 역관의 무리들이 저희 뜻대로 조정을 시험하여 기어코 변란을 일으키려 하였다는 것은 그 정상을 따져 보면 불을 보듯 뻔합니다. 어떻게 교린의 예물이라는 명목이 붙었는데 저들의 농간 때문에 사체를 돌아보지 않고 도리없이 변경할 수 있겠습니까? 저들의 교

활한 속셈이 무엇을 바라는지 알 수 없으나 조정으로서는 결코 고분고분 따라 약한
점을 보여서는 안되겠습니다. 이제 와서 변통하는 일은 애당초 논의할 것이 아니니,
오직 그냥 환품의 명색으로 한결같이 정식(定式)대로 처리하도록 왜역(倭譯)에게 일
임하여 이해와 화복을 스스로 책임지라고 할 뿐입니다. 이는 고거(考據)할 만한 전
례가 있었는데, 일을 바로잡을 때에 그 내부의 사정이 부득불 다소 더 얹어주어야
할 일이 있었습니다.
　지금부터는 단삼가(單蔘價)로 매년 지출해야 하는 3만 3천9백 냥 영(零) 외에 관
서의 신삼곡(信蔘穀)을 더 작전(作錢)한 조항 중 1만 1천 냥 영(零)을 더 마련하여 매
년 4만 5천 냥에 준해서 왜역의 구관처(句管處)에 내주도록 절목을 만들어 시행하게
해야겠습니다. 그리고 이렇게까지 한 뒤에 앞으로 봉행하는 과정에서 폐단의 유무
에 따라 저들의 생사가 달려 있습니다. 저들도 이성을 지녔는데 어찌 기꺼이 나라를
저버리고 죽음을 자초하려고 하겠습니까?
　그리고 현의순(玄義洵)이 전후로 지은 죄에 있어서는 죽여도 남은 죄가 있다고 하
겠는데, 이 일이 이토록 의아스럽고 어지럽게 된 것은 특히 그가 용서받을 수 없는
큰 죄목입니다. 전에 퇴짜를 놓은 것도 나라를 욕되게 한 것이고 이번에 수표를 받
은 것도 나라를 욕되게 한 것입니다. 하찮은 역관 하나로 인하여 나라의 수치가 이
지경에 이르렀는데, 이를 용서한다면 어떻게 나라에 법이 있다고 하겠습니까? 동래
부사로 하여금 백성들을 모아 놓고 엄히 형벌을 주고 조리돌림[回示]을 하게 한 다
음, 즉시 형조로 잡아올려 서울과 지방의 포탈한 공물을 마무리지은 뒤에 법대로 처
단해야겠습니다."
　윤허하였다.

6179 순조 23/11/10(갑술) → 【원전】 48집 236면
〔재판왜가 아명 도서 받기를 청한 것에 대해 남공철이 아뢰다〕　　　　　　왜11058
　차대하였다.
　영의정 남공철(南公轍)이 아뢰기를, "동래부사 이규현(李奎鉉)의 장계에 훈도(訓導)
와 별차(別差) 등의 수본(手本)을 낱낱이 들면서 말하기를, '작년 겨울에 나온 재판왜
(裁判倭)가 대마도주의 아들 언만(彥滿)의 아명도서(兒名圖書)를 받기를 청하는 일로

해가 넘도록 왜관에 머물면서 줄곧 귀찮게 전례를 들어가며 요청하니, 거절하기 어려울 듯합니다. 들어줄지의 여부를 묘당으로 하여금 여쭈어 처리하게 하소서'라고 하였습니다. 대마도주가 아들을 낳은 뒤에 아명 도서를 만들어 준 것은 만력(萬曆) 임자년부터 비롯되었는데, 이는 비록 일시의 특별한 은혜에서 나온 것이기는 하나 전후로 곡진히 들어준 것만도 여러 차례였으니, 조정에서의 교린의 도리에 있어서 일체 거절해서는 안되겠습니다. 서계를 올려보내게 하고 해당 조(曹)로 하여금 도서를 바로 만들어 주게 하소서" 하였다.

그대로 따랐다.

6180 순조 23/11/18(임오) → 【원전】 48집 236면
〔이종영을 전라우도 수군절도사로 삼다〕   수11320

이종영(李鍾英)을 전라우도 수군절도사로 삼았다.

   〈 관련내용 〉
     · 순조 23/11/30(갑오)→ 이원조를 전라좌도 수군절도사로 삼다   48집 236면

순조 24년(1824; 청 도광4년)

6181 순조 24/03/14(정축) → 【원전】 48집 238면
〔표류하여 닿은 대국인들을 육로로 호송토록 하다〕   표21120

　장흥(長興)·영광(靈光)·제주(濟州) 등 세 고을에 표류하여 닿은 대국(大國)사람 50명을 육로로 호송하라고 명하였다.

6182 순조 24/03/19(임오) → 【원전】 48집 239면
〔조태석을 공충도 수군절도사로 삼다〕   수11321

　조태석(趙台錫)을 공충도 수군절도사로 삼았다.

　〈 관련내용 〉
　　· 순조 24/04/25(무오)→ 이광석을 황해수사로 삼다   48집 240면

6183 순조 24/04/27(경신) → 【원전】 48집 240면
〔행패를 부린 왜인들을 묶어서 섬 가운데로 보내어 벌을 주다〕   왜11059

　비국에서 아뢰었다.
　"방금 동래부사 이규현(李奎鉉)의 장계를 보니, 접위관 자인현감(慈仁縣監) 목태석(睦台錫)의 이첩을 낱낱이 들어 말하기를, '옛날 왜관의 뒷산은 바로 두모진(豆毛鎭)과 아주 가까운 땅인데, 왜인이 사일(社日)에 왕래할 때 하왜(下倭) 7명이 술에 취해 행패를 부리면서 해당 진(鎭)에 함부로 들어오므로 진속(鎭屬)이 비로소 내쫓고자 하다가 마침내는 서로 때리며 싸웠는데, 두 명이 진속에게 맞았다고 합니다. 그리고 진도의 표류민을 데리고 온 왜인을 접대하는 다례(茶禮) 때에 본진의 통인(通引)이 으레 접위관을 배행하는데, 왜인 수십 명이 뜰에 가득히 모여서 외쳐대고, 혹은 대청으로 올라와 외치면서 반드시 통인을 찾아내어 분을 풀려고 하다가 임역배(任譯輩)들이 여러 차례 책망하여 타이르자 비로소 해산하였습니다. 저들이 왕래하는 것

은 본디 한계가 있어 감히 넘을 수가 없는 것이 약조인데, 진아(鎭衙)에 함부로 들어온 것도 이미 범금(犯禁)한 것이며 연례(宴禮) 후에 행패를 부린 것은 더욱 아주 놀랍습니다. 방금 관수왜(館守倭)를 책유(責諭)하여 엄치(嚴治)하도록 하였는데, 저들이 이른바 「묶어서 섬 가운데로 보내어 벌을 주겠다」고 하는 것은 징벌하기에 부족하니, 전의 법례(法例)에 의해서 관수왜(館守倭)에게 공급하는 것을 몇 개월을 한정하여 철파(撤罷)해서 경칙(警飭)하는 일을. 청컨대 묘당으로 하여금 품처하게 하소서'라고 하였습니다.

진사(鎭舍)에 함부로 들어오고 연청(宴廳)에서 행패를 부린 것은 모두 왜인이 스스로 지은 허물이니, 만약 관수왜로 하여금 엄히 단속하게 했다면 이런 하찮은 일이 어찌 조정에까지 알리는 지경에 이르렀겠습니까? 일을 잘 처리하지 못한 해당 진장(鎭將)은 이미 감죄하여 파직을 행하였는데, 유독 소란을 피운 왜인만을 어찌 아끼겠습니까? 쉬신(倅臣)의 장계 내용에 철공(撤供)하기를 청하였으니, 깊이 변문(邊門)의 수법(守法)하는 뜻을 얻었습니다. 다만 생각건대 소란을 피운 왜인은 바로 하왜(下倭)로 무지한 무리인데, 한때 술에 취해서 한 일이며 처음부터 크게 변정(邊情)과 관계되지 않으니, 중벌을 시행하는 것은 도리어 관용의 은전을 베푸는 도리에 결흠(缺欠)이 됩니다. 청컨대 쉬신으로 하여금 이 품복(稟覆)한 말의 뜻을 가지고 관수왜에게 엄중히 칙유(飭諭)하여 덕의(德意)를 알게 하고, 인하여 그들의 예에 의해 섬 가운데로 묶어 보내어 다시는 시끄럽게 하지 못하도록 해야 하겠습니다."

윤허하였다.

6184 순조 24/06/25(정사) → 【원전】 48집 241면
〔도정을 행하여 이경희를 경상좌도 수군절도사로 삼다〕 수11322

이경희(李敬熙)를 경상좌도 수군절도사로 삼았다.

〈 관련내용 〉
・순조 24/07/04(을축)→ 유상목을 경상좌도 수군절도사로 삼다   48집 241면

6185 순조 24/07/12(계유) → 【원전】 48집 241면
〔호남・해서의 육조 및 영남의 수조 외에 나머지 추조는 정지하라고 명하다〕 수3902

호남·해서의 육조(陸操) 및 영남의 수조(水操)를 시행하고, 그 나머지 여러 도의 가을철 조련은 모두 정지하라고 명하였다.

6186 순조 24/07#11(신축) → 【원전】 48집 242면
〔이완식을 전라좌도 수군절도사로 삼다〕 수11323

이완식(李完植)을 전라좌도 수군절도사로 삼았다.

6187 순조 24/07#28(무오) → 【원전】 48집 242면
〔대마도주의 아들 언만이 도서를 허급할 것을 청하니 윤허하다〕 왜11060

동래부사 이규현(李奎鉉)이 아뢰기를, "대마도주의 아들 언만(彦滿)이 사왜(使倭)를 보내어 훈도(訓導)와 별차(別差) 등에게 말하기를, '이번에 아명(兒名)으로 사신을 보내는 것은 저희 섬에 있어서 곧 1백 년 후에나 겨우 있는 경사입니다. 귀국에서 특별히 교린하는 후의를 생각하시어 이미 도서(圖書)를 허급하셨으니, 비단 한 섬에서 감격해 받들 뿐만 아니라, 이미 이 일을 가지고 강호에 보고하여 각 주(州)에 자랑하였습니다. 도서를 허급한 것이 작년 섣달에 있었기 때문에 송사(送使)가 비록 금년에 나왔으나 경사는 해를 넘겨서는 안된다는 뜻이었으며, 인하여 계미년 조로서 배를 보내어 사례하였으니, 이는 바로 강호와 각 주에서도 아는 바입니다. 또 구례로 말하더라도 신축년에 암환(巖丸)의 도서를 늦가을에 받아갔는데, 다음해인 임인년에 신축년 조로서 나와 즉시 허접(許接)하는 은혜를 입었었습니다. 그런데 이번에는 이처럼 엄히 물리쳐서 장차 반년이 되어 가고 있습니다. 설혹 예가 아니더라도 아명(兒名)으로 사신을 보냈으니, 도주(島主)가 보낸 사신과는 다름이 있습니다. 이미 한 섬의 큰 경사라고 일컬으며 배를 보내 사은(謝恩)한 것인데, 이제 첫머리에 저지당해서 강호에 알리고, 각주에 자랑한 것이 이 지경에 이르렀으니, 한 섬의 결망(缺望)은 우선 버려 두더라도 도주(島主) 및 도주의 아들이 이땅에서 어떻게 얼굴을 들겠습니까? 백수(白首)의 노신(老臣)이 명을 받들고 나와서 일을 마치지 못했으니 죽어야 할 뿐입니다'라고 하였기 때문에 다시는 감히 이렇게 하지 말라는 뜻으로써 별도로 책유(責諭)를 가했습니다" 하였다.

그러자 비국에서 아뢰기를, "국가의 교린하는 우의는 매양 먼 곳 사람을 회수(懷

綏)하고 후하게 하는 뜻을 따라야 하므로 전후하여 베푼 바가 예사롭지 않은 데서 많이 나왔습니다. 이번 그들의 간청은 역시 근거가 없는 것이 아닌데, 오랫동안 아끼면서 버티니, 도리어 끝까지 은혜를 베푸는 뜻에 부족함이 있습니다. 청컨대 특별히 시행하기를 허락하여 주어야 할 공목(公木)을 식례(式例)에 의해서 마련하여 구획하게 하소서" 하였다.

윤허하였다.

6188 순조 24/08/15(을해) → 【원전】 48집 242면
〔권응호를 전라우도 수군절도사로 삼다〕 수11324

권응호(權膺祜)를 전라우도 수군절도사로 삼았다.

6189 순조 24/11/24(임자) → 【원전】 48집 247면
〔표류한 중국인들을 육로로 호송하라 명하다〕 수11325

나주목 하의도(荷衣島)에 표류해 닿은 중국의 장주부(使州府) 사람 37명을 육로로 호송하라 명하였다.

〈 관련내용 〉
・순조 25/02/14(임신)→ 표류 중국선의 철물의 누락죄로 권응호・박기수를 파직하다   48집 249면

6190 순조 24/12/27(을유) → 【원전】 48집 247면
〔이규덕을 황해도 수군절도사로 삼다〕 수11326

이규덕(李圭德)을 황해도 수군절도사로 삼았다.

순조 25년(1825; 청 도광5년)

6191 순조 25/01/10(무술) → 【원전】 48집 248면
〔여러 도의 춘조를 정지하다〕   수3903

여러 도의 봄철 조련을 정지하였는데, 작년 가을에 양도(兩道)에서 이미 가을철 조련을 행하였으므로, 반년 사이에 재차 징발하기에 어려움이 있어서이다.

6192 순조 25/02/06(갑자) → 【원전】 48집 249면
〔이석구를 삼도통제사로 삼다〕   수11327

이석구(李石求)를 삼도통제사로 삼았다.

〈 관련내용 〉
· 순조 25/03/09(병신)→ 김상순에게 전라우수사를 제수하다   48집 249면

6193 순조 25/05/22(무신) → 【원전】 48집 250면
〔이승권에게 삼도통어사를 제수하다〕   수11328

이승권(李升權)을 삼도통어사로 삼았다.

6194 순조 25/07/15(경자) → 【원전】 48집 253면
〔여러 도에 한재가 들어 추조를 정지하다〕   수3904

여러 도에 한재가 들었다는 것으로 가을철 조련을 정지하였다.

6195 순조 25/11/11(갑오) → 【원전】 48집 256면
〔김노갑을 전라좌도 수군절도사로 삼다〕   수11329

김노갑(金魯甲)을 전라좌도 수군절도사로 삼았다.

6196 순조 25/11/19(임인) → 【원전】 48집 258면
〔금려의 습진하는 법을 점차 복구해서 연습하게 하다〕　　　　　　　　수3905

　　병조판서 김노경(金魯敬)이 아뢰기를, "금려(禁旅)의 습진(習陣)하는 법은 예로부터 매달 시행했었는데, 무오년 이후에는 오랫동안 폐하고 행하지 않았습니다. 청컨대 지금부터는 다시 옛 제도를 복구하여 우선은 봄·가을의 한가한 날에 법대로 시행하고 점차 복구해서 달마다 연습하게 하소서" 하였다.
　　그대로 따랐다.

6197 순조 25/12/14(병인) → 【원전】 48집 258면
〔이상일을 황해도 수군절도사로 삼다〕　　　　　　　　　　　　　　　수11330

　　이상일(李商一)을 황해도 수군절도사로 삼았다.

순조 26년(1826; 청 도광6년)

6198 순조 26/01/11(계사) → 【원전】 48집 259면
〔진휼하는 일로 봄철 조련을 정지하다〕   수3906

여러 도의 봄철 조련을 정지하였는데, 진휼(賑恤)하는 일이 바야흐로 펼쳐졌기 때문이다.

6199 순조 26/01/25(정미) → 【원전】 48집 260면
〔유홍원에게 경상좌수사를 제수하다〕   수11331

유홍원(柳弘源)을 경상좌도 수군절도사로 삼았다.

6200 순조 26/02/07(기미) → 【원전】 48집 260면
〔심일영에게 충청수사를 제수하다〕   수11332

심일영(沈日永)을 충청도 수군절도사로 삼았다.

6201 순조 26/06/16(병인) → 【원전】 48집 264면
〔표류해 온 유구국 상인 3명을 북경에 호송토록 하다〕   표2520

흥해현(興海縣) 외나로도(外羅老島)에 표류해 온 유구국 상인 3명을 육로를 따라 북경으로 호송할 것을 명하였다.

6202 순조 26/07/11(신묘) → 【원전】 48집 265면
〔가을 조련을 정지하다〕   수3907

여러 도(道)의 가을 조련을 정지하였다.

6203 순조 26/12/03(경술) → 【원전】 48집 268면

〔표류해 온 중국인을 호송토록 하다〕   표21121

나주 우이도(牛耳島)에 표류해 온 중국 절강성 사람 16명을 육로를 따라 호송하라고 명하였다.

6204 순조 26/12/11(무오) → 【원전】 48집 268면
  〔조은석을 삼도통어사로 삼다〕   수11333

조은석(趙恩錫)을 삼도통어사로 삼았다.

순조 27년(1827; 청 도광7년)

6205 순조 27/01/10(병술) → 【원전】 48집 270면
〔북병영 외에 여러 도의 봄철 조련을 정지하다〕   수3908

북병영(北兵營) 외에 여러 도(道)의 봄철 조련을 모두 정지하라고 명하였다.

6206 순조 27/02/01(정미) → 【원전】 48집 270면
〔이유수를 삼도통제사로 삼다〕   수11334

이유수(李惟秀)를 삼도통제사로 삼았다.

6207 순조 27/04/19(갑자) → 【원전】 48집 285면
〔이행교·한응호 등에게 관직을 제수하다〕   수11335

이행교(李行敎)를 전라좌도 수군절도사로, 한응호(韓應浩)를 전라우도 수군절도사로 삼았다.

6208 순조 27/06/15(기축) → 【원전】 48집 290면
〔경상좌수사 유홍원 등의 관직을 삭제하다〕   수11336

영을 내려 경상좌병사 윤재건(尹載鍵), 좌수사 유홍원(柳弘源), 제주목사 심영석(沈英錫), 선천부사(宣川府使) 신서(申緒)의 관직을 삭제하도록 하였는데, 전최(殿最)의 계본(啓本)을 신본(申本)으로 잘못 올렸기 때문이었다.

6209 순조 27/06/17(신묘) → 【원전】 48집 290면
〔대점하여 이은빈·임성고 등에게 관직을 제수하다〕   수11337

이은빈(李誾彬)을 전라좌도 수군절도사로, 임성고(任聖皐)를 경상좌도 병마절도사로, 윤의검(尹義儉)을 경상좌도 수군절도사로 삼았다.

6210 순조 27/07/11(갑인) → 【원전】 48집 291면
　　〔수재로 가을 군사훈련을 중지하다〕　　　　　　　　　　　　　수3909

　　여러 도의 가을 군사훈련을 중지하였는데, 비변사에서 늦장마로 곡식이 상하였다고
　　하여 중지를 청한 것이었다.

6211 순조 27/07/11(갑인) → 【원전】 48집 291면
　　〔표류해 온 중국인을 육로로 호송하라 하다〕　　　　　　　　　표21122

　　용천부(龍川府)의 돌곶섬(乭串島)에 표류해 온 중국인 27명을 육로로 호송하라고 영
　　을 내렸는데, 역서재자관(曆書賷資官) 편에 딸려 보냈다.

6212 순조 27/08/13(병술) → 【원전】 48집 298면
　　〔박윤영을 공충도 수사로 삼다〕　　　　　　　　　　　　　　　수11338

　　박윤영(朴潤榮)을 공충도 수군절도사로 삼았다.

6213 순조 27/10/07(기묘) → 【원전】 48집 303면
　　〔대점하여 이인달을 황해수사로 제수하다〕　　　　　　　　　　수11339

　　이인달(李仁達)을 황해도 수군절도사로 삼았다.

순조 28년(1828; 청 도광8년)

6214 순조 28/01/10(경술) → 【원전】 48집 308면
〔봄철 군사훈련을 정지하게 하다〕   수3910

여러 도(道)의 봄철 조련을 정지하게 하였다.

6215 순조 28/03/27(병인) → 【원전】 48집 310면
〔조존중을 경상좌도 수군절도사로 삼다〕   수11340

대점하여 조존중(趙存中)을 수군절도사로 삼았다.

〈 관련내용 〉
· 순조 28/04/11(경진)→이종영을 삼도통어사로, 이존경을 경상좌도 수군절도사로 삼다 48집 310면

6216 순조 28/07/11(기유) → 【원전】 48집 312면
〔모든 도의 가을훈련을 정지시키다〕   수3911

여러 도의 가을 조련을 정지시켰는데, 이는 3남의 수재 때문이었다.

6217 순조 28/08/29(병신) → 【원전】 48집 315면
〔관백이 손자를 낳은 것에 대한 축하 등을 전례에 따라 할 것을 아뢰다〕   왜11061

비국에서 아뢰기를, "지금 예조에서 상신한 목록을 보니 동래부사 김선(金鐥) 예의 장달을 낱낱이 열거하였는데, 거기에 이르기를, '일본의 관백이 손자를 낳아서 그 경사를 축하하고 대마도주가 환도(還島)하였으므로, 문위역관(問慰譯官)을 청하기 위하여 재판차왜(裁判差倭)가 나왔는데 예에 따라 접대하는 것이 마땅하오며, 잔치에 증여할 예단잡물은 전례에 따라 마련하겠지마는 도해역관(渡海驛官)의 차출에 대하여서는 비록 전례가 있다고 하나, 일이 변정(邊情)에 관계되는 것이므로 묘당으로 하여금 품처하도록 하여 달라'고 하였습니다. 대마도주가 환도(還島)에 대한 문위와

관백이 손자를 낳은 것에 대한 치경(致慶)은 이미 각년(各年)에 치른 예가 있습니다. 바라건대 도해역관을 해당 원(院)으로 하여금 차송하게 하여 그로 하여금 문위하게 한 뒤에 이어서 관백에게 치경(致慶)하게 할 것이며, 서계 및 예단과 반전(盤纏)은 전례를 참조하여 마련하라는 뜻을 해당 조(曹)와 해당 도(道)에 분부하소서" 하였다. 그대로 따랐다.

6218 순조 28/09/03(경자) → 【원전】 48집 315면
〔안광찬을 경상좌수사로 삼다〕 수11341
대점하여 안광찬(安光贊)을 경상좌도 수군절도사로 삼았다.

순조 29년(1829; 청 도광9년)

6219 순조 29/01/11(병오) → 【원전】 48집 320면
〔전국의 봄철 조련을 정지시키다〕   수3912

여러 도의 봄철 조련을 정지하게 하였다.

6220 순조 29/01/28(계해) → 【원전】 48집 321면
〔김영을 삼도통제사로 삼다〕   수11342

대점하여 김영(金煐)을 3도통제사로 삼았다.

6221 순조 29/03/18(임자) → 【원전】 48집 324면
〔왜인이 왜관 소통사 배말돈을 살해하다〕   왜11062

왜관의 소통사(小通事) 배말돈(裵末敦)이 관수왜(館守倭) 송정구치(松井龜治)라는 놈의 칼에 찔렸는데, 이로 인하여 죽었다.
경상감사 정기선(鄭基善)이 이로써 장달(狀達)하여 이르기를, "흉악을 행한 관왜(館倭)를 반드시 상명(償命)시킨 연후에야 국가의 위신이 신장될 수 있으니, 청컨대 관수왜를 책유(責諭)하여 빠른 대로 정법(正法)할 것을 기약하소서. 동래부사 김선(金譱)과 부산첨사 조윤붕(曹允鵬)은 평일 제대로 다스리지 못하여 피인(彼人)이 우리나라 사람을 칼로 찌르게 하였으니, 아울러 우선 파직하소서" 하였다.
유사(攸司)로 하여금 품처하게 하였다.
하령(下令)하기를, "피인(彼人)이 우리나라 사람을 칼로 찔러 죽인 것은 변괴라고 말할 만하다. 살인자를 사형에 처하는 것은 법문(法文)이 매우 엄격하다. 상명(償命)하느냐의 여부는 이의가 없을 것 같은데, 칼에 찔린 자가 죽은 것이 40일의 고한(辜限) 후에 있었으니, 상명의 한 문제는 상량(商量)할 바가 있다. 묘당에서 충분히 의논하여 회달(回達)하도록 하라. 동래부사는 변금(邊禁)을 제대로 엄히 단속하지 못하

였으니 죄가 진실로 용서하기 어려우나, 이제 막 진휼을 베푸는 시기를 당하여 생무지에게 맡길 수가 없으니, 진휼이 끝나기까지 죄를 띤 채 직무를 수행하도록 하라"
하였다.

　　비국에서 상달하기를, "동래부사 김선의 장달(狀達)을 보니, '소통사 배말돈이 칼에 찔려 치사된 것은 사증(詞證)이 명확하여, 범왜(犯倭)를 상명(償命)하는 것을 단연코 그만둘 수 없으므로, 임역(任譯)에게 신칙하여 그로 하여금 관수왜(館守倭)를 책유(責諭)하였더니, 이르기를, '도중(島中)에 통보하여 상명할 것을 기약했다'고 하였습니다. 범죄를 저지른 왜인은 이미 차율(次律)로 다스릴 것을 하령하셨으니, 청컨대 영지(令旨)를 내리신 사의(辭意)로써 관왜(館倭)에게 효유하여, 그들로 하여금 나라의 형정(刑政)은 저 나라 사람이나 우리나라 사람이나 차이가 없음을 알게 하고, 유찬(流竄)의 형전을 조금도 늦출 수가 없으니 도중(島中)으로 결박하여 압송하고 빨리 형률을 시행하게 하라는 뜻을 도신(道臣)과 해당 고을 원에게 분부하소서" 했다.
그대로 따랐다.

6222 순조 29/04/04(정묘) → 【원전】 48집 324면
　　〔윤재탁을 전라우수사로 삼다〕　　　　　　　　　　　　　　수11343

　　윤재탁(尹載鐸)을 전라우도 수군절도사로 삼았다.

　　　〈 관련내용 〉
　　　　· 순조 29/04/04(정묘)→ 윤희용을 공충 수군절도사로 삼다　　　48집 324면

6223 순조 29/04/05(무진) → 【원전】 48집 325면
　　〔통영의 소실된 민가에 별휼전을 시행하게 하다〕　　　　　　　수4705

　　통영(統營)의 소실된 민가 2백42호에 별휼전(別恤典)을 시행하도록 하령하였다.

6224 순조 29/05/15(무신) → 【원전】 48집 325면
　　〔김수기·심능준 등에게 관직을 제수하다〕　　　　　　　　　　수11344

　　이완식(李完植)을 삼도통어사로, 이형권(李亨權)을 전라좌도 수군절도사로 삼았는데, 이완식과 이형권을 곧바로 교체하고, 김수기(金守基)와 심능준(沈能俊)으로 대신했다.

6225 순조 29/07/11(계묘) → 【원전】 48집 327면
　　〔전국의 가을 조련을 정지하다〕　　　　　　　　　　　　　　　수3913

　　여러 도의 가을철 조련을 정지하였는데, 4도에 진휼을 베풀기 때문이었다.

6226 순조 29/08/24(을유) → 【원전】 48집 330면
　　〔김교근을 황해수사로 보외하다〕　　　　　　　　　　　　　　수11345

　　하령하기를, "여러 번 신칙하는 영을 내렸는데 끝내 들어오지 않았으니, 사체(事體)와 도리상 매우 해연(駭然)하다. 형조판서 김교근(金敎根)을 황해수사로 보외(補外)하라" 하였다.

　　〈 관련내용 〉
　　· 순조 29/08/28(기축)→ 황해수사 김교근을 옹진부에 유배시키다　　　48집 330면
　　· 순조 29/09/03(갑오)→ 이길회를 황해수사에 제수하다　　　　　　　　48집 330면

6227 순조 29/09/08(기해) → 【원전】 48집 330면
　　〔동래부사 홍희조가 왜인의 구타 사건을 보고하다〕　　　　　　왜11063

　　동래부사 홍희조(洪羲祖)가 장달(狀達)하기를, "탄군(炭軍) 김정월(金正月)의 아들이 서관하왜(西館下倭)에게 구타를 당하였는데, 맞은 곳이 요해처가 아니고 상처받은 것 역시 심하지는 않으나, 약조가 없어서 어려움 없이 구타하였으니 극히 놀라운 일입니다. 우선 옥에 가두고 고한(辜限)을 기다리겠다는 뜻을 관수왜(館守倭)와 재판왜(裁判倭) 등에 책유(責諭)하였습니다" 하였다.
　　하령하기를, "저 사람들이 무단히 우리나라 사람을 구타하였는데 어찌 이러한 도리가 있는가? 관수왜가 만약 약조를 알고 또 능히 아랫사람을 단속했다면, 어찌 이 지경에 이르겠는가? 다만 엄중한 말로 관수왜를 통하여 책유하고, 이른바 구타한 왜인은 우리나라 사람들이 보는 앞에서 각별히 엄하게 응징하는 것이 옳다. 그대는 평소 능히 검칙(檢飭)하지 못한 실책이 있으니, 추고하겠다" 하였다.

6228 순조 29/11/04(갑오) → 【원전】 48집 333면
　　〔중국인 표류자를 본국으로 호송하게 하다〕　　　　　　　　　　표21123

　　풍천부(豊川府)에 명하여, 표류되어 온 중국사람 4명을 육로로 호송하게 하였다.

6229 순조 29/11/09(기해) → 【원전】 48집 333면
〔강화유수 신위달이 수적 괴수 김수온 등 5명의 체포를 보고하다〕   수4706

　　강화유수 신위달(申緯達)이 아뢰기를, "이달 초6일 신 영문(營門)의 포교(捕校)가 와서, 수적의 괴수 김수온(金守溫) 및 공모한 도적 박완식(朴完植)・김이온(金履溫)・박창인(朴昌仁)・김철이(金喆伊) 등 다섯 놈을 파주(坡州) 문산포(文山浦)에서 추적해 체포하여 한꺼번에 모두 잡아왔으며, 도적놈들의 기계(器械)・집물(什物)도 역시 압수해 왔다고 고하였습니다. 그러므로 신이 본영의 중군(中軍) 채학영(蔡學永)과 더불어 안동(眼同)하여 사문(査問)하고 누차 대질한 결과, 14인의 인명을 바다 가운데서 결박해 던지고 만여 금의 전재(錢財)를 탈취한 것은 모두 김수온(金守溫)이 설계(設計)하고 주모하였습니다. 비단 그가 자복하였을 뿐만 아니라 돈과 물건이 간 곳 또한 만나 건네준 사람이 있으니, 그들이 지난번 범행한 수적(水賊)들이 확실하다는 데 의심이 없었습니다. 그러나 그 많은 인명을 살해하고 돈과 재물을 겁취한 것은 오히려 여사(餘事)에 속하며 문목(問目)을 취초한 결과, 하나 하나 직접 공초한 내용이 아주 더없이 흉패(凶悖)하여 인신(人臣)으로는 차마 들을 수 없는 것이 있었습니다. 우선 격식을 갖추어 엄중히 투옥시키고 처분을 기다립니다" 하였다.
　　포청(捕廳)에 이송하여 구핵(究覈)하도록 하라고 하령하였다.

　〈 관련내용 〉
　　・순조 29/11/09(기해)→ 포도청에서 수적 김수온 등의 취조 내용을 보고하다　　48집 333면
　　・순조 29/11/09(기해)→ 수적 김수온 등 10명을 모반대역죄 등으로 처형하다　　48집 334면

6230 순조 29/11/09(기해) → 【원전】 48집 334면
〔중국인 표류자를 본국으로 호송하게 하다〕   표21124

　　풍천부(豊川府)에 표류해 온 청나라 관동성(關東省) 사람 4명과, 장연현(長淵縣)에 표류해 온 청나라 산동성 사람 10명을 육로로 호송할 것을 명하였다.

6231 순조 29/12/07(정묘) → 【원전】 48집 337면
〔중국인 표류자의 본국 호송을 지시하다〕   표21125

　　진도군(珍島郡)에 표류하여 온 중국 산동성 사람 2명을 육로로 호송하도록 하령했다.

6232 순조 29/12/15(을해) → 【원전】 48집 339면
〔이응식을 전라우수사로 삼다〕 수11346

이응식(李應植)을 전라우도 수군절도사로 삼았다.

〈 관련내용 〉
· 순조 29/12/19(기묘)→ 이항권을 삼도통어사로 삼다 48집 339면

순조 30년(1830; 청 도광10년)

6233 순조 30/01/11(신축) → 【원전】 48집 340면
〔전국의 봄철 조련을 정지시키다〕   수3914

여러 도의 봄철 조련을 정지시켰다.

6234 순조 30/02/12(신미) → 【원전】 48집 341면
〔통제사 김영을 제서유위율로 처벌할 것을 명하다〕   수11347

비국에서 통제사 김영(金煐)이 재목을 벨 때에 묘당의 경계를 준수하지 않았다는 것으로 삭직하도록 청하니, 왕세자가 영접하고 전송하는 것이 폐단이 된다는 것으로 우선 함추(緘推)하도록 하였다.
　좌의정 이상황(李相璜)이 차자를 올리기를, "견책하여 삭직하는 것도 오히려 가벼운 처벌에 속하니, 청컨대 다시 처분을 내리소서" 하였다.
　왕세자가 답하기를, "나는 영접하고 전송하는 주전(廚傳)의 폐단을 위해서 그렇게 하였다. 그런데 지금 경의 차자를 보니, 견책하고 처벌하는 것도 오히려 가볍다고 말하였으니, 제서유위율(制書有違律)을 적용하는 것이 적당하겠다. 그대로 시행하도록 하고 각별히 사람을 가려 뽑아 다시는 이런 일이 없게 하는 것이 마땅하겠다" 하였다.

6235 순조 30/02/16(을해) → 【원전】 48집 341면
〔이항권·이정곤 등에게 관직을 제수하다〕   수11348

대신 낙점하여 이항권(李恒權)을 삼도통제사로, 이정곤(李貞坤)을 공충도 수군절도사로 삼았다.

　〈 관련내용 〉
　　· 순조 30/02/17(병자)→ 이완식을 삼도통어사로 삼다   48집 341면

6236 순조 30/07/14(기사) → 【원전】 48집 352면
〔전국의 가을 훈련을 정지시키다〕 수3915
여러 도의 가을 조련을 정지하게 하였다.

6237 순조 30/09/29(갑신) → 【원전】 48집 362면
〔이현영을 경상좌수사로 삼다〕 수11349
이현영(李顯英)을 경상좌도 수군절도사로 삼았다.

6238 순조 30/11/10(갑자) → 【원전】 48집 364면
〔나주의 당관창을 혁파하다〕 수4707
나주의 당관창(唐串倉)을 혁파하도록 명하였는데, 호남어사의 단자로 인하여 비국에서 도계(道啓)를 복주(覆奏)하였기 때문이었다.

6239 순조 30/12/08(임진) → 【원전】 48집 365면
〔청국 표류자를 본국으로 호송하게 하다〕 표21126
영광군 임자도(荏子島)에 표류해 온 청나라〔大國〕 복건성의 사람 35명을 육로를 따라 호송하도록 명하였다.

순조 31년(1831; 청 도광11년)

6240 순조 31/01/12(병인) → 【원전】 48집 366면
〔여러 도의 봄철 조련을 정지시키다〕   수3916

여러 도의 봄철 조련을 정지하게 하였으니, 막 칙사(勅使)의 행차를 겪었기 때문이었다.

6241 순조 31/04/02(갑신) → 【원전】 48집 368면
〔차왜의 조위를 비국에서 보고하다〕   왜11064

비국에서 아뢰기를, "동래부사 박제명(朴齊明)의 장계를 보니, 왜국의 대선 1척이 조위사로 나왔다고 하였습니다. 비록 이것이 처음 있는 일이라 하더라도 저들이 이미 조위하러 왔다 말하고, 또 이미 왜관에 도착하였으니, 전례가 없다고 하여 물리칠 수는 없습니다. 차왜는 특별히 응접하여 원방(遠方)의 사람을 유순하게 대해 복종케 하는 뜻을 보이고 서계에 있어서는 교린에 있어 중대한 바로서 오직 고례(故例)가 있는데, 비록 후의(厚意)에서 나왔다 하더라도 처음으로 개설하기는 어려움이 있으니, 명백하게 알아듣도록 타일러서 도로 들여보내게 하소서. 또 기유년의 일로 말하더라도 관수왜(館守倭)의 요청으로 인하여 품처(稟處)해 막았던 바가 있었는데, 이번에는 한마디도 와서 알림이 없이 갑자기 나온 것은 대단히 해이(駭異)함에 관계됩니다. 관수왜가 있는 곳에도 이로써 꾸짖어 타이르는 뜻을 해당 부사(府使)에게 분부하소서" 하였다.
그대로 따랐다. 뒤에 차왜가 누차 간곡히 요청함으로 인해 서계를 받아들였다.

6242 순조 31/04/03(을유) → 【원전】 48집 368면
〔이정회를 삼도통어사로 삼다〕   수11350

이정회(李鼎會)를 삼도통어사로 삼았다.

〈 관련내용 〉
· 순조 31/05/08(기미)→ 원영린을 전라좌도 수군절도사로 삼다   48집 369면

6243 순조 31/07/11(신유) → 【원전】 48집 370면
〔여러 도의 가을철 군사조련을 정지하다〕   수3917

여러 도(道)의 가을철 군사조련을 정지하였다.

6244 순조 31/07/18(무진) → 【원전】 48집 370면
〔이제화를 황해도 수군절도사로 삼다〕   수11351

이제화(李濟和)를 황해도 수군절도사로 삼았다.

6245 순조 31/07/25(을해) → 【원전】 48집 370면
〔대정현에 표도한 유구국의 나패부 사람 3명을 북경으로 호송하기를 명하다〕   표2521

대정현(大靜縣)에 표류하여 도착한 유구국의 나패부(那覇府) 사람 3명을 육로를 따라 북경으로 호송하라고 명하였다.

6246 순조 31/09/13(임술) → 【원전】 48집 371면
〔정의현에 표류해 도착한 일본국 사람 48명을 동래부 왜관에 보내주다〕   표2325

정의현(旌義縣)에 표류해 도착한 일본국의 살마도(薩摩島) 사람 48명을 수로를 따라 동래부 왜관에 보내주었다.

6247 순조 31/10/14(임진) → 【원전】 48집 372면
〔허계를 전라우도 수군절도사로 삼다〕   수11352

허계(許棨)를 전라우도 수군절도사로 삼았다.

순조 32년(1832; 청 도광12년)

6248 순조 32/01/02(경술) → 【원전】 48집 373면
〔이재형을 공충도 수군절도사로 삼다〕   수11353

이재형(李載亨)을 공충도 수군절도사로 삼았다.

6249 순조 32/01/11(기미) → 【원전】 48집 373면
〔여러 도의 봄철 군사조련을 정지하다〕   수3918

여러 도(道)의 봄철 군사조련을 정지하였다.

6250 순조 32/02/02(기묘) → 【원전】 48집 373면
〔유화원을 삼도통제사로 삼다〕   수11354

유화원(柳和源)을 삼도통제사로 삼았다.

〈 관련내용 〉
· 순조 32/02/10(정해)→이현영을 전라 병마절도사, 신서를 경상좌도 수군절도사로 삼다 48집 374면

6251 순조 32/02/29(병오) → 【원전】 48집 375면
〔세곡운송에 대해 홍희근이 상소하다〕   조1332

공충감사 홍희근(洪羲瑾)이 상소하였는데, 대략 이르기를, "본도의 세곡(稅穀)을 재차 운송하는 데에 폐단이 있음으로써 작년 겨울 대료(大僚)가 연석(筵席)에서 주청한 것으로 인하여 각각 그 고을로 하여금 원래 정한 기한에 의하여 배를 세내어 실어 보내도록 하였습니다. 급작스럽게 40년 동안이나 멈추어 두었던 사례를 회복하게 하였으니, 사정으로 참작하건대, 어떻게 할 수 없는 일이겠습니다마는, 경강의 사선(私船)에 대해서는 외방의 위령(威令)이 미칠 수 없는 형편이요, 연읍(沿邑)에서 지금 붙잡아 놓은 것은 도내의 지토선(地土船) 및 포구를 지나가는 배에 불과한데, 지토선

은 잡아서 머물러 두고 놓아 주지 않아서 어염(漁鹽)이 이익을 좇는 업(業)을 잃었으며, 지나가는 배는 사사로운 짐바리를 억지로 풀게 하여 상고(商賈)가 교역해 옮기는 길이 막혔으니, 주사선(舟司船)으로 재차 운송하는 것을 아직 혁파하지 말도록 하여 옛 관습 그대로 하게 허락하신다면 이에 있어서 안팎이 함께 힘을 합하게 되어서 공납(公納)이 비로소 걱정이 없을 수 있을 것입니다" 하였다.

비답하기를, "소장(疏章)에 있는 내용을 묘당으로 하여금 품처(稟處)하게 하겠다" 하였다.

6252 순조 32/03/07(갑인) → 【원전】 48집 375면
[윤우현을 황해도 수군절도사로 삼다]   수11355

정기선(鄭基善)을 사헌부 대사헌으로, 윤우현(尹禹鉉)을 황해도 수군절도사로 삼았는데, 병비(兵批)는 판서가 외방에 있으므로 참판이 특교(特敎)로 인하여 의망(擬望)하였다.

6253 순조 32/07/12(병진) → 【원전】 48집 379면
[여러 도의 가을철 군사조련을 중지하라고 명하다]   수3919

여러 도의 가을철 군사조련을 중지하라고 명하였으니, 수재(水災) 때문이었다.

6254 순조 32/07/21(을축) → 【원전】 48집 379면
[홍희근이 홍주의 고대도 뒷 바다에 정박한 영길리국의 배에 대해 보고하다]   수4708

공충감사 홍희근(洪羲瑾)이 장계에서 일렀다.

"6월 25일 어느 나라 배인지 이상한 모양의 삼범죽선(三帆竹船) 1척이 홍주(洪州)의 고대도(古代島) 뒷바다에 와서 정박하였는데, 영길리국의 배라고 말하기 때문에 지방관인 홍주목사 이민회(李敏會)와 수군우후 김형수(金瑩綬)로 하여금 달려가서 문정(問情)하게 하였더니, 말이 통하지 않아 서자(書字)로 문답하였는데, 국명은 영길리국(英吉利國) 또는 대영국(大英國)이라고 부르고, 난돈(蘭墩)의 흔도사단(忻都斯担)이란 곳에 사는데 영길리국·애란국(愛蘭國)·사객란국(斯客蘭國)이 합쳐져 한 나라를 이루었기 때문에 대영국이라 칭하고, 국왕의 성은 위씨(威氏)이며, 지방은 중국

과 같이 넓은데 난돈의 지방은 75리이고 국중에는 산이 많고 물은 적으나 오곡이 모두 있다고 하였고, 변계(邊界)는 곤련(昆連)에 가까운데 곧 운남성에서 발원하는 한줄기 하류가 영국의 한 지방을 거쳐 대해로 들어간다고 하였습니다. 북경(北京)까지의 거리는 수로로 7만 리이고 육로로는 4만 리이며, 조선(朝鮮)까지는 수로로 7만 리인데 법란치(法蘭治)·아사라(我斯羅)·여송(呂宋)을 지나고 지리아(地理亞) 등의 나라를 넘어서야 비로소 도착할 수 있다고 하였습니다.

또 선재(船材)는 이목(栮木)을 썼고 배의 형체는 외[苽]를 쪼개 놓은 것같이 생겼으며, 머리와 꼬리 부분은 뾰족한데 길이는 30파(把)이고 넓이는 6파이며 삼(杉)나무 폭을 붙인 대목은 쇠못으로 박았고, 상층과 중층은 큰 것이 10칸이고 작은 것이 20칸이었으며, 선수와 선미에는 각각 건영귀(乾靈龜)를 설치했고, 배 안에는 흑백의 염소[羔]를 키우며 오리와 닭의 홰[塒]를 설치하고 돼지우리도 갖추고 있었으며, 선수와 선미에는 각색의 기(旗)를 꽂고 작위가 있는 자의 문전에 있는 한 사람은 갑옷 모양의 옷을 입고 칼을 차고 종일토록 꼿꼿이 서서 출입하는 사람을 제지하였으며, 급수선 4척을 항상 좌우에 매달아 놓고 필요할 때에는 물에 띄워 놓았습니다. 전·중·후의 범죽(帆竹)은 각각 3층을 이루고 있고 흰 삼승범(三升帆)도 3층으로 나누어져 있었으며, 사용하는 그릇은 화기(畵器)이고 동이[樽]와 병(瓶)은 유리였으며 숟가락은 은으로 만들었고, 배 안에 실은 병기는 환도 30자루, 총 35자루, 창 24자루, 대화포 8좌이었습니다.

또 배에 타고 있는 사람은 총 67인이었는데, 선주는 4품 자작 호하미(胡夏米)이고, 6품 거인은 수생갑리(隨生甲利) 출해리사(出海李士)이며, 제1과장(第一夥長)은 파록(波菉)이고, 제2과장은 심손(心遜)이고, 제3과장은 약한(若翰)이고, 화사(畵士)는 제문(弟文)이며, 사자(寫字)는 노도고(老濤高)이고, 시종자는 미사필도로(米士必都盧)이며, 과계(夥計)는 벽다라마(辟多羅馬)·행림이(行林爾)·임홍파(林紅把)·가파지(加巴地)이고, 수수는 가타(嘉他)·랍니(拉尼)·야만(耶農)·주한(周翰)·명하(明夏) 및 마흥(馬興) 6인이며, 진주(陳舟)에 10인, 손해(遜海)에 20인이고, 주자(廚子)는 모의(慕義)와 무리(無理)이며. 지범(止帆)은 오장만(吳長萬)이요. 근반(跟班)·시오(施五)·시만(施慢)·시난(施難)·시환(施環)·시섬(施菱)·시니(施尼)·시팔(施八)이었습니다.

용모는 더러는 분을 발라놓은 것처럼 희기도 하고 더러는 먹물을 들인 것처럼 검기도 하였으며, 혹자는 머리를 박박 깎기도 하였고 혹자는 백회(百會) 이전까지는 깎고 정상에서 조그만 머리카락 한 가닥을 따서 드리운 자도 있었으며, 입고 있는 의복은 혹은 양포(洋布)를 혹은 성성전(猩猩氈)을 혹은 3승(升)의 각색 비단을 입고 있었는데 웃도리는 혹 두루마기 같은 것을 입기도 하였으며 혹 소매가 좁은 모양을 입기도 하고 혹 붉은 비단으로 띠를 두르기도 하고, 적삼은 단령(團領)을 우임(右袵)하고 옷섶이 맞닿은 여러 곳에 금단추(金團錘)를 달았으며 소매는 좁기도 하고 넓기도 하였는데 작위가 있는 사람이 입는 문단(紋緞)은 빛깔이 선명하였습니다. 머리에 쓴 것은 호하미(胡夏米)는 푸른 비단으로 족두리처럼 만들었는데 앞쪽은 흑각(黑角)으로 장식하였고, 그 외의 사람은 붉은 전(氈)이나 흑삼승(黑三升)으로 더러는 감투 모양으로 더러는 두엄달이(頭掩達伊) 모양으로 만들었고 혹 풀[草]로 전골냄비 모양으로 엮기도 하였습니다. 버선[襪子]은 흰 비단으로 만들기도 하고 백삼승(白三升)으로 만들기도 하였으나 등에 꿰맨 흔적이 없었고, 신[鞋]은 검은 가죽으로 만들었는데 모양은 발막(發莫)과 같았습니다.

배에 실은 물품은 파리기(叵璃器) 5백 개, 초(硝) 1천 담(担), 화석(火石) 20담, 화포(花布) 50필, 도자(刀子) 1백 개, 전자(剪子) 1백 개, 납촉(蠟燭) 20담, 등대(燈臺) 30개, 등롱(燈籠) 40개, 뉴(毚) 1만여 개, 요도(腰刀) 60개인데, 아울러서 값으로 따지면 은화 8만 냥이라 하였습니다.

나라의 풍속은 대대로 야소교(耶蘇敎)를 신봉해 왔으며, 중국과의 교역은 유래가 2백 년이나 되었는데 청국(淸國)과 크기가 같고 권세가 비등하였으므로 조공도 바치지 않았고 그 나라에서 북경에 가도 계하에서 머리를 조아리지 않는다 하였으며, 대청황제는 먼 나라 사람을 너그럽게 대해 주려 하였으나 요사이는 관리들이 황제의 뜻을 잘 받들지 않으므로 황은이 외국인에게는 미치지 못하고 있으며 또 외국 상인은 관리의 횡포로 인하여 많이 어려움을 당하고 있다고 하였습니다.

교역하고 있는 나라는 우라파국(友羅巴國)·법란서국(法蘭西國)·아임민랍국(阿壬民拉國)·자이마미국(者耳馬尾國)·대여송국(大呂宋國)·파이도사국(波耳都斯國)·아비리가국(亞非利加國)·식력국(寔力國)·영정도국(伶仃都國)·대청국(大淸國)이며, 교린하는 나라는 아라사국(我羅斯國)·법란치국(法蘭治國)·하란국(荷蘭國)·파려사국(波呂斯國)이라 하고, 영국(英國)의 지방은 구라파에 있는데 사람을 귀히 여기고 있으며, 지방이 또 아미리가(亞未利加)에 있는데 그 역시 크고 좋은 땅이고, 또 서흔경(西忻慶)에도 있어 섬들이 많으며, 아비리가(亞非利加)의 극남단(極南端)에 있는 호망(好望)의 갑(甲)은 수위(垂圍)의 속지이고, 또 태평양의 남쪽 바다에도 영국에 소속된 허다한 미개한 지방이 있으며, 그 끝은 아서아주(亞西亞州)에 있는데 섬들이 많고, 또 흔도사단(忻都斯担)·고위(古圍) 각 지방도 모두 영국의 판도(版圖)에 들어왔다고 하였습니다. 최근에 중국에서 영국으로 소속된 미개한 지방으로는 익능부(邵能埠) 마지반부(馬地班埠) 마랍가부(馬拉加埠)·선가파부두(先嘉陂埠頭)라 하였습니다.

그들은 '금년 2월 20일 서남풍을 만나 이곳에 와서 국왕의 명으로 문서와 예물을 귀국의 천세계하(千歲階下)에 올리고 비답이 내리기를 기다리기로 하였으며 공무역을 체결하여 양포(洋布)·대니(大呢)·우모포(羽毛銲)·유리기(琉璃器)·시진표(時辰表) 등의 물건으로 귀국의 금·은·동과 대황(大黃) 등의 약재를 사고 싶다'고 하였는데, 이른바 바칠 예물은 대니 홍색 1필, 청색 1필, 흑색 1필, 포도색 1필과 우모(羽毛) 홍색 1필, 청색 1필, 포도색 1필, 종려색(棕櫚色) 1필, 황색 1필, 양포(洋布) 14필, 천리경(千里鏡) 2개, 유리기 6건, 화금뉴(花金紐) 6배(排)와 본국의 도리서(道理書) 26종이라 하였습니다.

또 7월 12일에 모양이 이상한 작은 배 한 척이 서산(瑞山)의 간월도(看月島) 앞 바다로부터 태안(泰安)의 주사창리(舟師倉里) 앞 포구에 와서 이 마을 백성들을 향하여 지껄이듯 말을 하면서 물가에 책자를 던지고는 바로 배를 돌려 가버렸는데, 던진 책자는 도합 4권 중에서 2권은 갑(匣)까지 합하여 각각 7장이고 또 한 권은 갑까지 합하여 12장이었으며 또 한 권은 갑도 없이 겨우 4장뿐이었다 하기에, 고대도(古代島)의 문정관(問情官)이 이 일로 저들 배에 다시 물으니, 답하기를, '금월 12일 묘시(卯時)에 종선(從船)을 타고 북쪽으로 갔다가 바다 가운데에서 밤을 새우고 13일 미명에 돌아왔는데 같이 간 사람은 7인이고 책자 4권을 주었으나 받은 사람의 이름을 알지 못한다'고 하였습니다.

또 저들이 식량·반찬·채소·닭·돼지 등의 물목 단자(物目單子) 한 장을 써서 내면서 요청하였기 때문에, 소 2두, 돼지 4구(口), 닭 80척(隻), 절인 물고기 4담, 갖가지 채소 20근, 생강(生薑) 20근, 파뿌리 20근, 마늘뿌리 20근, 고추 10근, 백지 50권, 곡물 4담(躬), 맥면(麥麵) 1담, 밀당(蜜糖) 50근, 술 1백 근, 입담배 50근을 들여보내 주었습니다.
　저들이 주문(奏文) 1봉과 예물 3봉을 전상(轉上)하기를 간청하였으나 굳이 물리치고 받지 아니하니, 저들이 마침내 물가에 던져버리고 또 작은 책자 3권과 예물의 물명 도록(物名都錄) 2건을 주었다고 하기에, 서울에서 내려온 별정역관(別定譯官) 오계순(吳繼淳)이 달려가서 문정(問情)하였는데, 그의 수본(手本)에 의하면 문서와 예물을 저들이 끝내 되돌려 받지 않으려 하여 여러 날을 서로 실랑이를 하다가 17일 유시(酉時)에 이르러 조수가 물러가기 시작하자 저들이 일제히 떠들면서 우리 배와 매놓은 밧줄을 잘라버린 뒤에 닻을 올리고 돛을 달고 서남쪽을 향하여 곧장 가버려 황급히 쫓아갔으나 저들 배는 빠르고 우리 배는 느리어 추급(追及)하지 못하고 문서와 예물은 결국 돌려줄 수 없었다고 하였습니다."
　비국에서 아뢰기를, "이 배는 필시 바다 가운데에 있는 나라들의 행상(行商)하는 배일텐데, 우연히 우리나라 지경에 이르러 주문(奏文)과 예물(禮物)을 가지고 교역을 시도해보려 하다가 계획이 이루어지지 않자 저들도 물러가지 않을 수 없었을 것이나, 다만 그 주문과 예물을 그대로 두고 간 것은 자못 의아롭습니다. 먼 곳에서 온 사람들의 속셈을 비록 헤아리기는 어려우나 우리의 처리에 있어서는 의당 신중히 해야 하겠으므로, 문정관(問情官)과 역관 등으로 하여금 일일이 수량을 확인하여 궤(櫃)에 봉해 두게 하고 우리들에게 준 책자를 빠짐없이 모아 함께 봉(封)하여 본주(本州)의 관고(官庫)에 보관하게 하여야 하겠습니다. 공충수사 이재형(李載亨), 우후 김형수(金瀅綬), 지방관 홍주목사 이민회(李敏會)가 문정할 때에 거행이 지연되고 처리가 전착(顚錯)된 죄는 묻지 않을 수 없으니, 청컨대 도신(道臣)이 논감(論勘)한 대로 파직의 율로 시행하소서" 하였다.
　모두 윤허하였다.
　또 아뢰기를, "이번의 영길리국은 비록 대국에 조공을 바치는 열에 있지는 않는다 하더라도 그들이 바친 책자로 보면 민월(閩越)과 광주(廣州) 등지로 왕래하는 상선(商船)이 1년이면 6, 70척에 밑돌지 않는다고 하였으니, 이번에 우리나라에 와서 정박한 사실이 혹 대국에 전해질 염려도 없지 않으니 우리나라에서 먼저 발설하여 후환을 막지 않을 수 없습니다. 괴원(槐院)으로 하여금 사실을 매거(枚擧)하여 자문(咨文)을 짓게 하여, 형편에 따라 예부에 들여보내야 하겠습니다" 하였다.

그대로 따랐다.

〈 관련내용 〉
· 순조 32/07/21(을축)→ 영길리국 선박의 교역 요청에 대해서 자문을 보내오다   48집 380면

6255 순조 32/08/11(을유) → 【원전】 48집 383면
〔이양선 출몰에 대해 보고하지 않은 윤우현·김성익의 처벌을 건의하다〕   수4709

황해감사 김난순(金蘭淳)이, '지난 6월 21일 이양선 1척이 장연(長淵)의 조이진(助泥鎭)에 와서 정박하자, 관내의 어부들이 생선과 서책을 서로 바꾸고 그 진(鎭)의 이교(吏校) 역시 필찰(筆札)로 문답한 일이 있었는데, 수사(水使)와 지방관은 다만 예사로운 당선(唐船)이 왔다 간 것처럼 보고하였는데, 추후에 들은즉 배의 제작과 인물·언어·복색 등이 홍주(洪州)에 정박한 영길리(英吉利) 배와 다름이 없었으나 상세히 문정(問情)하지도 않은 채 임의로 떠나게 하고 끝내 사실에 의거하여 낱낱이 보고하지도 않은 것은 변정(邊情)과 관계가 있다'면서 장계로 수사 윤우현(尹禹鉉)과 장연현감 김성익(金星翼) 및 본 진장(鎭將)의 죄를 논하니, 모두 나문(拿問)하여 감처하였다.

6256 순조 32/08/13(정해) → 【원전】 48집 383면
〔백항진을 황해도 수군절도사로 삼다〕   수11356

백항진(白恒鎭)을 황해도 수군절도사로 삼았다.

6257 순조 32/09/24(정묘) → 【원전】 48집 385면
〔대정현에 표착한 유구국의 나패부 사람 셋을 북경으로 호송하기를 명하다〕   표2522

대정현(大靜縣)에 표착한 유구국의 나패부(那覇府) 사람 셋을 육로를 따라 북경으로 호송하라고 명하였다.

순조 33년(1833; 청 도광13년)

6258 순조 33/01/11(계미) → 【원전】 48집 389면
〔여러 도의 춘조를 정지시키다〕　　　　　　　　　　　　　　수3920

여러 도의 봄철 조련을 정지하였으니, 진휼하는 정사가 바야흐로 벌어지고 있기 때문이었다.

6259 순조 33/01/22(갑오) → 【원전】 48집 390면
〔이완식을 삼도통제사로 삼다〕　　　　　　　　　　　　　　수11357

이완식(李完植)을 삼도통제사로 삼았다.

6260 순조 33/02/18(기미) → 【원전】 48집 390면
〔김상우를 황해도 수군절도사로 삼다〕　　　　　　　　　　　수11358

김상우(金相宇)를 황해도 수군절도사로 삼았다.

6261 순조 33/03/06(정축) → 【원전】 48집 390면
〔이유상을 전라좌도 수군절도사로 삼다〕　　　　　　　　　　수11359

이유상(李儒常)을 전라좌도 수군절도사로 삼았다.

6262 순조 33/04/02(임인) → 【원전】 48집 392면
〔김정집이 영길리국 함선 출현을 묵과한 관리들의 처벌에 대해 아뢰다〕　수4710

동지사 서장관 김정집(金鼎集)이 별단을 올리며 말하기를, "영길리국 배가 작년 11월에는 심양(瀋陽) 서남쪽의 황성도(隍城島)에 있다가 초10일에는 개주(蓋州)의 해구(海口)에 있으면서 해면을 순찰하였으나 수사 등 관리들이 즉시 쫓아보내지 못하였으므로 좌령(佐領) 서사빈(徐士斌) 등 5인이 모두 파직당하였고, 연해의 각 고을에

엄중히 신칙하여 이선(夷船)의 하회를 조사하여, 지경 밖으로 압령해 내보내도록 하였다고 합니다" 하였다.

6263 순조 33/09/02(기사) → 【원전】 48집 400면
〔이관규를 전라우도 수군절도사 삼다〕 수11360

이관규(李寬奎)를 전라우도 수군절도사로 삼았다.

순조 34년(1834; 청 도광14년)

6264 순조 34/01/10(병자) → 【원전】 48집 405면
〔여러 도의 봄 조련을 정지시키다〕   수3921

여러 도의 봄 조련을 정지시켰다.

6265 순조 34/04/29(갑자) → 【원전】 48집 408면
〔심상규가 이병영의 복식개혁에 반대하여 전례에 따르기를 건의하다〕   수4711

차대(次對)하니, 좌의정 심상규(沈象奎)가 아뢰었다.
"지난번에 이전 지평 이병영(李秉瑩)이 상소로 인하여 청한, 복식(服飾)을 개혁하여 번다한 조문을 삭제하자는 건을 가지고 원임 대신과 서신을 주고받으며 토론하였습니다. 우리 동방의 의복 중 가장 오래 된 것은 철릭(帖裏)입니다. 그것은 상의와 하상(下裳)을 연이어 꿰매어 만든 것으로 소매가 팔꿈치를 돌릴 수 있는데, 대개 심의(深衣)를 입고 전쟁에 나가는 뜻이 있기 때문에 융복(戎服)이라고 이릅니다. 옛날에는 모포(帽袍) 속에 입었기 때문에 또 첩리(帖裏)라고 말하였는데, 여기에다 도포(道袍)를 입으면 조회에 나아갈 수 있고, 도포를 벗으면 군대에 나아갈 수 있으니, 편안할 때에 위태로움을 잊지 않고, 간소하고도 편리한 것은 고제(古制)가 그러합니다.
선조(先朝) 계축년 하교를 상고해 보면, 입(笠)과 철릭을 함흥의 본궁(本宮)에 받들어 모셔 융복의 버릴 수 없다는 증거를 삼았으니, 이는 다시 의논할 것이 없습니다. 그런데 그 의수(衣袖)의 옛것은 겨우 팔을 돌릴 만하던 것이 지금은 거의 넓고 드리워져 끌고 다니게 되었으며, 옛날의 입첨(笠簷)은 겨우 어깨를 덮을 만하던 것이 지금은 또 넓어서 반좌(盤坐)를 지나쳤으니, 족히 미관(美觀)이라고 할 것이 없고 사용하기에도 적당치 않으므로 개탄스럽고 의아스럽습니다. 그 넓은 것은 모두 사치와 허비에 속하는 것이니, 지금 정말 구제(舊制)를 준행하고 이미 익숙해진 풍속

을 따르지 말아야 폐단을 제거할 수 있겠습니다. 이미 융복이 있는데다가 또 군복이 있으니, 군(軍)과 융(戎)이 무엇이 다르기에 복장이 이렇게 다릅니까? 이것이 사치와 허비가 되는 것이므로 그 하나를 버려야 한다고 할 경우 군복의 사치와 허비는 융복보다 여러 곱절이 될 뿐만이 아니니, 차라리 군복을 버려야 할 것입니다.

그러나 다만 또 갑자기 의논하지 못할 것이 있습니다. 대개 군복은 개주(介冑)의 속옷이니 융복의 모포(帽袍)의 속옷이 되는 것과 같습니다. 각 영의 군졸은 모두 군복을 착용하고 각 사의 조례(皂隷)는 모두 철릭을 착용하니, 곧 각각 그 장령과 관원의 상복(常服)하는 바에 따라 그러한 것입니다. 장신(將臣)과 직책을 가진 무변(武弁)의 공복(公服) 아래에 지금도 모두 군복을 입는데, 문관과 음관은 철릭이 지금은 창의(氅衣)로 변하였습니다.

지금 비록 이미 변한 것을 다시 변경시켜 도리어 번폐스러움을 자아낼 필요가 없겠지마는, 구법이 아직 존속되고 있는데, 또 무엇 때문에 폐해야 하겠습니까? 그렇다면 군복도 갑자기 없애지 못하겠습니다. 다만 삼가 생각건대, 선조(先朝)께서 화성(華城)에 거둥하실 때는 군복을 참용(參用)하셨으니, 성의(聖意)의 재결(裁決)하시는 데에 어찌 권도(權度)가 없으시겠습니까? 다만 표기(標旗)와 내호가(內扈駕)의 여러 신하들은 군복차림으로 수행하였고, 각 관(官)은 모두 융복으로 한결같이 다른 거둥 때와 같이 했습니다.

신의 우천(愚淺)한 생각에는 이 뒤에 건릉(健陵)과 현륭원(顯隆園)에 거둥하실 때에도 마땅히 능원거둥의 의절을 써야 하겠습니다. 대개 참용은 영구(永久)한 제도가 아니요, 상의(常儀)는 옛 전례를 따르는 것이 귀중한 바이니, 일찍부터 마음에 잊지 않던 바이므로, 감히 이렇게 사단으로 인하여 아울러 아뢰는 것입니다. 그러나 이는 거둥의 의절에 관계되어 일이 지극히 중대하니, 원임 대신, 예조당상, 관각당상(館閣堂上) 및 여러 비국당상에게 하문하시어 지당한 데에 돌아가도록 힘쓰시면 그지없는 다행이겠습니다.

입(笠)에다 반드시 붉은 말갈기 털을 맺어서 만든 것은, 비용이 많은 것이 걱정될 뿐만 아니라 꾸미는 일이 쓸데없이 번거롭고 더욱이 바람을 받기에 괴로우니, 이로써 미관을 삼는다는 것은 어이없음이 이보다 심할 수가 없습니다. 그러니 입은 말갈기를 쓰지 말고 꾸미는 것도 작우(雀羽)·방우(傍羽)·영우(嶺羽)와 같은 형식도 또한 버려야 합니다. 능행의 의주(儀註)에 파재(罷齋)하고 환궁할 때에 비록 삽우(揷羽)의 조문이 있기는 하나, 이는 예절에 족히 관계된 것이 없습니다. 성내의 전좌(殿坐)는 모두 재일(齋日)이 아니요, 묘궁(廟宮)에 향알(享謁)하고 환궁할 때에 비록 이미 파재하였더라도 시위들은 삽우하지 아니했는데, 어찌 교외에만 이렇게 할 필요가 있겠습니까? 그렇다면 삽우의 한 절차는 의주를 마련하지 않더라도 불가할 것이 없을까 합니다. 다만 호랑이 수염은 언제부터 사용했는지를 모르겠습니다만, 시위로서 융복한 자는 전립(戰笠)에 반드시 꽂았고 또 객사(客使)가 왔을 때 일찍이 모두 이러한 장식을 한 것을 보았는데, 지금 갑자기 제거한다면 혹 그전의 의절보다 생략한 것으로 보지 않겠습니까? 이로 보나 저로 보나 존속시키는 것이 옳습니다.

이밖에 전에 아뢴 근일에 조정의 의절로 강구(講究)한 중에 변통하여 정리해야 할 것들을 특별히 한 통의 절목을 만들어 계하(啓下)하여 준행(遵行)할 자료로 삼게 했습니다."

그대로 따랐다.

또 아뢰기를, "예로부터 국가가 안전을 유지하여 세도(世道)를 편케 하고 민지(民志)를 하나로 하는 것은 '의리를 밝힌다[明義理]'는 세 글자에 지나지 않습니다. 고 중신 조득영(趙得永)의 병인년 상소는 지조가 엄정하고 수립이 탁월하여 혼자 소장(消長)의 기미를 예견하고 힘써 충역(忠逆)의 구분을 분변함으로써, 우리 선왕의 정미(精微)한 의리를 밝히고 우리 전하의 계술(繼述)한 의리를 밝히어 효연(曉然)히 일세에 드러나게 하였으니, 이는 바로 군신 상하가 서로 면려(勉勵)하여 잠시도 소홀할 것이 아닙니다. 그러고 보면 오늘날 잊지 않은 것을 가상히 여기고 천명한 것을 지키는 도리는 또한 이 중신을 포상하는 것뿐입니다. 또 그가 만년(晩年)에 자정(自靖)한 것도 족히 풍교(風敎)에 도움이 있었습니다. 신의 생각에는 고 이조판서 조득영의 시호를 빨리 의논할 것을 명하여 이전(彛典)을 밝힘이 마땅하겠습니다. 전에도 이와 같은 사람에게는 혹 특별한 하교로 인한 시장(諡狀)을 기다리지 않고 시호를 내린 예가 있었습니다" 하였다.

그대로 따랐다.

〔유문검을 공충도 수군절도사로, 백은진을 황해도 수군절도사로 삼다〕 수11361

유문검(柳文儉)을 공충도 수군절도사로, 백은진(白殷鎭)을 황해도 수군절도사로 삼았다.

6267 순조 34/07/11(갑술) → 【원전】 48집 410면
〔여러 도의 가을 조련을 정지하다〕 수3922

여러 도의 가을 조련을 정지하였다.

24. 헌 종

◪ 비어 있는 쪽 ◩

헌종 1년(1835; 청 도광15년)

6268 헌종 01/01/21(신사) → 【원전】 48집 435면
〔임성고를 삼도통제사 겸 경상우도 수군절도사로 삼다〕   수11362
임성고(任聖皐)를 삼도통제사 겸 경상우도 수군절도사로 삼았다.

6269 헌종 01/02/05(갑오) → 【원전】 48집 435면
〔박시회에게 전라좌수사를 제수하다〕   수11363
박시회(朴蓍會)를 전라좌도 수군절도사로 삼았다.

6270 헌종 01/03/01(경신) → 【원전】 48집 436면
〔이응식을 함경북도 병마 수군절도사로 삼다〕   수11364
이응식(李應植)을 함경북도 병마 수군절도사로 삼았다.

6271 헌종 01/03/02(신유) → 【원전】 48집 436면
〔이희보에게 전라좌수사를 제수하다〕   수11365
이희보(李熙輔)를 전라좌도 수군절도사로 삼았다.

6272 헌종 01/04/09(무술) → 【원전】 48집 436면
〔이제빈에게 경상좌수사를 제수하다〕   수11366
이제빈(李悌彬)을 경상좌도 수군절도사로 삼았다.

6273 헌종 01/08/23(기묘) → 【원전】 48집 439면
〔이현영을 경기 수군절도사 겸 삼도통어사 교동부사로 삼다〕   수11367
이현영(李顯英)을 경기 수군절도사 겸 삼도통어사 교동부사(喬桐府使)로 삼았다.

헌종 2년(1836; 청 도광16년)

6274 헌종 02/04/06(무오) → 【원전】 48집 444면
　　〔이제완을 충청수사로 삼다〕　　　　　　　　　　　　　　수11368
　　이제완(李濟完)을 충청도 수군절도사로 삼았다.

6275 헌종 02/05/01(계미) → 【원전】 48집 444면
　　〔김택기에게 황해수사를 제수하다〕　　　　　　　　　　　수11369
　　김택기(金宅基)를 황해도 수군절도사로 삼았다.

6276 헌종 02/05/25(정미) → 【원전】 48집 444면
　　〔정일영에게 전라좌수사를 제수하다〕　　　　　　　　　　수11370
　　정일영(鄭日永)을 전라좌도 수군절도사로 삼았다.

6277 헌종 02/06/18(경오) → 【원전】 48집 445면
　　〔이현영을 함경북도 병마 수군절도사로 삼다〕　　　　　　수11371
　　이현영(李顯英)을 함경북도 병마 수군절도사로 삼았다.

6278 헌종 02/06/19(신미) → 【원전】 48집 445면
　　〔이관규에게 경기수사 겸 통어사 교동부사를 제수하다〕　　수11372
　　이관규(李寬奎)를 경기 수군절도사 겸 삼도통어사 교동부사로 삼았다.

헌종 3년(1837; 청 도광17년)

6279 헌종 03/01/12(경인) → 【원전】 48집 448면
〔이정회에게 관직을 제수하다〕   수11373

이정회(李鼎會)를 삼도통제사 겸 경상우도 수군절도사로 삼았다.

6280 헌종 03/02/08(병진) → 【원전】 48집 449면
〔조덕영에게 전라우수사를 제수하다〕   수11374

조덕영(趙德永)을 전라우도 수군절도사로 삼았다.

6281 헌종 03/02/13(신유) → 【원전】 48집 449면
〔평안감사 박회수와 통제사 이정회를 불러보고 수령의 임무를 신칙시키다〕 수11375

임금이 희정당에 나아가 평안감사 박회수(朴晦壽)와 통제사 이정회(李鼎會)를 불러서 보았다.
　대왕대비가 박회수에게 하교하기를, "본도는 본래 폐막(弊瘼)이 많아서 오직 일조 일석에 바로잡아 구제할 수는 없을 것이다. 그러나 내려가는 도백(道伯)이 진실로 각자 성실한 마음을 가지고 대양(對揚)한다면, 거의 점차 실효가 있게 될 것이다. 경은 내려가거든 본도를 번화(繁華)하게 하지 말고, 민사(民事)를 잊지 말아서 성실한 마음으로 다스리도록 하라. 또 장차 칙사의 행차가 있을 것이니, 또한 마땅히 수령을 엄중히 신칙하여 탈이 발생하는 데 이르지 않게 하라. 또 이러한 때에는 한 시가 민망하니 단지 이와 같이 마음을 먹을 뿐 아니라, 일마다 소홀히 하지 않는 것이 옳다" 하였다.
　또 이정회에게 하교하기를, "통영은 해방(海防)의 중지(重地)이고 삼남의 요충지인데, 근래에 자못 피폐해졌다고 한다. 경은 내려가거든 군민을 애휼하여 성심으로 힘을 쏟도록 하라" 하였다.

6282 헌종 03/02/13(신유) → 【원전】 48집 449면
〔조원석을 경상좌도 수군절도사로 삼다〕　　　　　　　　　　　　수11376

조원석(趙元錫)을 경상좌도 수군절도사로 삼았다.

6283 헌종 03/04/10(정사) → 【원전】 48집 450면
〔구석붕에게 경기수사 겸 통어사 교동부사를 제수하다〕　　　　　수11377

구석붕(具錫朋)을 경기 수군절도사 겸 삼도통어사 교동부사로 삼았다.

6284 헌종 03/04/20(정묘) → 【원전】 48집 450면
〔경기수사 구석붕에게 기근과 해일로 인한 조폐함을 무마하도록 하교하다〕　수3923

대왕대비가 경기수사 구석붕(具錫朋)에게 하교하기를, "교동(喬桐)은 기보(畿輔)의 중지(重地)일 뿐만 아니라, 또 목민의 책무가 있는데, 근년 이래로 잇따라 기근이 들었고, 연전에는 해일(海溢)까지 겹쳐서 조폐(凋弊)함이 너무 심하니, 진실로 지극히 민망스럽다. 경은 가거든 무마(撫摩)하여 실효가 있게 하여야 옳을 것이다" 하였다.

　또 하교하기를, "수사는 목민관이 아니라 이르면서 가렴주구하는 정사를 많이 행하므로, 근년 이래로 조잔(凋殘)함이 가는 곳마다 그러하다. 군졸은 유독 백성이 아니던가? 또 평소 마음을 다해 애호(愛護)하지 않는다면, 설령 뜻하지 않던 경보(警報)가 있다 하더라도 어떻게 그들이 힘을 다해 주기를 바라겠는가? 이것은 이전부터 내가 하고 싶었던 한 마디 말인데, 이제야 비로소 말하는 것이니, 입시하면 으레 하는 말로 신칙하는 하교로만 듣지 말고, 명심해서 봉공(奉公)하여 실효가 있게 하는 것이 옳을 것이다" 하였다.

헌종 4년(1838; 청 도광18년)

6285 헌종 04/03/04(병자) → 【원전】 48집 456면
〔도해역관을 장청에 의거하여 해당 원(院)으로 하여금 차송하도록 아뢰다〕 왜11065

비국에서 아뢰기를, "관백이 승습하여 경축하러 갔던 도주(島主)가 섬에 돌아오면 위문(慰問)하는 것은 이미 전례가 있습니다. 도해역관(渡海譯官)을 장청(狀請)에 의거하여 해당 원(院)으로 하여금 차송하게 하고, 서계(書契)·예단(禮單)과 반전(盤纏)을 해당 조(曹)와 해당 도(道)에 분부하여 전례에 비추어 마련하게 하소서. 그러나 도주(島主)의 아들이 휴가를 얻어 섬에 돌아오면 위문하자는 청에 이르러서는 비록 네 번 지난 병신년의 전례를 끌어대어 청하였으나, 그 때에는 그 신사(信使)의 행차를 호위해 오기 위한 것으로 인하여 특지(特旨)에 의해 나온 은전으로 진실로 드물게 있는 경우입니다. 이제 까닭 없이 경솔하게 허락함은 용납할 수 없으니, 청컨대 쉬신(倅臣)으로 하여금 임무를 맡은 역관을 엄중하게 신칙하고, 거듭 책유(責諭)를 더하게 하여 감히 다시 일을 번거롭게 하지 않게 하소서" 하였다.

그대로 따랐다.

6286 헌종 04/03/08(경진) → 【원전】 48집 457면
〔김건을 충청도 수군절도사로 삼다〕 수11378

김건(金鍵)을 충청도 수군절도사로 삼았다.

6287 헌종 04/03/15(정해) → 【원전】 48집 457면
〔오일선을 경상좌도 수군절도사로 삼다〕 수11379

오일선(吳一善)을 경상좌도 수군절도사로 삼았다.

6288 헌종 04/03/24(병신) → 【원전】 48집 457면

[윤영배에게 경상좌수사를 제수하다] 수11380

윤영배(尹永培)를 경상좌도 수군절도사로 삼았다.

6289 헌종 04/04/01(임인) → 【원전】 48집 457면
[이능권에게 황해수사를 제수하다] 수11381

이능권(李能權)을 황해도 수군절도사로 삼았다.

6290 헌종 04/07/21(경신) → 【원전】 48집 459면
[배를 훔쳐 타고 일부러 표류한 제주백성 고한록을 효수하다] 표1355

비국에서 아뢰기를, "지금 전라감사 이헌구(李憲球)의 계본(啓本)을 보았더니, 제주의 백성 고한록(高漢祿)이 정해년 이후로 은밀하게 무뢰배를 모집한 다음 배를 훔쳐 타고 일부러 표류하여 저쪽 땅에 깊이 들어간 것이 네 차례에 이르는데, 글을 써서 통역하며 돈을 얻으려고 은을 가지고 현혹시켰다고 합니다. 일이 변이(變異)에 관계되니, 중벽(重辟)으로 처치함이 합당합니다" 하였다.

묘당으로 하여금 품처하게 하였는데, 서북의 범월(犯越)한 율(律)에 의거하여 그 목사에게 회부하여 군민을 모아놓고 효수하여 뭇사람을 경계하게 하였다.

6291 헌종 04/12/02(기사) → 【원전】 48집 460면
[이승권을 삼도통제사 겸 경상우도 수군절도사로 삼다] 수11382

이승권(李升權)을 삼도통제사 겸 경상우도 수군절도사로 삼았다.

6292 헌종 04/12/03(경오) → 【원전】 48집 460면
[구재룡에게 전라우수사를 제수하다] 수11383

구재룡(具載龍)을 전라우도 수군절도사로 삼았다.

6293 헌종 04/12/10(정축) → 【원전】 48집 461면
[백은진에게 경기수사 겸 통어사 교동부사를 제수하다] 수11384

백은진(白殷鎭)을 경기 수군절도사 겸 삼도통어사 교동부사로 삼았다.

헌종 5년(1839; 청 도광19년)

6294 헌종 05/01/21(무오) → 【원전】 48집 461면
〔계본을 거짓으로 꾸민 죄로 이의교·박명준·박명철을 처벌하다〕   왜11066

이보다 앞서 재판왜(裁判倭)가, 관백이 승습하는 일 때문에 도주(島主)가 섬에 돌아올 때까지 도주의 아들이 대신 일을 살피고 있다면서 와서 도해관(渡海官)의 행차를 청하므로, 도해관이 들어갔더니 도주는 아직 돌아오지 않았는데, 상접(相接)하는 등의 모든 연례(宴禮)를 앞질러 경솔하게 거행하였다. 그래서 동래부사가 그 통역을 맡은 무리들의 전도되고 그르치게 한 죄를 논한 장계를 닦아서 보냈는데, 그 장계가 경사(京師)에 이르자, 도해관의 형 이의교(李宜敎)가 훈도 박명철(朴命澈)의 아들을 유도하여 중도에서 계본(啓本)을 돌려보내고 내용을 고쳐 지어서 그 죄를 늦추게 하려고 꾀하다가 일이 발각되었으므로, 왕부(王府)로 하여금 엄중하게 핵실(覈實)하게 하였다. 박명철의 형 박명준(朴命浚)과 이의교(李宜敎)가 실제로 그 일을 주무(綢繆)하였음을 아울러 자백하자, 판금오(判金吾)는 율에 수범과 종범을 구분하지 않는 조문(條文)이 있다는 데 의거하여 박명준·이의교를 아울러 대벽(大辟)으로 처치하기를 청하였다. 이에 여러 대신해 온들이 수범과 종범을 변별하는 일이 없다고 의심하여 부경(傅輕)하기를 청하였다.

대왕대비가 하교하기를, "이 무리가 국가를 업신여겨 죄범(罪犯)이 이에 이르렀으니, 어떻게 조금 무겁게 하고 조금 가볍게 하는 차별을 두겠는가? 모두 일률을 적용해야 마땅하겠지만, 대신해 온들의 의논이 비록 나의 뜻과 다르다 하더라도 이를 힘써 따르지 않을 수 없다" 하고, 마침내 박명준·이의교를 먼 악도(惡島)에 결장(決杖)하여 정배하고, 박명철은 동래부에 내려 보내어 그 죄를 세상에 알리고 엄중하게 형벌을 가한 후에 변원정배(邊遠定配)하도록 명하였다.

6295 헌종 05/02/03(기사) → 【원전】 48집 463면

〔구재철에게 전라좌수사를 제수하다〕 수11385

구재철(具載哲)을 전라좌도 수군절도사로 삼았다.

6296 헌종 05/02/27(계사) → 【원전】 48집 464면
〔이형재를 전라좌도 수군절도사로 삼다〕 수11386

이형재(李亨在)를 전라좌도 수군절도사로 삼았다.

6297 헌종 05/03/22(무오) → 【원전】 48집 465면
〔서상오를 전라우도 수군절도사로 삼다〕 수11387

서상오(徐相五)를 전라우도 수군절도사로 삼았다.

6298 헌종 05/04/03(무진) → 【원전】 48집 465면
〔이명식에게 경상좌수사를 제수하다〕 수11388

이명식(李明植)을 경상좌도 수군절도사로 삼았다.

6299 헌종 05/08/12(을해) → 【원전】 48집 468면
〔심유조에게 충청수사를 제수하다〕 수11389

심유조(沈有祖)를 충청도 수군절도사로 삼았다.

6300 헌종 05/12/09(신미) → 【원전】 48집 471면수11390
〔윤우현을 함경북도 병마 수군절도사로 삼다〕 수11390

윤우현(尹禹鉉)을 함경북도 병마수군절도사로 삼았다.

헌종 6년(1840; 청 도광20년)

6301 헌종 06/01/21(임자) → 【원전】 48집 472면
〔영종진의 물에 빠져 죽은 사람에게 휼전을 내리다〕   수4712

영종진(永宗鎭)의 물에 빠져 죽은 사람에게 휼전을 내렸다.

6302 헌종 06/09/06(계사) → 【원전】 48집 478면
〔오현문을 황해도 수군절도사로 삼다〕   수11391

오현문(吳顯文)을 황해도 수군절도사로 삼았다.

6303 헌종 06/11/10(병신) → 【원전】 48집 480면
〔대마도주가 죽어 조위하도록 명하다〕   왜11067

대마도주가 죽고 새 도주가 승습하여 섬으로 돌아왔으므로, 도해역관(渡海譯官)을 차출하여 조위하고, 아울러 문위(問慰)하도록 명하였다.

6304 헌종 06/12/30(병술) → 【원전】 48집 481면
〔비국에서 영국배 출현으로 제주목사 구재룡의 파출과 나처를 청하다〕   수4713

비국에서 아뢰기를, "지금 전라감사 이목연(李穆淵)의 장계를 보았더니, 제주목사 구재룡(具載龍)의 첩정에 이르기를, '대정현 모슬포(摹瑟浦) 가파도(加波島)에 영길리국의 배 2척이 와서 정박하여 감히 포를 쏘고 소를 겁탈하는 변까지 있다' 하고, 이어서 현감을 파출(罷黜)하고 나처(拿處)하기를 청하였습니다. 오랑캐의 배가 바다에 출몰하는 것은 본디 교활한 버릇이니, 오랫동안 해이해진 해졸(海卒) 때문에 어모(禦侮)를 튼튼히 하라고 책망하기 어렵다 하나, 온 섬의 포항(浦港)이 다 사변에 대비하는 중지(重地)에 관계되므로, 경비하는 방도를 본디 충분히 규찰해야 할 것입니다. 더구나 저들은 40여 인에 지나지 않는데, 어찌하여 먼저 스스로 두려워하여 달아나

기에 겨를이 없기까지 하겠습니까? 변정(邊情)에 관계되는 일이므로 그대로 둘 수 없으니, 해당 목사 구재룡을 파출하고 나처하소서" 하였다.
    윤허하였다.

헌종 7년(1841; 청 도광21년)

6305 헌종 07/01/01(정해) → 【원전】 48집 482면
〔이응식에게 삼도통제사 겸 경상우수사를 제수하다〕   수11392

이응식(李應植)을 삼도 수군통제사 겸 경상우도 수군절도사로 삼았다.

6306 헌종 07/01/06(임진) → 【원전】 48집 482면수11393
〔임태영에게 경상좌수사를 제수하다〕   수11393

임태영(任泰瑛)을 경상좌도 수군절도사로 삼았다.

6307 헌종 07/01/08(갑오) → 【원전】 48집 482면
〔이규철에게 경상좌수사를 제수하다〕   수11394

이규철(李圭徹)을 경상좌도 수군절도사로 삼았다.

6308 헌종 07/03/22(정미) → 【원전】 48집 485면
〔신명원에게 황해수사를 제수하다〕   수11395

신명원(申命源)을 황해도 수군절도사로 삼았다.

6309 헌종 07/04/05(기축) → 【원전】 48집 485면
〔서상오를 경기 수군절도사 겸 삼도통어사 교동부사로 삼다〕   수11396

서상오(徐相五)를 경기 수군절도사 겸 삼도통어사 교동부사로 삼았다.

6310 헌종 07/06/24(병오) → 【원전】 48집 486면
〔정태동에게 전라우수사를 제수하다〕   수11397

임금이 희정당(熙政堂)에 나아가 도정(都政)을 행하고, 정태동(鄭泰東)을 전라우도 수

군절도사로 삼았다.

6311 헌종 07/08/05(병술) → 【원전】 48집 487면
 〔이민덕을 전라우수사로 삼다〕   수11398

　이민덕(李敏德)을 전라우도 수군절도사로 삼았다.

6312 헌종 07/09/13(갑자) → 【원전】 48집 488면
 〔허계를 함북 병마수군절도사로 삼다〕   수11399

　허계(許棨)를 함경북도 병마 수군절도사로 삼았다.

헌종 8년(1842; 청 도광22년)

6313 헌종 08/03/24(계유) → 【원전】 48집 490면
 [박시회를 함경북도 병마 수군절도사로 삼다] 수11400
 박시회(朴蓍會)를 함경북도 병마 수군절도사로 삼았다.

6314 헌종 08/09/18(계해) → 【원전】 48집 493면
 [김선일을 전라우도 수군절도사로 삼다] 수11401
 김선일(金善一)을 전라우도 수군절도사로 삼았다.

헌종 9년(1843; 청 도광23년)

6315 헌종 09/02/02(을해) → 【원전】 48집 494면
　　〔허계를 삼도 수군통제사 겸 경상우도 수군절도사로 삼다〕　　　　　수11402
　　허계(許棨)를 삼도 수군통제사 겸 경상우도 수군절도사로 삼았다.

6316 헌종 09/02/03(병자) → 【원전】 48집 494면
　　〔유상정을 황해도 수군절도사로 삼다〕　　　　　　　　　　　　　　수11403
　　유상정(柳相鼎)을 황해도 수군절도사로 삼았다.

6317 헌종 09/02/05(무인) → 【원전】 48집 494면
　　〔김조근을 주사대장으로 삼다〕　　　　　　　　　　　　　　　　　수11404
　　김조근(金祖根)을 주사대장(舟師大將)으로 삼았다.

6318 헌종 09/07/12(계축) → 【원전】 48집 496면
　　〔김한철을 경상좌수사로 삼다〕　　　　　　　　　　　　　　　　　수11405
　　김한철(金翰喆)을 경상좌도 수군절도사로 삼았다.

6319 헌종 09/07/20(신유) → 【원전】 48집 496면
　　〔이의식을 경상좌도 수군절도사로 삼다〕　　　　　　　　　　　　　수11406
　　이의식(李宜植)을 경상좌도 수군절도사로 삼았다.

6320 헌종 09/11/05(계유) → 【원전】 48집 497면
　　〔신관호를 전라우도 수군절도사로 삼다〕　　　　　　　　　　　　　수11407
　　신관호(申觀浩)를 전라우도 수군절도사로 삼았다.

6321 헌종 09/12/26(갑자) → 【원전】 48집 498면
〔도정을 행하고 김택기를 경기수사 겸 통어사 교동부사에 임명하다〕 수11408

도정(都政)을 행하고, 하비(下批)하여 김택기(金宅基)를 경기 수군절도사 겸 삼도통어사 교동부사로 삼았다.

헌종 10년(1844; 청 도광24년)

6322 헌종 10/01/02(기사) → 【원전】 49집 499면
　〔조원석을 함경북도 병마 수군절도사로 삼다〕　　　　　　　　　　수11409
　조원석(趙元錫)을 함경북도 병마수군절도사로 삼았다.

6323 헌종 10/01/25(임진) → 【원전】 48집 499면
　〔이희경을 전라좌수사로·이습을 충청수사로 삼다〕　　　　　　　　수11410
　이희경(李熙絅)을 전라좌도 수군절도사로. 이습(李熠)을 충청도 수군절도사로 삼았다.

6324 헌종 10/02/09(병오) → 【원전】 48집 499면
　〔민석을 전라좌도 수군절도사로 삼다〕　　　　　　　　　　　　　수11411
　민석(閔晳)을 전라좌도 수군절도사로 삼았다.

6325 헌종 10/06/02(정유) → 【원전】 48집 501면
　〔심창규를 경상좌도 수군절도사로 삼다〕　　　　　　　　　　　　수11412
　심창규(沈昌奎)를 경상좌도 수군절도사로 삼았다.

6326 헌종 10/08/05(기해) → 【원전】 48집 501면
　〔이원하를 경상좌수사에 임명하다〕　　　　　　　　　　　　　　수11413
　이원하(李元夏)를 경상좌도 수군절도사로 삼았다.

헌종 11년(1845; 청 도광25년)

6327 헌종 11/01/02(갑자) → 【원전】 48집 504면
〔백은진을 삼도통제사 겸 경상우도 수군절도사로 삼다〕 수11414

백은진(白殷鎭)을 삼도통제사 겸 경상우도 수군절도사로 삼았다.

6328 헌종 11/02/06(정유) → 【원전】 48집 505면
〔심낙신을 경기수사 겸 통어사 교동부사로 삼다〕 수11415

심낙신(沈樂臣)을 경기 수군절도사 겸 삼도통어사 교동부사로 삼았다.

6329 헌종 11/05/16(병자) → 【원전】 48집 506면
〔유창근을 전라좌도 수군절도사로 삼다〕 수11416

유창근(柳昌根)을 전라좌도 수군절도사로 삼았다.

6330 헌종 11/06/29(기미) → 【원전】 48집 506면
〔영국 배가 나타나 녹명지와 여러 나라 지도·종려선을 던지고 가다〕 수4714

이달에 이양선이 호남 흥양(興陽)과 제주의 바다 가운데에 출몰 왕래하며 스스로 대영국(大英國)의 배라 하면서 이르는 섬마다 곧 희고 작은 기를 세우고 물을 재는 줄로 바다의 깊이를 재며 돌을 쌓고 회를 칠하여 그 방위(方位)를 표하고 세 그루의 나무를 묶어 그 위에 경판(鏡板)을 놓고 벌여 서서 절하고 제사를 지냈는데, 역학 통사(譯學通事)가 달려가서 사정을 물으니, 녹명지(錄名紙)라는 것과 여러 나라의 지도(地圖)와 종려선(棕櫚扇) 두 자루를 던지고 드디어 돛을 펴고 동북으로 갔다.

〈 관련내용 〉
· 헌종 11/07/05(갑자)→ 이양선 문제와 칙행 때 통관을 더 정하도록 예부에 이자하다 48집 506면
· 헌종 11/09/15(계유)→ 영국 배에 관해 동래 왜관에 동무에 전보하도록 하다 48집 508면

6331 헌종 11/07/05(갑자) → 【원전】 48집 506면
〔병우후는 실질인으로 차출하고, 수우후는 체차해 경직을 주라고 명하다〕　　　　　수11417

각 도의 병우후(兵虞候)는 실직인(實職人)으로 차출하여 보내고 수우후(水虞候)는 열두 달을 과한(瓜限)으로 하여 체차(遞差)해 경직(京職)을 주라고 명하였다.

6332 헌종 11/09/15(계유) → 【원전】 48집 508면
〔영국 배에 관해 동래 왜관에 서계를 보내고 동무에 전보하도록 하다〕　　　왜11068

임금이 희정당(熙政堂)에 나아가 대신과 온과 비국당상을 인견하였다.

　　좌의정 김도희가 아뢰기를 ……. "접때 영국(英國) 배에 관한 일 때문에 이미 예부에 자보(咨報)할 것을 우러러 청한 바 있었습니다. 그런데 일본은 강화한 이래 무릇 변정(邊情)에 관계되는 것이 있으면 서로 통보하고 종적을 헤아릴 수 없는 이양선일 경우 더욱더 엄히 막아 변방의 걱정을 함께 돌볼 뿐더러 혹 사법(邪法)이 전파될세라 염려하여 여러 번 이 때문에 서계가 왕복하였으니, 『동문휘고(同文彙考)』에 실려 있습니다. 이번에 양선(洋船)이 순식간에 출몰한 것은 비록 그 요령은 알지 못하나 신의로 교린하는 의리로서는 사실에 의거하여 서로 통보해야 할 듯합니다. 또 그들이 들어서 알고 통보하지 않았다고 우리에게 책망한다면 대답하기 어려울 것이고, 혹 그 배가 저들의 지경으로 옮겨가서 저들이 먼저 통보한다면 우리로서는 찐덥지 않을 것입니다. 신의 생각으로는 예조로 하여금 이양선이 왕래한 상황을 상세히 갖추어 동래 왜관에 서계를 보내고 동무(東武)에 전보(轉報)하게 하여 변방을 경보하고 전약(前約)을 이행하는 뜻을 보이는 것이 좋을 듯합니다" 하였다.

　　그대로 따랐다.

6333 헌종 11/10/01(기출) → 【원전】 48집 508면
〔이명학에게 황해수사를 제수하다〕　　　　　수11418

이명학(李明學)을 황해도 수군절도사로 삼았다.

6334 헌종 11/11/13(경오) → 【원전】 48집 509면

〔이인희를 전라좌수사로, 윤희열을 전라우수사로 삼다〕 수11419

이인희(李寅熙)를 전라좌도 수군절도사로, 윤희열(尹羲烈)을 전라우도 수군절도사로 삼았다.

6335 헌종 11/12/03(경인) → 【원전】 48집 510면
　　〔신종익을 전라좌수사로 임명하다〕 수11420

신종익(申從翼)을 전라좌도 수군절도사로 삼았다.

헌종 12년(1846; 청 도광26년)

6336 헌종 12/01/01(정사) → 【원전】 48집 511면
〔김건을 함경북도 병마 수군절도사로 삼다〕 수11421

김건(金鍵)을 함경북도 병마수군절도사로 삼았다.

6337 헌종 12/02/27(계축) → 【원전】 48집 512면
〔정택선을 충청수사에 임명하다〕 수11422

정택선(鄭宅善)을 충청도 수군절도사로 삼았다.

6338 헌종 12/04/20(을사) → 【원전】 48집 513면
〔오현문에게 경기수사 겸 통어사 교동부사직을 제수하다〕 수11423

오현문(吳顯文)을 경기 수군절도사 겸 삼도통어사 교동부사로 삼았다.

6339 헌종 12/05#02(병술) → 【원전】 48집 513면
〔이경달에게 황해수사를 제수하다〕 수11424

이경달(李敬達)을 황해도 수군절도사로 삼았다.

6340 헌종 12/06/23(병자) → 【원전】 48집 515면
〔이양선의 궤자와 저지를 잘 처리하지 못한 수사를 파출하고 감단하게 하다〕 수4715

비국에서 아뢰기를, "지금 충청수사 정택선(鄭宅善)의 장계를 보니, 이르기를, '홍주(洪州) 외연도(外煙島)에 사는 백성이 작은 궤자(櫃子) 하나와 저지(楮紙) 한 조각을 가져와서 바치고 말하기를, 「이양선이 와서 본도(本島) 앞바다에 떠 있는데, 궤자를 내어 주었습니다. 그리고 저지는 저들과 섬 백성이 사사로이 서로 문답한 말입니다」 하였습니다. 일이 철저히 사문(査問)하고 궤자를 돌려주어야 하겠으므로, 문정관(問情官)

홍주목사 서승순(徐承淳)·수우후 김원희(金遠喜)에게 압송(押送)해서 넘겨주고 효유(曉諭)하여 돌려주게 하라는 뜻으로 조사(措辭)하여 관문(關文)을 보내어 신칙하였습니다' 하였습니다. 이양선이 여러 날 동안 머물러 있었으나, 미처 정상을 묻지 못한 것은 진실로 아주 허술한 일이었으며, 이미 섬 백성이 문답한 필적(筆蹟)과 궤자를 가져와 바친 것이 있으면 곧 뜯어 보고 낱낱이 아뢰었어야 할 것인데, 철저히 사문하기 위하여 문정관에게 압송하였다 하고, 애초에 궤자 가운데의 것이 어떤 물건이고 문답한 것이 어떤 말인지에 대하여 한 마디 말이 없으니, 어찌 이러한 사체(事體)가 있겠습니까? 만약 의심하여 겁낸 것이 아니면 책임을 남에게 미루는 것이니, 해당 수사를 우선 파출하고, 해당 부(府)로 하여금 나문(拿問)하여 무겁게 감단(勘斷)하게 하소서. 그리고 궤자와 문답한 필적은 곧 형지(形止)를 갖추어 치보하라는 뜻으로 엄히 신칙하소서" 하였다.

윤허하였다.

6341 헌종 12/06/23(병자) → 【원전】 48집 515면

〔이민덕을 충청도 수군절도사로 삼다〕　　　　　　　　　　수11425

이민덕(李敏德)을 충청도 수군절도사로 삼았다.

6342 헌종 12/07/03(병술) → 【원전】 48집 515면

〔충청감사가 이양선과 섬 백성의 문답과 이양인의 글을 베껴 올리다〕　수4716

충청감사 조운철(趙雲澈)이 장계하여 이양선과 섬 백성이 문답한 것을 적은 종이와 이양인(異樣人)의 글을 베껴 올렸는데, 그 글에 일렀다.

"대불랑서국(大佛朗西國) 수사제독 흠명 도인도여도중국각전선(欽命到印度與到中國各戰船) 원수 슬서이(瑟西爾)는 죄없이 살해된 것을 구문(究問)하는 일 때문에 알립니다. 살피건대, 기해년에 불랑서인(佛朗西人)인 안묵이(安默爾)·사사당(沙斯當)·모인(慕印) 세 분이 있었습니다. 이 세 분은 우리나라에서 큰 덕망이 있다고 여기는 인사인데, 뜻밖에 귀 고려(高麗)에서 살해되었습니다. 대개 이 동방에서 본수(本帥)는 우리나라의 사서(士庶)를 돌보고 지키는 직분이 있습니다. 그러므로 전에 와서 그 세 분의 죄범(罪犯)이 무슨 조목에 해당되어 이러한 참혹한 죽음을 받아야 하였는지를

구문하였더니, 혹 귀 고려의 율법은 외국인이 입경(入境)하는 것을 금지하는데, 그 세 분이 입경하였으므로 살해하였다고 하였습니다.

그러나 본수가 살피건대, 혹 한인(漢人)·만주인(滿州人)·일본인(日本人)으로서 귀 고려의 지경에 함부로 들어가는 자가 있더라도 데려다 보호하였다가 풀어보내어 지경을 나가게 하는 데 지나지 않으며, 몹시 괴롭히고 해치는 등의 일은 모두 없었습니다. 그런데 어찌하여 그 세 분은 한인·만주인·일본인을 대우하듯이 마찬가지로 대우하지 않았는지를 묻겠습니다. 생각하건대, 귀 고려의 중임을 몸에 진 대군자(大君子)는 우리 대불랑서 황제의 인덕(仁德)을 알지 못하실 것입니다마는, 우리나라의 사서는 고향에서 만만리(萬萬里) 떠나 있더라도 결단코 그에게 버림받아 그 은택을 함께 입지 못하게 될 수는 없습니다.

우리 황제의 융숭한 은혜가 널리 퍼져서 그 나라의 사민(士民)에게 덮어 미치므로, 천하 만국(萬國)에 그 백성으로서 다른 나라에서 그른 짓을 하고 나쁜 짓을 하는 자가 있어 살인이나 방화 같은 폐단에 대하여 사실을 심사하여 죄를 다스렸으면 또한 구문할 수 없겠으나, 그 백성에게 죄가 없는데도 남이 가혹하게 해친 경우에는 우리 불랑서 황제를 크게 욕보인 것이어서 원한을 초래하게 될 것이 틀림없다는 것을 아셔야 합니다. 대개 본수가 묻고 있는 우리나라의 어진 인사 세 분이 귀 고려에서 살해된 일은 아마도 귀 보상(輔相)께서 이제 곧 회답하실 수 없을 것으로 생각합니다. 그러므로 내년에 우리나라의 전선이 특별히 여기에 오거든 귀국에서 그 때에 회답하시면 된다는 것을 아시기 거듭 바랍니다. 본수는 귀 보상에게 우리나라의 황제께서 그 사민을 덮어 감싸는 인덕을 다시 고합니다.

이제 이미 귀국에 일러서 밝혔거니와, 이제부터 이후에 우리나라의 사민을 가혹하게 해치는 일이 있으면, 귀 고려는 반드시 큰 재해를 면할 수 없을 것입니다. 그렇다면 재해를 임시하여 위로 귀국의 국왕에서부터 아래로 대신해 온 백관에 이르기까지 모두 다른 사람에게 원망을 돌릴 수 없고, 오직 자기가 불인(不仁)하고 불의(不義)하며 무례한 것을 원망할 수 있을 뿐일 것입니다. 이를 아시기 바랍니다. 구세(救世) 1천8백46년 5월 8일."

겉봉에는 고려국 보상대인 고승(高麗國輔相大人高陞)이라 하였다.

6343 헌종 12/07/03(병술) → 【원전】 48집 515면
〔외연도 섬 백성이 문답한 기록〕   수4717

외연도(外煙島) 섬 백성이 저들과 문답한 기록에 일렀다.
"저들이 묻기를, '귀도(貴島)의 이름은 무엇인가?' 하므로, 답하기를, '외연도이다. 귀선(貴船)은 어느 나라의 어느 고을에 속해 있는가?' 하니, '이 배는 대불랑서국(大佛朗西國)에 속한 전선으로, 황제의 명으로 인도(印度) 각 지방과 중국에 온 3호(號) 가운데 대선이며, 위에는 원수(元帥)가 있다. 황제의 명으로 귀 고려국(高麗國)에 왔는데 알릴 일이 있다' 하였다. 답하기를, '인도지방이라면 어찌하여 여기에 왔으며, 알릴 일이 있다는 것은 무엇인가? 하니, '인도지방에 왔을 뿐이 아니라 또한 특별히 황제의 명으로 여기에 왔다' 하였다. 답하기를, '뱃사람은 얼마나 되며, 혹 병은 없는가?' 하니, '모두 8백70인이 있는데 자못 병은 없다' 하였다. 답하기를, '뱃사람이 어찌 그리 많은가?' 하니, '사람 수가 많다 할 수 없다. 이는 전선이기 때문이다' 하였다. 답하기를, '어찌 전선이겠는가?' 하니, '이는 대불랑서 황제의 배이므로 장사하러 오지 않았다. 장사하는 것이라면 그 나라 민가(民家)의 배이다' 하고, 또, '원수가 문서 한 봉(封)을 가졌는데 귀국의 보상(輔相)에게 보내는 것이다. 번거로워서 혹 잘못하여 보내지 않으면 뒷날에 가서 귀 고려에 큰 재앙이 있을 것이다' 하였다. 답하기를, '문서는 무슨 문서인가?' 하니, '문서에는 인신(印信)과 봉호(封號)가 있다. 귀 보상이 열어 보면 자연히 알 것이다' 하였다. 답하기를, '이 섬은 아득한 바다 가운데에 있고 관문(官門)은 멀리 천리나 떨어져 있으므로, 서로 통하기가 매우 어렵다' 하니, '여기에서 관문까지는 또한 그리 멀지 않으므로 자연히 왕래가 있을 것이니 반드시 보내야 한다. 그렇지 않으면 또한 불편한 일이 있을 것이다' 하였다.
다시 상세히 물으러 왔더니, 말하기를, '너희들이 와서 묻는 것이 무슨 일인지 써와서 보이기 바란다' 하자, 답하기를, '좌정한 뒤에 상세히 묻겠다' 하자, '네 분만을 청하니 1층에 내려가 앉기 바란다. 원수께서 여러 분이 무슨 상세히 물을 것이 있는지 묻는다' 하였다. 답하기를, '아까 준 문서는 아주 먼 해도(海島)이므로 보내기가 과연 매우 어려우니 어찌하겠는가?' 하니, '원수가 말하기를, 「부탁한 문서는 즉각 보낼 것 없고 고려의 도성에서도 즉각 회답하는 글이 있어야 할 것 없다. 뒷날에 반드시 전선이 와서 글을 받고 사정을 완전히 할 것이니, 다만 한 번 기회가 있거든

곧 빨리 도성에 보내면 될 것이다.」 하였다' 하였다. 답하기를, '그렇다면 이 섬에 머무를 것인가, 귀국으로 돌아갈 것인가?' 하니, '원수는 즉각 돌아갈 것이다. 내년에 다른 배가 글을 받을 것이다' 하였다. 답하기를, '글을 받고 사정을 완전히 한다는 것은 여기에 상세히 써서 보였는지 알 수 없다' 하니, '그 말은 명백하지 못하니 다시 쓰기 바란다' 하였다. 답하기를, '문서 가운데에 말한 것에는 무슨 뜻이 있는가?' 하니, '원수는 5만 리 밖에서 여기에 왔다. 여러 분이 괴로움을 당하는 것을 바라지 않고, 다만 부탁한 문서를 귀국의 도성에 보내기를 바랄 뿐이다. 귀 보상이 회답하는 글은 전선이 받을 것이다. 나머지는 말할 것이 없다' 하였다. 답하기를, '회답하는 글은 전선이 와서 받는다는 것은 무엇 때문인가?' 하니, '원수가 이 곳에 오래 머무르면 반드시 너희들에게 누를 끼치게 될 것이므로, 이제 원수는 돌아가고 내년에 다른 전선이 여기에 와서 일을 끝낼 것이다. 원수는 먼저 들러서 문서를 넘겨주는 일을 맡은 데에 지나지 않는다' 하였다. 답하기를, '내년에 다른 전선이 여기에 오는 것은 무엇 때문인가?' 하니, '지금은 모른다. 내년에 귀 보상이 회답하는 글이 있고 나면 곧 알 것이다' 하였다. 답하기를, '이 섬은 땅이 험하고 물결이 높아서 오래 머무를 수 없는데, 언제 배를 띄우겠는가?' 하니, '땅이 험하고 물결이 높은 것은 방해되지 않는다. 원수는 오늘 닻을 올리고 떠날 것이다' 하였다. 답하기를, '원수가 떠나면 귀선(貴船) 3척도 같이 돌아가는가?' 하니, '그렇다' 하고 돛을 걸고 곧 떠났다."

〈 관련내용 〉
· 헌종 12/07/15(무술)→ 악원의 입진을 행하고, 불랑국의 글과 김대건 문제를 의논하다   48집 516면

6344 헌종 12/07/11(갑오) → 【원전】 48집 516면
〔이현직에게 경상좌수사를 제수하다〕   수11426

이현직(李顯稷)을 경상좌도 수군절도사로 삼았다.

6345 헌종 12/11/05(병술) → 【원전】 48집 519면
〔채학영을 전라우수사에 임명하다〕   수11427

채학영(蔡學永)을 전라우도 수군절도사로 삼았다.

6346 헌종 12/11/20(신축) → 【원전】 48집 519면
〔이희장을 전라우도 수군절도사로 삼다〕 수11428

이희장(李熙章)을 전라우도 수군절도사로 삼았다.

6347 헌종 12/12/01(임자) → 【원전】 48집 519면
〔서상오를 삼도통제사 겸 경상우도 수군절도사로 삼다〕 수11429

서상오(徐相五)를 삼도통제사 겸 경상우도 수군절도사로 삼았다.

헌종 13년(1847; 청 도광27년)

6348 헌종 13/06/24(신미) → 【원전】 48집 522면
〔정위를 충청수사로, 김한철을 경기수사 겸 통어사 교동부사에 임명하다〕   수11430

정위(鄭瑋)를 충청도 수군절도사로, 김한철(金翰喆)을 경기 수군절도사 겸 삼도통어사 교동부사로 삼았다.

6349 헌종 13/07/10(정해) → 【원전】 48집 522면
〔불란서의 배 2척이 만경지방에 표류하여 문정 역관을 보내다〕   수4718

불란서 이(佛蘭西夷)의 배 2척이 만경(萬頃)지방에 표류하여 이르렀는데, 문정역관(問情譯官)을 차출하여 보내라고 명하였다.

〈관련내용〉
- 헌종 13/08/04(경술)→ 이양선에서 바라는 대로 베풀겠다고 회문을 보내도록 하다   48집 523면
- 헌종 13/08/09(을묘)→ 표류하여 온 불란서인에게 양식을 넉넉히 보내 회유하라 명하다   48집 523면
- 헌종 13/08/11(정사)→ 고군산에 왔던 이양선이 떠나다   48집 523면
- 헌종 13/08/11(정사)→ 불란서 배에서 보낸 글   48집 523면

6350 헌종 13/08/03(기유) → 【원전】 48집 523면
〔이용현을 전라우도 수군절도사로 삼다〕   수11431

이용현(李容鉉)을 전라우도 수군절도사로 삼았다.

6351 헌종 13/08/08(갑인) → 【원전】 48집 523면
〔구신희를 함경북도 병마 수군절도사로 삼다〕   수11432

구신희(具信喜)를 함경북도 병마 수군절도사로 삼았다.

6352 헌종 13/08/17(계해) → 【원전】 48집 524면

〔신소를 충청수사에 임명하다〕 수11433

신소(申紹)를 충청도 수군절도사로 삼았다.

6353 헌종 13/09/02(무인) → 【원전】 48집 525면
〔이희승을 황해수사로 삼다〕 수11434

이희승(李熙昇)을 황해도 수군절도사로 삼았다.

6354 헌종 13/10/03(기유) → 【원전】 48집 525면
〔정수기를 전라좌수사로 임명하다〕 수11435

정수기(鄭壽基)를 전라좌도 수군절도사로 삼았다.

6355 헌종 13/12/11(병진) → 【원전】 48집 528면
〔김건을 삼도통제사 겸 경상우도 수군절도사로 삼다〕 수11436

김건(金鍵)을 삼도통제사 겸 경상우도 수군절도사로 삼았다.

헌종 14년(1848; 청 도광28년)

6356 헌종 14/02/04(무신) → 【원전】 48집 529면
〔이민교를 충청수사에 임명하다〕   수11437

이민교(李敏敎)를 충청도 수군절도사로 삼았다.

6357 헌종 14/03/09(계미) → 【원전】 48집 529면
〔백능수에게 경상좌수사를 제수하다〕   수11438

백능수(白能洙)를 경상좌도 수군절도사로 삼았다.

6358 헌종 14/04/10(계축) → 【원전】 48집 530면
〔임태석을 충청도 수군절도사로 삼다〕   수11439

임태석(任泰錫)을 충청도 수군절도사로 삼았다.

6359 헌종 14/04/10(계축) → 【원전】 48집 530면
〔봉행왜가 관수에게 보낸 글과 이양선의 선양·인형의 도본을 아뢰다〕   왜11069

경상감사 김공현(金公鉉)이 대마도의 봉행왜(奉行倭)가 관수(館守)에게 보낸 글과 이양선의 선양(船樣)·인형(人形)의 도본(圖本)을 아뢰었다.

6360 헌종 14/04/14(정사) → 【원전】 48집 530면
〔오명선을 충청 수군절도사로 삼다〕   수11440

오명선(吳明善)을 충청도 수군절도사로 삼았다.

6361 헌종 14/04/15(무오) → 【원전】 48집 530면
〔이인희를 경상좌도 수군절도사로 삼다〕   수11441

이인희(李寅熙)를 경상좌도 수군절도사로 삼았다.

6362 헌종 14/07/06(정축) → 【원전】 48집 531면
〔이의식을 경기 수군절도사 겸 삼도통어사 교동부사로 삼다〕　　　수11442

이의식(李宜植)을 경기 수군절도사 겸 삼도통어사 교동부사로 삼았다.

6363 헌종 14/07/22(계사) → 【원전】 48집 531면
〔이규철을 경기수사 겸 통어사 교동부사에 임명하다〕　　　수11443

이규철(李圭澈)을 경기 수군절도사 겸 삼도통어사 교동부사로 삼았다.

6364 헌종 14/10/10(경술) → 【원전】 48집 532면
〔정하응을 전라좌도 수군절도사로 삼다〕　　　수11444

정하응(鄭夏應)을 전라좌도 수군절도사로 삼았다.

6365 헌종 14/12/29(기사) → 【원전】 48집 534면
〔이양선의 수가 셀 수 없이 많아지다〕　　　수4719

이해 여름·가을 이래로 이양선이 경상·전라·황해·강원·함경 다섯 도의 대양(大洋) 가운데에 출몰하는데, 혹 널리 퍼져서 추적할 수 없었다. 혹 뭍에 내려 물을 긷기도 하고 고래를 잡아 양식으로 삼기도 하는데, 거의 그 수를 셀 수 없이 많았다.

〈 관련내용 〉
· 헌종 15/03/15(계미)→ 이양선을 망보는 일을 조사하여 신칙할 것을 명하다　　48집 536면
· 헌종 15/03/15(계미)→ 도류된 죄인을 3년의 기한이 차거든 석방하라고 명하다　　48집 536면

헌종 15년(1849; 청 도광29년)

6366 헌종 15/01/10(기묘) → 【원전】 48집 535면
〔한산도에 진을 설치하게 하다〕   수3924

통영에 명하여 한산도(閑山島)에 진(鎭)을 설치하게 하였으니, 좌의정 김도희(金道喜)의 복주(覆奏)와 통영의 계본(啓本)에 따라 시행하도록 윤허한 것이다.

6367 헌종 15/03/11(기묘) → 【원전】 48집 536면수11445
〔김상우를 경기수사 겸 통어사 교동부사에 임명하다〕   수11445

김상우(金相宇)를 경기 수군절도사 겸 삼도통어사 교동부사로 삼았다.

25. 철 종

▨ 비어 있는 쪽 ▨

철종 즉위년(1849; 청 도광29년)

6368 철종 00/07/12(정미) → 【원전】 48집 549면
　　〔이관희를 전라우도 수군절도사로 삼다〕　　　　　　　　　　　　수11446
　　이관희(李觀熙)를 전라우도 수군절도사로 삼았다.

6369 철종 00/07/25(경신) → 【원전】 48집 550면
　　〔정기원을 전라좌수사에 제수하다〕　　　　　　　　　　　　　　수11447
　　정기원(鄭岐源)을 전라좌도 수군절도사로 삼게 하였다.

6370 철종 00/08/11(병자) → 【원전】 48집 551면
　　〔이기석을 황해도 수군절도사로 삼다〕　　　　　　　　　　　　수11448
　　이기석(李基碩)을 황해도 수군절도사로 삼았다.

6371 철종 00/10/11(을해) → 【원전】 48집 552면
　　〔이종혁을 경상좌도 수군절도사로 삼다〕　　　　　　　　　　　수11449
　　이종혁(李鍾赫)을 경상좌도 수군절도사로 삼았다.

6372 철종 00/11/02(을미) → 【원전】 48집 553면
　　〔대마도주의 사자에게 공작미를 5년간 퇴한해 주라고 명하다〕　왜11070
　　차왜에게 공작미(公作米)를 다시 5년간 퇴한(退限)해 주라고 명하였다.

6373 철종 00/11/12(을사) → 【원전】 48집 553면
　　〔이형하를 경상좌도 수군절도사로 삼다〕　　　　　　　　　　　수11450
　　이형하(李亨夏)를 경상좌도 수군절도사로 삼았다.

철종 1년(1850; 청 도광30년)

6374 철종 01/01/02(을미) → 【원전】 48집 554면
　　〔이조연에게 전라좌수사를 제수하다〕　　　　　　　　　　　　　　수11451
　　　이조연(李肇淵)을 전라좌도 수군절도사로 삼았다.

6375 철종 01/01/18(신해) → 【원전】 48집 554면
　　〔오치현을 통어사로 삼다〕　　　　　　　　　　　　　　　　　　수11452
　　　오치현(吳致賢)을 삼도 수군통어사로 삼았다.

6376 철종 01/04/14(병자) → 【원전】 48집 556면
　　〔한인식을 황해수사로 삼다〕　　　　　　　　　　　　　　　　　수11453
　　　한인식(韓仁植)을 황해도 수군절도사로 삼았다.

6377 철종 01/08/21(경진) → 【원전】 48집 558면
　　〔윤명검을 전라우수사로, 이용순을 경상좌수사로 삼다〕　　　　　　수11454
　　　윤명검(尹明儉)을 전라우도 수군절도사로, 이용순(李容純)을 경상좌도 수군절도사로 삼았다.

6378 철종 01/09/10(무술) → 【원전】 48집 558면
　　〔구장화를 전라우도 수군절도사로 삼다〕　　　　　　　　　　　　수11455
　　　구장화(具鏘和)를 전라우도 수군절도사로 삼았다.

6379 철종 01/12/26(계미) → 【원전】 48집 559면
　　〔유영로를 삼도수군통어사로 삼다〕　　　　　　　　　　　　　　수11456
　　　유영로(柳永魯)를 삼도 수군통어사로 삼았다.

철종 2년(1851; 청 함풍1년)

6380 철종 02/02/09(병인) → 【원전】 48집 560면
　　〔신명순을 전라우도 수군절도사로 삼다〕　　　　　　　　　　　　　수11457
　　신명순(申命淳)을 전라우도 수군절도사로 삼았다.

6381 철종 02/02/27(갑신) → 【원전】 48집 560면
　　〔조관석을 전라우도 수군절도사로 삼다〕　　　　　　　　　　　　　수11458
　　조관석(趙寬錫)을 전라우도 수군절도사로 삼았다.

6382 철종 02/04/13(기사) → 【원전】 48집 561면
　　〔유신검을 통어사로, 허섭을 전라좌수사로 삼다〕　　　　　　　　　수11459
　　유신검(柳信儉)을 삼도 수군통어사로, 허섭(許燮)을 전라좌도 수군절도사로 삼았다.

6383 철종 02/07/13(정유) → 【원전】 48집 567면
　　〔이응서를 삼도 수군통제사로 삼다〕　　　　　　　　　　　　　　　수11460
　　이응서(李膺緖)를 삼도 수군통제사로 삼았다.

6384 철종 02/08/21(을해) → 【원전】 48집 568면
　　〔박내익을 전라좌도 수군절도사로 삼다〕　　　　　　　　　　　　　수11461
　　박내익(朴來益)을 전라좌도 수군절도사로 삼았다.

6385 철종 02/09/26(무인) → 【원전】 48집 571면
　　〔이민식을 전라좌도 수군절도사로 삼다〕　　　　　　　　　　　　　수11462
　　이민식(李民植)을 전라좌도 수군절도사로 삼았다.

6386 철종 02/12/10(신묘) → 【원전】 48집 573면
〔이남식을 충청수사에 제수하다〕
수11463

이남식(李南軾)을 충청도 수군절도사로 삼았다.

철종 3년(1852; 청 함풍2년)

6387 철종 03/01/08(기미) → 【원전】 48집 574면 수11464
〔장인식을 경상좌수사로 삼다〕

장인식(張寅植)을 경상좌도 수군절도사로 삼았다.

6388 철종 03/03/05(을묘) → 【원전】 48집 575면 수11465
〔이건서를 황해수사로 삼다〕

이건서(李健緖)를 황해도 수군절도사로 삼았다.

6389 철종 03/05/02(임자) → 【원전】 48집 576면수11466 수11466
〔신종익을 삼도 수군통어사로 삼다〕

신종익(申從翼)을 삼도 수군통어사로 삼았다.

6390 철종 03/09/04(신해) → 【원전】 48집 577면 수11467
〔유광로를 전라좌도 수군절도사로 삼다〕

유광로(柳光魯)를 전라좌도 수군절도사로 삼았다.

6391 철종 03/11/01(정미) → 【원전】 48집 578면 수11468
〔이제도를 황해수사로 삼다〕

이제도(李濟道)를 황해도 수군절도사로 삼았다.

철종 4년(1853; 청 함풍3년)

6392 철종 04/01/02(정미) → 【원전】 48집 580면수11469
 〔이용상을 전라우도 수군절도사로 삼다〕   수11469
 이용상(李容象)을 전라우도 수군절도사로 삼았다.

6393 철종 04/02/06(신사) → 【원전】 48집 580면
 〔오현우를 충청수사, 이근영을 황해수사로 삼다〕   수11470
 오현우(吳顯佑)를 충청도 수군절도사로, 이근영(李根永)을 황해도 수군절도사로 삼았다.

6394 철종 04/02/21(병신) → 【원전】 48집 580면수11471
 〔조술영을 경상좌도 수군절도사로 삼다〕   수11471
 조술영(趙述永)을 경상좌도 수군절도사로 삼았다.

6395 철종 04/06/01(갑술) → 【원전】 48집 582면
 〔이규철을 삼도 수군통제사로 삼다〕   수11472
 이규철(李圭徹)을 삼도 수군통제사로 삼았다.

6396 철종 04/07/25(무진) → 【원전】 48집 582면
 〔이동식을 황해수사로 삼다〕   수11473
 이동식(李東植)을 황해도 수군절도사로 삼았다.

철종 5년(1854; 청 함풍4년)

6397 철종 05/01/22(임술) → 【원전】 48집 585면
〔정배 죄인 서기순을 분간하여 충청수사에 보외하게 하다〕 수11474

정배죄인 서기순(徐箕淳)을 분간(分揀)하여 충청수사에 보외(補外)하라 명하였다.

6398 철종 05/04/25(계사) → 【원전】 48집 586면
〔남석우를 충청수사로 삼다〕 수11475

남석우(南錫禹)를 충청도 수군절도사로 삼았다.

6399 철종 05/04/27(을미) → 【원전】 48집 587면
〔포변의 백성이 탄환에 맞아 죽게 한 영흥·덕원의 두 부사를 정죄하게 하다〕 수4720

비변사에서 아뢰기를, "함경감사 조병준(趙秉駿)이, 저 사람들이 포(砲)를 쏘아 포변(浦邊)의 백성이 치사(致死)하고 저들의 배가 때도 없이 오고 감을 낱낱이 들었는데, 전례와 같이 묻지 못했다고 한 것은, 혹시 그럴 수도 있어 괴상할 것이 없겠으나, 포변의 백성이 탄환에 맞아 죽은 데에 이르러서는 전에 없었던 일이니, 영흥(永興)·덕원(德源)의 두 부사는 청컨대 장청(狀請)에 의하여 정죄(定罪)하소서" 하였다. 윤허하였다.

6400 철종 05/05/02(경자) → 【원전】 48집 587면
〔조운하는 배를 뒤집어지게 한 영운차원을 분간하게 하다〕 조2080

북관(北關)의 곡식을 경상도로 이전할 때에 복선(覆船)한 영운차원(領運差員)을 분간(分揀)하고, 건지지 못한 곡식은 탕감하라고 명하였으니, 비변사의 아뢴 바로 말미암은 것이었다.

6401 철종 05/06/12(기묘) → 【원전】 48집 587면
〔강시영이 연해 읍에 이국선이 와서 교역하는 폐단을 없앨 것을 청하다〕   수4721

대사헌 강시영(姜時永)이 자인소(自引疏)를 올리고, 함경도 연해 읍에 이국선(異國船)이 와서 교역하는 폐단을 엄중히 신칙하기를 청하였다.
　　비답하기를, "상소문 끝에 덧붙인 일은 듣기에 매우 놀랍고 두렵다. 진실로 일분의 법과 기율(紀律)이 있으면, 어찌 이와 같은 일이 어렵지 않게 용납될 수 있겠는가? 해당 도신(道臣)으로 하여금 엄히 이 사실을 조사한 뒤에 장문(狀聞)하게 하라" 하였다.

6402 철종 05/07#01(무진) → 【원전】 48집 587면
〔윤수봉을 경상좌도 수군절도사로 삼다〕   수11476

윤수봉(尹守鳳)을 경상좌도 수군절도사로 삼았다.

6403 철종 05/08/05(신축) → 【원전】 48집 588면
〔유숙을 전라좌도 수군절도사로 삼다〕   수11477

유숙(柳㳷)을 전라좌도 수군절도사로 삼았다.

6404 철종 05/08/12(무신) → 【원전】 48집 588면
〔이현직을 삼도 수군통어사로 삼다〕   수11478

이현직(李顯稷)을 삼도 수군통어사로 삼았다.

6405 철종 05/10/11(병오) → 【원전】 48집 589면
〔완도를 독진으로 삼다〕   수3925

영부사(領府事) 정원용(鄭元容)을 소견하였다.
　　하교하기를, "경이 내려갈 때에 내가 호남의 민폐를 돌아와서 아뢰라는 뜻으로 경연에서 하교한 바가 있었다. 경이 이미 오래 머물렀으니, 반드시 자세히 탐지하여 진달(陳達)할 만한 것이 있을 것이다" 하였다.
　　순천진영(順天鎭營)을 감하(減下)하여 본부사(本府使)가 겸대하도록 명하였으니,

영부사 정원용의 주청에 따라 영상(領相)·우상(右相) 및 병조판서에게 순문하여 그대로 따른 것이다. 전주의 세곡을 본부(本府)의 포구에 받아서 유치하고, 경사(京司)·군문(軍門)에 납부하는 포보(砲保)의 무명은 10년에 한하여 돈으로 대신 바치며, 장성부(長城府)의 대동미는 무명으로 환산하여 받고, 완도(莞島)를 독진(獨鎭)으로 삼아 전최(殿最)는 순영(巡營)에 속하게 하였으니, 모두 영부사의 주청으로 말미암은 것이었다. 정원용이 또 증 좨주 이항(李恒)에게 가증하고 시호의 하사를 청하였다.

그대로 따랐다.

철종 6년(1855; 청 함풍5년)

6406 철종 06/01/07(신미) → 【원전】 48집 591면수11479
　　[심환영을 전라우도 수군절도사로 삼다]　　　　　　　　　　　　　　수11479
　　심환영(沈煥永)을 전라우도 수군절도사로 삼았다.

6407 철종 06/03/26(무자) → 【원전】 48집 593면
　　[사폐한 통제사 김한철을 소견하다]　　　　　　　　　　　　　　수11480
　　통제사 김한철(金翰喆)을 소견하였는데, 사폐(辭陛)한 때문이었다.

6408 철종 06/10/01(신묘) → 【원전】 48집 601면
　　[김영구를 전라우수사로 삼다]　　　　　　　　　　　　　　수11481
　　김영구(金永求)를 전라우도 수군절도사로 삼았다.

6409 철종 06/12/15(갑진) → 【원전】 48집 603면수11482
　　[김기조를 황해수사로, 이근영을 삼도통어사로 삼다]　　　　　　　　　　　　　　수11482
　　김기조(金箕袓)를 황해도 수군절도사로, 이근영(李根永)을 삼도 수군통어사로 삼았다.

철종 7년(1856; 청 함풍6년)

6410 철종 07/03/05(임술) → 【원전】 48집 605면
〔이신영을 경상좌도 수군절도사로 삼다〕   수11483

이신영(李信泳)을 경상좌도 수군절도사로 삼았다.

6411 철종 07/03/14(신미) → 【원전】 48집 605면
〔비변사에서 무신 허사과의 폐단을 바로 잡을 조목을 아뢰다〕   수3926

비변사에서 무신 허사과(虛司果)의 폐단을 바로잡을 조목으로써 아뢰기를, "비변랑(備邊郞)의 참상(參上) 네 자리는 옛 예에 의거하여 실직중에서 자벽(自辟)하되 본과(本窠)는 겸임할 수 없게 할 것이며, 초사(初仕)한 부장(部將)의 출륙하는 달수〔朔數〕는 한결같이 선전관의 무겸(武兼)하는 예에 의거하여 시행해야 하겠습니다. 또 수우후(水虞候)를 체부(遞付)하는 근례(近例)는 비록 규피(規避)를 진념(軫念)하는 이유이겠지마는, 원래 고례(古例)가 아니고 또 서로 방해됨이 많으니, 그전의 개만(箇滿)에 의거하여 차대(差代)케 하소서" 하였다.

6412 철종 07/03/16(계유) → 【원전】 48집 605면
〔조태현을 충청수사로 삼다〕   수11484

조태현(趙台顯)을 충청도 수군절도사로 삼았다.

6413 철종 07/05/29(을유) → 【원전】 48집 606면
〔원세현을 전라좌도 수군절도사로 삼다〕   수11485

원세현(元世顯)을 전라좌도 수군절도사로 삼았다.

6414 철종 07/07/14(기사) → 【원전】 48집 607면

〔신소를 삼도 수군통어사로 삼다〕 수11486

신소(申紹)를 삼도 수군통어사로 삼았다.

6415 철종 07/08/22(병오) → 【원전】 48집 608면
〔이희경을 삼도 수군통제사로 삼다〕 수11487

이희경(李熙絅)을 삼도 수군통제사로 삼았다.

철종 8년(1857; 청 함풍7년)

6416 철종 08/01/22(을해) → 【원전】 48집 610면　　　　　　　　　　수11488
〔유상정을 삼도 수군통제사로 삼다〕

유상정(柳相鼎)을 삼도 수군통제사로 삼았다.

6417 철종 08/03/02(갑인) → 【원전】 48집 611면　　　　　　　　　　수11489
〔사폐한 통제사 유상정을 소견하다〕

통제사 유상정(柳相鼎)과 남병사 심창규(沈昌奎)를 소견하였으니, 사폐(辭陛)하였기 때문이었다.

6418 철종 08/05/10(경신) → 【원전】 48집 612면수4722　　　　　　　수4722
〔내수사에서 강제로 정한 창원·마산 등지의 세금을 혁파하게 하다〕

희정당(熙政堂)에서 차대(次對)를 행하였다.

　　우의정 조두순(趙斗淳)이 아뢰기를, "…… 창원(昌原)·마산(馬山)의 7포에 내수사에서 강제로 세액을 정한 것을 우선 혁파하고 여러 도 가운데 이렇게 수세(收稅)하는 폐단이 있는 것은 일일이 이정(釐正)하게 하소서" 하였다.

　　비답하기를, "관시(關市)에도 오히려 정세(征稅)하지 않았는데, 더구나 상선(商船)이겠는가? 가령 거기에서 받는 세금이 수용(需用)에 도움이 있다 하더라도 이미 우리 백성들에 해를 끼친 것을 알았다면 무엇을 아껴서 혁파하지 않겠는가? 해당 도(道)에 명령을 내려 혁파하게 하고, 이외에도 이러한 일이 있으면 일일이 관문(關文)으로 보내어 혁파하게 하라" 하였다.

6419 철종 08/06/05(갑인) → 【원전】 48집 613면　　　　　　　　　　수11490
〔한원식을 전라우도 수군절도사로 삼다〕

한원식(韓元植)을 전라우도 수군절도사로 삼았다.

6420 철종 08/06/12(신유) → 【원전】 48집 614면
〔조우석을 삼도 수군통어사로 삼다〕   수11491

조우석(趙禹錫)을 삼도 수군통어사로 삼았다.

6421 철종 08/06/20(기사) → 【원전】 48집 614면
〔법성·군산의 첨사의 이력을 변지로 허락해 시행하게 하다〕   수3927

희정당(熙政堂)에서 차대를 행하였다.
　　우의정 조두순(趙斗淳)이 아뢰기를, "법성(法聖)·군산(群山)의 첨사는 양년(兩年)의 조운을 기다려 단지 반변지(半邊地) 첨사의 이력을 허락한 것은 이것이 관방(官方)을 삼가는 뜻에서 나왔습니다. 그러나 그가 험난한 바다를 거쳐 위험을 무릅쓰고 수운(水運)의 역사(役事)를 잘 끝마친 것은 아산(牙山)·함열(咸悅)과 더불어 일반입니다. 그런데 아산·함열에는 양년의 조운을 거치면 승이(陞移)시키는데, 이 두 진만은 유독 구별하는 바가 있으니, 편파적이고 불공평한 처사에 대한 한탄이 없지 않습니다. 변지(邊地)로 허락해 시행함이 불가할 것이 없을 듯하나, 일이 관제의 변통에 관계되니, 연석(筵席)에 나온 전신(銓臣)과 장신(將臣)들에게 하문하소서" 하였다.
　　그런데, 이조판서 김보근(金輔根), 병조판서 조병기(趙秉夔), 호군 심낙신(沈樂臣)·이희경(李熙絅)이 편리하여 좋겠다고 하니, 그대로 따랐다.

6422 철종 08/06/20(기사) → 【원전】 48집 614면
〔문수진을 본영의 장교에 붙여 자벽과로 만들게 하다〕   수3928

병조판서 조병기(趙秉夔)가 아뢰기를, "문수진(文殊鎭)은 강도의 건너편 나루 좁은 입구에 있는데, 다른 영(營)의 예에 의하여 본영의 장교에 붙여서 자벽과(自辟窠)로 만들도록 대신해 온과 장신(將臣)에게 하문하여 처리하소서" 하였다.
　　그러자, 우의정 조두순(趙斗淳)과 호군 심낙신(沈樂臣)·이희경(李熙絅)이 편리하여 좋겠다고 하니, 그대로 따랐다.

6423 철종 08/09/15(계사) → 【원전】 48집 618면
〔이관연을 충청수사로, 이종승을 황해수사로 삼다〕   수11492

이관연(李觀淵)을 충청도 수군절도사로. 이종승(李鍾承)을 황해도 수군절도사로 삼았다.

6424 철종 08/09/26(갑진) → 【원전】 48집 619면
〔신명온을 충청수사로, 오길선을 황해수사로, 이주철을 경상좌수사로 삼다〕   수11493

신명온(申命溫)을 충청도 수군절도사로. 오길선(吳吉善)을 황해도 수군절도사로. 이주철(李周喆)을 경상좌도 수군절도사로 삼았다.

철종 9년(1858; 청 함풍8년)

6425 철종 09/02/16(임술) → 【원전】 48집 625면
〔백낙신을 전라좌도 수군절도사로 삼다〕   수11494

백낙신(白樂莘)을 전라좌도 수군절도사로 삼았다.

6426 철종 09/03/13(기축) → 【원전】 48집 625면
〔송재선을 충청도 수군절도사로 삼다〕   수11495

송재선(宋在璿)을 충청도 수군절도사로 삼았다.

6427 철종 09/06/04(무신) → 【원전】 48집 627면
〔염종수를 전라우수사로 삼다〕   수11496

염종수(廉宗秀)를 전라우도 수군절도사로 삼았다.

6428 철종 09/07/02(을해) → 【원전】 48집 628면
〔이건서·오길선, 이명석 등에게 관직을 제수하다〕   수11497

이건서(李健緖)를 삼도 수군통어사로, 오길선(吳吉善)을 경상우도 수군절도사로, 이명석(李明錫)을 황해도 수군절도사로 삼았다.

6429 철종 09/07/10(계미) → 【원전】 48집 628면
〔선세를 금지시키다〕   수4723

희정당(熙政堂)에서 차대(次對)하였다.
  영의정 김좌근(金左根)이 아뢰기를, "바다나 강가의 선세(船稅)를 일체 모두 금단시키소서" 하였다.
  비답하기를, "이 일에 대해서는 과연 들려 오는 바가 있는데, 무슨 연고로 금단하

지 못하고 한결같이 폐단을 부리는 대로 맡겨 두는지 모르겠다. 지금부터는 각별히
신칙시키도록 하라" 하였다.

6430 철종 09/08/01(계묘) → 【원전】 48집 628면수11498
　　〔임태승을 전라우도 수군절도사로 삼다〕　　　　　　　　　　　수11498

　　임태승(任泰昇)을 전라우도 수군절도사로 삼았다.

6431 철종 09/08/17(기미) → 【원전】 48집 628면
　　〔윤치의를 전라우도 수군절도사로 삼다〕　　　　　　　　　　　수11499

　　윤치의(尹致誼)를 전라우도 수군절도사로 삼았다.

6432 철종 09/09/16(무자) → 【원전】 48집 629면
　　〔허습을 경상좌수사로 삼다〕　　　　　　　　　　　　　　　　수11500

　　허습(許熠)을 경상좌도 수군절도사로 삼았다.

6433 철종 09/09/19(신묘) → 【원전】 48집 629면
　　〔조병칠을 경상좌수사로 삼다〕　　　　　　　　　　　　　　　수11501

　　조병칠(趙秉七)을 경상좌도 수군절도사로 삼았다.

6434 철종 09/09/25(정유) → 【원전】 48집 629면
　　〔이명학을 삼도 수군통어사로 삼다〕　　　　　　　　　　　　　수11502

　　이명학(李明學)을 삼도 수군통어사로 삼았다.

6435 철종 09/12/17(무오) → 【원전】 48집 631면
　　〔심낙신을 삼도수군통제사로 삼다〕　　　　　　　　　　　　　수11503

　　심낙신(沈樂臣)을 삼도 수군통제사로 삼았다.

철종 10년(1859; 청 함풍9년)

6436 철종 10/06/19(정사) → 【원전】 48집 633면
〔경상감사 홍우길이 동래부사 김석 등을 파출할 것을 청하다〕   왜11071

경상감사 홍우길(洪祐吉)이 장계하기를, "동래부사 김석(金鉐), 부산첨사 장창환(張昌煥)은 변방의 금지된 곳에서 천창(賤娼)들이 왜관에 잠입하여 저들과 교간(交奸)하게 하였으니, 평상시 신칙하지 않은 죄로 아울러 우선 파출하소서" 하였다.

6437 철종 10/06/25(계해) → 【원전】 48집 634면
〔권용을 황해수사로 삼다〕   수11504

권용(權鎔)을 황해도 수군절도사로 삼았다.

6438 철종 10/07/07(을해) → 【원전】 48집 634면
〔여자를 유인하여 왜관에 잠입시킨 죄인 김용옥을 효시하였음을 장계하다〕   왜11072

경상감사 홍우길(洪祐吉)이 장계하기를, "동래부에서 여자를 유인하여 왜관에 잠입시킨 죄인 김용옥(金用玉)을 초2일 오시(午時)에 관문 밖 저들이 보는 곳에서 효시하였습니다" 하였다.

6439 철종 10/08/10(정미) → 【원전】 48집 634면
〔오길선을 삼도 수군통어사로 삼다〕   수11505

오길선(吳吉善)을 삼도 수군통어사로 삼았다.

6440 철종 10/09/21(정해) → 【원전】 48집 635면
〔이희철을 전라좌도 수군절도사로 삼다〕   수11506

이희철(李熙鐵)을 전라좌도 수군절도사로 삼았다.

6441 철종 10/09/25(신묘) → 【원전】 48집 635면
〔홍길모를 전라좌도 수군절도사로 삼다〕 수11507

홍길모(洪吉謨)를 전라좌도 수군절도사로 삼았다.

6442 철종 10/10/06(임인) → 【원전】 48집 635면
〔박승유를 충청도 수군절도사로 삼다〕 수11508

박승유(朴承儒)를 충청도 수군절도사로 삼았다.

6443 철종 10/12/02(정유) → 【원전】 48집 636면
〔서상익을 충청수사로 삼다〕 수11509

서상익(徐相益)을 충청도 수군절도사로 삼았다.

6444 철종 10/12/06(신축) → 【원전】 48집 636면
〔이희영을 충청도 수군절도사로 삼다〕 수11510

이희영(李熙永)을 충청도 수군절도사로 삼았다.

6445 철종 10/12/24(기미) → 【원전】 48집 636면
〔이장렴을 황해수사로 삼다〕 수11511

이장렴(李章濂)을 황해도 수군절도사로 삼았다.

철종 11년(1860; 청 함풍10년)

6446 철종 11/03/10(갑술) → 【원전】 48집 637면
〔백희수를 전라우도 수군절도사로 삼다〕   수11512

백희수(白希洙)를 전라우도 수군절도사로 삼았다.

6447 철종 11/04/10(갑술) → 【원전】 48집 638면
〔권용을 삼도통어사로 삼다〕   수11513

권용(權容)을 삼도 수군통어사로 삼았다.

6448 철종 11/04/12(병자) → 【원전】 48집 638면
〔정두원을 전라우수사로 삼다〕   수11514

정두원(鄭斗源)을 전라우도 수군절도사로 삼았다.

6449 철종 11/05/01(갑오) → 【원전】 48집 638면
〔조존항을 경상좌도 수군절도사로 삼다〕   수11515

조존항(趙存恒)을 경상좌도 수군절도사로 삼았다.

6450 철종 11/05/15(무신) → 【원전】 48집 638면
〔이겸희를 전라우수사로 삼다〕   수11516

이겸희(李兼熙)를 전라우도 수군절도사로 삼았다.

6451 철종 11/06/20(임오) → 【원전】 48집 638면
〔이길구를 전라좌도 수군절도사로 삼다〕   수11517

이길구(李吉求)를 전라좌도 수군절도사로 삼았다.

6452 철종 11/06/25(정해) → 【원전】 48집 638면
〔구성희를 전라좌수사로 삼다〕 수11518
구성희(具性喜)를 전라좌도 수군절도사로 삼았다.

6453 철종 11/08/08(기사) → 【원전】 48집 639면
〔러시아·불란서 등과 통화한 일을 알린 왜인에게 답계를 지어 내리게 하다〕 왜11073
비변사에서 아뢰기를, "동래부사 정헌교(鄭獻敎)의 장계에 '관백승습 고지차왜(關白承襲告知差倭)의 말에, 「노서아(魯西亞)·불란서(佛蘭西)·영길리(英吉利)·아묵리가(亞墨利加) 등 네 나라가 폐방(弊邦)과 통화(通貨)한 까닭으로 이를 각별히 서계를 갖추어 별폭으로 드립니다」고 하였으니, 일에 따라 왕복하는 것은 교린하는 사이에 일이 있으면 서로 알린다는 뜻에서 나온 것입니다' 하였으니, 회답하는 서계를 지어서 속히 내려보내게 하소서" 하였다.
이를 윤허하였다.

6454 철종 11/08/14(을해) → 【원전】 48집 640면
〔이경순을 삼도 수군통제사로 삼다〕 수11519
이경순(李景純)을 삼도 수군통제사로 삼았다.

6455 철종 11/09/27(정사) → 【원전】 48집 640면
〔이교준을 황해수사로 삼다〕 수11520
이교준(李敎俊)을 황해도 수군절도사로 삼았다.

6456 철종 11/10/21(신사) → 【원전】 48집 640면
〔김선행을 전라좌수사로 삼다〕 수11521
김선행(金善行)을 전라좌도 수군절도사로 삼았다.

6457 철종 11/12/01(경신) → 【원전】 48집 641면
〔백희수·정주응 등에게 관직을 제수하다〕 수11522
백희수(白希洙)를 삼도 수군통어사로, 정주응(鄭周應)을 경상좌도 수군절도사로, 이희

영(李熙永)을 전라도 병마절도사로, 김재휘(金在徽)를 충청도 수군절도사로 삼았다.

6458 철종 11/12/20(기묘) → 【원전】 48집 641면
〔정기원을 삼도통어사로, 이관연을 경상좌수사로 삼다〕   수11523

정기원(鄭岐源)을 삼도 수군통어사로, 이관연(李觀淵)을 경상좌도 수군절도사로 삼았다.

철종 12년(1861; 청 함풍11년)

6459 철종 12/01/12(신축) → 【원전】 48집 642면
〔신관호를 삼도 수군통제사로 삼다〕 수11524

신관호(申觀浩)를 삼도 수군통제사로 삼았다.

6460 철종 12/02/23(신사) → 【원전】 48집 642면
〔공조참판 조석우를 마량첨사로 임명하다〕 수11525

하교하기를, "전후의 칙유(飭諭)가 과연 어떠하였는데, 일마다 시애(撕挨)함이 마치 승부를 겨루는 것 같은 것이 있었으니, 분의(分義)는 분의이고, 정세는 정세이니, 공조참판 조석우(趙錫雨)를 마량첨사(馬梁僉使)로 보외(補外)하여 당일로 내려보내도록 하라" 하였다.

6461 철종 12/03/10(무술) → 【원전】 48집 643면
〔안흥진을 변지의 이력으로 승작하게 하다〕 수3929

명하여 안흥진(安興鎭)을 변지(邊地)의 이력으로 승작(陞作)하게 하였다.

6462 철종 12/04/29(정해) → 【원전】 48집 644면
〔이동현을 전라우도 수군절도사로 삼다〕 수11526

이동현(李東鉉)을 전라우도 수군절도사로 삼았다.

6463 철종 12/05/05(임진) → 【원전】 48집 644면수11527
〔김옥근을 전라우수사로 삼다〕 수11527

김옥근(金沃根)을 전라우도 수군절도사로 삼았다.

6464 철종 12/07/26(임자) → 【원전】 48집 645면
　　〔서상직을 충청수사로 삼다〕　　　　　　　　　　　　　　　　수11528
　　서상직(徐相稷)을 충청도 수군절도사로 삼았다.

6465 철종 12/08/25(신사) → 【원전】 48집 645면
　　〔이용희를 전라우도 수군절도사로 삼다〕　　　　　　　　　　　수11529
　　이용희(李容熙)를 전라우도 수군절도사로 삼았다.

6466 철종 12/09/18(계묘) → 【원전】 48집 645면
　　〔이남원을 황해도 수군절도사로 삼다〕　　　　　　　　　　　　수11530
　　이남원(李南轅)을 황해도 수군절도사로 삼았다.

철종 13년(1862; 청 동치1년)

6467 철종 13/01/21(갑진) → 【원전】 48집 648면
〔이승준을 충청도 수군절도사로 삼다〕　　　　　　　　　　수11531

이승준(李承駿)을 충청도 수군절도사로 삼았다.

6468 철종 13/02/16(기사) → 【원전】 48집 648면수11532
〔신환을 경상좌도 수군절도사로 삼다〕　　　　　　　　　　수11532

신환(申桓)을 경상좌도 수군절도사로 삼았다.

6469 철종 13/04/06(무오) → 【원전】 48집 649면수11533
〔정주응을 삼도 수군통어사로 삼다〕　　　　　　　　　　　수11533

정주응(鄭周應)을 삼도 수군통어사로 삼았다.

6470 철종 13/04/11(계해) → 【원전】 48집 649면
〔이기춘을 경상좌수사로 삼다〕　　　　　　　　　　　　　수11534

이기춘(李基春)을 경상좌도 수군절도사로 삼았다.

6471 철종 13/07/01(임오) → 【원전】 48집 654면수11535
〔정인규를 전라좌수사로 삼다〕　　　　　　　　　　　　　수11535

정인규(鄭寅奎)를 전라좌도 수군절도사로 삼았다.

6472 철종 13/08/07(정사) → 【원전】 48집 655면
〔이승준을 공충도 수사로 제수하다〕　　　　　　　　　　　수11536

이승준(李承駿)을 공충도 수군절도사로 삼았다.

6473 철종 13/08#18(무술) → 【원전】 48집 656면
〔이규석을 황해수사로 제수하다〕   수11537

이규석(李奎奭)을 황해도 수군절도사로 삼았다.

6474 철종 13/12/07(갑신) → 【원전】 48집 658면
〔이봉주를 삼도통어사로 삼다〕   수11538

이봉주(李鳳周)를 삼도 수군통어사로 삼았다.

6475 철종 13/12/09(병술) → 【원전】 48집 658면수3930
〔적량·신문 등 네 곳의 진보를 임시로 혁파하게 하다〕   수3930

비변사에서 계청하기를, "전후 영백(嶺伯)이 진달한 바에 의하여 적량(赤梁)·신문(新門)·청천(晴川)·구소비(舊所非) 등 네 진보를 임시로 혁파하고, 그 결전(結錢)과 방료(防料)로 탕포(蕩逋)의 급대(給代)에 보충하여 쓰게 하소서. 그리고 조선(漕船)을 영운(領運)하는 임무는 부근의 진장에게 이차(移差)하게 하소서" 하였다.

그대로 윤허하였다.

철종 14년(1863; 청 동치2년)

6476 철종 14/04/03(기묘) → 【원전】 48집 659면
　　[이교헌을 공충도 수군절도사로 삼다]　　　　　　　　　　　　수11539

　　이교헌(李敎獻)을 공충도 수군절도사로 삼았다.

6477 철종 14/10/15(무자) → 【원전】 48집 663면
　　[이현기를 황해수사로 삼다]　　　　　　　　　　　　　　　　수11540

　　이현기(李玄璣)를 황해도 수군절도사로 삼았다.

6478 철종 14/10/25(무술) → 【원전】 48집 663면
　　[심낙승을 황해수사로, 임홍모를 경상좌수사로 삼다]　　　　수11541

　　심낙승(沈樂承)을 황해도 수군절도사로, 임홍모(任弘模)를 경상좌도 수군절도사로 삼았다.

6479 철종 14/10/30(계묘) → 【원전】 48집 663면
　　[이학주를 경상좌수사로 삼다]　　　　　　　　　　　　　　수11542

　　이학주(李鶴周)를 경상좌도 수군절도사로 삼았다.

6480 철종 14/11/23(병인) → 【원전】 48집 664면
　　[이석영을 전라좌수사로 삼다]　　　　　　　　　　　　　　수11543

　　이석영(李錫永)을 전라좌도 수군절도사로 삼았다.

6481 철종 14/11/29(임신) → 【원전】 48집 664면
　　[신태선을 공충도 수군절도사로 삼다]　　　　　　　　　　수11544

　　신태선(申泰善)을 공충도 수군절도사로 삼았다.

◩ 비어 있는 쪽 ◪

기사별색인

◌ 비어 있는 쪽 ◌

Ⅰ. 수군

1. 인사・졸기・사법・재판

1914 5155 경종 01/01/10(임신) : 남태징에게 충청수사를 제수하다 …… 27
1915 5157 경종 01/04/28(무오) : 신광하 등에게 관직을 제수하다 …… 27
1916 5159 경종 01/05/19(기묘) : 충청수사 박찬신이 탄핵받다 …… 28
1917 5162 경종 01/06#16(을해) : 이하정・이사성 등에게 수사관직을 제수하다 …… 29
1918 5163 경종 01/06#19(무인) : 지평 이정소가 전라우수사 이사성을 파직할 것을 청하다 …… 29
1919 5165 경종 01/07/01(경인) : 사헌부에서 황해수사 이여적의 파직을 논핵하다 …… 30
1920 5167 경종 01/07/12(신축) : 유성추를 통제사로 삼다 …… 31
1921 5170 경종 01/11/23(경술) : 통제사 이수민과 군장을 벌한 감사 홍우전을 파직하고 추고하게 하다 …… 32
1922 5171 경종 02/01/22(무신) : 이봉상을 통제사로 삼다 …… 33
1923 5172 경종 02/03/13(무술) : 다대포첨사 정세흡에 대해 어사와 수사가 공과 죄를 다르게 청하다 …… 33
1924 5175 경종 02/06/15(무진) : 이전 통제사 이수민을 변방에 유배시킬 것을 청하는 장령 이기성의 상소 …… 35
1925 5176 경종 02/06/19(임신) : 사헌부에서 군목을 횡령한 이전 통제사 이수민을 나국할 것 등을 청하다 …… 36
1926 5179 경종 02/12/19(경오) : 신익하를 통제사로 삼다 …… 38
1927 5181 경종 03/01/15(을미) : 전라좌수사 박세정을 파직하고 서소문의 수직부장을 잡아가두게 하다 …… 40
1928 5184 경종 03/04/17(병인) : 통제사 신익하의 졸기 …… 41
1929 5185 경종 03/04/19(무진) : 남태징을 통제사로 삼다 …… 41
1930 5186 경종 03/05/21(기해) : 이기복을 충청수사로 삼다 …… 41
1931 5188 경종 03/05/25(계묘) : 충청수사 이기복 등의 처리에 대해 의논하다 …… 42
1932 5195 경종   03/08/02(기유) : 이재항을 경상좌수사로 삼다 …… 45
1933 5197 경종 04/01/09(갑신) : 정도원을 전라좌수사로 삼다 …… 46
1934 5198 경종 04/01/16(신묘) : 경상좌수사 이재항의 관직을 삭탈하다 …… 46
1935 5199 경종 04/01/27(임인) : 한범석・남익화를 수사로 삼다 …… 46
1936 5202 경종 04/07/16(정사) : 이익한・박동상을 수사로 삼다 …… 48
1937 5203 경종 04/08/10(경진) : 한성흠을 전라우수사로 삼다 …… 48
1938 5204 영조 00/10/01(신미) : 대사헌 이명언이 곡식 등을 훔친 통영의 백초규 등을 처벌할 것을 아뢰다 …… 51
1939 5209 영조 01/04/10(정축) : 유윤흥을 전라좌수사로 삼다 …… 53
1940 5210 영조 01/04/28(을미) : 이재항을 통제사로 삼다 …… 53
1941 5216 영조 01/08/09(갑술) : 병사・수사 등 군관의 남잡한 폐단을 금하도록 민진원이 아뢰다 …… 55
1942 5217 영조 01/08/19(갑신) : 삼사에서 충청수사 이복휴를 파직하도록 아뢰다 …… 55
1943 5218 영조   01/09/02(병신) : 경기수사 이익한이 양역・옥송의・적체・서리의 폐단을 아뢰다 …… 55
1944 5221 영조 01/09/26(경신) : 이숙을 전라우수사로 삼다 …… 57
1945 5223 영조 01/10/17(신사) : 이언상을 충청수사로 삼다 …… 57
1946 5229 영조 02/05/02(계사) : 사헌부에서 수령을 자주 바꾸는 폐해와 통제사 이재항을 탄핵하다 …… 60
1947 5234 영조 02/10/16(갑술) : 이복연을 통제사로 삼다 …… 62
1948 5240 영조 03/02/03(경신) : 유학 안태주가 정발 등의 증직과 그 자손을 임용할 것을 상소하다 …… 65
1949 5246 영조 03/04/15(신축) : 구성익을 황해수사로 삼다 …… 66
1950 5249 영조 03/06/13(무술) : 이수신과 홍호인을 각각 전라우수사・경기수사로 삼다 …… 67
1951 5251 영조 03/08/07(경인) : 유준을 충청수사로 삼다 …… 68
1952 5252 영조 03/09/10(계해) : 최도장을 경기수사로 삼다 …… 68
1953 5254 영조 03/12/07(무자) : 김흡을 통제사로 삼다 …… 68
1954 5255 영조 03/12/21(임인) : 헌부에서 경상좌수사 강욱과 전라좌수사 허인을 탄핵하다 …… 69

1955 5256 영조 03/12/28(기유) : 남태적·조동빈을 수사로 삼다 …… 69
1956 5262 영조 05/03/07(신해) : 장태소·우하영을 전라좌우수사로 삼다 …… 72
1957 5265 영조 05/06/25(무술) : 전라우수사 우하형을 인견하다 …… 73
1958 5269 영조 06/02/13(임자) : 최명주를 경상좌수사로 삼다 …… 76
1959 5271 영조 06/08/23(기미) : 조엄을 전라좌수사로 삼다 …… 76
1960 5274 영조 07/01/28(임진) : 황해수사 남덕하가 장신에게 하직인사를 않았다고 하여 파직을 청하다 …… 78
1961 5275 영조 07/02/09(임인) : 변세구 등이 고 충신 이봉상을 이순신의 묘에 추배할 것을 상소하다 …… 79
1962 5285 영조 07/11/26(을유) : 송징래를 전라우수사로 삼다 …… 83
1963 5293 영조 08/06/25(경진) : 민사연을 전라좌수사로 삼다 …… 87
1964 5295 영조 08/09/24(무신) : 조엄을 황해수사로 삼다 …… 88
1965 5302 영조 09/02/01(계축) : 박찬신을 삼도통제사로, 정내주를 동래부사로 임명하다 …… 91
1966 5305 영조 09/04/20(신미) : 김집을 통제사로 삼다 …… 92
1967 5306 영조 09/06/15(갑자) : 구척·유동무 등에게 관직을 제수하다 …… 92
1968 5308 영조 09/07/18(정유) : 이의익을 경상좌수사로 삼다 …… 93
1969 5310 영조 09/12/23(경오) : 간원에서 경상좌수사 유징서의 관직제수의 부당함에 대해 건의하다 …… 94
1970 5315 영조 10/01/20(정유) : 송가도의 수세를 잘못한 수사를 논핵하다 …… 97
1971 5316 영조 10/02/09(을묘) : 이의익을 충청수사로 삼다 …… 97
1972 5319 영조 10/06/02(병오) : 최도장을 황해수사로 삼다 …… 98
1973 5323 영조 10/12/18(기미) : 한범석을 경기수사로 삼다 …… 100
1974 5327 영조 11/01/28(기해) : 구수훈을 통제사로 삼다 …… 102
1975 5329 영조 11/08/08(갑술) : 복시난입자들을 수군에 충정하여 과거를 정지시킬 것을 명하다 …… 103
1976 5330 영조 11/09/12(무신) : 신사경을 공홍도수사로 삼다 …… 103
1977 5331 영조 12/01/11(병오) : 윤택정을 통제사로 삼다 …… 104
1978 5332 영조 12/04/05(기사) : 전광우수사 성은석을 가선대부로 승진시키다 …… 104
1979 5334 영조 12/06/01(갑자) : 조국빈을 공홍도수사로 삼다 …… 104
1980 5337 영조 12/08/11(임신) : 이경철을 경상우수사로 삼다 …… 105
1981 5339 영조 12/12/02(신유) : 정찬술·이행검 등에게 관직을 제수하다 …… 106
1982 5340 영조 13/04/04(임술) : 도정을 행하여 서간세를 전광수사로 삼다 …… 107
1983 5342 영조 13/12/25(무신) : 이언상·구성익에게 관직을 제수하다 …… 108
1984 5343 영조 14/03/10(임술) : 홍덕망·이언섭 등에게 관직을 제수하다 ……109
1985 5345 영조 14/06/12(계사) : 이한범을 공홍수사로 삼다 …… 109
1986 5346 영조 14/06/24(을사) : 김유를 경기수사로 삼다 …… 109
1987 5349 영조 14/09/16(을축) : 전운상·이희원에게 관직을 제수하다 …… 111
1988 5351 영조 15/01/08(을묘) : 변성우를 전라우수사로 삼다 …… 112
1989 5354 영조 15/05/02(정미) : 조호신·김협 등에게 관직을 제수하다 …… 113
1990 5356 영조 15/06/20(을미) : 구성익을 잡아 국문하고, 기묘년의 명신 김정에게 사제하라고 명하다 …… 113
1991 5358 영조 15/08/15(기축) : 구선행을 전라좌수사로 삼다 …… 114
1992 5360 영조 15/12/17(기축) : 전운상을 전라수사로 삼다 …… 115
1993 5364 영조 16/03/21(임술) : 정양빈을 경상좌수사로 삼다 …… 117
1994 5366 영조 16/05/29(무진) : 각 도 수사를 임명하다 …… 117
1995 5370 영조 16/12/12(무신) : 이휘항이 황해수사 민창가, 개천현감 손진민 등을 견책하라고 상소하다 …… 118
1996 5371 영조 17/02/01(병신) : 송징래를 통제사로 삼다 …… 119
1997 5373 영조 17/04/13(정미) : 경기감사 이익정과 경기수사 이행검에게 해방과 군민에 대한 일을 묻다 …… 119
1998 5374 영조 17/09/27(기축) : 고 통제사들의 작위를 추복하다 …… 119
1999 5376 영조 17/12/24(을묘) : 심해를 경상좌수사로 삼다 …… 120
11000 5377 영조 18/02/14(갑진) : 조덕중을 공홍도수사로 삼다 ……121

기사별 색인 729

11001 5378 영조 18/06/03(경인) : 이한필을 공홍수사로 삼다 …… 121
11002 5380 영조 18/12/27(임자) : 도목정을 행하여 권적·이천보 등에게 관직을 제수하다 …… 122
11003 5383 영조 19/04/22(을사) : 심봉양을 경상좌수사로 삼다 …… 123
11004 5385 영조 19/10/12(신유) : 구수훈을 경기수사로 삼다 …… 123
11005 5387 영조 19/12/28(정축) : 이경기를 공홍도수사로 삼다 …… 124
11006 5388 영조 20/01/26(갑진) : 홍계희의 무함을 받은 박문수를 황해도 수군절도사에 특별히 제수하다 …… 125
11007 5391 영조 20/05/18(을미) : 안종대 등에게 관직을 제수하다 …… 126
11008 5393 영조 20/08/19(계해) : 조동제를 전라좌수사로 삼다 …… 127
11009 5394 영조 21/01/28(경자) : 이언상을 공홍수사로 삼다 …… 128
11010 5395 영조 21/02/05(정미) : 한몽필을 경상수사로 삼다 …… 128
11011 5396 영조 21/04/21(계해) : 금부도사 박명양 공홍수사 윤광신의 니포불응에 대해 아뢰다 …… 128
11012 5397 영조 21/09/24(계사) : 이언상을 통제사로 삼다 …… 129
11013 5400 영조 21/12/25(임술) : 조동점을 경기수사로 삼다 …… 130
11014 5402 영조 22/08/30(계사) : 선무사와 충민사에 치제하게 하다 …… 131
11015 5404 영조 22/12/11(임신) : 남익령을 경상좌수사로 삼다 …… 131
11016 5405 영조 23/02/19(기묘) : 김형로·이장오에게 관직을 제수하다 …… 132
11017 5408 영조 23/05/20(기유) : 이태상·구선행·김몽규에게 관직을 제수하다 …… 133
11018 5409 영조 23/05/29(무오) : 도목정사를 행하여 전일상·최명중 등에게 관직을 제수하다 …… 133
11019 5411 영조 23/07/19(정미) : 군기수보를 과장하여 계문한 통제사 이언상을 파직하다 …… 134
11020 5412 영조 23/08/02(경신) : 구성익을 경기수사로 삼다 …… 134
11021 5415 영조 23/10/09(병인) : 이전 경상좌수사 신만을 김해부로 유배하다 …… 136
11022 5420 영조 24/02/14(무진) : 원중회를 황해수사로 삼다 …… 139
11023 5425 영조 24/08/05(정해) : 조동진을 충청수사로 삼다 …… 143
11024 5426 영조 24/09/03(갑인) : 구선복을 황해수사로 삼다 …… 143
11025 5427 영조 25/05/12(기미) : 이경철을 경기수사로 삼다 …… 144
11026 5428 영조 25/07/24(경오) : 정찬술을 통제사로 삼다 …… 144
11027 5432 영조 26/03/11(갑인) : 전일상을 경상좌수사로 삼다 …… 145
11028 5434 영조 26/06/25(병신) : 정여직을 경기수사로 삼다 …… 148
11029 5437 영조 26/08/10(경진) : 도목정을 행하여 윤구연을 전라수사로 삼다 …… 153
11030 5440 영조 26/11/25(갑자) : 정양빈을 경기수사로 삼다 …… 155
11031 5447 영조 27/03/12(기유) : 최상형을 전라우수사로 삼다 …… 163
11032 5452 영조 27/08/14(정미) : 정익량을 전라좌수사로 삼다 …… 170
11033 5457 영조 28/04/29(경신) : 김중만을 충청수사로 삼다 …… 182
11034 5461 영조 28/07/28(병술) : 오혁을 충청수사로 삼다 …… 185
11035 5462 영조 28/09/08(을축) : 장태소를 경기수사로 삼다 …… 186
11036 5464 영조 29/01/21(정축) : 신사언을 황해수사로 삼다 …… 187
11037 5469 영조 29/04/13(무술) : 조동점을 통제사로 삼다 …… 189
11038 5470 영조 29/04/21(병오) : 이전 통제사 정찬술을 직산현으로 정배시키다 …… 189
11039 5471 영조 29/06/09(계사) : 박재하를 전라좌수로 삼다 …… 189
11040 5474 영조 29/12/11(신묘) : 이언섭을 경기수사로 삼다 …… 190
11041 5476 영조 29/12/19(기해) : 홍문제학 서종급을 충청수사에 보임하고 조재호로 갈음하다 …… 191
11042 5477 영조 30/02/03(계미) : 이전 통제사 정찬술·구선행의 고신을 삭탈하다 …… 192
11043 5478 영조 30/03/02(임자) : 김윤을 통제사로 삼다 …… 192
11044 5481 영조 30/04/29(무신) : 이성중의 논계를 듣고 전라좌수사 박재하를 파면하다 …… 194
11045 5482 영조 30/04#03(임자) : 김주악·최진해·이주국 등에게 관직을 제수하다 …… 195
11046 5483 영조 30/04#03(임자) : 충청수사 서종급을 내직으로 옮기다 …… 195

11047 5484 영조 30/05/06(갑신) : 허급에게 관직을 제수하다 …… 195
11048 5493 영조 31/01/09(계미) : 이태상에게 관직을 제수하다 …… 201
11049 5494 영조 31/03/14(정해) : 이장오를 통제사로 삼다 …… 201
11050 5496 영조 31/03/25(무술) : 원중회에게 관직을 제수하다 …… 201
11051 5497 영조 31/05/02(을해) : 이은춘을 전라우수사로 삼다 …… 201
11052 5500 영조 31/08/21(임술) : 이희원·남정오·이양중 등에게 관직을 제수하다 …… 203
11053 5501 영조 31/09/14(을유) : 함부로 전최를 행한 전라우수사 허급을 잡아오도록 하다 …… 203
11054 5503 영조 31/11/28(정유) : 홍악수를 전라우수사로 삼다 …… 204
11055 5511 영조 33/03/12(계묘) : 허유를 황해수사로 삼다 …… 208
11056 5513 영조 33/05/13(계묘) : 이태상을 통제사로 삼다 …… 208
11057 5515 영조 33/09/07(병신) : 부제학 서지수가 관록을 사피했다고 교동수사에 보외하다 …… 209
11058 5516 영조 33/10/05(갑자) : 좌의정 김상로의 건의로 경기 이전 수사 유주기·이태상을 잡아오도록 하다 …… 209
11059 5517 영조 33/10/23(임자) : 오혁을 통제사로 삼다 …… 209
11060 5518 영조 33/10/28(정해) : 도정에 친림하여 이명준·구병훈·한덕필 등에게 관직을 제수하다 …… 209
11061 5524 영조 34/09/19(을인) : 이윤덕 등에게 관직을 제수하다 …… 211
11062 5525 영조 35/01/07(기축) : 남정오를 경기수사로 삼다 …… 212
11063 5526 영조 35/04/23(계유) : 이윤덕을 전라수사로 삼다 …… 212
11064 5527 영조 35/05/14(계사) : 장지항을 전라좌수사, 이창운을 경상좌수사로 삼다 …… 212
11065 5528 영조 35/09/25(임신) : 심봉징에게 관직을 제수하다 …… 212
11066 5530 영조 35/11/08(갑인) : 박재 등에게 관직을 제수하다 …… 213
11067 5531 영조 35/11/08(갑인) : 이윤성을 통제사로 삼다 …… 213
11068 5532 영조 35/12/20(병신) : 김범로를 충청수사로 삼다 …… 213
11069 5535 영조 37/12/02(병인) : 조제태 등에게 관직을 제수하다 …… 214
11070 5537 영조 38/04/16(기묘) : 장령 조태명이 과장을 엄히 할 것과 교동수사 조제태의 중추를 청하다 …… 215
11071 5538 영조 38/04/19(임오) : 이한응을 경기수사로 삼다 …… 215
11072 5541 영조 38/07/04(갑자) : 헌부에서 통제사 김성우의 파직을 청하다 …… 216
11073 5542 영조 38/07/18(무인) : 이은춘을 통제사로 삼다 …… 216
11074 5543 영조 39/01/18(병자) : 헌부에서 전라좌수사 이경무를 벌줄 것을 청하다 …… 217
11075 5544 영조 39/01/20(무인) : 김광백 등에게 관직을 제수하다 …… 217
11076 5546 영조 39/03/03(경신) : 이달해 등에게 관직을 제수하다 …… 218
11077 5554 영조 39/07/28(계미) : 조제태 등에게 관직을 제수하다 …… 222
11078 5555 영조 39/08/10(갑오) : 조계태에게 관직을 제수하다 …… 222
11079 5558 영조 39/11/06(기미) : 홍봉한이 이전 통제사와 감조관을 잡아 처리할 것을 청하다 …… 223
11080 5560 영조 39/12/20(임인) : 도정을 행하다. 황채 등에게 관직을 제수하다 …… 224
11081 5563 영조 40/07/24(갑술) : 전세를 과도하게 징수한 교동수사 조계태를 잡아 죄를 정하게 하다 …… 225
11082 5565 영조 41/01/13(기미) : 윤태연을 통제사로 삼다 …… 227
11083 5567 영조 41/01/20(병인) : 경상도 암행어사 이휘중을 파직하고 전라좌수사 김광백을 귀양보내다 …… 227
11084 5572 영조 41/08/30(계유) : 우후를 포상토록 계를 올린 전라우수사 이흥을 나처하게 하다 …… 229
11085 5575 영조 42/05/21(기축) : 이주국 등에게 관직을 제수하다 …… 231
11086 5576 영조 42/06/18(병진) : 이방일 등에게 관직을 제수하다 …… 231
11087 5580 영조 43/05/16(기묘) : 이동백을 적량첨사로 삼다 …… 234
11088 5584 영조 43/07/15(정축) : 유세복 등에게 관직을 제수하다 …… 235
11089 5588 영조 44/03/18(병오) : 신대현 등에게 관직을 제수하다 …… 237
11090 5589 영조 44/04/04(신유) : 이한응 등에게 관직을 제수하다 …… 237
11091 5594 영조 44/08/29(갑신) : 서유대를 충청수사로 삼다 …… 238
11092 5595 영조 44/09/06(신묘) : 봉진한 전복이 상한 일로 통제사 이한응을 국문하게 하다 …… 238

11093 5596 영조 44/09/16(신축) : 이인배·남현로·이정오 등에게 관직을 제수하다 …… 238
11094 5597 영조 44/10/23(정축) : 전라도의 황당선, 균역청의 공미의 폐단 등에 대해 의논하다 …… 239
11095 5598 영조 44/11/03(정해) : 표류민에 대한 보고를 늦게 한 일로 부안현감 이득일의 파직 등을 명하다 …… 239
11096 5600 영조 45/03/16(기해) : 수령을 통제사와 상피하는 일이 없도록 할 것을 법령을 삼을 것을 명하다 …… 241
11097 5601 영조 45/05/05(병술) : 서명응을 충청수사로 삼다 …… 241
11098 5602 영조 45/05/12(계사) : 장지풍·김상옥·이방일, 이한풍 등에게 관직을 제수하다 …… 241
11099 5604 영조 45/06/25(을해) : 전광훈을 충청수사로 제수하다 …… 242
11100 5608 영조 45/11/13(신묘) : 장흥의 세선이 고의파손된 일로 부사 이동태 등을 치죄하다 …… 244
11101 5613 영조 46/09/26(기사) : 우홍규 등에게 관직을 제수하다 …… 246
11102 5614 영조 46/11/02(갑진) : 장지항을 통제사로 삼다 …… 247
11103 5619 영조 47/04/03(계유) : 민범수·김영수·이성묵 등에게 관직을 제수하다 …… 249
11104 5621 영조 47/04/10(경진) : 최동악 등에게 관직을 제수하다 …… 249
11105 5623 영조 47/04/17(정해) : 함부로 자리를 비운 경상좌수사 등에 대해 함사추고를 명하다 …… 250
11106 5627 영조 47/05/12(임자) : 조규진 등에게 관직을 제수하다 …… 252
11107 5631 영조 47/11/18(갑인) : 유진하 등에게 관직을 제수하다 …… 253
11108 5632 영조 47/12/22(무자) : 도정에 친림하다·이응혁 등에게 관직을 제수하다 …… 255
11109 5634 영조 48/04/12(정축) : 정여증에게 관직을 제수하다 …… 255
11110 5636 영조 48/07/14(정미) : 정언 남주관이 전라좌수사 조헌진의 탐학에 대해 아뢰다 …… 255
11111 5637 영조 48/08/09(신미) : 조태제 등에게 관직을 제수하다 …… 256
11112 5639 영조 48/12/28(무자) : 이전 전라수사 이보영이 허욕한 일에 대해 논의하다 …… 256
11113 5644 영조 49/04/30(무오) : 호당학사 홍상간을 월곶첨사로 차하하도록 명하다 …… 258
11114 5646 영조 49/12/29(계축) : 서유대를 경기수사로 삼다 …… 258
11115 5647 영조 50/04/16(무술) : 구명겸을 충청수사로 삼다 …… 259
11116 5648 영조 50/04/25(정미) : 안흥첨사 서필수의 관직을 삭제하도록 명하다 …… 259
11117 5649 영조 50/06/10(임진) : 구현겸 등에게 관직을 제수하다 …… 259
11118 5650 영조 50/10/02(임오) : 이응혁을 충청수사로 삼다 …… 259
11119 5651 영조 51/01/05(계축) : 김인서에게 충청수사를 제수하다 …… 260
11120 5652 영조 51/03/10(정사) : 조완을 통제사로 삼다 …… 260
11121 5654 영조 51/11/07(경진) : 신대현을 경기수사로 삼다 …… 260
11122 5655 영조 51/11/07(경진) : 이조판서 조엄을 안흥첨사로 삼으라고 명하다 …… 260
11123 5656 정조 00/05/16(병술) : 삼도 수군통제사 조완을 파직하다 …… 265
11124 5657 정조 00/05/16(병술) : 홍낙명을 체직하고 이미로 대신하고 이방수를 삼도 수군통제사로 삼다 …… 265
11125 5658 정조 00/06/16(을묘) : 홍낙인이 소명을 받지 않으니 장봉만호에 보임하다 …… 265
11126 5659 정조 00/06/24(계해) : 이문덕·이정병에게 관직을 제수하다 …… 266
11127 5661 정조 00/09/10(무인) : 민혜수에게 전라우도 수군절도사를 제수하다 …… 266
11128 5662 정조 00/09/21(기축) : 이경무를 경기 수군절도사로, 민혜수를 전라우도 수군절도사로 삼다 …… 266
11129 5667 정조 00/11/05(계유) : 원후진을 충청도 수군절도사로 삼다 …… 269
11130 5669 정조 00/11/20(무자) : 이방일을 경기수군절도사로 삼다 …… 270
11131 5670 정조 00/12/20(정사) : 유혁 등에게 관직을 제수하다 …… 270
11132 5672 정조 01/01/13(경진) : 황채를 황해도 수군절도사로 삼다 …… 271
11133 5674 정조 01/02/05(신축) : 권식을 경상좌도 수군절도사로 삼다 …… 271
11134 5676 정조 01/02/29(을축) : 유진항을 경상좌도 수군절도사로 삼다 …… 272
11135 5683 정조 01/08/03(병신) : 홍수보를 경기 수군절도사로 삼다 …… 276
11136 5685 정조 01/10/04(병신) : 오재희에게 관직을 제수하다 …… 277
11137 5690 정조 02/03/10(경오) : 유집을 전라좌도 수군절도사로 삼다 …… 5690
11138 5691 정조 02/04/03(임진) : 이방오를 황해도 수군절도사로 삼다 …… 279

11139 5692 정조 02/06/11(기해) : 장지항 등에게 관직을 제수하다 …… 279
11140 5694 정조 02/06#23(신사) : 전라우수사 민혜수가 새배를 치패시킴으로 잡아들이도록 명하다 …… 283
11141 5695 정조 02/07/12(기해) : 서유린을 사헌부 대사헌으로, 이경무를 삼도 수군통제사로 삼다 …… 283
11142 5700 정조 02/09/21(정미) : 전라좌도 수군절도사 권식을 파직하다 …… 285
11143 5702 정조 02/10/05(신유) : 홍충도 수군절도사를 유진열로 교체하다 …… 286
11144 5704 정조 02/12/15(신미) : 백동준을 경기수사로 삼다 …… 288
11145 5705 정조 02/12/18(갑술) : 경기 수군절도사 홍수보, 경상좌도 병마절도사 백동준을 잉임시키다 …… 289
11146 5707 정조 03/01/14(기해) : 전라 이전 수군절도사 권식을 정배하다 …… 290
11147 5708 정조 03/02/11(병인) : 서유대를 삼도 수군통제사로 삼다 …… 290
11148 5720 정조 04/01/18(정유) : 신응주를 경상도 수군절도사로 삼다 …… 331
11149 5721 정조 04/02/03(임자) : 김상태에게 관직을 제수하다 …… 331
11150 5724 정조 04/06/05(임자) : 신하들과 유학을 수군에 충당시키는 문제를 논의하다 …… 334
11151 5726 정조 04/07/19(을미) : 임률을 홍충도 수군절도사로 삼다 …… 337
11152 5728 정조 04/08/15(신유) : 김우진을 규장각 직각으로, 전문현을 황해도 수군절도사로 삼다 …… 338
11153 5730 정조 04/09/29(갑진) : 이동엽을 전라좌도 수군절도사로 삼다 …… 339
11154 5734 정조 05/01/28(신축) : 구이겸을 수군통제사로 삼다 …… 342
11155 5743 정조 05/07/11(신해) : 임란 때 공이 큰 자들의 후손을 기용하자는 지중추부사 지선복의 상소문 …… 351
11156 5746 정조 05/08/10(경진) : 문무관이 길에서 만났을 때 회피하는 법을 정하게 하다 …… 354
11157 5747 정조 05/08/20(경인) : 이윤경 등을 각각 절도사로 삼다 …… 355
11158 5750 정조 05/11/16(갑인) : 구서오를 경상좌도 수군절도사로 삼다 …… 357
11159 5751 정조 05/12/04(임신) : 수군 절도사 김해주를 삭직시키다 …… 357
11160 5754 정조 06/01/24(신유) : 윤득규를 전라우도 수군절도사로 삼다 …… 361
11161 5761 정조 06/05/26(임술) : 신돈에게 관직을 제수하다 …… 364
11162 5766 정조 07/01/29(신유) : 이한창을 삼도 수군통제사로 임명하다 …… 366
11163 5767 정조 07/02/19(경진) : 하직 인사를 위해 삼도통제사 이한창을 불러보다 …… 366
11164 5770 정조 07/06/09(기사) : 권필칭을 경상좌도 수군절도사로, 이의행을 동래부사로 삼다 …… 370
11165 5780 정조 08/04/21(을사) : 손상룡·이윤빈·이형원·정관채 등에게 관직을 제수하다 …… 382
11166 5783 정조 08/10/17(경자) : 차대하고 조심태를 홍충도 수군절도사로 삼다 …… 383
11167 5786 정조 08/12/17(무술) : 전라우도 수군절도사 정관채와 나주목사 이정희의 관직을 파면시키다 …… 386
11168 5787 정조 08/12/21(임인) : 백사은을 전라우도 수군절도사로 삼다 …… 387
11169 5790 정조 09/04/27(병오) : 이재협·허근·유효원에게 관직을 제수하다 …… 392
11170 5794 정조 09/11/21(정묘) : 김영수를 삼도 수군통제사로 삼다 …… 397
11171 5795 정조 09/11/22(무진) : 구세적·허경에게 관직을 제수하다 …… 397
11172 5796 정조 10/01/23(무진) : 정관채·오재휘에게 관직을 제수하다 …… 398
11173 5798 정조 10/02/09(계미) :이숭호·이겸환·심풍지·이명식·이한오에게 관직을 제수하다 …… 399
11174 5799 정조 10/07/07(무신) : 이시수·유진항·임홀에게 관직을 제수하다 …… 399
11175 5802 정조 10/08/30(경오) : 봉수를 신중히 하지 않은 충청수사 이연필을 파직하다 …… 400
11176 5811 정조 11/04/02(기해) : 지방관의 처벌에 관한 호남 암행어사 심진현의 서계 …… 405
11177 5813 정조 11/04/08(을사) : 이병모를 이조참판에, 신대겸을 삼도 수군통제사에 제수하다 …… 408
11178 5814 정조 11/04/19(병진) : 이재학을 사헌부 대사헌으로, 조심태를 삼도 수군통제사로 삼다 …… 408
11179 5815 정조 11/06/05(신축) : 의금부에서 이전 통제사 유진항을 형추한 내용을 보고하다 …… 408
11180 5825 정조 12/03/07(기사) : 이한풍을 삼군 수군통제사로 삼다 …… 415
11181 5837 정조 13/02/29(병진) : 조윤대를 이조참의, 신응주를 삼도 수군통제사로 삼다 …… 420
11182 5846 정조 14/02/13(갑자) : 홍억·홍성연·변지건 등에게 관직을 제수하다 …… 426
11183 5854 정조 14/11/03(기묘) : 정민시·이갑·이홍재 등에게 관직을 제수하다 …… 433
11184 5856 정조 15/01/07(임오) : 이윤경을 삼도 수군통제사로 삼다 …… 435

기사별 색인 733

11185 5861 정조 15/05/10(갑신) : 법성창의 조운선 침몰로 장계한 충청도 수군절도사 김명우를 추고케 하다 …… 437
11186 5862 정조 15/06/23(병인) : 경기도 수군절도사 신철을 삭직하다 …… 437
11187 5869 정조 15/12/30(경오) : 윤영희를 가리포첨사에 보임하다 …… 445
11188 5870 정조 16/01/16(병술) : 서유대를 주사대장으로, 이형원을 사간원 대사간으로 삼다 …… 446
11189 5875 정조 16/06/30(정유) : 가리포첨사 윤영희를 불손한 태도에 기인하여 경기 연해로 정배하게 하다 …… 448
11190 5879 정조 16/08/19(을유) : 황조의 부총병 등자룡을 강진 탄보묘에 배향하고 관리를 보내 제사지내다 …… 449
11191 5880 정조 16/09/05(신축) : 각신 서유방이 이순신의 아들들의 증직과 정려를 청하다 …… 450
11192 5881 정조 16/10/09(갑술) : 수령 후보자 추천을 잘 살피지 못한 서매수를 방답진첨사에 보임하다 …… 450
11193 5884 정조 16/12/27(신묘) : 각도 병사·수사에게 군량 창고를 연 일 이외에는 형신을 쓰지 말도록 하다 …… 453
11194 5889 정조 17/04/10(임신) : 환곡과 전포를 허위기록한 관찰사와 삼도 수군통제사를 파직하게 하다 …… 461
11195 5891 정조 17/04/27(기축) : 삼도 수군통제사·전라우도 수사를 보임하였다가 전직을 제수하다 …… 464
11196 5892 정조 17/04/27(기축) : 이동식·이득제·신대현 등에게 관직을 제수하다 …… 464
11197 5895 정조 17/05/19(경술) : 이윤경이 진휼을 감독한 비장장교 등의 가자를 청하니, 엄히 조처케 하다 …… 469
11198 5896 정조 17/05/24(을묘) : 소나무 남벌을 살피지 못한 이전 전라도 수군절도사 이은복을 유배하다 …… 470
11199 5898 정조 17/06/02(계해) : 삼도 수군통제사 신대현을 불러보다 …… 472
11200 5900 정조 17/07/21(임자) : 충무공 이순신을 의정부 영의정으로 추증한다고 전교하다 …… 472
11201 5901 정조 17/07/21(임자) : 행 부호군 이원을 지중추부사에 제수하라고 전교하다 …… 474
11202 5902 정조 17/08/04(갑자) : 이엽에게 관직을 제수하다 …… 474
11203 5903 정조 17/08/29(기축) : 통제사 이윤경의 첩보내용에 대한 불경을 문제삼다 …… 5903
11204 5906 정조 17/12/15(갑술) : 전라도 병마절도사를 개차하고, 황해도 수군절도사를 파직하다 …… 477
11205 5907 정조 18/01/09(정유) : 서유대를 주사대장으로 삼다 …… 479
11206 5917 정조 18/09/03(정해) : 이보한을 경상좌도 수군절도사로 삼다 …… 489
11207 5919 정조 18/09/07(신묘) : 통제사 이득제를 불러보다 …… 490
11208 5921 정조 18/09/20(갑진) : 경상도 수군절도사와 황해도 수군절도사를 서로 바꾸라 명하다 …… 492
11209 5930 정조 19/05/11(신유) : 임금이 지은 고 충신 이순신의 상충 정무비 인본을 나누어주다 …… 499
11210 5931 정조 19/05/26(병자) : 정창순을 경기 수군절도사로 삼다 …… 499
11211 5936 정조 19/08/02(경진) : 이득신을 사헌부 대사헌, 정충달을 황해도 수군절도사로 삼다 …… 501
11212 5937 정조 19/09/14(임술) : 『충무공이순신전서』를 발간하다 …… 501
11213 5938 정조 19/12/05(임오) : 충무공 이순신의 치제문을 친히 짓고, 통영의 충렬사에 제사를 올리게 하다 …… 502
11214 5939 정조 19/12/20(정유) : 이명규에게 관직을 제수하다 …… 502
11215 5941 정조 20/02/03(기묘) : 정운의 후손 정계주를 사복내승에 주의하고, 무예를 익히게 하다 …… 503
11216 5942 정조 20/07/06(기유) : 이유경을 삼도 수군통제사로 삼다 …… 503
11217 5943 정조 20/07/19(임술) : 정운의 시호를 의논하게 하고, 정혁을 다대포첨사에 임명하다 …… 503
11218 5944 정조 20/07/22(을축) : 이완·이순신·이억기 자손에 대한 관직의망을 논의하다 …… 504
11219 5948 정조 20/08/09(신사) : 유지걸 등 유씨 집안과 이순신 집안에 시호를 내리는 문제를 논의하다 …… 506
11220 5949 정조 20/08/09(신사) : 우의정 윤시동이 법성진과 군산진의 첨사 차송문제와 승전문제를 아뢰다 …… 507
11221 5950 정조 20/10/12(갑신) : 김처한을 전라우도 수군절도사로 삼다 …… 508
11222 5957 정조 21/04/13(계미) : 조대에게 관직을 제수하다 …… 510
11223 5958 정조 21/04/15(을유) : 이엽에게 관직을 제수하다 …… 510
11224 5960 정조 21/05/22(신유) : 오재휘를 경기 수군절도사로 삼다 …… 511
11225 5963 정조 21/06#21(기미) : 신대영을 황해도 수군절도사로 삼다 …… 512
11226 5965 정조 21/08/13(기유) : 유진숙을 충청도 수군절도사로 삼다 …… 512
11227 5966 정조 21/08/19(을묘) : 안흥국에 대한 『충무공전서』의 기록을 상고하여 이를 바로잡게 하다 …… 512
11228 5973 정조 22/07/12(갑술) : 유효원을 경기도 수군절도사로 삼다 …… 521
11229 5974 정조 22/07/22(갑신) : 충무공 이순신의 사손을 서용하라고 명하다 …… 521
11230 5976 정조 22/08/04(을미) : 황인영을 전라우도 수군절도사로 삼다 …… 522

11231 5977 정조 22/10/02(임진) : 둔전 사들이는 일을 소홀히 한 통제사 윤득구를 파직하다 …… 522
11232 5978 정조 22/10/03(계사) : 임률 등에게 새 관직을 제수하다 …… 523
11233 5982 정조 22/12/18(정미) : 이윤춘 등을 관직에 제수하다 …… 525
11234 5983 정조 22/12/19(무신) : 이번 도목정 때 충신자손을 많이 등용하다 …… 525
11235 5984 정조 22/12/19(무신) : 임재수 등에게 관직을 제수하다 …… 526
11236 5988 정조 23/02/23(신해) : 김시민·이순신 등의 자손을 단향집사로 차임하는 것을 법식으로 정하다 …… 533
11237 5993 정조 23/07/20(병자) : 이현택에게 관직을 제수하다 …… 539
11238 5994 정조 23/08/02(무자) : 이득제에게 관직을 제수하다 …… 539
11239 5995 정조 23/10/18(계묘) : 이장철을 황해 수군절도사로 삼다 …… 539
11240 5997 정조 24/05/12(계사) : 이인수·민광승 등에게 관직을 제수하다 …… 540
11241 5999 정조 24/06/12(계해) : 공조 판서 이만수를 통어사에 제수하여 징계하다 …… 541
11242 6000 순조 00/08/10(경신) : 서영보 등에게 관직을 제수하다 …… 545
11243 6001 순조 00/08/18(무진) : 이당 등에게 관직을 제수하다 …… 545
11244 6002 순조 00/08/28(무인) : 유문식을 삼도통어사로 삼다 …… 545
11245 6003 순조 00/10/25(갑술) : 김희 등에게 관직을 제수하다 …… 545
11246 6010 순조 01/07/30(갑진) : 이동선을 전라좌수 수군절도사에 제수하다 …… 548
11247 6011 순조 01/09/02(병자) : 조문언을 황해도 수군절도사에 제수하다 …… 548
11248 6012 순조 01/09/04(무인) : 총융사 이인수를 통제사에 유임한다는 하교 …… 548
11249 6013 순조 01/09/19(계사) : 전 수사 이석과 방축죄인 이치훈을 사학죄인으로 유배하다 …… 548
11250 6017 순조 01/11/28(신축) : 최동악을 삼도통어사에 제수하다 …… 550
11251 6020 순조 02/02/28(기사) : 이윤겸을 삼도통제사, 백사은을 함경북도 절도사에 제수하다 …… 551
11252 6021 순조 02/04/24(갑자) : 정주성을 전라좌수 수군절도사에 제수하다 …… 551
11253 6022 순조 02/07/12(경진) : 해서·삼남·경기·수원의 육군과 호남수군의 조련을 정계하다 …… 551
11254 6023 순조 02/07/22(경인) : 장현택 등에게 관직을 제수하다 …… 552
11255 6025 순조 02/08/23(신유) : 이원식 등에게 관직을 제수하다 …… 552
11256 6027 순조 03/01/01(정묘) : 행 호군 이한풍의 졸기 …… 553
11257 6030 순조 03/02/22(무오) : 이신경을 전라좌수 수군절도사로 삼다 …… 554
11258 6032 순조 03/09/03(을미) : 이요헌·조계 등에게 관직을 제수하다 …… 555
11259 6034 순조 04/05/04(임진) : 이욱연·윤득규 등에게 관직을 제수하다 …… 557
11260 6036 순조 04/11/02(정해) : 이당을 삼도통어사로 삼았다가 이해우로 대신하다 …… 557
11261 6038 순조 05/03/09(계사) : 윤순동을 공충도 수군절도사로 삼다 …… 558
11262 6040 순조 05/05/12(을미) : 김희를 삼도통어사로 삼다 …… 558
11263 6042 순조 05/06#07(무자) : 윤예규를 전라도 수군절도사로 삼다 …… 559
11264 6048 순조 06/03/05(계축) : 이회식 등에게 관직을 제수하다 …… 562
11265 6050 순조 06/04/01(무인) : 이당을 삼도통제사로 삼다 …… 563
11266 6053 순조 06/06/09(을유) : 이용규를 경상좌수 수군절도사로 삼다 …… 564
11267 6054 순조 06/07/08(계축) : 유상량을 전라좌수 수군절도사로 삼다 …… 564
11268 6057 순조 06/12/13(병술) : 이조참판 이면응을 특별히 백령첨사로 보외하게 하다 …… 566
11269 6058 순조 07/01/03(을사) : 안종후 등에게 관직을 제수하다 …… 567
11270 6060 순조 07/02/04(병자) : 고 첨사 이영남과 고 현감 마응방에게 증직의 은전을 베풀다 …… 567
11271 6061 순조 07/03/07(기유) : 정학경을 삼도통어사로 삼다 …… 567
11272 6062 순조 07/06/01(신미) : 권탁을 전라우도 수군절도사로 삼다 …… 567
11273 6067 순조 07/11/15(임자) : 신대영을 삼도통제사로 삼다 …… 571
11274 6070 순조 08/01/10(정미) : 전 통제사 이당을 소견하고 이순신에 대해 질문하다 …… 573
11275 6072 순조 08/04/05(신미) : 김사목·유한모 등에게 관직을 제수하다 …… 574
11276 6073 순조 08/05/24(기미) : 원영중·오문상 등에게 관직을 제수하다 …… 574

기사별 색인 735

11277 6080 순조 09/06/10(기해) : 이석구를 공충도 수군절도사로 삼다 …… 581
11278 6082 순조 09/07/26(갑신) : 서유붕을 전라우도 수군절도사로 삼다 …… 582
11279 6084 순조 09/10/10(정유) : 원형주와 이형수에게 관직을 제수하다 …… 583
11280 6085 순조 09/10/24(신해) : 고 통제사 조성의 죄명을 탕척시키라 명하다 …… 583
11281 6091 순조 10/05/09(임술) : 원의진·유상량 등에게 관직을 제수하다 …… 591
11282 6093 순조 10/08/17(기해) : 오재광을 삼도통제사로 삼다 …… 592
11283 6095 순조 10/11/21(임신) : 영광군에 표류한 중국인 29명을 자관을 정해 육로로 들여보내도록 명하다 …… 596
11284 6098 순조 11/01/15(을축) : 이검희를 공충도 수군절도사로 삼다 …… 598
11285 6103 순조 11/04/08(을묘) : 이석구·이동선에게 관직을 제수하다 …… 604
11286 6104 순조 11/05/13(경인) : 윤범익·유상엽에게 관직을 제수하다 …… 604
11287 6107 순조 11/11/23(무술) : 유화원에게 관직을 제수하다 …… 604
11288 6110 순조 12/05/08(기묘) : 백동원에게 관직을 제수하다 …… 605
11289 6112 순조 12/08/15(을묘) : 이철구를 전라좌도 수군 절도사로 삼다 …… 606
11290 6113 순조 12/09/14(계미) : 조계를 삼도통제사로 삼다 …… 606
11291 6114 순조 13/01/07(을해) : 이의수에게 관직을 제수하다 …… 607
11292 6116 순조 13/01/11(기묘) : 통제사 조계가 졸하여 서영보로 대신하다 …… 607
11293 6117 순조 13/03/08(을해) : 김양화에게 관직을 제수하다 …… 607
11294 6118 순조 13/08/29(계해) : 양완을 경상좌도 수군절도사로 삼다 …… 607
11295 6124 순조 14/02#17(기묘) : 윤민동에게 관직을 제수하다 …… 609
11296 6128 순조 14/08/28(병술) : 이복연을 황해도 수군절도사로 삼다 …… 610
11297 6131 순조 14/12/12(무진) : 유명원을 황해도 수군절도사로 삼다 …… 610
11298 6133 순조 15/02/17(계유) : 이민수에게 관직을 제수하다 …… 611
11299 6135 순조 15/04/24(기묘) : 안숙을 황해도 수군절도사로 삼다 …… 611
11300 6136 순조 15/07/10(계사) : 박종화에게 관직을 제수하다 …… 611
11301 6137 순조 15/07/13(병신) : 고부 차왜의 접견을 허락하는 일에 대하여 전례를 참고하여 시행하다 …… 612
11302 6138 순조 15/08/12(갑자) : 이인식을 경상좌도 수군절도사로 삼다 …… 612
11303 6142 순조 16/06/20(무진) : 이관식을 경상좌도 수군절도사로 삼다 …… 613
11304 6143 순조 16/07/11(무오) : 신광에게 관직을 제수하다 …… 614
11305 6146 순조 17/02/19(계사) : 허명·조은석 등에게 관직을 제수하다 …… 617
11306 6147 순조 17/10/11(신사) : 백해진을 경상좌도 수군절도사로 삼다 …… 617
11307 6148 순조 18/01/16(갑인) : 이주봉을 공충도 수군절도사로 삼다 …… 618
11308 6152 순조 18/09/20(을묘) : 구강을 공청도 수군절도사로 삼다 …… 618
11309 6153 순조 19/01/11(갑진) : 유한원을 황해도 수군절도사로 삼다 …… 619
11310 6156 순조 19/10/14(계묘) : 이승권을 전라우도 수군절도사로 삼다 …… 619
11311 6159 순조 20/02/05(신묘) : 이익을 황해도 수군절도사로 삼다 …… 620
11312 6161 순조 20/04/18(계묘) : 신순을 공청도 수군절도사로 삼다 …… 620
11313 6163 순조 20/07/06(경신) : 신경을 삼도통제사로 삼다 …… 621
11314 6167 순조 22/01/22(무진) : 이여절에게 관직을 제수하다 …… 623
11315 6169 순조 22/05/29(임인) : 임성고, 이철구 등에게 관직을 제수하다 …… 624
11316 6171 순조 22/09/07(무인) : 이유엽을 전라좌수사로 삼다 …… 624
11317 6173 순조 23/01/17(정해) : 도목정사를 행하여 오치수를 경상좌수사로 삼다 …… 625
11318 6175 순조 23/05/21(기축) : 허명을 삼도통어사로 삼다 …… 625
11319 6177 순조 23/08/20(병진) : 박효진을 삼도통어사로 삼다 …… 625
11320 6180 순조 23/11/18(임오) : 이종영을 전라우도 수군절도사로 삼다 …… 628
11321 6182 순조 24/03/19(임오) : 조태석을 공충도 수군절도사로 삼다 …… 629
11322 6184 순조 24/06/25(정사) : 도정을 행하여 이경희를 경상좌도 수군절도사로 삼다 …… 630

11323 6186 순조 24/07#11(신축) : 이완식을 전라좌도 수군절도사로 삼다 …… 631
11324 6188 순조 24/08/15(을해) : 권응호를 전라우도 수군절도사로 삼다 …… 632
11325 6189 순조 24/11/24(임자) : 표류한 중국인들을 육로로 호송하라 명하다 …… 632
11326 6190 순조 24/12/27(을유) : 이규덕을 황해도 수군절도사로 삼다 …… 632
11327 6192 순조 25/02/06(갑자) : 이석구를 삼도통제사로 삼다 …… 633
11328 6193 순조 25/05/22(무신) : 이승권에게 삼도통어사를 제수하다 …… 633
11329 6195 순조 25/11/11(갑오) : 김노갑을 전라좌도 수군절도사로 삼다 …… 633
11330 6197 순조 25/12/14(병인) : 이상일을 황해도 수군절도사로 삼다 …… 634
11331 6199 순조 26/01/25(정미) : 유홍원에게 경상좌수사를 제수하다 …… 635
11332 6200 순조 26/02/07(기미) : 심일영에게 충청수사를 제수하다 …… 635
11333 6204 순조 26/12/11(무오) : 조은석을 삼도통어사로 삼다 …… 636
11334 6206 순조 27/02/01(정미) : 이유수를 삼도통제사로 삼다 …… 637
11335 6207 순조 27/04/19(갑자) : 이행교·한응호 등에게 관직을 제수하다 …… 637
11336 6208 순조 27/06/15(기축) : 경상좌수사·유홍원 등의 관직을 삭제하다 …… 637
11337 6209 순조 27/06/17(신묘) : 대점하여 이은빈·임성고 등에게 관직을 제수하다 …… 637
11338 6212 순조 27/08/13(병술) : 박운영을 공충도 수사로 삼다 …… 638
11339 6213 순조 27/10/07(기묘) : 대점하여 이인달을 황해수사로 제수하다 …… 638
11340 6215 순조 28/03/27(병인) : 조존중을 경상좌도 수군절도사로 삼다 …… 639
11341 6218 순조 28/09/03(경자) : 안광찬을 경상좌수사로 삼다 …… 640
11342 6220 순조 29/01/28(계해) : 김영을 삼도통제사로 삼다 …… 641
11343 6222 순조 29/04/04(정묘) : 윤재탁을 전라우수사로 삼다 …… 642
11344 6224 순조 29/05/15(무신) : 김수기·심능준 등에게 관직을 제수하다 …… 642
11345 6226 순조 29/08/24(을유) : 김교근을 황해수사로 보외하다 …… 643
11346 6232 순조 29/12/15(을해) : 이응식을 전라우수사로 삼다 …… 645
11347 6234 순조 30/02/12(신미) : 통제사 김영을 제서유위율로 처벌할 것을 명하다 …… 646
11348 6235 순조 30/02/16(을해) : 이항권·이정곤 등에게 관직을 제수하다 …… 646
11349 6237 순조 30/09/29(갑신) : 이현영을 경상좌수사로 삼다 …… 547
11350 6242 순조 31/04/03(을유) : 이정회를 삼도통어사로 삼다 …… 648
11351 6244 순조 31/07/18(무진) : 이제화를 황해도 수군절도사로 삼다 …… 649
11352 6247 순조 31/10/14(임진) : 허계를 전라우도 수군절도사로 삼다 …… 649
11353 6248 순조 32/01/02(경술) : 이재형을 공충도 수사로 삼다 …… 650
11354 6250 순조 32/02/02(기묘) : 유화원을 삼도통제사로 삼다 …… 650
11355 6252 순조 32/03/07(갑인) : 윤우헌을 황해도 수군절도사로 삼다 …… 651
11356 6256 순조 32/08/13(정해) : 백항진을 황해도 수군절도사로 삼다 …… 656
11357 6259 순조 33/01/22(갑오) : 이완식을 삼도통제사로 삼다 …… 657
11358 6260 순조 33/02/18(기미) : 김상우를 황해도 수군절도사로 삼다 …… 657
11359 6261 순조 33/03/06(정축) : 이유상을 전라좌도 수군절도사로 삼다 …… 657
11360 6263 순조 33/09/02(기사) : 이관규를 전라우도 수군절도사로 삼다 …… 658
11361 6266 순조 34/05/16(경진) : 유문검을 공충도 수군절도사로, 백은진을 황해도 수군절도사로 삼다 …… 661
11362 6268 헌종 01/01/21(신사) : 임성고를 삼도통제사 겸 경상우도 수군절도사로 삼다 …… 665
11363 6269 헌종 01/02/05(갑오) : 박시회에게 전라좌수사를 제수하다 …… 665
11364 6270 헌종 01/03/01(경신) : 이응식을 함경북도 병마수군절도사로 삼다 …… 665
11365 6271 헌종 01/03/02(신유) : 이희보에게 전라좌수사를 제수하다 …… 665
11366 6272 헌종 01/04/09(무술) : 이제빈을 경상좌수사로 제수하다 …… 665
11367 6273 헌종 01/08/23(기묘) : 이현영을 경기 수군절도사 겸 삼도통어사 교동부사로 삼다 …… 665
11368 6274 헌종 02/04/06(무오) : 이제완을 충청수사로 삼다 …… 666

11369 6275 헌종 02/05/01(계미) : 김택기에게 황해수사를 제수하다 …… 666
11370 6276 헌종 02/05/25(정미) : 정일영에게 전라좌수사를 제수하다 …… 666
11371 6277 헌종 02/06/18(경오) : 이현영을 함경북도 병마수군절도사로 삼다 …… 666
11372 6278 헌종 02/06/19(신미) : 이관규에게 경기수사 겸 통어사 교동부사를 제수하다 …… 667
11373 6279 헌종 03/01/12(경인) : 이정회에게 관직을 제수하다 …… 667
11374 6280 헌종 03/02/08(병진) : 조덕영에게 전라우수사를 제수하다 …… 667
11375 6281 헌종 03/02/13(신미) : 평안 감사 박회수와 통제사 이정회를 불러보고 수령의 임무를 신칙시키다 …… 667
11376 6282 헌종 03/02/13(신유) : 조원석을 경상좌도 수군절도사로 삼다 …… 668
11377 6283 헌종 03/04/10(정사) : 구석붕에게 경기수사 겸 통어사 교동부사를 제수하다 …… 668
11378 6286 헌종 04/03/08(경진) : 김건을 충청도 수군절도사로 삼다 …… 669
11379 6287 헌종 04/03/15(정해) : 오일선을 경상좌도 수군절도사로 삼다 …… 669
11380 6288 헌종 04/03/24(병신) : 윤영배에게 경상좌수사를 제수하다 …… 669
11381 6289 헌종 04/04/01(임인) : 이능권에게 황해수사를 제수하다 …… 670
11382 6291 헌종 04/12/02(기사) : 이승권을 삼도 통제사 겸 경상우도 수군절도사로 삼다 …… 670
11383 6292 헌종 04/12/03(경오) : 구재룡에게 전라우수사를 제수하다 …… 670
11384 6293 헌종 04/12/10(정축) : 백은진에게 경기수사 겸 통어사 교동부사를 제수하다 …… 670
11385 6295 헌종 05/02/23(기사) : 구재철에게 전라좌수사를 제수하다 …… 671
11386 6296 헌종 05/02/27(계사) : 이형재를 전라좌도 수군절도사로 삼다 …… 672
11387 6297 헌종 05/03/22(무오) : 서상오를 전라우도 수군절도사로 삼다 …… 672
11388 6298 헌종 05/04/03(무진) : 이명식에게 경상좌수사를 제수하다 …… 672
11389 6299 헌종 05/08/12(을해) : 심유조에게 충청수사를 제수하다 …… 672
11390 6300 헌종 05/12/09(신미) : 윤우현을 함경북도 병마수군절도사로 삼다 …… 672
11391 6302 헌종 06/09/06(계사) : 오현문을 황해도 수군절도사로 삼다 …… 673
11392 6305 헌종 07/01/01(정해) : 이응식에게 삼도통제사 겸 경상우수사를 제수하다 …… 675
11393 6306 헌종 07/01/06(임진) : 임태영에게 경상좌수사를 제수하다 …… 675
11394 6307 헌종 07/01/08(갑오) : 이규철에게 경상좌수사를 제수하다 …… 675
11395 6308 헌종 07/03/22(정미) : 신명원에게 황해수사를 제수하다 …… 675
11396 6309 헌종 07/04/05(기축) : 서상오를 경기 수군절도사 겸 삼도통어사 교동부사로 삼다 …… 675
11397 6310 헌종 07/06/24(병오) : 정태동에게 전라우수사를 제수하다 …… 675
11398 6311 헌종 07/08/05(병술) : 이민덕을 전라우수사로 삼다 …… 676
11399 6312 헌종 07/09/13(갑자) : 허계를 함북 병마수군절도사로 삼다 …… 676
11400 6313 헌종 08/03/24(계유) : 박시회를 함경북도 병마수군절도사로 삼다 …… 677
11401 6314 헌종 08/09/18(계해) : 김선일을 전라우도 수군절도사로 삼다 …… 677
11402 6315 헌종 09/02/02(을해) : 허계를 삼도 수군통제사 겸 경상우도 수군절도사로 삼다 …… 678
11403 6316 헌종 09/02/03(병자) : 유상정을 황해도 수군절도사로 삼다 …… 678
11404 6317 헌종 09/02/05(무인) : 김조근을 주사대장으로 삼다 …… 678
11405 6318 헌종 09/07/12(계축) : 김한철을 경상좌수사로 삼다 …… 678
11406 6319 헌종 09/07/20(신유) : 이의식을 경상좌도 수군절도사로 삼다 …… 678
11407 6320 헌종 09/11/05(계유) : 신관호를 전라우도 수군절도사로 삼다 …… 678
11408 6321 헌종 09/12/26(갑자) : 도정을 행하고 김택기를 경기수사 겸 통어사 교동부사에 임명하다 …… 679
11409 6322 헌종 10/01/02(기사) : 조원석을 함경북도 병마수군절도사로 삼다 …… 680
11410 6323 헌종 10/01/25(임진) : 이희경을 전라좌수사로 · 이습을 충청수사로 삼다 …… 680
11411 6324 헌종 10/02/09(병오) : 민색을 전라좌도 수군절도사로 삼다 …… 680
11412 6325 헌종 10/06/02(정유) : 심창규를 경상좌도 수군절도사로 삼다 …… 680
11413 6326 헌종 10/08/05(기해) : 이원하를 경상좌수사에 임명하다 …… 680
11414 6327 헌종 11/01/02(갑자) : 백은진을 삼도통제사 겸 경상우도 수군절도사로 삼다 …… 681

11415 6328 헌종 11/02/06(정유) : 심낙신을 경기수사 겸 통어사 교동부사로 삼다 …… 681
11416 6329 헌종 11/05/16(병자) : 유창근을 전라좌도 수군절도사로 삼다 …… 681
11417 6331 헌종 11/07/05(갑자) : 병우후는 실질인으로 차출하고, 수우후는 체차해 경직을 주라고 명하다 …… 682
11418 6333 헌종 11/10/01(기축) : 이명학에게 황해수사를 제수하다 …… 682
11419 6334 헌종 11/11/13(경오) : 이인희를 전라좌수사로, 윤희열을 전라우수사로 삼다 …… 682
11420 6335 헌종 11/12/03(경인) : 신종익을 전라좌수사로 임명하다 …… 683
11421 6336 헌종 12/01/01(정사) : 김건을 함경북도 병마 수군절도사로 삼다 …… 684
11422 6337 헌종 12/02/27(계축) : 정택선을 충청수사에 임명하다 …… 684
11423 6338 헌종 12/04/20(을사) : 오현문에게 경기수사 겸 통어사 교동부사직을 제수하다 …… 684
11424 6339 헌종 12/05#02(병술) : 이경달에게 황해수사를 제수하다 …… 684
11425 6341 헌종 12/06/23(병자) : 이민덕을 충청도 수군절도사로 삼다 …… 685
11426 6344 헌종 12/07/11(갑오) : 이현직에게 경상좌수사를 제수하다 …… 688
11427 6345 헌종 12/11/05(병술) : 채학영을 전라우수사에 임명하다 …… 688
11428 6346 헌종 12/11/20(신축) : 이희장을 전라우도 수군절도사로 삼다 …… 689
11429 6347 헌종 12/12/01(임자) : 서상오를 삼도통제사 겸 경상우도 수군절도사로 삼다 …… 689
11430 6348 헌종 13/06/24(신미) : 정위를 충청수사로, 김한철을 경기수사 겸 통어사 교동부사로 임명하다 …… 690
11431 6350 헌종 13/08/03(기유) : 이용현을 전라우도 수군절도사로 삼다 …… 690
11432 6351 헌종 13/08/08(갑인) : 구신희를 함경북도 병마수군절도사로 삼다 …… 690
11433 6352 헌종 13/08/17(계해) : 신소를 충청수사에 임명하다 …… 690
11434 6353 헌종 13/09/02(무인) : 이희승을 황해수사로 삼다 …… 691
11435 6354 헌종 13/10/03(기유) : 정수기를 전라좌수사로 임명하다 …… 691
11436 6355 헌종 13/12/11(병진) : 김건을 삼도통제사 겸 경상우도 수군절도사로 삼다 …… 691
11437 6356 헌종 14/02/04(무신) : 이민교를 충청수사에 임명하다 …… 692
11438 6357 헌종 14/03/09(계미) : 백능수에게 경상좌수사를 제수하다 …… 692
11439 6358 헌종 14/04/10(계축) : 임태석을 충청도 수군절도사로 삼다 …… 692
11440 6360 헌종 14/04/14(정사) : 오명선을 충청도 수군절도사로 삼다 …… 692
11441 6361 헌종 14/04/15(무오) : 이인희를 경상좌수사로 삼다 …… 692
11442 6362 헌종 14/07/06(정축) : 이의식을 경기 수군절도사 겸 삼도통어사 교동부사로 삼다 …… 693
11443 6363 헌종 14/07/22(계사) : 이규철을 경기수사 겸 통어사 교동부사로 임명하다 …… 693
11444 6364 헌종 14/10/10(경술) : 정하응을 전라좌도 수군절도사로 삼다 …… 693
11445 6367 헌종 15/03/11(기묘) : 김상우를 경기수사 겸 통어사 교동부사로 임명하다 …… 694
11446 6368 철종 00/07/12(정미) : 이관희를 전라우도 수군절도사로 삼다 …… 695
11447 6369 철종 00/07/25(경신) : 정기원을 전라좌수사에 제수하다 …… 695
11448 6370 철종 00/08/11(병자) : 이기석을 황해도 수군절도사로 삼다 …… 695
11449 6371 철종 00/10/11(을해) : 이종혁을 경상좌수사로 삼다 …… 695
11450 6373 철종 00/11/12(을사) : 이형하를 경상좌도 수군절도사로 삼다 …… 695
11451 6374 철종 01/01/02(을미) : 이조연에게 전라좌수사를 제수하다 …… 699
11452 6375 철종 01/01/18(신해) : 오치현을 통어사로 삼다 …… 699
11453 6376 철종 01/04/14(병자) : 한인식을 황해수사로 삼다 …… 699
11454 6377 철종 01/08/21(경진) : 윤명검을 전라우도 수사로, 이용순을 경상좌수사로 삼다 …… 699
11455 6378 철종 01/09/10(무술) : 구장화를 전라우도 수군절도사로 삼다 …… 699
11456 6379 철종 01/12/26(계미) : 유영로를 삼도수군 통어사로 삼다 …… 699
11457 6380 철종 02/02/09(병인) : 신명순을 전라우도 수군절도사로 삼다 …… 700
11458 6381 철종 02/02/27(갑신) : 조관석을 전라우도 수군절도사로 삼다 …… 700
11459 6382 철종 02/04/13(기사) : 유신검을 통어사로, 허섭을 전라좌수사로 삼다 …… 700
11460 6383 철종 02/07/13(정유) : 이응서를 삼도 수군통제사로 삼다 …… 700

기사별 색인 739

11461 6384 철종 02/08/21(을해) : 박내익을 전라좌도 수군절도사로 삼다 …… 700
11462 6385 철종 02/09/26(무인) : 이민식을 전라좌도 수군절도사로 삼다 …… 700
11463 6386 철종 02/12/10(신묘) : 이남식을 충청수사에 제수하다 …… 701
11464 6387 철종 03/01/08(기미) : 장인식을 경상좌수사로 삼다 …… 702
11465 6388 철종 03/03/05(을묘) : 이건서를 황해수사로 삼다 …… 702
11466 6389 철종 03/05/02(임자) : 신종익을 삼도 수군통어사로 삼다 …… 702
11467 6390 철종 03/09/04(신해) : 유광로를 전라좌도 수군절도사로 삼다 …… 702
11468 6391 철종 03/11/01(정미) : 이제도를 황해수사로 삼다 …… 702
11469 6392 철종 04/01/02(정미) : 이용상을 전라우도 수군절도사로 삼다 …… 703
11470 6393 철종 04/02/06(신사) : 오현우를 충청수사, 이근영을 황해수사로 삼다 …… 703
11471 6394 철종 04/02/21(병신) : 조술영을 경상좌도 수군절도사로 삼다 …… 703
11472 6395 철종 04/06/01(갑술) : 이규철을 삼도 수군통제사로 삼다 …… 703
11473 6396 철종 04/07/25(무진) : 이동식을 황해수사로 삼다 …… 703
11474 6397 철종 05/01/22(임술) : 정배 죄인 서기순을 분간하여 충청수사로 보외하게 하다 …… 704
11475 6398 철종 05/04/25(계사) : 남석우를 충청수사로 삼다 …… 704
11476 6402 철종 05/07#01(무진) : 윤수봉을 경상좌도 수군절도사로 삼다 …… 705
11477 6403 철종 05/08/05(신축) : 유숙을 전라좌도 수군절도사로 삼다 …… 705
11478 6404 철종 05/08/12(무신) : 이현직을 삼도 수군통어사로 삼다 …… 705
11479 6406 철종 06/01/07(신미) : 심환영을 전라우도 수군절도사로 삼다 …… 707
11480 6407 철종 06/03/26(무자) : 사폐한 통제사 김한철을 소견하다 …… 707
11481 6408 철종 06/10/01(신묘) : 김영구를 전라우수사로 삼다 …… 707
11482 6409 철종 06/12/15(갑진) : 김기조를 황해수사로, 이근영을 삼도통어사로 삼다 …… 707
11483 6410 철종 07/03/05(임술) : 이신영을 경상좌도 수군절도사로 삼다 …… 708
11484 6412 철종 07/03/16(계유) : 조태현을 충청수사로 삼다 …… 708
11485 6413 철종 07/05/29(을유) : 원세현을 전라좌도 수군절도사로 삼다 …… 708
11486 6414 철종 07/07/14(기사) : 신소를 삼도 수군통어사로 삼다 …… 708
11487 6415 철종 07/08/22(병오) : 이희경을 삼도 수군통제사로 삼다 …… 709
11488 6416 철종 08/01/22(을해) : 유상정을 삼도 수군통제사로 삼다 …… 710
11489 6417 철종 08/03/02(갑인) : 사폐한 통제사 유상정을 소견하다 …… 710
11490 6419 철종 08/06/05(갑인) : 한원식을 전라우도 수군절도사로 삼다 …… 710
11491 6420 철종 08/06/12(신유) : 조우석을 삼도 수군통어사로 삼다 …… 711
11492 6423 철종 08/09/15(계사) : 이관연을 충청수사로, 이종승을 황해수사로 삼다 …… 712
11493 6424 철종 08/09/26(갑진) : 신명온을 충청수사로, 오길선을 황해수사로, 이주철을 경상좌사로 삼다 …… 712
11494 6425 철종 09/02/16(임술) : 백낙신을 전라좌도 수군절도사로 삼다 …… 713
11495 6426 철종 09/03/13(기축) : 송재선을 충청도 수군절도사로 삼다 …… 713
11496 6427 철종 09/06/04(무신) : 염종수를 전라우수사로 삼다 …… 713
11497 6428 철종 09/07/02(을해) : 이건・오길선・이명석 등에게 관직을 제수하다 …… 713
11498 6430 철종 09/08/01(계묘) : 임태승을 전라우도 수군절도사로 삼다 …… 714
11499 6431 철종 09/08/17(기미) : 윤치의를 전라우도 수군절도사로 삼다 …… 714
11500 6432 철종 09/09/16(무자) : 허습을 경상좌수사로 삼다 …… 714
11501 6433 철종 09/09/19(신묘) : 조병철을 경상좌수사로 삼다 …… 714
11502 6434 철종 09/09/25(정유) : 이명학을 삼도 수군통어사로 삼다 …… 714
11503 6435 철종 09/12/17(무오) : 심낙신을 삼도 수군통제사로 삼다 …… 714
11504 6437 철종 10/06/25(계해) : 권용을 황해수사로 삼다 …… 715
11505 6439 철종 10/08/10(정미) : 오길선을 삼도 수군통어사로 삼다 …… 715
11506 6440 철종 10/09/21(정해) : 이희철을 전라좌도 수군절도사로 삼다 …… 715

11507 6441 철종 10/09/25(신묘) : 홍길모를 전라좌도 수군절도사로 삼다 …… 716
11508 6442 철종 10/10/06(임인) : 박승유를 충청도 수군절도사로 삼다 …… 716
11509 6443 철종 10/12/02(정유) : 서상익을 충청수사로 삼다 …… 716
11510 6444 철종 10/12/06(신축) : 이희영을 충청도 수군절도사로 삼다 …… 716
11511 6445 철종 10/12/24(기미) : 이장렴을 황해수사로 삼다 …… 716
11512 6446 철종 11/03/10(갑술) : 백희수를 전라우도 수군절도사로 삼다 …… 717
11513 6447 철종 11/04/10(갑술) : 권용을 삼도통어사로 삼다 …… 717
11514 6448 철종 11/04/12(병자) : 정두원을 전라우수사로 삼다 …… 717
11515 6449 철종 11/05/01(갑오) : 조존항을 경상좌도 수군절도사로 삼다 …… 717
11516 6450 철종 11/05/15(무신) : 이검희를 전라우수사로 삼다 …… 717
11517 6451 철종 11/06/20(임오) : 이길구를 전라좌도 수군절도사로 삼다 …… 717
11518 6452 철종 11/06/25(정해) : 구성희를 전라좌수사로 삼다 …… 718
11519 6454 철종 11/08/14(을해) : 이경순을 삼도 수군통제사로 삼다 …… 718
11520 6455 철종 11/09/27(정사) : 이교준을 황해수사로 삼다 …… 718
11521 6456 철종 11/10/21(신사) : 김선행을 전라좌수사로 삼다 …… 718
11522 6457 철종 11/12/01(경신) : 백희수·정주웅 등에게 관직을 제수하다 …… 718
11523 6458 철종 11/12/20(기묘) : 정기원을 삼도통어사로, 이관연을 경상좌수사로 삼다 …… 719
11524 6459 철종 12/01/12(신축) : 신관호를 삼도 수군통제사로 삼다 …… 720
11525 6460 철종 12/02/23(신사) : 공조 참판 조석우를 마량첨사로 임명하다 …… 720
11526 6462 철종 12/04/29(정해) : 이동현을 전라우도 수군절도사로 삼다 …… 720
11527 6463 철종 12/05/05(임진) : 김옥근을 전라우수사로 삼다 …… 720
11528 6464 철종 12/07/26(임자) : 서상직을 충청수사로 삼다 …… 721
11529 6465 철종 12/08/25(신사) : 이용희를 전라우도 수군절도사로 삼다 …… 721
11530 6466 철종 12/09/18(계묘) : 이남원을 황해도 수군절도사로 삼다 …… 721
11531 6467 철종 13/01/21(갑진) : 이승준을 충청도 수군절도사로 삼다 …… 722
11532 6468 철종 13/02/16(기사) : 신환을 경상좌도 수군절도사로 삼다 …… 722
11533 6469 철종 13/04/06(무오) : 정주웅을 삼도 수군통어사로 삼다 …… 722
11534 6470 철종 13/04/11(계해) : 이기춘을 경상좌수사로 삼다 …… 722
11535 6471 철종 13/07/01(임오) : 정인규를 전라좌수사로 삼다 …… 722
11536 6472 철종 13/08/07(정사) : 이승준을 공충도 수사로 제수하다 …… 722
11537 6473 철종 13/08#18(무술) : 이규석을 황해수사로 제수하다 …… 723
11538 6474 철종 13/12/07(갑신) : 이봉주를 삼도통어사로 삼다 …… 723
11539 6476 철종 14/04/03(기묘) : 이교헌을 공충도 수군절도사로 삼다 …… 724
11540 6477 철종 14/10/15(무자) : 이현기를 황해수사로 삼다 …… 724
11541 6478 철종 14/10/25(무술) : 심낙승을 황해수사로, 임홍모를 경상좌수사로 삼다 …… 724
11542 6479 철종 14/10/30(계묘) : 이학주를 경상좌수사로 삼다 …… 724
11543 6480 철종 14/11/23(병인) : 이석영을 전라좌수사로 삼다 …… 724
11544 6481 철종 14/11/29(임신) : 신태선을 공충도 수군절도사로 삼다 …… 724

2. 군역

2262 5177 경종 02/10/14(병인) : 간원에서 진·보에 급대하는 포에 대한 부조리를 혁파할 것을 청하다 …… 37
2263 5180 경종 02/12/21(임신) : 헌부에서 잡역하는 폐단을 없앨 것 등을 청하다 …… 38
2264 5207 영조 01/03/13(신해) : 이전 현감 서행원이 호판과 병판의 구임과 양역폐단 등을 논하다 …… 52
2265 5225 영조 01/11/04(무술) : 군포의 폐단에 관한 부사직 권화경이 상소 …… 58
2266 5313 영조 10/01/12(기축) : 전라도 장흥의 유학 위세붕이 호남의 큰 폐단에 대해 상소하다 …… 96

2267 5433 영조 26/05/17(무오) : 대신과 비국당상을 인견하여 양역에 관한 일을 묻다 …… 145
2268 5435 영조 26/07/02(임인) : 양역절목을 가져다 보다. 10가지 양역 절목의 내용 …… 148
2269 5436 영조 26/07/03(계묘) : 박문수가 상서하여, 용관을 줄이고 주현을 합치는 등의 변통론을 아뢰다 …… 149
2270 5451 영조 27/06/02(정유) : 병조판서 홍계희가 상소하여 균역 절목의 변통 사의를 아뢰다① …… 165
2271 5453 영조 28/01/13(을해) : 병조판서 홍계희가 왕세자에게 올린 균역에 관한 책자의 내용 …… 171
2272 5458 영조 28/06/03(임진) : 균역청 당상 조영국·어영 대장 홍봉한과 함께 균역절목을 의논하다 …… 182
2273 5460 영조 28/06/29(무오) : 균역사목의 내용 …… 184
2274 5466 영조 29/02/22(무신) : 균역을 실시한 뒤의 폐해에 관해 의논하다 …… 187
2275 5844 정조 13/12/04(을묘) : 비변사가 병선·방선에 차견된 관원이 조사한 것을 아뢰니 하교하다 …… 242

3. 군제·군정·군기·훈련

3714 5156 경종 01/01/15(정축) : 각 도 수군·육군의 조련을 정지하다 …… 27
3715 5164 경종 01/06#20(기묘) : 회량·대부 두 곳을 잘 살펴 한 곳에만 진을 설치하게 하다 …… 30
3716 5168 경종 01/07/20(기유) : 영의정 김창집이 각 도의 수륙조련의 재개를 건의하다 …… 31
3717 5173 경종 02/03/13(무술) : 평안감사 권업의 청에 따라 선천의 수군방영을 육군방영으로 고치다 …… 33
3718 5182 경종 03/01/29(기유) : 흉년으로 수군·육군의 조련 및 순점 등의 일을 정지할 것을 아뢰다 …… 40
3719 5190 경종 03/06/01(무신) : 헌부에서 대부의 첨사를 혁파할 것을 청하다 …… 42
3720 5192 경종 03/07/03(경진) : 평안감사 오명항이 병졸로 하여금 조총을 익히게 할 방안을 아뢰다 …… 43
3721 5193 경종 03/07/18(을미) : 전라감사 황이장이 각 진의 존속여부에 대한 이해를 열거하다 …… 44
3722 5196 경종 03/08/08(을묘) : 황해도 수군의 조련을 정지하게 하다 …… 45
3723 5201 경종 04/05/20(임술) : 광양현감 구문영을 파직하고 좌수를 엄형에 처하게 하다 …… 47
3724 5205 영조 01/03/03(신축) : 주강에서 무신 신명인이 안흥으로 수영을 옮기기를 청하다 …… 52
3725 5220 영조 01/09/24(무오) : 이전 만호 이태배가 열 가지 폐단을 상소 …… 56
3726 5228 영조 01/12/26(기축) : 군기시에서 박영준의 천보총을 제작하도록 아뢰다 …… 59
3727 5231 영조 02/09/05(갑오) : 여수 순천의 분계한 폐단을 논의하다 …… 61
3728 5235 영조 02/10/20(무인) : 강원도 유생 이승수가 영동에 수영을 설치하여 방어하는 계책을 상소하다 …… 63
3729 5239 영조 03/01/20(정미) : 승지 이정소가 상소하여 웅점 등 당시의 폐단에 대해 논하다 …… 64
3730 5241 영조 03/02/16(계유) : 여러 도의 군사의 습진과 조련의 정지 등에 대한 좌의정 홍치중의 차자 …… 65
3731 5244 영조 03/03#16(계유) : 송수형이 연해의 군향이 허술한 폐단 등에 대해 상소하다 …… 66
3732 5247 영조 03/04/29(을묘) : 이정박이 호서의 공신창 조운, 서천군수의 비리 등에 관해 상소하다 …… 66
3733 5263 영조 05/04/21(을미) : 특진관 이진심이 화차수리를 청하다 …… 72
3734 5264 영조 05/06/03(병자) : 선척의 수세 등에 대한 공조참의 성환의 소장 …… 72
3735 5267 영조 05/08/29(신미) : 나주의 여러 섬에 고을 설치하는 일을 이야기하다 …… 73
3736 5268 영조 05/09/13(갑신) : 천보총을 만든 윤필은에게 별군직을 제수하다 …… 75
3737 5280 영조 07/09/21(신유) : 훈련도감에서 새로 준비한 동포·홍이포에 대해 아뢰다 …… 81
3738 5290 영조 08/01/16(갑술) : 양천 수군 72명을 해서의 여러 고을에 옮기도록 명하다 …… 86
3739 5300 영조 09/01/25(정미) : 흉년을 이유로 여러 도의 봄철의 조련을 정지하라고 명하다 …… 90
3740 5307 영조 09/07/15(갑오) : 좌의정 서명균이 여러 도의 수군습진과 조련을 정지하기 청하니 윤허하다 …… 92
3741 5318 영조 10/05/26(신축) : 해상을 방어하는 일과 길상목장 말의 배치 등에 대한 주문도첨사의 상소 …… 98
3742 5321 영조 10/09/01(계유) : 특진관 이삼이 어전의 순령기를 홍색으로 바꿀 것을 아뢰다 …… 99
3743 5325 영조 11/01/20(신묘) : 형조판서 장붕익이 전선과 거북선 개조에 대한 것을 아뢰다 …… 101
3744 5352 영조 15/02/05(임오) : 대신과 비국당상을 인견하다. 각 도의 수조·육조를 멈추게 하다 …… 112
3745 5355 영조 15/05/30(을해) : 조강을 행하다. 영사 송인명이 덕적도에 진을 설치하는 문제 등을 아뢰다 …… 113
3746 5361 영조 16/01/18(경신) : 우의정 유척기가 통영의 합조설행을 건의하다 …… 116
3747 5363 영조 16/03/20(신묘) : 수영을 울산으로 옮기는 문제를 의논하게 하다 …… 116

3748 5368 영조 16/08/02(경자) : 강화의 덕적도에 진을 설치하고 처음으로 첨사를 두다 …… 117
3749 5382 영조 19/01/22(정축) : 여러 도의 봄철 수조·육조를 정지케 하다 …… 123
3750 5384 영조 19/08/19(기사) : 무신을 지낸 자가 전립에 상모를 제거하는 폐단을 신칙하고 같이 달게 하다 …… 123
3751 5401 영조 22/02/15(신해) : 큰 흉년이 든 해가 아니면 조련의 정지를 허락하지 않도록 신칙하다 …… 131
3752 5403 영조 22/08/30(계사) : 길주의 방영을 성진으로 이설하게 하다 …… 131
3753 5406 영조 23/03/14(갑진) : 나주목사 서명형이 장항포를 굴착하는 폐단과 전선의 계류에 관해 청하다 …… 132
3754 5431 영조 26/03/02(을사) : 대신과 비국당상을 인견하여 길주 등 군제의 개편을 논의하다 …… 145
3755 5439 영조 26/11/23(임술) : 진보의 혁파·어염과 군관의 일 등을 논의하다 …… 154
3756 5441 영조 27/01/03(신축) : 각 진의 혁파대책에 대한 경상감사 민백상의 상소 …… 156
3757 5442 영조 27/01/17(을묘) : 고령·혜산·아이·다대포로서 변지과를 만들어 영구히 정식으로 삼다 …… 159
3758 5450 영조 27/05#18(계미) : 장령 강필신이 상서하여 어염ون세·별군관·진보의 폐지 등에 대해 아뢰다 …… 165
3759 5454 영조 28/02/04(병신) : 대신의 청에 따라 팔로의 수륙조습을 정지시키다 …… 179
3760 5456 영조 28/03/03(갑자) : 삼도통제사 구선행이 올린 진영의 군민의 생활고에 대한 상서 …… 180
3761 5459 영조 28/06/10(기해) : 선천방어사에 검수군이라는 석자를 첨부하라고 명하다 …… 184
3762 5463 영조 28/09/19(병자) : 병조판서 김상성 등이 무변의 직책의 불편한 점을 아뢰다 …… 186
3763 5465 영조 29/01/23(기묘) : 추조를 치렀으니 수륙의 조습을 정지시킬 것을 청하다 …… 187
3764 5467 영조 29/03/05(신유) : 제주군병의 습조를 물려서 행하게 할 것을 청하다 …… 188
3765 5473 영조 29/09/23(을해) : 영의정 김재로가 거행조건 네 건을 아뢰다 …… 190
3766 5485 영조 30/05/14(임진) : 무기도적의 처벌을 논하다 …… 195
3767 5488 영조 30/07/18(을미) : 장령 이하술이 수군의 조련정지와 통제사 김윤의 탄핵에 관해 상서하다 …… 198
3768 5489 영조 30/07/26(계묘) : 여러 도의 추조를 멈추게 하다 …… 199
3769 5499 영조 31/08/16(정사) : 흉년으로 함경도와 황해도의 가을 습조를 정지시키다 …… 203
3770 5506 영조 32/01/13(신사) : 흉년으로 인해 수군·육군의 조련을 정지토록 하다 …… 206
3771 5510 영조 32/12/01(갑자) : 통영소속의 소비포진 권관을 영등포로 옮겨 만호로 승격시키다 …… 206
3772 5512 영조 33/04/28(기축) : 장령 이수덕이 영남의 주사·사군·격군 요포 폐단에 대해 상서하다 …… 208
3773 5521 영조 34/02/02(무오) : 수원의 초하루 조련을 농한기 6개월에 실시토록 하다 …… 211
3774 5522 영조 34/02/06(임술) : 청안 안집어사 홍경해의 복명에 따라 삼남 수륙조련을 정지토록 하다 …… 211
3775 5533 영조 37/05/03(신축) : 우의정 홍봉한이 수군과 육군의 영부에 관하여 아뢰다 …… 214
3776 5539 영조 38/06/05(병신) : 고하도에 별장설치를 장청한 통제사 이태상을 파직하다 …… 215
3777 5551 영조 39/05/27(계미) : 부산진첨사 이응혁을 파직하여 호남 바닷가에 충군하라 명했다가 정지하다 …… 220
3778 5559 영조 39/11/29(임오) : 약방에서 입진하고, 김한구가 강화방수의 편의에 대한 계책을 진달하다 …… 223
3779 5568 영조 41/02/10(병술) : 홍봉한이 남해지역에 부임하는 관리선정 등에 관해 복주하다 …… 228
3780 5585 영조 44/01/09(무술) : 강화 교동과 경상도 좌병영 등의 봄 조련의 중지를 윤허하다 …… 236
3781 5586 영조 44/01/17(병오) : 김치인이 봄 조련, 치사 후의 자급, 허물어진 성지 등을 아뢰니 윤허하다 …… 236
3782 5592 영조 44/07/03(무자) : 영종·해서·경기의 수조를 전례대로 행할 것을 명하다 …… 238
3783 5593 영조 44/07/24(기유) : 총재로 수조와 육조의 정지를 윤허하다 …… 238
3784 5599 영조 45/01/04(무자) : 홍봉한 등이 춘조의 정지와 선혜청의 군작미에 대한 일 등에 대해 의논하다 …… 240
3785 5605 영조 45/07/05(을유) : 여러 도의 가을 조련을 정지케 하고, 도의 해운검대를 감하하게 하다 …… 242
3786 5615 영조 47/01/26(무진) : 좌의정 한익모가 해서의 습조를 청하나 불윤하다 …… 248
3787 5616 영조 47/03/05(병오) : 습진과 조련에 수령이 영부하지 않는 일에 대해 신칙하다 …… 248
3788 5617 영조 47/03/07(무신) : 장연에 병영을 설치하여 해로를 중히 여길 것을 윤허하다 …… 248
3789 5622 영조 47/04/12(임오) : 본부 주민의 조련에 관한 일로 하교하다 …… 249
3790 5626 영조 47/05/07(정미) : 장산 이북의 백성들의 폐단에 대해 하교하다 …… 251
3791 5660 정조 00/08/04(계묘) : 대신의 청에 따라 여러 도의 봄철 조련을 정지하다 …… 266
3792 5673 정조 01/01/15(임오) : 여러 도의 봄 조련을 정지하게 하다 …… 271
3793 5675 정조 01/02/26(임술) : 사마광의 문집을 상고하여 새로 과녁판을 만들어 준비하게 하다 …… 271

3794 5679 정조 01/04/05(경자) : 이문덕이 강진경내의 네 진을 전라좌영에 이속하게 해달라고 건의하다 …… 274
3795 5681 정조 01/06/10(갑진) : 한여름과 한겨울의 각 영의 습진에 대한 항식을 명하다 …… 276
3796 5682 정조 01/07/11(갑술) : 여러 도의 가을 조련을 정지시키다 …… 276
3797 5689 정조 02/01/10(신미) : 관서·관북을 제외하고 여러 도의 봄 조련을 정지하다 …… 279
3798 5693 정조 02/06#13(신미) : 대신들에게 쓸모없는 영을 합치고 혁파하는 일을 의논하게 하다 …… 279
3799 5697 정조 02/08/13(경오) : 흉년으로 여러 도의 수군·육군의 가을 훈련을 정지하다 …… 284
3800 5698 정조 02/08/13(경오) : 병조에 명하여 열무하는 옛 의식을 고치게 하다 …… 284
3801 5699 정조 02/09/07(계사) : 군문의 기예 명칭을 통일시키다 …… 285
3802 5706 정조 03/01/09(갑오) : 모든 도의 춘조를 정지시키다 …… 290
3803 5709 정조 03/02/25(경진) : 호남 속오군의 아동초와 수어청의 자질군을 폐지 …… 290
3804 5711 정조 03/03/08(임진) : 통어영을 강화부에 합치는 것에 관한 심염조의 건의 등, 구선복의 별단① …… 291
3805 5712 정조 03/03/08(임진) : 통어영을 강화부에 합치는 것에 관한 심염조의 건의 등, 구선복의 별단② …… 295
3806 5713 정조 03/03/08(임진) : 통어영을 강화부에 합치는 것에 관한 심염조의 건의 등, 구선복의 별단③ …… 306
3807 5714 정조 03/03/08(임진) : 통어영을 강화부에 합치는 것에 관한 심염조의 건의 등, 구선복의 별단④ …… 314
3808 5715 정조 03/03/19(계묘) : 통영이 조잔된 근원을 듣다 …… 328
3809 5716 정조 03/05/03(병술) : 고부 군수에게 폐단을 이정케 하고 군산첨사에게 조운을 관장케 함 …… 329
3810 5717 정조 03/06/12(갑자) : 대사간 임득호가 추자도 벌장설치를 건의하다 …… 329
3811 5725 정조 04/07/14(경인) : 조련의 시행에 폐단이 없도록 하유하다 …… 336
3812 5732 정조 04/12/25(기사) : 영의정 김상철이 고군산을 해군 조련지로 삼도록 청하자 따르다 …… 340
3813 5735 정조 05/02/24(정묘) : 서명선이 수사의 춘조는 본영에서, 추조는 행영에서 행하도록 아뢰다 …… 342
3814 5737 정조 05/05/03(을해) : 호조참판 서유린이 고군산첨사를 변방의 이력과로 만들 것 등을 청하다 …… 342
3815 5742 정조 05/07/09(기유) : 여러 도의 추조를 정지시키다 …… 350
3816 5752 정조 05/12/28(병신) : 경상도 관찰사 조시준이 도내의 10가지 폐단을 아뢴 상소문 …… 357
3817 5762 정조 06/07/04(기해) : 여러 도의 가을 군사조련을 중지하다 …… 364
3818 5765 정조 07/01/05(정유) : 여러 도의 봄철 조련을 중지하다 …… 366
3819 5772 정조 07/07/12(신축) : 여러 도의 수군·육군의 가을 조련을 정지하다 …… 371
3820 5781 정조 08/07/08(신유) : 여러 도의 가을 군사조련을 정지시키다 …… 383
3821 5788 정조 09/01/10(경신) : 북병영의 순찰·조련과 관서 청남과 삼남의 봄철 군사조련을 정지시키다 …… 388
3822 5791 정조 09/07/26(계유) : 방어책·병제·무기 등에 대한 유학 조익의 상소 …… 392
3823 5792 정조 09/07/30(정축) : 여러 도의 가을철 군사훈련을 정지하다 …… 392
3824 5793 정조 09/09/29(을해) : 각 영의 습진, 남한산성의 성조, 통영의 수조에『병학통』의 준용을 명하다 …… 397
3825 5800 정조 10/07/15(병진) : 여러 도의 가을 군사훈련을 중지하다 …… 399
3826 5803 정조 10/09/02(임신) : 비변사가 황해도의 수영을 소강에 병합하는 문제에 대해 보고하다 …… 400
3827 5808 정조 11/01/15(갑신) : 여러 도의 봄철 군사훈련을 정지시키다 …… 404
3828 5816 정조 11/07/14(기묘) : 차대하여 여러 도의 추조를 멈추다 …… 410
3829 5819 정조 11/08/28(계해) : 사직 강유가 경기 연해의 후망군 파견·남양에 성 쌓기 등을 건의하다 …… 411
3830 5821 정조 12/01/05(무진) : 각 도의 춘기 군사훈련을 정지시키다 …… 413
3831 5823 정조 12/02/25(무오) : 교동의 통어사 배치·조시위의 토죄를 청한 이태형의 처리에 관해 논의하다 …… 413
3832 5827 정조 025 12/04/10(임인) : 좌수영 선창의 방조제 공사를 늦추다 …… 415
3833 5828 정조 12/07/05(을축) : 여러 도의 가을철 군사조련을 정지하다 …… 416
3834 5840 정조 13/05/26(임오) : 삼도통어사를 교동부에 두어 부사를 수군절도사로 삼다 …… 421
3835 5842 정조 13/07/09(계사) : 우의정 채제공이 수군·육군의 조련과 순점 등을 아뢰다 …… 423
3836 5845 정조 14/01/26(정미) : 여러 도의 봄철 군사훈련을 중지하다 …… 426
3837 5850 정조 14/07/19(정유) : 경기·원춘 등 도의 가을 조련을 정지하다 …… 430
3838 5853 정조 14/08/17(을축) : 여러 도의 군사를 조련하는 곳의 순찰점검을 그만둘 것을 규정으로 정하다 …… 433
3839 5855 정조 15/01/03(무인) : 주교사 당상 정민시가 주사의 편제를 아뢰다 …… 434

3840 5857 정조 15/01/25(경자) : 안흥진에서 훈련을 실시할 때는 수사의 우후로 하여금 거행케 하다 …… 435
3841 5863 정조 15/08/10(임자) : 부수찬 이우진이 부안의 검포진과 격포진을 하나로 합쳐 통제하도록 청하다 …… 438
3842 5876 정조 16/07/01(무술) : 경기와 삼남의 수륙조를 정지하다 …… 448
3843 5886 정조 17/02/05(무진) : 여러 도의 봄 조련을 중지하다 …… 460
3844 5888 정조 17/03/22(을묘) : 남양부에 방어사 진영을 두기로 한 의논을 중지시키다 …… 461
3845 5904 정조 17/08/30(경인) : 각도에서 실시하는 가을 조련을 중지시키다 …… 476
3846 5908 정조 18/02/07(을축) : 황해도 수군절도사가 대청도와 소청도에 중군파견의 필요성을 치계하다 …… 479
3847 5910 정조 18/03/21(무신) : 황해도에 수군우후를 더 두다 …… 481
3848 5914 정조 18/07/22(정미) : 수군과 육군을 훈련시키는 것에 대한 순조 및 순력과 순점을 중지하다 …… 487
3849 5925 정조 19/01/12(을미) : 여러 도의 봄철 군사훈련을 정지시키다 …… 495
3850 5928 정조 19/03/17(무진) : 영의정 홍낙성 등이 수군 훈련에 친임하겠다는 명을 환수할 것을 청하다 …… 497
3851 5929 정조 19/03/18(기사) : 읍청루에 거둥하여 수군훈련을 행하다 …… 498
3852 5934 정조 19/07/17(병인) : 여러 도의 가을철 군사훈련을 정지하다 …… 500
3853 5940 정조 20/01/10(정사) : 팔도의 춘조를 정지하다 …… 503
3854 5945 정조 20/07/27(경오) : 전라도 수군과 육군의 가을철 조련을 정지하게 하다 …… 505
3855 5953 정조 21/01/22(계해) : 경기·호서·호남·영남·관동의 수군조련을 정지하다 …… 510
3856 5956 정조 21/03/30(경오) : 해서에서 수군조련을, 관서에서 순회의 조련을 행하다 …… 510
3857 5964 정조 21/07/16(계미) : 여러 도의 가을철 군사훈련을 정지하다 …… 512
3858 5972 정조 22/07/12(갑술) : 여러 도(諸道)의 가을 군사훈련을 정지하다 …… 521
3859 5981 정조 22/12/13(임인) : 평신첨사를 장용영에서 자체적으로 뽑는 벼슬자리로 삼게 하다 …… 525
3860 5985 정조 23/01/16(을해) : 모든 도의 봄철 군사훈련을 정지하다 …… 527
3861 5986 정조 23/01/18(정축) : 영광군수 박성태가 읍폐에 대해 올린 상소에 대한 관찰사 이득신의 장계 …… 527
3862 5990 정조 23/04/19(정미) : 고군산·안흥·아이진의 영장을 경력으로 쳐주는 자리로 만들다 …… 536
3863 5992 정조 23/07/15(신미) : 각 도의 가을철 군사훈련을 중지하다 …… 538
3864 5996 정조 24/01/20(계유) : 각 도의 춘조를 정지시키다 …… 540
3865 6007 순조 01/02/17(계해) : 호남의 수군조련을 정지하다 …… 547
3866 6009 순조 01/07/19(계사) : 여러 도의 가을 조련을 정지하다 …… 548
3867 6019 순조 02/01/14(병술) : 여러 도의 봄철에 실시하는 조련을 정지하다 …… 551
3868 6024 순조 02/07/27(을미) : 황해 수사가 본영의 조장을 순위도에 설행할 것을 장청하다 …… 552
3869 6028 순조 03/01/29(을미) : 증광시와 날짜가 겹친 봄철의 습조를 정지하다 …… 553
3870 6031 순조 03/07/18(경술) : 척사가 잇따르고 대비과를 설행하여, 여러 도의 가을 조련을 정지하다 …… 555
3871 6035 순조 04/07/12(무술) : 홍수 때문에 여러 도의 가을 조련을 정지하게 하다 …… 557
3872 6037 순조 05/01/09(갑오) : 여러 도의 봄 조련을 정지시키다 …… 558
3873 6043 순조 05/07/10(경신) : 여러 도의 가을 조련을 정지시키다 …… 559
3874 6055 순조 06/07/13(무오) : 여러 도의 가을 조련을 대비와 겹친다는 이유로 정지시키다 …… 564
3875 6059 순조 07/01/10(임자) : 수군과 육군의 조련을 모두 정지하다 …… 567
3876 6063 순조 07/07/11(신해) : 해서의 수군과 육군의 조련과 삼남의 수군의 조련을 정지하다 …… 568
3877 6068 순조 07/12/22(기축) : 좌의정 이시수가 신도에 진을 설치할 필요가 없다고 아뢰다 …… 570
3878 6069 순조 08/01/04(신축) : 좌의정 이시수가 신도에 진을 설치하는 문제 등을 주청하다 …… 573
3879 6071 순조 08/01/12(기유) : 여러 도의 춘조를 정지하고 삼남의 수조를 앞바다에서 행하게 하다 …… 574
3880 6075 순조 08/07/10(갑술) : 여러 도의 가을 조련을 정지시키다 …… 575
3881 6089 순조 10/01/12(정묘) : 여러 도의 봄 조련과 진휼하고 있는 고을의 영문 앞 점호를 정지하게 하다 …… 590
3882 6097 순조 11/01/12(임술) : 흉년으로 여러 도의 봄철 조련을 정지하다 …… 598
3883 6105 순조 11/07/14(경인) : 여러 도의 가을철 조련을 정지시키다 …… 604
3884 6108 순조 12/01/03(정축) : 황해 감사 한용탁이 수영의 행영이주에 대해 아뢰다 …… 605
3885 6111 순조 12/07/25(을미) : 여러 도의 가을 조련을 정지하다 …… 606

3886 6115 순조 13/01/11(기묘) : 6도의 진휼을 설행하여 각 도의 봄철 조련을 정지하다 …… 607
3887 6123 순조 14/01/13(을해) : 진제설행으로 각도의 봄철 조련을 정지하다 …… 609
3888 6127 순조 14/07/15(계묘) : 각 도의 가을 조련을 금지하다 …… 610
3889 6132 순조 15/01/13(기해) : 진휼을 설시하기 때문에 여러 도의 봄철 조련을 정지하다 …… 611
3890 6140 순조 16/01/15(을미) : 여러 도의 봄 조련을 정지하고 서울 영문의 조련도 장례 전까지 정지하다 …… 613
3891 6145 순조 17/01/11(을묘) : 거듭 흉년이 든 뒤이므로, 여러 도의 봄철 조련을 중지시키다 …… 617
3892 6149 순조 18/04/20(정해) : 가리포를 강진에 전속시키다 …… 618
3893 6151 순조 18/07/14(경술) : 각 도의 조련을 정지하다 …… 618
3894 6154 순조 19/01/19(임자) : 여러 도의 봄철 조련을 정지하다 …… 619
3895 6155 순조 19/07/12(임신) : 가을철 조련을 정지하다 …… 619
3896 6158 순조 20/01/11(무진) : 봄 군사조련을 정지하다 …… 620
3897 6164 순조 21/01/13(을축) : 봄철 조련을 정지하다 …… 622
3898 6166 순조 22/01/11(정사) : 여러 도의 봄철 조련을 중지하다 …… 623
3899 6170 순조 22/07/12(갑신) : 여러 도의 가을철 조련을 중지하다 …… 624
3900 6172 순조 23/01/11(신사) : 여러 도의 봄철 조련을 중지하다 …… 625
3901 6176 순조 23/07/12(무인) : 여러 도의 가을철 조련을 중지시키다 …… 625
3902 6185 순조 24/07/12(계유) : 호남·해서의 육조 및 영남의 수조 외에 나머지 추조는 정지하라고 명하다 …… 630
3903 6191 순조 25/01/10(무술) : 여러 도의 춘조를 정지하다 …… 633
3904 6194 순조 25/07/15(경자) : 여러 도에 한재가 들어 추조를 정지하다 …… 633
3905 6196 순조 25/11/19(임인) : 금려의 습진하는 법을 점차 복구해서 연습하게 하다 …… 634
3906 6198 순조 26/01/11(계사) : 진휼하는 일로 봄철 조련을 정지하다 …… 635
3907 6202 순조 26/07/11(신묘) : 가을 조련을 정지하다 …… 635
3908 6205 순조 27/01/10(병술) : 북병영 외에 여러 도의 봄철 조련을 정지하다 …… 637
3909 6210 순조 27/07/11(갑인) : 수재로 가을 군사훈련을 중지하다 …… 638
3910 6214 순조 28/01/10(경술) : 봄철 군사훈련을 정지하게 하다 …… 639
3911 6216 순조 28/07/11(기유) : 모든 도의 가을 훈련을 정지시키다 …… 639
3912 6219 순조 29/01/11(병오) : 전국의 봄철 조련을 정지시키다 …… 641
3913 6225 순조 29/07/11(계묘) : 전국의 가을 조련을 정지하다 …… 643
3914 6233 순조 30/01/11(신축) : 전국의 봄철 조련을 정지시키다 …… 646
3915 6236 순조 30/07/14(기사) : 전국의 가을 훈련을 정지시키다 …… 647
3916 6240 순조 31/01/12(병인) : 여러 도의 봄철 조련을 정지시키다 …… 648
3917 6243 순조 31/07/11(신유) : 여러 도의 가을철 군사조련을 정지하다 …… 649
3918 6249 순조 32/01/11(기미) : 여러 도의 봄철 군사조련을 정지하다 …… 650
3919 6253 순조 32/07/12(병진) : 여러 도의 가을철 군사조련을 중지하라고 명하다 …… 651
3920 6258 순조 33/01/11(계미) : 여러 도의 춘조를 정지시키다 …… 657
3921 6264 순조 34/01/10(병자) : 여러 도의 봄 조련을 정지시키다 …… 659
3922 6267 순조 34/07/11(갑술) : 여러 도의 가을 조련을 정지하다 …… 662
3923 6284 헌종 03/04/20(정묘) : 경기수사 구석붕에게 기근과 해일로 인한 조폐함을 무마하도록 하교하다 …… 668
3924 6366 헌종 15/01/10(기묘) : 한산도에 진을 설치하게 하다 …… 694
3925 6405 철종 05/10/11(병오) : 완도를 독진으로 삼다 …… 705
3926 6411 철종 07/03/14(신미) : 비변사에서 무신 허사과의 폐단을 바로잡을 조목을 아뢰다 …… 708
3927 6421 철종 08/06/20(기사) : 법성·군산의 첨사의 이력을 변지로 허락하여 시행하게 하다 …… 711
3928 6422 철종 08/06/20(기사) : 문수진을 본영의 장교에 붙여 자벽과로 만들게 하다 …… 711
3929 6461 철종 12/03/10(무술) : 안흥진을 변지의 이력으로 승작하게 하다 …… 720
3930 6475 철종 13/12/09(병술) : 적량·신문 등 네 곳의 진보를 임시로 혁파하게 하다 …… 723

4. 사고·병참·수적·기타

4591 5154 경종 00/12/22(갑인) : 연경에서 궁각을 무역해 오다 …… 25
4592 5160 경종 01/06/05(을미) : 황당선출몰의 피해를 의논하다 …… 28
4593 5161 경종 01/06#12(신미) : 안흥진에 구류되어 있는 황당선의 선원을 경고하여 놓아주게 하다 …… 29
4594 5169 경종 01/11/03(경인) : 익사한 경상도 가덕진의 사람들에게 휼전을 거행하게 하다 …… 32
4595 5174 경종 02/04/10(갑자) : 전라도의 선원 9명이 익사하다 …… 35
4596 5178 경종 02/10/23(을해) : 간원이 각 영에서 무역하는 것을 혁파할 것 등을 청하다 …… 38
4597 5183 경종 03/02/11(신유) : 경상도 연일현에 휼전을 내리다 …… 40
4598 5187 경종 03/05/25(계묘) : 인천 등지의 바다 제방에 대해 의논하다 …… 41
4599 5189 경종 03/05/25(계묘) : 관상감에서 서양국의 수총기를 만들 것을 계청하다 …… 42
4600 5211 영조 01/06/01(정묘) : 은진·강경포에 의궁 궁차들이 세금을 획급하는 폐단을 금억시키다 …… 53
4601 5224 영조 01/11/02(병신) : 통영의 쌀을 진휼청에 내려 기민을 구제하다 …… 58
4602 5226 영조 01/11/12(병오) : 선혜청 경비로 영남 전선별향미를 내리다 …… 58
4603 5233 영조 02/10/08(병인) : 무신들의 복색에 관해 신칙하고 공경·사서 모두 청색을 숭상하게 하다 …… 62
4604 5236 영조 03/01/09(병신) : 덕원 원산포의 선세를 상의원에 소속하도록 명하다 …… 64
4605 5248 영조 03/05/05(경신) : 통제사 이복연의 청으로 직전동 궁가의 절수를 중지하다 …… 67
4606 5257 영조 04/01/27(무인) : 심유현이 본부의 화약고에 화재가 발생하였음을 치계하다 …… 70
4607 5277 영조 07/05/07(기사) : 수찬 조한위가 강진의 폐단 다섯 가지를 진달하다 …… 80
4608 5279 영조 07/07/04(을축) : 선박이 계속 침몰되니 적재 한도를 넘기는 폐단을 신칙하다 …… 81
4609 5283 영조 07/11/17(병자) : 안흥을 살피고 온 박문수를 소견하여 보고를 듣다 …… 83
4610 5286 영조 07/12/06(을미) : 전라도 제주에서 선박이 파손되어 익사자가 60명이나 되니 휼전을 베풀다 …… 84
4611 5289 영조 08/01/13(신미) : 안흥진에 방죽 쌓는 의논을 낸 이찬을 특별히 임명하여 별군직으로 삼다 …… 86
4612 5292 영조 08/01/27(을유) : 주강에 나가니, 궁가와 아문의 선척을 수부에서 관리하지 않는 일을 아뢰다 …… 86
4613 5309 영조 09/11/04(신사) : 유최기가 호남 연안의 섬에 읍진을 설치하는 것에 대해 상소하다 …… 86
4614 5312 영조 10/01/05(임오) : 전라감사 조현명이 치국방안에 대한 여섯 가지를 상소하다 …… 95
4615 5317 영조 10/05/06(신사) : 황당선의 일을 숨긴 죄로 이전 황해병사 민사연을 파직시키다 …… 97
4616 5328 영조 11/05/25(갑자) : 중국인의 배가 풍천에 와서 저지른 만행에 대해 의논하다 …… 102
4617 5333 영조 12/05/02(을미) : 연해읍의 패선으로 증렬미를 탕감하다 …… 104
4618 5336 영조 12/08/09(경오) : 전광도 흥양현에서 상선이 폭풍을 만나 18인이 죽었으므로 휼전을 행하다 …… 105
4619 5338 영조 12/12/02(신유) : 박사창이 제언을 완축하지 못한 이희보를 처벌할 것을 청하다 …… 105
4620 5348 영조 14/07/22(임신) : 박문수가 상소사직하고, 당선의 어채에 관한 대비책 강구를 청하니 따르다 …… 110
4621 5350 영조 14/10/20(기해) : 지난해 구득해 온 『무비지』 50권을 평안 병영에서 간행하도록 명하다 …… 111
4622 5379 영조 18/10/05(경인) : 황당선·사대부의 여가침탈과 천경의 궐직하는 폐단에 대해 묻다 …… 121
4623 5381 영조 18/12/30(을묘) : 함경도 경성의 바다물이 얼어 배가 다니지 못하다 …… 122
4624 5386 영조 19/12/27(병자) : 탐라에서 진상물품을 가지고 오던 자가 표류 3개월 만에 오니 옷감을 주다 …… 124
4625 5389 영조 20/02/21(기사) : 무신 이의익은 황당선이 연해 백성들과 교통하는 폐단을 진달하다 …… 125
4626 5390 영조 20/02/27(을해) : 박문수가 황당선의 어로와 밀무역을 근절시키기 위한 계책 등을 아뢰다 …… 126
4627 5414 영조 23/10/02(기미) : 호남양전사 원경하가 호남의 해방형편에 대하여 상소하다 …… 136
4628 5429 영조 25/07/28(갑술) : 군기시에 명하여 썩고 상한 각궁을 모두 대나무로 대신토록 하다 …… 144
4629 5430 영조 25/08/20(병신) : 강화유수 원경하가 해안을 따라 나무를 심을 것을 상서하니 그대로 따르다 …… 144
4630 5438 영조 26/09/26(을축) : 독성산성에 올라 임진왜란 때의 일을 상고하다 …… 153
4631 5444 영조 27/02/09(정축) : 균세사 박문수와 선세·군관포 등에 대해 논의하다 …… 159
4632 5455 영조 28/03/02(계해) : 북관으로 곡물을 운송하던 배가 파손되니 그 경위를 조사해 아뢰게 하다 …… 180
4633 5472 영조 29/07/25(무인) : 황해수사가 황당선의 일에 관해 올린 장dear …… 189
4634 5480 영조 30/04/29(무신) : 호남이정사 이성중이 환곡의 폐단을 아뢰다 …… 192

4635 5486 영조 30/05/24(임인) : 호남 구관당상 원경하와 호남의 일을 논하다 …… 196
4636 5487 영조 30/05/30(무신) : 금부도사 윤광과 황해수사 신사언을 몸소 결곤하다 …… 197
4637 5490 영조 30/12/12(병진) : 도둑이 충청도 목천현의 화약 2백 근을 훔치다 …… 199
4638 5495 영조 31/03/14(정해) : 통제사가 바다 고기를 먹고 죽은 자가 18명이라고 보고하다 …… 201
4639 5502 영조 31/11/07(병자) : 병조판서 홍봉한이 선박의 장표·어장의 세금 등에 대해 이야기하다 …… 203
4640 5514 영조 33/07/28(무오) : 전라도 무장현에서 배가 침몰하여 익사한 사람이 많자 휼전케 하다 …… 208
4641 5529 영조 35/10/07(갑신) : 경기 수군절도사를 소견하고 해빙 전에 해서 상정미를 운반토록 하다 …… 212
4642 5536 영조 38/02/03(정묘) : 고성의 선창을 도선 앞 바다로 옮기도록 명하다 …… 215
4643 5540 영조 38/07/01(신유) : 평안감사가 선사진에 벼락이 쳐서 화약고에 불이 났음을 장문하다 …… 216
4644 5545 영조 39/03/03(경신) : 신만이 북로의 배들의 세를 감해 줄 것을 청하다 …… 217
4645 5549 영조 39/05/10(병오) : 관동에서 물에 빠져 건지지 못한 1천2백여 석을 탕감하다 …… 219
4646 5550 영조 39/05/25(신사) : 평안감사가 국경에 지체하고 있는 청나라 배를 잡아가게 할 것을 청하다 …… 220
4647 5562 영조 40/07/05(을묘) : 통영이 피폐해지고 있다는 이유로 연초에 궤유를 금지하라고 청하다 …… 225
4648 5574 영조 41/11/12(계미) : 교동수영에 5천 곡을 획급하여 군수비용에 보태게 하다 …… 230
4649 5577 영조 42/08/05(임인) : 바다를 건너던 배가 치패하자 휼전을 거행하게 하고 친히 제문을 짓다 …… 231
4650 5578 영조 42/09/01(무진) : 모화관에 나아가 방포를 시험하다 …… 232
4651 5603 영조 45/06/25(을해) : 충청수사 서명응을 동지정사로 삼고, 영보정 등을 그려 바치게 하다 …… 241
4652 5611 영조 46/03/27(갑진) : 거제의 고현면에서 여인들이 해독을 마시고 죽으니 휼전을 베풀게 하다 …… 246
4653 5638 영조 48/11/05(병신) : 바다에 표류하여 온 사람에게 유의 등을 주다 …… 256
4654 5640 영조 49/03/20(기유) : 영의정 김상복이 북청 적진포에 창고 하나를 더 설치할 것을 청하다 …… 257
4655 5653 영조 51/03/30(정축) : 어산의 귀함을 듣고 균역처의 폐해 여부를 묻다] …… 260
4656 5666 정조 00/10/22(경신) : 영남 독운도사의 청에 따라 포항창의 곡식이전에 병선을 가져다 쓰게 하다 …… 269
4657 5668 정조 00/11/13(신사) : 쓸모가 없는 군물을 진헌한 감사·병사에게 함사로 종중 추고하게 하다 …… 269
4658 5671 정조 01/01/06(계유) : 갑옷을 입은 장수는 절하지 않는다는 하교를 어긴 이한응을 추고하게 하다 …… 271
4659 5680 정조 01/05/16(경진) : 모든 신료에게 항상 각지를 끼는 등 옛 복제를 준수하라고 하교하다 …… 275
4660 5703 정조 02/11/20(병오) : 통영 전환금지와 각 영문의 수입지출 문서조사, 공인 대금금지를 명함 …… 286
4661 5722 정조 04/02/21(경오) : 훈련대장 구선복이 군정의 폐단과 군비의 폐단을 지적하다 …… 331
4662 5723 정조 04/04/10(무오) : 선혜청의 당상 정민시가 본청의 장표없이 배를 왕래한 죄를 논하기를 청하다 …… 333
4663 5729 정조 04/09/05(경진) : 호남에서 익사한 장병들을 위로하고 구호케하다 …… 338
4664 5731 정조 04/12/07(신해) : 나주의 대흑산도에 외국선박이 표류하다 …… 339
4665 5736 정조 05/04/05(무신) : 관서병영이 변방의 정세를 등문케 하도록 비변사에 신칙하다 …… 342
4666 5748 정조 05/08/20(경인) : 수군절도사 김해주가 전선의 파손을 보고하자 월봉을 감동하다 …… 355
4667 5755 정조 06/02/24(신묘) : 지세포 봉산에 산불이 난 책임을 물어 수령 등에게 벌을 내릴 것을 청하다 …… 361
4668 5758 정조 06/04/22(무자) : 이국의 배가 표류해 왔을 때 처리하는 통일된 법식을 만들게 하다 …… 363
4669 5774 정조 07/10/02(경신) : 국조보감을 진강하고 임진왜란 때의 일을 의논하다 …… 372
4670 5779 정조 08/03/06(신유) : 김익이 왜란 때 전라 우수사 이억기의 시호를 청하니 따르다 …… 382
4671 5824 정조 12/03/02(갑자) : 무신충훈의 자손들을 불러보다 …… 414
4672 5830 정조 12/11/06(갑자) : 호조로 하여금 이여송의 후손에게 집을 사주도록 명하다 …… 417
4673 5831 정조 12/11/13(신미) : 친히 이여송의 사당기를 지어 사당에 걸게 하다 …… 417
4674 5832 정조 12/12/10(정유) : 충의공 정문부에게 부조의 은전을 내리다 …… 417
4675 5833 정조 13/01/11(무진) : 이조판서 이갑의 청으로 김덕령의 자급을 종1품으로 하다 …… 418
4676 5843 정조 13/07/19(계묘) : 영우원 천장의 원소도감 당상에게 선창의 건설에 관해 이르다 …… 424
4677 5847 정조 14/07/10(무자) : 교동수사 남현철이 해일의 피해 상황을 보고하다 …… 426
4678 5858 정조 15/04/26(경오) : 『임경업실기』와 『김덕령유사』를 편집하도록 명하다 …… 435
4679 5866 정조 15/11/26(정유) : 주교당상 김문순을 삭직하다 …… 442
4680 5871 정조 16/02/30(기사) : 호남에서 새로 제작된 훈련도감의 베로 모곡을 운반하도록 허가하다 …… 446

4681 5885 정조 17/01/11(을사) : 주교사가 주교절목을 올리다 …… 454
4682 5887 정조 17/02/14(정축) : 제주 곡식운반을 완수한 홍덕현감 조화석을 가자하다 …… 460
4683 5922 정조 18/10/11(을축) : 충청도 수군절도사 유심원이 태풍으로 1백16명이 익사했다고 보고하다 …… 492
4684 5927 정조 19/02#03(을유) : 제주목사 이우현이 곡식을 실은 전운선 5척이 파선된 일을 치계하다 …… 496
4685 5935 정조 19/08/01(기묘) : 황해도 관찰사 서매수가 오차진에 이양선이 나타난 일로 치계하다 …… 501
4686 5954 정조 21/02/10(신사) : 해서의 수군 절도영의 양미를 통어영에 떼어주어 전선을 수리케 하다 …… 505
4687 5967 정조 21/09/06(임신) : 동래 용당포 앞바다에 표류한 이국의 배에 대해 논의하다 …… 513
4688 5987 정조 23/02/20(무신) : 통제사 임률이 이무와 둔전의 폐단 등에 대해 상소하다 …… 528
4689 5991 정조 23/05/07(갑자) : 주교사 뱃사람들의 작폐를 금지하도록 전교하다 …… 537
4690 6008 순조 01/03/26(임인) : 전라감사 김달순이 다경포 진장의 전선이 화재로 침몰했음을 보고하다 …… 547
4691 6015 순조 01/10/30(계유) : 제주에 정체불명의 선박이 사람을 내려놓다. 노비공의 혁파 후의 문제 …… 549
4692 6039 순조 05/03/29(계축) : 성경의 장군·형부 등의 아문에서 장자도 표류건으로 자문을 보내오다 …… 558
4693 6041 순조 05/06/22(갑술) : 조윤대·이서구의 장계로 청천강·대정강의 부교의 혁파를 청하다 …… 559
4694 6051 순조 06/04/02(기묘) : 호남 방답진의 선척들의 화재로 죽은 군민 41명에게 휼전을 내리게 하다 …… 563
4695 6065 순조 07/09/21(기미) : 장자도 잠상의 일로 북경 예부에 이자한 자문 …… 568
4696 6066 순조 07/11/13(경술) : 전라감사 이조원이 법성진의 민가가 불에 탄 정황을 아뢰다 …… 570
4697 6101 순조 11/03/30(무인) : 비국에서 여러 도와 각도의 전후 진폐책자를 가지고 조목조목 회계하다① …… 599
4698 6102 순조 11/03/30(무인) : 비국에서 여러 도와 각도의 전후 진폐책자를 가지고 조목조목 회계하다② …… 602
4699 6109 순조 12/01/14(무자) : 명천부의 죽은 해척들에게 휼전을 베풀라고 명하다 …… 605
4700 6130 순조 14/10/02(기미) : 비변사에서 곡물을 운반할 때 바다에 제사지내는 전례에 대해 아뢰다 …… 610
4701 6134 순조 15/03/12(무술) : 동북지방의 곡물을 실은 배가 파선 침몰된 것을 탕감하는 명을 내리다 …… 611
4702 6139 순조 16/01/01(신사) : 풍설로 강원도 여러 고을의 선박과 민가가 입은 피해에 대한 휼전을 베풀다 …… 613
4703 6144 순조 16/07/19(병인) : 이재홍이 충청도 마량진 갈곶 밑에 이양선 두 척이 표류해 온 일을 보고하다 …… 614
4704 6162 순조 20/05/05(경신) : 웅천현에서 토화를 캐먹고 죽은 사람이 12명이다 …… 620
4705 6223 순조 29/04/05(무진) : 통영의 소실된 민가에 별휼전을 시행하게 하다 …… 642
4706 6229 순조 29/11/09(기해) : 강화유수 신위달이 수적괴수 김수온 등 5명의 체포를 보고하다 …… 644
4707 6238 순조 30/11/10(갑자) : 나주의 당관창을 혁파하다 …… 647
4708 6254 순조 32/07/21(을축) : 홍희근이 홍주의 고대도 뒷 바다에 정박한 영길리국의 배에 대해 보고하다 …… 651
4709 6255 순조 32/08/11(을유) : 이양선 출몰에 대해 보고하지 않은 윤우현·김성익의 처벌을 건의하다 …… 656
4710 6262 순조 33/04/02(임인) : 김정집이 영길리국 함선출현을 묵과한 관리들의 처벌에 대해 아뢰다 …… 657
4711 6265 순조 34/04/29(갑자) : 심상규가 이병영의 복식개혁에 반대하여 전례에 따르기를 건의하다 …… 659
4712 6301 헌종 06/01/21(임자) : 영종진의 물에 빠져죽은 사람에게 휼전을 내리다 …… 673
4713 6304 헌종 06/12/30(병술) : 비국에서 영국배 출현으로 제주목사 구재룡의 파출과 나처를 청하다 …… 673
4714 6330 헌종 11/06/29(기미) : 영국 배가 나타나 녹명지와 여러 나라 지도·종려선을 던지고 가다 …… 681
4715 6340 헌종 12/06/23(병자) : 이양선의 궤자와 저지를 잘 처리하지 못한 수사를 파출하고 감단하게 하다 …… 684
4716 6342 헌종 12/07/03(병술) : 충청감사가 이양선과 섬 백성의 문답과 이양인의 글을 베껴 올리다 …… 685
4717 6343 헌종 12/07/03(병술) : 외연도 섬 백성이 문답한 기록 …… 687
4718 6349 헌종 13/07/10(정해) : 불란서의 배 2척이 만경지방에 표류하여 문정역관을 보내다 …… 690
4719 6365 헌종 14/12/29(기사) : 이양선의 수가 셀 수 없이 많아지다 …… 691
4720 6399 철종 05/04/27(을미) : 포변의 백성이 탄환에 맞아 죽게 한 영홍·덕원의 두 부사를 정죄하게 하다 …… 704
4721 6401 철종 05/06/12(기묘) : 강시영이 연해읍에 이국선이 와서 교역하는 폐단을 없앨 것을 청하다 …… 705
4722 6418 철종 08/05/10(경신) : 내수사에서 강제로 정한 창원·마산 등지의 세금을 혁파하게 하다 …… 710
4723 6429 철종 09/07/10(계미) : 선세를 금지시키다 …… 713

Ⅱ. 왜구

1. 왜구대책

1960 5152 경종 00/09/10(갑술) : 일본 대마도주의 조위차왜가 오다 …… 25
1961 5153 경종 00/10/30(계해) : 대마도에 역관을 보내어 조의와 하례를 겸행하다 …… 25
1962 5166 경종 01/07/02(신묘) : 대마도주의 아들에게 아명도서를 발급해 주다 …… 31
1963 5214 영조 01/07/04(기해) : 왜국에서 동궁을 세운 일을 고하다 …… 54
1964 5219 영조 01/09/09(계묘) : 동래부사 이중협의 벌차왜에 관한 장계를 비변사에서 살펴 아뢰다 …… 56
1965 5232 영조 02/09/08(정유) : 대마도주의 아들 아명에게 도서를 주다 …… 61
1966 5237 영조 03/01/17(갑진) : 한덕후를 동래부에 보내 왜인들을 접위하게 하다 …… 64
1967 5242 영조 03/03/15(임인) : 예조참의 이병태가 왜서를 회답하는 일로 인해 상소하여 사직하다 …… 65
1968 5253 영조 03/09/19(임신) : 동래부사에게 명해 약속한 숫자 이외의 왜인 대접은 금년에 한정하게 하다 …… 68
1969 5259 영조 05/02/03(무인) : 일본에서 세자의 상에 조위할 것을 청한다고 동래부사가 장문하다 …… 71
1970 5272 영조 06/09/10(병자) : 대신과 비국당상을 인견하여 왜관에 보낼 인삼에 관해 논의하다 …… 77
1971 5281 영조 07/10/16(병오) : 동래부사가 대마도주가 차왜를 보냈다는 장계와 서계노인을 보내다 …… 82
1972 5287 영조 07/12/12(신축) : 비변사에서 품질이 떨어지는 왜은(倭銀)을 물리쳐야 한다고 아뢰다 …… 84
1973 5291 영조 08/01/24(임오) : 대마도주 평방희가 차왜 평진봉을 보내 도서를 고쳐달라고 청하니 허락하다 …… 86
1974 5294 영조 08/09/02(병술) : 대마도 재해와 청하기도 전에 미리 쌀을 사여하는 일에 관한 조현명의 상소 …… 87
1975 5296 영조 08/10/23(정축) : 관수왜가 평미일이 승습한 경사를 고하려 한다는 동래부사 정언섭이 장계 …… 89
1976 5299 영조 09/01/14(병신) : 부산의 왜관에 화재가 발생하다 …… 90
1977 5305 영조 10/01/13(경인) : 윤필은이 왜적 방비대책에 대해 상소하다 …… 96
1978 5335 영조 12/07/25(정사) : 부산왜관의 왜인이 숯을 날마다 주지 않는다고 관문을 나오다 …… 105
1979 5341 영조 13/10/04(무자) : 일본관백이 손자를 본 경사를 고하니 접대하다 …… 107
1980 5344 영조 14/05/01(임자) : 동래부사 구택규가 대차왜의 시봉문제를 상문하다 …… 109
1981 5399 영조 21/11/29(병신) : 예조에서 일본 관백의 퇴휴를 알리는 대차왜에 대한 접대의례를 아뢰다 …… 129
1982 5407 영조 23/04/09(무진) : 대신과 통신사를 인견하여 통신사가 가지고 가는 예단에 관해 말하다 …… 132
1983 5410 영조 23/05/29(무오) : 헌납 정언유가 일본 구 관백의 예단에 대한 일을 진소하다 …… 133
1984 5413 영조 23/08/11(기사) : 도해역관 현태익을 불러 다녀온 사정을 하문하다 …… 134
1985 5416 영조 23/11/17(계묘) : 석강을 행하다. 통신사 군관들을 불러 임무를 말해 주다 …… 136
1986 5417 영조 23/11/25(신해) : 대신이 비국당상을 이끌고 청대하니 변방방비와 교린에 관해 말하다 …… 137
1987 5418 영조 23/11/28(갑인) : 통신삼사를 보내어 일본에 사신가게 하다 …… 138
1988 5421 영조 24/03/01(기유) : 통신부사 남태기가 탄 배가 악포에서 불타다 …… 139
1989 5422 영조 24/04/20(계유) : 영의정 김재로 등이 호중(湖中)의 왜구침입에 관한 유언을 아뢰다 …… 140
1990 5423 영조 24/07/30(임오) : 통신사 일행이 돌아왔는데 일행이 지나간 고을마다 민폐가 극심하였다 …… 140
1991 5424 영조 24/07/30(임오) : 통신사 일행의 일본 강호에서의 견문 …… 141
1992 5468 영조 29/03/27(계미) : 왜역의 처벌을 좌수사에게 맡기다 …… 188
1993 5475 영조 29/12/17(정유) : 삼상과 왜역의 사체를 살펴 아뢰게 하다 …… 190
1994 5505 영조 31/12/22(신유) : 이전 경상감사 이이장 등을 불러 왜인을 제어하는 방도를 논의하다 …… 204
1995 5519 영조 33/10/29(무자) : 동래부사의 장달에 따라 부족한 차왜의 요미를 반감토록 하다 …… 210
1996 5523 영조 34/02/13(기사) : 일본 대마주 태수 평의번이 사자를 보내어 향을 올리다 …… 211
1997 5534 영조 37/06/02(기사) : 홍봉한이 전례없는 차왜를 쫓지 않은 동래부사 홍명한 등의 처벌을 청하다 …… 214
1998 5552 영조 39/07/14(기사) : 조엄이 왜인에게 예단을 지급하는 문제에 대해 아뢰다 …… 221
1999 5553 영조 39/07/24(기묘) : 통신사 조엄·이인배·김상익 등을 소견하다 …… 221
11000 5566 영조 41/01/18(갑자) : 고경차왜의 귀순으로 인해 송문재 등의 귀양을 풀어주게 하다 …… 227

11001 5571 영조 41/07/14(정해) : 영의정이 왜역이 일을 마친 후 머물러 있는 습속을 금하도록 청하다 …… 229
11002 5579 영조 42/10/14(경술) : 좌의정 김치인이 차왜의 접대 등에 관해 아뢰다 …… 232
11003 5630 영조 47/08/11(기묘) : 동래부사의 장계를 보고 왜관이 손상된 일에 대해 하교하다 …… 253
11004 5663 정조 00/09/22(경인) : 동래부사 유당이 동래부의 네 가지 걱정에 대해 상소하다 …… 266
11005 5664 정조 00/10/09(정미) : 조왜가 장차 나오게 되어 있어서 충청도 관찰사 및 접위관을 임명하다 …… 268
11006 5665 정조 00/10/14(임자) : 오랑캐들을 잘 다스리지 못한 전 다대포첨사를 무겁게 감처하게 하다 …… 268
11007 5684 정조 01/09/19(신사) : 거제부사 이장한을 파직하다 …… 276
11008 5687 정조 01/10/20(임자) : 표류한 왜인을 육로로 보낸 강원도 관찰사 김이소를 파직하다 …… 277
11009 5701 정조 02/10/05(신유) : 대마도주가 부음을 고하지 않고 먼저 경사를 고하다 …… 286
11010 5710 정조 03/03/01(을유) : 대마도주가 승습하고 고경하는 차왜가 오다 …… 291
11011 5718 정조 03/08/24(을해) : 왜인에게 주는 예단삼 5근을 관북으로 옮겨 배정하다 …… 329
11012 5733 정조 04/12/26(경오) : 왜관이 불타자 비변사에서 휼전할 것을 건의하자 허락하다 …… 341
11013 5756 정조 06/03/28(을축) : 차대하다. 영의정 서명선이 왜선을 망보는 일 등을 아뢰다 …… 362
11014 5763 정조 06/10/10(계유) : 일본관백이 후계자를 세운 것을 축하할 역관을 파견하다 …… 364
11015 5806 정조 10/10/06(병오) : 일본관백의 사망을 동래부사 홍문영이 보고하다 …… 403
11016 5807 정조 10/10/11(신해) : 통신사 교환에 필요한 예단인삼을 준비하게 하다 …… 403
11017 5809 정조 11/02/13(신해) : 왜인의 일을 결말을 못낸 동래부사 민태혁을 파직하다 …… 404
11018 5810 정조 11/02/16(갑인) : 영의정 김치인이 동래부사의 중요성을 들어 신중히 차임할 것을 건의하다 …… 404
11019 5836 정조 13/02/14(신축) : 규정수 외의 차왜 입국문제를 비변사가 아뢰자 입국을 허락하다 …… 419
11020 5865 정조 15/11/24(을미) : 동래부사가 치계하여 왜인들이 규정 이외로 의빙사를 보내옴을 알리다 …… 439
11021 5915 정조 18/08/27(신사) : 규정 밖에 파견된 왜인의 처리에 관해 예조에서 아뢰다 …… 488
11022 5916 정조 18/08/27(신사) : 대마도주가 예조참판에게 서계를 보내다 …… 488
11023 5918 정조 18/09/03(정해) : 재판차왜의 공작미 요청에 관해 비변사에서 아뢰다 …… 489
11024 5926 정조 19/02#01(계미) : 동래부사가 빙문차 온 평창상을 조정의 명에 따라 조처하였음을 알리다 …… 495
11025 5933 정조 19/07/07(병진) : 동래부사 윤장렬이 일본의 건저에 관한 일로 장계를 올리다 …… 500
11026 6004 순조 00/11/30(무신) : 국애를 조문하고 위로하기 위한 대차왜(大次倭)가 오다 …… 545
11027 6018 순조 02/01/10(임오) : 영남우병영의 항미, 사군목 대전으로 왜관을 보수하게 하다 …… 551
11028 6029 순조 03/02/08(갑진) : 왜인에게 주는 예단삼 관리를 잘못한 사람들을 처벌토록 청하다 …… 553
11029 6044 순조 05/09/11(을축) : 안핵사가 뇌물을 받고 왜인과 교통한 죄인들을 처벌한 결과를 아뢰다 …… 559
11030 6045 순조 05/11/12(신유) : 통제사 유효원이 표류된 왜선 건으로 치계하다 …… 559
11031 6047 순조 06/01/06(갑인) : 동래부사의 장계로 인하여 차왜를 책유하여 들어보낼 것을 청하다 …… 562
11032 6049 순조 06/03/10(무오) : 비국에서 대차왜를 우선 허접하게 할 것을 청하다 …… 562
11033 6052 순조 06/05/20(정묘) : 동래부사가 통신사를 청한 차왜 등에 대해 처리한 내용을 장계하다 ……
11034 6056 순조 06/12/10(계미) : 동래의 사건에 대하여 대신들의 의견을 듣다 …… 563
11035 6064 순조 07/09/02(경자) : 동래부사 오한원이 재판차왜가 당도했다는 장계 …… 568
11036 6074 순조 08/05/30(을축) : 김재찬이 강호에 도해역관을 파견할 것을 청하다 …… 575
11037 6077 순조 09/01/22(임오) : 동래부사 오한원이 대마주 태수 습유평이 봉서한 등본을 아뢰다 …… 577
11038 6078 순조 09/03/17(정축) : 왜역이 바다를 건너갈 때 도주의 위문 등의 일을 명하다 …… 578
11039 6079 순조 09/05/12(신미) : 김재찬이 관왜의 폐단을 제거할 것을 청하다 …… 578
11040 6083 순조 09/08/27(을묘) : 동래부사 윤노동이 치계한 도해역관의 수본내용 …… 582
11041 6086 순조 09/11/15(신미) : 대마주 태수 습유 평의공이 올린 서계의 내용 …… 583
11042 6087 순조 09/11/15(신미) : 대마도와의 폐단을 이정하는 약조의 내용 …… 584
11043 6088 순조 09/12/02(정해) : 도해역관 현의순 등이 아뢴 대마도의 사정 …… 586
11044 6090 순조 10/01/14(기미) : 대왜 회답서계를 마련키로 하다 …… 590
11045 6092 순조 10/07/16(무진) : 동래부사 윤노동이 치계하여 통신사의 호행대차왜가 나왔다고 보고하다 …… 591
11046 6094 순조 10/11/11(임술) : 예조에서 통신 재판차왜의 강정절목 및 통신사의 응행사건을 아뢰다 …… 592

기사별 색인 751

11047 6096 순조 10/12/15(을미) : 비국에서 통신사 파견시 국서에 대하여 아뢰다 ……596
11048 6099 순조 11/02/01(경진) : 통신사가 가지고 가는 국서의 초본내용 ……598
11049 6100 순조 11/02/12(신묘) : 사폐하는 통신사 일행을 불러보다 ……598
11050 6106 순조 11/08/20(병인) : 신사 호행대차왜의 출래로 인해 조봉진을 접위관으로 삼다 ……604
11051 6122 순조 13/11/30(계사) : 대마도주의 대차왜가 와서 한기유를 접위관에 차제하다 ……608
11052 6125 순조 14/04/12(계유) : 예조에서 대마도주의 부고에 대해서 아뢰다 ……609
11053 6126 순조 14/06/10(기사) : 비변사에서 동래부사 홍수만이 장계한 차왜에 대해서 아뢰다 ……609
11054 6129 순조 14/08/29(정해) : 일본에서 대차왜가 와서 이동영을 접위관으로 차출하다 ……610
11055 6168 순조 22/02/24(경자) : 대마도주가 득남한 것의 경축문제에 관해 비국에서 아뢰다 ……623
11056 6174 순조 23/04/26(을축) : 대마도의 민가 3천여 호가 불타서 이듬해에 보낼 공작미를 당년에 다 주다 ……625
11057 6178 순조 23/10/09(갑진) : 왜인에게 지급하는 단삼문제에 관해 비국에서 아뢰다 ……626
11058 6179 순조 23/11/10(갑술) : 재판왜가 아명도서 받기를 청한 것에 대해 남공철이 아뢰다 ……627
11059 6183 순조 24/04/27(경신) : 행패를 부린 왜인들을 묶어서 섬 가운데로 보내어 벌을 주다 ……629
11060 6187 순조 24/07#28(무오) : 대마도주의 아들 언만이 도서를 허급할 것을 청하니 윤허하다 ……631
11061 6217 순조 28/08/29(병신) : 관백이 손자를 낳은 것에 대한 축하 등을 전례에 따라 할 것을 아뢰다 ……639
11062 6221 순조 29/03/18(임자) : 왜인이 왜관 소통사 배말돈을 살해하다 ……641
11063 6227 순조 29/09/08(기해) : 동래부사 홍희조가 왜인의 구타사건을 보고하다 ……643
11064 6241 순조 31/04/02(갑신) : 차왜의 조위를 비국에서 보고하다 ……648
11065 6285 헌종 04/03/04(병자) : 도해역관을 장청에 의거하여 해원으로 하여금 차송하도록 아뢰다 ……669
11066 6294 헌종 05/01/21(무오) : 계본을 거짓으로 꾸민 죄로 이의교·박명준·박명철을 처벌하다 ……671
11067 6303 헌종 06/11/10(병신) : 대마도주가 죽어 조위하도록 명하다 ……673
11068 6332 헌종 11/09/15(계유) : 영국 배에 관해 동래 왜관에 서계를 보내고 동무에 전보하도록 하다 ……682
11069 6359 헌종 14/04/10(계축) : 봉행왜가 관수에게 보낸 글과 이양선의 선양·인형의 도본을 아뢰다 ……692
11070 6372 철종 00/11/02(을미) : 대마도주의 사자에게 공작미를 5년간 퇴한해 주라고 명하다 ……697
11071 6436 철종 10/06/19(정사) : 경상감사 홍우길이 동래부사 김석 등을 파출할 것을 청하다 ……714
11072 6438 철종 10/07/07(을해) : 여자를 유인하여 왜관이 잠입시킨 죄인 김용옥을 효시하였음을 장계하다 ……714
11073 6453 철종 11/08/08(기사) : 러시아·불란서 등과 통화할 일을 알린 왜인에게 답계를 지어 내리게 하다 ……717

2. 왜구교전·피해

III. 조운

1. 조운대책·사실

1278 5191 경종 03/07/01(무인) : 세 번 잘 운납한 압령 조운차원은 별도의 상을 주도록 하다 ……43
1279 5206 영조 01/03/11(기유) : 태안유학 김진이 양역 폐단의 유형과 조운·전세·잡역의 문제를 아뢰다 ……52
1280 5208 영조 01/03/25(계축) : 헌납 정택하가 시비의 구별없는 탕평을 비판하고, 전세운반 등을 상소하다 ……53
1281 5212 영조 01/06/01(정묘) : 경기감사 유명홍의 장계로 패선된 곡물가운데 미수된 것을 탕감시키다 ……54
1282 5215 영조 01/08/05(경오) : 성학과 조운해온 쌀 환매의 폐단에 관해 장령 조명신이 상소 ……54
1283 5243 영조 03/03/10(정묘) : 세미에 물을 섞은 선인들을 귀양보내고 선혜청 낭관 박필진을 도배하다 ……65
1284 5258 영조 04/03/22(임신) : 윤취리 등으로 세선을 독운케 하다 ……70
1285 5260 영조 05/02/19(갑오) : 영남좌우도의 조운선에 차원을 정해 선후로 거느리고 운반하게 명하다 ……71
1286 5270 영조 06/05/16(계미) : 호조가 빌려간 강화부 양곡을 조운선이 경창에 도착하기 전에 수봉케 하다 ……76
1287 5322 영조 10/09/28(경사) : 선인들의 곡자를 통한 농간과 이전 병사 이의풍의 남형 등에 대한 사간원의 아룀 ……99

1288 5547 영조 39/04/16(계묘) : 곡식을 운반하느라 수고한 사공·격군·백성들에게 신역을 견감하게 하다 …… 218
1289 5581 영조 43/05/20(계미) : 영의정 김치인이 법성창의 조선파선에 대해 엄히 조사할 것을 청하다 …… 234
1290 5583 영조 43/06/19(신해) : 호남의 곡물수송선 침몰사건, 법성진의 일 등에 대해 의논하다 …… 234
1291 5587 영조 44/02/04(임술) : 전라관찰사 홍낙인이 조운선을 편대로 만든 폐단에 대해서 아뢰다 …… 236
1292 5590 영조 44/05/05(임진) : 3년 동안 조운을 잘한 아산현감 이운철의 승진을 윤허하다 …… 237
1293 5591 영조 44/07/03(무자) : 호남과 탐라의 곡식을 운송하는 일에 대해 하교하다 …… 237
1294 5620 영조 47/04/09(기묘) : 선전관을 용산에 보내 세선의 정박여부를 살피게 하다 …… 249
1295 5624 영조 47/05/03(계묘) : 영의정과 둔전·조운·기우제에 관한 일에 대해 의논하다 …… 250
1296 5628 영조 47/06/04(계유) : 순천의 세선이 서호에서 변을 당한 일에 대해 의논하다 …… 252
1297 5641 영조 49/04/07(을미) : 무명 22필을 영남 우조창의 선인들에게 나누어주게 하다 …… 257
1298 5642 영조 49/04/08(병신) : 서강의 선인·격군들에게 쌀을 나누어줄 것 등을 명하다 …… 257
1299 5645 영조 49/06/12(경자) : 낙안세선 치패의 일로, 군수 유이주를 삼수에 정배하라고 명하다 …… 258
1300 5719 정조 03/11/18(무술) : 호조판서 김화진이 세곡의 미납이 잦자 수운판관의 폐지를 상소하다 …… 330
1301 5738 정조 05/05#29(신미) : 서명선이 세선의 패선과 관련하여 농간부린 사공·격군의 처벌 등을 청하다 …… 344
1302 5739 정조 05/06/17(무자) : 서명선이 탐라에 어사파견과 홍충도의 대선건조의 실행을 청하다 …… 345
1303 5741 정조 05/07/02(임인) : 세곡을 운반하면서 농간을 부리는 관리를 엄벌하겠다고 하교하다 …… 349
1304 5744 정조 05/07/16(병진) : 영의정 서명선이 패선의 처리에 대해 여쭈다 …… 352
1305 5745 정조 05/08/10(경진) : 영의정 서명선·호판 정민시와 영남 삼조창과 조운선의 폐단을 의논하다 …… 353
1306 5749 정조 05/10/17(병술) : 조운선의 일과 관련해서 전교를 간략하게 관문으로 작성한 것을 한탄하다 …… 356
1307 5753 정조 06/01/09(병오) : 호조에서 각 도의 조운을 사목에 따르게 할 것을 계청하다 …… 361
1308 5759 정조 06/04/23(기축) : 전세와 대동미 조선 40소를 같은 날에 출발시킨 호남의 도신에게 하유하다 …… 363
1309 5769 정조 07/04/28(무자) : 강화도 조운을 영조로 바꾸어 생긴 폐단에 대한 이전 정언 민창혁의 상소 …… 366
1310 5771 정조 07/07/04(계사) : 군직미와 조운에 대한 형조판서 박우원의 상소문 …… 370
1311 5773 정조 07/07/14(계묘) : 조운에 대한 경기관찰사 심이지의 상소문 …… 372
1312 5775 정조 07/10/20(무인) : 독운어사 김재인에게 유시하다 …… 375
1313 5776 정조 07/12/03(경신) : 경상도 관찰사 이병모가 곡식 옮기는 배가 출발하였다고 치계하니 하교하다 …… 378
1314 5784 정조 08/11/27(무인) : 제주의 기근을 진휼하도록 8천석의 정조모곡을 내리다 …… 383
1315 5789 정조 09/01/21(신미) : 비변사에서 양호지방의 선대를 조직하는 절목을 아뢰다 …… 388
1316 5801 정조 10/07/15(병술) : 조운선에 곡물을 늦게 실은 수령을 처벌하다 …… 399
1317 5804 정조 10/09/20(경인) : 충청도 관찰사가 해미에 설치한 선창을 옮기지 말기를 청하다 …… 401
1318 5817 정조 11/07/24(기축) : 진곡을 옮기는 배를 잘 닿게 한 탐라영문 차원 민정환에게 가자하다 …… 410
1319 5822 정조 12/01/24(정해) : 장성과 고창의 대동미를 흥덕의 사진포로 봉납케 하다 …… 413
1320 5834 정조 13/01/11(무진) : 영남선운에 참가하는 격군들의 구휼과 면세를 전교하다 …… 418
1321 5835 정조 13/01/17(갑술) : 법성창의 조운선의 침몰사정과 책임소재에 관해 논의하다 …… 418
1322 5838 정조 13/04/23(기유) : 서용보의 장청에 따라 군산·법성의 첨사를 봉세 도차사원으로 삼다 …… 420
1323 5841 정조 13/05/22(정미) : 세금으로 받은 무명포와 곡식의 저장법·조운의 정사에 관해 논의하다 …… 422
1324 5849 정조 14/07/12(경인) : 호조판서 정민시가 성당의 조운창고의 폐단을 없애는 방법을 말하다 …… 428
1325 5852 정조 14/07/26(갑진) : 호조판서 정민시가 호남과 호서의 조운선의 조선에 대해 말하다 …… 432
1326 5868 정조 15/12/25(을축) : 좌의정 채제공이 성당창의 곡물을 조운하는 일로 아뢰다 …… 435
1327 5905 정조 17/12/01(경신) : 이전 선혜청 제조 정창순을 파직하고 서유린의 관직을 삭탈하다 …… 480
1328 5924 정조 18/11/07(신묘) : 조운선 등에 관해 논의하다 …… 493
1329 5952 정조 21/01/15(병진) : 조운시 전선의 이용, 조곡의 운반 등을 정식을 만들어 시행하다 …… 509
1330 5968 정조 21/11/29(갑오) : 영남 후조창의 배가 출발하는 날짜를 예전대로 13일로 시행하도록 하다 …… 513
1331 5971 정조 22/01/21(병술) : 통제사 윤득규가 전병선(戰兵船)의 조운의 변통에 관한 조례를 올리다 …… 516
1332 6251 순조 32/02/29(병오) : 세곡운송에 대해 홍희근이 상소하다 …… 650

2. 조운사고

2060 5238 영조 03/01/18(을사) : 서천의 파선한 사람들을 놓아보내고 쌀미는 원적고을에서 받기를 청 ······ 64
2061 5509 영조 32/03/18(병술) : 영남에서 북도로 운반하던 곡식이 가라앉자 선원가족을 진휼케 하다 ······ 206
2062 5548 영조 39/04/17(갑진) : 북도의 취재한 배의 격인 등을 풀어 주라 명하다 ······ 219
2063 5570 영조 41/04/03(무신) : 양남에서 올라온 세선이 취재되는 경우가 많아 사실을 조사하게 하다 ······ 229
2064 5582 영조 43/06/18(경술) : 세미수송선에 잡물을 실은 영광군수 이홍종의 문초를 명하다 ······ 234
2065 5643 영조 49/04/20(무신) : 세선의 치폐로 해당 현감 등을 처벌하다 ······ 257
2066 5677 정조 01/03/08(갑술) : 영운곡을 실은 배가 침몰한 것에 대해 독운도사 등을 처벌하게 하다 ······ 272
2067 5727 정조 04/07/20(신술) : 세곡의 폐선이 빈번하자 호송할 지방의 수령과 변장을 문책하다 ······ 337
2068 5757 정조 06/04/18(갑신) : 조세선이 영종도 앞바다에서 침몰하다 ······ 362
2069 5764 정조 06/12/24(병술) : 조운중지의 명령을 어기고 배를 침몰하게 한 강서현령 등을 문책하다 ······ 364
2070 5768 정조 07/02/19(경진) : 양서에서 온 곡물이 침몰되자, 황해도 수군절도사를 서유화로 대임시키다 ······ 366
2071 5859 정조 15/05/04(무인) : 법성창의 조운선이 안흥진 앞바다에서 침몰하다 ······ 435
2072 5872 정조 16/04#28(병신) : 경상도 좌조창 소속 9척의 배가 침몰하여 그 책임을 묻다 ······ 446
2073 5874 정조 16/06/14(신사) : 호조판서 조정진이 조창의 침몰된 배 문제를 아뢰다 ······ 447
2074 5877 정조 16/07/03(경자) : 의성·함창의 대동전을 실은 배가 충주 영죽강에서 침몰하다 ······ 448
2075 5878 정조 16/07/03(경자) : 영남후조창의 배 4척이 통진에서 침몰하니, 관련된 관리들을 문책하다 ······ 448
2076 5890 정조 17/04/20(임오) : 경기관찰사 박우원이 법성포에 침몰한 조운선의 쌀 문제로 장계하다 ······ 462
2077 5899 정조 17/06/10(신미) : 배에 곡식싣는 것을 지연하여 배를 파선한 이최원을 유배보내다 ······ 472
2078 5911 정조 18/04/27(계미) : 비변사가 세미운반선의 좌초를 보고한 전라감사 이서구의 장계를 아뢰다 ······ 482
2079 5959 정조 21/04/25(을미) : 영남후조창의 조선 6척을 침몰하게 한 이의강 등을 감죄하다 ······ 510
2080 6400 철종 05/05/02(경자) : 조운하는 배를 뒤집어지게 한 영운차원을 분간하게 하다 ······ 703

IV. 표류

1. 내국인 표류(11 중국, 13 일본, 15 유구·기타)

11. 중국

1142 5326 영조 11/01/23(갑오) : 청나라에서 산동에 표류한 우리나라 사람 백귀득 등 6인을 돌려보내다 ······ 102
1143 5362 영조 16/01/20(임술) : 청나라에서 표류한 우리 백성을 돌려 보내오다 ······ 116
1144 5561 영조 40/02/06(무자) : 태풍을 만나 중국까지 표류하다 온 영광의 조졸을 소견하다 ······ 225
1145 5612 영조 46/06/22(병신) : 제주의 부차길이 중국국경까지 표류하였다가 심양에서 돌아오다 ······ 246
1146 5696 정조 02/08/05(임술) : 북경에서 돌아온 난파선 46인에게 음식과 역말을 지급하게 하다 ······ 283
1147 5962 정조 21/06#20(무오) : 복건 등을 표류하다 돌아온 이방익을 위유하고 전라도 중군으로 임명하다 ······ 511

13. 일본

1350 5782 정조 08/08/26(기유) : 왜국에 표류하여 난동을 부린 손고남 등을 처벌하여 경계로 삼게 하다 ······ 382
1351 5860 정조 15/05/04(무인) : 표류하여 갔던 홍해현의 어민이 돌아오자 익사자에게 홀전을 제급하다 ······ 436
1352 5951 정조 20/11/01(임인) : 영남의 백성들 중 일부러 왜국에 표류하는 이들의 처벌에 대해 논하다 ······ 508
1353 5975 정조 22/08/01(임진) : 왜에 표류했던 제주 백성이 돌아오다 ······ 522
1354 6141 순조 16/05/09(무자) : 이종덕이 표류하다가 일본의 오도에 도착하여, 대차왜가 거느리고 오다 ······ 613
1355 6290 헌종 04/07/21(경신) : 배를 훔쳐 타고 일부러 표류한 제주백성 고한록을 효수하다 ······ 670

15. 유구·기타

1525 5372 영조 17/02/14(기유) : 제주백성 21명이 표류하여 유구국과 복건성에 머물다가 4년만에 돌아오다 …… 119
1526 5375 영조 17/11/05(병인) : 송인명이 표류한 사람을 보내온 피국에 사은하는 표문을 내리도록 아뢰다 …… 120
1527 5606 영조 45/09/07(병술) : 제주에서 풍랑으로 표류한 일에 대해 묻다 …… 242
1528 5633 영조 48/01/02(무술) : 경상수사의 정문에 따라 표류한 해민을 찾도록 명하다 …… 255
1529 5635 영조 48/06/23(정해) : 표류하여 서울에 도착한 제주의 공과인을 위유하여 보내다 …… 255
1530 5777 정조 07/12/17(갑술) : 평안도 관찰사가 철산 표해인의 장표를 사실했음을 치문하니 하교하다 …… 375

2. 외국인 표류(21 중국, 23 일본, 25. 유구·기타)

21. 중국

2182 5158 경종 01/05/19(기묘) : 제주에 표류한 청나라 사람이 서울로 압송되어 오다 …… 27
2183 5245 영조 03/03/26(계미) : 대정현에 표류해 온 청나라 사람에게 역관을 보내 실정을 물어보다 …… 66
2184 5250 영조 03/06/13(무술) : 바다에 표류한 사람들과 자문을 부쳐 청나라로 들여보내다 …… 67
2185 5297 영조 08/11/30(계축) : 표류된 청나라 사람이 제주에 정박했는데 소원에 따라 북경에 환송시키다 …… 89
2186 5298 영조 09/01/10(임진) : 중국 남경인이 진도군에 표류하 오자, 북경으로 호송하도록 명하다 …… 90
2187 5303 영조 09/02/09(신유) : 자문을 갖추어 표류한 사람을 봉성으로 호송하다 …… 91
2188 5347 영조 14/07/05(을묘) : 박사수가 표류인에 관한 자문의 수정을 청하다 …… 689
2189 5353 영조 15/02/08(을유) : 청나라 사람 157명이 제주에 표류해 오니, 비변사에서 돌려보내기를 청하다 …… 112
2190 5359 영조 15/12/07(기묘) : 청나라 사람이 추자도에 표류해 오다 …… 114
2191 5365 영조 16/03/29(경오) : 황해도 백령진에 청인이 표류하여 오니, 육로로 봉황성에 압류하다 …… 117
2192 5479 영조 30/04/26(을사) : 등주의 어채선 3척이 조니진 앞으로 표류해오다 …… 192
2193 5507 영조 32/01/26(갑오) : 청나라가 표류한 자국사람 40인을 돌려보내자 사례하는 자문을 보내다 …… 206
2194 5508 영조 32/01/28(병신) : 청의 복건성 상인 24명이 영광 등지에 표류하자 자문과 함께 송환하다 …… 206
2195 5557 영조 39/11/01(갑인) : 황해도에 표류한 중국 배를 사행에게 맡겨 데려가게 하라고 명하다 …… 223
2196 5610 영조 46/01/03(신사) : 표류하여 임자도에 도착한 청인을 본토로 호송하게 하다 …… 246
2197 5618 영조 47/03/10(신해) : 남경의 표류한 사람에게 쇠못을 만들어 주어 돌려보내다 …… 249
2198 5686 정조 01/10/19(신해) : 복건성 상인 28인이 표류해 왔는데 옷과 식량을 주어 돌려보내다 …… 277
2199 5688 정조 01/12/04(병신) : 청인들이 표류해 왔는데 그들의 소원에 따라 돌려보내다 …… 278
21100 5797 정조 10/02/09(계미) : 추자도 앞바다에 표류해 온 사람들을 처리하다 …… 398
21101 5867 정조 15/12/18(무오) : 충청도 수군절도사가 표류한 중국 선원들을 심문한 내용을 장계로 올리다 …… 442
21102 5923 정조 18/11/05(기축) : 호서수영에 역학을 설치하는 문제에 관해 우의정 이병모가 건의하다 …… 493
21103 5969 정조 22/01/14(기묘) : 제주도에 청나라 배가 표류해 오다 …… 515
21104 5970 정조 22/01/15(경진) : 제주도에 중국상선이 표류해 오다 …… 515
21105 5989 정조 23/02/28(병진) : 선전관 윤민동이 표류인에 대한 처리문제에 대해 장계를 보내다 …… 524
21106 6005 순조 00/12/04(임자) : 강화에 표류한 중국인을 육로로 호송하라 명하다 …… 546
21107 6006 순조 01/01/23(경자) : 영암군에 표류한 청나라 사람 6명을 육로로 호송하라 명하다 …… 547
21108 6014 순조 01/10/30(계유) : 오차진에 표류한 중국인을 육로를 쫓아 북경으로 보내라고 명하다 …… 549
21109 6016 순조 01/11/07(경진) : 강화도에 도착한 중국인과 제주에 도착한 사람을 북경으로 보내라고 하다 …… 550
21110 6026 순조 02/12/06(계미) : 강령현에 표류해 온 중국인을 육로에 따라 호송할 것을 명하다 …… 552
21111 6046 순조 05/11/23(임신) : 해서 옹진부에 표류된 대국의 백성 10명을 북경으로 호송하게 하다 …… 561
21112 6076 순조 08/11/30(신묘) : 영광군에 표류해온 중국선원을 호송하게 하다 …… 576
21113 6081 순조 09/06/26(을묘) : 여송국의 표류인을 송환시키라 명하다 …… 581
21114 6119 순조 13/10/11(갑진) : 해서의 백령진에 표류한 청의 태창주 사람들을 동지사편에 돌려보내다 …… 608

기사별 색인 755

21115 6120 순조 13/11/23(병술) : 호남 부안현에 표류한 청 복건성 동안현의 상인을 호송하도록 명하다 ……608
21116 6121 순조 13/11/29(임진) : 임자도에 표류한 청 복건성 동 등지의 상인을 호송하라 명하다 ……608
21117 6150 순조 18/06/24(경인) : 남포현에 표착한 중국인을 돌려보내다 ……618
21118 6157 순조 19/10/21(경술) : 나주목에 표류한 중국인을 호송토록 하다 ……619
21119 6160 순조 20/02/15(신축) : 영광군에 표류한 중국인을 호송토록 하다 ……620
21120 6181 순조 24/03/14(정축) : 표류하여 닿은 대국인들을 육로로 호송토록 하다 ……629
21121 6203 순조 26/12/03(경술) : 표류해 온 중국인을 호송토록 하다 ……635
21122 6211 순조 27/07/11(갑인) : 표류해 온 중국인을 육로로 호송하라 하다 ……638
21123 6228 순조 29/11/04(갑오) : 중국인 표류자를 본국으로 호송하게 하다 ……643
21124 6230 순조 29/11/09(기해) : 중국인 표류자를 본국으로 호송하게 하다 ……644
21125 6231 순조 29/12/07(정묘) : 중국인 표류자의 본국 호송을 지시하다 ……644
21126 6239 순조 30/12/08(임진) : 청국 표류자를 본국으로 호송하게 하다 ……647

23. 일본

2320 5222 영조 01/10/03(정묘) : 민진원이 표류된 왜인을 돌려보내는 것에 관해 아뢰다 ……57
2321 5564 영조 40/09/01(경술) : 왜인의 배가 표류해 동래에 도착하니, 잘 대우하라고 명하다 ……225
2322 5629 영조 47/07/02(경자) : 표류하여 동래에 도착한 왜인이 교역하게 해줄 것을 청하다 ……252
2323 5760 정조 06/04/25(신묘) : 살마주로 표류해온 왜선을 원하는 수로를 따라 환송하게 하다 ……363
2324 5826 정조 12/03/10(임신) : 표류왜선의 쌀을 몰래 판 박광춘 등의 치죄에 관해 아뢰다 ……415
2325 6246 순조 31/09/13(임술) : 정의현에 표류하여 도착한 일본국 사람 48명을 동래부 왜관에 보내주다 ……649

25. 유구·기타

2512 5266 영조 05/08/01(계유) : 의주에 표류해 온 배의 궁각사용에 관해 조현명이 아뢰다 ……73
2513 5369 영조 16/10/27(갑자) : 피국의 장주부 사람 20명이 상선을 타고 안흥에 표박하였다 ……118
2514 5504 영조 31/12/22(신유) : 전라감사가 이국인 8명이 함평에 표류한 것을 장달하다 ……204
2515 5848 정조 14/07/11(기축) : 흥양현 삼도에 딴 나라배가 표류하여 오다 ……427
2516 5851 정조 14/07/20(무술) : 제주목에 딴 나라 배가 표류하여 오다 ……431
2517 5920 정조 18/09/11(을미) : 표류한 유구인에 관해 제주목사 심낙수가 장계하다 ……490
2518 5961 정조 21/06#07(을사) : 유구국 사람 7명이 표류하다가 제주에 도착하니, 이들을 돌려보내다 ……511
2519 6165 순조 21/06/15(계사) : 제주에 표류한 유구국 사람을 북경으로 호송토록 하다 ……622
2520 6201 순조 26/06/16(병인) : 표류해온 유구국 상인 3명을 북경에 호송토록 하다 ……635
2521 6245 순조 31/07/25(을해) : 대정현에 표도한 유구국의 나패부 사람 3명을 북경으로 호송하기를 명하다 ……649
2522 6257 순조 32/09/24(정묘) : 대정현에 표착한 유구국의 나패부 사람 셋을 북경으로 호송하기를 명하다 ……656

V. 기타

1. 조선·소나무

1147 5276 영조 07/04/26(무오) : 사복시에서 해주감목을 백성들이 개간하기를 허락할 것을 청하다 ……80
1148 5288 영조 08/01/10(무진) : 안면도의 잡목을 베어 소금굽는 일을 의논하다 ……85
1149 5304 영조 09/04/06(정사) : 등산의 소나무를 베어 염티를 넓히는 데 사용할 수 있도록 청하다 ……92
1150 5367 영조 16/06/18(정사) : 통영과 여러 도의 수영에 해골선을 만들라고 명하다 ……117
1151 5446 영조 27/02/21(기축) : 이후가 호남 해도의 상황을, 박문수가 전선과 귀선의 일을 아뢰다 ……162

1152 5520 영조 33/11/09(정유) : 왕세자가 차대하여 강도의 대변선 등의 일을 처리하다 …… 210
1153 5569 영조 41/03/05(경진) : 진도군의 송전을 태웠다는 거민을 효시하게 하다 …… 228
1154 5573 영조 41/10/24(병인) : 영의정 홍봉한이 금산에서 소나무 기르는 법을 밝히는 것 등을 청하다 …… 230
1155 5812 정조 11/04/02(기해) : 호남의 오른쪽 연안에도 철정하기를 영의정 김치인이 건의하다 …… 407
1156 5820 정조 11/12/22(을묘) : 비변사에서 경상도의 송전의 실태를 보고하고 수령들의 추고를 청하다 …… 411
1157 5864 정조 15/11/21(임진) : 누선을 거북선으로 고칠 것을 경상좌도 수군절도사 최동악이 치계하다 …… 439
1158 5883 정조 16/12/26(경인) : 안면도의 바람에 쓰러진 소나무를 소금굽는 일에 쓰도록 청하니 허락하다 …… 452
1159 5947 정조 20/08/09(신사) : 전방선을 개조할 때 정체에 관한 일 등을 남에게 맡기지 못하게 하다 …… 505
1160 5955 정조 21/02/16(정해) : 각 영문의 관할구역 안에 나무를 심고, 소나무를 베지 말도록 하다 …… 510
1161 5979 정조 22/11/23(임오) : 송정(松政)의 폐단을 구제하기 위해 조운선의 숫자를 감하도록 하다 …… 523
1162 5980 정조 22/11/29(무신) : 좌의정 이병모가 병선과 조운선을 서로 통용할 것을 건의하다 …… 524
1163 5998 정조 24/05/28(기유) : 조운선의 개삭하거나 새로 만들 때 반드시 장계를 올려 허락을 받게 하다 …… 540

2. 도서·목장

2148 5213 영조 01/06/21(정해) : 홍양의 나로도를 다시 태복시에 예속시키고 목관을 설치하다 …… 54
2149 5261 영조 05/02/25(경자) : 부안의 변산을 승격시킬 것 등에 대한 병조판서 조문의 상소문 …… 71
2150 5282 영조 07/10/17(정미) : 비변사에서 백령도의 말을 대청도로 옮기고 그 땅에 농사를 짓자 하다 …… 82
2151 5320 영조 10/08/09(임자) : 해서의 창린도를 도로 수영에 소속시키는 일을 품처하라 명하다 …… 98
2152 5324 영조 11/01/13(갑신) : 흉년으로 인해 울릉도의 수색 토벌을 정지할 것인지의 여부를 의논 …… 10
2153 5398 영조 21/09/26(을미) : 조현명이 창린도 목장을 수영으로 이속하도록 청하다 …… 12
2154 5419 영조 24/01/14(기해) : 영의정 김재로 등이 장도(獐島)의 목관이 저지르는 일에 관해 아뢰다 …… 13
2155 5491 영조 30/12/23(정묘) : 등산도의 옛 목장을 절수하라는 명을 도로 거두기를 청하니 윤허하다 …… 19
2156 5498 영조 31/06/18(경신) : 황해감사 김양택이 역졸들을 백령도·초도에 이배치 말도록 상서하다 …… 20
2157 5556 영조 39/09/12(병인) : 강화유수가 남호를 승격시켜 목장을 겸하여 관장하게 할 것을 청하다 …… 22
2158 5607 영조 45/10/14(임술) : 홍봉한이 울릉도의 일을 널리 고증하여 책자를 만들 것 등을 아뢰다 …… 24
2159 5609 영조 45/12/09(정사) : 울릉도에 인삼을 캐는 잠상의 일로 강원감사 홍명한의 체차를 명하다 …… 24
2160 5740 정조 05/06/17(무자) : 비변사에서 제주어사가 가지고 갈 사목을 올리다 …… 34
2161 5785 정조 08/11/29(경진) : 제주목의 기근을 위로하는 윤음을 내리다 …… 38
2162 5829 정조 12/09/30(무자) : 제주도에 전염병으로 사람이 많이 죽자, 구휼과 세금 면제를 명하다 …… 41
2163 5839 정조 13/05/26(임오) : 강화의 길상목장 등에 관해 채제공 등과 논의하다 …… 42
2164 5893 정조 17/04/29(신묘) : 장연의 대청도 소청도에 백성을 모아 농사짓게 하다 …… 46
2165 5894 정조 17/04/29(신묘) : 평안도 철북 수군방어사 정학경이 인근 섬들의 형편을 치계하다 …… 46
2166 5909 정조 18/03/06(계유) : 충청도 관찰사 이형원이 평신진의 군정에 대한 장계를 올리다 …… 48
2167 5912 정조 18/05/06(임진) : 비변사에서 금송(禁松)지역인 경상도 욕지도의 개간을 건의하다 …… 48
2168 5913 정조 18/06/03(무오) : 울릉도의 수토결과에 관해 강원도 관찰사 심진현이 장계하다 …… 48
2169 5932 정조 19/06/04(계득) : 이조판서 윤시동이 울릉도의 산삼 채취시기를 앞당길 것을 아뢰다 …… 50
2170 5946 정조 20/08/01(계득) : 임자도의 목장에 백성들이 농사짓는 것을 허락하다 …… 50
2171 6033 순조 03/09/17(기유) : 장자도의 일을 북경과 성경의 예부에 알리다 …… 55

3. 어염·구황염

3086 5194 경종 03/07/22(기해) : 경강의 소금배에 세금을 거두지 말게 하다 …… 45
3087 5200 경종 04/04/10(계축) : 우의정 이광좌 등이 어세의 폐단을 혁파하게 할 것 등을 청하다 …… 46
3088 5227 영조 01/12/06(기사) : 해서어사 한덕진이 사옹원의 폐단을 아뢰다 …… 58
3089 5230 영조 02/07/05(을미) : 민진원이 궁가 등에서 백성을 침해하는 일에 관해 아뢰다 …… 60

기사별 색인 757

3090 5273 영조 07/01/10(갑술) : 윤순 등이 가덕도의 어장을 화순옹주에게 절수한 것을 되돌릴 것을 청하다 …… 78
3091 5278 영조 07/06/04(을미) : 각사·궁방 소속의 어전 및 염분의 세를 진자에 보태게 할 것을 의논하다 …… 80
3092 5284 영조 07/11/22(신사) : 조문명이 명지도·안면도의 소금 굽는 일을 아뢰다 …… 83
3093 5301 영조 09/01/27(기유) : 영성군 박문수가 상소하여 소금을 구워 흉년을 구제하는 이점을 말하다 …… 90
3094 5311 영조 10/01/05(임오) : 삼남 어염·선세의 구관을 호남에서부터 먼저 시행해 보도록 하다 …… 95
3095 5357 영조 15/07/13(정사) : 헌부에서 염민(鹽民)의 요역이 심함을 아뢰다 …… 114
3096 5392 영조 20/08/05(기유) : 내수사에서 행하던 경강염선에 대한 수세권을 의빈부에 이속시키다 …… 126
3097 5443 영조 27/02/05(계유) : 대신과 비국당상을 인견하여 어염세의 변통에 대해 논의하다 …… 159
3098 5445 영조 27/02/21(기축) : 균역청 당상 및 균세사를 소견하여 어염선세와 북도의 진휼 등을 논의하다 …… 160
3099 5448 영조 27/04/26(계사) : 지평 박기채가 상소하여 어염세의 폐단 등을 아뢰다 …… 163
3100 5449 영조 27/05/07(임신) : 경기 암행어사 정홍순이 복명하니, 소견하여 어·염·선에 관한 일을 묻다 …… 164
3101 5492 영조 30/12/30(갑술) : 사대부가 사사로이 염분이나 어전을 사는 폐단을 엄히 금하다 …… 200
3102 5625 영조 47/05/06(병오) : 어세의 폐단·선비의 풍습을 바로잡는 일에 대해 의논하다 …… 251
3103 5678 정조 01/03/20(병술) : 통영의 어전이 해민들의 고질적인 폐단이 되고 있다는 것에 대해서 논의하다 …… 272
3104 5778 정조 08/02/25(신사) : 영의정 정존겸이 어염선세의 사목제정을 아뢰니 의논하다 …… 381
3105 5805 정조 10/10/04(갑진) : 비변사에게 어염세를 사목에 따라 징수하도록 아뢰다 …… 401
3106 5818 정조 11/07/25(경인) : 김재찬이 울산의 해척 등이 울릉도에서 어복을 채취하다 잡혔다고 장계하다 …… 410
3107 5873 정조 16/05/22(기미) : 김해 명지도의 공염 1천 5백 석을 견감하게 하다 …… 447
3108 5882 정조 16/12/24(무자) : 대장에 올라 있는 배와 소금가마·어살 등의 세금을 조정하다 …… 451
3109 5897 정조 17/05/27(무오) : 경상도 관찰사가 연해 어세의 폐단과 토산물 봉진의 폐단시정을 청하다 …… 470